2010 铁路客站建设管理研讨会论文集

铁路客站建设总指挥部　编

人民交通出版社

内 容 提 要

本论文集共收录2010年铁路客站建设管理研讨会论文68篇，包括建设、设计、施工与监理管理四个部分，反映了近年来我国铁路客站建设管理的实践探索和理论成果，内容丰富，实用性强。

本论文集可供铁路客站建设管理人员和专业技术人员使用，也可供相关专业人员参考。

图书在版编目(CIP)数据

2010铁路客站建设管理研讨会论文集 / 铁路客站建设总指挥部编. —北京：人民交通出版社，2011.6

ISBN 978-7-114-09206-0

Ⅰ. ①2… Ⅱ. ①铁… Ⅲ. ①铁路车站:客运站—工程技术—文集 Ⅳ. ①U291.6-53

中国版本图书馆CIP数据核字(2011)第114979号

书　　名：**2010铁路客站建设管理研讨会论文集**
著 作 者：铁路客站建设总指挥部
责任编辑：吴有铭　李　农　栗光华　丁　遥
出版发行：人民交通出版社
地　　址：(100011)北京市朝阳区安定门外外馆斜街3号
网　　址：http://www.ccpress.com.cn
销售电话：(010)59757969，59757973
总 经 销：人民交通出版社发行部
经　　销：各地新华书店
印　　刷：北京盛通印刷股份有限公司
开　　本：880×1230　1/16
印　　张：27.75
字　　数：820千
版　　次：2011年6月　第1版
印　　次：2011年6月　第1次印刷
书　　号：ISBN 978-7-114-09206-0
定　　价：240.00元

2010铁路客站建设管理研讨会论文集

主办单位 铁道部建设管理司

铁路客站建设总指挥部

中国交通运输协会现代客运枢纽分会

承办单位 西安铁路局

郑州铁路局

协办单位 中南建筑设计院

中铁第一勘察设计院集团有限公司

Preface 前言

客站既是铁路建设的重要组成部分，也是铁路建设的重点工程；既是中国历史传统与现代文明的生动体现，也是铁路发展水平与艺术、文化的集中展现。在广大建设者的共同努力下，铁路客站建设取得了重大成就。截至2010年底，已建成北京南、武汉、广州南、上海虹桥等295座现代化客站。这些客站普遍做到了能力充足、功能完善、换乘便捷，为旅客营造了宽敞舒适的候车环境，提供了人性化的服务设施，实现了由管理型向服务型的转变。

按照国家批准的《中长期铁路网规划》，到2015年，我国将建成4.5万公里的快速铁路客运网，其中，新建时速250公里及以上的高速铁路运营里程将达到1.6万公里。为实现点线能力匹配，提高我国铁路客运网的综合效率和服务质量，需建成高铁客站500余座。“十二五”时期，铁路客站建设仍然面临规模大、要求高、任务重、时间紧等方面的挑战。战胜这些挑战，需要及时总结客站建设的成功经验，不断探索客站建设的管理理论，逐步构建适合我国国情、路情的管理模式。基于此，铁路客站建设总指挥部、铁道部建设司、中国交通运输协会现代客运枢纽分会联合举办了“2010铁路客站建设管理研讨会”。会议筹备期间，共收到论文109篇，我们从中精选了68篇高质量的论文。这些论文分别从建设、设计、施工、监理等不同角度，对如何进一步提升当前客站建设管理水平进行了有益的研究和探索。现将其编辑成册，供大家借鉴和参考。

会议得到了承办方西安铁路局、郑州铁路局和协办单位中南建筑设计院、中铁第一勘察设计院集团有限公司的大力支持，在此一并表示感谢。

2011年6月

Contents

目　录

建设管理

设计管理

施工管理

监 理 管 理

建 设 管 理

立足新起点　推进新发展
进一步提升铁路客站建设水平

——在2010铁路客站建设管理研讨会上的发言

郑　健

（铁道部　北京　100844）

这次会议的主要任务是：贯彻落实全路建设工作会议和标准化管理现场会议精神，总结分析客站建设取得的成绩和面临的形势，研究部署下一阶段的重点工作，进一步提升铁路客站建设水平。借此机会，我讲四个方面的意见。

1　铁路客站建设进展

党的“十六大”以来，广大客站建设者按照铁道部的统一部署，全面落实“六位一体”的要求，立足于走具有中国特色的自主创新之路，坚持“理念—技术—管理”三位一体的创新路线，铁路客站建设取得了重要进展。截至2010年11月底，已建成北京南、武汉、广州南、上海虹桥等铁路客站231座，其中特大型客站13座；正在建设客站有235座，其中特大型客站24座。

这些客站无论在站区规划、功能布局、交通流线、建筑造型、关键技术，还是在服务设施上，与以往客站相比都有重大创新和突破，普遍做到了能力充足、功能完善、换乘便捷，成为城市现代化综合交通枢纽。

2　铁路客站建设面临的挑战

经过几年的探索与实践，铁路客站在建设理念、关键技术、建设管理等方面取得了一大批创新成果，为全路客站建设搭建了较高的平台，奠定了坚实的基础。在看到成绩的同时，我们也应看到当前铁路客站建设仍然面临诸多挑战与考验。

一是精品意识亟待加强。新的建设理念在铁路客站设计、建设中得到了全面贯彻，许多客站受到了社会各界的充分肯定和广泛好评，并成为城市的新地标。但从精品工程的角度看，仍存在不少问题。突出体现在：细部细节设计不到位、做工不精细，没有把客站当做“工艺品、艺术品”对待，缺乏精益求精、追求完美的境界。

二是建设规模大。按照规划，到2012年，我国将要建成铁路客站804座，总面积达2 400万m^2，总投资达4 060亿元。截至2010年11月底，已完成650座的方案征集、505座的初步设计批复，建成231座。这就意味着：明年上半年要完成154座客站的方案征集，明年一年要完成299座客站的初步设计批复，明后两年要建成573座客站，任务异常繁重。

三是时间要求紧。客站的规划设计受制于线路、车场以及城市轨道交通、市政道路、站区规划等多重因素，前期工作的周期较长，开放设计的时间较晚，一般滞后线路两年左右，但又要求与线路同步开通。线路的施工速度越来越快，往往不到四年就已建成，留给客站的工期越来越短。

四是专业接口多。铁路客站是一个复杂、庞大的系统，涉及33个专业，同时还与地铁、市政道路、城市规划等行业密不可分，专业接口管理和系统集成管理的难度大。

五是协调难度大。铁路客站与城市轨道交通、市政设施等工程关系紧密，涉及市政、规划、环保、国土、地铁甚至航空等十几个部门。比如虹桥站，涉及上海申通、申能等5家地铁公司以及机场、市政、磁悬浮等多家利益主体，受我国条块分割的管理体制影响，多业主、多设计单位、多工程、多专业、多工种、多操作面之间的交叉错综复杂，管理协调的工作量和难度大大增加。

六是施工组织难。特大型铁路客站具有多工程同步施工(地铁、市政高架道路、交通广场等)、多工种交叉施工(土建、钢结构、设备安装、装修装饰等)的特点;具有场地局促、进出口少、施工单位多、运输量大的共性。如何确保施工场地内外交通畅通和多层次立体交叉作业状态下各工序的有序转换,对施工组织提出了巨大挑战。

3 铁路客站建设下步工作思路与重点任务

当前客站建设存在的问题,归纳起来,主要体现在两个方面:一是进度滞后;二是精品不多。下步客站建设工作,要紧紧围绕"抓进度,建精品"这两个重点,以标准化管理为抓手,以信息化平台为支撑,着力抓好以下四项重点工作。

3.1 健全机构,构建专业化的管理团队

机构设置和人员配备是搞好客站建设的决定性因素,也是决定客站建设水平的关键。按照"专业化管理"的原则,部党组决定把所有客站从干线中独立出来,变"分散式"管理为"集中式"管理。在铁道部层面组建专门的客站建设管理机构,初步形成了"总指挥部—铁路局(公司)—项目管理机构"三级管理组织体系。目前,总指挥部内部已实现了专业化和标准化的人员配备,由总指挥部统一制订战略目标,统一规范工作流程,统一调配关键资源,以实现"总体目标可控,重点流程可控,关键资源可控"。

各铁路局要按照三级组织构架,成立专业化的管理机构,负责全局的客站建设。机构设置的形式,可借鉴沈阳、北京、武汉、成都等铁路局的模式。在健全机构的基础上,逐步配齐、配强专业人员,实现人员配备的专业化和标准化。部属客专公司可参照京沪、武广、郑西等公司的经验和做法,指定专人负责,集中管理。

进一步加强人员培训。要根据不同的对象、不同的阶段,充分利用部、局两个平台,采取集中授课、技术交流、现场观摩、网络公开授课等多种方式,开展不同层次、定期和不定期的培训。要把建设、设计、施工、监理人员纳入培训范围,形成全覆盖,尤其要加强对新任指挥长的专门培训。部层面主要负责铁路局、部属公司人员的培训,铁路局、公司主要负责项目部、监理、施工人员的培训。要结合工程进度,加强阶段性培训,提高培训的针对性和有效性。比如,开工前,要结合技术交底,开展对理念、工作流程和岗位职责的培训;装修装饰阶段,要结合《铁路旅客车站细部设计》,开展对细节、工艺工法等内容的培训。

3.2 完善规章,形成标准化的管理制度

标准化的管理制度是全面推行标准化管理的基础,没有规章制度和标准作为依据,管理标准化就无从谈起。遵循"统筹规划、分步实施,充分借鉴、注重创新"的原则,以责任链管理为核心,总指挥部组织建立了"结构清晰、职责分明、权责对等"覆盖全过程的标准化管理制度体系框架,以推动客站建设管理的制度化和规范化。

按照部 45 号文和 154 号文的要求,充分借鉴干线标准化管理制度,结合客站建设特点,总指挥部重点在方案征集、设计管理、装修装饰、钢结构技术要求、电梯和空调等设备集中采购等方面制订发布了一系列的规章制度,在部层面初步形成了标准化的客站管理制度。

目前,总指挥部正在研究制订客站项目前期工作协调制度,石材、栏杆扶手等材料管理制度,装修装饰企业的考核和淘汰机制,装修验收标准,客站竣工验收制度以及后评价阶段的有关制度。

建设单位要根据客站管理制度体系框架,进一步完善内部管理、专项施工方案审查、材料物资管理、装修样板管理、材料设备供应商的考核等相关制度和办法。

3.3 规范流程,实现过程控制实效化

客站建设系统性强、专业接口多、交叉作业多、程序复杂,建立合理和规范的全过程管理流程显得尤为重要。按照"事事有流程,事事有标准,事事有责任人"的原则,总指挥部在总结北京南、广州南、武汉等客站建设经验的基础上,遵循 PDCA 循环的原理,优化方案征集、设计管理、工程实施等各阶段的工作流程,界定参建各方工作内容和责任。以工作流程的标准化,推进过程控制的标准化,实现"易操作、可复制"的管理目标,持续提升客站建设管理水平。

指导性施组：指导性施组是客站工程实施过程的纲领性文件，其科学性与合理性对工期目标的实现至关重要。按照部里的统一要求，总指挥部颁布了客站施组设计与审查的有关规定（鉴客站函〔2009〕257号文和客站总指函〔2010〕51号文），建设单位要抓好落实。当前施组要重点解决两个问题：一是工期控制。要合理划分水平和纵向分区，采用网格化管理，推行分层作业、分区作业、流水作业；统筹调配资源，以各关键工序的按期完成确保总工期目标实现。二是文明施工。要统筹规划好现场总平面布置和施工场区用地及道路，确保场内外交通畅通；督促施工单位分阶段、分层绘制平面布置图，做到分区清晰、材料堆放有序，确保场内交通畅通；指导施工单位建立文明施工的行为标准，做好现场安全防护和环境保护，确保文明施工。

结构工程：地下工程、轨道层、大跨度钢结构是客站工程的重点和关键，也是工程安全质量的核心。总指挥部要建立各关键工序的卡控程序与标准，质监总站、建设单位要按照各自的职责和标准化的工作流程，进一步规范和加强对结构工程安全质量的监控和检查，确保结构工程质量"零缺陷"。

设备安装：设备质量直接影响工程质量，影响运营安全。要按照铁道部物资设备采购有关规定，继续坚持空调、电梯跨项目的集中采购，统一技术参数，以便于运营维护，降低采购成本，从源头上确保设备质量。结构工程要充分考虑综合管线铺设需求，预留足够条件。综合管线铺设要结合工程特点进行专项综合设计，工程实施中，要严格按照设计方案精确施工。

装修装饰：装修装饰是站房内部空间和环境的再塑造，对满足旅客的舒适感，提升客站的综合品质，打造精品工程至关重要。要按照《铁路旅客车站细部设计》的要求，对大量重复性的工程分部实行标准化设计和工厂化制造，确保细部装修效果和品质；要坚持"方案先行，样板引路"的原则，严格执行样板制作和验收的程序和方法，统一关键施工工艺和标准。目前，总指挥部对现场检查的内容、流程、频率已经实行了定量化、具体化和标准化，形成了闭环管理。

3.4 加强管控，打造信息化的支撑平台

铁路客站建设分布范围广、管理跨度大、专业性强、流程复杂。构建信息化支撑平台，对实现铁路客站建设标准化管理，提高工作效率至关重要。按照"统一规划、分步实施"的原则，我们初步构建了三级项目管理信息框架体系，提高了建设管理效率。

目前，总指挥部内部已在方案征集、设计审查和关键节点过程控制等方面实现了信息化管理，对及时完成大量的客站建设任务，保证各阶段设计文件和工程的质量，起到了极为重要的促进和保障作用。

各单位要充分利用现有基础条件和手段，完善健全互联互通的三级项目管理信息系统，保证整个管理体系内信息系统的完整性、统一性和先进性，重点优化信息化管理和传输系统，完善总指挥部与各建设单位之间、建设单位与项目部之间的组网结构模式，强化建设单位信息化管理功能，解决现场管理等关键环节的集群模块设计问题，实现各项管理的信息化、规范化，增强各级客站管理团队的沟通效率，强化各级管控能力，进一步提升指挥系统决策的科学性、及时性和针对性。

4 需要正确把握和处理好的几个关系

明后两年是铁路建设的关键时期，确保客站建设进度和精品目标的实现，不仅需要我们有拼搏奉献的精神、坚忍不拔的毅力，而且也需要我们有统筹谋划、协调各方的智慧和能力。当前和今后一个时期尤其要把握和处理好以下几个关系。

4.1 加快进度和确保质量的关系

在当前客站建设工期十分紧张的情况下，处理好这一关系，首先要强化责任意识。各参建人员要以对国家、对人民、对历史高度负责的精神，切实担负起肩上的重任，牢固树立"质量第一"的思想，把质量摆在最突出的位置。其次要提高工作效率。进一步优化工作程序，减少中间环节，完善前期工作协调机制，加快前期工作进度，为客站施工，尤其是装修装饰争取宝贵的时间。以效率换工期，以工期保质量。三是要提高业务水平。进一步提升细部细节的设计水平，深化细化专项设计。按照建"艺术品、工艺品"的要求，优化施工工艺，提高施工的精细度。

4.2 标准化与多样化的关系

客站设计既要讲多样化、个性化，又要讲标准化、规范化，必须把标准化与多样化统一起来。客站建设的标准化不应是建筑造型和文化表现的标准化，而应是便于工厂化生产的内部构件的标准化，是楼梯、扶手等参数、模数和材质的标准化，是中小客站结构体系、平面布置形式的标准化。

4.3 控制投资与打造精品的关系

精品工程不是高档、豪华材料的简单堆砌，主要体现在设计的创造性、做工的精细度、工艺工法的先进性上。处理好这一关系，首先要加强对不同结构体系和同一种结构体系中不同柱距、跨度、层高经济性的比选；其次要合理把握不同类型客站、同一客站中不同功能区域的设计和装修标准；三是要提高精细化管理水平，强化过程控制，精打细算，必要的投入一分钱不能少，不该花的钱一分也不能多。

4.4 客站主体与商业设施的关系

商业设施是客站主体的有机组成部分。商业设施的建设要引进专业化的设计和施工队伍；在设计风格上，要与客站保持一致；在工程实施上，要服从客站建设项目管理机构的统一指挥；在工程进度上，要力争与客站同步建成投产。

4.5 站房工程与市政配套工程的关系

当前市政配套工程的进度普遍滞后于站房工程。铁路局要充分利用自身的优势，积极主动与地方政府加强沟通，督促地方政府加快市政配套工程进度，确保同步建成投产；要高度关注市政配套工程，尤其是站前广场的规划设计方案，加大与地方政府的协调力度，把最大空间和宽敞通道留给广大旅客，确保站前广场的使用功能。

4.6 完成当前设计任务与搞好科研课题的关系

铁道部今年共安排了十项关于客站研究的部级课题，并且正在以“综合交通枢纽建设及运营关键技术研究”为题，积极申报国家“863 计划”。在当前客站建设任务异常繁重的情况下，参与课题研究的单位要高度重视、统筹安排、精心组织，创新研究方法，确保高质量按时完成科研任务。

5 结语

在我国铁路客站建设全面展开的关键时期，我们必须以高度的责任感和使命感，坚定不移地把这项伟大的事业推向前进。我坚信中国的铁路建设者有智慧、有能力打造出一大批铁路客站建筑精品，这些客站必将为中国铁路乃至世界建筑增添新的光彩！

铁路客站建设协同管理探索

徐尚奎

（铁路客站建设总指挥部　北京　100038）

摘　要：本文首先介绍了协同管理的概念及其应用特点，通过对铁路客站建设管理特点的分析，阐述了铁路客站建设协同管理的必要性，构建了铁路客站建设协同管理模型。其次，在此基础上，本文从四个方面论述了协同管理模型在铁路客站建设中的应用，即站房建设与地方市政交通建设的协同（简称站—地协同）、站房建设与线路建设的协同（简称站—线协同）、同一条线路上的站房之间的协同（简称站—站协同），站房建设中设计、施工、设备安装之间的协同（简称参建单位协同）。最后，论文对铁路客站建设协同管理的成效进行了总结和展望。

关键词：铁路客站　工程建设　协同管理

协同管理就是将系统的各种资源（包括人、财物、信息、流程等）关联起来，使之相互协作，通过对有限资源的最优开发利用，实现资源收益最大化，最终实现共同的目标。

国外在工程项目协同管理方面的研究已经取得了很多有意义的成果，我国在这方面的理论和实践研究起步虽然相对较晚，但近年来发展迅速，也积累了不少的研究成果和实践经验[1-4]。新时期铁路客站建设成就举世瞩目，文献[5-7]对铁路建设管理的经验进行了总结和提炼，成果有目共睹。纵观国内外文献，有关铁路客站建设协同管理的论著很少，在实践和理论方面尚处于起步阶段，亟待深入研究和推广。

1　协同管理的概念及其特点

1.1　协同管理的概念

协同学是研究协同系统从无序到有序演化规律的新兴综合性学科。协同管理是指基于所面临的复合系统的结构功能特征，运用协同学原理，根据实现可持续发展的期望目标对系统进行有效管理，以实现系统协调并产生协同效应[1]。协同管理即是一种通过对该系统中各子系统进行时间、空间和功能结构的重组，产生一种具有"竞争—合作—协调（Competition-Cooperation-Coordination）"能力，其效应远远大于各子系统之和的新的时间、空间、功能结构[2]。

1.2　协同管理在工程管理中应用特点

协同管理作为一种管理理论，在工程建设应用过程中具有以下五个核心特征：

（1）协同管理注重建设目标的实现。协同管理的目标是以大型复杂系统作为主要研究对象，使用协同管理的思想与工具，通过资源的优化配置，促进建设目标的实现。

（2）协同管理注重优化资源配置。协同管理的目标是合理利用各成员企业的各种优势资源，高效、快速、灵活地提供满足用户定制要求的解决方案，最终实现系统整体利益的最大化。

（3）协同管理注重有效运行机制的建立。"竞争—合作—协调"的协同运行机制，即通过对客站建设各利益相关方、相关工程建设接口开展针对性的协同活动，达成建设目标，协同机制的有效运行是协同管理的重要特性和标志。

（4）协同管理注重高效组织管理的保障。工程管理是由众多地理上分散的、组织上独立的、有不同利益要求的组织为实现共同任务而组成的一个临时组织，其成员企业都有自身的利益。协同管理注重强化组织管理，协调各成员的经营行为，以实现共赢。

（5）协同管理注重建设全过程动态控制。工程项目建设历经立项决策、勘测设计、施工安装、运营调试等阶段，存在着众多技术、管理的关键事项，动态处理好全过程的接口与协调工作，对工程建设将起到重要作用。

2 铁路客站建设协同管理的必要性

以往铁路客站功能简单，建设难度小，通常只是作为站后工程来管理。多年来我国的铁路建设都是以线路为主，对客站的关注较少，这使得铁路客站一直沿用线路建设的管理体系。与 20 世纪六七十年代相比，现代铁路客站既是城市交通运输枢纽，也是城市的门户与窗口。这一历史性的转变，给铁路客站建设带来新的管理挑战。

2.1 铁路客站建设管理面临的挑战

(1)建设理念新，建设目标高

铁路客站承载着铁路运输、城市交通换乘、区域经济发展的多重使命，要满足铁路、城市轨道、公交之间“零换乘”和节能环保的相关需求。铁路客站建设需要客站建设管理单位、设计单位、施工单位和监理单位紧密协作，以人为本，建设“满足旅客综合交通需求，服务功能完善，设计思想先进，体现地域文化，注重建设与运行总成本节约”的铁路客站。

现代铁路客站的建设要按照打造“百年不朽精品工程”的要求，在建设过程中综合考虑“质量、安全、工期、投资效益、环境保护、技术创新”等目标，为铁路客站的长期稳定运营打下坚实的基础。

(2)技术难题多，系统接口复杂

建设理念的变化和建设目标的提升，给铁路客站建设的设计、施工管理提出了更高的要求。铁路客站建设在设计理论探索、设计技术革新、施工技术应用、新材料使用等领域面临众多技术难题，集中显现在大空间结构技术、站桥合一技术、深基坑开挖技术、声光环境工程、客服系统、节能环保技术等方面。

铁路客站建设涉及 30 余个专业，远比一般的建筑工程和公共交通工程复杂。铁路客站要与所在城市的地铁、公交、市政管道工程等系统实现精确对接，同时与众多的城市建设主体开展协调和协作，无论从建设工程技术界面的对接，还是从建设管理主体之间协调来看，其复杂程度都非常突出。

(3)建设规模大，推进速度快

根据铁路十二五规划，到 2015 年底，铁路运营里程将达到 12 万 km。“十二五”期间，建设新线 3 万 km，完成投资 2.8 万亿元，与之相应的客站建设任务有 800 余座，从建设规模、客站数量来看，远高于“十一五”。截至 2010 年底，全路已建成 295 座客站，正在施工的客站 171 座，未来几年客站建设任务十分繁重。

2.2 铁路客站建设对协同管理的需求

当前，铁路客站建设亟须加强协同管理，特别是下面这几个方面：

(1)目标协同

铁路客站建设不是仅仅追求最优的质量、最低的成本、最短的工期等单个目标，而是追求项目的总体目标和总体效果，是安全、质量、工期、环保等多个目标的协同优化和有机协调。

(2)过程协同

铁路客站建设项目管理过程将面对技术、金融、市场等众多风险因素。如果对工程风险控制不当，将会产生难以挽回的损失，亟须对项目进行全过程的协同与控制。

(3)组织协同

铁路客站建设项目具有复杂性、不确定性和动态性特点，这就要求建设单位在沟通过程中不仅应强调总目标，而且要兼顾各方的利益。通过协同管理，在各参与方之间建立起真正的良好合作共赢关系，以高效推进工程项目的建设。

(4)资源协同

铁路客站建设需要对大量的人力、物资、机械和资金，以及技术工艺等资源进行统筹利用。如何在适当的时间、合适的地点、以合适的方法实现资源的有效利用，是个难题。而运用协同管理，恰恰可以很好地解决好这个问题。

(5)信息协同

铁路客站规模大,参建单位数量多、联系复杂,亟须加强网络沟通。只有强化各参与方之间的信息沟通与共享,才能保证复杂工程项目的顺利实施和最终效益的实现。

3 铁路客站建设协同管理概念模型

3.1 协同管理模型的建立

针对铁路客站建设中的协同管理需求,本文总结客站建设管理的成功经验,初步开发了客站建设协同管理的基本模型,其中,目标协同为导向,过程协同、组织协同和资源协同管理为抓手,信息协同为基础,如图1所示。

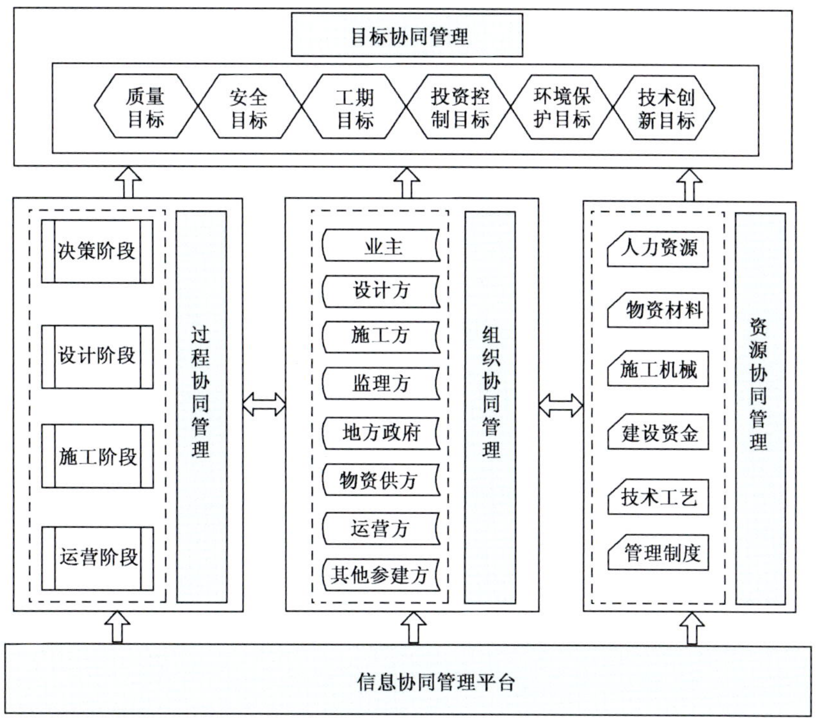

图1 铁路客站建设协同管理模型

(1)客站建设目标协同是开展协同管理工作的出发点

铁路客站建设管理的核心目的是同时实现在"质量、安全、工期、投资效益、环境保护、技术创新"等各方面的目标,目标协同首先是运用协同管理方法,有效地测算各要素目标之间的交换比值,帮助建设单位做好目标具体指标的制订工作,并以协同优化后的指标为主导,分解为过程协同、组织协同和资源协同的具体目标。其次在客站建设实施过程中,不断根据目标实现的实际情况,对过程管理中的各目标进行动态监控与分析,实现工程目标的动态管理。因而,客站建设多目标协同是开展协同管理工作的起始点,也是协同管理的终结点。客站建设目标协同在整个模型框架中起着主导作用。

(2)过程协同、组织协同、资源协同是开展协同管理的核心手段

目标协同管理目标的最终实现,需要注重客站建设全过程、客站建设组织和客站建设资源三大方面的协同管理。

过程协同即要在客站建设的决策阶段、设计阶段、施工阶段和运营阶段开展协同,以保证过程中的每一个环节都能够与建设目标的要求相一致,并在各阶段的实施过程中注重阶段间的接口管理,例如在投资控制上要力求做到决算不能超过预算,预算不能超过概算,概算不能超过估算等。

组织协同即通过充分发挥建设单位的主导作用,将参与客站建设的各利益相关方的利益导向一致性和管理规范性发挥到最佳状态,减少组织接口造成的种种延迟和内耗。

资源协同即通过对建设过程中的人、财、机、料、法等资源开展综合统筹,使其在经济性和效用发挥

方面达到最佳。

(3)信息协同是开展协同管理工作的基础保障

协同效应之所以能够产生充分的管理价值,依赖建设过程中各类信息和信息加工处理和传输。因此,信息协同是产生过程协同、组织协同和资源协同的基础和保障。

3.2 铁路客站建设协同管理界面

铁路客站建设中要充分发挥协同管理的作用,客站建设单位需在客站建设总指挥部的指导与支持下,以站房建设与地方政府的协同(简称站—地协同),站房建设与线路建设的协同(简称站—线协同),同一条线路上或区域内相邻的站房之间的协同(简称站—站协同),站房建设中设计、施工、设备安装之间的协同(简称参建单位协同)为主要工作对象,积极加强协作,力求从总体上降低建设过程中的资源消耗,缩短建设工期,提高建设质量,逐步探索出一条铁路客站建设管理的创新之路。铁路客站建设协同管理界面如图 2 所示。

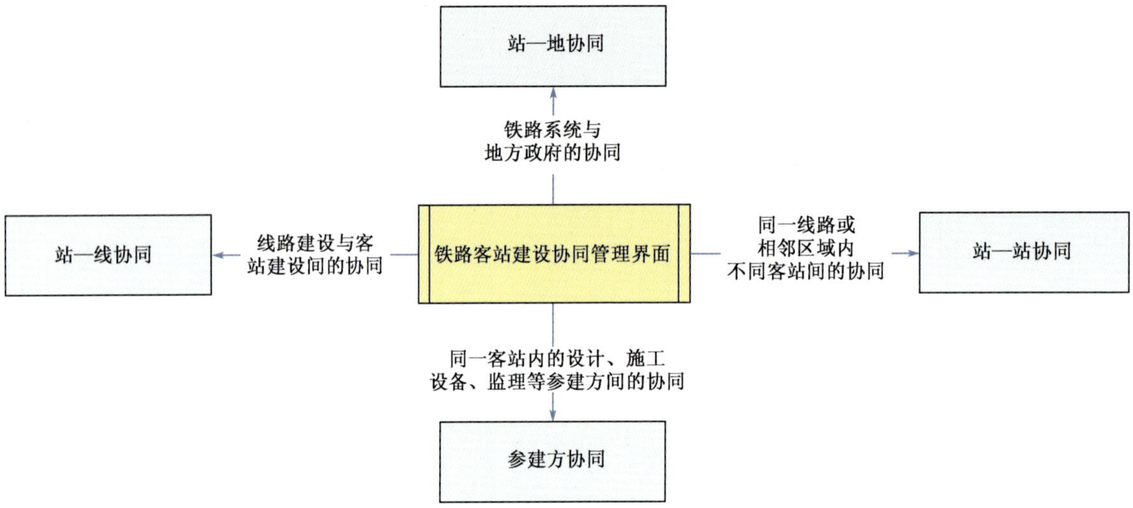

图 2　铁路客站建设协同管理界面

4　铁路客站建设协同管理实践

铁路客站建设总指挥部非常注重协同管理理论在客站建设实践中的应用:根据铁路客站建设管理的特点,将铁路客站建设作为一个涉及多利益主体的大型复杂的系统工程,以各参建单位为主体,积极主动地开展有针对性的协同管理工作,工作内容可归纳总结为如图 3 所示的铁路客站建设协同管理矩阵。

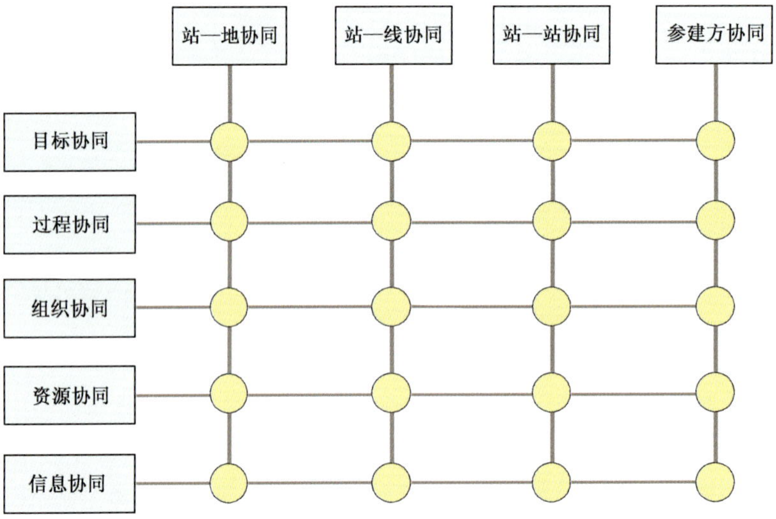

图 3　铁路客站建设协同管理矩阵

首先要针对实践的具体需要，完善客站建设协同管理的规章、制度建设，以站—地、站—线、站—站协同、参建单位协同为主要范围，认真策划，积极开展有效的协同管理工作。

其次是在具体协同过程中，紧紧围绕建设多目标的协同，以资源、组织、过程协同为手段，以信息协同为基础，开展协同活动的计划与实施工作。

第三是要抓住协同管理的重点和难点问题进行攻关，以关键问题的突破为契机，进一步提高客站建设的效率与效能。当前，铁路客站建设协同管理要重点抓好客站建设规模与城市整体规划布局的协同，重点抓好与城市地铁、轻轨、公交及民航等多种交通方式的协同，重点抓好与城市相邻配套区域的消防、防灾、供水、供电的技术协同，重点抓好不同建设主体之间的设计管理与施工管理的协同。

4.1 站—地协同

铁路客站是城市的重要组成部分，铁路客站与周边空间环境的协调发展，与城市公共交通体系的衔接程度，不仅直接影响客站交通枢纽功能的使用，也会影响客站中商业、娱乐等辅助功能的运作。站—地协同在保证了铁路客站交通枢纽功能的同时，也保证了地方市政交通建设的顺利进行以及价值体现。

(1)优化站址选择，推进拆迁工作

从铁路客站建设来看，站址选择除受线位、地形、地质条件、工程投资等技术经济因素影响外，更要考虑所在城市整体规划布局的要求。在实现铁路运输功能的同时，发挥铁路客站对城市的服务功能。客站所在地政府，应该在铁路客站建设过程中积极协调土地资源的供应，尽快落实征地拆迁工作。这两个方面的协同工作是客站建设的基础保障，也是铁路客站建设前期的重点工作。

(2)合理确定规模，落实地方投资

铁路客站规模受运输客流和地方经济发展的双重影响。因此在铁路客站规划阶段要重点考虑运量和地方城市规划两大因素，了解政府对城市的经济定位，保证铁路客站规模与城市的经济发展环境相适应。确定客站合理建设规模，是站—地协同的重要任务。

依托省部协议，落实地方投资。随着铁路客站投融资多元化政策的施行，铁路客站所在地政府积极参与客站建设的投资，投资的数量有可能直接影响客站建设的规模，投资的到位情况也会对建设过程中的设计和施工进度产生影响，因此在客站建设过程中的建设投资的协调工作也成为协同管理的重点议题。

(3)注重建筑风格，体现地域文化

每一座铁路客站的周边环境都比较独特，有不同的城市风貌、自然、人文和经济环境及建设条件。所以，每座铁路客站设计时，都应进行认真研究，准确地把握城市地域文化的精髓，恰如其分地在设计中体现地域自然特征和人文特色，并适应城市的经济发展。一是对地域自然特征的响应。铁路客站作为交通运输空间变换的节点，受到诸多地域环境因素的影响。铁路客站设计应在形式与空间上适应当地气候特征，这不仅有助于塑造不同地域的站房建筑造型，也有助于尽量采用生态、节能的建筑形式，促进铁路客站与地域自然环境的和谐统一。二是对当地人文特色与文化底蕴的响应。建筑是人类文明的载体，不仅满足人们生活的需求，同时也承载着人们的精神寄托，满足人们对美的欣赏。站房建筑应以建筑语言综合体现人文特色与文化底蕴。

(4)整合交通资源，实现枢纽功能

铁路客站与城市地铁、轻轨、公交及民航等多种交通形式的协接程度，直接影响客站交通枢纽功能的发挥。客站与城市地铁、航站楼、快速公交的无缝对接，对于铁路交通大客流集散功能的发挥具有重大的现实意义。因此，客站规划、设计、施工等工作与地铁、航站楼、快速公交工程的对接显得至关重要，既有利于铁路客站能力的发挥，又有利于城市整体交通效率的提高，这其中更要注意一些以往我们容易忽略的特殊协同问题，如几类不同工程之间消防、防灾、供水、供电系统技术实现方式的协同，需要提前做好规划和协调。

(5)注重商业开发，加强配套整合

铁路客站的建设还要与城市发展规划相协调。客站工程的周边往往是城市规划中的新兴中心。地面道路桥梁工程、商业设施、地标建筑和景观工程要与客站、广场融为一个有机的整体，客站建设过程中也要针对这些配套工程开展广泛的协同工作。

4.2 站—线协同

线路与客站是铁路运输系统的重要组成部分，铁路线路建设价值的体现与铁路客站建设价值的体现互为前提，站—线协同不但能保证铁路线路建设与客站建设在工期进度上的一致性，而且能保证接口界面的设计、施工过程的顺利开展。

(1)建设工期的协同

实现线路和客站的同步开通，有利于提升铁路运输能力和提高运输效益，为此，建设单位要注重对客站和线路工程工期主要节点的协同管理。一是重点抓好线路铺轨工期节点的协同，站台层和线路上部建筑施工需满足铺轨要求。二是在联调联试过程中，需注重站房设备用房、雨棚工程提前交付使用，为联调联试创造条件。

(2)设计工作的协同

一般而言，线路工程和站房工程分属不同的设计院开展设计。建设单位需要积极开展沟通与协作，处理好两家设计单位之间的协同，重点解决设计中的"差、错、漏、碰"问题，如站房和线路坐标、高程的转换，站台、地道的位置与站房设计的衔接，站台和雨棚的相互配合，站场和站房给排水参数匹配等，这些问题看似细微，却影响施工和设计的质量与工期，进而影响安全目标的实现。

(3)施工作业的协同

线路与站房两家施工单位的协同需要关注的要点。一是在与线路施工交叉期间，多台套设备同时进行吊装作业、高空焊接和涂装作业时，应组织线路与站房施工两方在充分沟通的前提下，制订合理施工组织方案和必要的防范措施。二是积极主动地协同两家施工单位进行必要的工序调整，如对于桥下站，需要施工单位先期完成桥梁的防水层，站房的装修才能开展，而这种要求有可能与桥梁施工的施组安排产生冲突，因此需要协调线路施工单位优化施工工序。三是要采取规划和预防措施处理好两家单位施工过程中由于空间使用、进出场区通道、材料堆放所产生的各种矛盾。四是处理好既有站房改造建设中的协同，在既有站房改造过程中，需要边建设、边运营，建设单位要加强与运营单位的协同，制订科学严密的运营、施工计划和施工安全预案，确保施工安全。五是处理好线路联调联试过程中给客站建设带来的工期和安全风险。

4.3 站—站协同

在建设任务重、建设资源有限的条件下，通过站—站间的设计、施工、资源方面的协同管理，保证每个客站建设的顺利实施，实现资源的优化配置。

(1)以样板工程带动站—站协同

同一线路上的客站由于地理条件、地质环境、文化特征相对接近，往往建设单位需要在相邻客站的工程技术方面进行必要的协同，达到既突出城市特色，又体现本地域特点的建设效果；同时在设计过程中对材料、设备的选择上采取同一标准的做法，扩大采购的规模，在保证质量前提下追求采购成本的节约。

样板工程有利于客站建设的装修质量整体性提高，通过建设装饰安装样板，进一步验证装修效果，统一材料，统一工艺工法。通过样板观摩，结合针对性培训，带动其他客站建设的高质量施工。

(2)专业资源的协同

建设管理单位可以采取优势互补、专业交叉的方式对站与站之间的专业技术与管理资源进行合理调配，以保证每个站房的建设管理资源的专业性和针对性。

4.4 参建方协同

各参建方都有自己的组织或企业，而企业的根本目的是追求自身利益最大化，参建方的协同管理使参建方增强全局观念，系统地观察问题、解决问题，作全面的整体的计划和安排。协同管理能够消除项目管理的障碍，实现综合管理、综合运用知识和措施，从而保证铁路客站建设项目整体最优化。

(1)协同共赢理念的建立

在客站建设参建方的协同工作中，首先是在全体利益相关方层面建立以协作求利益、以共赢创价值的共识，并通过多种必要的措施，如通过开展承包商评价的方式，对设计、施工、监理单位和设备供应商进行长期动态评价，让各相关利益主体看到长期合作、可持续发展的前景，通过理念的改善从根本上建立起能够将协同机制运转起来的大环境。

(2)提前介入措施的实施

在客站建设过程中，狠抓相关方的提前介入工作。特别是运营单位在施工阶段就提前介入，建设单位在可研和初步设计阶段的提前介入，能有效推动客站建设的总体进度。

(3)设计、土建与设备安装的协同

通过强化设计、土建与设备安装的协同，减少不同主体建设过程中可能产生的种种浪费和消耗，重点抓好诸如部分设备安装单位在设备安装时对已完工程保护不够的问题，土建与电梯安装的配合问题等。这些问题的预先防范既保证了工程质量，又降低了工程物料的消耗，也避免了工期的拖延。

5 铁路客站建设协同管理的成效与展望

截至2010年底，已建成北京南、天津、武汉、广州南、上海虹桥等现代化铁路客站295座。无论从客站建设的整体布局、功能流线，还是从设计施工质量、工期、投资控制方面均取得令人满意的成果。

近几年来的管理实践，已经初步验证了协同管理在大规模的铁路客站建设中发挥了突出效应：

(1)规模经济效应。通过资源协同，在设备集中采购、施工部件工厂化生产等多个领域实现了项目建设的规模效应，达到了“保证质量，降低成本，提升服务”的目的。如坚持空调、电梯跨项目的集中采购，统一了技术参数，降低了采购成本，有利于运营维护。截至2010年底，已完成7批186座车站共计3 155台电梯的集中招标采购，节约投资约25%；已完成3批107个站的空调集中招标采购，节约投资约46%。

(2)涌现效应。通过组织协同，产生了较为明显的涌现作用，一个环节的突破带来更多环节的优化，形成了建设单位、地方政府、参建单位的协作共赢态势，并且机制的建立保证了这种趋势的可持续发展。以成都东站的建设实践为例，成都铁路局通过提前策划和积极协调，促使了地方政府将市政广场、地铁等相关工程委托建设单位统一代建，从而在组织、技术、管理层面上实现了协同与优化。

(3)学习效应。通过样板工程、标准化等积极措施，使得建设的技术规范化和普及范围极大提升，促进了整个相关产业的技术进步，进而带动了实施能力的大幅提升，保证了建设工期与质量，并在建设过程中涌现出一批国际领先的技术成果。

从孤立研究转为整体研究，从用静止的观点观察事物转向用动态的观点观察事物，从研究外力作用下的运动转向研究事物由于内在非线性作用导致的自组织运动，从实体中心论转向关系中心论，是项目协同管理的集中体现。本文针对铁路客站建设管理特点，构建了铁路客站建设协同管理模型，并从四个方面论述了协同管理模型在铁路客站建设中的应用，在理论、实践上取得了一定的研究成果。当然，铁路客站建设协同管理的研究涉及管理体制、管理模式、行为心理、管理程序、管理方法、计算机应用等各个方面，本文只是铁路客站协同管理研究的初步探索，更广泛、更深入的研究与实证还有待于进一步开展。

参 考 文 献

[1] 王君华.基于系统协同管理的概念模型[J].管理世界，2006，(11)：212-213.

[2] 杜栋.协同管理系统[M].北京：清华大学出版社，2007.

[3] 覃征，汪应洛.网络企业管理[M].西安：西安交通大学出版社，2001，290-304.

[4] 孙永军.敏捷供应链协同生产管理理论与方法研究[D].浙江大学，2003.

[5] 陆东福.齐心协力，求真务实，开创铁路现代化建设新局面[J].铁道标准设计，2004，4.

[6] 卢春房.坚持科技创新为铁路建设又好又快发展提供技术支撑[J].铁道工程学报，2008，1.

[7] 郑健.高铁客站建设管理体系构建与实践[J].项目管理技术，2011，(3)46-51.

坚持“样板引路” 创建精品工程

谭月仁 姜文星 郭瑞霞

（铁路客站建设总指挥部 北京 100038）

摘 要：“样板引路”作为打造铁路客站精品工程质量控制的一项重要措施，在铁路客站工程建设中得到广泛应用，对工程质量控制起到了举足轻重的作用，为推进铁路客站建设标准化管理，积累了经验。本文结合铁路客站样板制作实例，阐述了铁路客站建设实行“样板引路”举措的作用和成效。

关键词：铁路客站 建设管理 样板引路

1 “样板引路”的提出

近年来，大规模的铁路客站建设吸引了社会上大量的设计、施工、监理单位参与其中，由于经验和技术实力不一，各种问题和质量通病时有出现。要改变这种现状，首先，必须提高各参建单位对建精品工程的认识；其次，就是要找到一种切实有效的控制质量的方法。为此，铁路客站建设总指挥部充分研究，于2010年6月2日下发了《关于进一步加强大中型铁路客站装饰、安装工程样板管理的通知》（客站总指函〔2010〕7号），以此来规范铁路客站装饰、安装工程标准化施工管理程序，进一步提高铁路客站装饰、安装工程质量，提升铁路客站建筑品质，努力实现铁道部党组提出的“建设精品客站”目标。从此，“样板引路”制度开始在铁路客站建设中推广应用。“样板引路”的提出主要基于：

1.1 “样板引路”是建设精品工程的保障

从总体上看，已建成的铁路新客站，充分体现了部党组提出的“功能性、系统性、先进性、文化性、经济性”的五性原则。但从建设过程来看，还存在个别细部设计不到位、选用材料技术参数和规格不明确、部分施工工艺粗糙等问题，必须以“样板引路”来规范细部设计做法，规范施工工艺。

1.2 “样板引路”是铁路客站建设标准化管理的需要

铁道部在《关于推进建设单位标准化管理工作的指导意见》（铁建设函〔2008〕45号）中要求实行铁路建设单位现场管理标准化，“通过样板工程对施工作业指导书进行优化”，提到了样板工程的问题。

1.3 “样板引路”是工程质量验收规范的要求

在《建筑装饰装修工程质量验收规范》（GB 50210—2001）3.3.8条中规定：“建筑装饰装修工程施工前应有主要材料的样板或做样板间（件），并应经有关各方确认。”

1.4 “样板引路”是铁路客站工程建设特殊性所决定要采取的举措

铁路客站工程建设具有一定的特殊性，在一定的时间范围内，集中开工建设的项目较多、建设地点分散、参与建设的单位很多，但建设的质量标准与目标要求一样，推行“样板引路”尤为重要。

2 “样板引路”的作用

所谓“样板引路”，顾名思义，在建筑装饰装修领域就是在主体结构工程完成以后，在进行大面积装饰装修前，先做出合格的样板单元，作为装饰装修细节做法、工艺流程、材料品质等方面的范本，并以此样板作为验收控制标准，以确保各部位的装饰装修、设备安装全部符合要求。“样板引路”是建筑工程施工过程中把控质量很重要的一种管理方法。样板不单是起到引导施工的作用，在工程建设管理中，样板管理同样是工程建设管理的一个重要环节，是提高铁路客站工程质量、提升铁路客站建设整体水平、创造精品工程的一种切实可行、行之有效的保证措施。

一是建设单位通过“样板”实施全过程的监督与落实。由于大部分建设单位对铁路客站建设实行的是项目群管理，技术管理人员少，个别专业不对口，对设计图纸的掌握不够全面，当施工与设计产生矛盾需要建设单位协调时，顾此失彼、缺乏依据。通过“样板引路”可以提前稳定设计，确定材料，及时进行大宗装饰装修材料采购招标，以确定的“样板”来实施全过程的监督，因而可以避免因设计和材料而造成的延迟，大大加快工程的施工进度。另外，实行项目群管理的建设单位，可以通过成功的“样板”进行实物展示，组织各参建单位观摩学习，推广好的经验、做法和新的工艺，以点带面整体推进，可以起到事半功倍的效果。

二是设计单位通过“样板”可以进一步优化方案。在装饰、安装工程设计文件里是很难全面、彻底、直观地反映成品实物的全貌，经常产生装饰效果达不到设计人员的意图、安装与装修不协调、使用功能局部欠缺、满足不了细部设计的要求而返工处理等质量问题，根据“样板”制作存在的问题，对设计进行修改完善，选择最佳方案，提高设计的准确性和可靠性，从源头上控制，最大限度地避免工程返工，减少损失，从而达到降低工程成本、提高使用功能的目的。另外，设计单位也可以通过成功的“样板”，组织其他设计人员进行观摩学习，优化其他客站的设计，避免走弯路。

三是监理单位通过“样板”全面掌握验收标准。随着我国在科技和经济领域的快速发展，装饰装修工程的设计、施工、材料日新月异，现代化铁路客站设计和施工采用了大量的新材料、新技术、新工艺，现行的《建筑工程施工质量验收统一标准》(GB 50300—2001)和《建筑装饰装修工程质量验收规范》(GB 50210—2001)很难全部覆盖，可以通过确定的“样板”，结合现行的验收标准和规范，修改本工程的监理细则，完善客站的验收标准。同时，监理单位可以对“样板”制作过程中发生问题的原因加以分析，研究解决问题的办法，及时提出相应对策，使问题不再重复出现。通过对“样板”制作工程的监理，可以及时发现质量通病并加以解决，把质量问题和缺陷消灭在萌芽状态。

四是施工单位通过“样板”指导施工人员操作。施工技术交底是保证工程质量的重要举措，“样板”应该是施工技术交底的一个重要组成部分，这是一种更直接、更直观的实物交底。“样板”达到预定的质量标准、观感效果验收合格后，可以使施工人员通过“样板”对这一分项工程项目施工的质量目标和验收标准一目了然。事实上，无论建筑工程施工时间的长短和复杂程度如何，各项工序只要建立“样板”，以“样板”引路，做起来就可以把复杂的程序简单化，可以使施工技术人员做到心中有数，将工艺定型化、规范化、标准化，再配以相应的作业指导书，将工艺流程、操作方法交代清楚，施工作业人员就可以有样学样，依样控制，将偏差控制在标准以内。通过“样板”制作，可以达到培训施工技术人员、施工作业人员的作用，使每位参与者全面掌握铁路客站的每一个细部要求，对照《铁路旅客车站细部设计》和“样板”找出自己的不足，总结经验教训，不断修正完善施工工艺，满足铁路客站施工工艺要求。

“样板引路”实际关系到铁路客站建设各环节的运行与管理。通过“样板引路”制度管理，重点解决新型铁路客站各分项工程的施工工艺、质量标准、细部设计、方案选择及工程效果等各环节的问题，可以为铁路客站建设标准化管理和工程项目的顺利进行提供保障。实践证明，这样做不仅可以大大提高施工单位的施工效率，提升设计单位的设计水平，同时也保证了对工程质量的控制，避免了由于沟通不畅、理解有误等造成拆改，实现了工期质量的双赢。

3 “样板引路”的实践

客站总指推行铁路客站装饰、安装工程“样板引路”的实践表明：“样板引路”是纠正错误设计、防止质量通病发生最行之有效的方法。但由于各建设单位的重视程度不一，“样板引路”工作在各客站建设中存在较大的差异，个别建设单位没有把“样板引路”工作纳入项目管理的重要范畴，有些施工单位为了抢进度，忽视了“样板”制作，抱着一种先做，上面检查发现有错了再改的思想来抢进度，其实，这既得不偿失，又会造成很大的浪费。“样板引路”工作做好了，既可以保证和提高工程质量，又可以加快工程的施工进度。有的建设单位和施工单位没有深刻领会“样板引路”的作用，或者不知道怎么操作。下面本人以一些工程实例来介绍“样板引路”的实践。

3.1 样板制作与确认依据

(1)初步设计批复、签修设计文件；

(2)控制性装饰装修设计审核意见,已审查确认的控制性装饰装修设计、效果图;

(3)空调、室内与景观照明、客服系统专项设计审查、审核意见;

(4)《铁路旅客车站细部设计》;

(5)已审核的装饰、安装施工图及相关材料、涂装面、构件的标准、规格、等级、成分及技术参数等。

3.2 样板制作要求

依据已审核的装饰、安装施工图,在拟装饰、安装工程实施部位按1∶1比例制作实样,样板应将拟采用的材料、安装与涂装工艺、连接节点、整体效果体现清楚。

3.3 建设单位要求

建设单位要始终坚持把"样板引路"工作纳入项目管理的重要范畴,做好"样板引路"的策划和准备工作,编制"'样板引路'实施规划"、"'样板引路'实施办法"。及时组织设计、监理、施工单位对照样板确认依据予以确认,并报请客站总指派人参加。实行铁路客站项目群管理的建设单位,要根据设计单位和施工单位的经验和实力情况选择某座客站作为全线客站的"样板站"。客站的选择要具有代表性、全面性,要能真正起到指导整条线路客站施工的作用,切忌应付,每一分部的做法都要落实到位,发现的问题要及时落实整改到位,明确全线统一的细部做法,不留死角。

[案例一] 海南东环公司考虑到海南东环铁路中间站较多,每座中间站的规模小,施工进度快,设计也具有一定的相似性,研究决定选用田独站为"样板站"(图1),通过"样板站"的施工,明确了全线中间站栏杆、吊顶、雨搭、售票窗口、卫生间、盥洗间、消火栓箱等的统一做法,为全线中间站施工起到了很好的示范作用。

图1 海南东环样板站

3.4 设计单位要求

设计单位要根据建设单位"样板引路"规划,尽快明确样板制作部位的设计,对需要进行样板对比才能确定设计方案的,设计人员要分别提交不同方案的设计图纸,进行设计交底,并到现场指导施工单位制作样板。对一些新材料缺乏技术参数的,要根据样板情况,确定技术参数和要求。

[案例二] 海南东环三亚站的设计具有浓郁的海岛风格,幕墙和室内局部装饰均采用木纹色铝材饰面,其中木纹的选择是难点。设计单位需要通过"样板"比选来确定,在实施过程中,对木纹色分别制作了不同的样板,经比对后选用了海南独特的花梨木纹理装饰,取得了很好的效果,很好地实现了建筑师的原创意图,为海南岛又增添了一道靓丽的风景,见图2~图4。

图2 三亚站实景

图 3　选定的幕墙样板

图 4　幕墙效果

［案例三］　银川站采用了拱券为核心形象，融地域文化与现代风格为一体，具有浓郁的地方特色。设计人员采用了清水混凝土来表现室内拱空间建筑风格，但设计文件里没有对清水混凝土的纹理、是否留栓洞以及饰面有机硅保护剂材料的稀释比例提出要求，通过样板进行比对后，最终选定为稀释 50% 的方案，效果较好，充分体现出了混凝土的粗犷、厚重美，见图 5～图 7。

图 5　银川站室内清水混凝土饰面效果图

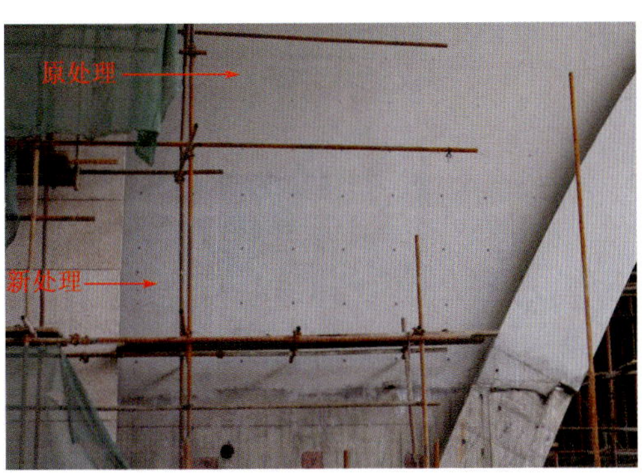

图 6　有无栓洞的样板对比

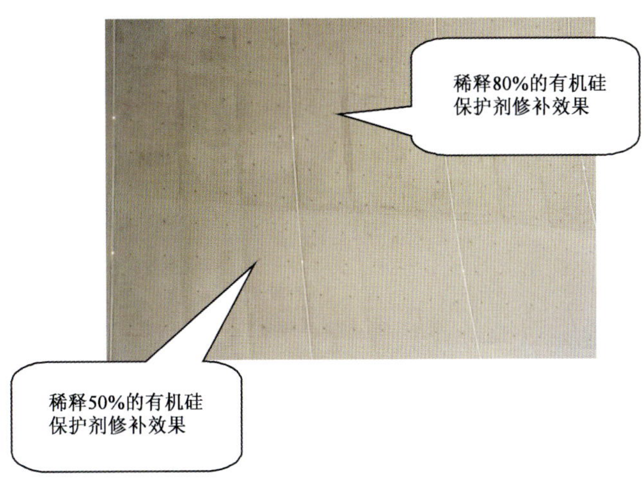

图 7　不同浓度的样板对比

［案例四］　海南东环三亚站室内吊顶设计，采用什么样的板宽和板缝，设计人员拿不准，设计人员在现场指导制作了三种样板，由海南东环公司组织有关单位的技术人员，到现场进行了确认，最终确定板宽 180mm、板缝 90mm 的方案。同时，根据装饰装修效果图，决定采用弧形板，效果很好，见图 8～图 11。

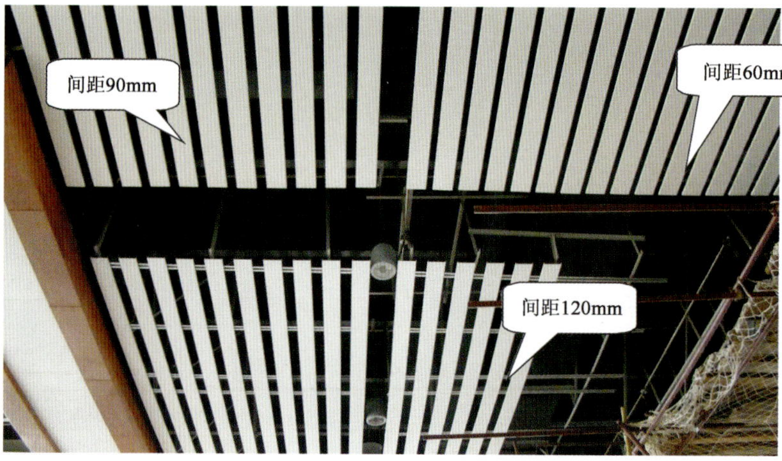

图 8　板宽与板缝比例关系样板

图 9　直板拼接样板

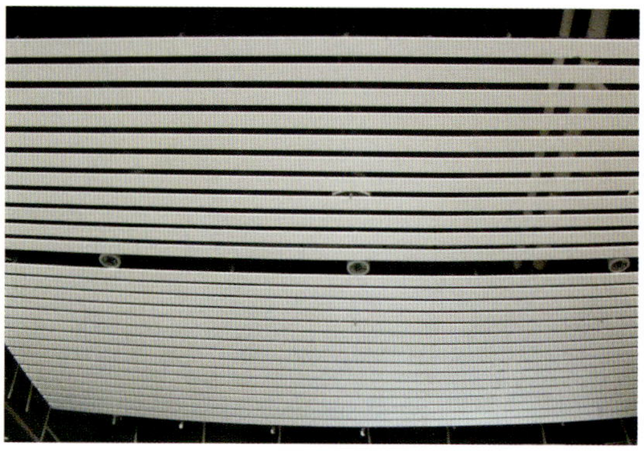

图 10　6m 长弧形板样板

图 11　现场完成吊顶实景

3.5　施工单位要求

施工单位要按照建设单位制订的"'样板引路'实施规划"、"'样板引路'实施办法"严格实行"样板引路"制度。先依据客站总指发布的《铁路客站装饰、安装工程样板制作细目表》，选定样板的制作范围，一般包括屋面、幕墙、吊顶、售票窗口、卫生间、进出站广厅、候车厅、贵宾室、站台、雨棚、末端设备等部位，并根据现场进度情况排出"样板"制作计划表，落实设计情况，了解设计要求，选择基本符合设计要求的样板材料和构件样品，报请建设单位组织进行初步确认后，开始制作样板。同时，应根据各施工工序的工艺流程和作业方法，编制详细的"分部分项工程作业指导书"，明确关键作业控制点，包括准备工作、测量放线、材料规格、操作工艺、质量标准、样板保护等要求。各样板单元制作现场均要悬挂设计报审确定的效果图，时刻进行对比，见图 12。样板完成后，报请建设单位组织验收确认。如需进一步优化整改的，落实整改意见后再报请验收确认。报请建设单位组织验收确认前，施工单位要把已完成的样板单元材料汇总成册，包括工程概况、样板单元概况、样板单元效果图、样板单元工艺工序要求、节点示意图、样

图 12　设计报审确定的效果图

板照片、样板确认会签单等，见图 13。样板一经确认，建设、设计、监理、施工单位要在"铁路客站装饰、安装样板确认会签单"上签字，会签单后要附样板照片；监理单位对样板涉及的材料进行封样保存；施工单位要按确认的样板对施工人员进行技术交底，组织相关材料的招标采购；施工现场符合大面积装饰装修条件的方可进行大面积装修。

［案例五］　深圳北站采用铝镁锰板和阳光板组合屋面。设计单位对阳光板的选择确定了强度、硬度、透光率等技术参数。施工单位按设计要求制作了样板，但样板制作后在强烈的阳光下出现了很刺眼的眩光，见图 14，且阳光板与铝镁锰板的节点处理不好，存在漏雨的隐患。在样板验收后决定更换阳光板，见图 15，但施工单位在样板还没有确认之前，就对阳光板进行了部分采购招标，为此，给更换材料造成了一定的麻烦。

［案例六］　南京南站原设计采用格栅灯，置于吊顶垂片间，施工单位通过制作吊顶和灯具安装样板后（图 16），大家认为吊顶分块琐碎，现场观感凌乱，设计单位进一步优化设计，将灯具暗藏（图 17），既达到了整体简洁的效果，又满足了照明要求。

图 13　深圳北站样板验收确认资料

图 14　产生眩光的阳光板样板

图 15　整改后的阳光板样板

图 16　格栅灯具样板

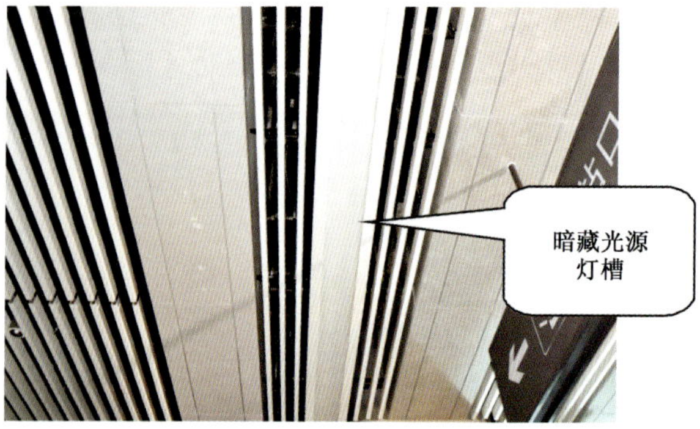

图 17　暗藏后样板

4　结语

建设铁路客站精品工程，除应有一个合理、科学、先进的规划设计外，最重要的还要有科学、严谨的管理来抓好实施阶段的工作。下一步，应该深入研究对"样板引路"作进一步扩展，逐步由装饰装修、安装工程的"样板引路"扩展到各分部分项工程全过程的"样板引路"。大力加强样板施工管理，抓住施工过程的每个分部分项样板施工，对提高铁路客站工程施工质量、创建精品工程具有积极有效的推动作用。

众所周知，部领导非常重视铁路客站建设工作，同时对"样板引路"给予了充分肯定。2010 年 11 月 18 日铁道部副部长卢春房在检查天津西站施工现场时指示："装饰装修工程必须严格按照部里制订的有关样板审查验收制度进行实施，要发挥好'样板引路'的作用，客站建设中装饰装修工程质量直接影响到将来客站开通使用时社会公众对于铁路建设形象的评价问题，所以装饰装修的质量必须高标准、严要求，精益求精。"只要我们坚持全面推行"样板引路"，精心组织、科学安排好施工组织和管理，就一定能建造出百年不朽的精品工程，为广大旅客提供一个舒适、便捷、安全的候乘环境，为广大铁路客运工作者提供一个舒心、方便、高效的工作环境。

西安北站建设管理的实践与思考

张西民

（西安铁路局　西安　710054）

摘　要：目前我国铁路客运专线及新型客站建设迅速，笔者通过西安北站工程的实际，对工程特点、具体做法等加以阐述，并对今后客站建设的有关内容进行探讨，以期达到共同提高铁路客站建设管理水平的目的。

关键词：西安北站　建设管理　实践　思考

1　西安北站工程的特点

1.1　地理位置特殊，建设意义重大

具有唐风汉韵建筑风格的西安北站，是古城西安的地标性建筑，是连接我国郑西、西兰、大西、西成、西银 5 条铁路客运专线的重要枢纽，是建设陕西关中城际铁路的重要支撑点。它的开通运营，不仅能有效缓解我国中西部运输能力紧张的局面，提高运输品质，更能提升陕西在整个西部大开发中所占的桥头堡地位，进一步促进国民经济的又好又快发展。

1.2　建筑规模较大，施工组织困难

西安北站总建筑面积 33.66 万 m^2，站房东西向（含无柱雨棚）宽 435m，南北向长 550m。建筑分为高架层、站台层、出站层和地铁层，站场设计为 3 场 34 站台面 34 股道。根据铁道部施工组织安排，2008 年 9 月 19 日开工，2010 年 12 月 31 日建成南站房和郑西场，其他工程于 2011 年 6 月 30 日全部竣工。西安北站工程大量采用新技术、新工艺、新装备、新材料，尤其是站房、雨棚工程，采用的钢结构体系跨度大、构件尺寸多变、规格品种繁多、加工精度要求高、安装就位困难。

1.3　多专业施工交叉进行，现场管理要求高

西安北站工程建设包括站房、站场、四电、地铁及市政配套等工程。在基础施工部分，桩基、地铁、基坑降水、站场等施工相互交叉，轨道梁与建筑合一等施工重难点问题多。项目后期，站房区域多家施工单位交叉施工，争抢工作面，施工矛盾突出，建设单位统筹管理和协调工作难度大。

2　建设管理实践

2.1　加强组织、高标定位，保证西安北站工程建设优质、高效、有序的推进

2.1.1　健全管理体系

路局成立了由局长担任组长的西安北站建设领导小组，分管建设的副局长任副组长，下设技术指导、质量检查、安全控制、材料供给、运输组织、设备安装、客服跟踪、外电协调 8 个专业小组，分别由路局建管、质监、物资、运输、计统、总工、安监室负责人为成员，制订了相应的工作制度和工作标准。领导小组定期召开专题会议，研究西安北站建设中存在的重大问题，并制订工作推进方案，明确各部门、各单位工作职责，确保工程有序推进。

2.1.2　完善征拆工作机制

征地拆迁工作是制约建设工期的关键所在。路局始终把征地拆迁作为一项至关重要的工作抓紧抓好。建立了由主管建设副局长牵头，建设、施工、设计、监理单位"四位一体"共同推进的征地拆迁工作协调机制，严格按照"省部纪要及征地拆迁实施协议"，充分依托地方政府责任主体优势，采取定点、定人、定时间、定任务的方式，协助地方政府积极推进征地拆迁标准确定、清点核量、土地组卷报批等项工作。

特别是对西安北站东西两侧的红旗西渠、漕运明渠等市政排水系统迁移，330kV 外电引入等工作，路局坚持及早动手，超常付出，用足各种资源，与地方政府密切联系，联合攻坚，确保了客站工程施工有序推进。

2.1.3 强化包保管理制度

为确保西安北站工程建设始终高效、有序进行，路局建立了现场安全、质量、进度责任包保机制，全面对工程建设实行动态管理，并选调作风硬、能力强的人员不断充实到指挥部，加强指挥部安质管理力量。局建管处、质量监督站采取领导责任包点制度，驻守现场，靠前指挥，对质量问题一抓到底，全面负责。同时，路局每月对指挥部安全质量管理情况进行评估检查，每周组织召开安全质量问题专题会议，认真分析工程建设中存在的各类问题，坚决把质量缺陷和安全隐患消灭在萌芽状态。

2.2 明确责任、细化分工，全面构建工程建设过程的标准化管理体系

2.2.1 坚持规范管理，优化制度和标准

结合西安北站工程实际，以建设标准化管理为目标，由路局建设处牵头，帮助指导工程指挥部编制了施工管理、安全管理、质量管理等 8 类 115 项标准化管理制度，明确了 85 项现场管理标准、35 种过程控制检查表，并按专业编制了 5 类“施工要点卡片”，按工序编制了“应知应会卡”和作业指导书，制订了施工图供应、现场进度控制、安全质量管理、信用评价等 55 项管理制度和实施细则，对参建各单位资源配置、生产流程和管理要素等进行了全面规范，形成了较为完善的标准化管理制度。

2.2.2 坚持精细管理，保证质量和安全

一是制订了建设安全、质量、工期评估预警管理办法，每月由路局组织，对项目工程质量、安全、工期进行检查考核，逐月公布红黄牌预警结果，并纳入对施工企业的信用评价，督促各参建单位优化施组，加大投入，强化管理。二是建立企业负责人约谈制度，凡施工、设计、监理任何一方在安全、质量、工期上出现较大问题，路局立即启动约谈程序，将企业主要负责人约请到现场，给予警示，并将约谈落实情况作为建设单位对参建单位奖惩考核的执行依据。三是建立由质监站、建管处人员组成的施工质量现场监督组，每周深入西安北站施工现场，重点检查施工关键环节的安全质量问题，全力消除质量隐患，确保重点施工关键环节全面受控。

2.2.3 坚持科学管理，严把重点和关键

针对我局没有大型站房建设经验可供借鉴的实际，路局坚持对客站建设加强现场调研，狠抓过程控制，实行闭环管理。在工程建设初期每月召开例会协调解决各种问题，在建设后期每周由主管建设副局长带队，领导小组成员部门和建设、施工、设计、监理及设备接管单位参加，首先对施工现场进行全面平推检查，然后召开施工推进协调会，并以会议纪要方式明确问题解决的时间及要求。为确保工作落实，路局要求西安北站工程指挥部：一是每天必须由领导带队，全面巡视车场、站房，及时发现和解决工程建设中的安全、质量、进度方面存在的问题；二是配合路局安监、质监部门加强对钢结构吊装、高空作业等施工安全重点环节进行监控，对所有施工安全风险点进行分级管理，对诸如大型吊车行走、钢结构卸载、高架桥箱梁脚手架支撑等施工关键点紧盯死守、包保到人；三是深入研究设计文件，加强现场调查，优化和稳定设计方案，保证设计方案的科学性、合理性、功能性。

2.3 严格把关、强化现场管理，全力打造经得起历史检验的精品工程

2.3.1 严格源头把关

对水泥、钢筋、防水材料、钢结构等甲控物资，路局严格按照招标程序在二级市场组织招标采购，并严格采取驻场监造、出厂检验、途中监控、进场报验、过程抽检，保证产品规格、颜色、几何尺寸、加工精度等满足要求；对非甲控物资，如动静态标志系统，比照甲控物资管理，由路局统一组织招标采购，严把材料设备进场关口；对站房灯具、吊顶材料、地砖、石材等由施工单位自行采购的大宗物资，路局在管理中采取“品牌把控→业绩准入→实地考察→论证比选→样板制作→现场确认→报部审定”的原则，全程介入把关。如对站房灯具，一是要求必须选国内外知名品牌，二是必须对供应商进行实地考察，三是必须先制作现场样板，四是请专家进行现场评估、比选，五是上报铁道部审定后实施。路局通过对物资设备

采购、生产、运输、检验、异议处理、保管、使用等环节进行严格把关，完善物资材料质量控制标准，坚决把不合格产品挡在工程之外。

2.3.2 紧盯质量控制

严格按照标准化管理要求，对每道工序都制订了工点定置管理图、责任区划分表和标准化管理责任表，将责任区细化到建设、施工、设计、监理的具体人员，确保每一道工序、每一个岗位都能够得到有效监控，所有技术交底、工序衔接、工艺流程等环节得到严密卡控。如对卫生间装修，突出细节管理，要求墙地砖完全对缝、无小砖，全玻化阳角圆边，确保盥洗台、地漏等器具布置合理，整齐美观。对屋盖网架施工，突出工厂化管理，针对其结构由众多杆件与14 800个焊接钢球拼接而成，加工难度大、精度要求高的实际情况，要求现场设立钢结构加工厂，实施工厂化加工，采用单片拼装、立体拼装、分块吊装、分块间杆件嵌补的方案，减少了高空焊接作业量，有效保证了成品质量和工程进度。为追求石材铺贴最佳效果，对1mm自然缝采用与石材颜色相近的云石胶进行勾缝处理，对5mm伸缩缝采用与石材颜色相近的硅铜胶进行勾缝处理，保证了工程质量，提升了工程档次和设计效果。针对站房多工种、多专业交叉施工，成品保护难度大，路局充分发挥建设主导作用，加强协调管理，严格场地交接程序，采取退场成品监理确认、接续施工完善保护措施、相关单位共同交接签认等方式，确保成品保护责任落实。

2.3.3 坚持“样板引路”

路局严格按照铁道部对站房装饰装修施工的要求，一律先做样板，其中玻璃幕墙、石材幕墙、吊顶、地面、卫生间、楼梯栏杆、检票口等分部、分项工程，先后三次组织报部审定。累计报部审定样板36个，审定材料150项。样板经看样审定后，再组织施工单位进行大面积施工，确保了装修效果，满足了设计风格。

2.3.4 强化专业管理

路局充分发挥业务处室专业管理资源优势，提前介入，过程管理，研究解决专业施工中存在的问题，确定施工方案，保证了客服、运调、信息、商业开发、四电集成、站场设备安装调试等工程有序展开。西安北站开工建设以来，路局不断加强管理职能，量化考核指标，加密检查抽查频次，对检查发现的各类问题全部进行跟踪验证和监督落实。先后组织各类专项检查30次，发现问题76项，完成质量检验验收1 700余项，合格率达100%；检测桩基3 125根、路基CFG桩基3 298根，检查屋面施工16万m^2、吊顶施工19万m^2、玻璃与石材幕墙4.5万m^2、花岗岩地面施工16万m^2，全部合格达标，实体质量及原材料质量始终处于可控状态。

3 做好客站建设的几点思考

3.1 必须认真贯彻落实铁道部对做好客站建设的具体要求

西安北站建设启示我们，在客站建设大规模展开、大兵团会战、大跨步推进的新形势下，特别是在建设单位缺少大型客站建设管理经验的情况下，必须紧紧依靠部客站建设总指挥部的正确指导和帮助。

3.2 必须采取坚强有力的建设管理保证措施

西安北站建设启示我们，建设单位在大型站房建设中发挥着至关重要的作用。特别是在当前设计、施工、监理单位普遍都存在着力量分散、资源投入相对不足的情况下，建设单位只有硬起手腕抓管理，严考核，坚持标准化管理镜头不换、纵深发展，才能确保优质高效地推进大客站建设。

3.3 必须充分相信和依靠各级政府做好前期工作

西安北站建设启示我们，尽管在省会城市搞征地拆迁的工作难度非常大，但只要我们紧紧依靠地方政府，坚决贯彻落实省、部纪要要求，工作中加强沟通联系，尽可能统筹兼顾各方利益，争取各方理解和支持，就一定能够攻下征拆工作中的各种难关，确保大客站建设优质高效地向前推进。

4 结语

建设单位在大型客站施工中发挥着主导作用，必须充分发挥主观能动性，遵循工程建设的客观规律，科学调动各方面的积极性，坚持不懈地推进标准化管理，只要把“不留遗憾、不当罪人、建不朽工程”当作恪守的目标底线，高起点定位创优目标，高强度推进责任落实，高标准要求规范施工，高效率推进工程建设，就一定能取得大型客站建设的新成果。

参考文献

[1] 林爱武.政府投资项目代建制模式研究[D].天津：天津大学，2004.

[2] 肖传宗.代建制模式下政府投资项目风险管理研究[D].上海：同济大学，2007.

[3] (美)杰克·吉多，詹姆斯P.克莱门斯.张金成，等译.成功的项目管理[M].北京：机械工业出版社，2003.

做好运营提前介入工作　提升客站建设功能品质

朱惠刚

（北京铁路局　北京　100860）

摘　要：客站建设服务于运营管理，运营管理依托于客站建设。为了更好地服务旅客、服务运输，北京铁路局在铁道部的正确领导下，明确运营单位在客站建设中的目标定位，细化运营单位在客站建设中的责任职能，积极发挥运营单位在客站建设中的作用，全力推进运营单位客站建设提前介入工作。注重功能，提前着手、多种措施并举；总结经验、逐步提高，全面提升铁路客站建设功能品质。

关键词：客站建设　运营　介入

随着京沪、津秦、京石等客专的开工建设，北京铁路局将在近两年内新建和改建客站50余座。目前，天津西站、于家堡站、新石家庄站、保定站及津秦客专滨海、唐山、秦皇岛、北戴河等客站均已开工建设，北京铁路局客站建设正大规模展开。

1　提高认识、明确介入意义

铁路客站技术标准高，设备集成度高，维护要求高。运营单位作为客站使用和管理的主体，在客站运营管理上有着丰富的实践经验。特别是在基本功能条件、旅客心理需求、客运作业条件等方面的认知比设计、建设单位更趋于实际、更具有可操作性。同时，运营单位应组织人员提前了解设备设施和运营环境，熟悉设备标准，掌握设备的使用和维护，保证开通运营时设备运行良好。正是由于运营管理部门的提前介入，发挥了专业优势，与建设单位形成优势互补，才全方位保证了客站建设的有效实施。

目前已建成的北京南站和天津站，运营单位介入工作不仅为站房内部规划、设备布局、车站广播与动静态标志结合、室内照明及暖通、旅客周边服务等方面的合理使用提出了优化方案，同时在建设过程中全面参与，为开通运营做好了充分的准备工作。可以看出，在客站建设过程中，运营单位的提前介入，可以发挥协调优势，优化功能布局，完善实施方案，成功实现客站从建设到运营的顺利过渡。在当前和以后的客站建设中，建设单位应本着“服务旅客、服务运输”的理念，坚持“五性”原则，组织运营单位提前介入，借鉴运营单位丰富的管理经验，共同打造内实外美、方便快捷、功能齐全的新时期铁路精品客站。

2　精心组织、发挥介入作用

2.1　高度重视提前介入工作

为做好客站建设工作，北京铁路局高度重视，组织路局相关处室多次研究提前预介入工作，集中专门力量，成立京沪高速铁路提前预介入工作组，编制了预介入人员履责说明书和作业指导书，部署了预介入的工作安排。进一步加强客站建设管理，路局相继成立了站房建设管理办公室和站房工程建设指挥部，加强建筑设计单位、施工单位、运营单位、决策部门、管理部门多方的沟通协调，建立协调机制，多次召开客站建设座谈会及相关例会。除此之外，本着“走出去、学回来”的指导思想，组织预介入人员参观北京南站、天津站、虹桥站等成功客站，参加相关培训，学习《铁路旅客车站细部设计》，总结建设经验，搭建交流平台，从功能布局、细部设计、客服、旅服、广告、设备设施等多方面提前介入客站建设。

2.2　确立提前介入基本原则

做好预介入工作需明确基本原则，作为指导客站建设提前介入工作的行动指南。一是人本原则：运营单位要坚持以人为本、以旅客为中心，充分体现经济社会发展的客观要求，对客站建设运营提出合理的介入建议，最大限度地强化为旅客服务的功能，最大限度地满足旅客服务的需求。二是“三同步”原则:在新建或改扩建客站建设项目前期,吸收运营单位对客服系统设置方案、静态标志设置方案、设备养护、保洁服务等具体建议,做到同步规划设计、同步开工建设、同步验收运营,为服务旅客、构建和谐客运打下良好基础。

2.3 明确建设运营相互关系

建设和运营的有效结合是确保客站使用功能实现的前提。在客站建设的方案阶段,运营单位应作为使用方主体,提前介入,细化研究;在实施阶段建设单位作为牵头方,应贯彻设计理念,及时组织运营单位介入工程实施,具体落实相关方案;在竣工验收阶段,建设单位应与运营单位统筹结合,各负其责,做好联调联试,确保客站从建设阶段至运营阶段的有序衔接。建设单位应主动协调,积极引导运营单位提前介入,主动和运营单位对接,提供工程进展信息,组织实施方案研究。运营单位应找准时机,适时介入:介入过早,体现不了作用;介入过晚,同样失去了意义。比如,设备管理人员在工程主体结构完工前介入起不到作用;同样,客服人员在装修完成后介入,提出的使用需求和建议,已经得不到落实,或者只能进行拆改,失去了意义。因此建设单位要适时组织运营单位提前介入客站建设,共同推进客站建设的稳步实施。

2.4 全过程介入客站建设

运营单位的提前预介入,除应了解工程信息、掌握工程进展情况外,还应重点做好以下五个方面的工作:

一是做好客站客服系统的分析、优化,重点研究客站客服的布局、相关综合管线布置、客运服务设备设施设置等方面,在设计方案批准前提出客站客服系统的设计建议及工程预留条件。二是协助建设、设计、施工单位完成客站实施方案的调整,加强客站建设系统,提升整体功能。三是参加质量监督检查和验收,掌握工程质量情况,及时发现并跟踪处理存在的问题,确保工程质量合格。四是根据工程进展情况,明确运营管理单位组织机构,制订有关管理标准、制度和办法,提前培训,做好人员储备。五是从设备安装开始介入工程施工的全过程,提前了解站房设备主要情况,熟悉设备使用,掌握设备维修技能,为以后的设备管理打下基础。

如,在津秦客专北戴河站、唐山站等六站施工中,建设单位组织运营单位对装饰装修、客服系统、照明和综合管线布置等专项方案进行了集中审查,结合运营实际需求提出了出站闸机布置、售票窗口数量以及信息大屏幕位置等建议,并通过深化设计,进一步优化方案。建设单位应高度重视运营单位提出的问题,及时反馈意见,优化相关方案,完善客站功能。

2.5 注重细部节点施工

铁路客站作为旅客候车、乘车的主要场所,应把最好的位置、最大的空间、最宽的通道留给旅客,为旅客提供舒适、便捷的出行环境。铁路客站是集建筑、装饰、照明、标志系统、调度系统、信息系统、售票系统等内容为一体的综合性建筑。为保证整个铁路客站的运营顺畅,保证不同旅客的心理需求,需要我们在客站建设过程中高度重视细节设计、细节施工。比如,把旅客通道处的阳角设置为圆弧形,避免对旅客的身体造成伤害;尽量提高吊顶标高,把空间让给旅客;在站房照明中,分区分级合理设置照明设施,对照度结合实际情况进行控制;对盲道砖铺设从旅客安全角度考虑,应采取防滑措施等细节进行专题研究,可以进一步提升客站的整体品质。

细节决定成败,某一个小的环节有了漏洞,就有可能对旅客的出行造成影响,不能符合以人为本、和谐客运的时代要求,容易引起旅客对车站的意见,对铁路形象也是一种损害。因此在客站建设中,运营管理单位必须切实深入到工程施工的各个环节,从设备安装的螺钉到引导系统的按钮;从车站的时钟显示到视频系统的监控;从消防栓的设置到盲道的铺装;从室外电梯的预伴热到卫生间的防滑措施等,必须全过程、全方位地仔细研究细部构造的功能,以满足旅客需求,保证客站的正常运营。

2.6 发挥综合协调作用

随着高速铁路建设的发展,以车站为代表的综合交通枢纽受到当地政府的高度重视,地方配套工程主要涉及站前广场、地铁换乘、市政配套等,铁路客站应与地方配套工程同步规划,同步建设,同步投入运营,做好无缝衔接。同时运营单位作为铁路客运的窗口单位,与地方政府部门有良好的合作关系,所以应发挥运营单位协调作用，利用点位优势，加大客站建设协调力度，促进客站建设与市政有序衔接，体现桥梁作用，推动客站建设实施。在石家庄站建设中，充分发挥了运营单位石家庄站的区位优势，专人负责与地方政府就市政工程、水电接引、投资划分等进行协调，确保接口衔接，有序施工。

3 超前谋划，打造客站精品

预介入工作要把握两个方面：一是"预"，凡事预则立，不预则废，必须提前运筹帷幕，方能决胜千里之外；二是"介入"，强调的是深入、具体、突破，而不是蜻蜓点水、浅尝辄止。因此下一步，我们要在京津城际、北京南站和天津站提前介入经验的基础上，借鉴武广、郑西、沪宁等客运专线客站提前介入的好做法，精心组织、超前谋划，进一步做好预介入工作，努力把京沪、津秦和京石、石武客运专线客站打造成精品之作、不朽之作。

3.1 精心组织，打造精干团队

一是加强领导。在刚刚结束的我局运输安全工作会议上，下发了"关于进一步加强客运专线预介入工作的通知"，成立了以主管建设、运输和工务的3位副局长为组长的预介入领导小组，全面主管我局客运专线预介入工作，为加强我局2011年的客运专线预介入领导工作奠定了坚实基础。

二是公开选拔精兵强将组建精干团队。在路局预介入领导小组领导下，我局在成立了工务、电务、机务等预介入多个专业工作组的同时，成立了客运预介入工作组，专门负责客站预介入工作。同时，从全局客运系统，重点是参加过京津城际预介入工作的北京南站、天津站，公开选拔业务素质高、工作能力强、理论和实践经验丰富的骨干力量组建客运预介入工作组，目前第一批60余人已到位并派往正在建设中的各客运专线站房建设项目。

三是加强培训，提高预介入工作质量。一方面，邀请经验丰富的工程建设专家对预介入工作人员进行基本建设相关程序、标准和管理知识培训，使其更快地熟悉和适应新时期高标准客运专线和客站建设。另一方面，组织预介入工作人员参观学习成功运营的上海虹桥站、武汉站等新建客站，熟悉、掌握客站建设、设备、运营等各方面的情况，全面提升预介入人员的整体工作能力，确保优质、高效地开展客站预介入工作。

3.2 加强介入，提高工作成效

一是进一步优化客站客服系统。我们将严格按照"五性"原则要求，坚持以人为本、以旅客为中心，尽力优化每个细节、完善每项功能，为旅客提供方便舒适的乘车环境、快捷便利的换乘条件和人性化的服务。要充分发挥客站运营管理经验，在确保旅客流线的基础上，对站房布局、旅客乘降组织、车站设施设备布局、静态标志布局、设备设施检修环境完善等多方面提出建议，进一步完善客站建设方案，强化功能，最大限度地满足旅客服务的需求。

二是进一步完善客站设备设施。新时期的客站建设，设计新颖、设施先进、专业化程度高，因此我们要始终坚持"三同步"原则，确保规划布局合理、设备设施齐全、运营维护好用。运营单位预介入工作，要以日后运营管理好用为出发点，以多年的运营管理经验为基础，优化客站商业开发规划、合理布置综合管线、合理配置服务设施，确保功能齐全、系统完善，减少开通运营后的改造成本和维护维修成本，全面提升客站服务标准。

三是进一步做好联调联试和开通运营准备工作。联调联试和运行试验的成败，直接影响客运专线运营的安全、可靠、舒适与效率，也是客站建设重要功能的体现。运营单位预介入工作，首先应熟悉和掌握客运专线建设标准和规范，加强施工质量检查，严格施工过程验收，消除工程质量和安全隐患；其次要抓紧熟悉设备设施，提前建立各项基础设施台账，提前掌握相关技术参数和性能，减少联调联试和开通运营时初调、精调和整改工作任务量，为高速铁路的安全运营打下坚实基础。

3.3 坚定不移，严格实施标准化管理

我局始终坚持"高标准、讲科学、不懈怠"，纵深推进标准化管理，有效利用"机械化、工厂化、专业化、信息化"四个支撑手段，以创建标准化指挥部为抓手，狠抓建管人员的配齐配强、狠抓管理制度的建立健全、狠抓施工现场的标准规范、狠抓实施过程的严格卡控，显著地提高了我局基本建设管理水平，高标

准、高质量、高效率地推动了我局基本建设。下一步，我们将继续坚定不移地实施标准化管理，同时，将标准化管理模式引入到客站预介入和开通运营工作中去，确保客站建设、预介入和开通运营全过程标准化管理。

一是强化客站预介入管理制度建设。我们将组织路局预介入各专业工作组共同研究、讨论和制订一系列预介入管理办法和实施细则，包括预介入小组的组织机构、职责、工作制度、联系制度、协调机制、检查制度、整改制度、交接制度、验收制度、奖惩制度、激励制度等，确保客站预介入工作有目标、实施有规范、操作有程序、过程有控制、结果有考核。

二是强化客站预介入结合部管理。客站建设涉及30多个专业，专业施工立体交叉、接口多，应加强各专业结合部管理。我们将对结合部进行分级、分类、分区域管理，定人、定时、定岗、定责、定点，建立起建设、施工、监理和预介入四级网格化管理体系，加强责任包保，强调质量终身负责，确保专业施工有条不紊、井然有序。

三是强化客站建设工程安全质量管理。新时期客站规模大、标准高，我们将继续坚持把安全质量作为最关键、最核心、最重要的工作来抓，大力推行架子队的管理模式，坚持科技创新、技术创新，大力推行信息化管理，通过专业化的施工、全过程的监理、强有力的建设，确保工程安全质量。

4 结语

铁路客站建设是中国高速铁路发展的重要组成部分，新时期客站建设对建设和运营单位均提出了更高的要求。北京铁路局将在铁道部的正确领导下，按照“五性”原则要求，精心组织、精心施工、提前谋划、强力介入，高标准、高质量、高效率地推进新时期客站建设，全面实现“六位一体”目标，努力提升客站功能品质，把客站建设成为精品工程、不朽工程。

参考文献

[1] 郑健. 我国铁路客站规划与建设[M]. 北京：铁道经济研究，2007.
[2] 郑健，等. 铁路旅客车站细部设计[M]. 北京：人民交通出版社，2010.

资源管理在铁路客站建设中的实践与成效

王文君

（武汉铁路局　武汉　430071）

摘　要：本文通过对大型客站建设实践的总结，提出了资源管理的概念。分析了客站建设所存在的前期制约、方案调整、施工管理、物资供应和安全压力等五大共性问题，并重点阐述了在实施过程中整合人才资源、利用业务资源、统筹建设资源、发挥地域资源、调动局管资源的具体措施。在此基础上，提出了允许联合体投标、强化装修管理、争取代建地方配套工程和建议客站可研单独批复等思考意见。强调推行“四化”管理，进一步统筹各项资源，打造百年不朽精品客站。

关键词：资源管理　共性问题　措施　意见

1　引言

铁路客站是铁路的主要生产服务基地，在路网中发挥着重要功能，既是城市的门户，也是铁路面向社会的窗口。在大规模高标准铁路建设中，铁路客站的建设理念和功能实现关系铁路现代化建设的全局。新时期铁路客站已不再单纯是一个“点”的概念，而是集铁路、公交、地铁、出租车和社会车辆等多种交通方式于一体，既要优化各类流线组织，又要解决各种交通方式的最便捷换乘，充分发挥综合交通枢纽的功能。

武汉接南连北、承东启西，距北京、上海、广州、成都等全国主要中心城市均不超过 1 200km，独特的地理位置使其成为我国铁路路网性客运中心之一。为满足日益增长的客运需求，枢纽内三大主要客站——武汉、汉口、武昌站都相继进行了新建和改扩建。

目前武汉局批复项目中，已建、在建和拟建客站共计 67 座，总面积约 87 万 m^2（详见表 1）。按照规划，到 2010 年年底全局将建成投用车站 14 座，建筑面积达 52 万 m^2，到 2012 年底所有站房将全部建成投用。面对大规模客站建设任务，如何在较短时间建设好客站工程，是摆在我们面前的一道难题。在过去几年的客站建设实践中，我们按照“高标准、讲科学、不懈怠”和站房建设“五性”原则要求，科学组织、精心施工，高质量地建成了三大客站。通过总结经验和教训，特提出客站建设资源管理的概念：在时间、人力、物资、设备、资金和技术等资源极为紧张的情况下，充分挖掘路局整体优势、人才优势、业务管理优势和地域优势等资源潜力，探寻有效方法，系统性地强化资源管理，从而又好又快地把客站建成百年不朽的精品工程。

客站建设统计表（共 67 座）　　表 1

序号	项　目	站　房	序号	项　目	站　房
1	武汉枢纽	武昌站	10	武广客专	新赤壁站
2		武汉站	11		咸宁北站
3		汉口站	12	合武客专	麻城北站
4	京九电化	黄州站	13	汉宜	6 座
5	武九电化	鄂州站	14	湖北城际	33 座
6	武康二线	襄樊东	15	站改	信阳站
7		随州站	16		驻马店
8	漯阜二线	5 座	17	荆岳	荆门站
9	宜万线	6 座	18	石武客专	4 座

2 铁路客站建设中存在的共性问题

铁路客站具有设计要求高、技术难度大、涵盖专业广、施工工期紧、建设协调难等显著特点。在建设管理过程中，所遇到的突出问题主要体现在以下五个方面。

2.1 前期工作制约多

客站作为综合交通枢纽的主要组成部分，要求与铁路线路同时建成并投入使用。目前，由于客站因概念招标、方案稳定等因素影响，持续时间较长，初步设计及施工图往往滞后于铁路线路。同时，由于地方政府十分重视客站，对其规模、标准、所赋予的文化等均要求较高，路地双方在建筑方案、建设规模和投资分摊等方面难以顺利达成一致意见。此外，客站建设涉及与市政交通工程的衔接，因管理分割、方案磋商和一些不可控因素，步调往往难以一致，从而耗费大量时间；涉及征地拆迁、资金到位更是众所周知的难题。诸多复杂因素交织，导致前期工作进展较慢，对客站建设的顺利推进造成了极大的阻碍。

2.2 方案调整影响大

一是方案调整造成专业间衔接变化大。站房工程系统复杂，涉及专业多且专业间衔接紧密，往往牵一发而动全身，尤其是交叉项目、引入工程和站改、过渡等工程，一些微小变化都可能对整体工程造成较大影响。例如，武汉站局部方案的后期调整导致消防分区、管线设备安装、装修方案等一系列变化。二是标准变动造成方案变化大。客站在实施过程中因运营发展或功能需求，或地方政府在实施过程中提出新的设想等，都会使客站建设标准发生改变，从而造成方案变化。三是管理分割造成推进难度大。特别是地方市政配套工程管理分割严重，方案更改时有发生。如供水、供电、管网和地铁、市政道路引入等发生变化后，由此引起衔接方案发生改变也制约了项目的顺利推进。

2.3 承包商现场管理要求高

大型客站目前主要采取施工总承包方式承建，对总承包商现场管理能力提出了很高要求。就当前而言，承包商的统筹管理和协调能力尚有欠缺，究其原因主要表现在以下四个方面：一是专业众多。客站建设涉及土建、钢结构、幕墙、安装、装饰和信息等 30 多个专业，量大、点多、面广，承包商难以全面把控。二是协调难度大。总承包商既要负责土建结构施工，还要对地下主体结构、市政衔接工程、站场线路施工、装饰装修工程及联调联试等交叉施工及工序衔接进行协调，结合部多、协调难度大。三是整体意识不强。有的总承包商专业单一，能力不强，对各专业分包队伍缺乏有效的制约手段；同时各专业队伍缺乏整体和大局意识，难以形成合力。如在武汉站建设过程中，总承包商在对钢结构公司、装修公司的协调上力度不强，造成在多界面、大面积交叉施工阶段发生组织无序的现象，既制约了工程实施进度，也不利于成品保护，影响了施工质量。四是既有线安全管理意识薄弱。铁路市场逐步开放之后，路外施工单位较多，相对于铁路建设的要求，管理和作业人员安全意识淡薄。由于大型客站交叉施工和高空作业较多，联调联试安全压力大，给工程建设造成了极大的安全隐患。

2.4 钢结构加工资源不足

钢结构是现代铁路客站的重要组成部件，目前由于生产资源紧缺、能力不足，供应与需求的矛盾十分突出。一是大型钢构主厂生产饱和。随着全国铁路客站建设的大规模展开，大型钢结构厂家的生产能力及供应时间均难以满足建设进度要求，这一问题已成为客站建设节点工期按期实现的一大障碍。二是小型钢构厂家生产质量难以保证。小厂家管理成本低，容易低价中标，由于其规模小、管理薄弱，产品质量得不到有效保证。三是工人生产技能不高。钢结构生产工艺复杂、技术含量较高，而众多厂家的熟练技工和高级技工量少，生产人员技能较低，钢构件的工艺水平和质量要求难以满足现场需求。四是高质量钢构产品供不应求。客站建设钢构件需求量大，加之大型厂家不多，客站建设工期较紧，高质量的钢构件供应成为制约客站建设的一大问题。

2.5 既有客站改扩建安全压力大

大型既有客站改扩建工程涉及既有铁路线施工，既要确保铁路运输安全畅通，又要保证工程的顺利实施，施工环境复杂；既要做到“时间、空间两隔离”，又要做到“运输、施工两不误”；既要对客运过渡、管线迁改防护、地铁、地道、天桥、雨棚施工、站场改造等多个既有线或临近既有线的施工关键环节进行系统研究、统筹协调，又要对管理过程、作业过程重点把控。运输和施工立体交叉，矛盾十分突出，安全压力巨大。

3 客站建设资源管理的实践

客站建设是一项系统工程，需要统筹利用好各种资源。按照“高标准、讲科学、不懈怠”和站房建设“五性”原则要求，我们结合实际，在建设过程中牢牢抓住人才资源、业务资源、建设资源、地域资源和局管资源五大资源的统筹运用，有效保证了客站建设的顺利高效推进。

3.1 整合人才资源，实行专业化管理

高素质的管理队伍是建设精品客站的基础。铁路客站建设规模大、标准高、工期紧、专业接口多，为适应大规模客站建设需要，我们把强化项目管理队伍的建设作为基础性工作抓牢抓实。一是成立专业化的项目管理机构。根据新时期客站建设的精细化管理要求，我们结合武昌、武汉和汉口等客站的建设经验，成立站房工程建设指挥部，进一步明确客站建设管理分工，强化专业管理。从全局范围内抽调素质高、业务精、责任心强的骨干，充实客站建设管理力量。二是大力强化精品意识，提升专业管理能力。一方面采取教育和参观考察精品客站建设等方式，强化参建者的精品意识；另一方面组织管理人员对规范、标准的强化培训和学习，促使其掌握业务技能，提升专业管理能力。三是积极储备客站建设管理人才。借大规模建设的契机，在全国各大高校招收对口专业优秀毕业生加入客站建设管理队伍，并制订全方位的培养计划，为后续客站建设储备人才。四是加强队伍考核管理。出台建设管理绩效考核奖惩办法，做好管理人员的考核评价，增强管理人员拼搏向上的内在动力。

3.2 利用业务管理资源，缩短前期工作时间

充分利用路局的总工室、客运处、房产处等专业处室的业务管理资源优势，是保证客站建设顺利推进的重要前提。一是加快客站建设前期工作，发布针对性的管理文件，明确计统处、总工室、建设处、房地产处等相关业务部门的责任，并建立界面清晰、内容具体的考核制度。二是加强组织领导，成立路局领导亲自协调、各业务处室专人负责的前期工作班子，突出专业前期介入，强化沟通协调。业务部门积极与地方政府部门对接，路局领导及时向地方政府领导汇报，取得支持；掌握有关情况，及时向部有关部门汇报。三是采取各业务处室分工负责的方式，文件报批、方案审查等工作齐头并进，缩短前期工作时间。

3.3 统筹建设资源，有序推进工程建设

3.3.1 调动建设方资源

强化施工现场的组织领导，路局成立协调领导小组，主要领导亲自部署，分管领导现场协调，主管处室全面落实，指挥部管理人员分片包保。建立考核机制，坚持日交班、周分析、月考核制度。强化现场管理，根据现场进度和方案变化，及时制订对策，动态调整施组，确保控制性节点目标的按期兑现。

3.3.2 利用设计方资源

组织设计单位成立专班现场办公，抓好方案稳定和设计供图工作，强化施工图咨询、技术交底等关键环节的控制。如在武汉站施工过程中，制订了详细的供图节点计划，并采取相应考核措施，攻坚阶段组织所有设计专册负责人全天候现场办公并参加日交班会，及时解决各类设计问题。

3.3.3 调配施工方资源

针对总承包商协调力量薄弱问题，督促其局级领导亲自督阵，各专业单位上级领导现场蹲点指挥；督促专业单位上足人力、机具，备足各类物资设备，加强现场组织，强化接口管理，确保工序衔接紧密有序；全面推行架子队施工管理模式，定期检查各参建单位架子队执行情况并纳入信誉评价考核。

3.3.4 强化专业装修资源利用

客站装饰装修效果直接反映建筑作品的美感、品质和精细程度，关系到客站建设的成败。我们督促承包商采取专业分包方式，引入多家有实力的装修队伍进场，形成相互竞争的局面。如汉口站直接招标引入4家优秀的装饰单位，同步实施装修，达到了预期质量目标。

3.3.5 统筹物资设备供应资源

一是物资部门除制订详细的日常物资供应计划外，还针对重要或批量材料供应紧张问题，组织施工方多次共赴厂家协调并派专人现场督导。如武汉站的德国进口道岔经提前沟通，发现厂家不能及时供货，在路局全力协调无效的情况下，请求铁道部支持，保证了道岔的及时供应。二是加强物资源头质量控制，有效保证材质。如汉口站在装修过程中，为控制石材品质和色差，通过招标采购，指定一座山作为石材加工的货源，效果非常显著。

3.3.6 确保钢结构资源

一方面确保构件质量。如武汉站枝状钢结构和汉口站无柱雨棚钢结构加工，不仅挑选了资质高、有实力、质量过硬的生产企业，而且派监理、施工企业代表进驻现场监督，确保了钢构件出厂质量。另一方面确保供应时间。成立专班，及早动手，派驻代表长驻现场督导，优化钢构件现场运输路线，租用场地储存，保证了钢构件加工、出厂检验、运输、储存、安装等流程的有序衔接，为钢构件的生产和站房结构施工赢得了宝贵时间。

3.3.7 利用专家资源

针对工艺工法及重大方案，邀请专家咨询把关。武汉站采取桥建合一结构、树枝状大跨度钢结构、三跨连续钢构桥等结构，设计新颖、工艺复杂、技术含量高。我们多次组织清华大学、中国模板协会等单位的专家把脉重大施工方案和工艺工法。针对项目钢结构的特殊构造，我们特别组织编制了《铸钢节点技术规程》、《锥状椭圆钢管制造技术规程》、《多管相交节点制造技术规程》等生产加工工艺规程及验收标准，通过了专家评审，保证了生产和安装质量；结合现场施工条件和空间结构，在专家的指导下先后研发了大型多支点横向移动台架、高密度钢筋下的高性能自密实混凝土等多项新工法和综合施工技术。其中大跨度树枝状支撑空间曲面钢结构关键技术列为了铁道部A类课题，空间曲面饰面清水混凝土工法评为湖北省工法。

3.3.8 争取上级资源

主要包括管理力量、技术力量和资金支持三个方面。在武汉站的建设中，我们组织设计、施工单位超前预想、提前报批、样板引路，向部相关部门积极汇报，确保方案与施工衔接有序；在攻坚阶段邀请部客站总指专家常驻现场，及时解决问题；在征地拆迁及外电引入等难题上，大力争取省市领导支持；积极争取施工企业总公司支持，确保建设资金充足。

3.4 发挥地域资源，全面推进配套工程建设

大型客站是个庞大的系统工程，与之配套的广场、道路、地铁、给排水及外电引入、征地拆迁等都需要地方政府的大力支持和配合。充分发挥铁路局的综合优势，加强与地方政府、社会各界的紧密联系，积极争取良好的建设环境，是推动客站顺利建设的有效途径。

3.4.1 建立有效对接机制

路局与地方省市政府及对口部门联合定期召开会议，研究问题，制订措施，确保工程顺利推进。如武汉市政府建立月度联席会议制度，每月组织召开一次由有关区政府和部门主要负责人参加的重点工程建设推进会，梳理、研究铁路建设中存在的各类问题，制订解决措施。

3.4.2 建立专班合署办公机制

路局与地方政府联合成立重点工程建设管理领导小组，加大沟通协调力度，保证工程建设进度。如在武汉站建设攻坚阶段，武汉市联合路局成立协调小组，由主管建设的副市长任组长，铁路局分管建设的副局长任副组长；同时武汉市所设立的武汉站配套工程建设指挥部与武汉站项目基地毗邻而建，指挥部负责人及市政配套施工单位负责人参加我方组织的周例会，及时有效地解决结合部问题，保证了客站建设和市政配套设施的同步推进。

3.4.3 高层对接解决征拆、外电引入难题

大型客站征地拆迁面积大、补偿价格高、牵涉利益多；外部电源引入与电力部门就费用与时间问题反复磋商、耗时较长，这两项成为制约客站建设的老大难问题。路局充分利用运输、建设等资源，发挥比较优势，加强与地方政府及有关部门高层领导间的协调；对重难点问题，路局党政主要领导亲自出面，争取理解和支持，为客站建设创造良好外部环境。

3.4.4 合理争取资金保障

积极争取地方政府的支持，广泛地宣传铁路建设对地方经济的促进作用，争取地方政府对铁路建设给予优惠政策，提供有力保障。一是建立协调机制。与地方各相关部门成立铁路用地验收交接及投资入股工作领导小组，负责相关土地移交及地方投资资金入股的清理、审核、确认和移交工作，及时解决投资入股中的困难和问题，为争取征地拆迁资金提供制度保障；二是利用市政建设配套等优势争取支持。铁路与地方建设互相交叉、互有牵涉，需要双方的相互支持。如在武汉站投资分摊协议问题上，武汉市城投部门意见与省部纪要精神相悖，路局领导多次出面协调仍难以达成共识，对此，路局合理利用市政道路下穿汉口站施工的契机，再次明确意见，据理力争，最终推动了投资分摊协议的签订。

3.5 调动局管资源，打造安全精品工程

3.5.1 运营部门提前介入

提前介入是实现客站建设与运营"双赢"的有效手段和方法。运营部门在旅客服务、客流组织及设备管理方面有着丰富的经验，他们的提前介入，对完善客站功能、细化设施设备配置、优化流线布置有着不可替代的作用。同时，运营单位通过提前介入可提前熟悉客站设备设施和功能布局、流线组织，为开通运营做好充分准备。在建设初期，路局就组织运营部门提前参与讨论建设方案，充分听取意见，为完善功能、方便旅客提供保障，真正做到建成交付后"不留遗憾"；在建设过程中，运营单位指派专人长驻现场，成立接管运营工作小组，完善细部设计、熟悉设施设备、制订作业标准、参与精调精整、组织人员培训，为车站的顺利开通和功能的发挥奠定了坚实基础、发挥了重要作用。

3.5.2 运输、安监部门安全监督

在既有站的改造过程中，运输及安监部门深度介入客运过渡、交叉施工、站场改造方案，并于建设期间与建设管理人员一起加大安全隐患检查力度，一同现场盯控防护，确保运营和施工安全。在联调联试阶段，运输和安监部门加大安全监管和隐患排查整治力度，成立工作专班，每日通报安全隐患排查整治情况，加大整治力度，强化责任考核，确保不留隐患。

3.5.3 "四位一体"质量监督

大型客站系统多、面积大、工艺复杂，要做到整体精品，必须加强过程控制。如武汉站的建设，我们建立质量共保机制，强化监理、接管、建设、监督等单位的质量意识和共保责任，成立了由50多人组成的"四位一体"督导控制小组，切实把住施工单位管理人员和专业技术人员的资质关、材料及设备进场质量关、现场施工工艺关，并跟班作业和检查，落实验收标准，严肃验收纪律，有效地保证了结构安全和装修质量。

3.5.4 商业开发同步建设

商业开发是客站的重要组成部分，既能方便旅客，又能创造效益，是客站的"点睛"之笔。为保证站房的整体风格，提升车站服务水平，我们及早谋划，将商业开发与客站建设同步设计、同步建设、一体装修，保证其布局合理、功能完善、装修精细、整体协调。如在武汉站、汉口站建设过程中，商业开发方案由总体设计单位把关，路局多次组织研究完善，报部审查，取得较好效果。

4 进一步加强客站建设资源管理的思考

客站建设管理需要不断探索、实践和创新，才能铸就百年不朽精品工程。我们通过认真分析总结客站建设的经验教训，对客站建设管理提出几点建议。

4.1 允许联合体投标，更好地利用社会施工资源

部分客站因高铁建设的原因，在部相关文件中不允许联合体投标，同时要求潜在投标人拥有铁路（市政、公路）特级资质，而拥有建筑特级资质的企业不一定符合这一条件，有建筑专业实力的施工队伍不能进入招标市场。我们认为，允许联合体投标，能更好地利用社会优良施工资源为客站建设服务。

4.2 进一步强化装修资源管理，保证客站工程质量

一是允许专业分包。承包商的装修队伍一家独揽形不成竞争局面，施工能力难以保证。大型客站应选择3家及以上的专业装修队伍才能确保施工能力充足。二是优化施工组织、压缩结构施工周期、留

足装修工期。装修阶段强调精雕细琢,需要充足的时间作保证。目前由于受前期工作进程影响,往往装修周期不足,造成工艺粗糙、细节不细。要保证装修有足够的时间,一方面应强化深化设计,对装修材料、构件等采用系统设计的理念,实施标准件,便于工厂化生产和现场施作;另一方面应合理调整资源,压缩结构工程的施工周期,大型客站装修工期在 6 个月及以上为宜。三是开展装修企业定期评价、优胜劣汰。现行的装修企业准入名录只代表一个阶段的水平,施工单位的实力和信誉需要借助有效的考核制度来推动,定期开展装修企业评价有助于更好地选择和管理装修队伍。

4.3 积极争取代建地铁、立交等地方配套工程,减少管理环节

大型客站具备综合交通枢纽功能,而地铁、立交的规划及建设往往与铁路客站的建设主体不一致,实施过程协调困难,影响工期甚至危及结合部的施工质量。如武汉站由于地铁开工时间较晚,在客站工期紧张的情况下仍要为其预留施工条件,由此采取逆作法施工,空间狭小、工艺复杂、施工难度大。若能积极争取代建地铁、立交等地方配套工程,可以减少管理环节,便于整体实施。

4.4 单独批复大型客站可研

客站属于站后工程,其建设往往滞后于站前工程。如武广高铁于 2004 年开工,而武汉站 2006 年底才开工建设,前后相差两年之多。针对这一现状,建议客专可研批复时暂批客站项目而不批投资,待方案稳定后再单独批复,同时提前开展概念设计招标,及早稳定建设方案,这样不仅可有效争取建设工期,也有利于站房建设投资控制。

5 结语

打造百年不朽精品客站,需要设计的蓝图规划、施工的精工细作,更需要科学、精细化的建设管理。我们对现代化客站的建设管理进行了一些有益探索,也取得了一些成绩,但离铁道部领导和社会各界的要求还有较大差距。在今后的建设管理中,我们将认真落实站房建设"五性"原则,按照"管理团队专业化、管理流程规范化、现场管理标准化、过程控制实效化"的管理思路,进一步抓好建设资源管理,坚持"高标准、讲科学、不懈怠",把路局的客站建设成百年不朽精品工程。

瞄准世界一流目标　推进标准化管理
倾力打造新时期铁路现代化新型客站

李迎九

（上海铁路局　上海　200071）

摘　要：面对当前大规模、高标准铁路建设新形势，探索建立一套以项目管理为基础、以系统管理为核心、以标准化管理为载体的现代化铁路新型客站建设管理模式，推动铁路建设管理由粗放管理向精细管理转变，由传统管理向科学管理转变，这是又好又快实施大规模铁路建设的必然要求和根本保障。

关键词：客站　标准化　建设　管理

近年来，上海铁路局坚决贯彻部党组关于加快铁路建设的重大部署，瞄准建设世界一流客站的目标，以坚持"五性"原则为导向，以坚持标准化管理为主线，全面落实"六位一体"管理要求，相继建成一批现代化新型客站，逐步探索出一条具有上海局特点的铁路客站建设标准化管理新路。

1　铁路客站建设标准化管理的重要意义

1.1　标准化管理顺应了建设世界一流铁路客站的内在要求

随着建设标准和科技创新能力的不断提高，客站工程建设工艺、工法也相应发生了质的变化，建设单位亟须进行梳理后形成系统的工作标准，从管理手段、管理方法上实现标准化，并将建设单位的标准化管理转化为建设、勘察设计、施工、监理工作的统一行动，以适应建设世界一流铁路客站的内在要求。

1.2　标准化管理确保了建设单位核心作用的充分发挥

建设单位是项目管理的核心。推行标准化管理，清晰界定参建各方管理界面、管理职责、管理接口和管理行为，为建设单位核心作用的发挥奠定了基础。同时，作为标准化管理的支撑，参建单位在机械化、工厂化、专业化、信息化程度和水平的全面提升，为建设单位发挥好核心作用提供了保障。

1.3　标准化管理促进了参建各方管理方式的深刻变化

随着铁路大型客站的相继开工，无论是建设管理人员还是施工管理人员从思想观念到管理水平都面临诸多不适应。推行标准化管理，对客站项目参建单位在管理制度、人员配备、现场管理、过程控制等方面提出了全新要求，促使全体建设者在思想观念、工作作风、管理措施等方面寻求新的突破。

2　铁路客站建设标准化管理的核心要求

2.1　以健全管理制度为基础，严格规范管理

面对新时期铁路客站建设的新目标、新要求，我们编制了《建设项目管理岗位工作指南》，明确了指挥、副指挥、总工程师等 13 个管理岗位的职责、要点、内容和方法，提供了清晰的管理界面。同时制订了"上海局铁路客站建设若干个不允许规定"、"关于进一步做好铁路客站建设细节处理的通知"、"关于进一步推进客运站商业服务配套项目的指导意见"等办法，统一全局客站建设标准和行为。

2.2　以实现目标为导向，严格施工组织

2.2.1　组织上明确责任

建立了从指挥部到施工单位的网络系统，并以图表形式，对客站项目按施工作业名称、作业范围、主

要工作量、安全风险等级、现场负责人、主要机械设备、安全质量卡控重点和措施等要素进行明示。

2.2.2 技术上抓住关键

采用平行流水作业和网络计划技术相结合的方法，科学安排不同阶段、不同季节的施工项目和内容，细化各个工程节点的工作安排，落实施工安全、工程质量、施工进度的控制要点，确保了站房地下土建结构、上部主体结构及相关工程施工有序衔接。

2.3 以评价评估为保证，严格行为管理

2.3.1 抓工序签认

通过作业、确认、检查等环节的全过程、全覆盖签认留名、存档，实现工程全寿命期安全、质量责任的可追溯。

2.3.2 抓“三全检查”

针对站房施工不同阶段的关键性、倾向性问题，实行全员、全过程、全项目检查，建立整治评价体系。

2.3.3 抓行为管理

坚持每半年对施工单位项目经理、监理单位总监工程师的管理水平、工作业绩、廉政建设等表现情况进行鉴定，并将鉴定结果告知其上级单位。

2.4 以过程控制为重点，严格细节管理

2.4.1 抓深化设计

上海虹桥等站从旅客扶梯、灯光照明、安全栏杆、卫生间等都做深、做透细部设计，最大限度地缩小设计与施工间存在的差距。

2.4.2 抓方案优化

在客站内部布置上，多次开展局部优化调整，细化装饰方案；在建筑方案选定上，坚持多样性方案比选、多方面专家论证，把优化细节施工方案贯穿于客站建设全过程。

2.4.3 抓工艺标准

制定了《建设工程工艺试验管理办法》，规定包括新建铁路客站在内的深基坑开挖、基桩试桩等关键分部工程必须设试验段进行工艺试验，优化施工工艺，确立流程标准，提高质量精度。

2.5 以分级管理为手段，严格责任考核

2.5.1 严格责任界定

路局明确了客站指挥长对安全质量的第一责任，要求对重点工程实行责任包保；明确总工程师对涉及质量安全的重大方案负责审查；部门负责人和主管工程师重点加强现场管理。

2.5.2 加强责任监控

分级检查，做到“定人、定期、定岗、定责、定点”，推行首查负责制。

2.5.3 严格责任追究

路局在实行年度业绩考核的基础上，实行全局所有客站项目每月评比排名考核，对于发生安全质量事故的实行一票否决。

3 铁路客站建设标准化管理的支撑条件

3.1 提高机械化水平，加快推进项目建设

我们以“专业、成套、动态”为原则，把机械化施工作为提升客站建设质量和效率的关键。

3.1.1 力抓现场机械化作业到位

无论是土建施工，还是幕墙屋面施工、设备安装、装饰等施工，要求采用机械设备进行施工，缩短了施工周期，提高了施工效率。

3.1.2 严抓机械设备维护管理到位

制订了定人、定机、定岗、定责、定点的机械设备检查维护制度，对各类大型设备实行施工工序确认、设备安全确认和操作规程交底的“两确认一交底”制度，确保各种机械设备状态良好。

3.2 提高工厂化水平，坚持源头控制

我们坚持以工厂化生产为方向，对站房楼道扶手、安全栏杆等细部结构以及雨棚、屋架等大型构件采用工厂制作、流水线加工、现场拼装的工厂化制作方法。尤其对钢结构构件制作加工，由专业工程师驻厂监造，严格按照《钢结构工程施工质量验收规范》把关，确保产品质量。同时，从原材料采购渠道、储存保管、使用验收、节约利废、可追溯性等方面入手，实施集中采购，切实把好原材料进场关、检测关和抽检关。

3.3 提高专业化水平，完善分工协作

3.3.1 设计专业化

我们对站房工程的装修、照明、空调、幕墙等工程组织专业性更强的单位开展深化设计，保证了客站高标准的外观效果和使用功能。

3.3.2 施工专业化

我们注重选定业绩突出、资质过硬的专业站房施工单位，来承担工程建设任务，靠专业队伍保证站房建设的高标准。

3.3.3 管理专业化

立足项目参建单位管理力量，坚持“走出去，请进来”，实行专家指导、专家治理、专家论证之路，借助外力实现客站建设的专业化管理。

3.4 提高信息化水平，实现互联互通

我们注重把工程施工计划、质量、安全、进度、信誉等信息公开共享，实现科学、快速决策。一是统一调度平台，对施工日、周、月计划及工程日、周、月报进行动态管理，提高计划兑现率。二是利用互联网和移动通信网建立邮箱、网络飞信平台和手机短信平台，实现客站指挥部、设计单位、施工单位、监理单位之间的快捷交流。三是积极应用信息化技术，在客站超大型基坑、超大体积混凝土浇捣、超重钢结构吊装施工中，利用信息获取、传递和处理，实施对质量和安全的监控，效果十分明显。

4 铁路客站建设标准化管理的几点思考

4.1 客站技术标准的体系化是客站建设标准化管理的可靠基础

分部分项工程管理的模块化是客站建设标准化管理的重要基础。客站建设的技术标准首先应当从铁道部层面得到统一，形成一整套完善的设计、施工、监理技术规范作为铁路大型客站建设技术标准的体系基础，并对客站建设的通用标准加以固化，形成标准模块，以便于各客站项目对通用部分按照统一标准实施，在此基础上再细化不同站房专用标准。

4.2 客站设计与项目实施的有序衔接是客站标准化管理的必要条件

客站设计对建设标准化管理至关重要，首先必须做到设计先行，力求避免边设计、边施工的现象，为标准化建设管理提供必要条件；其次必须做到设计的高标准，铁路大型客站在基础施工、内部装修装饰、旅客引导系统等诸多方面具有共性，这种共性应当在设计环节得到统一，形成统一标准，既体现出客站自己的特色，又体现出标准的统一性。

4.3 指导性施组编制的科学性是客站标准化管理的重要依据

指导性施组计划是工程施工的纲，编制施组应当统筹考虑质量、工期、投资、工序、交叉作业、安全控制等一切与建设施工有关的因素，权衡利弊，综合平衡，才能确保整个建设过程围绕施组这个纲来高标准、高质量、高效率推行。

4.4 地方市政配套工程协调推进是客站标准化管理的控制要素

铁路大型枢纽客站是一个大型综合体，涉及地方市政道路、广场、地铁、公用设施等配套建设，客站建设的标准还应与地方市政配套工程紧密结合，符合路地双方整体要求，实现铁路工程与地方市政配套工程统一标准，甚至统一管理，达到同步设计、同步施工、同步投入使用的效果。

5 铁路客站建设标准化管理的收获

经过多年的实践探索，我们在标准化管理上初步形成了科学、管用、有效的技术标准体系、安全卡控体系、质量保障体系、现场管理体系和人才培养体系，先后打造了一批具有世界一流水平的铁路客站，其中，上海南站获得上海市重点工程“白玉兰奖”，南京站、泰州站荣获“鲁班奖”。我们将坚决按照铁道部“不留遗憾、不当罪人、建不朽工程”的要求，继续推进和深化铁路客站标准化管理，不断提升我局客站建设管理能力和水平，为高标准大规模铁路建设作出应有的贡献。

实行精细化管理　建造高品质的广州新客站

赵利民　陈树青　蔡惠华　唐重平　姜子强　江　明　潘濬源

[广州铁路(集团)公司　广州　510800]

摘　要:广州新客站作为目前国内科技含量最高、施工难度最大的站房工程之一,从设计、施工到建设管理,建设单位广铁集团公司和参建各方始终贯穿遵循着"以人为本、服务运输、强本简末、系统优化、着眼发展"的铁路建设新理念,按照"功能性、系统性、先进性、文化性、经济性"的五性原则,精心打造世界一流的精品工程,在安全、质量、工期、投资效益、环境保护、技术创新"六位一体"方面探索了一条具有中国特色的铁路站房建设管理新模式。本文针对广州新客站工程的特点和难点,重点从方案优化、细部设计、施工组织、安全质量等方面对工程建设实行精细化管理进行了阐述,具有一定的借鉴意义。

关键词:铁路　客站　建设　精细化管理

广州新客站是铁道部和广东省合作加快铁路建设的重点项目之一,是武广高铁的重要组成部分,于2007年3月开工建设,2010年1月30日部分开通,2010年9月30日全站竣工(图1)。

图1　建成后的广州南站

自2007年3月以来,在铁道部和地方政府的正确领导和帮助下,广铁集团以科学发展观为指导,以对党、对国家、对人民高度负责的精神,瞄准世界一流大型客站目标,团结带领广大建设人员艰苦奋战,推行精细化管理,以卓越的执行力,按时、优质、高效地完成了广州新客站建设任务。目前,广州新客站日始发动车组80对,平均每11分钟就始发一趟动车组,基本实现公交化运输。截至2010年11月30日,广州新客站已发送旅客473万人次,最高日发送旅客4.8万人次,为缓解既有京广线紧张的客货运能发挥了重要作用。

1　工程概况

广州新客站位于广州市番禺区钟村镇石壁村,处于广佛经济圈中心,是联结华南地区与内地省区的桥梁和纽带。

广州新客站工程包括站房工程及两端咽喉区范围,设计里程K2291+441～K2295+610的桥梁、轨道(不含客运专线正线轨道工程)、站场、四电、房建、暖通、消防、给排水、站房内电力、客服系统、相关运营生产设备及配套工程等,正线长4.158km。站房建筑面积48.6万m^2,由地下层、地面层、站台层和高架候车层组成。地下层为现浇钢筋混凝土地下室,面积11.7万m^2,可提供1 808个车位。地面层为现浇钢筋混凝土板,面积11.8万m^2,为长途旅客列车到达和城际旅客列车出发、到达层,是高速铁路、城际轨道交通、地铁、城市公交旅客的换乘层。站台层为V构拱组合连续箱梁，站台面积9.23万m^2，是旅客乘降平台，共有28条股道、28个站台面。高架候车层为钢筋混凝土预应力梁板加大跨度钢桁架梁组合，面积8.6万m^2，是旅客安检、进站候车、休息购物的主要区域。

广州新客站工程建设单位是广州铁路(集团)公司，设计单位为中铁第四勘察设计院集团有限公司、北京市建筑设计研究院和英国泰瑞·法莱尔公司设计联合体，施工单位为中国航空港建设集团公司、中铁二十二局集团公司联合体、中铁电气化工程局、中铁通信信号公司等，监理单位是华南铁路建设监理公司、北京铁辰工程建设监理部、中咨工程建设监理公司、广州建筑工程监理有限公司联合体。站前工程咨询单位为中铁第二勘察设计院集团公司。

2 站房特点

广州新客站集功能性、系统性、先进性、文化性、经济性于一体，处处体现了以人为本的思想，凸显了人性化服务的理念。

图2 宽敞明亮的高架候车层

2.1 功能完善

旅客流线简洁明快，武广、贵广、南广长途旅客高进低出，广深港、广珠城际交通旅客低进低出。高架候车室长398m、宽192m，候车空间通敞明亮，可供旅客候车的面积近7万m^2，可以满足设计最大客流聚集的需要。旅客候车和乘降流线极为简洁流畅，各项旅客服务系统完善，见图2。

2.2 换乘快捷

广州新客站连接武广、广深港、贵广、南广客运专线和广珠城际铁路，同时，国铁、地铁、公交、出租车以及其他社会车辆在立体化的站房建筑内形成了零换乘，见图3。车站核心区由四条高速公路及一条广州新客站用路构成广州新客站与城市道路便捷的交通，见图4。广州地铁2号、7号、20号和佛山2号线等4条地铁及珠江三角洲城际轨道交通广佛环线引入广州新客站。

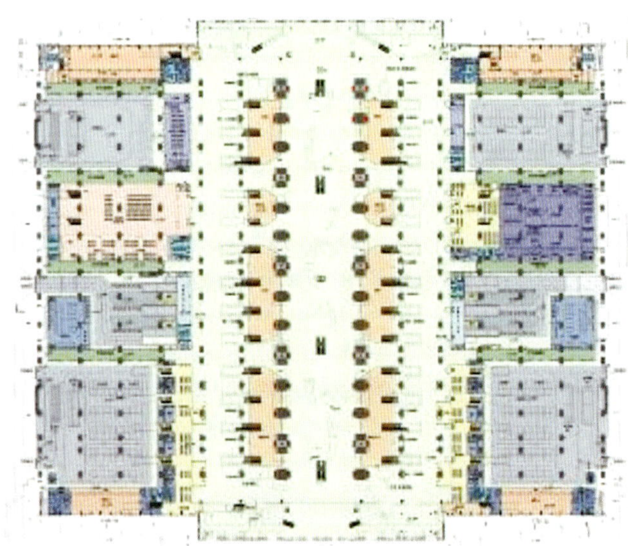

图3 换乘便捷的地面交通层

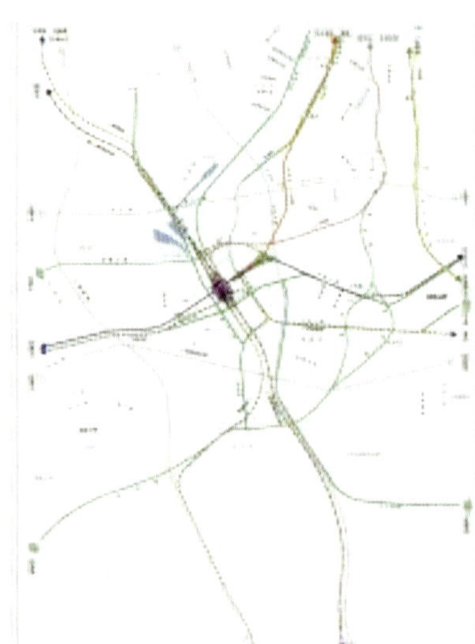

图4 广州南站便捷的交通衔接

2.3 设计新颖

广州新客站的建筑设计采用双曲型网壳的中央采光通廊和水乡芭蕉叶的理念，既产生令人震撼的建筑美学效果，又充分体现岭南文化特色。既融入地域文化之中，又成为反映地域文化的代表作，做到自然环境与人工环境融为一体，使其成为广州历史神韵与现代气息完美结合的标志性建筑，成为南粤大地上一颗耀眼的明珠，成为建筑设计佳作，见图5。

图5 几片芭蕉叶漂浮在南国水乡的美丽意境

2.4 技术先进

广州新客站在设计、施工中采用了一系列新的技术，并进行全面创新。车站屋面采用ETFE作为中央采光带的透光材料，并采用太阳能建筑光伏一体化设计，见图6。候车大厅及站台无柱雨棚屋顶均为大跨度钢结构，屋盖系统采用了预应力索拱、预应力索壳和三向张弦梁等新结构体系，采用全新的轻型空间预应力钢结构体系，实现了新客站的68m大跨度结构，为站房减少结构柱，实现宽阔、通透的候车环境奠定结构基础，见图7。车站采用铁路桥梁与站房一体化结合的新型结构体系，在技术上进行了全面创新：南、北咽喉区采用预应力混凝土连续道岔梁等先进的结构形式。主站房桥梁采用2×32m+64m+2×32m V构连续梁的形式(图8)，整体呈大跨度曲线，建筑外形美观。采用房建与铁路桥梁联合结构体系，实现了困难条件下大型房屋建筑与铁路桥梁一体化设计的创新和突破。

图6 中央采光屋面的ETFE膜

图7 东广厅屋盖的三向张弦梁钢结构

图8 主站房采用的2×32m+64m+2×32m V构连续梁

2.5 作用重大

广州新客站投产运营并形成能力后，日接发旅客客车近期479对、远期620对，日均旅客发送近期24.5万人、远期35.6万人。预计年发送旅客近期8 943万人次、远期1.3亿人次，不仅缓解了京广线铁路运输“瓶颈”制约，减轻广州春运的沉重压力，重构南中国时空概念，而且对珠三角一小时经济圈的早日形成具有实质性意义，将产生巨大的经济效益和社会效益。

3 建设难点

广州新客站是一项涉及三十多个专业的庞大系统工程，不但时间紧、任务重、要求高，而且施工组织难度极大。

3.1 工程量巨大，技术极为复杂

广州新客站为四层结构，建设规模为 48.6 万 m^2，桥梁和房建钢筋混凝土总量 150 万 m^3，钢结构 7.83 万 t，石材地面 38 万 m^2，各类管道 31 万 m，金属屋面 15.6 万 m^2，玻璃幕墙 4.5 万 m^2，工程数量庞大。新设计为桥建合一的结构，为了满足站房结构的荷载，V 构的变截面箱形梁和 32m 挂孔梁的结构受力十分复杂。为了确保各工序施工中结构的受力状态完全符合设计工况，每一跨桥梁都根据受力状况分成 6～8 个施工梁段，对 21m 候车层、站台层的施工工序提出了严格的要求。

3.2 多工序交叉，施工相互干扰

由于桥建合一的结构，为了缩短工期，最大限度地利用施工场地和空间，新广州客站工程涉及铁路桥梁、轨道、通信、信号、电力、电气化各专业，以及房屋的建筑与结构、机电设备、建筑装修等多个领域。为了缩短工期，最大限度地利用施工场地和空间，必须组织多工序平行、交叉作业。广州新客站采用了建桥合一结构和逆作法的工法，在施工中大量存在钢结构与桥梁结构、高架层与桥梁结构、高架层与站台结构及地面层结构的交叉施工。施工道路、场地、工序干扰十分严重，高峰时期万余建设大军云集施工现场，管理工作千头万绪，协调组织相当困难。

3.3 工作区狭窄，施工条件困难

站房建筑的区域在 0-16/B1-G 轴，即 490m×390m，约为 19.6 万 m^2，在此范围内需要交叉施工的主要工程(未含桥梁、房屋的基础、墩台)的钢筋混凝土的总量达到 93 万 m^3，钢筋的用量 8 万 t，钢结构约 8 万 t，轨道工程材料 17 万 t，支架、模板 18 万 t，需要运输的材料总量达到 156 万 t，按照工期目标，平均每日的运输量达到 4 600t，见表 1。大量材料的水平与垂直运输、大规模结构施工需要的施工场地对工程不同时期的道路、材料、施工场地科学合理安排的计划提出了极高的要求。

广州南站主站房范围的主要工程材料数量(单位：10^4 t)　　表 1

工 程 项 目	支架及模板	钢筋	混凝土	钢结构及其他	合计
武广场 V 构梁(不含基础、墩台)	7.0	1.7	18.1	0.2	27.0
武广场 32m 连续梁(同上)	4.0	0.9	9.1	—	14.0
站房地下室(含 00 层，不含基础)	—	2.2	35.1	—	37.3
武广场站台层	1.0	1.0	8.1	0.3	10.4
武广场 21m 层	3.4	0.9	6.5	0.3	11.1
武广场 00 层	1.6	0.3	5.2	—	7.1
东西落客平台	1.3	1.0	11.2	—	13.5
钢结构				钢结构 8.0＋临时支撑 0.8＋路基箱 0.4	9.2
金属屋面				$50kg/m^2×15.6$ 万 m^2＝0.8	0.8
玻璃幕墙				玻璃 0.17＋支架 0.33	0.5
石材地面				石材 3.1＋砂浆 4.6	7.7
武广场全部及广珠咽喉区轨道				17.4	17.4
合计	18.3	8.0	93.3	36.4	156.0

3.4 质量要求高，安全压力大

广州新客站属超大型公共建筑，建筑安全等级高，建筑装修要求高，对设计、施工的质量要求十分严格。桥梁与房建工程几乎全部是高空作业，且站房区内出现钢结构安装、V 构连续梁、21m 高架候车室、00 层等出现多层重叠交叉施工作业，安全控制难度非常大。特别是部分通车后，涉及既有线施工安全、行车安全、人身安全、消防安全和大量的材料设备二次搬运工作，任何一个环节都直接关系设备和旅客安全。

4 管理实践

在建设过程中，我们抢抓机遇，科学管理，从方案优化、细部设计、施工组织、安全质量及标准化等方面，以精细化管理实现“六位一体”。

4.1 坚持高标准，在优化方案上实行精细化管理

4.1.1 优化建筑方案

从2003年到2007年间，广州新客站设计方案不断得到优化。一是优化站址。2003年9月，铁道部组织对广州新客站进行选址。广州新客站站址最初有沥滘、大石、石壁、番禺4个比选方案，见图9。经过充分科学论证，石壁站址位于广佛经济圈的中心，有利于形成和发挥广州南站综合交通枢纽的作用；石壁地域平坦宽广，非常适合大型铁路客运枢纽和综合交通枢纽对站坪和场地的要求。铁道部和广东省最终确定在广州市钟村镇石壁村建设广州新客站。石壁站址方案对广州南站的建设和运营发挥了极为重要的作用，见图10～图13。二是优化设计方案。铁道部充分运用当今世界先进的建筑理念和技术，组织建设和设计单位对广州南站的建筑理念、建筑结构、建筑外形、旅客流线、局部景观处理等进行反复研究和不断优化，精益求精，逐渐臻于完善。投产以来，广州南站以其美观的建筑效果、宽敞的候车环境、通畅的旅客流线、完善的服务功能获得了广大旅客和社会各界的好评，并成为广州市最重要的地标之一，见图14～图17。

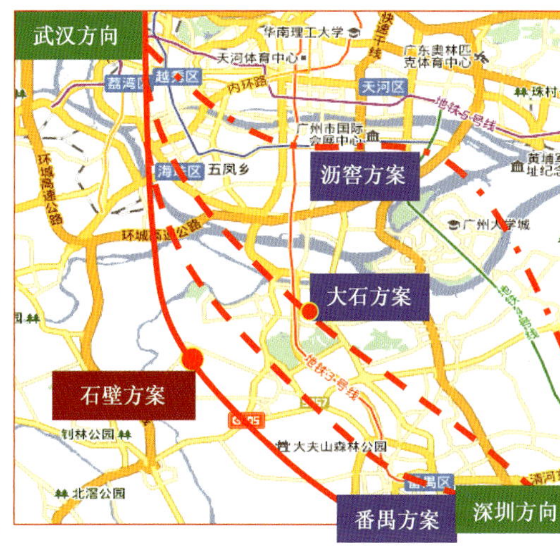

图9 方案比选

图10 广州南站的最初方案

图11 第一次优化的方案

图12 第二次优化的方案

图13 广州南站的实施方案

图 14　宽阔通畅的高架候车层

图 15　建成后的中央采光通廊表现出良好的建筑效果

图 16　东广厅的新颖景观

图 17　别具特色的贵宾室外墙装修效果

4.1.2　优化施工设计

在组织施工中，结合工程的实际情况，围绕提高工程质量、缩短施工工期，充分依靠设计，对施工图部分进行优化。单线连续梁(图 18)原设计的 10 个梁段合并为 8 个梁段，双线 V 构连续梁(图 19)由 7 个梁段合并为 6 个梁段，32m 挂孔梁(图 20)由 3 个梁段合并为 2 个梁段，有效地缩短了施工周期，减少了分段界面衔接，提高了工期质量，取得较好的效果；同时，对 21m 高架候车层(图 21)的平面布置作了部分优化，有效改善了旅客的候车和乘车条件。

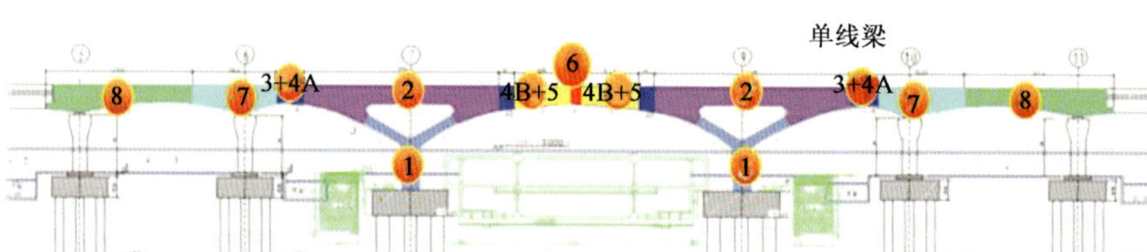

图 18　广州新客站站房桥单线梁立面布置图

注：张拉的工序，每联梁的施工周期需要 105 天，是主要控制工期的项目。经优化后，局部调整预应力钢索的布置，将 3、4A 梁段合为 3+4A 梁段、4、5 梁段合为 4B+5 梁段，缩短工期 12 天。

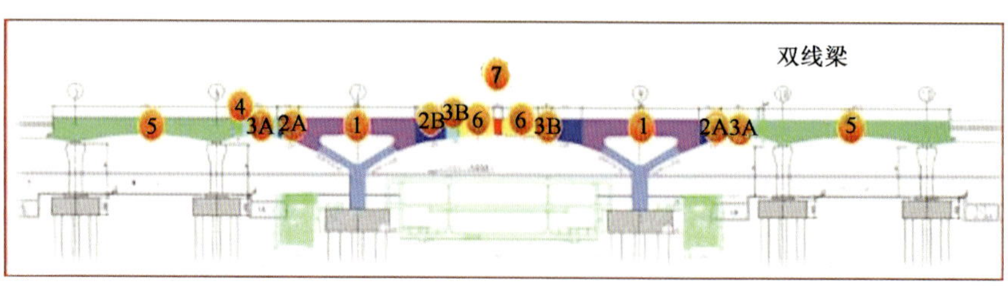

图 19　广州新客站站房桥双线梁立面布置图

注：双线 V 构梁设计为 7 个梁段，每个预应力钢筋混凝土梁段按梁规定的工序施工，每联梁的施工周期需要 105 天，是主要控制工期的项目。经优化后，将 4、5 梁段合为 1 个梁段，缩短工期 15 天。

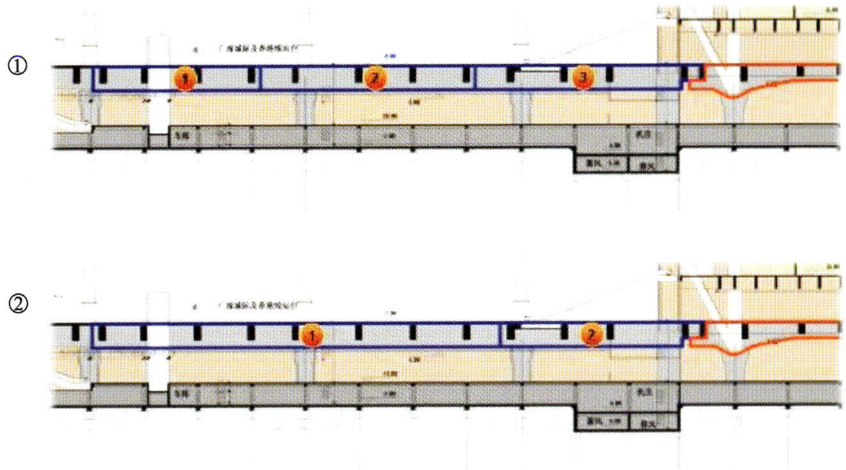

图 20　32m 挂孔连续梁由图①的 3 个梁段合并为图②的 2 个梁段

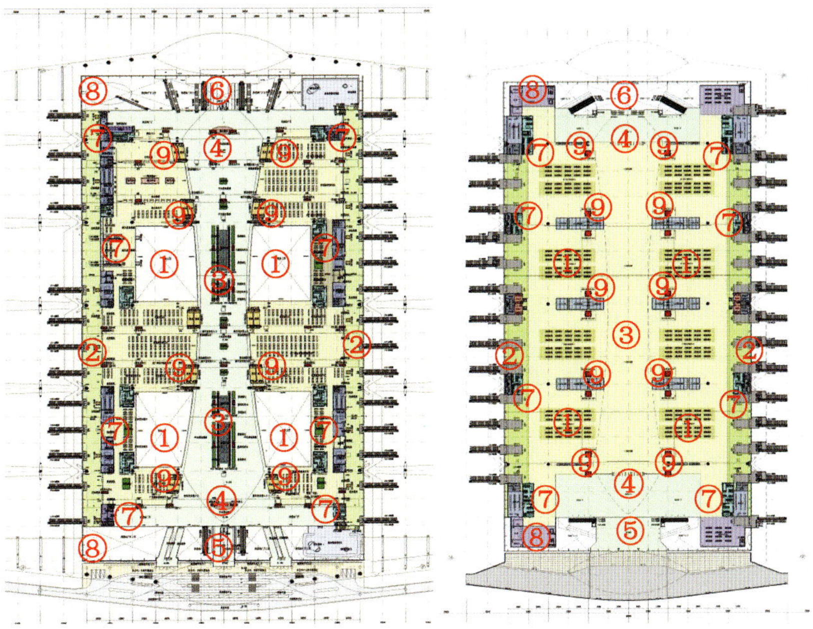

a)优化前　　b)优化后

图 21　21m 高架层优化平面

注:①21m 候车层孔洞封闭;②取消通长旅客进站通道;③取消平步梯;④增加东西侧安检;⑤增加西广厅;⑥12m 层增加东广厅;⑦设备、卫生间优化;⑧北贵宾室顶增加售票间;⑨设备单元优化布置。

4.1.3　优化施工方案

通过组织施工方案研究、专家咨询等形式,积极开展科技攻关,研究开创新的工法,不断优化施工方案,有效解决了施工过程中的各种难题,主要有:

逆作法施工:由于广州新客站的结构采用“桥建合一”,原设计按照建筑结构常规的“顺作法”进行施工设计,即:施工顺序由下而上,基础—地下层—地面层—站台层—高架候车层—屋面,桥梁及钢结构按照上述顺序交叉施工的方案。在研究制订施工组织中,由于需要安装的钢结构构件跨度大(最大 86m)、单榀安装的构件重(最大达 107t),采用的最大起重能力为 500t 的履带吊机作业,受吊臂回转半径的限制,钢结构安装无法按照“顺作法”施工,施工组织遇到严重困难。经组织各参建单位反复慎重研究,并充分咨询了国内主要钢结构专家的意见,确定改为先由下而上、后由上而下的“逆作法”施工,即:基础—风道及地下室底板—桥墩—雨棚和主站房钢柱安装、桥梁交叉施工—主站房采光天窗桁架—网壳—高架候车层、地面交通层—站台层,并对各工序施加的荷载对结构的影响重新进行检算后,顺利完成了全站极为复杂的结构施工。

“跳仓法”工法：在高架候车层钢筋混凝土预应力楼板的施工中，单块楼板施工面积达到1.75万m^2，楼板的厚度仅0.22m，为了避免因混凝土收缩导致楼板开裂，按现行施工规范，设计采用后浇带进行分区施工，混凝土分区施工间隔需要45天，严重影响了投产工期。在专家的帮助下，以“合理分区、跳仓施工、间隔七天、强化养护”为核心要素的新型“跳仓法”施工工法获得成功(图22)。高架候车层三个区域的楼板近6万m^2的薄层高空钢筋混凝土楼板采用“跳仓法”施工，在施工层距地面高度21m，气温高、空气流动大，混凝土水分蒸发量大的困难条件下，我们严格按照工艺要求施工，认真加强混凝土养护，施工取得成功。楼板质量优良，没有出现任何裂缝，施工工期缩短了30天，为确保广州新客站按期开通奠定了基础。广州南站21m高架候车层混凝土楼板采用“跳仓法”施工成功，突破了现行施工规范的限制，开创了大面积高空钢筋混凝土薄壁楼板成功的先河。

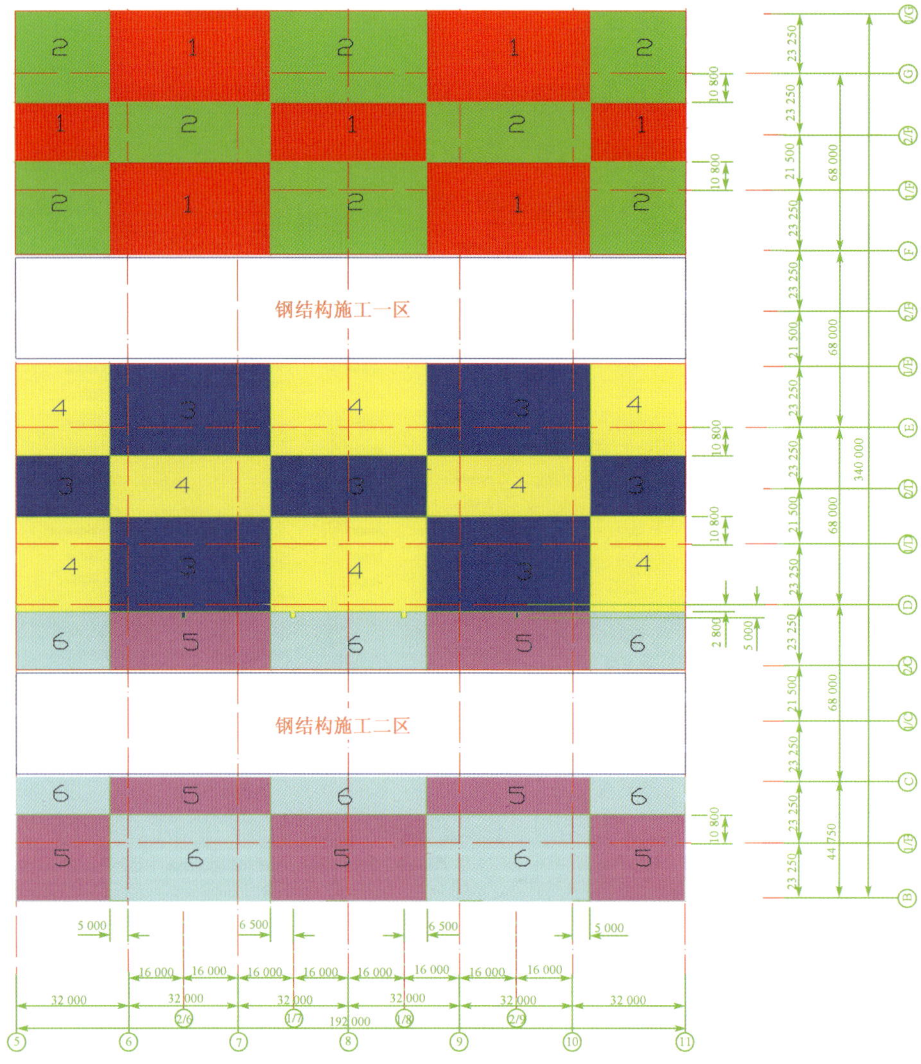

“跳仓法”施工及进度节点示意图

图22 高架候车层钢筋混凝土楼板“跳仓法”分仓图(尺寸单位：mm)

大型吊机高空作业：为减小动车组通过广深、广珠正线时对高架候车层的振动影响，设计采用40m跨度的钢桁梁跨越正线，由于以上钢结构安装需要与地面层结构交叉施工，250t履带吊无法在地面层进行钢结构的安装施工。经研究，因地制宜，充分利用轨道梁的条件，采取在轨道梁上方架设施工平台，并将250t履带吊拆卸后分散运输至施工平台中心重新组装后，在平台上进行钢结构的高空吊装作业的方案；解决了在地面层已经完成的困难条件下，实现250t履带吊在12m高的V构梁上进行吊装施工(图23)，成功地完成了单榀最大重达192t的64榀钢桁架安装，为按期开通创造了条件。

架空高支模：高架层的钢筋混凝土施工采用“架空高支模”方案(图 24)。在轨道梁设置支架平台，并在平台上架设高达 11m 的支架和模板，从而实现了高架层结构、轨道工程和地面层结构的同步交叉施工，确保了施工安全，有效地加快新客站的综合施工进度。

图 23　250t 履带吊在 V 构梁上进行钢结构吊装作业

“钢平台及斜道”：采用在轨道梁区域设置斜坡道和平台的方案，解决了高架候车层约 11 万 t 的支架、模板及材料大规模运输、提升和安装问题(图 25)。

“吊模法”施工工法：为了解决地面层与站台层钢筋混凝土楼板大面积同步交叉施工的困难。站台层的结构施工采用了“吊模法”施工工法(图 26)，站台梁和站台板的模板及施工荷载通过吊杆和工字钢横梁传递到轨道梁上，保证了施工质量，有效地加快了站台层的施工进度。

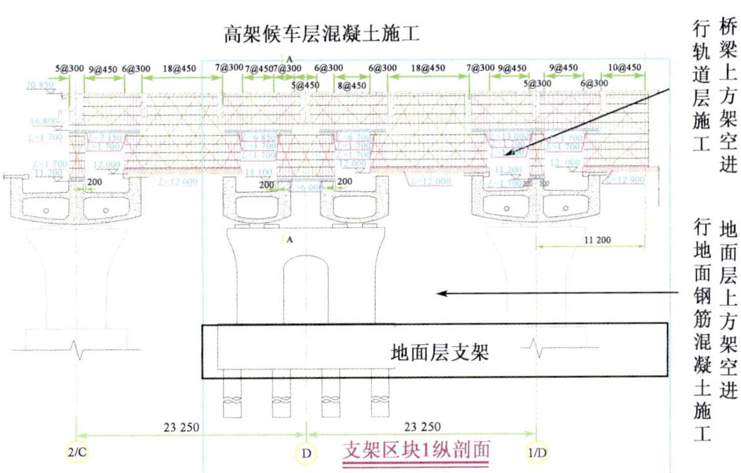

图 24　架空高支模

图 25　21m 高架候车层的施工钢平台

图 26　“吊模法”施工钢筋混凝土站台结构

“简支箱梁移动支架”施工工法：咽喉区各条站线的简支箱梁大部分平行并等跨度，施工中研究采用了移动支架和整体模板的施工工法(图 27)，在第一孔箱梁完成并达到规定的强度后，梁下的支架和底模整体移动到新的梁位，有效缩短了支架和模板的施工周期，加快咽喉区简支箱梁的工程进度。

图 27　北咽喉区施工简支箱梁采用的移动支架

4.2　坚持严要求，在设计上实行精细化管理

4.2.1　加强设计管理

一是严格执行施工图审查制度。建立设计联合体的设计文件审查程序和责任，加强总体设计单位对设计文件的审查把关。二是对重点关键部位加大审查的力度。在施工图审查的基础上，委托第三方对站房涉及结构安全的关键部位设计进一步加大审查的深度和力度。为了确保钢结构的安全，我们委托广东省建筑设计院对施工图的钢结构的结构体系进行审查，并对钢结构的工程数量进行复核；避免在玻璃幕墙整体环境中的高架候车层的声学效果，委托华南理工大学对站房的声学设计进行优化，保证了设计的整体质量。三是在科学研究的基础上开展施工设计。特大型客站是一项开创性事业，在设计和施工过程中，遇到了大量没有成熟经验或标准可资借鉴和遵循的新问题。经铁道部批准，广州新客站结合设计和施工的具体问题，开展了大量科学研究和试验。为解决“建桥合一”和 64m 大跨度桥梁结构的受力分析，开展了关于“大跨度桥建一体化结构设计(包括：列车走行性震动研究、地震力及抗震研究)”的科研项目进行科学研究，在科研分析的基础上，采用了 2×32＋64＋2×32(m)的 5 孔“变截面箱形 V 构梁”的专项桥梁结构设计(图 28)，广州新客站投产后的运用证明了桥梁和各项结构设计完全满足在复杂受力条件下的列车以及房屋结构的安全。为了给旅客提供便利的乘降条件和宽敞的候车环境，车站采用了大跨度的预应力钢结构，包括：预应力钢索拱、预应力钢索壳等钢结构。为了解决在“桥建合一”结构体系的复杂动、静荷载作用下的钢结构安全，开展了“大跨度空间预应力钢结构的设计与施工”的科研课题，并进行了大量的试验工作(图 29)，确保了结构的安全。除此以外，广州新客站工程还开展了“建筑热环境与节能”、“光伏一体化”、“高大空间照明”、“复杂条件下建筑声环境优化”、“屋面防雷与接地”、“空调节能控制”以及“综合交通枢纽的人流与车流组织”等 10 余项科学研究项目，为广州新客站的建设打下了基础。四是建立专家咨询机制。广州新客站设计技术要求高，施工难度大，有些问题在现行规范中没有明确规定，有的甚至超出了现有规范。为合理进行科学决策，我们建立专家咨询机制，对重大技术问题组织行业专家进行技术咨询(图 30)。针对各专业施工工序中遇到的具体问题，组织召开了有关站址方案、施工方案、施工工法、部分尚未制订公布国家标准或行业标准的建筑装修专业施工、验收标准等专家咨询会或技术评审会 18 次，参与的行业专家和知名专家超过 90 人，几乎所有重要的专项施工方案都进行了专家咨询，有效地解决了建设过程中设计和施工疑难问题。

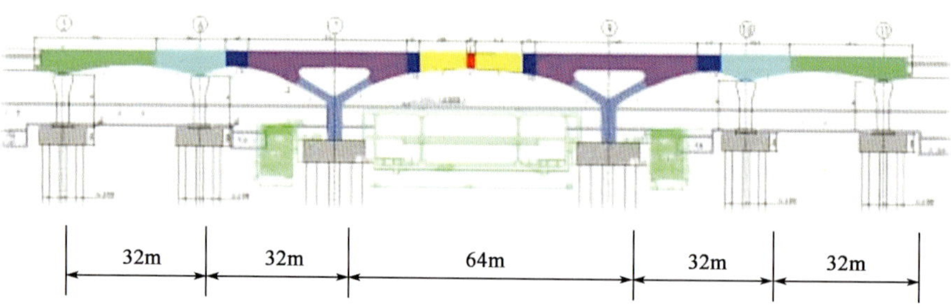

图 28　广州新客站站房桥单线梁立面布置图

4.2.2　完善建筑装修细部设计

一是加强对各专业设计接口的管理。定期组织不同设计单位之间的专业协调会议，充分协调各个专业之间的接口关系，特别是在施工中大量出现的结构与管线、结构与装修、装修与机电设备矛盾的衔接，确保各个专业能相互配合。二是加强深化设计的管理。对钢结构、玻璃幕墙、金属屋面以及其他重要装修装饰工程，需要在施工图设计基础上进行深化设计，我们严格按照施工图设计管理的程序进行审查管理。深化设计需由原设计单位核签盖章，并提交建设指挥部审核盖章后，方可作为施工依据。三是坚持精品意识、“样板引路”。对于重要的装饰装修工程按照部站房建设总指挥部的要求，坚持“先样板，

图 29　在东南大学进行的广州新客站预应力索拱结构试验

图 30　广州南站金属屋面系统专家评审会

后施工”的原则。广州新客站金属屋面、ETFE 采光屋面、玻璃幕墙、石材幕墙、各部位吊顶、石材地面、站台铺装、空调机安装、卫生间洁具、玻璃围栏乃至各种收边收口等装修工程，先提出样板的深化设计，并由建设单位牵头对样板的深化设计进行研究完善后，由施工单位在现场实地制作样板，并组织对样板专题评审、反复比照优化，部分样板还进行了多次修改，不断完善后再推广施工，取得了较好的效果。广州新客站经过多次优化后采用的 2×4m 明框 Low-e 的玻璃幕墙、各楼层的不同类型的吊顶，尤其是 21m 高架层上方采用宽 160mm、间距 80mm 的平板吊顶都获得了良好的装饰效果，见图 31～图 40。

图 31　马道最初样板

图 32　马道优化后样板

图 33　中央网壳包边最初样板

图 34　优化后的中央网壳包边

图 35　26m 送风口最初样本

图 36　优化后的 26m 送风口

图 37　玻璃幕墙样板

图 38　ETFE 样板

图 39　经优化后采用中空 Low-e 玻璃的明框玻璃幕墙美观大气

图 40　经优化后的 21m 层吊顶整齐美观

4.2.3　及时优化完善

为了保证投产后的运营安全,我们制订了工程建设预介入机制,集团各有关单位提前介入,并参与施工检查和试验,针对运营安全、接近限界、设备维修管理等方面的问题,及时与参建单位沟通,及时优化。雨棚建成后出现站台飘雨,后增加了 PTFE 遮雨膜,取得了较好的效果(图 41);此外,充分征求集团客运部门的意见,修改完善特、一等候车区,得到旅客的好评(图 42)。

4.3　坚持讲科学,在工程建设上实行精细化管理

4.3.1　科学编制施组

特大型站房,特别是桥建合一的特大型站房,涉及站前、站房结构、建筑装饰装修等专业,跨度较大,各专业工程施工之间交叉又相互制约和紧密衔接,制订合理的施工组织没有成熟的经验可供借鉴。我们

图 41　无站台柱雨棚

注:由于原方案中部漏空而出现站台飘雨，经研究在雨棚漏空区域增加 PTFE 遮雨膜，既保持了原方案的采光与透气功能，又解决了遮雨问题。

图 42　舒适方便的特等与一等候车区

坚持以“六位一体”为目标、以实事求是的科学态度制订广州新客站的指导性施工组织。围绕铁道部确定的 2010 年 9 月 30 日的总工期目标和各个阶段工期目标，研究制订科学合理的施工组织。一是抓住关键线路。按照各个分步工期目标，以结构和装修为主线，确定相关各专业项目的施工顺序和施工的关键线路；根据工程量、工序、工艺要求及各种施工环境因素的条件，抓住重点，统筹兼顾各专业的交叉作业，分析制订各专业项目的节点工期目标。二是做好风险和敏感分析。结合工程的实际，认真分析广州南站轨道、四电集成、机电、空调、消防、地面和墙面铺装等各专业工程对整体工期、安全、质量、投资、环保的风险和敏感点分析，强化风险管理，加强保证措施，科学确定人员、设备、机具、资金等资源的配置，制订切实可行、能够充分调动各方优势的攻关措施，见图 43、图 44。三是制订各重点专业工程项目的专项施工方案。先后组织制订了大直径桥梁钻孔桩基础、深基坑、抗拔桩、单双线 V 构连续梁、挂孔连续梁、咽喉区桥梁、东西落客平台、钢结构安装及卸载、高架候车层预应力钢筋混凝土楼板、站台层、金属屋面、玻璃幕墙、ETFE 安装、PTFE 安装、各楼层的吊顶、给排水系统、牵引变电所、接触网、地下室防水、轨道铺设、道岔铺设、桥梁及站房结构伸缩缝、电梯、斜梯安装等 25 个专项方案，对重要的专项工程方案还邀请专家进行评审，不断提高专项工程的质量(图 45)。四是做好工程的施工资源配置。按照计划施工进度，提前准备并及时配置完成施工进度所必需的施工图设计、施工机械、技术准备、劳力进场、材料设备的施工资源的配置，确保工程的需要。五是做好施组的动态管理。结合广州南站工程施工进展的实际及时调整施组的部分要素，使施组更加符合施工现场的实际。我们从 2007 年编制广州新客站工程第一版施组，至 2010 年 8 月武广场投产，我们已经陆续修改并公布了 8 版施组，及时发挥施组对工程的指导和协调的作用，见图 46。

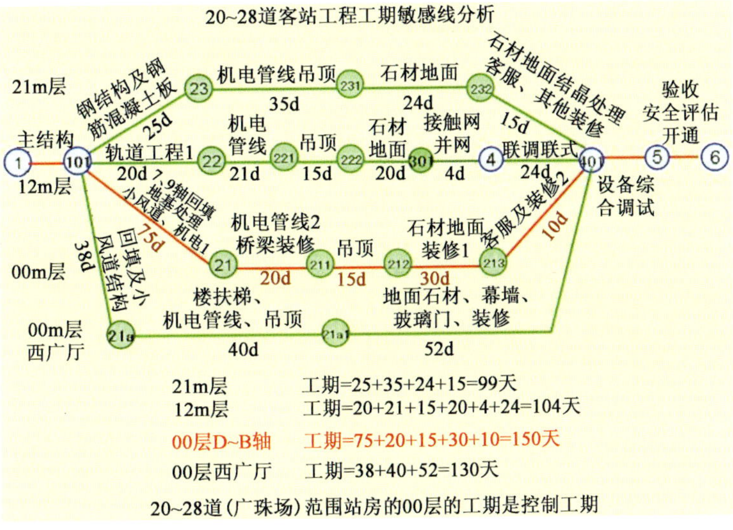

图 43　130 后剩余工程 20～28 道范围工期敏感分析确定地面层控制工期

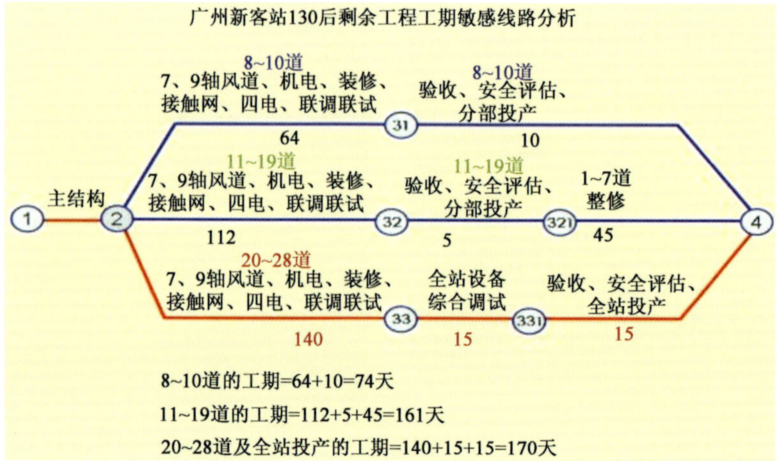

图 44　130 后剩余工程全站工期敏感分析确定 20～28 道工程控制工期

图 45　广州新客站钢结构安装专项施工方案

武广客运专线广州枢纽
广州新客站剩余工程
指导性施工组织设计
（第八版）

广铁（集团）广州新客站工程建设指挥部
二〇一〇年四月

图 46　第八版施工组织设计

4.3.2　全力推进征地拆迁

2005 年广州市规划局批准广州新客站规划用地红线内的土地面积共 1 167 亩，由广州市政府负责征地拆迁工作。我们立即组织专门力量全力配合广州市政府及工程所在地钟村镇的征拆主管和经办部门开展工作，按照工程关键线路和重点工程的工期，分期分批提供建设用地。经过努力，2006 年 12 月提供了第一批用地，保证了重点工程项目的开工，全部建设用地在 2008 年 8 月提交完毕。在工程范围内的两路 220kV 高压架空电力线路由西南至东北穿过车站的核心区，严重影响桥梁的钻孔桩及下一步工程的施工，我们组织力量进行攻关，经过 2 年多的工作，高压线路在 2009 年 9 月完成迁改，为广州新客站全面施工创造了条件，见图 47。

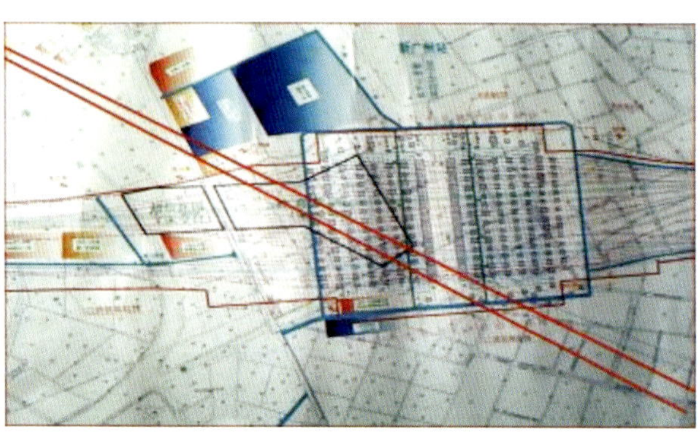

图 47　广州新客站的征地范围及两路 220kV 高压线路迁改

4.3.3　加强物资设备采购管理，确保物资设备质量

一是做好甲供物资设备的采购。确保采购物资、设备较高的质量。根据铁道部的有关规定，按照设计和工程的要求，在组织甲供物资设备的招标采购中，我们在符合铁道部有关规定和部批概

算额度内的原则下，坚持质量标准，特别是对站房投产使用影响重大的关键设备的质量标准。新广州客站的主要设备全部采用国内知名的合资品牌，达到较高的质量标准，而概算内的设备费用还略有节余（表 2）。新广州站在工期十分紧迫的困难条件下，各项设备全部一次投产成功，而且投产至今设备正常稳定运行。几年来，广州新客站工程由甲方共采购供应钢材 20.36 万 t(不含钢结构)、钢绞线 2.48 万 t、水泥 84 万 t、各类机电设备 1 274 套，不仅满足了施工进度的需要，而且全部保证了设备物资的质量。

主要甲供设备供应商　　表 2

1	空调冷水机组	约克(无锡)空调冷冻设备有限公司	8	发电机组	广州保税区怡壮贸易有限公司
2	干式变压器	施奈德(苏州)变压器有限公司	9	消防主机	广州保得威尔电子科技有限公司
3	高压开关柜	厦门 ABB 开关有限公司	10	UPS	佛山市柏克电力设备有限公司
4	低压开关柜	西门子工厂自动化工程有限公司	11	EPS	北京日佳电源有限公司
5	自动化装置	南京南瑞继保工程技术有限公司	12	电梯	上海三菱电梯有限公司
6	低压配电箱	施奈德电气(中国)投资有限公司	13	扶梯	西子奥的斯电梯有限公司
7	低压配电箱	西门子工厂自动化工程有限公司			

二是加强对乙购材料的采购管理。对乙方采购的重要、大量和影响工程质量的关键材料，如地面及墙面石材、玻璃幕墙、钢结构、钢结构油漆、灯具、洁具以及部分特殊设计的设备等，我们加强对采购过程的管理，加强材料样品确认和封样，保证了材料设备质量，为形成高品质的广州南站站房打下了基础(图 48)。

4.3.4　坚持做好以现场为主体的全方位、精细化协调

以实现总工期和节点工期目标为原则，以指导性施工组织为依据，加强新广州客站的建设管理和各项协调工作。一是强化协调的组织领导。集团公司成立协调领导小组，主要领导亲自部署，分管副总经理坚守在现场，具体抓好协调组织，分管处室抓落实，各参建单位上级领导亲自督阵指挥。二是抓好方案稳定和设计供图工作。及时完成设计和深化设计，协调督促设计、咨询单位及时审定；施工前召开设计技术交底会，加强建设、施工、设计对施工图设计文件执行前理解和协调工作。三是全面加强现场协调。坚持现场工程协调会议制度，几年来，我们坚持召开每日晚 7:00 由建设单位主持参建单位参加的日协调会、每周五的施工周例会以及每周二的运营、参建单位的地区协调会，坚持现场调研，及时解决施工中设计配合、工序衔接、道路和场地运用、材料运输以及工程进度、施工安全和工程质量的各种问题。针对工期十分紧迫、多层立体交叉施工严重的困难，我们坚持每日在现场召开安全施工专项协调。四是做好地方有关配套工程的协调。为了实现市政配套工程与站房工程同步施工、同步投产。我们不断加强与地方有关部门的联系，确定了地铁、市政道路、匝道、给排水、景观河、公交及广场等七个配套项目与广州新客站同步投产的目标，并坚持每周四的地方协调会制度，在工程设计、施工道路和场地等做好衔接，实现了新广州客站 130 投产时，市政东侧文化广场(图 49)、东侧匝道、站区道路以及连接广州与新客站的主要干道汉溪大道(图 50)实现同步开通，对新客站开通后的客流集散畅通发挥了积极的作用；在新客站 930 全站基本竣工前，直通广州南站的广州地铁 2 号线于 9 月 25 日实现同步开通(图 51)，极大地加强了新客站与广州市区的交通衔接，实现了“零换乘”，为今后广州南站的客流快速增长和春运大规模客流的集散提供了重要的交通基础条件。

图 48　乙购由德国供应商生产的污水垂直提升设备

图 49　美丽的站前广场——东侧文化广场

图 50　宽阔通畅的广州南站主干道——汉溪大道

图 51　直通广州南站的地铁 2 号线于 9 月 25 日开通

4.3.5　组织工程会战

我们有针对性地组织开展施工大会战，有效推进了工程进度，确保了铁道部下达的投产工期目标。在咽喉区桥梁大会战施工中，中铁二十二局创造了月完成 32m 简支箱梁 118 孔的纪录。为确保部下达的“130”投产工期目标，指挥部全体干部职工加强调度指挥，细化施工组织措施，集中资源，组织规模空前的“130”大会战。中国铁建集团发挥整体优势，抽调下属 13 个工程局的精兵强将，集中展开 32m 挂孔连续梁的攻坚战，仅用 22 天和 12 天，就分别完成了 20 联 3×32m 现浇连续箱梁和 576m 站台梁板的施工任务(图 52)。中铁大桥局抽调 36 名桥梁技术人员和 200 名专业张拉人员，承担部分桥梁预应力张拉任务和现场指导，为提前完成武广场 V 构梁、挂孔梁施工给予了有力支援；中铁建工集团集中力量，采用“跳仓法”，开展高架候车层预应力钢筋混凝土大会战，仅用了 42 天，于 10 月 21 日提前 5 天完成了 21m 高架层第一阶段共 3.6 万 m^2 的混凝土浇筑施工(图 53)；中铁电化局和中铁通号公司见缝插针，克服困难，提前实现了四电分项目的工期节点目标；中航港总公司在最后不到 2 个月的时间里，精心组织、全力以赴、超常施工，完成了 1～7 道 00 层、站台层及 21m、26m 层共 9.2 万 m^2 的石材铺装和大规模的机电设备安装调试任务，并保证了工程质量和施工安全。经过参建单位的共同努力，胜利实现了铁道部确定的 130 投产工期目标。

图 52　中国铁建集团组织挂孔连续梁大会战

图 53　中铁建工集团组织 21m 高架候车层钢筋混凝土楼板大会战

4.4　坚持强机制，在质量控制上实行精细化管理

4.4.1　构建以责任制为核心的工程质量管理体系

按照建成精品工程的标准和理念，我们坚持“百年大计，质量第一”的方针，建立了严密的工程质量

管理组织机构，制订了以各项设计、施工等暂行规定为核心的完善的质量管理规章制度，构成了以责任制为核心的工程质量管理体系。层层签订包保责任状，严格落实领导和各级负责的质量管理责任制，制订实施了《广铁(集团)公司建设项目管理机构绩效考核办法》。认真贯彻执行铁道部和铁道部站房建设总指挥部关于提高站房工程质量、建设精品站房的有关文件、制度、措施和标准。实行质量信誉评价制度，开展工程创优活动，落实工程验收制度，坚持标准，为创建优质工程奠定基础(图 54)。

图 54　中铁建工集团组织高架候车层超大梁体的钢筋网试验段

4.4.2　严格执行装修专业施工企业准入的有关规定

总包单位中航港项目部从建设精品站房为目标，按照铁道部关于装修专业施工企业准入的有关规定，引入国内有资质、有实力、有经验、有信誉的优秀专业公司承担装饰装修工程。承担钢结构、玻璃幕墙、金属屋面安装专业施工的沪宁钢机、江河幕墙、金锐金属屋面等企业，都表现了较高的企业管理素质和专业施工能力，使广州南站工程中最重要和数量最大的专业工程的质量得到保证。

4.4.3　坚持工程的全面监理和重点监控

我们委托华南监理联合体对工程质量实行全面监理。监理人员持证上岗，实行责任监理工程师制、专职巡视监理工程师制和施工关键部位、关键工序旁站监理制，实行对工程的全过程监理；同时，委托第三方对部分重要工程实体进行重点质量检测：委托广州工程质量检测中心对钢结构厂内按焊缝总长度的 10%、现场按焊缝总长度的 15%进行了抽检，实际监测一次检测合格率达 99%，一次返修后检测合格率达 100%；委托第三方检测单位对碎石、粉煤灰及外加剂等原材料进行 8 批次检测，检测结果均符合客运专线的验收标准要求。

4.4.4　坚持依法监督检查

铁道部质量安全监督站广州分站，依法监督对工程的质量责任行为和工程实体质量，确保安全质量的有序可控。在广州新客站建设中，原材料和工序施工检验批的质量验收合格率 100%；监理单位按规范要求进行的见证取样检测和平行检测合格率 100%；工艺试验、混凝土试件检验合格率 100%，截至工程竣工，累计检测基桩 10 250 根，合格率 100%，其中 I 类桩 9 840 根，占 96%；II 类桩 410 根，占 4%。

4.5　坚持重考核，在施工安全上实行精细化管理

4.5.1　紧密结合工程实际，突出安全监控重点

认真进行在不同时期、不同专业施工安全的风险敏感分析，制订并采取有针对性的安全监控措施。在桥梁、房建和钢结构施工阶段，重点加强对高空作业、钢结构和钢筋焊接的工地消防以及大型吊装机械设备施工安全；在雨季施工阶段，重点加强对工地防洪监控，严防雨水浸泡重要施工和运营变配电设备；对已经分步投产运营阶段，重点加强对临近既有线和影响运营投产设备的施工、轨道车运输的安全；在进行冷却塔、管道保温和大面积地坪油漆施工中，重点监控和防范易燃材料消防安全；施工的全过程都加强对临时用电、劳动安全和交通等较大安全风险的管理；按照施工各阶段的安全风险，及时开展专项安全检查，并结合专项安全检查，狠抓施工现场安全管理，解决施工标志标志不齐全、物资材料堆放混乱、作业人员穿戴随意、大型设备操作不规范、营业线施工防护不到位、架子队管理流于形式等“老大难”问题。

4.5.2　以现场安全为主线，加强安全精细管理

安全管理落实到现场，我们坚持每日上午 7:00 利用工地交接班的时间，在施工现场召开安全协调会，重点协调解决由于工期紧迫、各施工单位和施工工序交叉、施工场地和运输道路紧张而出现的工程进度、质量和施工安全的大小各类矛盾，坚持以安全为主线统领六位一体，同步推进，做到在现场研究协调、现场解决、现场落实。

4.5.3　狠抓检查落实，堵塞安全漏洞

认真加强检查、执法和监管，加强对带有共性、倾向性安全问题的通报、整改和跟踪，形成管理闭环。130 开通以来，特别是重点开展了营业线施工安全专项整治检查，加强对影响既有线运营的施工方案审查和施工计划审批，所有影响既有线运营的施工和长轨运输、联调联试等必须在天窗点 0：00～4：00 内进行；加强工地联合检查制度，除每日 22：00 工程系统检查外，每日 7：00、14：00、19：00 及次日 4：00 组织运营和施工单位对运营线路进行联合检查，确保了开通区域运营的安全。

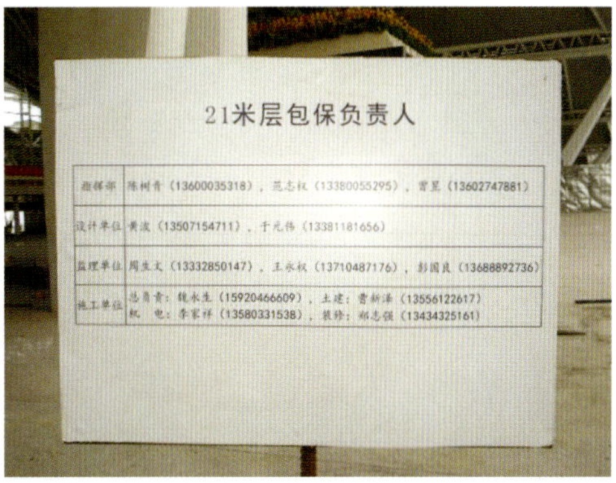

图 55　设置在施工现场的包保负责人揭示牌

4.5.4　狠抓量化考核，落实安全责任

切实加强建设安全专项检查和施工企业信用评价检查，完善行政执法监督检查机制，严格执行《广铁集团公司建设项目管理机构考核办法》，全面细化并落实安全责任，把安全压力传递到各个参建单位和个人，并加大考核力度（图 55）；指挥部与各参建单位签订责任状，制订了安全、质量、进度包保责任体系。分别设置地下层、地面层、站台层、高架候车层以及四电工程等 5 个责任区，各参建单位对本责任区进一步细化，进行全方位包保，全面加强了广州新客站建设的施工安全管理，在确保进度的同时实现了安全、质量齐头并进。

4.6　坚持夯基础，在标准化建设上实行精细化管理

认真贯彻执行铁道部关于加强标准化建设和铁路建设标准化管理的要求，我们加强对标准化建设的领导，制订并落实标准化建设计划，大力推进建设指挥部和施工现场的标准化建设和标准化管理。

4.6.1　加强各项管理制度的建设

围绕加强指挥部的工作标准和管理标准为主线，分别制订并公布了“广州新客站工程建设指挥部内部管理制度”（广新站指办〔2005〕1 号）、“广州新客站工程建设指挥部各岗位安全职责”（安〔2008〕46 号）、“广州新客站工程建设指挥部职责体系”（办〔2008〕64 号）（图 56）、“进一步强化广州新客站安全质量责任管理”（安〔2009〕35 号）以及有关招标、计划、财务、设计、施工管理办法等工作标准，并相应制订“广州新客站工程建设指挥部施工质量管理办法”（广新站指办〔2006〕5 号）等管理标准共 23 项，作为指挥部管理的基础，并为规范指挥部的工作确定了标准。

4.6.2　组建精干高效的建设指挥部管理团队

根据新客站建设工期紧、规模大、技术复杂、安全质量风险高的实际情况，从加强管理出发，加强了指挥部管理机构的配置（图 57）。指挥部领导设党、政正职各 1 人，分管安质、土建、四电及总工副职各 1 人，下设综合、计财、安质、工程、物资（含征拆）5 个部，总定员 46 人；其中高级技术职称 12 人。为了进一步加强安全质量的管理工作，2009 年将安质部的定员由原来的 3 人增加到 6 人。指挥部在 2008 年就按照工作的素质要求配齐了全部工作人员，明确了各自的职责，加强了指挥部工作人员的培训和考核，形成了精干、高效的工作团队。几年来，在集团公司领导下，指挥部领导班子带领全体员工，一鼓作气，发扬大干、苦干、拼命干和吃大苦、耐大劳的精神，脚踏实地，以高度负责的精神，团结全体参建单位，克服重重困难，取得了广州新客站建设的胜利。

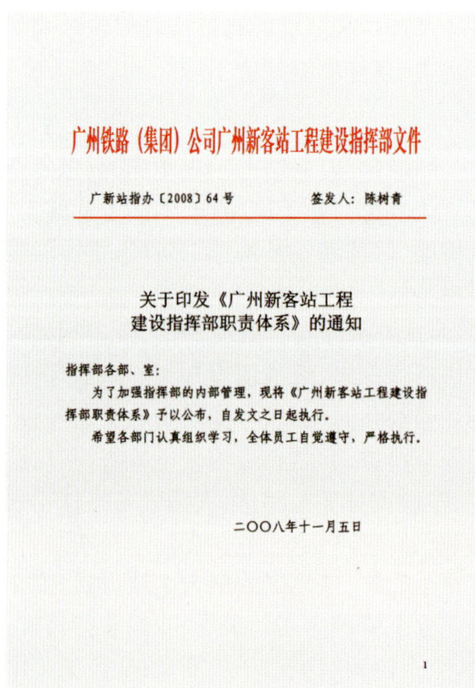
广州铁路（集团）公司广州新客站工程建设指挥部文件

广新站指办〔2008〕64 号　　签发人：陈树青

关于印发《广州新客站工程建设指挥部职责体系》的通知

指挥部各部、室：

为了加强指挥部的内部管理，现将《广州新客站工程建设指挥部职责体系》予以公布，自发文之日起执行。

希望各部门认真组织学习，全体员工自觉遵守，严格执行。

二〇〇八年十一月五日

1

图 56　广州新客站工程建设指挥部职责体系通知

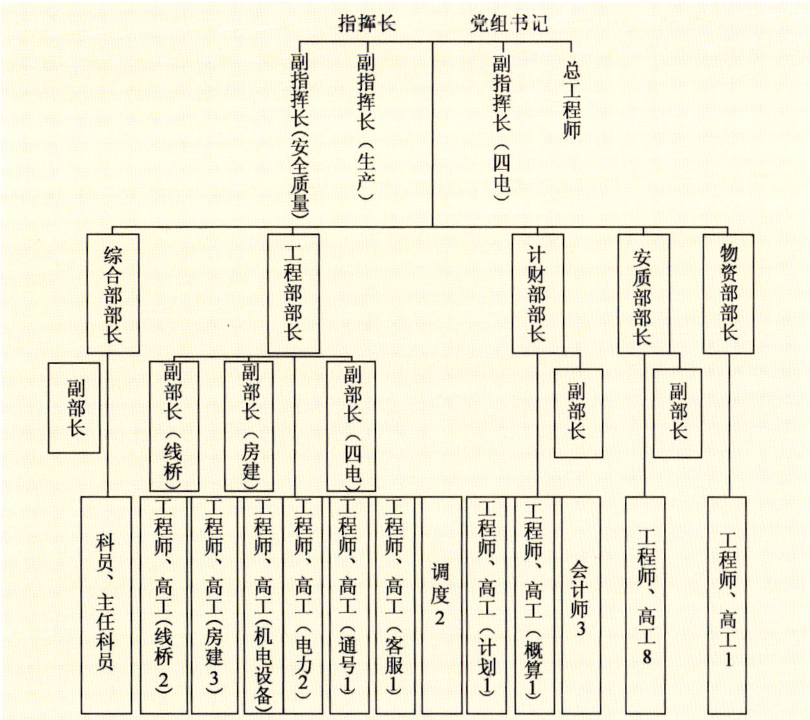

图57 广州新客站建设指挥部机构示意图

4.6.3 加强施工现场标准化管理

按照铁道部《铁路建设项目现场管理规范》的要求，重点落实施工队伍架子队管理模式、文明工地样板、标准化搅拌站、标准化试验室，特别是结合广州南站分步投产的实际情况，统一了标准化既有线防护栏、开通区域的隔离板等，见图58。

图58 高架候车层美观的标准化临时施工隔离板

4.6.4 强化过程控制的标准化管理

重点加强在质量、安全、进度和环保的工程过程监控标准和控制管理程序的标准化。根据特大型房建及建桥合一结构的站房个专业施工单位多、工序衔接复杂、工序衔接对工程质量影响大的特点，重点加强了各个工序验收和衔接的标准化制度：为了防止钢筋混凝土结构的预埋、预留孔洞的遗漏，制订了“混凝土施工四方(混凝土施工方、需要预埋预留方、设计、监理)联签”制度、建筑结构与装修工序交接制度、装修与机电、综合管线、信息工序交接制度；特别是在130部分投产后，为了确保既有线行车和已开通运营设备的施工安全，重点制订了统一标准的施工计划要点审批制度、工程线轨道运输审批制度、进入施工区域许可证制度等。

通过加强标准化建设，使参建单位提高了加强工程管理的自觉性，明晰了管理办法，进一步提高了管理水平。

5 几点思考

5.1 领导决心是确保建设高品质站房的关键因素

三年多以来，铁道部领导多次深入广州新客站施工现场视察工作，要求各参建单位以科学发展观为指导，牢固树立使命意识和责任意识，瞄准建设世界一流现代化大型客站目标，苦干实干拼命干，努力把广州新客站打造成百年不朽的精品工程。在建设的过程中，铁道部党组的科学决策和坚定不移的决心起到了关键作用。从重要节点工期安排到施工组织审定，从重要方案的确定到建设过程中一系列重大问题的解决。没有铁道部党组的科学决策和坚定不移的决心，广州新客站工程建设就不可能如此顺利。在广州新客站建设艰苦奋斗的日日夜夜，在克服艰难困苦和组织决战的关键时刻，广铁集团主要领导和主管领导都坚守在现场第一线，坚持现场办公，现场研究和解决问题，带领全体参战人员取得了广州新客站建设的胜利。

5.2 建设管理队伍的素质是建设高品质站房的重要保障

在建设过程中，我们拥有一批会干事、干实事的人。这些同志以高度的政治责任感、强烈的事业心和极端负责的奋斗精神，积极投入到工程建设中去，他们有带病坚持工作的、有家中老人卧病在床却无法尽孝的、有小孩放寒暑假在家却没人照顾的、有家属要做手术却没时间陪护的，但大家毫无怨言。特别是“1.30”攻坚战中，这些有事业心、有责任心的同志，引领大家拼搏奉献、埋头苦干、昼夜奋战，全身心地投入到繁忙的攻坚决战中去，充分体现出了讲政治，讲大局，举全体之力干大事的主人翁精神；坚定信心，敢打硬仗，敢为人先的进取精神；科学组织，精心施工，昼夜不间断作业的拼搏精神；不讲价钱，不讲条件，自我加压，挑战极限的奉献精神；以及视安全、质量为企业生命，确保工程安全优质的敬业精神。

5.3 优秀的设计方案是确保建设高品质站房的重要前提

广州南站以建筑效果和旅客服务功能为主线，对建设方案进行反复的研究和优化，从宏观建筑美学到局部景观效果，精益求精，不断完善，使广州南站投产后形成整体外形恢弘、建筑效果震撼、候车环境宽敞、旅客流线简洁、服务功能完善的良好品质，尤其是高架候车层采用双曲线形网壳，结合 ETFE 气枕效果的中央采光通廊，使整个候车大厅通透明亮，景观震撼、独特。实践证明，建设高品质的站房，必需首先围绕以形成良好的建筑效果和简洁顺畅的旅客候车、乘降流线为目标，并努力创作出独特的景观，对方案不断进行优化和完善，为建设高品质站房打下坚实的基础。

5.4 “样板引路”是确保建设高品质站房工程的必要过程

图 59 样板要求示例

注：26m 商业预留层送风口样板必须与相邻的垂片吊顶、玻璃栏杆一并制作样板。

站房的装饰装修是建筑和艺术的结合，站房装修的质量，特别的各部位装修细部的质量直接关系站房的总体品质。站房的装修没有成熟的经验可资借鉴，只有做出样板，审查确认后再推开。要认真执行铁道部站房建设总指挥部关于做好装饰装修样品的规定和要求。实行“样板引路”，一是要早，要在施组确定的装修工期之前，留出样板设计及备料、制作、评审、优化的时间，提前进行样板的实施；二是要全，样板的范围和区域要涵盖与样板主装修有关的其他装修，避免相邻装修项目样板之间的不协调；三是要认真，要认真研究和审查样板，积极进行优化，力求精细完善。实践证明，只有高品质的样板才能引领出高品质的站房装饰效果，见图 59。

5.5 标准化是确保建设高品质站房的重要基础

质量是站房工程的生命，安全是站房建设的前提。安全、质量不能实现有序可控，必然影响建设工期和站房的建设效益。广州新客站工程建设之所以能够顺利完成，最关键、最核心、最本质的问题在于加大了对安全质量管理的力度。标准化是工程安全、质量管理的基础，实践使我们认识到，只有在工程的全过程不断推进和加强标准化建设，才能确保工程质量和施工安全，又好又快地推进工程建设进度，确保总工期目标的实现，才能实现效益最大化。

5.6 加强现场协调和协调的精细化是确保建设高品质站房的必要手段

特大型站房建设涉及的专业多，并与地铁、市政配套密切相关，为此，大量的内、外部协调工作不可避免成为建设高品质站房建设管理工作的主要内容。一要有高标准，要按照国家、铁道部和集团公司有关的管理标准、技术标准和工作标准，以及有关的合同、协议，并以此作为对内、对外进行协调的基本依据。二要结合实际，具体问题具体分析，寻找解决问题的方法和途径，以达到加快进度、提高质量、确保安全、和谐建设的目的。三要坚持协调工作到现场，同时协调工作要到位，要协调到细部、协调到关键处所。四要有大局意识，既坚持原则，又有灵活方式，在可能的条件下为配套工程提供便利，以促进地铁、市政等配套工程的建设，实现同步投产。实践使我们认识到，必须积极加强沟通协调工作，才能建立顺畅的沟通和协调机制，充分调动方方面面的积极性，为高品质站房建立宽松和谐的建设环境。

参 考 文 献

[1] 广州铁路集团公司广州新客站建设指挥部. 武广客运专线广州枢纽广州南站剩余工程施工组织设计(第三—八版). 广州，2009. 4.

[2] 广州铁路集团公司. 关于落实集团公司铁路建设标准化管理工作的通知(广建函〔2009〕546 号). 广州，2009. 8.

[3] 中国航空港建设总公司. 广州新客站 21m 高架候车层混凝土结构“跳仓法”施工方案. 广州，2009.

[4] 中铁二十二局集团有限公司. 新广州站工程站房桥 V 构连续梁施工方案. 广州，2009. 4.

[5] 中国航空港建设总公司. 江苏沪宁钢机股份有限公司. 新广州站站房工程钢结构安装方案. 广州，2008. 10.

转变观念　创新管理
努力提升客站建设管理水平

郁文涛

（南昌铁路局　南昌　330002）

摘　要：按照建设“百年不朽精品客站”的定位，目前全路大规模的铁路客站建设正处在重要的攻坚阶段。本文通过对现阶段铁路客站建设所面临的形势以及工程的特点和难点分析，有的放矢地从思想认识、管理模式、技术培训、设计及咨询、标准化管理、监理、预介入、同步建设等方面，提出了加强和改进客站建设管理工作的一些思路和建议，以供领导和同行们探索创新。

关键词：客站　建设　管理　创新

1　当前南昌局客站站房和建设管理基本状况

1.1　客站建设任务十分艰巨

至2012年，中国铁路要建成804座新客站站房，其中有50余座省会、副省会级站房，100余座地级站房。目前已建成124座，在建174座，仍有500余座未开工，200余座未开始设计。

目前南昌局已建成客站17座，在建9座，还有17座未开工，40座未开始设计。到2013年，南昌局将建成客站近70座（其中副省级大型客站4座，地级客站11座），站房规模约60万m^2，任务艰巨。

因此，整体形势可用一句话概述：任务十分艰巨而又必须高品质完成。

1.2　现阶段客站建设特点

1.2.1　建设标准高、理念新，路地各级领导和群众十分重视和关注

新一轮铁路客站建设开始之际，部党组就从战略高度出发，提出建设“百年不朽精品客站”的要求，为铁路客站建设规划出具体的标准和目标，并针对客站建设的实际，科学地提出了“五性”（功能性、系统性、先进性、文化性、经济性）的理念和设计原则，涵盖了现代化铁路客站建设深刻内涵，从而使铁路客站的设计和建造做到了能力充足、功能完善、舒适便捷、工程优质、设施先进、节能环保、与地域文化有机融合和可持续发展，并与其他交通方式紧密衔接，使之有效成为现代化的综合交通枢纽。

中央及部省各级领导对铁路客站建设十分重视，经常深入现场视察指导站房建设工作；社会各界和民众对客站建设也十分关注，对高铁建设倾注了无数的企盼和殷切的期望。这方方面面的关心与支持都为我们又好又快推进客站建设工作注入了强大的动力。

1.2.2　铁路客站建筑专业构成多，技术标准高

从目前全路已建成和在建客站项目来看，基本体现了现代化铁路客站的重要元素。

一是客站功能性强。基本做到了多种交通方式便捷换乘，实现了铁路与城市其他交通工具之间的无缝衔接。

二是专业构成多。客站建筑专业涉及了铁道、建筑、机电、智能化、光电技术、环保工程等多学科领域近30多个专业，技术工艺复杂，细部和结合部要求高。对从事该专业的建设、设计、施工、监理、材料供应等人员均提出了较高要求。几乎每座站房都要求按优质工程的标准来定位并实施，从而对所有参建人员，包括现场作业人员，都提出了较高的技术要求。

三是先进技术多。广泛采用了桥建合一结构、多种形式大跨度钢结构、无站台柱雨篷钢结构等客站结构新技术，以及太阳能光伏发电系统与建筑一体化技术、冷热电三联供技术、智能化分级光控系统等先进的节能技术，形成了具有我国特色的铁路客站建设技术体系。

1.3 现阶段客站建设难点

1.3.1 站房建设开工晚,工期紧

从铁路项目战略机遇期的角度出发,目前铁路新线项目从路地各方积极商定协议到审批开工,铁路建设已较好实现了"又好又快"的科学发展要求。而站房建设由于总体规划、规模、出资和新线接入等具体问题,又制约了工程的审批和开工。待到站房开工之时,往往又是新线开通目标的"迫在眉睫",客观上容易造成站房工程后期的应急赶工情形。

1.3.2 路地协调难度大,制约因素多

站房建设不论是前期的规划衔接、站房规模、建筑造型和出资协议,还是实施阶段的配合协作,无不处处涉及与地方政府主观意志的协调和配合。由于铁路客站在全国建设融资模式上的独特性,不少地方政府已对站房合作建设模式、出资构成、工程界面,乃至概算审查,都提出了愿望和诉求,从而为客站建筑又增加了具体的协调工作难点。

1.3.3 站房建设管理专业人员匮乏

主要体现在:一方面富有站房建设管理经验的专业技术人员非常紧缺。大规模铁路建设实施以来,随着客站建设数量的急剧增加,各建设、设计、施工和监理单位中有站房建设经验的专业技术明显不足,捉襟见肘,导致了设计、施工、监理和建设管理整体水平没有能够及时跟上建设标准的提升节奏。另一方面是专业技术人员的专业构成明显不足,各单位不但在房建、铁道工程等主体专业缺少人员,更突出的是对于电力、给排水、暖通、客服信息等配套专业人员更是十分紧缺,对整个站房建设新技术、新标准、新工艺的应用和实施带来了重要影响。

1.3.4 既有站改造的运输和施工组织安全压力大

新线的建设规划往往与既有的铁路网取得连接,由此既有站的改造也凸现出其特有的重要性。既有大型客站建设决不但涉及既有运营秩序的安全有序,更要保证"运输和施工两不误",是一个重要的工程课题。如我局南昌、福州、厦门三个副省级站均为既有车站改造,由于既有的站场能力十分有限,旅客流量大,又凸现了运营和过渡的矛盾尖锐,工程难度可以想见。从目前情况来看,主要困难体现在三个方面:

一是客站改造建设对运营干扰大,面对"行车不施工、施工不行车"的要求,在天窗点内进行改造施工异常复杂、难度极大,施工与运营组织、运输过渡的矛盾比较尖锐。

二是站场改造涉及既有行车设备多,即有地上的接触网、高架候车室和站台、雨棚改造,又有地下的管线迁移和行包、旅客地道改造等内容,安全隐患多、管理责任大、防护要求高。

三是客流量大,站场能力有限,施工组织难度大。一些站场改造施工需要停用部分客运设施,给本就显短缺的车站客运能力造成影响;而适逢春运、黄金周、两会期间,一方面暂停营业线施工对工期进度的影响较大,另一方面密集的客流对整个施工的防护措施也提出了更高、更严的要求。

通过以上对客站建设的特点和难点分析,我们当前客站建设面对的形势是:理念新、标准高、工期紧、人员缺、协调难、安全压力大。怎样克服这些困难,在任务艰巨而又必须高质量、高品质地完成的前提下,我们只能从科学发展观的角度出发,发挥优势,扬长避短,研究分析创新管理思路和加强改进客站建设管理办法的有效举措。

2 转变观念,充分认识客站建设管理创新的必要性

铁路客站站房作为窗口展示着铁路的外在形象,直接反映社会经济发展的状况和建设水平,受到社会的广泛关注。目前全路大规模的铁路客站建设正处在重要的攻坚阶段。如果说已建成的200余座客站为我们积累了一定的实践经验,奠定了良好的样板示范作用,那么,如何更好地系统总结所取得的理论和实践经验,进一步创新管理思路,有的放矢地加强和改进客站建设管理工作,无疑是建设"百年不朽精品客站"、打好现阶段客站建设攻坚战役的关键。

2.1 创新客站建设管理是贯彻落实部省领导要求的具体要求

大规模铁路建设实施以来,铁道部对客站建设十分重视。铁路客站建设是铁道部近几年来集中精

力主抓的一项重要工作，部领导始终坚持对所有客站设计方案集体审查，亲自把关，并对客站建筑方案、设计、建设管理提出了许多指导性意见。部领导对客站建设工作重视和支持，为我们完成今后的客站建设任务创造了最为有利的条件。地方政府对客站建设高度关注。铁路客站作为带动城市人口和服务功能聚集的触媒，对城市发展的促进作用越来越大，已由"城市的大门"演变为新的"城市中心"。新时期铁路客站的建设成为当地政府和社会各界关注的焦点。所有沿线地方政府对铁路客站建筑方案都非常重视，都是一把手亲自过问。地方政府对客站建设的关注与支持，为客站建设营造了极为难得的良好外部环境。因此，只有不断创新和优化客站建设管理工作，我们才能更好地把部省领导的殷切期望贯彻落实好。

2.2 创新客站建设管理是实现客站建设专业化的重要前提和保障

客站建设专业性非常强，涉及站前站后、装修装饰等30多个专业，对建设管理的专业化水平要求高于一般的土建工程。近年来，全路客站设计、建设水平不断提升，对强化建设管理力度，创新建设管理理念，实现专业化管理的要求越来越高。目前，全路客站建设已形成了三级管理机构的专业化管理模式。在铁道部层面，部成立了专门的客站建设总指挥部，并从路内外调集专业水平高、综合能力强的专业人才，充实到客站建设管理队伍；在铁路局(公司)层面，北京、上海、武汉、南昌和成都局等路局大部分均成立了专门的建设管理机构，配备了专门的客站建设管理人员，统一领导、组织和协调站房建设工作；在具体建设项目层面，各铁路局(公司)均成立了大型客站的项目管理机构，承担建设管理任务。但光有机构和人员还不足够，还必须在建设管理的机制、措施上进一步实现创新，才能够真正提升客站建设管理的专业化水平。

2.3 创新客站建设管理是实现客站建设标准化的基础工作

铁路客站建设是一项系统工程，涉及面广，管理复杂、难度大，对管理机制和水平的要求相当高。当前，我们一方面面对着建设管理力量不足的现实情况，需要通过规范管理流程，实现"易操作、可复制"的标准化目标，努力提升客站建设管理水平。另一方面我们现有的客站建设管理模式已不能满足当前大规模铁路客站建设的需要，亟须探索和创新管理模式。而贯彻"六位一体"管理模式，坚定不移地推行铁路建设标准化管理就是解决上述问题，实现管理提升的有力抓手。要推行好标准化就必须摒弃旧的思维模式和办事方法，在机制上、措施上、细节上下功夫，不断创新和优化建设管理模式，带动参建单位提高建设水平，为建立切实可行的标准化管理模式奠定基础。

2.4 创新客站建设管理是适应客站建设市场化的迫切需要

随着铁路建设市场开放度的进一步提高，吸引了一批国内外实力雄厚的知名设计单位和设计师参与铁路客站设计，一大批实力雄厚的建筑施工、钢结构、装修装饰、玻璃幕墙企业进入客站建设市场，大幅提高了客站设计和建造水平。但在管理方式上，原有的管理模式已不能适应市场化的需要，必须要通过管理创新，强化管理水平，与市场相接轨，通过有效的管理机制提高管理效能，从而增强对客站建设的过程控制，确保客站建设的质量、安全和工期进度。

3 抓住重点、创新客站管理的若干建议

3.1 提高参建全员建设"建设百年不朽精品客站"的思想认识

在思想认识层面，虽说各级领导已是一再强调，但目前部分参建单位人员对建设百年不朽精品工程和"五性"理念认识却不深刻，在贯彻落实上不到位。

建议：利用宣传媒体，突出宣传参建各方的先进人物和事迹，发挥典型示范效应；定期结合业务学习，开展"不留遗憾、不当罪人、建不朽工程"的主题教育和活动，提高参建全员思想认识，增强其使命感和责任感，使"工艺品施作、创精品工程"成为全员的实际行动。

3.2 建立建设单位领导定期巡视制度

目前各铁路局(公司)在客站建设管理尺度上尚不统一，有的单位领导重视，经常亲临一线检查督战；有的单位重视不够，政策上倾斜不够，管理上措施不多，或多或少影响了客站建设的有力推进。

建议:各铁路局(公司)领导亲自上手,加大巡视工作频次,及时协调解决现场问题。

3.3 指导和规范各铁路局(或公司)建立合理的项目管理模式

铁道部成立了“客站建设总指挥部”。各铁路局(或公司)也在因地制宜地加强管理队伍建设。有的单位成立了客站建设指挥部,专职管理全局的客站建设;有的单位成立了客站办,抽调专职人员协调督导客站建设。虽然这些做法都发挥了很好的效果,但各自的做法尚不统一,而且考核管理机制目前也尚未有相应的规定,未能形成固定的标准。

建议:铁道部结合各铁路局(公司)的客站建设具体情况,制订具体量化的机构和人员配置标准,并给予指导和考核,以从源头解决管理模式、项目机构和人员达标问题。

3.4 建设高素质、有梯度的客站建设管理队伍

短期内要大量建成百年不朽的精品客站工程,建设单位作为龙头,没有一支高素质、有梯度的客站建设管理队伍,是难以实现的。

建议:在完善机构、人员达标基本要求的基础上,强化客站专项培训上岗制度。该制度应涵盖现场的建设、监理和施工单位管理人员。培训重点是站房工作要点(包括政策法规)、细部设计和质量通病,培训须经考试合格后方可上岗工作。

3.5 针对新线开通目标,倒排站房开工时间

工程实践表明,加快前期审批、方案稳定、投资协议、征迁交地、设计供图等工作,争取站房早开工和及时建成,是保证合理工期、出精品工程的必要条件。

建议:各铁路局(公司)应根据新线开通的时间计划,倒排站房最晚开工时间节点,并抽调有责任心、业务熟悉、协调能力强的骨干人员,组织设计对接、地方协调和上报审批,从而确保按计划开工。

3.6 强化勘察设计管理,发挥咨询和审核作用,完善设计质量

目前设计单位任务十分饱和和繁重,有的项目设计质量难以保证、供图不及时、现场配合不紧密。基于该现状,造成各局(或公司)对设计单位的协调资源和协调能力十分有限,设计配合工作难点较多。

建议:鉴于设计的源头地位和重要性,建议铁道部介入协调并考核站房设计供图,并与站房设计方案招标相挂钩。对供图不及时、配合不力的设计单位,在招标时予以限制。在委托设计咨询和施工图审核的基础上,充分发挥专家作用,对专项设计组织好技术攻关工作。

3.7 关注解决室内空间装饰处理千篇一律的“短板”问题

目前大型客站的建筑外观造型已通过方案招标,得到了显著提升。但一些中小型客站建筑设计创新不足,造型未能挖掘所在地区的文化特征,尤其在室内空间处理上,未能延伸文化,合理利用地材,失之简单,千篇一律。目前有不少的站房室内空间处理,只是简单地采用花岗岩或铝板装饰,从选材到色泽也几乎一致,旅客到了室内空间,有仿佛各站“雷同”之感。

建议:室内装饰设计是建筑设计的重要延续和深化,是建筑内外部空间和环境的再塑造,直接影响旅客环境和舒适度。应当充分挖掘具有地域特色的软文化,实现建筑造型和空间效果的有机协调。在候车室空间进行功能性和标志性的装饰,以突破千篇一律的“简单堆砌”。对特殊或重要的站房工程,考虑计列室内装饰深化设计费用。学习借鉴国内一些大型公共建筑(如机场)的设计原则和运用效果,在室内空间装饰方面仅制订原则性的人性化标准,给建筑师一定的想像和创作空间,以丰富精品工程的整体内涵。

3.8 强化专业接合部和接口设计管理

站房的专业接合部和接口设计是出“精品工程”的重点,建设部在以往推行优质工程管理上也是把这一环节作为重点,取得了一定经验。

建议:设计(装饰深化设计)应当把各专业接合部和接口设计落在一个平面或空间的设计图纸上。同时落实好施工图审核与交底制度,主管领导必须亲自上手。

3.9 重视并完善旅客服务设施和广告的同步设计和实施工作

站房的旅客服务设施和广告布局,是站房服务功能的重要组成,对发挥站房综合服务功能、节省运

营费用具有重要意义。

建议：各铁路局(公司)作为建设和运营主体，应制订操作程序，在控制性装修阶段即介入同步设计和实施工作。旅客服务设施要体现集约化，吸引品牌企业进驻经营。

3.10 根据站房特点推行标准化管理，加大现场管理力度

目前在站房建设管理标准化工作方面尚未有一套符合当前管理需要、相对规范成型的管理模式，各铁路局(公司)把握的尺度也均不一致，对于推行好标准化管理带来了一定的影响，需要铁道部通过对各单位好的做法进行归纳整合，建立起适应当前建设实际的标准化管理体系和制度。

建议：推行管理程序规范化，优化站房建设全过程管理流程，规范管理行为，明确职责标准，提高管理效能，保证合理进度和工序衔接。强化现场管理标准化。现场管理是客站建设所有活动的出发点和终结点，是衡量管理水平的重要尺度。建议通过标准化管理，健全和完善技术、工序标准，优化生产劳动组织，加强施工管理，强化工艺水平，从而确保兑现站房建设的安全质量目标。

3.11 加大对监理的管理和考核力度，提高质量安全把控能力

学习借鉴国内先进城市质量监督站的管理经验，把对监理的管理作为重点，透过对监理的管理以实现对施工现场的深度和延伸管理。

建议：把好监理人员资格和上岗培训关；赋予监理充分的、法规和合同约定的权力，维护监理威信，在工程实践中支持其提高现场的把控能力；制订硬指标以加强对监理的考核工作，坚决撤换不称职的监理人员乃至总监。

3.12 完善运营提前介入制度，组织好设计和运营的对接工作

充分发挥铁路局在运营组织、专业管理和既有设备管理方面的优势，深入开展好提前介入工作，实现设计、建设和运营的有效衔接。

建议：重点在初步设计和施工图阶段，各铁路局(公司)要组织设计对接，解决专业不配套、功能不完善、设施不利运营维护等优化设计工作。对既有客站改造，由于存在既有专业设备设施的兼容改造问题，该工作制度更尤为重要。

3.13 加大与地方沟通协调力度，促进地方市政配套的同步建设

现阶段大量铁路站房多采取的是合资建设模式。地方政府作为出资人，有极强的参建管理意识。

建议：加强与地方政府的协调力度，坚持原则性与灵活性相结合，重视其知情权、参与权和决策建议权和合理诉求，建立定期协商机制，及时解决问题，实现良性互动，提升合作建设质量。促进地方政府启动广场等市政配套工程的同步建设。

4 结语

目前站房建设正处在关键时期，任务艰巨、责任重大。为此，我们必须深入贯彻“高标准、讲科学、不懈怠”的要求，落实“六位一体”管理目标和“五性”建设理念，从客站建设的自有规律出发，系统地、科学地提出切实可行的建设管理措施，调动积极因素，发挥全员力量，创新管理思路，提升建设水平，努力把铁路客站建成百年不朽精品工程。

适应高铁发展　实践科学管理 探索现代铁路客站精品工程建设管理的有效途径

褚松涛

（成都铁路局　成都　610081）

摘　要：在现代铁路客站“功能性、系统性、先进性、文化性、经济性”原则指导下，大中型城市的铁路客站因其综合功能更大，系统集成性更强，投资主体更多，建设标准更高，参建单位更多，大大增加了建设管理难度。成都铁路局客站建设指挥部在客观分析现代铁路客站建设形势的基础上，以新建成都东客站为实践载体，积极探索客站建设的新途径，基本实现了“质量、安全、工期、投资效益、环境保护和技术创新”六位一体的建设管理目标。本文针对客站建设过程中的难点重点问题提出理性思考，以期为今后客站建设提供借鉴。

关键词：铁路客站　建设管理　实践　思考

1　现代铁路客站建设面临的形势

1.1　建设标准更高

1.1.1　先进的理念决定了客站建设标准更高

在“以人为本、服务运输、强本简末、系统优化、着眼发展”的建设理念引领下，客站作为现代铁路建设项目的重要组成，要实现“六位一体”的建设管理目标，要求铁路客站建设必须高标准。

1.1.2　“五性”原则决定了客站建设标准更高

站房建设“五性”原则是部党组对铁路客站落实科学发展观，构建社会主义和谐社会和建设和谐铁路的具体要求，决定了客站要实现向综合交通枢纽中心地位的转变，必须是百年工程、精品工程。

1.1.3　地理位置决定了客站建设标准更高

现代客站往往处于城市中心或区域中心，既体现了铁路的形象，又承担着地标建筑的重任。作为公共交通建筑，往来人流量大，社会影响面广，这些特点决定了客站建设必须要高标准。

1.2　建设工期更紧

1.2.1　和谐铁路建设的新局面决定了工期必须紧凑高效

开创和谐铁路建设的新局面，就是到2020年全面完成《中长期铁路网规划》确定的任务，基本实现我国铁路的现代化。实现这一宏伟目标，必须以争分夺秒的态势加快发展。因此，客站建设必须科学确定紧凑高效工期，适应铁路发展大局的需要。

1.2.2　客站建设外部关联性问题诱发工期紧张

客站建设涉及地方城市规划、征地拆迁、管线迁改等工作，以及地铁和市政配套等改造工程，关联多个地方管理主体。这些工作如不能提前实施或同步完成，势必将严重制约客站建设施工，导致客站施工工期异常紧张，这是客站建设必须认真妥善解决的现实课题。

1.2.3　客站建设前期工作推进速度和深度制约建设工期

客站建设是系统工程，必须按流程高效运作，才能确保工期。因此，必须及时确定建设规划和设计方案，在施工图设计深度下足功夫，避免在建设过程中修改设计方案，甚至反复修改的情况发生，使工期紧上加紧。

1.3　建设难度更大

1.3.1　先进技术广泛应用的因素

当前“新工艺、新材料、新技术、新装备”在客站建设中广泛应用。站桥合一、铁路地铁客站结构合一的设计形式，大跨度的空间结构体系，太阳能光伏一体化技术、冷热电三联供技术、热泵技术等先进的节能环保技术，以及站内电视、通信、网络、公用电话、自动查询等先进的信息技术，使现代铁路客站成为众多领域新技术、新工艺、新设备的聚集地。“四新”技术在满足未来较长时期铁路客站在规模、功能、站场设置方面需求的同时，也加大了工程建设难度。

1.3.2　建筑造型的因素

由于现代铁路客站外部往往采用反映地域文化特色的建筑造型，内部功能完善，系统集成较多，使其在建筑结构、装饰装修、设备安装等方面，与常规施工技术有着非常大的区别，加大了施工难度。

1.3.3　多个建设管理主体职能交叉重叠的因素

由于铁路客站是集各种交通方式为一体的城市客运综合枢纽，客站的建设必然牵涉各种交通方式的主管部门。而各交通主管部门往往根据各自的发展目标、运输生产要求进行规划、建设，同时各交通主管部门的管理体制不同，管理主体和其所代表的利益不同，造成施工单位工作相互交叉，相互干扰、相互制约的概率大大增加，加大了建设组织难度。

1.3.4　协调问题的多样化因素

客站建设是综合性系统工程，既要对外协调城市规划、征地拆迁、管线迁改、市政配套工程建设等事项，又要对内协调既有线施工与设备改造、铁路运输等工作，同时还要协调各建设方、专业分包等多方面的关系，需协调的问题多样化也加大了建设组织难度。

1.4　建设资金来源渠道更广

铁路客站属公益性的交通基础设施，涉及城市配套项目众多。目前国内客站工程基本由国铁与地方按比例投资建设。征地拆迁、城市配套建设等方面由地方全资解决。同时商业旅游、广告传媒、电讯通讯、无线移动、银行邮政等专业服务机构，也相继进入客站并投资建设。面临客站建设投资渠道多元化的新形势，如何用好管好庞大的客站建设资金，是必须认真思考的新课题。

2　成都东客站建设管理实践

2.1　工程概况

成都东客站是集城际铁路、高速公路、地铁、城市公交和长途客运站为一体的超大型综合客运枢纽(图 1)。位于成都市成华区既有成昆线沙河堡车站，占地约 1 075 亩，车场规模 26 站台面 26 线，客站建筑总量为 22 万 m^2，包括站场及达成引入线工程、客站工程(含站房和无柱雨棚)、南北高架道路及平台工程，概算投资 40.15 亿元(成都市出资 7 亿元)。

图 1　成都东客站

成都东客站建筑外观提炼川西金沙与三星堆文化艺术元素，融入了竹编、竹叶等巴蜀风情，展现了宫阙和雕刻的汉蜀文化，体现了成都独有的文化内涵。

主体结构采用了 42m＋66m＋42m 连续大跨度空间桁架结构，两侧分别悬挑 27m，客站下方包含了 2 条十字交叉的 2 号、7 号地铁车站，与客站形成一个整体结构体系。承轨层采用下建上桥、轨道层和站台层分离的结构形式，设计获得 2009 年国家专利。

无柱站台雨棚采用7跨钢管桁架结构连续结构;雨棚单跨为43m,最大跨度为46.8m。

2.2 建设概况

成都东客站部批复工期为30个月,局计划工期24个月,于2008年12月31日正式开工建设。完成国铁批复内容及代建管地铁、东西广场、南北引道和5座市政立交桥等相关工程。受征地拆迁、管线迁改、柴油供应短缺等客观因素及高温、洪灾等不可抗力因素影响,实际施工时间18个月。

建设主要分成四个主要阶段。2009年始,开始进行征地拆迁。2009年6月开始进行东侧地铁2号线及主体结构、西侧地铁7号线及西侧主体结构、对应无柱雨棚结构及站场施工;2010年2月实现既有成昆线临时倒边过渡,开始既有成昆线地铁2号线及上部客站主体结构施工,东西两侧主体结构进行装饰方案样板制作和装修工程,客站两侧高架桥及穿跨站场市政道路开始施工;2010年7月结构收尾、开始装饰装修、设备安装及联调联试阶段,2010年底达到交付使用条件。

主要施工技术有:桥建合一承轨层综合结构、大跨度钢结构逆作托换技术,临铁路既有线地铁转换层深大基坑施工及监测,最大跨度达66m的单索单向夹具柔性玻璃幕墙,大型钢结构面具柱结构吊装及青铜仿古涂饰、绿色建筑施工等。

截至目前,成都东客站及相关工程整个建设过程基本实现安全有序可控,工程稳步推进,质量精益求精,投资控制有力,并在标准化建设、环保水保、文明施工等方面取得较好成绩,得到部、局及地方政府充分肯定,工程在地方市民中反映良好。

2.3 东客站建设管理的实践

成都东客站建设伊始,便面临十分严峻的形势。首先是受地方征地拆迁和管线迁改进度滞后的影响,工程开工半年后,地方才完成了站场内建设用地交付;其次是东客站涉及地铁、市政道路、东西广场等市政配套工程,由于立体交叉,相互干扰,加大建设管理难度;第三是东客站位于成都市区,客站建设与城市管理的矛盾也极为突出。

面临严峻形势,我们坚持"以人为本、服务运输、强本简末、系统优化、着眼发展"的建设理念,以标准化管理为抓手,健全和完善组织管理制度体系,质量控制体系和实施保证体系,编制了高质量的指导性施工组织设计,并强化建设单位核心作用,统筹协调参建各方,全面推进关键工程,抓住重点,创新管理,大胆实践,探索了一条新形势下客站建设管理的新路。

2.3.1 打破投资界限,实现枢纽一体化建设管理

成都东客站地方配套工程涵盖地铁2号、7号线,东、西广场,客站西南侧和东南侧的城市公交、长途客运站,城市配套市政道路及市政管道八个部分,城市公交,长途客运站,东、西广场通过立体的市政道路联为一体;同时东客站还有商业旅游、广告传媒、电讯通信、无线移动、银行、邮政等配套商业设施(图2)。

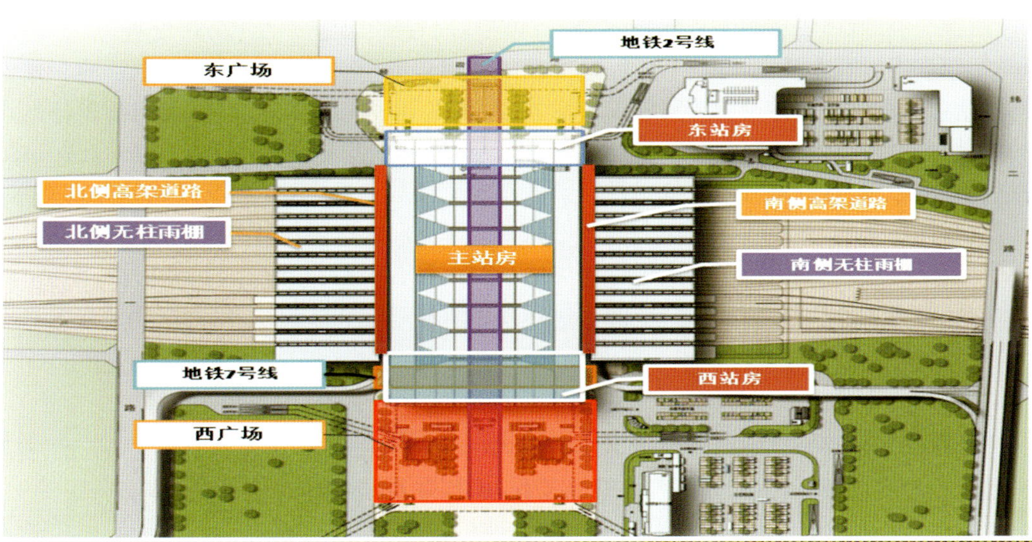

图2 成都东客站分布图

为有效减少相互交叉干扰,确保工程有序推进,充分共享管理资源,提高枢纽系统建设管理的效率,降低建设综合成本,保证社会综合效益最大化,我们首先对枢纽系统工程进行了统一研究并制订枢纽系统建设方案;其次是积极地与相关建设单位进行沟通,探讨枢纽系统工程建设管理方式和方法,达成共同的建设理念和目标,促进工程同步推进;最终东客站项目打破了投资界限,涉及相互交叉干扰的项目,实施"一家管理、一家施工、一家监理、一家检测"的举措。目前,成都东客站统一代建的地铁,东、西广场,市政桥梁道路工程已同国铁项目同步完成。对于商业旅游、广告传媒、电讯通信、无线移动、银行邮政等配套商业设施,目前也同步实行一体化的建设管理。

2.3.2 创新管理手段,不断提高现场管理效率

为提高管理效率,我们在利用现代计算机网络信息技术方面进行了积极尝试。通过建立工地局域网系统、视频监控系统和视频会议系统,实现了远程办公和无纸化办公,建设管理者通过网络,可随时随地调看工地现场安全、生产进度情况,及时调配建设资源、调整施工工序,极大地提高了工地的管理效率;通过搭建四方管理平台和综合管理信息平台,完善建设管理过程中信息及影像资料,分类存储设计、施工、监理、建设等管理资料,实现资源共享。同时建设各方也通过平台进行资料交流和学术讨论,实现专业互动;通过计算机三维立体动画模拟过程技术,分析论证成都东客站的结构吊装、逆作施工等重大技术方案,对重要卡控点和工序进行形象论证,促进了工程的安全推进,提高了科学建设管理水平。

2.3.3 坚持系统谋划,实现工程有序高效推进

客站建设是项复杂的系统工程,必须坚持系统谋划,科学管理,以期实现工程有序高效推进。

首先是抓好全局谋划。在东客站前期策划中,我们将站房、站场、市政配套等相关工程作为一个整体,坚持"统一规划、同步建设、同步实施、同步交付"的系统建设思路,围绕国铁建设目标,与地方政府、投资管理单位、专家共同商讨研究系统工程建设标准和建设方式等内容,进行整体研究、策划和部署,制订建设目标和方针,编制整体系统工程的指导性施工组织和重要节点。

其次是抓好重点谋划。运用系统科学理论,通过对施工组织的编制和研究,分析出交叉干扰严重、卡控难点重点进行统筹部署研究,围绕重要节点目标,对卡控工程专题研究实施方案,采取特殊的技术保障措施,争取用最短时间内完成。同时致力营造立体交叉施工,同步施工的工作局面,提供全方位保障。

第三是抓好动态谋划。我们围绕"又快又好地把东客站建成国内一流客站"的总体目标,结合现场实际和客观环境,运用系统工程理论,对施工组织进行动态管理。及时调整节点目标,督促施工单位编制分阶段、局部和分时段的实施性施工组织设计、重点卡控项目的实施性推进计划,并纳入考核。及时修正关键线路,优化人力、物资、机械、资金等资源分配,确保工程有序可控、稳步推进。

2.3.4 强调和谐建设,增强工程建设整体合力

建设、设计、施工、监理四方在工程建设中,工作职责、工作内容、工作重点、工作标准各不相同,但目标同向。我们以此为切入点,积极营造和谐建设氛围。一是建立和谐工作机制。我们制订周例会、碰头会、专题研讨会制度,建指负责人长驻现场,投资单位、地方部门、运营单位、建设各方相关人员现场办公,随时协调解决工程建设突发问题,极大地提高了管理效率。二是构建和谐工作氛围。做到"三个共同",不断增强工程建设整体合力,即:建设方案共定,重大事项集体协商,积极采纳参建各方意见,确保决策的科学合理性;建设标准化共建,密切了双方联系,增进了彼此理解,实现了建管互促;技术热点共学,通过综合信息平台,围绕"四新"技术广泛开展技术交流和业务沟通,实现参建各方技术水平同步提高。此外,我们还坚持"和谐建设不能等同于好人主义"的理念,对参建各方严格监管,严格信用评价,将工作与生活严格区分。三是打造和谐工作环境。我们在东客站建设花园式管理工地,配套齐全的后勤管理,为参建各方、建设者提供舒适整洁的工作和休息条件,使其能全身心投入客站建设管理中。

3 现代铁路客站高标准建设的思考

通过两年来对成都东客站的建设管理实践,本人认为,真正落实现代铁路客站"五性"原则和实现"六位一体"建设管理目标,打造铁路客站精品工程,还有许多方面需要完善和提高。

3.1 高标准的客站建设必须要有高质量的设计文件打基础

设计是龙头,设计文件质量的高低,直接决定了工程质量和投资控制的好坏。现代客站技术的复杂

件、四新技术大量的采用,紧张的施工工期,都对设计文件的质量和完整性提出了极高的要求。然而目前设计单位受管理机制、专业局限以及设计人员个体差异,施工图设计文件的深度、及时性和完整性还不能达到建设要求,较多细部装修、设备安装、综合管线的二次设计,甚至结构主要受力构件等大量的深化设计文件是由专业分包的施工单位完成,设计质量不高和完整性不足给现场施工、管理和投资控制造成了非常大的困难。另外,由于站场、站房与地方市政相关配套工程(如地铁、站前广场、高架道路等)涉及多个设计总体、多家设计单位,对不同建筑物或设施之间的交接关系、建筑装修风格、结构体系、综合管线、人防、消防分区、室外工程(绿化、灯光、排水系统)等难以达到统一,增加工程建设过程中的协调难度和施工难度。因此,客站建设只有突出设计质量,强化设计专业力量,加强设计单位之间的横向沟通,才能为工程的高标准建设奠定坚实基础。

3.2 高标准的客站建设必须要有科学的合理工期作保证

精品工程必须经得起历史检验,必须满足结构安全、装修精美和设备技术先进等先决条件。精品工程体现在细微之处,不论在设计方案上,还是在施工技术和工艺工法上,都需要花时间精心研究和反复推敲。所谓鱼与熊掌难以兼得,如不能科学确定合理工期,极有可能造成为建设而建设,不仅难有精品,更可能造成极大的安全隐患。因此,建设的各个单位都必须本着实事求是的态度,尊重科学和现实,针对不同的建设项目、不同的结构形式、不同的建筑造型、不同的施工方案、不同的地理环境,认真研究制订科学合理的建设工期。对必须压缩的工期予以充分论证,并制订针对性的技术方案,精品工程才有科学保证。

3.3 高标准的客站建设必须要有科学的管理手段相匹配

随着客站功能不断完善,系统综合性不断增强,建设标准不断提高,先进技术不断采用,必须采用与之相匹配的科学管理手段和方法,才能管好建好百年不朽精品工程。这要求在建设过程中不仅要有完善的技术标准、管理标准和作业标准,而且还要以机械化、工厂化、专业化、信息化等为支撑手段,尤其是在专业化和信息化上,必须以严谨的科学态度,系统的科学研究,才能制订科学的建设管理方案,这是现代客站建设管理的根本保证。

3.4 高标准的客站建设必须要有高素质的专业队伍作支撑

3.4.1 要有讲求科学的管理团队

工程项目组织者、决策者的综合素质是客站建设管理的关键。由高素质、高水平和经验丰富的管理人员、技术人员组成的管理团队,能及时发现问题和正确地解决问题,能用科学的方法和手段来管理。只有建立一支讲求科学的管理团队,高标准客站建设才会有可靠的核心。

3.4.2 要有工作严谨的设计团队

设计人员在一定程度上决定了建设工期和建设质量。因此,必须努力提高设计队伍整体素质,使其能站在历史和社会的高度思考和解决问题。设计单位要充分调动工程技术人员的积极性和创造性,鼓励技术创新,建立一支能积极攻克技术难关,工作严谨的设计队伍,高标准客站建设才会有坚实的基础。

3.4.3 要有讲求诚信的施工队伍

施工单位是项目的实施主体单位,优秀的施工单位首先必须是一个诚信的单位,严格执行合同,保质保量完成建设任务。同时也应是纪律严明、管理有序、工作高效的团队,才能担负起高标准建设的重任。

3.4.4 要有品质保证的设备和材料供应商

站房所选用的设备和材料需要良好的品质,方能达到实现精品工程的要求。

3.4.5 要有技艺精湛的技术工人

细节决定成败,装饰装修、设备安装、系统调试是客站建设最细微之处。这些工作需要一批技术精湛、工艺细腻、责任心强的专业技术工人来实现。因此,必须严格技术评定,明晰等级标准,强化质量认定,客站建设质量才会有强大的人力资源保障。

4 结语

伴随着新时期客站建设高峰的到来,落实"五性"原则,必须顺应时代的发展,以开放包容的心态和实事求是的精神,突出专业特性,把握重点,求同存异,因地制宜,不断摸索、实践和总结,把客站建设成百年不朽的精品工程。

从提升服务的角度谈客站建设中需要关注的若干问题

刘 燕

（铁路客站建设总指挥部　北京　100038）

摘　要：本文以高铁客运的旅客服务需求为核心出发点，从服务的全新视角对新时期铁路客站建设中值得重点关注的三方面问题进行了总结和探讨。首先，从方便旅客换乘和促进节能减排的角度对客站建设的外围城市交通对接问题提出了思考和建议；随后，对高铁旅客使用客站设施乘降过程中的人身安全问题提升到以人为本、建设和谐铁路的战略高度进行思考并给出了具体建议；最后，从切实提升铁路客运服务软实力的角度，对客站建设中需要思考的一些具体服务细节问题进行了归纳总结。本文的研究成果对我国当前的客站建设实践具有现实指导意义。

关键词：铁路客站　建设管理　节能减排

1　引言

以高速铁路为标志，我国铁路现代化建设已翻开崭新的一页。党的十六大以来，大规模铁路建设在中国大地上全面展开，客站建设作为铁路建设重要组成部分，备受社会各界关注和重视。按照国家在2008年重新调整的《中长期铁路网规划》，到2020年全国铁路营业里程将达到12万km以上，将建成804座客站[1]。

在充分借鉴发达国家铁路客站建设成功经验，系统总结我国以往铁路客站建设经验教训的基础上，铁道部于2004年提出了铁路客站建设必须坚持以人为本，综合体现“功能性、系统性、先进性、文化性、经济性”的“五性”原则，用于指导新时期的客站建设，取得了建设理念、关键技术等方面的重大创新和突破[2]。

按照上述指导思想，新时期客站建设以旅客需求为核心，努力把最大的空间、最好的位置、最宽敞的通道留给旅客，科学设计站房平面布局，提供高质量站内环境，提高旅客服务设施标准，优化旅客流线，缩短旅客走行距离[3]。北京南站就是在这一理念指导下的代表性作品，设计者以空间换面积，在原址改建，地上两层，地下三层，没有增加占地面积，通过上下拓展空间，优化空间利用，大大提升了旅客吞吐能力，为旅客提供了宽敞舒适的乘降、购票、候车、换乘环境，更值得肯定的是形成客运综合交通枢纽，实现了零换乘[4]。

在“以旅客需求为核心”的指导原则下，“十一五”期间，我国共新建改建548座现代化客运站，北京、上海、天津等多个重点城市的车站实现了铁路、公路、地铁等多种交通方式的“零换乘”，旅客不用出站，就能在立体化的客站内自由选择其他交通方式[5]。新站点的建设为旅客出行提供了舒适、方便、快捷、自助的乘车环境，得到了国内外社会各界的广泛好评。

本文将带着如何更好为旅客提供服务的思考，从旅客需求为核心的角度入手，从作者的工作实践出发，探讨当前客站建设值得关注的几个问题，并提出相应的解决办法。

2　客站建设中关于与城市交通衔接问题的思考

随着我国客运专线铁路的建设步伐不断加快，高速客运站的规划布局成为了铁路枢纽客运系统优化设计中的关键问题[6]。本着以人为本，建设和谐铁路的设计理念，在客站的选址、规划、设计环节，必须充分考虑到交通的便捷、安全与畅通问题，以方便旅客换乘、促进节能减排为指导思想，将客站建设与城市规划和发展相结合，使高速站建设具有可持续发展的重要意义[7]。

因此，在客站建设的规划设计出台前，应认真研讨客站的选址及其与城市交通的对接问题，既要紧密配合当地城市的长远发展规划，又要尽可能考虑到旅客关于交通便捷的需求。具体说来，本着“以旅客需求为核心”的指导思想，需要关注的问题包括：如何满足旅客到达车站的平均耗时最短、换乘到城市的各个角落最方便、在城市内的平均运输距离最短。

第一，站址的规划要符合城市交通需求，在网络配置合理的前提下力求运输距离最短。目前我国的城市铁路客站选址通常是根据城市的规模、城市规划、人口分布、占压耕地和拆迁等综合条件，在距市中心不远的位置设置一个或多个车站，从而减少旅客市内平均运输距离，缩短旅客的市内路程时间。由于平均运输距离的减少，可以节省大量能源。与之形成对比的是航空运输方式，受飞机起飞、降落的限制，机场选址往往远离市中心，导致旅客平均运输距离过长，不仅需要耗费大量能源用于交通，同时也极大地消耗了旅客的时间和精力。火车与城市的相容性好是其与飞机相比的突出优势之一。为了更好地服务旅客，满足不同方向旅客的便捷交互需求，在国外一些城市的车站之间，开通了地下轨道交通环线，这是一种值得借鉴和推广的做法。

第二，客站建设要充分考虑多种运输方式的合理布置。火车具有运力大的特点，车站的客流多呈现数量大，瞬间集聚量大的显著特征，实现旅客的快速疏解显得尤为重要。现行的车站与城市交通衔接基本上做到了人车分流、公交优先、换乘方便。特别值得关注的是，客运专线和城际铁路的开通拉近了城市与城市之间的空间距离，带来了同城化效应，城市之间人员流动性增大，而受许多城市交通状况急剧恶化的影响，旅客选择自行车和步行方式到达车站的概率增加，自行车和步行两种交通方式需要引起更多的关注。

第三，客站建设和地方配套工程尽早协调，避免各自为政。铁路的开通时间、开通运力等信息应尽早与地方政府对接，以便地方政府根据铁路安排提前组织公共交通，确保广场、道路同步开通，方便旅客出行。

3 客站建设中关于旅客安全需求问题的思考

在以往的铁路建设研究和实践中，关于安全问题的探讨主要是集中在施工安全和运营安全这两大方面，对旅客人身安全问题的关注显得较为片面，缺乏细致研究。随着社会的发展，人们自身的安全意识和社会对旅客人身安全的关注程度都在不断提高，铁路客站建筑物和构筑物的安全可靠性关系到广大旅客的生命财产安全，是客站建设格外关注的主要方面。因此客站建设必须与时俱进，认真贯彻党中央、国务院和铁道部关于以人为本，建设和谐铁路的指导思想，将旅客的生命财产安全置于更加优先的地位进行系统研究和贯彻落实。通过对国内外客站建设中有关旅客人身安全问题的经验和措施进行调研和总结，并结合作者在客站建设一线的实际工作经验，认为对站内的旅客来说，防止滑倒、坠落、砸伤、磕碰和踩踏等问题比较突出，在客站建设的设计阶段应重点予以关注。

第一，防止旅客滑倒受伤。首先要保证旅客经过、停留等部位满足防滑要求，旅客通道、楼梯踏步和天桥、地道、站台、卫生间等容易积水部位做好防滑处理。其次，应避免积水造成路滑，特别是北方地区，应防止积水结冰造成旅客摔伤的情况发生。因此，防止雨棚的雨(雪)飘到天桥、站台，防止屋面工程的天窗、檐口、天沟、屋面伸缩缝等部位漏水，防止地道墙面、伸缩缝(特别是正线桥伸缩缝)漏水，防止旅客聚集区域和通道上方的管线漏水、跑水和防止雨水排到站台或落客平台等方面问题应在客站建设中特别引起关注。

第二，防止旅客高处坠落。站内的临空栏板高度和牢固度非常重要。在车站，经常有背着大包小包、抱着孩子的旅客，他们重心不稳，且视线不好。有的孩子比较淘气，爬上爬下，非常危险。虽然目前建设的客站临空栏板执行的高度已经比规范有所提高，但是考虑到车站旅客的行为特征，笔者认为楼扶梯的栏板高度、地道口栏板高度宜由 1.1m 增加至 1.3m，栏板的安装方式必须确保牢固、可靠。

第三，防止坠物砸伤旅客。为了给旅客营造舒适温馨的旅行环境，新时期客站采用了大量的幕墙、天窗、吊顶和灯具，应确保站内所有紧固件的牢固，避免脱落伤人。

第四，防止旅客受到磕绊。车站内的旅客往往是行色匆匆，四处张望寻找所需信息，有的旅客还携带大量行李，很多人忽略了低头看路。避免在旅客通道设置突出地面设备和构筑物，避免安装突出墙面的设备设施，避免在所有通道和各个通道口如进出站口、楼梯口、地道口等部位出现错台，是避免旅客磕绊的有效措施。将车站内所有旅客可以触碰到的阳角，如墙、柱子、栏板立柱、各种台面、卫生间隔板等部位的边角做成圆角，将旅客能够碰到的设备设施，如外置的暖气、消防箱、开关把手等设备设施进行边角圆弧处理是防止棱角磕碰旅客的有效手段。

第五，防止发生踩踏事件。车站人流密集，且高度聚集，公共空间出现突发情况极易引起恐慌和骚乱，造成踩踏事件的发生。因此，车站公共空间的结构形式一般采用大跨度，确保室内高大、通透、开敞，通过上述措施减少突发事件的发生。特别引起关注的是公共区域，如候车厅、售票厅、进出站厅扶梯口、楼梯间和通道的照明开关，一定不能设置在旅客可以碰到的部位，应集中设置在工作人员方便操作并可以锁闭的部位，避免由于旅客误操作造成公共空间没有照明而引发的混乱。

4 客站建设中关于提升服务软实力的思考

随着我国铁路硬件设施的技术水平逐渐步入发达国家行列，如何进一步提升服务软实力，为国内外旅客提供更高质量的服务，成为了当前客站建设中亟待思考解决的另一主要问题。对于这一问题作者的思考是:细节决定服务质量，只有重视细节，才能提供高质量服务。限于篇幅，本文仅从如下三方面提出一些建设性意见，目的是抛砖引玉，希望借此引起更广泛的重视和讨论，帮助我们将服务做得更好。

4.1 站内旅客自助设施

站内自助设施的设置不仅能够方便旅客快速了解车站的功能，确定行动方案，而且能够减少旅客的站内平均逗留时间，提高客流效率，并有效缓解高峰期的客流压力。铁路客站的引导标志系统是指导旅客实现站内自助的有效措施，应做到醒目、准确、清晰。引导标志的设置应该满足旅客及时了解自己所需的功能流线，指导旅客自助完成各项流程。

例如，出发的旅客首先需要了解在哪里进站、购票和检票上车。进站的旅客最想了解自己乘坐车次的发车信息，了解检票口、候车厅、问询处、出发汇集点的位置(汇集点是指旅客互相等待约定位置)，了解站内提供的各项服务的位置，如卫生间、热水间、医疗服务、小件寄存、餐饮、书刊、上网、公用电话、行李搬运等信息。购票的旅客需要了解到达目的地可以乘坐的车次、沿途经停各站、主要中转站、票价等，可以通过显示屏、电脑信息、橱窗查询等多种方式，为不同需求的旅客提供便捷的查询信息。检票上车的旅客需要知道列车停靠的站台信息、车厢编号的方向指示和问询服务的指示。

对于到达的旅客，在站台的任何位置应看到明显的出站标志，对于一个以上出站通道的站台，应提供出站通道对应的出站口的标志，方便旅客与迎接人联系。旅客通过出站闸机后，需要了解卫生间、到达汇集点(与迎接人约定的位置)、问讯处、售票处的信息，中转签字的窗口周围应提供换乘列车信息。同时需要换乘社会车辆、出租、公交、地铁和步行等多种交通方式的引导标志。步行出站方向指示、周边标志建筑、城市地图、公交信息、地铁信息、周边旅游信息，都可能是出站旅客最关注的信息，应设置适当的揭示牌，或提供电子信息、橱窗内纸质信息等，尽可能让旅客获得更多的信息。

自动售票机越来越多地得到了高铁旅客的普遍认同，随着银行卡支付方式的实现，票款实现电子结算，售票机的设置方式可以由原来的集中设置变得更加灵活，旅客的通道、候车区域都可以分散地布置售票机，方便旅客使用。

此外，对于不能读懂引导标志含义的旅客，车站应在适当的位置提供方便的问询服务。除了在进站口设置问询台外，应在售票、候车、站台、出站口等关键位置，设置方便的直通式问询电话，当旅客按动电话按钮时，车站工作人员能及时为旅客提供服务。

4.2 站内环境设计

铁路客站的购票、候车、乘降、换乘环节应做到流线快捷，通道通畅，视野通透，环境舒适，并通过科学的流线设计，做到旅客站内走行距离尽可能最短[8]。

例如，售票厅厅窗口位置的灯光照度应满足旅客清晰辨认车票和票款，扩音器声音应清晰柔和。当售票厅和候车厅分开设置时，宜在售票区设置卫生间，方便排队等候的旅客使用。站内候车厅是站内的最重要的空间之一，在开敞美观、温度适宜的基础上，候车厅应做到声光环境温馨宜人。室内照明应避免眩光，光线应满足旅客阅读条件。当采用自然采光时，应采取适当的遮阳措施，候车座椅尽量不设置在天窗正下方。广播系统应做到声音均匀，语音清晰，语调柔和。

候车区的公共卫生间是旅客使用频次最高的功能房间，在当前的客站建设中已经给予了高度重视。卫生间设置目前执行的规范为：男女厕位数量厕位数宜按最高聚集人数或高峰小时发送量2个/100人确定，男、女人数比例应按1∶1、厕位按1∶1.5确定，且男、女厕所大便器数量均不应少于2个，男厕应布置与大便器数量相同的小便器。从建成车站的运营使用情况了解，卫生间在客流高峰期普遍紧张，女卫生间排队等候现象较为严重。因此，候车区域的卫生间厕位的数量宜有所增加，男女厕位比例推荐采用1∶2。

目前客站空调设计室执行的标准为：空气调节的室内计算温度，冬季宜为18～20℃，相对湿度不小于40%；夏季宜为26～28℃，相对湿度宜为40%～65%。考虑到夏季气温过高易使旅客产生焦躁、烦躁情绪的特点，候车厅和售票厅的空调负荷设计时室内计算温度宜按照不高于26℃进行设计，以保证在暑运最高峰、极端天气出现时，温度能基本满足需要。而在冬季，由于旅客需要手拿行李，外套脱下后很不方便，冬季采暖负荷的设计按照室内计算温度的选择应以旅客不需要脱外套、不感觉冷为宜，建议按不高于16℃设计。

客站开通前夕，运营管理单位应提前根据需要设计座椅布置、室内绿植美化，并制订保洁方案，确保在客站运营期间为旅客提供清洁舒适的站内环境。室内环境布置的专业化设计和养护是值得推介的一种做法。专业的绿化设计可以提高车站的生态性，使车站更加绿色环保，通过优选绿植的设置和围合，可以拉近大尺度空间和旅客之间距离，使车站和旅客更加亲和。

4.3 商业服务环节

我国铁路客站的商业空间，应在满足交通客运需要的前提下，有针对性地适度开发，在满足人们日益增长的物质文化需求的同时，优化客站综合空间环境，增加客站多业态营运收入[9]。同时，我们应注意到，我国客站"等候式"为主的客站形态将长期存在，商业空间依然是为候车旅客提供服务为主。因此，优化设计客站的商业业态，为旅客提供方便、周到、有品质的商业服务是十分必要的。在对建成客站进行较为深入的旅客服务需求调研的基础上，对站内商业区域进行整体规划，根据客站对不同业态的实际需求量，进行商业业态位置和规模的科学设置，实现满足旅客商业服务需求基础上的效益最大化。在适合于车站服务的商业业态中，快餐、冷热饮、方便食品、土特产品、咖啡、书报、公用电话、网吧是不错的选择，其中餐饮服务居于首位。需要特别注意的是对于餐饮服务，优先考虑食品安全问题，而不能以盈利为主要目的。此外，行李寄存和搬运服务也是部分旅客需要的服务，有条件的客站应根据实际尽量提供此类便民服务。

5 结语

在"十二五"开局的特殊历史时期，对当前正在如火如荼开展的铁路客站建设与改造工作进行总结十分必要。本文正是在认真学习领会党的十七届五中全会精神基础上，结合过去五年来的工作实践经验，对新时期铁路客运站的建设进行的新思考。遵循党中央、国务院和铁道部关于以人为本、建设和谐铁路的指导思想，从铁路全心全意为旅客服务的角度，提出了客站建设需重点关注的方向性意见和建议，该研究成果对下一阶段的客站建设实践具有现实指导意义。

参考文献

[1] 铁道部.中长期铁路网规划[M].中长期铁路网规划研讨会.北京，2007.

[2] 刘志军，何华武，郑健.铁路旅客车站设计指南[M].北京：中国铁道出版社，2006.

[3] 郑健，沈中伟，蔡申夫.中国当代铁路客站设计理论探索[M].北京：人民交通出版社，2009.

[4] 郑健.新时期铁路客运站建设的指导总则与实践[J].铁道学报，2007，29(6)：95-100.

[5] 郑健.当代中国铁路旅客车站设计综述[J].建筑学报，2009.4：1-6.

[6] 王南.高速客运站设置的系统优化研究[M].西南交通大学，2008.

[7] 王遇骏.铁路客运站设计的优化[J].铁道工程学报，1999.4：33-36.

[8] 陈康.我国高速铁路客站建筑设计初探[M].北京交通大学，2009.

[9] 张钒.我国铁路客站商业空间设计研究[M].天津大学，2008.

大型铁路客站施工中场内交通组织的策划

党　立

（铁路客站建设总指挥部　北京　100038）

摘　要：大型枢纽铁路客站相继建成和开工建设，在工程实践中，场内交通运输组织的科学性和合理性策划，在确保工程质量，实现工期节点方面日显重要。本文通过对已建成和在建大型铁路客站施工中场内交通组织的策划情况进行总结，对现状及可能的发展趋势进行浅显的论述。

关键词：铁路客站　施工交通　组织策划

1　引言

“十一五”期间，我国铁路客站建设正经历着飞速发展的高峰时期。随着交通枢纽向城市综合型方向的发展，大型铁路客站作为综合交通枢纽的重要组成部分，普遍采用综合新型的结构体系、立体化的布局模式。近期在铁路客站建设中，北京南站、广州站、西安北站等一批大型客站，在解决复杂结构施工，确保场内交通道路畅通方面，做出较为有益的探索和实践。

2　功能布局与施工交通流线

2.1　功能布局

大型客站在总体布局上多数采用上进下出的立体布局模式，按其功能主要分为：高架候车层、站台层、地下出站层、地铁站厅层。

（1）高架候车层：围绕站房的高架环形车道，把广场的换乘功能以立体形式引入站房。

（2）站台层：通过天桥、地道等跨线设施，完成旅客在站台的乘降、换乘和行包装卸，实现列车到发的停靠和驶离。

（3）地下出站层：通过出站通道出入旅客集散大厅或下沉广场，实现交通换乘。

（4）地铁站厅层：进出地铁站的客流通过站厅层与铁路同层面对接，实现交通换乘。

2.2　施工交通流线

铁路客站场内施工交通的基本流线与客站的功能布局和施工段的划分密切相关，可分为：站房工程施工交通流线、站房施工与枢纽工程交通接口流线、站房施工与城市配套工程地面交通接口流线。

（1）站房内部交通运输综合性很强，涉及多个专业和项目，按不同的施工阶段和施工组织方案主要包括：基坑施工阶段、主体施工阶段、屋面施工阶段、设备安装阶段、装饰施工阶段等交通运输。

（2）与站前工程地面交通接口流线主要包括：站台雨棚、跨线设施（天桥、地道）、站台挡墙、综合管线、线路铺架等交通运输。

（3）与城市配套工程地面交通接口流线主要包括：高架环桥和场内临时道路与市政道路衔接等交通运输。

3　站房场内交通组织的难点问题

铁路客站工程具有建设规模大、施工工期紧、专业化程度高、参建单位多、协调难度大等特点。区段施工道路随工程进展而调整，道路规划及车辆运输组织是难点。

3.1　难点一：项目主体多，各种工序交叉作业，交通组织难以组织

由于大型客站涉及站房工程、路基工程、轨道工程、桥梁工程、四电工程等，多专业、多工种同时作

业，势必形成相对的平面、立体交叉作业，造成场内交通拥挤，组织协调任务重。

3.2 难点二：材料品种多，占用道路资源多

站房主体结构与装修、设备安装工程量大，仅以西安北站站房工程为例：建筑面积33.2万平方米，车场规模34台面34线，土方91万方，混凝土40万方，钢结构8.3万吨，空调、电梯和高低压机电等设备10 425台，管道17万米，风管7万平方米，电缆17万米，电线162万米。在保证各种材料顺利运输至各工作面，解决合理使用和占用道路时间，是维持现场道路畅通的关键环节。

3.3 难点三：区段施工临时道路的设置时间难以确定

在后续工程开展的站房二次结构施工，站台层的铺装施工，线路铺设和站台墙等单位工程中，其场内临时道路跟随工程进度需要进行不断重新调整，确定原有道路截断、新建临时道路建成的时间，在场内交通策划时难度较大。

3.4 难点四：市政配套工程同期施工，站房交通容易形成"孤岛"现象

在站房建设同时市政配套工程也在同期建设，站前广场基坑开挖、周边道路和涵洞施工等都会造成站房场内施工道路中断，使站房处于"孤岛"困境。协调地方承建单位，工作艰难。

4 站区施工的场内交通概念设计策划

4.1 概念设计的策划原则

大型铁路客站站区施工交通组织概念设计的策划，要坚持"因地制宜、分区明确、流线顺畅、留有余地"的原则，也就是兼顾站房的平面线形、车场的横断布置形式，在保证主要施工运输主要干道长期稳定的条件下，结合施工总体施工平面布置、各区段工程的流程统一考虑。当区段布局不能协调时，应采取措施逐步过渡，将道路交通对工程建设的影响降到最低。

4.2 道路横断面概念设计策划

大型铁路客站场内施工道路的横断面概念设计的主要任务是：在满足地基工程、钢结构工程和装饰装修等分部工程的施工机械和建筑材料运输的前提下，经济合理地确定运输道路的宽度。

确定运输道路宽度在理论上是需要的车道数和一条车道标准宽度的乘积，而所需要的车道数则等于道路的实际交通量和一条车道的通行能力之比。因此，在策划时要测算以下参数：

(1)道路交通量：估算高峰小时交通量。

(2)道路通行能力：估算不同行车速度、交叉口间距、铁路既有线要点施工等实际可能通行的能力。

4.3 道路竖向概念设计策划

大型铁路客站场内施工道路的竖向概念设计，应按照施工组织设计确定控制性工程施工方案、施工顺序，经济合理地解决基础工程、钢结构工程、站台雨棚工程和装饰装修等工程的施工机械和建筑材料运输问题，策划时注意以下关键点：

4.3.1 采用明挖法和盖挖法的基础工程

(1)明挖法是目前铁路大型车站建设运用最广的施工方法。其特点是施工场地开阔、相对宽松，周边交通环境能够改道、压缩或绕行疏解。在地铁穿越铁路站房的工程中，站房与地铁的土方同步开挖，基坑形体变化大，基坑挖深高低不等，每天高峰期出土方量巨大。站房轨道层下的钢结构和混凝土结构将同步流水作业。道路竖向设计受到钢结构吊装拼装场地以及钢结构、土建垂直运输机械的影响，在进行场内施工道路的竖向概念策划时，可采用多级放坡修建施工便道和栈桥等辅助措施来满足车辆通行的要求。该方法在上海虹桥站、西安北站、成都东站等工程应用中，体现出施工速度快、工程质量好、造价低的优点。

(2)在地面交通量大，不能采用明挖法施工的情况下，车站顶板覆土比较薄，适合盖挖逆作法施工。盖挖法分为盖挖逆作法与盖挖顺作法两大类。传统意义上的逆作法是将地下结构的外墙作为基坑支护的挡墙(地下连续墙)，将结构的梁板作为挡墙的水平支撑，将结构的框架柱作为挡墙支撑立柱的自上而下作业的基坑支护施工方法。在进行场内施工道路的竖向概念策划时，既要在短期内根据交通疏解要

求分段完成顶板结构，快速恢复地面交通，还要考虑出土路径与结构设计相结合，机械运输的临时便桥和土方堆积的施工荷载，对结构柱的稳定性和对周边建筑物及构筑物变形进行控制。该方法已在福田站、于家堡等铁路客站中应用。

4.3.2 大型钢结构吊装工程

大型铁路客站由于多采用大柱距楼盖钢结构体系，目前最大柱距已超过 40m，结构布局异常复杂。钢柱、钢梁以及屋面网架进行机械吊装前，应结合分块单元式吊装、分块提升、整体提升、分块滑移、累积滑移、顶升以及预应力张拉等方案，对吊车的行走路线，构件运输车辆的行走路线和构件堆场进行策划。

(1)由于吊车行走通道下吊车履带对地压力荷载较大，为防止施工荷载对已建框架梁柱及楼板结构产生不可恢复的破坏，需要对下部已建结构进行加固。新近建成的北京南站、广州站、呼和浩特东站、西安北站以及在建的石家庄站中，广泛采用了三维有限元施工过程实体模拟分析，通过对轨道层钢结构安装的采用重型吊装走行通道进行加固技术研究。

(2)施工过程中为保证工期进度，上部钢结构的安装可能在下部混凝土结构未达到设计强度之前插入，在确保钢结构工作面提前形成，保证钢结构施工得以正常进行。近期建成的广州站采用了“钢平台及斜道”方案，有效地解决了高架候车层支架及模板大规模运输、提升和安装问题。

4.3.3 站房装修及设备安装工程

(1)出站层施工时，尽可能利用站前广场或站前地下停车场等市政联系通道，车辆直接将施工材料运输至地下出站层。

(2)站台层施工时，在站台雨棚区域垂直于站台墙预留临时道路，道路两侧的站台墙先行施工，最后将预留道路的所有站台墙缺口一次性完成，为土建施工、石材铺装、站台层顶部吊顶材料提供车辆运输条件。联调联试前，封闭站台墙缺口，临时道路中断，路基工程及轨道工程开始施工，平行轨道方向可以在雨棚外侧设置临时平交道，为站台的回填、站台面铺装及扶梯安装增加辅助通道；垂直轨道方向可以在站台中央搭设钢管支撑便桥，将各站台连接起来，形成施工人员通行和小型材料运输的通道。

(3)高架层施工时，主要考虑利用环形高架桥，将材料运输到高架候车层或落客平台。高架桥工程尽可能在装修工程开始前施工完成，便于车辆通行。当高架桥工程不具备通车条件，应采用吊车或施工电梯，将所需物资材料提升至高架落客平台或室内。

4.3.4 站台雨棚工程

雨棚主体施工的交通组织，主要利用站房四周的施工便道将材料运输至现场，完成钢结构吊装。同时，利用未施工的轨道区域和沿线路方向的辅道完成与站台雨棚装饰工程同期进行的站台铺装材料的运输。

5 结语

当前大型铁路客站场内施工交通组织，从整体施工部署的安排，到单位工程的具体实施，因地制宜地选用便捷高效、互为备用的交通流线方案，均得到参建各方的高度重视，并取得良好的效果。因此，在今后的工程实践中，通过不断总结经验，利用现代化的科技手段，对场内交通资源共享等深层次的研究，将会起到事半功倍的作用。

铁路客站建设中几个重要环节控制的探讨

张　鸿

（铁路客站建设总指挥部　北京　100038）

摘　要：针对铁路客站建设滞后成为制约铁路建设瓶颈的问题，根据目前铁路客站建设面临的困难，提出加快铁路客站建设必须控制好影响工期的站房规模、车站周边规划、站房建筑造型、站房各项专项设计、铁路工程与地方市政工程的分界及衔接、指导性施工组织设计、装饰安装工程样板制作几个重要环节。

关键词：铁路客站　加快建设　重要环节

近年来，随着国民经济持续快速发展，城乡人民生活水平不断提升，铁路运输能力、装备水平、服务质量不相适应的问题日益突出。为尽快改变这种状况，在全国范围内开展了大规模铁路建设。根据2008年调整的《中长期铁路网规划》，到2020年，我国铁路网的营业里程将达到12万公里以上，其中客运专线和城际铁路达1.6万公里。按铁路点线能力配套的原则，到2012年必须建成804座旅客车站。

新建铁路客站必须贯彻"以人为本"的理念，坚持功能性、系统性、先进性、文化性、经济性有机融合的原则。截止到2010年10月底，已建成旅客车站218座，正在建设的旅客车站218座。客站建设的速度还远不能适应铁路大规模建设的要求，客站建设在很多铁路建设项目中滞后，甚至在有些铁路建设项目中成为全线开通的控制工程，铁路客站建设滞后成为制约铁路建设的瓶颈。如何加快铁路客站建设，成为铁路建设中的难题。

铁路旅客车站是一个复杂的工程，既要突出铁路功能，满足旅客日益提高的方便、快捷、舒适乘车的要求，又要满足城市发展需求和综合交通协调发展的要求。目前影响铁路客站建设工期的主要环节表现在站房规模迟迟不能确定、车站周边规划难以稳定、站房建筑造型难以确定、各项专项设计推迟、铁路工程与地方市政工程的分界及衔接处理不好、指导性施工组织设计欠缺、装饰安装工程样板制作不及时。要加快铁路客站建设必须控制好以下的几个重要环节。

1　站房规模

确定站房规模是站房设计的首要条件。站房规模不确定，无法开展设计。在设计过程中站房规模变化往往会造成大量设计工作报废，甚至整个设计返工。确定站房规模是影响铁路客站建设速度的一个重要环节。

旅客车站的规模一般是根据铁路旅客最高聚集人数和高峰小时旅客发送量确定的，但由于铁路旅客车站是城市的门户，在一定程度上铁路旅客车站工程既是民心工程，也是城市的形象工程，地方政府往往对铁路旅客车站的规模很重视，有很多城市地方政府宁愿地方出资，也要将站房规模扩大，所以在某种程度上旅客车站规模大小决定于地方政府出资多少。

铁路旅客站房规模一般在项目建议书、可行性研究阶段确定。在铁路线路工程可行性研究、初步设计批复时会根据铁路旅客运量给定站房规模。如果地方政府没有要求的情况下，站房设计和建设按批复的规模执行。

实际工作中很多地方政府会提出扩大站房规模的要求。有的地方政府要求扩大规模，也承诺出资，有的地方政府要求扩大规模但不承担投资。原则上由于站房规模扩大所引起的投资增加部分由动议方承担，地方政府不另出资则站房规模不得扩大，站房设计和建设仍按批复的规模执行。

为了控制投资规模，避免各城市互相攀比，无限制扩大站房规模，造成浪费，铁道部根据当地的经济状况及城市地位对不同的车站站房规模有所限制，不是只要地方政府出资想扩多大就扩多大，同时扩大站房规模必须办理相关手续。

目前办理扩大站房规模的手续通常有两种方式，一种方式是将扩大站房规模的事宜纳入省(市)、部领导会谈内容，省(市)、部领导达成一致意见后形成会谈纪要；另一种方式是地方政府将要求扩大站房规模的意愿及投资承诺给铁路局(公司)，铁路局(公司)与地方政府协商达成一致意见后，由铁路局(公司)报铁道部计划司批准。对扩大规模的站房通过这两种方式办理完相关手续后站房规模才算确定，设计和建设必须严格按省(市)、部会谈纪要或铁道部计划司批准的站房规模执行。

由于办理扩大站房规模的相关手续所耗时间较长，有时还会出现反复，为了避免地方政府对站房规模要求出现反复，造成设计返工，建设单位应对确定站房规模高度重视，无论地方政府对站房的规模是否提出要求，建设单位都需要及时主动发函给地方政府征求意见，并督促地方政府早日回复，节省时间，为铁路客站设计创造条件。

2　车站周边规划

车站周边规划是站房设计的边界条件。由于车站周边规划调整可能会造成铁路旅客车站与周边的市政工程衔接不畅，甚至发生矛盾，造成设计、施工返工，延误工期。稳定车站周边规划也是影响铁路客站建设速度的一个重要环节。

随着人民生活水平的提高以及人的时间价值的提升，对缩短在铁路旅客车站各种交通工具的换乘时间、换乘距离提出了更高的要求，铁路旅客车站不再是单一的客运作业场所，而是综合交通换乘枢纽。应将铁路(客运专线、城际铁路、普速铁路)、城市轨道交通(地铁、轻轨、磁浮快线等)、城市公共交通(公共汽车、出租车等)、社会交通(私家车、单位车等)、城际公共交通(长途公共汽车)、航运交通、水运交通以及非机动车交通有机结合，方便旅客集散、换乘，有利于各种交通方式的顺畅衔接。

在铁路客站方案设计(方案征集)前建设单位应主动与地方政府及相关部门协调，要求城市规划部门根据车站所处地理位置，做好车站周边规划，并提供初步规划图给铁路客站设计单位。在铁路客站方案设计过程中组织铁路客站设计单位与规划部门进行规划对接。车站周边规划是铁路客站设计单位与地方规划部门互动的工作，铁路客站设计单位应与地方规划部门充分协商，互相修改、完善规划，争取在开展铁路客站初步设计前稳定车站周边规划，为铁路客站设计创造条件。

3　站房建筑造型

站房建筑造型是稳定铁路客站设计方案的前提。站房建筑造型不确定则铁路客站设计方案无法稳定，无法开展下阶段设计工作。如果站房建筑造型在铁路客站设计过程中改变，往往会造成整个站房设计方案报废，造成设计返工，耽误工期。确定站房建筑造型也是影响铁路客站建设速度的一个重要环节。

铁路旅客车站既是铁路对外的窗口，又是城市的门户。站房的形象是城市乃至周边地区地理、历史、人文、经济及时代的集中表现。站房建筑造型需要铁路部门和地方政府双方确定。

为了提高站房建筑方案通过率，早日确定站房建筑造型，在开展铁路客站设计方案(方案征集)前应征求地方政府对站房建筑造型的意见。设计中设计人员应针对不同的地域环境、人文特色、时代风貌及地方政府意见等因素进行设计创作，站房建筑形象与自然环境和人文意蕴有机结合。站房建筑方案经专家及部领导审查通过后，应组织设计单位给地方政府汇报及沟通，尽快确定站房建筑造型，为设计开展下一步工作打好基础。

4　站房实施方案设计

一般情况，站房方案在通过专家、铁道部领导审查后，提交给地方政府并征求地方政府意见，地方政府对站房方案规模及建筑造型等大的方面无原则性、颠覆性的意见才算站房造型方案稳定或中标，此时的站房方案仅仅确定了建筑造型，平面功能及柱网可能还存在很多需要修改和完善的地方。站房设计涉及专业多、专业接口复杂，如果直接开展初步设计，出现调整建筑柱网、修改设计原则的意见时，就会造成很多专业大量设计工作返工。为了避免或减少初步设计返工量,站房初步设计开展前应在确定的站房造型方案基础上开展建筑方案深化设计即实施方案设计,站房实施方案设计阶段主要工作内容是与城市规划对接,稳定站区规划;修改完善平面布局,稳定建筑柱网;确定各专业设计原则。做好站房实施方案设计,可提高初步设计文件的质量,避免初步设计大量返工,缩短鉴修时间,加快铁路客站初步设计批复。站房实施方案设计也是影响铁路客站建设速度的一个重要环节。

设计单位应提高对站房实施方案设计的重视程度,在此设计阶段将站区规划与城市规划进一步对接,严格按照《建筑工程设计文件编制深度规定》中对建筑方案设计的要求开展站房实施方案设计,明确各专业的设计原则及设计标准,完善建筑方案,为开展初步设计打下良好的基础。

5 专项设计

铁路客站是一个综合性建筑。设计根据站房的大小,需进行装修、外幕墙系统、静态标志、动态标志(客服系统)、照明、暖通空调、消防性能化、综合管线、广告及商业策划十项中的几项和全部专项设计,每一项专项设计往往会影响站房整体设计,造成设计返工,甚至造成个别专业的设计文件全部报废。各专项设计也是影响铁路客站建设速度的一个重要环节。

设计单位对铁路客站各专项设计应根据所需设计边界条件不同在初步设计审查前有计划、适时推进,各专项设计之间相互联系、相互影响。各专项设计的底版图应一致,避免相互矛盾,为初步设计的审批创造条件。

6 铁路工程与地方市政工程的分界及衔接

铁路旅客车站是集铁路工程和市政工程为一体的综合工程。旅客车站线路、站台、站房、雨棚、旅客进出站天桥、地道、站前落客平台等属于铁路工程,站前广场、地铁、道路等属于市政工程。新时期的旅客车站是综合交通换乘枢纽,很多旅客车站的铁路工程与市政工程互相交叉,设计、施工密不可分。铁路工程与市政工程投资的主体及渠道不同,铁路工程与市政工程施工共用一个施工场地,有些配套的市政工程必须与站房同时开通,铁路工程与市政工程甚至共用同一个作业面,互相干扰。铁路工程与地方市政工程的分界不清、衔接处理不好,会严重影响施工进度,人为地耽误工期。铁路工程与地方市政工程分界及衔接也是影响铁路客站建设速度的一个重要环节。

为了加快客站建设进度,做好铁路工程与地方市政工程分界及衔接工作,需要铁路建设单位主动与地方政府及有关部门协调。建设单位对铁路工程与地方市政工程互相交叉的客站应做好以下几项工作:

(1)在旅客车站开展可行性研究或确定站房规模时,铁路建设单位与地方有关单位要签订有关站房投资意向书,划分投资、设计界面。

(2)在旅客车站初步设计批复前,铁路建设单位与地方有关单位签订投资协议,明确投资、设计界面。

(3)在旅客车站施工前,建设单位应落实地方政府的投资,与地方有关单位签订施工场地、进出施工场地的道路等协议,确保施工必需的场地及进出料道路。

(4)铁路建设单位与地方政府协调,尽量将铁路车场、站房用地范围内的市政工程设计工作委托给铁路车场、站房的设计单位,以便设计单位整体设计,减少设计接口环节,提高设计完整性,避免铁路工程与市政工程衔接处出现差、错、碰、漏,提高设计质量,缩短设计时间。

(5)铁路建设单位与地方有关部门协调,将与站房交叉、衔接的市政工程全部或部分由铁路建设单位代建,如果不能全部由铁路建设单位代建,至少要争取铁路车场、站房用地范围内的市政工程由铁路建设单位代建,特别是站房下的地铁工程。由于铁路工程、市政工程的建设单位不同,如果不代建这些市政工程,可能会出现不同的施工队伍在同一个场地上施工,产生施工队伍作业场地互相交接的问题,即使是同一个施工单位施工,由于建设单位不同,施工措施也可能不一致,铁路工程与市政工程的施工组织也不会完全吻合,会增加很多协调难度,浪费人力、物力,影响工期。铁路建设单位代建这些市政工程后，一方面可减少施工队伍的交叉作业干扰，加快建设速度；另一方面铁路建设单位能将整个客站建设工程的施工组织统一考虑，整个工程的工期可控，能保证与站房衔接的市政工程在站房开通时同时配套。

7 指导性施工组织设计

铁路客站指导性施工组织设计是客站建设的纲领性文件，包含编制依据、工程概况、施工部署、施工进度安排、工程协调、关键工程施工方案、工程保证措施等方面内容，指导施工单位编制实施性施工组织设计，直接影响工程质量和进度。铁路客站指导性施工组织设计的编制也是影响铁路客站建设速度的一个重要环节。

建设单位应认真编制铁路客站指导性施工组织设计，同时加强对指导性施工组织设计的动态管理。在客站建设过程中会同设计、施工、监理单位对指导性施工组织设计进行完善和补充，发生重大变化时应及时调整指导性施工组织设计，督促施工单位严格按照指导性施工组织设计编制实施性施工组织设计，合理调配人、机、料，有计划组织施工。

8 装饰、安装工程样板制作

客站是铁路对外的窗口，也是地方的门户，每一个客站都具有唯一性。装饰、安装工程直接影响客站的品质。装饰材料、安装工艺、连接节点具有多样性。不同的装饰材料、安装工艺、连接节点都具有适应性。有些材料渲染图画的效果很好，而实际施工、装修效果不佳。有些材料用在甲站好，用在乙站不一定合适。如果等到大面积安装完成后发现效果不好再拆改，拆改的量大，会造成大量人力、物力的浪费，同时会耽误较长工期。装饰、安装工程样板制作也是影响铁路客站建设速度的一个重要环节。

为了避免大面积返工，对屋面、幕墙、地面、墙面、吊顶等可能造成大面积返工的装修、安装工程应制作样板，待样板确认通过后方可进行材料订货和大面积施工。制作样板时间尽量提前，以便有充分的时间进行装修细部方案、装修材料、装修工艺比选，有富裕时间进行物资采购。

9 结语

影响客站建设速度环节很多，为了加快铁路客站建设，必须在建设的实践中不断总结经验，建立健全建设技术标准、管理标准和作业标准，以标准化的管理控制好建设过程中的各个环节，尽量避免铁路客站设计、施工阶段出现返工，缩短各个环节时间，确保客站建设工期满足铁路建设的要求。

代建制——铁路工程项目管理模式探索

郝　光

（铁路客站建设总指挥部　北京　100038）

摘　要：如何创新铁路工程项目管理模式，实现快速、优质、经济的建设目标，是当前迫切需要研究解决的课题。本文研究了国内铁路工程项目管理的现状及存在的主要问题，分析了铁路工程项目建设管理模式，重点研究了“小业主、大咨询”为特点的“代建制”管理模式，提出铁路工程项目建设管理模式可尝试由业主自行承担向部分委托或全部委托社会咨询公司代建的方向发展，进一步促进工程项目管理的专业化、科学化。

关键词：铁路　工程项目　代建制　管理模式

铁路工程项目具有规模大、周期长、技术含量高、涉及专业面广、不确定因素多、风险大等特点，铁路工程项目的管理是一个复杂的系统工程。铁路可持续发展，客观上要求进一步创新建设管理模式，全面提升建设管理水平。

1　我国政府投资项目管理模式变革的趋势

随着工程项目管理改革的深入，我国加快了工程项目管理改革的步伐。2002 年国务院颁布了《改革政府投资工程管理方式的意见》，2003 年 2 月建设部又下发了《关于培育发展工程总承包和工程项目管理企业的指导意见》，这些法规的出台预示着我国的工程项目管理正在与国际通行的管理模式和管理体制接轨。铁路工程项目大多数是政府投资的大中型工程项目，这必然要求我们遵循上述改革思路，摸索并提出一套既适合我国国情又适应国际发展趋势的新型管理模式。

1.1　国内工程建设管理的主要模式

工程项目管理模式是指一个工程项目建设的基本组织模式以及在完成项目过程中各参与方所扮演的角色及合同关系。工程项目的管理模式确定了工程项目管理的总体框架和项目参与各方的职责、义务、风险分担，因而在很大程度上决定了项目的合同管理方式以及建设速度、工程质量和造价。新中国成立以来，国内的工程建设管理模式大致经历了三个发展阶段：

第一阶段，解放初期的军事化生产和管理模式。这种模式适应于当时的中国经济、国际环境等形势，对国家基础设施的建设产生了深远的影响。

第二阶段，基于产品、计划经济的自营制建设管理模式。改革开放前，我国的建设产品不作为商品，对工程项目的管理一直采用产品经济管理体制。在这种管理体制下，设计单位、施工单位、运行管理单位均隶属于行政主管部门，它们与主管部门是上下级行政管理关系。这种管理体制下没有一个职责明确的单位对项目建设全过程负责，常常出现“花钱的不管还钱，建设的不管运营，项目投资效益无人问津”的局面。

第三阶段，基于社会主义市场经济的建设管理体制。在实施了改革开放的基本国策后，我国在工程建设领域推出了一系列改革新举措，形成了以国家宏观监督调控为指导，项目法人责任制为核心，招标、投标制和建设监理制为服务体系的工程项目管理体制。出现了以项目法人为主体的工程招标发包体系，以设计、施工和材料设备供应为主体的投标承包体系，以建设监理单位为主体的中介服务体系等市场三元主体。

多年来，工程建设中形成了多种工程项目管理模式[1-5]，这些模式在实践中不断得到了创新和完善。通常情况下，工程项目管理可由建设单位自行组建管理机构，委托咨询公司协助建设单位进行管理或全部委托专业机构建设管理。根据项目管理的合同关系和组织管理关系的不同，考虑工程项目融资、设计、采购、施工、运营的一体化程度，工程项目的管理模式的服务范围如图 1 所示。

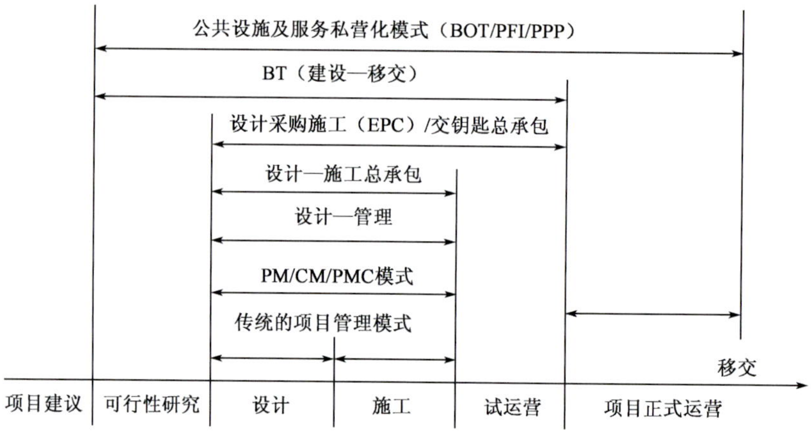

图 1　工程项目的管理模式范围

1.2　现行铁路工程项目管理现状分析

当前，地方合资铁路由铁道部委托铁路建设开发公司和地方组建项目法人实施工程项目管理；国铁则委托铁道部、铁路局工程管理部门行使建设管理职能，通过招投标选择施工单位、监理单位，按照传统的设计—招标—建造模式进行铁路工程项目管理。

国际上标准的工程项目实施流程比较简明，主要体现为业主、承包商、咨询机构之间的关系。其主要特征为“大咨询、小业主”，即业主作为非专业人士或机构，绝大部分建设管理工作交由 PM、PMC 等咨询机构或工程公司承担。对比国际通行的工程项目管理，可以看出我国铁路工程项目管理主要存在以下 4 个问题：

(1)建设管理工作前松后紧。建设前期因征地拆迁滞后、配套资金未能及时到位等原因导致铁路工程项目管理后期施工工期紧张，直接影响工程质量和安全。前松后紧的管理现状制约了铁路建设水平的进一步提高。

(2)建设管理专业化、科学化程度不足。建设管理机构明显存在建设管理力量薄弱、专业化程度偏低等诸多不足之处。

(3)咨询力量薄弱，承包商综合管理能力较低。铁路建设监理目前仍然集中在施工监理范畴，咨询力量相当薄弱，与国际上“大咨询”相差较远。另外，承包商主要擅长施工管理，综合管理能力较低，不适应工程总承包等先进模式的推行。

(4)资源优化配置不足。目前，大量政府投资项目是由建设单位临时组建项目管理班子。相当一部分参建人员管理能力、经验不足，只能在工作实践中摸索。项目一旦建成，原有的工程管理机构和人员即宣告解散，管理经验难以得到传承。这种“一次性项目业主”呈现出临时性和封闭性特征，不利于建设管理的经验总结、能力提升和推广。

2　代建制管理的内涵及优势

2.1　代建制的定义

代建制是指通过招标等方式选择专业化的项目管理单位负责建设实施，严格控制投资、质量和工期，竣工验收后移交给使用单位。作为代建主体，代建单位的工作性质为工程建设管理和咨询，单位性质是企业，竞争优势是专业化管理水平，盈利模式是收取咨询服务费和项目专项奖励等。目前代建制形成的模式主要有两种：一是“政府委托代建制”，由政府专门成立代建机构，受政府委托，负责代建政府投资的公益性项目；二是“公司代建制”，政府通过招标的方式，从综合实力强、信誉度高、能够承担履约职责的公司中择优选择代建单位。

代建制的一个重大创新在于引进了市场化管理，把原来工程项目管理中的行政隶属和管理关系，变成基于委托人、代建人、使用人三者之间的契约关系，即委托代理关系。表 1 列出了代建制模式与传统建设管理模式的比较。

代建制与传统建设管理模式的比较

表 1

模　　式	传统建设管理模式	代建制模式
管理结构	项目指挥部或使用单位的临时性建设机构，法律责任不够明确，业主与建设方是行政隶属关系	具有法人资格的项目管理公司，自负盈亏；业主与建设方是基于合同的委托代理关系
管理形态	建设单位与使用单位合一，投资控制力度不够	投资、建设、使用、监督相分离，代建人、委托人、使用人三者利益互相制约
管理机制	激励机制和监督机制不完善，运行效率不高	建立完整的运行机制、监督机制和激励机制，运行效率较高
管理手段	行政管理及行政干预	基于合同的责、权、利关系，依靠经济、法律手段，采用市场和竞争机制管理
管理效果	临时机构，专业化程度不足，效率不高，容易出现“三超”现象	专业化水平高，市场配置资源，效率高，能有效遏制“三超”现象

2.2　铁路工程项目实行代建制的优势

铁路工程项目实行代建制，主要有 3 大优势。

(1)有利于转变政府职能，深化政府机构改革。

在现行管理体制下，许多政府投资工程项目投资与建设、建设与管理混为一谈，各级政府直接组织工程项目建设，自己监管自己，既当裁判员又当运动员，造成了“越位”。在“越位”的同时还存在着“缺位”：没有一个合理的制度和方式来管好大量的政府投资工程和建筑市场各主体。实行代建制，由于有了专业的建设代理机构，各政府委、办、局就可以将主要精力集中到提供公共行政服务和执行有关法律法规，维护社会公平上来，转而形成政府、企业各司其职，强调专业化分工的局面，真正实现市场经济体制下分工所带来的高效率。

(2)有利于提升投资控制和工程质量，抑制“超投资、超规模、超标准”的痼疾。

过去由于一些项目是由政府自己建设的，投资者、使用者、建设者、管理者集于一体，一些不必要的功能纷纷上马，贪大求全，造成预算不断追加、扩大。实行代建制后，再随意追加财政预算就不大可能，建设者必须考虑好如何在现有预算内保证建设质量。通过这一改革，将真正改变使用管理单位自建自用的、非专业的、高度分散的政府投资工程管理方式，转而推动专业化市场的形成和发展，提高我国建设管理的市场化程度，提升政府投资工程的投资效益和工程质量。

(3)有利于完善市场竞争机制，提高我国建筑业的核心竞争力。

引入代建制公司后，投资、建设、管理和运营集于一体的格局被打破，要承接建设代理任务必须通过竞争，从而有利于鼓励代建制公司降低代理费用、加强投资控制。代建制是落实国家“标本兼治，重在治本”要求的具体措施。从制度上、管理方式上进行改革，将促进整个建筑行业(包括勘察设计)的规模调控、结构优化，推动建筑行业组织方式的改进，促进工程管理和咨询业的发展，提高我国建筑业的核心竞争力，实现从成本优势向管理优势的转变。

3　铁路工程项目代建制管理模式实施建议

3.1　完善相关法律、法规

目前在我国工程建设领域，“有法不依，执法不严，违法不究”的现象比较突出，对操纵招投标、违反法定建设程序等违法、违规行为缺乏有力的法律监督，代建制只有在进一步完善法制的基础上才能健康运行。从过程上看，加强代建制的制度建设，要从项目决策开始，到项目执行组织、项目执行中对人、财、物的管理，到项目后评估等，制订出一系列规章制度，并严格执行。

目前急需对建设市场、参建主体、代建单位资质、交易过程、合同关系、技术标准、管理方法、收费形式等以法规的形式明确规定。建设管理法律法规体系有待于进一步完善。有必要设计专门的项目管理标准合同文本，明确工程实施的各种边界条件，以形成具有中国特色的 FIDIC 条款，加强对铁路工程项目的规范管理。

3.2 加强代建市场的培育

要加快开放铁路建设市场的步伐，加强代建市场的培育。目前铁路建设规模很大，任务相当繁重，仅靠现有的建设力量不能满足大规模的建设要求，必须加大铁路建设市场开放的力度，广泛吸引社会力量参与铁路建设。一是打破垄断格局，鼓励广泛竞争。二是保持较高的代建服务取费价格，真正体现“优质服务，高水平回报”，形成优秀服务商市场正向激励机制。三是规范招投标、物资采购市场，避免腐败现象的发生。打破垄断，形成有效的竞争机制，不仅有利于保证工程质量、节约投资，也有利于企业的良性发展。

3.3 强化代建队伍的培训

纵深推进铁路工程项目代建制，队伍建设是基础，人员素质是保障。要逐步完善代建人才的培养规划和推进计划，为铁路建设管理提供人才支撑。要结合实际，积极创造条件，以工程项目为基地，组织路内外专家、学者编制工程项目建设管理的专门教材，采用多种形式，有针对性地进行培训。

3.4 建立严格的政府监管制度

实行代建制必须依靠严格的政府监管制度。建议尽快对代建项目类型、代建工作内容和程序、代建单位条件与选择、代建项目执行与验收、代建责任与费用标准等进行规范；尽快制订或完善代建规章制度，建立代建市场准入、清出、信用评价等管理、考核评价机制，以及奖励、处罚机制。

代建单位在项目建设管理中起关键作用，是建设管理的实施者，但我们国家对该行业的管理基本上还是个空白。对于处于发展初级阶段的代建行业，政府的引导和适当监管对于行业成长十分重要。在选择代建单位时要贯彻公开、公平、公正的原则，引入竞争机制，通过招标方式优选代建单位。在工程建设期间，可要求代建单位委托第三方向业主提供一定的经济抵押来保证工程合同的顺利执行。推行工程担保和保险制度，有利于规避因工作疏忽或过失引起工程建设风险。

3.5 明确建设过程中的各方权、责、利关系

代建制将投资人、代建人和使用人三方分开，各司其职。为保证责、权、利统一，业主（投资人和使用人）和代建人必须进行权、利划分，使各方的权利与责任相统一。从资产所有权看，业主具有资产的归属权、使用权、控制权、收益权和处置权，在代建过程中，需要将业主的部分权利转移到代建人，即将资产的控制权从所有权中分离，由代建人控制资产的转化，使工程项目形成新的产权结构。当然，为减少代建人的投机行为产生的风险，业主对代建人行为应具有否决权，从根本上维护业主的所有权。

3.6 加快代建制管理理论的研究

缺乏理论指导的实践，是盲目的实践。鉴于目前的现状，建议组织路内外专家、学者，积极开展对代建制管理理论与方法进行研究，逐步探索铁路工程项目代建制管理的推广路径。特别是要开展代建制管理模式下项目集群管理、项目协同管理、合同管理等专题研究，以合理优化配置资源，群策群力，进一步提升铁路建设管理水平。

4 结语

本文重点研究了铁路工程项目管理以“小业主、大咨询”为特点的代建制管理模式，并就代建制管理模式的实施提出了建议。实行代建制，可以不断提高铁路工程项目科学化、标准化、专业化管理水平，完善铁路工程项目管理模式。加强代建制的制度建设和代建企业自身及行业建设是解决代建制现存问题的有效途径。具体实践中，可选择一个或两个规模较小的公益性城际客专线工程项目，进行代建制试点，不断摸索、总结，待条件成熟再逐步推广。

参考文献

[1] 陆东福.铁路建设项目管理[M].北京:中国铁道出版社,2004:50-64.

[2] 郑健.高铁客站建设管理体系构建与实践[J].项目管理技术,2011(3):46-51.

[3] 白思俊.现代项目管理[M].北京:机械工业出版社,2003:88-102.

[4] 韩同银.铁路建设项目的代建管理模式[J].中国铁路,2006.9.

[5] 朱康武,曹萍,乐文龙.大型建设项目的代建制管理模式[J].基建优化,2003,24(4):3-6.

[6] 赵署生.铁路建设项目管理[M].北京:中国铁道出版社,2004:167-179.

践行新理念　构建新机制　充分发挥运营单位在客站建设中的作用

李迎九

（上海铁路局　上海市　200071）

摘　要：新时期铁路客站的定位已从单一的铁路客运场所和“城市大门”，向多元化的城市综合交通枢纽转化，客站运营管理逐步从“服务运输，以管为主”向“管服结合，服务社会”转变，运营单位在客站建设中正发挥着越来越重要的作用。本文围绕铁路建设如何更好地服务运输这一主题，深入阐述运营单位从设计规划、方案稳定，到施工配合、专业对接、联调联试、开通运营准备等方面全面介入，充分发挥运营单位的技术、管理和资源优势，全过程深度参与，最终实现系统最优的目标。

关键词：客站　运营单位　建设管理

上海铁路局肩负着东部铁路率先实现现代化的重大使命。近年来，我局在铁道部的坚强领导下，始终站在落实科学发展观和构建和谐社会的战略高度，全面贯彻铁路建设新理念，认真落实铁路客站建设“五性”原则，立足上海铁路局铁路客站建设的实践，不断研究新时期铁路客站建设规律，逐步探索出一条具有上海铁路局特色的客站建设管理的有效途径，取得了重大建设成果。打造百年不朽的铁路精品客站是中国高标准大规模铁路建设的重要组成部分，也是一项复杂的系统工程。新时期铁路客站的定位已从单一的铁路客运场所和“城市大门”，向多元化的城市综合交通枢纽转化，客站运营管理也从“服务运输，以管为主”向“管服结合，服务社会”转变，运营单位在客站建设中正发挥着越来越重要的作用。

1　树立“四种”理念

理念决定思路，思路决定出路。铁路客站是增加铁路核心服务价值的产品，也是铁路对外服务和展示形象的窗口。我局始终坚持建管一体，运营单位从规划、方案稳定、设计，到施工配合、过程管理、联调联试、开通运营准备等方面，全面介入、专业指导，实现系统最优的目标。

1.1　坚持建管一体的理念

建设和运营单位一体化是客站建设管理效能最优化、效率最大化的最佳途径。长期以来，铁路客站的规划、设计、建设与运营需求存在一定程度的脱节，没有很好地从旅客需求、运营管理的角度规划好、设计好、建设好客站。我局不断总结客站建设的经验教训，摸索建立了一整套建管一体化的工作机制，成立了客站建设管理领导小组，组长由分管建设的副局长担任，组员由铁路局副总工程师、副总经济师、副总会计师，铁路局办公室、总师室、运输、客运、计统、财务、物资、监察、建设、工务、电务、机务、房生、信息所、技术中心、合资办等部门负责人组成。领导小组负责铁路旅客车站建设的投资决策和重大方案的审定，负责工程实施阶段重大问题的协调和快速、有序、优质、高效地推进铁路旅客车站建设。做到建设与运营无缝对接，确保了客站建设高标准起步、高质量建设、高速度推进、高水平管理。

1.2　坚持以我为主的理念

在前几年的客站建设中，铁路运营单位或多或少有一些片面的认识，认为客站建设是建设单位的事，前期参与不够，过程重视不够，等到客站交付使用时又提出一大堆问题。针对这种现象，上海局组织运营和建设口的管理干部、专业人员充分交流，深入研讨，统一思想，认识到只有运营为建设服务，才能使建设更好地为运营服务，使局内运营单位树立大局观，克服本位主义，摒弃狭隘认识，变建设是运营单位的分外事为分内事，变被动参与为主动介入，变唱配角为唱主角。运营和建设单位发挥主观能动性，主动解决问题，主动创造条件，主动营造氛围。紧密配合，协同作战，共同建设一流的铁路客站。

1.3 坚持专业管理的理念

铁路客站是由近30个专业集成的综合系统工程，应在各子系统功能完善、配置优良的基础上，注重系统整合，达到系统整体功能最优。我局充分发挥系统资源优势和专业管理作用，成立了设计方案审查、技术攻关、工程协调推进、资金筹措和投资控制四个专业工作组，负责研究铁路旅客车站建设中的重要方案、技术难题，协调工程实施中的重大问题，推进铁路旅客车站建设按照计划进展，负责督促和检查建设领导小组决定的贯彻执行情况。前期工作由计划处负责，方案审查由总师室负责，建设管理由建设处负责，接管运营由相关业务处负责。

1.4 坚持系统优化的理念

上海局的运营、建设单位充分认识到铁路客站建设是一项系统工程，任何一个专业或环节的疏忽都将影响目标的实现。在客站建设过程中，上海局始终坚持以系统理论的方法，科学分析各种相关因素，按照"系统集成、整体最优"的原则，以旅客需求与运营管理为中心，注重站址选择与功能布局相配合，建设主体和附属工程相统一，硬件设施与软件管理相衔接，最大限度地实现站内客流组织与城市其他交通工具的有机结合、客站建筑形态与周边环境的协调映衬、内部结构与使用功能的合理配套、旅客流线与运营管理的有机结合的目标。

2 建立"三同"工作机制

在客站建设的前期方案稳定、过程施工协调、开通运营准备等方面，上海局运营单位主动介入，紧密配合，发挥专业优势，探索建立了"三同"的工作机制。

2.1 坚持目标同向

上海局研究确立了"打造'百年不朽'精品工程"的客站建设总目标，立足高起点、高标准、高水平，建设功能完善、换乘便捷、设施先进、文化特色突出的新型客站。各运营单位紧紧围绕"质量、安全、工期、投资效益、环境保护、技术创新"六位一体的建设管理目标，分解制订了各系统、各专业的工作目标。分阶段展开，明确工作任务，落实责任，狠抓落实。

2.2 坚持工作同步

我局制订管辖范围内的客站建设总体计划，该计划包含项目的各目标诉求，包含进度计划、质量计划、投资计划等各方面计划的集成。同时对管辖范围内项目建设各阶段进行集成管理。定期召开领导小组和各专业组组长会议，听取各专业组组长工作进展情况汇报，研究解决客站工程建设、验收、接管、开通过程中存在的重大问题，协调各阶段之间的关系，对下一步工作进行安排，做到工作同步。

2.3 坚持考核同责

上海局根据客站建设的进度总体任务安排，运营单位、项目管理机构与路局共同签订责任状。每月下达重点工作计划，明确任务、牵头责任部门（单位）、配合责任部门（单位）、完成时间。月末，各部门（单位）书面报告实施过程中的进展、偏差分析预测报告以及下月的重点工作安排等，分管局长组织对相关部门（单位）绩效进行评估考核。

通过建立和落实"三同"工作机制，使我局的客站建设能够做到建管两位一体，规划、设计、建设与运营紧密衔接。形成了运营和建设部门目标明确、协调一致、优势互补、职责清晰的工作局面。

3 狠抓"四大"关键

3.1 狠抓规划条件稳定，注重论证与研讨

客站建设前期工作涉及面广、耗时长，是极其复杂的一项工作。地方政府高度重视规模和建筑风格，主要领导亲自看方案，上海铁路局主管建设的局长多次带领相关部门、建设和设计单位等一起深入

各城市调研，与各地政府商谈，一起研究。同时了解当地人文、气候、城市配套、公共交通、周边环境和地质状况，把客站建设融入城市、融入环境、融入历史。

3.1.1　稳定建设规模

上海局管内新建客站，如沪宁城际高铁、沪杭客专等客站规模的确定经过多轮、多方、多层次的商谈后，在部、省领导的大力关心下，集中调整到位，签订相关协议，落实投资主体，稳定建设规模。

3.1.2　稳定边界条件

所有客站都与地方政府进行了对接，站址选择与城市规划相配合、与城市融为一体、与城市轨道交通、道路交通等有效衔接。

3.1.3　稳定建筑风格

客站是地标工程，必须体现地域特征及人文特征，铁路客站建筑形式和空间与当地地理气候特征相适应，与具体地形地貌相协调，体现时代特征。站房建筑以全新的建筑语言，表现时代风貌，体现出当今建筑建造技术的最高发展水平。

3.1.4　稳定内部设计

上海局相关部门和单位联合审查初步设计文件，力求适应运营需求，形成初审意见报铁道部。一是合理把握客站规模及标准，在运营功能上做到够用、适用、实用，并留有发展空间；二是完善站房的流线组织，在平面位置、空间关系上注重重叠、复合；三是兼顾建设投入与维护成本，在运营管理上方便、快捷、有效、节能，在运营成本上少维修、免维修；四是与商业开发同步，同步规划商业开发项目，促使铁路客站在开站时与商业同步使用，在更好地为旅客服务和获得更大的投资收益两个方面实现双赢。

3.2　狠抓安全施工和运营安全，注重联控与把关

上海局管内运输繁忙，涉及既有线的客站建设安全风险高，如既有沪宁线不是客专胜过客专，安全压力巨大。在临近既有沪宁线施工过程中，各运营单位和沪宁城际公司按照"区域负责、专业负责、联劳协作、确保安全"的思路，实施全员、全过程、全方位监控，确保安全。

临近既有线施工涉及大量既有运输设备的拆除或迁改，上海局高度重视，各设备管理单位主动配合，调阅大量档案基础资料，与项目管理机构一起现场踏勘，找准管线，研究方案。在此基础上编制临近既有线安全施工方案，内容包括基坑开挖、降水措施、钢板桩防护、监控测量、构件吊装等，施工单位编制完方案，经监理单位、建设单位严格审核后报路局有关部门，专家评审通过后，与电务、工务、供电、车站、铁通、供水等设备管理单位签订安全协议，明确双方的责任和义务、施工责任地段和期限、安全防范内容和措施、结合部安全分工、发生责任铁路交通事故的处罚办法等后方可实施。

施工中，做到严格培训制度，与行车安全有直接影响的防护员、驻站联络员、道口看守员、施工员等，没有经过培训考试并取得合格证书不准上岗。严格施工要点计划和方案施工，未与运营站段签订协议的不准施工；严格施工作业时间，桩基在白天施工（线路监控的需要），吊装在天窗点施工；严格既有线监控，施工过程中，工务段派人监护既有线的路基、轨道结构的变化情况；重点工序（如维护钢板桩打入施工），设备管理单位的人员指导监控。做到了施工和运营同时安全。

3.3　狠抓客站品质提升，注重优化与改进

工程未完，优化不止。在客站建设过程中，我们始终坚持服务运输，为旅客提供舒适环境的指导思想，做优方案，做实细节。

3.3.1　优化管理

为高品质建好铁路客站，铁道部分别对客站控制性装修方案、静态标志、照明深化设计等进行严格审查。在目前客站工期十分紧张的情况下，上海局始终坚持精装修方案，做到不审查不动工，审查不通过不动工。先后对站房幕墙，候车厅、售票厅、墙地面和顶面，雨棚的下层板、吊顶，站台铺面，地道墙地面等装修方案进行了不断完善优化，并逐个进行审查，尤其是一些细部的处理和做法在部领导的指导下反复进行了推敲，做到对装修方案和细节处理进行优化，力求首先在方案设计阶段做到满意。

3.3.2　样板管理

我们充分吸收武广、甬台温、铜九等铁路站房装修经验，确立示范引路、样板管理的思路，树标杆、抓复制。沪宁城际、沪杭客专、上海虹桥站根据批准的控制性装修设计，不同部位、不同风格、不同项目分别做了装修样板，路局组织运营部门(单位)、项目管理机构、施工单位、装修单位、设计院、监理单位以及有关厂家召开现场会，反复斟酌研究装修的选材、色调、分隔等，尤其注重线、条、缝、色、口的协调，总结交流示范样板经验和不足。

3.3.3　细节管理

运营单位在研究旅客行为、心理方面有丰富的经验，运营单位和项目管理机构一起多次现场平推检查，结合实际优化调整，如售票厅墙面门和配电箱过多对旅客购票时视觉效果的影响，自动购票机位置要方便客运工作人员管理，动态显示屏的设置高度，广播嵌入深度以保证音质，进出站混型闸机栏杆的位置，并行站的动静态标志编号等，不厌其烦，反复推敲，使站房建设不断趋于合理完善。

3.3.4　客服管理

客服系统对提高旅客服务品质和运营管理的效率有着重要意义。客运部门(单位)深度介入，优化了客站的售、检票系统，如闸机位置、售票窗口布置等；广播系统，如广播点位的布置、安装形式、朝向、设备的选型等；动、静态标志系统，如显示屏大小、位置、色彩、显示内容等。客运服务系统实现了内外部系统间的数据交换，满足设计接口要求，使客站流线组织更加简洁顺畅，流线组织短捷合理，站内导向直观明确；为旅客提供了舒适的候车服务、便捷的乘降服务、方便的信息服务。

3.4　狠抓满足运营需求，注重验证和完善

客站开通涉及的单位多、专业多、设备多。按照路局的整体部署，运营接管单位高度重视，积极跟进与现场对接。

3.4.1　积极协调

上海局充分发挥运营单位在当地的资源优势，做到“三专”：一是专项协调，主要针对客站与广场的管辖界面、成立管理委员会等事宜的协调；二是专题协调，重点是大型客站的施工进出道路、材料组织、施工顺序专题协调；三是专业协调，包括给排水、燃气、道路、通信、网络引入等专业协调。

3.4.2　完善配套

上海局提前组织与客站所在城市有关开通运营的对接，内容包括：通站道路、公共交通、网络通信、用水用电、对口医院、垃圾清运、银行服务、代售点设置等，促进了各城市加快市政配套，保证了沪宁城际21座、上海虹桥站在2010年7月1日开通前所有地方配套全部到位。

3.4.3　完善磨合

按照铁路局的总体部署，客站开通后一个月内，每日由车站组织，建设、施工、监理单位参加会议，分析运营磨合以及旅客关注的问题，找准原因，落实整改。及时解决了公共卫生间存在异味，空调、电梯运行异常，客服系统的DLP大屏无字幕、图像不能回放，自动售票机显示不准确、查不到车次信息，查询机信息不全等问题，保证了客站各类服务设施、设备正常使用，为旅客提供了高品质的服务。

4　结语

大规模的铁路客站建设，给了上海铁路局一个很大的舞台，近年来相继建成了南京、上海南、扬州、泰州、南通、盐城、淮安、温州南、上海虹桥站等设计新颖、功能完备、设施先进、节能环保和现代化程度最高的一批精品铁路客站，沪宁城际高铁21个站、沪杭客专7个站实现了优质、同步、全功能开通，为广大旅客提供了优质的运输服务，赢得了社会各界的广泛赞誉。我们深深体会到：

一是只有坚持思想领先，不断探索管理新路，才能适应新时期铁路客站建管的内在要求。我们在实践中充分把握新时期客站规模大、标准高、技术难题多、涉及范围广、社会需要多样化等特点，体现“以人为本”和“可持续发展”理念，落实标准化管理，客站建设有序推进。

二是只有坚持建管并重，实行一体化管理，才能形成合力共进的工作格局。我们贯彻“以人为本、服务运输、强本减末、系统优化、着眼发展”理念，铁路局主导，落实建设和运营“双向服务”，适应需求变化，

使客站运营管理高效、有效，在运营成本上少维修、免维修。

三是只有坚持专业特长，整合优势资源，才能形成客站建设的有效管理。专业管理是现代化管理的基本特征。我们充分发挥运营单位的技术、管理和资源优势，建设开通客站，积累经验，形成了客站建设管理专业团队，良性发展，步步高地建设管理新型客站。

四是只有坚持统筹协调，提升参与深度，才能形成建设与运营有序对接的工作机制。我们建立“三同时”工作机制，运营和建设相互融合、全过程深度参与，揭示工作实质，有力有序有效开展工作，精诚合作，精细管理，精品奉献。

上海铁路局不断总结铁路客站建设的经验教训，摸索形成了建管一体的机制，锻炼了队伍，培养了人才，取得了良好的社会效益和经济效益。

发挥建设单位客站管理核心作用
打造铁路客站精品工程

张　钢

（北京铁路局　北京　100086）

摘　要：中国经济的飞速发展把铁路建设带入到了高铁时代，在部党组的正确领导下，铁路建设迎来了前所未有的大好时机，新建和改扩建铁路客站由原来的 804 座增加到 950 座。大规模的铁路建设带来了前所未有的发展机遇，同时也带来了前所未有的严峻考验，新一代的铁路建设者们需要殚精竭虑，负重前行，充分发挥建设单位客站管理核心作用，努力打造铁路客站精品工程。

关键词：客站　建设单位　核心　精品

中国经济的飞速发展把铁路建设带入到了高铁时代，在部党组的正确领导下，铁路建设迎来了前所未有的大好时机，全国铁路至 2012 年营业里程将达到 11 万公里，需要新建铁路 4 万公里，其中高速铁路 1.2 万公里。新建和改扩建铁路客站由原来的 804 座增加到 950 座。截至目前，已建成通车客站 207 座，在建 196 座，还有一半以上客站建设任务需要完成。大规模的铁路建设将使我国的路网快速建成和完善，高铁时代的来临，给国家经济发展增添活力，一票难求的时代也将随着高铁建设的进一步发展最终退出历史舞台。

北京铁路局担负着北京、天津、河北省全境以及山东、山西、河南部分地区的铁路网建设，铁路客站作为铁路网的重要组成部分更是在旅客运输上有着决定性的作用。北京局在 2008 年建成了国内第一条高速铁路京津城际，建成了北京南站和天津站。新型客站的建设吸取了西方发达国家的优点，将餐饮、咨询、金融、商务、购物等综合服务功能有机融合到客站建设中，越来越受到地方政府的重视和关注，新型的客站在作为铁路枢纽的同时更是作为城市的地标性建筑成为城市建设的亮点。近一两年，北京铁路局的站房建设任务将十分艰巨，客站建设呈井喷式快速增长。截至目前，在建站房项目已由原来的 3 个迅速扩张到 10 个。近期，天津西站、石家庄站、唐山站等津秦客专六站、邯郸东站等石武三站、保定东站等京石四站、德州东站等京沪四站共计 19 个车站将逐步建成并投入使用。同时，在 2011 年还将有邯郸站、衡水站、德州站、张家口站、唐山北站等客站开工建设。至 2013 年，随着京沪、津秦、京石、石武等高速铁路的逐步开通，北京铁路局将集中新建和改建大中型客站 50 余座。如何有效开展这些工作，把高铁的客站建设成为先进性、文化性、科学性的不朽工程是摆在我们面前的艰巨任务。如何在短时间内与地方政府洽商和确定建设方案，短时间内组织施工并确保既有线施工安全，短时间内协调各参建单位确保工程关键节点的实现是我们一直在努力和探索的课题。

下面，结合我局已经建成的和正在建设的客站工程就如何发挥建设单位核心作用，有效推进客站建设的一些经验和大家进行交流。

1　北京局客站建设的特点

(1)技术难度大、标准高。

随着客站建设规模的不断扩大，越来越多的新技术、新工艺、新材料不断被采用，深层地下结构、大跨钢结构、预应力混凝土等施工技术难点不断被挑战，如于家堡站地处海河沿岸，全地下二层车站，地下连续墙深达 60 米；新石家庄站高架候车室采用实腹拱＋管桁架屋盖体系；天津西站采用编织拱结构大跨钢结构屋面。

(2)涉及营业线施工多，安全压力大。

我局客站建设多为改扩建工程，客站建设同时需保证营业线正常运营，通常必须采取客运过渡方式组织施工。由于既有车站现实条件，客站建设期间营业线通过站场，施工组织需确保营业线安全。天津西站客站建设横跨京沪正线、新石家庄站涉及既有京广正线过渡改移、唐山站涉及津山普速车场本站过渡等，营业线施工安全压力巨大。

(3)客站规模大、多条线路引入，综合性强。

当前，铁路客站均与地方市政交通形成综合交通枢纽，并同期建设同期使用，且大型客站均为普速、高速车场分场设置分别引入，客站建设规模宏大。如天津西站包括普速、城际、津保、津秦、津沪车场，24台26线，三条地铁引入；新石家庄站包括太青、京广高速、普速车场，两条地铁引入。

2 当前客站建设中存在的问题

(1)客站建设与客运专线线路建设不相协调。

客运专线初步设计批复后才启动客站建设前期工作，造成客站建设与大线建设不能同步，目前来看，客站建设已经成为制约客运专线开通的瓶颈，工期普遍滞后。

同时客站建设方案又影响车站整个车场方案的确定，继而影响线路引入车场，形成了站房与站场互相影响，交叉干扰的情况，其中地道、天桥及站房位置等方案确定是影响站场建设最关键的因素。

(2)铁路客站建设与地方市政配套工程不能紧密结合。

由于当前客站均与地方交通形成综合交通体系，同期建设一体化问题尤为突出，尤其是地铁等地下工程，不可控因素较多。往往铁路客站建成使用，而地方配套工程没有跟上，造成部分运营设备不能启用，功能不能实现。

(3)铁路客站建设各专业协调组织不顺畅。

铁路客站建设是一项系统性工程，客站建设涉及专业繁多，目前统计大约30多个专业汇集，交叉作业及接口条件不一，专业间协调量大。建设过程中往往出现各专业插入时间、点位不合理而造成工作面及工作顺序冲突，既浪费了资源又耽误建设进度。

(4)客站建设图纸、方案出具不及时，标准不明确，造成不必要的返工。

铁路客站建设受到了铁路和地方的高度重视，建精品客站工程是新时期客站建设的主题。客站建设方案需要路地双方协商一致，往往不易稳定，客站建设专项设计方案较多，需要考虑的综合因素复杂，明确设计方案需要时间，装修样板受方案稳定、材料供应、细节控制因素影响，需要不断深化，因此，前期图纸、方案追踪不及时造成后期工期紧张，装修施工盲目进行而造成不必要的返工。

3 我局在客站建设中采取的对策

3.1 树立客站建设管理核心地位

建设单位在铁路客站建设当中起主导作用，根据铁路客站建设当前所面临的问题，建设单位必须渗透到工程建设的每个阶段，充分发挥协调作用，统筹管理，掌控全局，大力推进客站建设。应以建设单位为管理核心，全面推动客站建设。

(1)加强铁路客站建设单位的人员配备、强化考核。

业务精干的管理人员是铁路建设单位机构建设的先决条件。在客站建设中我局按照人员配备标准化的要求，配备强有力的领导班子和建设团队，同时加大对建设单位的考核力度，调动建设单位的主观能动性。以问题库的形式督促项目存在问题的落实，形成每日上报制度。制订建设单位考核制度，奖优罚劣，调动建设单位的积极性。适应铁路客站建设前期滞后现状，组织专业力量，提前开展工作，有效节省建设时间。

(2)建立各方协调机制，全力推进客站建设。

督促建设单位与地方政府、设计院等部门建立定期沟通机制，积极协调解决客站建设中存在的问题，提高问题解决效率。积极协调地方进行地方配套工程建设，以铁路客站与配套工程同期建成使用为最终目标。

(3)做好内部组织协调，充分利用施工组织设计手段，稳步推进客站建设。

在客站建设过程中我局对所管客站工程细化分解，以过程控制为中心，优化设计为先导，强化施工组织设计，积极协调各方主体单位，努力推进客站建设进程。

(4)紧抓图纸、方案不放松，建设精品客站工程。

建设单位明确由总工程师负责图纸供应、方案稳定，积极协调设计部门保证施工连续进行。按照部鉴定中心的总体要求，详细审核装修、照明、客服等专项方案，及时与部客站建设总指挥部沟通，按照样板先行的原则组织施工，避免不必要的返工。

3.2 充分利用铁路局的整体优势

3.2.1 发挥铁路局的资源整体优势，建立日常运作机制，积极做好客站建设的推进及协调

(1)以建精品客站为目标，发挥路局各部门优势和作用。

客站建设工作不仅仅是建设系统一个部门的事情，而是全局整体工作的重要组成部分，需要全局各部门的大力配合，共同努力才能确保顺利完成客站建设任务。这项工作的关键有两个方面：一是劳资、人事、财务、审计等部门要帮助指挥部或客专公司开展工作，特别是在人事、财务管理方面，指挥部和客专公司管理人员较少，管理力量比较单薄，需要路局有关处室充当这些单位坚强的后盾，不定期派人进行指导，帮助解决好遇到的各类问题；二是运输、客运、工务、电务等各有关业务处室要给予支持。客站建设的最终目的是服务于运输，所以一方面我们组织运输有关部门在工程前期中提前介入、参与到设计当中，使工程更加符合运输需要，同时，在施工过程中，与建设部门和施工单位搞好协调配合；另一方面，有关设备部门在站后工程施工中主动上手，提前熟悉设备，并对施工过程进行监督，确保由建设到运营管理实现无缝对接。

(2)建立客站建设管理组织机构，做好客站建设归口管理。

一是成立了建设前期管理、建设过程管理、工程经济管理、运营准备管理四大委员会，每月召开例会，分析当前形势及解决存在问题，布置下一步工作，整合全局力量全力以赴做好建设工作。二是在此基础上，专门成立了站房办公室，负责全局站房建设归口管理工作，强化了客站建设专业化管理，扭转了轻站后、重站前的管理格局。三是专门成立了客站建设专家委员会，由富有客站建设经验的指挥长及精通不同专业的技术专家组成，作为客站建设的智囊团，监督和指导客站建设工作，为我局客站建设献计献策，为更快更好地建设精品客站打下基础。

3.2.2 做好与地方沟通对接，积极协调推进客站建设进程

当前，铁路客站均与地方市政配套工程形成交通枢纽，地方投入数额巨大，且地方市政工程的实施直接影响客站建设的进度。为此我局积极协调各地方政府，促成地方领导与部、局领导的及时对接，认真梳理客站建设推进中存在的关键问题，把握解决机会，促进客站建设工作有序推进。

3.2.3 完善“小业主、大咨询”的建设管理模式，充分利用社会资源，解决客站建设技术难题

北京铁路局努力发挥出资者代表的作用，明确分层分级管理的责权，完善了“现场管理、集中决策”的运行机制。实行项目指挥部与设计、监理人员联合办公，提高了现场管理效率和水平。加强与部客站建设总指挥部及有关高等院校的合作，解决重大技术问题。

在于家堡站建设过程中，我局与天津市科技委技术专家组、天津大学、天津建筑设计院等单位专家建立合作机制，对于家堡站双向螺旋线单层网壳结构与膜(ETFE—乙烯四氟乙烯共聚物)结构相结合屋面体系，沿海地带地质条件差、水量丰富的深基坑开挖等重大风险项目定期进行专家评审，指导和监督工程实施，切实解决了施工中的技术难题。

3.2.4 各部门团结协作，集中力量打好攻坚战

发挥铁路局整体优势，各部门与项目管理机构团结协作是客站建设的又一关键制胜因素。

在阳泉北站的建设过程中，由于地方政府对于站房面积需求反复增加及站房建筑方案确定较晚，导致石太客专开通后，站房工程不能同时开通运营。

面对紧急情况，我局立即启动相关应急程序，相关各处室组成专题小组，集中研究过渡及新建站房相关问题，于2009年4月1日客专开通时启用过渡站房。过程中加大协调力度，路局及客专公司共同努力，协调阳泉市、铁道部尽快稳定了阳泉北站的建筑方案，并于2009年6月28日开工建设。建设期

间，各部门常驻现场、分工协作，制订每日碰头制度，做到“事事有人管，事事有结果”，10 009m^2 的阳泉北站站房最终仅历时 132 天顺利建成并投入使用。

3.3 强化手段、注重细节、建精品客站工程

3.3.1 建立铁路客站建设预介入体系

旅客车站是为旅客提供乘降场所，为旅客提供良好的服务，是提升铁路运输企业形象的根本需求。客站商业开发经营、设备设施维护保障、保洁服务，是旅客服务功能的重要组成部分。由于客站建设期间不可能全面考虑各项功能的适用性，为了更好地满足当前旅客服务的功能需求，我局采用提前介入的管理模式，进行各项功能的提前设计，在建设期间把各项功能考虑全面，尽量做好管线预留，减少建成拆改工作，做到一次实施到位。

3.3.2 注重前期沟通，加强设计协调工作

精品客站建设设计是先导，是源头，设计质量的好坏直接影响客站建成后的美观与实用。

我局加强设计工作的做法：一是明确设计总体单位责任，加强设计联合体单位协调工作。目前，客站设计一般采取总体设计院牵头负责，站房由专业设计院完成的模式。如何加强总体院的牵头作用，同时做好与专业院间的协调工作，站场、四电等与站房设计如何有机结合、无缝衔接，已成为当前客站设计工作的关键环节。二是按照客站建设功能性要求，加强客站设计与运营管理单位协调工作。组织运营单位提前介入客站设计，设计单位统筹考虑运营管理单位提出的需求和建议，逐步完善客站功能系统。三是加强客站设计与地方市政交通部门的协调工作。新建铁路客站与市政交通相互衔接，形成综合交通枢纽，立体交通、标高控制、市政配套接口等已成为影响客站设计进度工作的重要因素。加强设计单位与地方市政交通部门的协调是我局客站建设前期工作的重点。

3.3.3 全方位、多层次，抓好过程控制

(1)坚定不移地落实施工组织设计。

施工组织设计是客站工程建设的总纲，我局采用技术专家组审查的形式，对客站建设指导性施工组织进行审查。要求指挥部按照审查意见对指导性施工组织设计进行优化，成稿后作为指导施工的纲领性文件，及时采集客站建设实施过程中的相关因素，实行施工组织设计的动态控制，及时组织项目管理机构对施工组织设计进行动态调整，并对各种影响因素进行专家分析，制订纠偏措施，进行客站建设全程指导。

(2)强力推进建设标准化管理，创造文明和谐施工环境。

抓好建设单位标准化管理，是确保工程质量和施工安全的基础，也是适应当前大规模铁路建设的紧迫需要，客站建设系统必须以此为抓手，通过标准化管理，实现工程建设项目管理工作的有机衔接。具体来说，主要做好四个方面：一是实行管理制度标准化。要依据国家和铁道部的有关法律规定，结合工程的实际情况，制订本项目的各项管理制度，并明确目标，细化程序，落实责任，形成分工明确、考核健全的管理制度体系。二是实行人员配备标准化。必须按照管理要求设置岗位，按照岗位设置配备人员，特别是对涉及安全管理、质量管理、财务管理的人员，一定要选配懂业务、会管理、责任心强的工作人员，同时注重对职工的日常教育培训，提高整体素质。三是实行现场管理标准化。以文明施工为目标，督促施工单位编制施工作业指导书，并制订有关的现场检查制度和验收签认制度，坚决杜绝施工单位违章施工。四是实行过程控制标准化管理。必须始终把“六位一体”的要求贯穿到整个建设过程，以铁道部制定的《铁路建设项目管理工作程序(试行)》为基础，制订合理的工作流程，形成安全、质量的闭环管理。

(3)抓落实、严要求，加强各级针对客站建设的检查力度。我局采用集中检查和日常检查的管理模式，针对客站建设从程序、进度、实体质量上进行全过程检查。每次检查均采用书面通报的方式，对好的方面进行表扬，差的方面给予批评，并采用问题检查限期整改书面回复的管理要求，督促问题的落实。

(4)充分发挥监理作用，从专业角度提升客站建设品质。监理是客站工程建设中的一方主体，具有高素质的技术团队，充分发挥监理的作用，有利于对整体工程质量的掌控，是客站建设专业化的重要组成部分。

3.4 注重细节，铸造精品

客站建设是一个综合性复杂工程，影响工程实施的相关因素众多，必须重视细节管理，提前预想，才可能减少影响工程进展的问题出现。所谓细节决定成败，我局以《铁路旅客车站细部设计》等为指导，及时做好设计图纸审查工作，按照文件要求提出相关改进意见和建议。实施过程中，从进场材料控制、施工工艺、实体质量、成品保护等方面进行全程把关。

4 结语

客站建设是一项艰巨而又复杂的系统性工程，我们任重而道远，只有按照部党组“六位一体”的管理要求，以施工组织设计为龙头，以标准化为抓手，积极推行“四化”建设，发挥建设单位的核心作用，立足现状，精抓细管才能顺利推进客站工程实施，建设一批出行便捷、功能先进、人民满意的精品客站。

以标准化管理为抓手　全力打造精品客站工程

张家华

（西安铁路局　西安市　710054）

摘　要：西安北站为国家特大型铁路客站，在建设过程中，北站指挥部结合工程实际，从管理制度完善、现场施工组织和工程安全质量管理等方面，以标准化管理为抓手，建立起符合现场实际的标准化管理体系，取得了一定成效。

关键词：西安北站　标准化　管理体系　工程实践

1　西安北站工程概况

西安北站是国家级特大型高速铁路客运车站，位于在建的郑州至西安客运专线西端，西安市城市中轴线北端，距新建的西安市行政中心仅 3km，见图 1。

图 1　西安北站站房鸟瞰图

西安北站工程主要由站房、站场、动车所三大区域构成。站房设计总建筑面积 33.66 万 m^2，建筑总高度 43.6m，站房为南北双向布局，高架候车，线下出站；站前广场为南主北辅、双进双出设计；站房内自上而下分为高架、站台、出站和地铁站台等 4 个主要层面，地铁二号线南北向垂直下穿西安北站并设地铁站，可实现铁路客运与城市公共交通、私家车、长途客运汽车等交通工具间的“零换乘”。西安北站站场由郑西、西成和关中城际等 3 场组成，共 34 台、34 股道，完全建好后共有 4 条客运专线、西银和多条城际线引入。动车运用所本期建设存车线 30 条，预留 40 条位置。西安北站工程总投资逾 60 亿元，于 2008 年 9 月 19 日开工。项目落成后，既是西安市最大的地标性建筑，也是陕西省乃至我国西部地区重要的标志性建筑之一。

在西安北站的建设管理过程中，西安北站工程指挥部在认真总结以往建设管理经验的基础上，结合西安北站工程实际，以标准化为抓手，全力打造精品工程。

2　西安北站工程标准化管理的几点做法

2.1　抓龙头，建立机构

为推进西安北站现场标准化管理，在工程项目伊始，指挥部成立了以指挥长任组长、各部门负责人为成员的领导小组，并设立了标准化管理办公室。各参建单位均按要求成立了相应组织。指挥部确定了“立足实际，创出特色，选树示范，全面推进”的标准化管理工作思路。同时，针对西安北站工程征地拆迁、市政配套和国地铁交叉施工等问题，西安市政府和路局共同组建了以市长为组长、主管副市长和路局主管局长为副组长的铁路工程建设协调保障领导小组及西安北站工程与地铁衔接协调工作小组，定期协调解决西安北站征地拆迁、市政配套等问题，为西安北站工程建设营造了良好的外部建设环境。

2.2 抓过程，制订方案

在推进标准化管理工作中，指挥部按照路局精细化管理的要求，从确定方案入手，认真制订了西安北站建设标准化管理推进方法。一是自检，各参建单位对照推进计划，每周自行检查一次；二是互检，由指挥部牵头，组织各参建单位相互检查；三是联检，由指挥部组织全体参建单位逐一对每个单位的标准化情况共同检查，提出意见和建议，进行整改。如针对站房钢结构锈蚀影响与混凝土黏结问题，通过制订有效的除锈措施，对表面设置抗剪栓钉的柱脚部位和钢骨梁 H 型钢上下翼缘，采用手工方式进行除锈；对钢骨梁腹板部位采用机械除锈。在钢结构浇注混凝土之前，通过执行“三检”政策，确保钢结构除锈效果，确保站房主体结构的安全质量。

2.3 抓突破，明确重点

在现场标准化管理推进中，指挥部根据项目施组安排，明确站房建设工程中的重难点工程，并以现场重难点问题作为突破口，全力推进标准化管理。如针对站房钢结构总量大，构件尺寸多变，规格品种繁多，安装就位难，钢结构卸载技术要求高，安全隐患大的特点，在钢结构吊装和卸载前，指挥部组织召开专家论证会，对方案进行完善。根据原材料管理和架子队管理要求，对钢结构生产采取“工厂化”管理，严格控制原材料质量和施工人员素质，确保站房钢结构施工质量。针对站房深基坑开挖及降水容易导致基坑边坡失稳问题，在设计方案通过专家论证的同时，按照测量工程管理办法的规定，要求施工单位和监理单位对周边环境进行监测，并引入第三方监测制度。针对站房装修特点，指挥部严把装修施工过程控制，坚持“样板引路”（图 2）原则，组织设计单位反复优化设计方案，细化装修图纸，先后组织施工单位完成了三批样板的制作及审定工作，并对装修进场人员实行“专业化”管理，通过招标选择有同类站房施工经验的专业装修队伍进场施工。

图 2　西安北站站房装修样板区图

2.4 抓工序，统一标准

结合西安北站工程和参建单位实际，对管理制度标准化、人员配备标准化、现场管理标准化、过程控制标准化内容进行规范并汇编成册。同时，组织参建单位根据工程实际编写“施工要点卡”、“应知应会卡”并下发各架子队执行。针对站房钢结构施工工艺复杂特点，指挥部组织编写了钢结构加工制作要点卡片、钢结构工程分装分部要点卡片、钢结构工程安装分部要点卡片、防火和防腐涂料施工工序作业要点卡片等。指挥部先后以文件形式完善了 55 项管理制度和实施细则，对施工图供应、现场进度控制、安全质量管理、信用评价等均做到有法可依、有章可循。为延伸管理视角，指挥部在站房建设重点部位安装摄像头进行 24 小时视频监控，动态监控各施工环节。针对站房工期压力大，指挥部不断强化信息化管理理念，通过计算机管理工程进度，工程日报、周报、月报等全部实现信息化管理，实现了有效控制工程进度及安全质量。

2.5 抓问题，着力整改

指挥部始终坚持重看问题轻看成绩，眼睛向内，查问题、找不足，通过不断整改，深入推进标准化管理。针对站房工程基坑降水深度大、防水工程要求高的实际，严把防水材料入场检验关，对施工人员进行专业操作强化培训,合格后方可上岗。指挥部把现场防水材料施工成品后的保护列为重点,要求防水施工的每道工序必须由施工、监理、指挥部三级检查签认,确保防水施工质量可靠。针对站房建设中经常出现的站台侵限问题,指挥部认真总结其他站房建设经验,提前着手,组织中南建筑设计院和铁一院进行对接,制订关键卡控点,协调线路岔后曲线设置及站台端部建筑设计之间的关系,确保无缝对接,保证站场、站房有关设计和施工各环节有序衔接,工程施工符合规范要求。

2.6 抓宣传,彰显形象

为营造强力推进标准化管理的浓厚氛围,强化各个参建单位干部职工标准化意识,指挥部把标准化管理环境宣传作为重要一环,不断加强文明工地建设。各参建单位统一按照《铁路建设项目安全标志》(GB 2894)要求,制作和设立了"五牌一图"(图 3),在站房核心区和动车所分别建立了两个标准化展示台,在站房高架层设置了一个装修材料精品展示区。通过抓文明工地建设,规范了施工人员行为,为西安北站建设营造了良好的施工氛围。

图 3　西安北站标准化展示牌

2.7 抓示范,以点带面

西安北站建设中,指挥部在所有重要工点都建立了示范区(图 4),坚持用示范引路。例如,针对道砟在施工过程中容易污染问题,指挥部通过建立标准化道砟堆料场,对存放的道砟以彩条布进行上覆下盖,防止道砟在进料过程中污染。为防止临时道口施工机械穿越站场污染道砟,采取铺设枕木方式对道砟进行保护。对已经污染的道砟,采取及时清筛处理,确保站场道砟质量。

图 4　西安北站标准化示范区

2.8 抓考核,奖惩严明

首先是制订了"建设工程项目监理单位黄牌警告制度",采用通报批评、经济处罚、黄牌警告、红牌清退等方式,每月对监理站履行监理职责情况进行检查考核,评定考核级别,确保对监理单位的有效管理。其次是针对施工单位采取三条措施进行考核:一是在周例会上通报批评并责令负责人作出检查;二是将检查结果纳入信誉评价;三是对执行不力的,责令停工整改,并对执行不力的单位进行了处罚,对按节点完成任务的单位进行了奖励,真正体现奖罚严明的原则。

3 推进标准化管理的主要成果

3.1 管理制度建设方面

指挥部共制订标准化管理55项制度和办法,指导各参建单位根据工程实践编写了“施工要点卡”、“应知应会卡”,确保每个工序都有作业指导书,每个操作人员都明白施工技术要求和标准,施工各环节均严格按工艺要求、验收标准操作,为深入推进标准化管理提供了基础保证。

3.2 现场标准化管理方面

一是通过狠抓文明工地建设,营造了良好的内外部施工环境;二是通过狠抓重点工程示范区建设,为工程大面积施工提供了可资借鉴的现实经验,保证了施工作业流程由粗放到精细成为可能;三是通过强化考核管理,强化了责任落实,切实提高了标准化管理水平。

3.3 工程安全质量方面

通过不懈推进标准化管理,西安北站工程质量总体趋于稳定,通过对已完工程的检查验收,分部工程施工质量检验合格率达到100%,单位工程一次验收合格率达到100%,工程质量总体有序可控。

3.4 工程投资控制方面

通过加强过程控制,严格落实各项规章制度,不断优化设计方案,减少设计变更。目前西安北站工程投资有序可控,严格按照部下达的各项投资计划执行,未出现任何违规现象。

4 标准化管理展望

4.1 坚持高标定位,重抓全面推进

西安北站工程标准化建设的目标是打造精品工程、安全工程和样板工程。在实现这个目标中,我们要发挥建设单位的龙头作用,按照标准化的要求,改进和加强对现场设计配合工作的管理,强化对施工单位标准化的指导和检查,牢固树立“大咨询、小业主”的理念,理顺对监理单位的管理,使监理真正成为建设管理的延伸,将“六位一体”管理要求分解并转化为各参建单位的行动。通过这个行动来全力推进、深入推进、持久推进标准化管理,真正让标准化成为习惯、习惯符合标准、结果达到标准。

4.2 坚持镜头不换,重抓纵深发展

在标准化后续进程中,指挥部计划按照“镜头不换、纵深发展”的工作思路和铁路建设标准化管理体系框图,以“工厂化、机械化、专业化、信息化”为支撑,与企业贯彻紧密结合,进一步健全完善管理制度,切实从行动上带动标准化工作向纵深发展。在总结西安北站前期标准化管理基础上,随着工程推进,继续探索创新一种既符合西安北站工程建设实际,又适应形势任务发展需要的建设管理方法,以便更好地推进西安北站工程建设。

4.3 坚持精细管理,重抓施工现场

推行标准化管理的目的,是全面提高工程质量和确保建设目标的实现,这是衡量标准化工作成效的关键所在。因此西安北站标准管理的重点继续放在施工现场,按照精细化管理的思路和要求,坚持从源头抓起,从全过程抓起,从细节抓起,真正把技术标准、管理标准、作业标准落到实处。

参考文献

[1] 夏润禾.铁路建设标准化管理与企业文化相融合的探索与实践[J].铁道标准设计,2010,增刊(1):164-166.

[2] 上海铁路局.标准化指挥部[M].北京:中国铁道出版社,2009.

[3] 上海铁路局.标准化作业[M].北京:中国铁道出版社,2009.

铁路客站建设中钢结构安全质量管理的实践与总结

杨来科　沈龙运

（西安铁路局　西安　710054）

摘　要：以西安北站建设管理为背景，结合西安北站建设中钢结构安全质量管理实践，对铁路客站建设中钢结构安全质量管理进行总结，证明通过有效的安全质量管理，发挥好项目管理机构、监理单位和施工单位的安全质量职能，就能够克服工期和安全质量的矛盾，保证工程安全质量的稳定。

关键词：铁路客站建设　安全质量　管理　总结

1　引言

党的十六大以来，大规模的铁路客站建设取得了丰硕的成果，截至 2010 年 8 月底，已建成新时期客站 207 座，按照铁路中长期发展规划，到 2012 年需建成 804 座客站，建设任务非常艰巨。及时总结铁路客站建设管理实践和理论方面的成果，借鉴近年来大规模铁路客站建设的成功管理经验，是完成大规模铁路客站建设任务的有力保障。目前，铁路客站规模越来越大，大多以钢结构施工为主，因此，钢结构的安全质量管理成为铁路客站建设中安全质量管理的重中之重。本文以西安北站建设管理为背景，结合西安北站建设中钢结构安全质量管理实践，对铁路客站建设中钢结构安全质量管理进行总结，为铁路客站建设提供参考。

2　工程概况

西安北站为国家特大型铁路旅客站，为南北双向客运站房（图 1）。站房分为高架层、站台层、出站层、地铁站台层四个主要层面，总建筑面积 33.8 万 m^2，车站站场分为 34 站台面 34 股道，站房东西向（含无柱雨棚）宽 434.5m，南北向长 550.4m。

西安北站站房结构主要以钢结构为主，上部主体为超长大跨度钢结构，一层顶采用钢桁架加钢管混凝土柱框架结构，其余采用钢框架结构，屋盖采用局部抽空三向交叉曲面空间网格结构，钢结构总量高达 7.5 万 t，包括 286 根钢管柱、516 榀主桁架、448 榀次桁架、7 500 根钢梁、14 800 个焊接钢球。

图 1　西安北站站房鸟瞰图

3　钢结构安全质量管理

3.1　施工前的安全质量管理

3.1.1　合理组建项目管理机构，抓好岗位建设

项目管理机构应对整个工程宏观及微观的安全、质量、进度、投资进行总体管理。项目管理机构必

须针对工程项目的特点、规模、技术复杂程度等进行组建，人员配置要专业齐全、结构合理，满足管理现场需要。同时，要加强现场岗位建设，根据铁道部关于项目管理机构岗位职责的规定，结合工程实际，完善现场管理制度和办法，规范项目管理人员的行为，保证项目管理人员履行职责，提高项目管理机构的工作效率。

3.1.2　认真编制安全质量管理制度

安全质量管理制度是项目安全质量管理工作的指导性文件，安全质量制度是否完善，一定程度上会影响项目安全质量管理的实施。安全质量制度的内容应有针对性，项目管理机构要组织人员针对工程的特点、规模进行编制，明确项目安全质量管理过程中的程序、措施、方法，并在实施过程中严格按照安全质量管理制度的内容和要求组织工作，同时，安全质量管理制度的内容也应该有时效性，在项目的实施过程中，视情况变化进行必要的调整。

3.1.3　重视施工图纸的会审工作

图纸是工程施工的依据，项目管理机构要组织施工、监理单位进行图纸会审。检查施工图纸中“错、漏、碰、缺”，在设计交底会或图纸会审会上请设计人员予以明确。力争把问题解决在施工之前，减少因图纸问题对工程安全质量的影响。

3.1.4　严把钢结构施工单位准入关

由于钢结构工程专业性较强，对专业设备、加工场地、工人素质以及企业自身的施工技术标准、质量保证体系、质量控制及检验制度要求较高，因此要严格对钢结构施工单位的资质进行审查，必要时到生产厂家对其生产能力进行考察。同时，目前国内综合能力强的钢结构厂家有不少，但都有各自特点，要结合项目的结构形式综合考虑钢结构的施工单位。

3.1.5　严格审查钢结构施工组织设计

施工组织设计是施工单位全面指导工程实施的技术性文件，施工组织设计的完善程度直接影响工程的安全、质量、进度。要求施工单位在编制施工组织和施工方案时，从人、机、料、法、环五个方面制订切实可行的具体实施细则，落实计划，落实组织人员，落实自检、互检和专检，把容易出现的安全质量问题全部纳入受控状态，确保方案技术措施得力、可行。审查的重点内容有：

(1)承包人的质量保证体系和技术管理体系是否健全，责任是否落实到人；

(2)是否有针对性地分析了本工程的具体特点；

(3)工程质量、进度控制措施和方法是否到位。

3.1.6　认真组织钢结构安装专项方案专家论证会

目前，铁路客站规模大，钢结构安装难度大，必须组织召开钢结构安装专项方案专家论证会，根据各自特点确定最优的安装方案，并进行必要的施工阶段验算，特别是结合安装方法和吊装机械特点的吊装验算，以保证施工过程的安全质量。

3.2　施工过程中的质量管理

过硬的管理手段和完善的过程控制是确保工程质量的重要途径。钢结构工程的施工通常要经过工厂制作和现场安装两个阶段，因此对钢结构施工过程的质量管理就要对工厂制作和现场安装质量管理到位，强化施工过程控制。

3.2.1　明确和落实质量责任

把工程质量作为项目管理机构第一位任务和职责，坚持“小业主”对工程质量负总责的理念不动摇，对建设、设计、施工、监理、咨询单位的质量责任进行明确定位。根据钢结构施工过程中的特点和难点，参建各方配备专职质量管理和检查人员；深化各种质量检查专项活动，以质量信誉评价为载体，加大对项目建设的质量管理力度；充分发挥项目管理机构在质量管理中的核心作用，界定施工单位质量自控、专业监理旁站监控、总监理工程师全程监控、项目管理机构重点控制的质量责任，严格责任考核兑现，加大质量处罚力度。

3.2.2　加强原材料、构件的检查验收，严把材料、构件的质量关

钢结构工程有大部分时间是在工厂车间内部进行，钢结构构件在工厂内加工制造的质量好坏，对钢结构工程的现场安装及整体结构的安全稳定至关重要。因此，在要求施工单位对材料及构件严格自控

的基础上，必须要求监理单位派人驻厂监理，同时要求监理人员对工厂出厂的构件、材料（如地脚螺栓、高强螺栓、抗剪栓钉、焊条等）及时检验，在出厂之前对所有构件的合格证、检验报告、构件焊接质量、构件尺寸等详细进行验收，合格后方可出厂。构件及材料到现场后，要求监理单位除了按明细表核查数量，并进行外观感官、几何尺寸、合格证检查外，还要检查钢材材质的复试单、钢材的材质证明、无损检测报告，同时项目管理机构还要定期派专业工程师到工厂进行检查，安排安质人员对进场构件及材料进行抽查，确保原材料、构件质量。

3.2.3　加强钢结构现场安装质量过程控制

钢结构安装质量主要从安装位置、焊接质量、涂刷工程等方面进行全面控制。

（1）严把施工管理人员素质关。要求钢结构施工单位必须派驻技术力量好、施工经验丰富的专业施工管理人员，并要求所有管理人员必须挂牌上岗。

（2）加大监理管理卡控力度。要求监理加强对施工组织掌控，协助指导施工单位合理安排工序，落实责任制，确保不同的施工区域配专人负责，严把验收关。同时严格实行监理旁站监督制，对钢结构柱脚支座、焊接施工、高强螺栓施工等重要工序进行旁站监督。

（3）加强钢结构焊接质量检测工作。要求施工单位对各级焊缝按设计和规范要求进行检测，监理单位进行见证，对存在质量缺陷的焊缝由有经验的焊工进行返修复探合格后，方可进行下道工序的操作；同时要求监理单位按照平行检验比例对焊缝进行抽查检测；项目管理机构按照规范要求委托第三方对焊缝进行检测。这样形成施工、监理、项目管理机构三层质量把控，确保钢结构焊接质量。

（4）重视钢结构冬季施工措施。铁路客站建设一般工期紧，冬季施工在所难免，必须要求施工单位采取焊接的防风保温、焊条的选择及烘焙等冬季施工措施。同时要求监理单位做好现场监控工作。

3.2.4　加大质量过程控制中的考核力度

没有考核的管理就是无效的管理，通过对施工、监理单位的考核来确保质量控制管理的效果。首先加大对监理的考核力度，杜绝因监理原因造成的施工安全质量问题，充分发挥监理人员在控制安全、质量方面的监督作用，规范监理人员的监理行为，提高监理水平；同时严格执行激励约束考核制度，加强对施工单位的考核，真正发挥激励约束考核机制的作用。

3.2　施工过程中的安全管理

突出重点、狠抓落实，是确保安全生产有效途径。钢结构施工的安全重点是安装过程，同时根据各项目特点、安装方案的不同，安全重点也有差别。以西安北站为例，采用的是“分区施工、地面拼装，辅以临时支撑、高空分段（分块）吊装”的施工方案，因此对钢结构施工过程的安全管理就要对吊车走行通道加固、钢结构吊装过程及钢结构卸载过程安全管理到位。

3.2.1　成立专项安全管理领导小组，制订专项安全分级管理制度

在吊车走行通道加固、钢结构吊装过程及钢结构卸载等过程安全管理当中，能够做到无论是项目管理机构的专业安全工程师、监理单位安全专监，还是施工单位的安全员都责任明确，各负其责，保证现场安全管理的各个环节不能脱节。

3.2.2　认真落实各级安全巡查管理制度

安全巡查管理制度是前移安全生产管理关口，能及时发现安全问题，消除安全隐患，掌握安全管理的主动权，遏制重特大事故的发生。采用定期和不定期检查相结合，安全巡查与隐患整改检查相结合的方法进行，针对施工作业面不断发生变化，以及危险源的转换，各级安全小组通过重点对吊车走行通道加固、钢结构吊装安全、高空焊接、钢结构临时支撑加固及卸载等安全保护措施的检查，能及时发现存在的安全隐患，及时整改。

3.2.3　定期召开安全分析会议

通过定期召开安全分析会议，分析总结各种安全管理问题，及时传达铁道部、铁路局有关安全生产工作的指示，及时解决施工过程中出现的各类安全隐患，将安全事故消灭在萌芽状态，对施工中可能见到的危险源，在施工过程中采取切实有效的措施预防事故发生。

3.2.4　认真组织召开专家论证会议

对吊车走行通道加固、钢结构屋面工程临时支撑及卸载等存在较大安全风险的施工，项目管理机构

组织施工、监理单位深入讨论，制订详细的安全措施，并邀请全国著名专家进行论证，形成统一意见，做好全面施工准备后，再进行相应施工。在施工过程中严格按照确定的方案措施来执行，并加强日常检查和考核，同时邀请参加论证会的有关专家再次到现场检查指导，确保存在较大安全风险施工的绝对安全。

3.2.5 建立完整的安全内业资料

内业资料的管理，是工程建设项目管理的重要手段，通过内业资料规范化的管理可以促进现场管理水平的提高，一个现代化的工程管理手段必然离不开内业资料。通过建立完善的安全内业资料，能够及时总结前期的各种安全管理方面的经验，为下一步工作进行指导，避免类似安全问题重复发生。

4 结语

目前，西安北站钢结构主体工程已经完成，安全质量全部可控。实践证明通过有效的安全质量管理，发挥好项目管理机构、监理单位和施工单位的安全质量管理职能，就能够克服工期和安全质量的矛盾，保证工程安全质量的稳定。同时，对安全质量管理提出以下建议：

(1)要把安全质量工作提高到讲政治的高度。铁路工程的安全质量工作事关国家利益和人民的生命财产安全，关系铁路的形象，各级党政组织要把该项工作作为政治工作来抓，作为党性来抓。

(2)安全质量工作要硬。负责安质的人员要大胆地工作，对于安全质量有问题的施工要敢于提出批评，坚持标准，坚决整改，只有这样各项规章制度才能得到较好的落实。另外，安质工作在平时应严格按照"贯标"及标准化的要求进行操作，这样可使平时的工作规范化、程序化、系统化。

(3)必须提高安质人员的素质。安全质量工作不是单一的技术工作，而是一项牵扯面宽、综合素质要求高的工作。从事该工作的人员要具有较丰富的施工技术和实践经验，并掌握相关的法律法规知识，且具有抵制不正之风的较高的思想觉悟。因此，要搞好安全质量，除安质人员本身要加倍努力外，领导也应安排素质高、业务强的工程技术人员从事这方面的工作，只有这样安全质量才能得到保证。

(4)应树立安质人员的权威性。各级领导应对安质工作给予大力扶持，赋予安质人员一定的权力，树立他们的威信，使其有责有权，这样才能加大安质检查力度。安质工作责、职、权要统一，这样各级安质人员在现场检查指导工作时，才可以大胆行使职权，对违章违规行为按规定严格处罚，限期整改，消除事故隐患，使安全质量工作始终处于可控状态。

参考文献

[1] 刘士刚，杜刚，陈昊. 项目管理工作中钢结构工程的施工质量控制[J]. 建筑工程，1999，29(8)：311.

[2] 白雪峰. 我国钢结构工程施工管理中的安全防护要点分析[J]. 工程科技，2000，30：218.

[3] 张建华. 铁路施工安全质量管理与控制[J]. 山西建筑，2007，33(9)：220.

“五性”原则在武汉站建设管理中的贯彻与实践

胡小勇　陈　露

（武汉铁路局　武汉　430071）

摘　要：党的十六大以来，中国铁路进入了快速发展的重要历史时期。面对大规模、高标准的铁路建设，铁道部明确提出了“以人为本、服务运输、强本简末、系统优化、着眼发展”的设计新理念，以及综合体现“功能性、系统性、先进性、文化性、经济性”的原则。如何在大型站房建设管理过程中体现“以人为本”、贯彻“五性”原则，是广大铁路建设者应认真思考和仔细研究的问题。

关键词：“五性”原则　武汉站　建设管理

1　引言

党的十六大以来，中国铁路进入了快速发展的重要历史时期。按照国务院批准实施的《中长期铁路网规划》，大规模铁路建设全面展开，作为其中的重要组成部分，铁路客站的规划和建设也在全面推进，“十一五”期间将建设和改造千余座铁路客站。面对如此大规模、高标准的铁路建设，铁道部明确提出了一个理念、一个原则的思想，即一个理念就是“以人为本、服务运输、强本简末、系统优化、着眼发展”的设计新理念，一个原则就是综合体现“功能性、系统性、先进性、文化性、经济性”的原则。如何在大型站房建设管理过程中体现“以人为本”、贯彻“五性”原则，是广大铁路建设者应认真思考和仔细研究的问题。

铁路客站建设的“五性”原则，即“功能性、系统性、先进性、文化性、经济性”，是铁道部党组审时度势，在充分研究世界发达国家铁路客站的演变历程，总结中国铁路客站建设几十年发展历程和经验教训的基础上提出的[1]。这一原则是新时期铁路客站建设要求的高度概括，是我国铁路客站建设理念的重大创新。

2　“五性”原则在武汉站建设管理的贯彻实践

武汉站（图 1）是全国四大客运枢纽站之一，也是武广客运专线的起点站，其站房建筑造型立意新颖，结构构造复杂，是一座集桥梁、建筑特征于一体的全高架铁路大型客站。武汉站是我国科技含量最高、施工难度最大的站房工程，武汉站在进行设计方案评审之初就是因其独特的设计思路以绝对优势胜出，其设计思路就是把工程结构做成一个艺术精品，所有结构形状都因追求艺术之美而变为不规则的空间曲线，设计难度很大，施工难度更是巨大。作为国内首例桥建合一大型车站建筑的武汉站，充分体现了铁道部提出的一个理念、一个原则的思想。

图 1　武广铁路客运专线武汉站剖面

在建设过程中，针对武汉站站房工程的特点，指挥部结合项目建设管理的客观规律，在部、局领导的指挥下，积极探索，通过“标准化指挥部”、“标准化项目部”、“标准化工地”建设，指挥部始终践行站房建设“五性”原则和安全、质量、进度、投资、环境保护、技术创新“六位一体”的要求，做好各项技术和资源保障，切实推进客站建设管理工作。

2.1 “功能性”的体现

“功能性”体现在建设管理中，重点就是抓住工程实施者“人”。如何调动每一个建设者的主动性，充分挖掘每个人的聪明才智，关键就靠管理制度，靠管理流程。

“功能性”如何能在工程实施过程中完全展现，最完整地体现设计者的意图，同时又符合实际使用者的要求？在武汉站的建设过程中，指挥部作为使用单位与设计、施工单位之间的纽带，组织使用单位和参建单位及时沟通、现场检查，坚持“建”与“管”相结合。从前期工作开始征求各运营接管单位的意见，使其深度介入车站的建设管理过程，把旅客的实际需求充分融入到车站的建设方案中，确保“不留遗憾”。在过程中发现问题，研究上报后，及时解决问题，使工程的设计实施回到使用要求的初衷。工程实例如下：

(1)武汉站进站大厅观光坡道的钢结构牛腿(图2)，其突出棱角存在伤及旅客的安全隐患，同时影响建筑美观。发现问题后，指挥部及时组织设计单位研究，对突出的钢结构进行处理(图3)，满足了建筑功能和美学的要求。

图2　观光坡道钢结构牛腿切割前实景

图3　观光坡道钢结构牛腿切割后效果

(2)武汉站地面出站层的井盖(图4)采用下降铸铁井盖标高、铸铁井盖上方增加活动石材盖板的方法处理(图5、图6)，既满足了整体装饰效果又方便使用。

图 4　地面层井盖整改前实景

图 5　整改完成的地面井盖

图 6　井盖做法

2.2　"系统性"的体现

"系统性"体现在设计中为系统集成、整体最优，体现在建设管理中也是同样的道理。只不过设计中是针对具体的工程设计，而管理中则针对于工程建设的团队管理。建立完整的管理体系，集成各参建单位的资源，使之发挥最大的效益，也就是建设管理的"系统性"、"先进性"的体现。

在武汉站建设中，指挥部一方面着重抓住施工组织设计报审制度和重要分部分项开工制度两项具体制度；另一方面，督促施工单位以建设标准化项目部为契机，积极落实指挥部的各项制度，并按其自身内部各项标准流程做好施工管理工作。

抓施工组织设计报审制度，就是要求施工单位项目部通过编制详尽的施工方案和各专项作业设计，提前发现施工过程中的技术难点。比如本工程站房单箱五室鱼腹式简支箱梁施工前，指挥部就先后组织施工单位到武广客运中铁十八局梁场、天兴洲大桥等工点参观学习，施工单位完成施工组织设计的初稿后，指挥部又先后组织了多次专家咨询、评审会，优化了施工方案，将施工单位原先拟定的两次浇筑优化为一次浇筑，经过实践证明，取得了良好的效果。工程的其他重点、难点工程如钢结构主拱结构安装工程、三跨刚构拱桥复杂模板体系制作工程和混凝土浇筑工程等，均在施工前编制了详尽可行的施工组织设计，并经过专家评审。

抓重点分部工程开工报告制度，就是依据各项规章制度，在重点分部工程开工前，检查和落实人员、材料、设备、工作条件和接口、施工工艺等各方面是否满足工程建设的要求。

过程控制标准化的另一重要环节，就是在施工期间，督促监理单位认真按各项规章制度、设计图纸和经过审批的各种施工组织设计的要求，认真检查和盯控每一道工序，做好各项隐蔽工程和施工转序的验收管理。指挥部的督促检查以定期检查各项管理、验收记录和不定期不定点抽查具体工序两种形式并重。

在站房核心区域，钢结构主拱结构、三跨刚构桥梁、地铁沉箱结构、东西进站高架等各专业的关键工序和施工难点在此交汇，为此，指挥部积极协调各相关单位，在充分研究各分部施工特点和规律的基础上，组织专家研究，最终确定了先施工最上部的屋面主拱钢结构，再施工中间三跨连续刚构拱桥和东、西进站高架，最后施工地铁沉箱结构的施工流程，既保证了现场施工场地满足各环节施工需要，又避免了施工荷载对桥梁结构和地铁沉箱的不利影响。

通过建设工程标准化管理的实施，武汉站项目建设进展顺利，未发生质量安全事故，各项工作取得了可喜的成绩。通过标准化管理的实施，加强了施工管理的策划和落实，提前发现了施工和管理难点，并制订了相应对策，促进了工程技术、管理等方面的创新。

2.3 “先进性”的体现

武汉站是特大型交通枢纽，是一种新型的高速铁路客站，是铁路与各种城市公共交通换乘中心和集散中心。在设计过程中，充分体现了“先进性”的原则。武汉站项目规模大，功能复杂，涉及的专业多，采用了多项新技术，有较高的技术含量等特点，对建设管理提出了更高的要求，指挥部如何发挥管理的“先进性”呢。

在目前国际工程的结构设计上，武汉站是首次采用下部大型桥梁与上部大跨度钢结构共同作用的“桥建合一”新型结构体系。此外，下部大型桥梁在世界上首次将饰面清水混凝土应用在桥梁结构中，其复杂的鱼腹式外形，由空间曲面组成的桥墩和三跨刚构拱桥等在我国桥梁施工界均是首次采用（图 7）。上部的大跨度支状支撑空间曲面钢结构体系也是首次采用。经过查新，本工程有 11 项施工难点，为国内首次，需要走科技创新之路，通过不断的技术攻关来完成这一千秋伟业。具体说，如工程的 100 片单箱五室鱼腹式饰面清水混凝土预应力简支箱梁因其体量巨大、构造复杂、质量要求高等集“四项国内首例”于一身，核心区的三跨刚构拱桥更是因其跨度大、体型复杂、钢筋密集等集“六项国内首例”于一身，工程上部的大跨度枝状支撑空间曲面钢结构工程由其大跨、超高、复杂造型等，其施工难度要高于鸟巢（图 8）。

图 7　武广铁路客运专线武汉站三跨连续刚构桥

图8　武广铁路客运专线武汉站核心区

太阳能光伏发电是目前世界上最先进的可再生能源利用技术，也是未来能源发展的方向，利用火车站建设太阳能光伏发电场可以充分体现节能环保的先进理念。其次利用火车站屋顶建设太阳能光伏发电场不占用土地，能够提高土地资源的利用效率，也是火车站设计系统性和经济性的具体表现。武汉站综合运用了太阳能光伏发电、智能照明、自然采光分层渗透、自然通风节能、空调变频及分层控制、地源热泵系统、热回收系统等低碳节能技术，有效地利用了自然资源。据测算，每年可节约标准煤3 200t，可减排二氧化碳7 200t，减排二氧化硫88t，节能减排效果显著，是铁路上第一个兆瓦级太阳能项目，体现了企业的一种社会责任和义务，更加能够体现"先进、节能"的理念，在铁路系统中具有重大的示范意义，影响面及辐射面巨大。武汉站采用了视频监控、资讯、引导、广播、时钟、求助、一卡通、票务、安检、办公自动化等系统，实现了建筑智能化。铁道部把武汉站定义为我国站房工程的"里程碑"，是一个令世界瞩目的特大型站房工程。

针对武汉站的重难点，指挥部根据生产需要进行科研攻关，整合资源成立课题技术研究组，根据课题类别与大学和专业公司进行合作，优势互补，通过课题的研究，丰富和提升了高速铁路桥梁站房施工技术，解决了一系列难题。武广客运专线新建武汉站工程通过走科技创新之路，攻克了单箱五室鱼腹式饰面清水混凝土简支箱梁施工技术、单箱五室鱼腹式饰面清水混凝土三跨刚构拱桥施工技术和大跨度枝状支撑空间曲面钢结构施工技术等三项重大难题。通过对武汉站的建设，对重大科研难题的攻克，总结形成一套系统性强、技术含量高、先进、可推广应用的桥建合一客站工程成套施工技术，促进我国异型桥梁混凝土结构施工、大跨度枝状支撑空间曲面钢结构的施工技术迈入世界先进行列。在建设过程中共应用建筑业新技术38项，自主创新技术13项，其中4项技术成果经鉴定达到国际领先水平，2项达到国际先进水平，1项达到国内领先水平，成功申报专利16项，形成省部级及以上工法9项，技术标准6部，被评为第六批全国建筑业新技术应用示范工程。在管理上，通过标准化管理的实施，形成了一套站房施工标准化管理体系，通过了专家鉴定。

"天下大事必作于细"，宏伟的建筑精品来源于众多完美的细节。在建设过程中，指挥部按照铁道部提出的"示范性精品工程"的要求，及《铁路旅客车站细部设计》的标准，加强对建筑细节的处理。方案确定前，组织设计、监理、施工单位，参观已建成站房的成功案例，在楼梯扶手、楼梯栏板、垂梯幕墙划分、卫生间等细节部位的处理上，研究推敲，仔细斟酌，反复对比。实施过程中，对钢结构表面处理、卫生间装饰、管帘吊顶等细节部位，全面检查，发现问题及时整改，从细节上体现建筑的品质和魅力(图9～图13)。

按照"示范性精品工程"的标准，为保证武汉站工程创优，申报"鲁班奖"，对设备房间进行了适当改进，如原设计设备用房水泥砂浆地面或者细石混凝土地面改进为耐磨集料地面(图14)；空调机房、变电所、配电小间等房间内增加石膏板或格栅吊顶；电梯侧管井内增加踢脚线和防火石膏板吊顶，并用木芯板封堵GRC板墙与玻璃幕墙之间缝隙等。

机组基础周边设置排水沟，机组与机组周边排水沟采用水泥砂浆抹平收光后，涂刷灰色油漆，与耐磨地面颜色保持一致(图15)。

图 9　桥侧钢结构处理前

图 10　桥侧钢结构处理后效果

图 11　桥侧钢结构处理前实景

结构混凝土柱下方增加 120mm 高深灰色油漆踢脚线(涂刷 3 道);排水沟两侧涂刷 6cm 宽黄色油漆(涂刷三道),以消除排水沟盖板与地面之间缝隙,增加美观度(图 16)。

图 12　桥侧钢结构处理后效果

图 13　管帘吊顶细节处理后效果

图 14　机房增加耐磨地面、格栅吊顶后效果

此外，本着美观实用的原则，候车厅、站台层等各个层面增加细部收边处理措施，如扶梯口增加深色石材收边条（图 17）；地面检修孔、消防箱增加钛合金标志牌；站台与地面层排水沟增加深色收边石材条

(图 18);候车层地面通风孔增加不锈钢收边条。再如夹层空调机房风口百叶增加木芯板包边;扶梯根部增加石材收边(图 19);嵌墙消防栓增加木芯板收边;东西基本站台防撞墙增加不锈钢变形缝;站台地面消防栓石材下方增加木质地板等,从微小细节处理来保证工程的品质(图 20、图 21)。

图 15 机房地面排水沟等细部处理后效果

图 16 机房地面排水沟等细部处理后效果

图 17 扶梯口增加石材收边处理后效果

图 18　排水沟增加石材收边处理后效果

图 19　扶梯根部增加石材收边处理后效果

图 20　穿地面桥架增加收边

图 21　穿地面管道增加收边

2.4 "文化性"的体现

武汉站在建筑设计上，紧密结合武汉的地域文化，富有"千年鹤归"、"九省通衢"、"中部崛起"多层寓意。"千年鹤归"是车站建筑方案的造型立意，为一只展翅飞回的黄鹤，构成一座"飞翔的车站"；其外形为 9 片波浪型重檐屋顶，象征着"九省通衢"；中央核心区主拱预示着武汉是湖北也是中部省份崛起的关键城市。其设计理念充分考虑湖北武汉的地域文化特点(图 22)。

图 22 武广铁路客运专线武汉站立面

在建设管理中，指挥部充分领会设计理念，抓住工程文化特点，从工程实施中体现出建筑的地域文化。同时，加强与武汉市市政配套工程指挥部的协调沟通，一方面协调市政配套工程的设计符合整体文化主题及特点，另一方面协调市政配套工程同步实施、同步完成，满足使用功能的同时，更完整的体现文化性的特点。

2.5 "经济性"的体现

强调投资效益、资源节约和保护环境，并以全寿命使用效果为评价依据，是现代工程建设进行经济性评价的主要原则。能在工程建设中既能确保工期、质量，又能注重成本管理，控制和把握合理的造价，以最小的成本获取最大的效益，是铁路建设中"经济性"的体现。通过对影响工程造价诸因素的分析思考，要降低工程造价，重要的方法与途径就是要控制建设工程各个阶段和各个环节，对建设工程进行更全面的控制，尽可能地挤净"水分"。

加强项目施工环节的控制，实行项目管理是提高劳动生产率和经济效益的有效途径。而加强项目成本管理，降低工程造价，更是项目管理的重中之重，与工程质量一样，皆是不可或缺的。利用货币形式在项目施工过程中对管理对象的耗费实行全面管理，运用标准成本进行项目成本管理是一个行之有效的方法，具体做法：制订标准成本，采用成本差异考核办法，建立项目成本责任制。

3 结语

随着我国现场客运站房建设的高速发展，新的建筑形式、新技术、新材料、新工艺的运用将越来越多，对建设管理的一般规律的认识、提高、运用，形成标准化建设管理，并在实施过程中做好策划、落实、总结、提高，将有助于各项工作的推进，有助于技术创新和管理创新。铁道部提出的"五性"原则，对新时期的旅客车站的建设给予了意义深远的指导，"五性"原则的核心是"以人为本"。其中，功能性、系统性和先进性是能更好地发挥功能、保质保量完成建设的基础。先进性和文化性是铁路客站体现时代要求与地域文化的内在品质，是赋予铁路客站建筑持久生命活力的必要条件。经济性则融合在其他"四性"之中，是建设节约型社会基本国策的要求。"五性"原则在本质上密切联系，有机统一，蕴含着深厚的理论基础和哲学原理，既是规律概括，又是明确要求，既是经验总结，又是基本准则。

目前铁路建设规模之大、标准之高，是中国铁路发展史上从未有过的。在大规模铁路建设的黄金期，落实部党组提出的"建设百年不朽精品客站"的要求，将铁道部提出的一个理念、一个原则的思想，贯穿在建设管理过程中，使每一个项目从设计到施工到交付使用，充分体现"五性"原则，是每个建设者的光荣任务和使命。让我们从不断的工程实践中总结经验，为铁路建设添砖加瓦。

参考文献

[1] 郑健. 落实"五性原则"，创新建设理念，努力建造一批百年不朽的铁路客站[J]. 中国铁路，2007. 9.
[2] 蒙斌. 关于铁路客站设计"五性"原则的思考[J]. 铁道运营技术，2008，14.
[3] 中南建筑设计院. 武广快速铁路客运专线武汉站[J]. 华中建筑，2006. 4.

浅谈大型客站站场改造的实施与铁路枢纽建设的协调组织

陈大斌　张宗钢　郭　烽

（武汉铁路局　武汉　430071）

摘　要：大型客站是铁路枢纽的重要组成部分。大型客站改造涉及本站和枢纽相关客货车站运营组织，以及相关工程项目实施，甚至影响相邻路局。因此，大型客站改造必须紧密结合枢纽建设总体规划，从"优化稳定施工方案，科学实施施工组织"两阶段着手，针对各阶段特点，动态调整、强化措施，确保做到客站改造"时间、空间两隔离，运营、施工两不误"，确保枢纽建设总体目标。本文以汉口站改扩建工程为例，制订和实施"先进行站台范围改造，再实施咽喉区改造"的方案，浅析了大型既有客站改造与铁路枢纽建设协调、组织的体会。

关键词：大型客站改造　铁路枢纽　协调　组织

1　大型既有客站站场改造的特点、难点

1.1　大型客站改造与铁路枢纽改造的关系及衔接

客站改造一般包含站房和站场改造。单一的站房或站场改造涉及范围小，相对简单。站房和站场同时改造时，涉及线路改造、高架候车室、无柱雨棚、地道等项目相互穿插、前后衔接，还有既有设备过渡、管线迁改、行车组织、旅客安全、工期压力影响，施工十分复杂。

大型客站作为枢纽的主要组成部分，位置特殊，作用重要。改造不但有站房和站场改造项目穿插与衔接，还与枢纽相关客站、编组站、干线引入等工程相互依托、相互制约。改造期间，客运组织、列车运行图甚至影响所在干线和相邻路局。因此，大型客站改造"牵一发而动全身"，必须统筹安排，加强协调，精心组织，科学实施。

1.2　大型客站改造与客运组织的矛盾

既有大型客站改造，工程建设与客运组织同时并存于站区，产生诸多矛盾：

一是安全风险增大。运营、施工区域仅设一板相隔，分开使用。作业时间相互交织。防护难度增加、安全压力增大。二是运营和施工组织协调要求更高。大型既有客站多位于城区交通重要位置，场地狭窄，建筑物及设备密布，要求运输组织更严密、施工安排更科学。三是枢纽总体协调加大。客站改造时，常采用客运分流措施。

1.3　工程建设与征地拆迁进度的矛盾

大型既有客站多位于城区副中心，改扩建拆迁面积大。受历史原因、城市规划和局部经济利益等因素影响，常常因为征地拆迁困难，长时间影响工程进展。

1.4　铁路建设与城市配套的矛盾

铁路正按国家《中长期铁路网规划》有序推进。铁路枢纽客站周边地下通道、城市广场、地下空间、地铁等市政配套工程也随之启动。但由于资金筹措，方案难以稳定，市政工程在一定程度上影响了铁路建设，包括：标高对接、旅客流线、建筑处理和功能需求。

2　大型客站改造方案编制、审查和实施

大型客站由于其特殊性和矛盾所在，改造难度很大，非同于一般站场。因此，大型客站改造必须与铁路枢纽相关工程建设紧密衔接，与客货运组织加强协调，同时结合征地拆迁等，统筹规划，制订科学、

合理的方案，平稳推进工程进度。

大型客站站场改造抓好两个阶段：施工方案编制和审查稳定阶段、施工组织实施阶段。

2.1 施工方案编制和审查阶段

施工方案编制审查稳定是大型客站站场改造的关键所在。本阶段要做好充分的调查工作，全面掌握站场设计内容、运营情况、影响构筑物、征拆动态等；研究本工程与枢纽相关工程的建设关系；了解相关工程进展情况、工期节点要求。获取方案第一手资料后，寻找突破口，制订初步方案，上报铁路局。由铁路局组织相关建设指挥部和运营单位，对方案进行审查，确定工期节点、客运分流时机、货车外绕、征拆完成等。形成共识后，修改完善，形成可实施性方案。

2.1.1 大型客站站场改造原则

(1)站场改造要满足枢纽总体客运和货运组织要求。

(2)紧密结合枢纽建设总体规划，适时实施客运分流和货车外绕，为客站改造提供外部条件。加快实施不受影响的改造项目，推进工程进度。

(3)设置科学合理的客运过渡、大临和过渡工程，确保旅客、行车、施工安全。

2.1.2 大型客站站场改造方案

客站站场改造一般有两种类型方案：停止本站客运业务，客运整体异站过渡后，进行改造；或者本站客运分流到枢纽其他站，然后分步封锁股道，进行改造。当前大规模建设中，多采用后者。本文重点论述后者。

改造思路一般为：先实施不受外界影响区域（如扩建区、铁路既有用地范围）的站场、高架站房、无柱雨棚、站台等工程→连通扩建区两端咽喉进路，并开通；启用扩建区站场、高架候车室等工程→待枢纽相关工程达到客运、货运分流条件后→分步封锁既有场，进行站场改造→连通既有场咽喉进路，并开通。

根据工程实际情况，结合枢纽工程进展，对方案进行优化、调整。

2.2 施工组织实施阶段

施工组织实施与有效协调，是大型客站站场改造的重点。实施中，要做好重点方案和专项方案审查、各专业接口对接、施工组织动态调整、与运营组织衔接、安全风险源卡控等，特别是：站场分步封锁方案、旅客流线及乘降通道、安全隔离措施、施工通道、深基坑支护及周边建筑防护、排水过渡、LKJ 数据、站场开通方案等制订，组织实施。

本文以汉口站改扩建工程为例，论述大型客站改造实施与铁路枢纽建设的协调组织。

3 汉口站改扩建工程概况

3.1 武汉枢纽规划

武汉铁路枢纽（图 1）是国家《中长期铁路网规划》中快速路网客运中心之一，属特大型环状路网性铁路枢纽。总体规划为：以京广线、京广客运专线贯通南北通道；武康二线、汉宜铁路及武九线、武合铁路承启东西通道，衔接北京、广州、上海（合肥）、成都（重庆）、九江、襄樊等六个方向。汉口站就位于南北和东西通道的交叉点上，是夕发朝至和动车组开行的最佳区位。

3.2 汉口站既有概况

汉口站前身大智门车站，1902 年 6 月建成投用，欧式风格建筑曾是亚洲最壮观的火车站。1991 年 10 月，新汉口火车站搬迁到金家墩，运营至今。

车站既有 10 股道（京广下行线，汉丹下行线，7 条到发线，1 条存车线），2 条外绕线（汉丹上行货车线，京广上行线），出站、行、邮包等 3 座地道，进站天桥 1 座，0.5m 高站台 4 座，站房 1 座。日均客流量 3.1 万。日接发和通过列车 395 列。

3.3 汉口站设计概况

设计 20 股道（4 条正线，12 条到发线，4 条城际铁路到发线），新建高架候车室 2.6 万 m^2 将南、北站

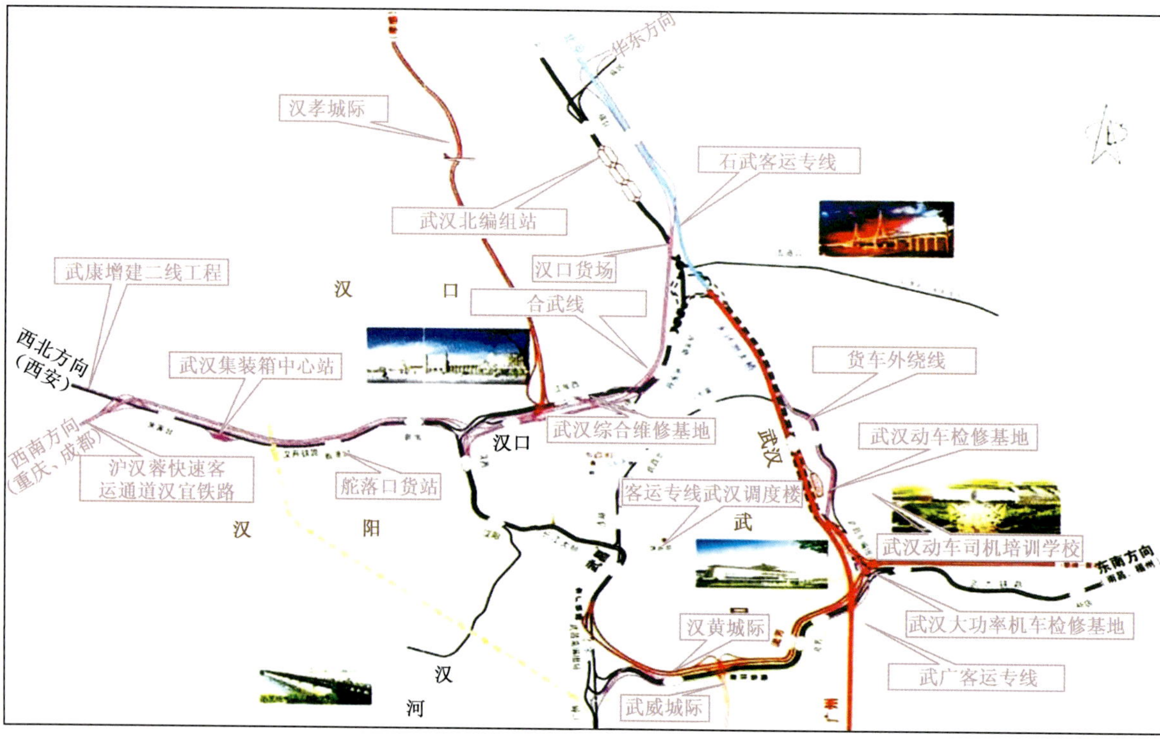

图 1　武汉枢纽总体规划图

房连为一体,新建无柱雨棚 10.6 万 m^2 覆盖 10 座 1.25m 高站台,新建 16m 宽旅客地道等。南站房改扩建、新建北站房均为欧式建筑风格。

汉口站北咽喉区有京广上下行客车线、武合上下行线、武孝城际上下线等方向线路引入、6 个发车方向,南咽喉区有京广、武康、汉宜上下行客车线、武孝城际联络线等方向线路引入、7 个发车方向,京广、武康上下行货车线外绕汉口站(汉口站发车方向数超出《技规》规定发车进路表示器显示的 5 个方向,需专题报铁道部研究确定)。

市政工程有:四座通道下穿站场,南广场及地下空间,地铁二号线与国铁汉口站实现"零换乘"。

汉口站是武汉铁路枢纽三大客站之一,其改造属大型客站综合性改扩建工程,系统庞大、专业齐全。站场、站房两大部分改造,有路基、站场、桥涵、电力、接触网、通信、信号、房建、装饰、暖通、消防、客服系统等近 40 个专业,涉及枢纽内武昌站改造、新建武汉北编组站、合武铁路引入、武康二线引入、武孝城际铁路引入等 8 项工程。

汉口站改扩建(图 2、图 3)涉及相关项目众多,引入口和发车口已超出现有规范,改造非常复杂,而成为全路最困难、最艰巨的大型既有客站改造之一。

图 2　汉口站改扩建总体效果图

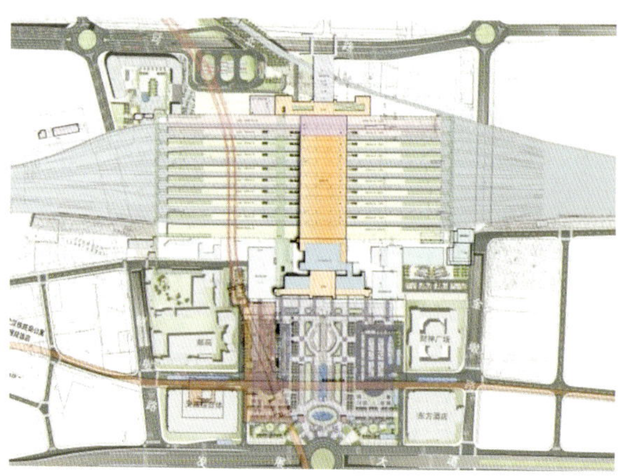

图 3　汉口站改扩建平面布置图

汉口站改扩建抓好了两个阶段工作:施工方案编制审查稳定阶段、施工组织实施阶段。

4 汉口站改扩建施工方案编制和审查稳定

4.1 站场改造初步方案

4.1.1 初步方案思路

根据汉口站设计规模和特点,分析研究后,提出初步方案。思路为:

先进行汉口站京广上行线、汉丹线外移→腾出场地,新建上行区站场→连通上行区南北咽喉进路,并开通;启用上行区高架候车室、站台等→封锁既有场,进行站场改造→连通既有场南北咽喉进路,并开通。

4.1.2 初步方案审查

初步方案上报路局,路局组织业务处室、相关建设指挥部进行对接、审查后,确定工程实施受以下因素影响:

(1)路外征地拆迁受诸多因素制约,短期内京广上行线、汉丹线不具备外移条件。

(2)武汉枢纽相关工程。武汉北编组站未建成,江岸西编组站未搬家,因此江岸西编组站下行出发列车与汉口站京广上行出发列车进路交叉,运营繁忙,难以进行咽喉区改造。疏解区武康上下行客车线等项目建设短期内不能达到引入条件。

(3)站场咽喉区新华路、常青路立交位于武汉市进出城主干道上,封道困难,且需要分别封道三次实施接长,施工周期很长。

因此,汉口站暂时不具备南北咽喉改造及疏解区线路引入条件,需要优化方案。

4.2 站场改造优化方案(图 4)

铁路局和建设指挥部分析征地拆迁和工程实际情况,纵观武汉枢纽总体建设规划和相关工程进展对汉口站的影响后,提出优化方案。

思路为:先实施不受影响的新建上行区工程→武昌站改造完成,对汉口站客运分流。分步封锁部分既有场股道,实施站台范围改造→合武征地拆迁完成→北咽喉京广上下行货车线外移→腾出场地,完成上行区剩余工程→武汉枢纽相关工程建成,达到咽喉区改造条件→实施南北咽喉改造及疏解区线路引入。

优化方案思路明确、优点明显:

(1)主动性强。因地制宜地制订了站场分步改造方案,先实施站台范围改造,缩小了征拆对工程的影响,推进了站改进度。

(2)结合性好。分步改造方案,结合了武汉枢纽建设规划和进度总体安排,后实施南北咽喉改造及疏解区线路引入,有利于武汉枢纽客、货运有序组织、平稳过渡。

4.3 站场改造方案再优化(图 5)

2009 年 3 月,铁道部批准了武孝城际铁路引入汉口站方案,站场再次扩建。受其影响,南北咽喉平面重新布局,京广上下行货车线继续外移约 40m,还要再拆除 25 万 m^2 房屋。

为加快进度,缩小城际征拆对工程的影响,对方案后半部分再次优化,实施站场过渡。

思路为:在合武铁路征地拆迁范围内,先实施京广上下行货车线外移,过渡开通→腾出 7～14 道北咽喉场地→武汉枢纽相关工程建成,达到咽喉区改造条件→分步封锁既有(1)～(10)道,进行新 1～14 道南北咽喉区改造,信号换装、开通→武孝城际征地拆迁完成后,京广上下行货车线再次外移至正位,新建 15～20 道及南北咽喉剩余工程→全站开通。

再优化方案优点在于:

(1)主动性强。方案缩小了武孝城际征拆对站改的影响,掌握了工程的主动性。

(2)推进了进度。根据站场平面布局变化,实施必要的过渡,推进了站改,尽早开通站场,尽快提供运营,释放枢纽运能。

方案上报铁道部。铁道部完全同意按此实施。

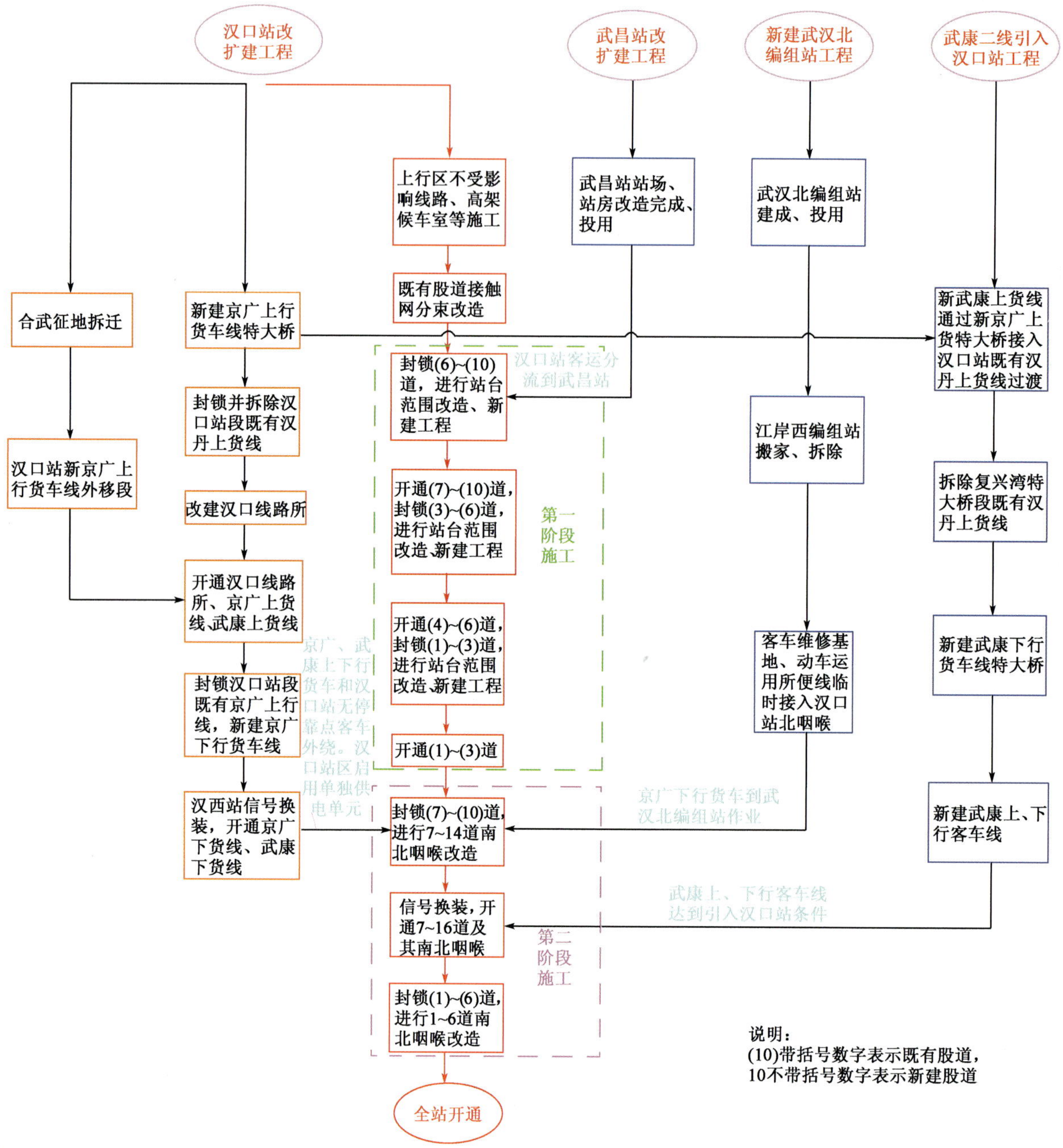

图4　汉口站改扩建工程及武汉枢纽相关工程关系图(优化方案)

5　汉口站改扩建施工组织实施阶段

汉口站改造按照三阶段实施：先进行站台范围工程项目→再实施合武征拆范围南北咽喉改造→最后实施武孝城际引入等剩余项目。

5.1　第一阶段，实施站台范围工程项目

2008年元月，武昌站改造完成并开通，达到分流汉口站客运流量条件。为减小客运、货运组织压力，站台范围分三步实施改造，每步4～4.5个月。

5.1.1　第一步：2008年7月，封锁既有(6)～(10)道，进行站台范围改造施工。

完成内容：既有股道接触网分束改造。线路改造，高架候车室基础、立柱、一层楼板浇筑，无柱雨棚基础、立柱、桁架及檩条吊装，新建16m宽旅客地道和1.25m高站台等。

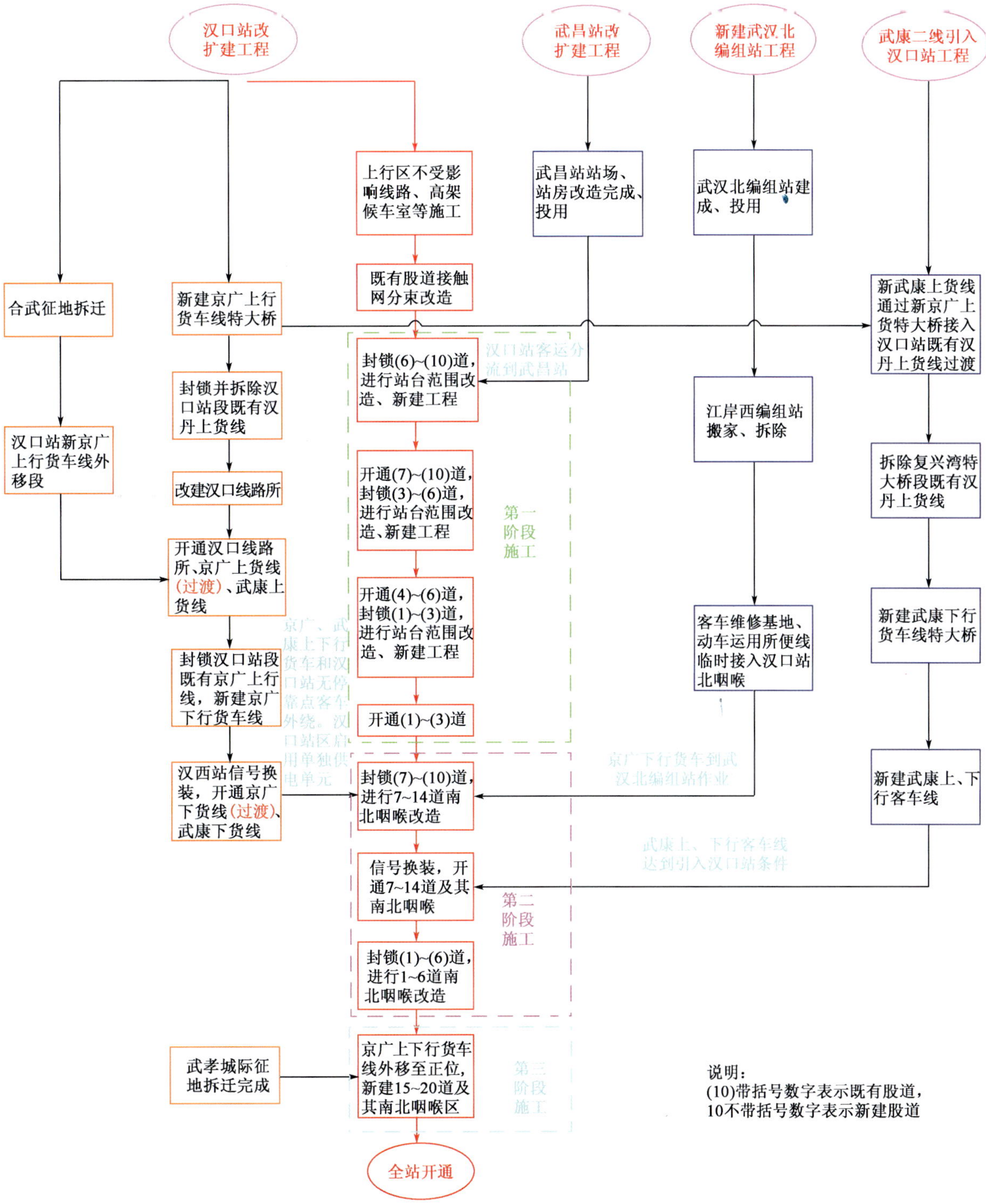

图5　汉口站改扩建工程及武汉枢纽相关工程关系图(再优化方案)

重点方案及措施：

(1)施工方案细化实施。实施既有股道接触网分束改造，实现各股道单独停电，减小大型机械施工和钢构件吊装时对运营的影响范围；研究无柱雨棚桁架吊装对结构稳定性的影响，组织专家评审，细化吊装方案，加强钢结构稳定措施。

(2)施工通道。场内，沿上行区外侧修建施工主通道，硬化连通至城市道路。场外，调查市政道路限高、限宽、限重、限时要求，确定大型钢构件、机械设备和路料进场路线。

(3)排水过渡。旅客地道和高架候车室基坑开挖截断既有纵向排水系统。实施中，沿6道外侧纵向敷设 $\phi600$ 排水管过渡，动力抽排站场汇水和基坑积水。

5.1.2　第二步：封锁既有(3)～(6)道，进行站台范围改造施工。实施内容按方案进行。

重点方案及措施：

(3)～(6)道施工地处(1)～(2)道、(4)～(10)道和南北咽喉列车运行和旅客乘降的包围之中，是安全压力最大的阶段。专项方案和措施有：

(1)旅客乘降通道。进站通道，自临时候车室至四站台，修建临时天桥，上跨行包广场和股道，使旅客进站、上车流线与行包作业、施工区立体交叉；出站通道，利用邮包地道为旅客专用通道，石油大厦西侧设临时出站口过渡，为核心区施工创造条件。

(2)施工方案细化实施。组织高架候车室、旅客地道深基坑方案审查，实施钻孔桩和钢板桩加对撑支护，确保基坑两侧运营安全(图 6～图 13)。

(3)施工通道。在站台端部修建南、北平过道，与场外主通道连通，保证弃渣外运、大型钢构件和大量路料进场、施工人员进出。制订平过道专项安全保证措施。平过道设专人 24 小时值守、维护。

图 6　临时进站跨线天桥

图 7　施工、运营两隔离

图 8　临时平过道

图 9　高架候车室施工

图 10　指挥部组织深基坑专家论证会

图 11　实施深基坑支护

图 12　铁路局组织枢纽相关工程协调会

图 13　铁路局组织工程验收协调会

(4)硬隔离。采用 2.4m 高彩钢板将施工、运营区物理隔断。

5.1.3　第三步:封锁既有(1)～(3)道,进行站台范围改造施工。实施内容按方案进行。

重点方案及措施:

(1)～(3)道施工时,一侧是运营区域,另一侧南站房和武汉市配套工程大面积展开,还有房屋拆除、施工通道、深基坑支护等困难。专项方案和措施有:

(1)深基坑支护与防护。组织专家评审地下出站厅深基坑设计和施工方案,实施钻孔桩支护、钢管角支撑等措施;采用深基坑监测技术,加强观测,保证相邻石油大厦和相关设施安全。

(2)施工通道。为减小与南站房、市政工程的相互干扰,施工通道仍走上行区站场。平过道接长到(1)～(3)道,与场外主通道连通。

(3)加强平过道日常使用维护和管理、隔离区的安全措施。

5.1.4　第一阶段实施效果

至 2010 年 1 月,安全、顺利地完成(1)～(10)道站台范围站场改造并开通,一至五站台及该范围高架候车室、无柱雨棚、南站房扩建均正式投用,站改全面推进,标志着汉口站改造取得了阶段性胜利。2010 年 6 月,完成汉口站接触网供电单元与京广上下行货车线分开的改造,实现汉口站区接触网能单独停电功能,为后续工程施工打下坚实基础。

5.2　第二阶段,实施南北咽喉改造及疏解区线路引入

武汉枢纽相关工程进展:

2009 年 2～6 月,汉口站京广上、下行货车线外移,开通、过渡;同时,开通武康上、下行货车线。2009 年 5 月,武汉北编组站建成、开通,江岸西编组站搬家、拆除。

实施效果:

(1)京广和武康上下行货车、汉口站无停靠点的京广上下行客车,均外绕汉口站通过,北咽喉无列车交叉进路,运营压力大大减轻。

(2)汉口站区改单独供电单元,为后续接触网要点时间加长和高架候车室外墙装修等大量要点作业提供条件。

因此,汉口站已具备南北咽喉改造条件。分两步实施。

第四步:2010 年 7 月,封锁既有(7)～(10)道,进行新 7～14 道南北咽喉区改造,计算机联锁软件试验,设备调试等。信号换装,开通 7～14 道及其南北咽喉。

重点方案及措施:

(1)铁道部批复了汉口站发车进路表示方式,解决了发车方向表示问题。

(2)LKJ 数据编制和发布。路局组织相关建设指挥部、设备、施工单位研究信号换装后线路功能、列车径路等变化,确定线路名称、里程起止位置、长短链设置等。编制 LKJ 数据。提前对相关路局发布。

(3)工程量巨大。仅电务工程,道岔设备安装95组,100个轨道区段,94架信号机。对过渡版和正式版微机联锁软件进行仿真试验和模拟试验,其中正式版软件进路1 224条,过渡版1 206条。实施中,采取24小时倒班试验,人休机不停;设备单位提前介入试验和调试,共同把关,缩短调试工期,确保安全。

(4)信号换装和开通范围涉及面广。信号换装按5个时间点、分5块施工区域作业,有汉口客整所、客机折返段等4条调车场间口相连,汉口、丹水池、汉口线路所、汉西、新墩站等8个车站13条接发列车口试验。涉及范围之广前所未有,参战的建设和施工单位特别多,施工内容非常复杂,组织十分困难。对此铁路局高度重视,主管基建副局长四次组织开通方案会,三位副局长分片包保信号换装施工,现场指挥,统一调度,确保了换装工作顺利完成(图14~图17)。

图14 机捣车整装待命

图15 开通的站场

图16 开通的站场及无柱雨棚

图17 开通的高架候车室

实施效果:

2010年10月13日,安全、顺利地完成了汉口站信号换装和开通7~14道,完成了改造最关键和核心的工作。同时六至七站台、高架候车室、无柱雨棚、旅客地道全面正式投用,除了地下空间出站口因市政配套工程未完成外,其他售票、进站、候车、出站等旅客流线全部按设计开通。

汉口站信号换装后,北疏解区开通了京广上下行客车线、合武上下行线等方向线路;南疏解开通了京广上下行客车线、客机折返段和客整所走行线等方向线路,达到武康、汉宜上下行客车线引入条件。

信号换装和7~14道开通的圆满实施,是汉口站改造又一重大节点完成,标志着汉口站改造取得了攻坚战胜利,标志着武汉枢纽三大客站及枢纽重大工程全面开通。

第五步:7~14道开通的同时,封锁既有(1)~(6)道,进行该范围南北咽喉区站场改造。

5.3 第三阶段,实施武孝城际引入等剩余项目

第六步:完成武孝城际铁路引入汉口站等剩余工程。

6 结语

6.1 高度重视、统一协调，是大型客站改造安全、顺利实施的保证

汉口站改造是全路最复杂的大型既有客站改造之一，同时实施欧式风格建筑站房，因而备受铁道部重视。铁道部主要领导多次到汉口站检查工作，研究方案，推进进度。

铁路局成立汉口站改造及相关工程协调组(图18)，由主管建设的副局长为组长，统一指挥，全面部署枢纽总体规划，安排总体进度，适时进行客运分流、货车外绕，为分阶段、分步骤实施改造提供强有力的保证。建设指挥部发挥现场主导作用，组织实施多工种、大兵团联合作战，平行作业，强力攻坚，保证了按工期节点完成。

图18 铁路局组织大型协调会

武汉市也成立汉口站配套工程指挥部，对客运组织、客流分配、交通疏解、市政配套等工作协调发挥重要作用。

6.2 结合实际情况，优化施工组织，与枢纽建设有机结合

大型客站是枢纽中的重要组成部分，改造涉及本站和枢纽相关客站、货运站运营组织，以及相关工程项目实施，甚至影响到相邻路局。站场改造实施中，参建单位从“优化稳定施工方案、科学组织施工”两个阶段着手，结合实际、动态调整，确保客站改造与枢纽建设有机结合，同步建成。对征地拆迁、城市配套建设等外部问题，主动和当地政府保持联系，寻找突破口，实施必要的过渡工程，减少对站改影响。

实践证明，“先实施站台范围改造，再实施咽喉区改造”的方案，是成功的方案。方案紧密结合枢纽总体建设，推进了进度，尽早实现站场开通，释放枢纽运能，满足日益增长的客运需求，可供大型客站改造和枢纽建设参考、借鉴。

6.3 落实措施，推进标准化，实现“时间空间两隔离，运营施工两不误”

大型既有客站改造，确保运营与施工安全贯穿始终。建设指挥部统一部署，针对各阶段特点和难点，实施了：站场临时排水、接触网分束、站场改造分步过渡等工程；临时售票厅、候车室、进站跨线天桥、出站通道等客运过渡工程；临时平过道、主要施工通道等大临工程；施工与运营区采用硬隔离措施；深基坑支护与监测方案等。从源头上消除安全风险源，保证了运营和施工安全，控制了总体投资，达到了预期效果。

推进标准化管理工作，把工作重点放在现场管理和过程控制标准化上，推行标准化作业、标准化工地试验室和架子队管理，创建示范样板工程和安全标准化工地。

汉口站改造至今，杜绝了旅客、行车、施工安全事故，进度有序推进、质量优良，成为“运营、施工两不误，时间、空间两隔离”的又一成功范例。

参 考 文 献

[1] 郑健.总结提升,持续改进,进一步推动中国铁路客站的创新与发展[C].2009 中国铁路客站技术国际交流会论文集.北京:人民交通出版社,2010.
[2] 王文君.武汉枢纽客站建设管理实践与思考[C].2009 中国铁路客站技术国际交流会论文集.北京:人民交通出版社,2010.

铁路客站与城市交通一体化建设的实践与思考

周东伟

（成都铁路局　成都　610082）

摘　要：本文在分析铁路客站与城市交通两者关系的基础上，以新建成都东客站在城市交通一体化建设中的应用，论证铁路客站建设与城市交通一体化建设的必要性，同时进一步提出建设性思考，以期为今后铁路客站建设提供有益借鉴。

关键词：铁路客站　城市交通　成都东客站　一体化建设

现代铁路客站的城市综合客运交通枢纽性质，决定铁路客站不仅要追求设施本身的高标准高质量，而且还要在客站站区规划、功能布局、交通流线、服务设施，以及造型设计上，满足城市交通乃至城市发展的需要。因此，铁路客站建设必须与城市交通一体化同步实施。

1　铁路客站与城市交通的关系

1.1　铁路客站在城市交通中的发展趋势

新形势下的铁路客站正从单一站点和人流聚集中心，转变为融合城市多种交通运输设施为一体的综合交通枢纽，逐步向综合化、立体化方向发展，既充分考虑旅客出行便利，又创造了城市主题中心形象，成为人们重要活动场所。

1.2　铁路客站在城市交通中的地位

国民经济和社会发展给城市建设带来巨大影响，迫切需要能力充足、功能完善、换乘便捷的综合客运交通枢纽与之匹配。同时，铁路客站促进城市科学调整线网布局，合理引导客流走向，不断提升运营效率，实现城市交通线路网络化、交通连接无缝化、交通方式一体化，确立铁路客站在城市交通中的综合交通枢纽地位。

1.3　铁路客站对城市发展的作用

铁路客站对城市发展作用，既体现在设施本身的交通枢纽作用上，还体现在对城市经济发展的带动作用上，与城市招商引资、旅游开发、物流管理，以及土地利用等方面关系密切。因此，实施铁路客站与城市交通一体化建设，对于路地双方都具有“双赢”的现实意义。

2　成都东客站在城市交通一体化建设上的应用

成都东客站是成都铁路枢纽规划的主要客运站，是成都铁路枢纽城际列车和高速列车的主要始发终到站。在建设之初，就着力加强与城市交通一体化建设，取得了较好效果。

2.1　客站选址与城市交通统筹思考

成都东客站选址统筹考虑成都市交通现状及远景发展规划，做到“三个有利于”。一是有利于客流乘降。选址于成都市成华区既有沙河堡站，距机场 18km，西面城区，东临三环，南接驿都大道，北靠迎晖路，地铁 2 号线、7 号线引入车站，优越的地理位置和多种市内交通方式，为旅客乘降提供了十分便捷的交通条件。二是有利于旅客到发。车站分别衔接成绵乐城际客专、成渝城际客专、达成铁路和枢纽环线，满足不同出行路线、不同地域旅客到发的需求。三是有利于城市交通。成都东客站与改造后的成都站、成都南站以及成都西站，形成“两主两辅”的西部铁路客运中心，四站区位特点明显，功能各有侧重，运能互为补充，缓解了城市局部交通压力。

2.2 功能布局与城市交通无缝衔接

成都东客站坚持"以人为本,以流为主"的原则,在结构布局上与城市交通无缝衔接,做到流线顺畅、功效合理。一是站内乘降无缝衔接。车站采用"上进下出"为主,"平进平出"为辅的流线组织方式,结合站场、轨道交通接驳以及地形特点,分别将地铁 2 号、7 号线引入地下二层、三层,旅客通过地下一层、地面站台层和高架层,即可出站、换乘或进站候车。此外,100 多部电扶梯将站场各区域紧密相连,形成了高效、便捷、立体的无缝衔接交通空间。二是站外交通无缝衔接。站区设计与城市规划相统一,围绕车站东、西站房分别立体设置城市公交站、远程车站、社会车辆停车场,满足不同层次、不同目的地、不同需求的旅客出行的需要,实现客站与城市多种交通方式间无缝衔接。

2.3 建设实践与城市交通齐头并进

客站建设涉及地铁和市政配套等改造工程,任何一项工作滞后,都将对客站按期投用造成严重影响。我们在建设实践上与城市交通做到"三同",确保各项工程有序推进。一是同管理。我们积极加强与地方政府的协调联系,争取支持,建立周例会协商制度,及时解决征地拆迁、管网迁改、电力改造、地方配套等问题。成都市政府主管副市长牵头,市交委、市重大办,规划、环保、土地、电力等部门积极参与,成立成都市成都东客站建设指挥部,使制约客站建设施工的瓶颈问题得到妥善解决。二是同决策。我们将站房、站场、市政配套等相关工程作为一个整体,联合地方投资主体单位,统一部署研究,统一编制施组,统一方案论证,确保决策的科学性。如采用地铁、站房、铁路桥一体化的群体结构体系,群体结构沉降稳定预设开创先例。三是同实施。成都东客站工程涵盖城市地铁 2 号、7 号线项目,地铁建设直接影响客站建设进度。实行地铁"代建制",在初步设计批复前,主动与投资方研究探寻解决方案,在路内首家建立并完善了涵盖法律、合同、管理、施工等内容的一体化建设管理标准。既解决了政府投资项目建设单位业务短板问题,又促进铁路客站专业化优势集中发挥,取得了国铁和地铁建设"双推动"的效果。成都东客站地铁 2 号、7 号线站场建设比原设计工期分别提前了 4 个月、8 个月。此外,我们还代建了东西广场、南北引道和 5 座立交桥等市政工程,各项工程均进展有序。

2.4 建筑造型与城市发展相互促进

城市发展推动交通建设,交通建设促进城市发展。我们以促进城市发展为己任,在成都东客站建筑造型上做文章。通过注入浓厚的川蜀地域文化,致力争当城市名片。仿青铜面具柱与 4 000 多年前的三星堆文明遥相呼应;太阳神鸟造型屋檐与灿烂的金沙文化古今结合;竹编风格幕墙与成都特有传统工艺完美交融。此外,成都东客站选址还与城市轴线相契合,达到建筑与科技的和谐统一。成都东客站以新颖独特造型成为了城市地标建筑,展示了城市良好形象,服务了城市发展需要。

3 铁路客站与城市交通一体化建设的思考

综合成都东客站在与城市综合交通枢纽一体化建设的实践与探索,在今后一体化建设中,重点把握以下三个方面问题。

3.1 加强三个协调创造良好外部环境

3.1.1 加强与地方政府的沟通协调

站位的选择,是决定能否建成以铁路客站为中心,多各种交通形式共存的交通枢纽的关键。要加强与地方政府的协调沟通,把站房建设纳入城市总体建设规划和交通规划,统筹思考公路、机场、客运港码头等交通设施,将站房引入城市重要区域,获得有利的地理优势,为打造以铁路客站为中心的综合交通枢纽提供政策支撑。

3.1.2 加强与交通部门的沟通协调

现代化的综合交枢纽必须发挥整合多种交通资源作用。由于城市交通管理体制的部门分割,各种运输方式都按照各自生产要求,独立规划建设,自成体系,在设计中难以充分考虑其他交通方式的需求。这就要求在前期工作中,加强相关城市交通管理部门的沟通协调,寻求最大限度满足各方利益、最大效率发挥综合交通枢纽功能的科学方案,实现各种运输方式之间高效率组织、高质量零距离换乘和无缝衔接，为客站综合交通枢纽形成，并真正起到整合交通资源作用提供保障。

3.1.3 加强与职能部门的沟通协调

客站建设涉及30多个专业，涵盖市政工程、征地拆迁、管网迁改、环境保护、地质勘察等诸多内容，涉及地方不同职能行政部门，任何一项工作滞后都将影响工程进度，甚至制约工程不能如期开工。路地双方要以“双赢”为目标，从全局出发，互相配合，妥善处理好城市和客站建设中的具体问题。通过做好与土地、环境、电力等部门的“横向协调”，为客站工程有序建设提供外部保障。

3.2 抓好三个统筹与城市发展融为一体

3.2.1 统筹规划客站功能

车站的总体规划应将车站本身的各项功能组织与城市的各项与之相关的功能有机整合，规划建设成为城市重要的交通与公共活动中心。在功能布局上，充分体现便民利民，最大限度地方便乘客。达到布局集中紧凑，多层次衔接、立体换乘，互不干扰、方便舒适的要求。在换乘系统上，建立铁路与城市公交、轨道交通、汽车客货运、出租、社会车辆之间安全、快捷、方便的换乘系统，实现各种交通方式两两之间的最小步行距离、最短时间的“零”换乘。在站区道路上，充分发挥常规公路交通连接铁路、汽车客运、轻轨与市区接驳的纽带作用。立足可持续发展，根据客流进行合理需求预测，在政府部门的大力支持下，预留足够的常规交通道路用地，并完善社会停车场等相关配套设施，方便旅客出行。

3.2.2 统筹客站造型设计

建筑既是物质的，又是精神的。铁路客站作为城市的窗口，必须发挥客站的城市地标和城市名片作用，服务城市发展需要。铁路客站建成城市地标建筑，除了在建筑规模、建筑工艺、建筑质量上争先，还要结合城市地域、历史、文化等多种元素，通过建筑形态集中表现出来。建成的客站非但不会因时代的变迁而淘汰，也不会被时代激流所淹没，反而会因其代表着城市的文脉，历久而弥新。

3.2.3 统筹客站商业开发

客站历来就是人流汇集之地，有人流也就必定有商流，必定有商机。综合客站枢纽不仅仅具有运输功能，也具有重要的商业功能。适度的商业开发对铁路客站来说，不仅是必要的，而且是必需的，也是客站建设贯彻以人为本的重要组成部分。充分考虑车站上部综合建筑及地下空间的综合开发和利用，以商业、办公及相关配套功能，满足各类交通换乘旅客的服务需求。通过商业开发带动人气，吸引客流，并预留今后商业开发的空间及相关设施，确保可持续发展。

3.3 把握三个关键服务城市多元化需求

3.3.1 注重以人为本

和谐社会根本要求是以人为本。铁路客站体现以人为本的归结点，就是最大限度满足旅客进出站及换乘需求。一是在效率上满足需求。目前大型铁路客站大多是为客运专线服务的，这种新型快速运输系统使运能大幅提升，显现小编组、大密度、快速度的特点。针对运输方式的改变，必须将以到发量概念代替最高发送量作为客站建设依据，加强站内通过性和导向性，追求车站使用效率，实现旅客快速进出站，既满足旅客乘降需要，又缓解城市局部交通压力。二是在设施上满足需求。在硬件设施的设置上尽可能多地考虑不同人群的服务需求，推广使用无人售票、自动检票设施，最大限度地方便旅客，并建立高效、准点、便捷的车辆运行和现代化高科技的监控管理设施进行有效配合。三是在服务上满足需求。铁路客站要充分考虑旅客需求，突出功能性和先进性，尽可能采用大空间、大跨度建筑设计，将车站的售票、候车、换乘、集散、购物、餐饮娱乐等各项服务功能，有机地组织在大型公共空间之内，既有效地利用空间，又满足了旅客需求，更有效地节约了城市宝贵的土地资源。

3.3.2 注重节能环保

节能减排是当今城市发展主题。铁路客站必须坚持“节地、节能、节水、节材和环境保护”的低碳绿色理念，才能适应城市发展的需要。一是必须科学确定客站规模，不能盲目贪大，同时也要避免由于缺乏前瞻性造成建筑寿命短暂等资源浪费。二是通过对建筑本身合理设计，合理控制建造费用。三是充分利用新技术、新材料，合理开发使用太阳能、地热等自然能源，选用新型保温隔热维护材料，达到节能环保要求。

3.3.3　注重科技创新

新型客站要适应社会经济的发展和进步，必须注重科技创新，满足人们日益增长的舒适性需求乃至精神需求。建设理念上，要充分借鉴、引进和吸收国外车站建筑先进设计理念，强化自主科技创新，使建筑造型、空间布局及建筑结构更趋科学合理，打造各具特色的客站建设品牌。结构形式上，要广泛采用钢架结构、网壳结构、索拱结构、管桁架结构、拱形结构等新型空间结构形式，为旅客创造安全便捷、宽敞明亮、舒适宜人的候乘空间。施工工艺上，在确保客站建设安全质量的前提下，系统研究站内舒适度标准，细化定量控制站内环境、空气质量、噪声控制、自然采光、灯光照明等标准，提高旅客在使用车站设施过程中的舒适度，满足不同旅客需求。

4　结语

在新的历史形势下，铁路客站肩负着更大的历史责任。只有坚持不懈地实施客站建设与城市交通一体化建设，才能把铁路客站建设成为功能更为强大的综合交通枢纽，才能更好地为地方经济发展服务，才能通过客站这个窗口塑造新时期铁路企业的良好形象。

创新管理模式　创新施工技术　创建优质客站工程

栾光日

（济南铁路局　济南　250001）

摘　要：创新是发展的永恒主题。京沪高速铁路济南高速站工程建设指挥部在济南西站及相关工程建设过程中，按照“争创国优，确保部优”的奋斗目标，围绕创建优质工程这条主线，突出思想认识提高，突出管理模式创新，突出施工技术创新，周密组织，精心安排，殚精竭虑，戮力同心，全力创建优质工程、精品工程，取得了较好的效果。

关键词：创新　管理模式　施工技术

济南西站是京沪高速铁路五个始发终到站之一。车站横列式布置，设 8 台 17 线，到发线有效长满足 650m。济南西站新建站房最高聚集人数 4 000 人，总建筑面积 99 786m^2，无站台雨棚 65 326m^2，预计 2020 年发送旅客 2 151 万人/年，2030 年 2 807 万人/年。

在工程建设管理过程中，我们按照“争创国优，确保部优”的奋斗目标，突出思想认识提高，突出管理模式创新，突出施工技术创新，周密组织，精心安排，殚精竭虑，戮力同心，全力创建优质工程、精品工程，取得了较好的效果。目前重要节点工期和安全质量全部按照铁道部京沪高铁总指挥部的要求予以推进和确保。

1　突出思想认识提高

能有机会参与京沪高速铁路五个始发终到站之一的济南西站工程建设，是机遇也是挑战。为此，我们注重引导广大参建单位和员工从以下三个方面统一思想，提高认识。

(1)京沪高速铁路建设是贯彻落实科学发展观，促进国民经济平稳较快增长，实现铁路建设又好又快发展的具体体现。

一是京沪高速铁路建设是全面落实科学发展观、转变经济发展方式的重要举措，是国家构建综合运输网的重要组成部分，其建设对国家、区域的影响深远，对城市的战略地位、经济发展都有很大的促进作用；二是京沪高速铁路具有比较大的社会影响力，京沪铁路通道贯穿北京、天津、河北、山东、安徽、江苏、上海 7 省市，沿线人民高度重视，国内外各界密切关注；三是京沪高速铁路是中国现代化高速铁路的形象工程。京沪高速铁路作为全国第一条时速 350km 的高速铁路，代表和引领了中国现代化铁路的发展方向。

(2)京沪高速铁路济南西站是全面落实铁道部坚持以人为本，综合体现功能性、系统性、先进性、文化性、经济性原则的具体实践。

铁道部与时俱进，提出了新时期规划和建设铁路客运站的“五性”要求，即“功能性、系统性、先进性、文化性和经济性”。“五性”要求的深刻内涵就是在设计上要从管理旅客向“以人为本”、“以流为主”、“方便旅客”的建筑理念转变；在功能设计上满足快捷通过、旅客进出站和换乘方便、候车环境舒适的要求；在系统上体现系统论的方法，实现以客站为中心，铁路与城市其他交通的有机结合；在车站规模、设备设置、建筑材料及建筑技术上体现现代化和环保，适应可持续发展要求；在文化性上追求客站交通功能与时代特征和地域文化的完美结合；在经济性上合理把握车站规模与建筑标准的关系，注重近期与远期的结合，这为我们实施西站工程建设指明了方向。

(3)京沪高速铁路济南西站是打造“山东新门户、泉城新商埠、城市新中心”，全力促进地方经济和社会发展的重要载体。

济南西站位于济南市总体规划中西部腊山新区的西客站片区，距市中心 10km，中心地带由铁路客运站、长途汽车站、远期轻轨站、公交、出租及社会车辆组成一个大型综合交通枢纽。建成后将是济南西部地区的标志性工程，对济南市西部地区的经济、文化、交通、地产、城市建设、社会生活的发展和打造“山东新门户、泉城新商埠、城市新中心”起到巨大的带动作用，并带动整个区域及周边经济发展和城市功能的全面升级。

2 突出建设管理创新

2.1 用开拓的思维搞建设

京沪高速铁路是目前世界技术含量、科技含量最高的铁路。作为全线五个始发终到站之一的济南西站的工程建设，无论是建设管理，还是施工技术管理，无论是进度，还是质量，都客观要求我们要用开拓的思维搞建设，用超一流的管理手段、施工组织水平去实施。

(1)创造性提出了“建设、监理一体化”建设管理新模式。主要思路就是以具体管理项目为平台，建设单位和监理单位的管理人员在管理权限和职能上进行双向延伸。一是在建设管理体制上，实行建指专业工程师派驻监理单位“甲方专业代表”制(建设、监理管理职能相互延伸制)，每周至少一天合署办公，加强对监理工作的监督、检查、指导，使监理单位真正履行好职责，使现场各项工作有序可控。建设单位的主管工程师深入现场，深入工地，真正了解现场的真实情况。监理单位的总监兼任建设指挥部指挥长助理，部分监理工程师兼任建设指挥部工程技术部、安质部专业工程师，并参加建设指挥部的交班会，做到信息资源共享，使建设、监理单位都能在第一时间得到信息，进一步提高管理效率。二是减少管理的中间环节，过程中能够合并的检查等工作共同进行。建设、监理单位实行“联检制”，即定期的和上级安排布置的检查一同组织、一同检查，既节省建设、监理人员的精力和时间，又避免施工单位疲于应付。三是在进一步完善建设指挥部管理模式的前提下，科学地界定建设与监理的工作界面，突出抓好监理工作的责任主体，实行建设、监理联检制度、周例会联合办公制度，并加强监理职责的落实与考核。对监理单位实行动态管理，抓好监理上岗人员的数量、整体素质。按照投标承诺检查监督监理上岗人员，建立人员管理档案，随时掌握人员上岗情况，确保了各项工作的有序推进。站房工程相对集中，这一建设模式得以有效实施。

(2)创造性提出并实施了“月、周危险源辨识、评估和现场监控办法”。实施工程建设，安全重于泰山。为有效控制项目安全，根据以往管理经验和项目实际，我们制订了“月、周危险源辨识、评估和现场监控办法”，其核心内容是根据下月施工计划，提前分析、辨识、评估危险源等级，抓好每月施工组织设计和施工方案的制订，并针对性地制订专项安全质量措施；根据下周施工计划提前制订、细化专项施工安全质量措施和技术交底，根据危险源等级安排好各级盯控人员。施工前一天抓好各单位每日具体盯控人员的责任落实并报建指批准。各参建单位认真落实危险源辨识方法，全面掌握管辖范围内施工项目存在的危险源情况，做到危险源辨识正确，影响范围清晰，方案措施到位，盯控检查有力。紧紧抓住施工过程的重点和关键，守住细节、盯住过程、盯死岗位。在实施过程中及时细化和完善时段卡控措施及专项方案，堵漏补强，做到与建设指挥部其他规章制度和管理办法相互完善、相得益彰，切实起到指导全过程施工的作用。同时抓好Ⅰ类危险源的现场公示，做到随时更新，动态管理，超前防范，确保安全，这一工作在促进和稳定安全生产方面发挥了积极和重要的作用。

2.2 用规范的管理创精品

京沪高速铁路要做到主体工程质量“零缺陷”，充分满足高速铁路对安全、可靠、耐久和舒适的要求，成为经得起运营检验、实践检验和历史检验的精品工程。作为济南西站工程建设的具体实践者，我们有责任、有义务用规范的管理确保工程优质。

(1)积极推进建设管理标准化。标准化管理是高质量、高标准、高效率组织好济南西站及相关工程建设的重要手段和必要条件。我们按照铁道部、路局的管理要求，从安全、质量、投资、工期、环保、技术创新等方面出发，建立了一系列管理制度和工作标准。为规范建设管理行为，我们在借鉴原有管理办法的基础上，结合京沪高铁公司和路局的一系列文件精神和管理办法，按照“博采众长，坚持四个结合”的基本思路，即：与铁道部推进标准化管理的“指导意见”相结合；与京沪高铁公司的具体要求相结合；与济南西站的工程特点和管理特点相结合，与各施工单位的管理特色相结合，先后进行了三次大范围的梳理、修订，健全完善了综合管理、安全质量、工程技术、计划财务、物资设备等5大类48个管理办法并汇编成册。同时，我们结合工程建设实际，编辑了《标准化管理实施手册》和主要工作流程图，初步形成了统一、系统、规范的标准化管理制度体系。各参建单位在此基础上，结合各自实际制订和完善了标准化管理的制度、措施和办法，确保了标准化管理在项目中的整体推进。

我们在全面推行标准化管理体系的基础上，进一步细化完善"责任到位、管理到位、落实到位"的岗位作业标准化管理要求，加强对实施阶段的过程控制，真正把标准化的规章制度落实到施工现场的每一个环节。一是严格岗位作业标准。根据施工项目特点和工艺要求，制订各技术工种、各道工序及机械设备的岗位作业标准、施工工艺、操作规程、安全规定等，做到全工种、全项目覆盖，使施工现场作业人员有标可依、有规可循，按照标准程序和要求进行操作，严格执行标准工艺。装饰装修工程根据每一类作业划分具体的操作岗位，制订具体的岗位作业标准。二是严格现场作业指导书制度。按照铁道部"铁路建设项目施工作业指导书编制暂行办法"文件要求，根据工程不同类别、不同作业环境编制符合现场实际的作业指导书。作业指导书做到涵盖原材料控制、工装设备设施、检验检测、工艺工法、保障措施等，把指导书细化到流程环节，把责任落实到工序岗位。明确施工项目的质量标准、控制要点、检查方法、验收程序及指标；明确安全及环保要求以及对危险源辨识结果等级进行分级管理的具体措施；明确施工项目安全方面的注意事项和卡控措施。三是严格过程检查与自控制度。实行"谁主管谁负责，谁检查谁负责"制度，预防和控制相结合、动态管理、持续改进的原则。坚持班组"三检制"。根据规范、验标、作业指导书制订施工过程质量控制检查办法，从事前、事中、事后将过程控制检查具体化、定量化，形成过程控制标准，并做到闭合管理。同时制订过程检查与自控标准化流程图，规范施工全过程中每一阶段、每一项工作的程序。有针对性、分阶段制订"工程安全、质量控制要点"，并按照要点组织检查。检查结果及存在问题的处理及时纳入建指、项目部安全、质量问题库进行管理，全面实行"五定、三统一、一负责"过程检查制度。通过抓管理、作业标准化，克服了参建单位机构设置不到位、人员配备不达标、培训工作不落实、现场管理不规范、过程控制效果差等一系列问题，使各项管理工作步入标准、规范、有序的轨道。

(2)积极推行"机械化、工厂化、专业化、信息化"施工组织模式。一是项目驻地、施工便道等临建工程统一按照京沪高速铁路的规划建设要求高标准起步，做到一次成优。二是各施工、监理单位试验室、拌和站、钢筋加工厂、电力设施配备等从建筑面积、输出能力、方便现场等方面详细论证，确保一次投入到位，防止"添油战术"。三是各种生产设备和施工机具状态良好，满足施工需要。四是各参建单位可以在工厂集中生产的产品、材料等必须优先在工厂集中生产和加工。

(3)积极实施样板引路，打造优质工程。我们采取分阶段、分重点打造样板工程，确保每一项工作的开展、每一阶段的主要工作都有典型引路。一是在路基填筑方面，严格遵守"三阶段、四区段、八流程、四指标控制"的工序流程要求，在填层的填料、卸车、摊铺层厚、机械碾压次数、压实指标、表面平整度控制、路拱施工、边坡控制等方面一一制订了指标，确保填筑质量。二是在站房装饰和安装方面，我们加强对新技术、新工艺的研究和运用。重要工序组织专家进行论证，然后实施样板加以验证，取得经验后，稳定施工工艺和工法，以点带面有序施工。同时对样板工程严格按照验标和铁道部《铁路旅客车站细部设计》的要求组织验收，并针对样板工程形成书面资料，涵盖材料选型、产地、色彩、施工工艺、施工难点、安全质量控制等方面，对装修工程严格按照铁道部"客站总指函(2010)7号"文件的规定实行封样制度，对验收合格的样板工程进行封样存档，作为工程的控制标准，为后续施工提供样板。大面积施工展开前，每个项目、每个区域、每个架子队均先做样板，内部验收通过后方可展开施工。

2.3 用新颖的文化聚人心

为了克服以往工程建设中设计、施工、监理存在的各自为政等一系列问题，进一步提高建设、设计、施工、监理参建单位团队的核心竞争力，凝聚全体参战干部职工的思想意志，汇成强大的建设合力，建设指挥部注重从项目文化目标、项目文化价值观、项目文化理念、项目文化任务、项目文化制度、项目文化形象、项目文化标志、项目文化系统工程和项目文化的具体表现等多个方面积极探讨项目文化建设，并提炼形成了具有济南西站及相关工程特点的项目文化手册。通过全面抓好"八大任务"、"九类制度"和"十大工程"的具体落实，使项目文化在凝心聚力、打造项目建设团队的核心竞争力和促进工程建设方面发挥了积极的作用。实施项目文化建设，一是统一和凝聚了建设、设计、施工、监理单位等参建各方力量，形成了强大的建设合力；二是营造了新时期和谐铁路建设的新模式，为全力打造优质工程、精品工程、绿色工程和廉政工程提供了一种新的形式；三是拓展了铁路工程建设的管理思路和管理范围，进一步提升了工程建设的管理水平，为今后铁路工程全方位、多元化的建设管理思路提供有益的探索和尝试。

3 突出施工技术创新

京沪高速铁路是我国第一条真正意义上的高速铁路，在国内没有现成的做法和成功的经验。为此，我们秉承“敢为人先”的创新精神，以引进创新、自主创新、集成创新的方式提升技术装备和管理水平，超前思考工艺工法，培养塑造创新意识，大力开展科技创新和技术攻关活动，在施工中广泛采用新材料、新设备、新工艺，确保打造一流的高速铁路站房工程。

3.1 高速正线复合地基路基沉降试验研究

京沪高速铁路采用无砟轨道，无砟轨道地段路基在无砟轨道铺设完成后的工后沉降，不允许超过15mm。济南西站范围均为深厚松软土地基，设计方面正线地基采用预应力管桩加固措施、站线采用CFG桩进行地基加固处理。济南西站工程路基平均填土高7m，如何控制路基沉降、确保无碴轨道铺设要求是路基工程的头号课题。为此，我们决定在保证填土质量的同时，对路基施工质量采用质量动态科学控制。我们与相关科研单位、施工、设计等单位合作，共同开展了“管桩及CFG桩复合地基路基沉降试验研究”的课题实施。通过设置四个路基沉降观测断面，组织在路堤填筑、堆载预压、卸载、无砟轨道施工、轨道铺设后的各时期工况下的管桩及CFG桩复合地基沉降变形观测和应力数据采集，进一步验证设计的合理性，为优化设计桩长、加固深度等设计方案提供了依据。同时通过对沉降数据资料的分析评估，提出将路基堆载预压沉降稳定控制在最短时间范围内的合理卸载时间，为济南西站路基填筑、预压时间、路基沉降稳定性评估提供了依据，确保了京沪高速铁路2010年6月铺设无砟轨道。

3.2 站房施工深基坑工程降水方案优化

济南西站站房工程划分为主站房和通廊两个区域，其中通廊正下方预留有市政地铁结构穿越，基础最大埋深19m，工程范围常年地下水位在－3.5m左右。由于城市地下通廊和市政地铁工程施工时其南北两侧的高速铁路路基业已填筑完成，站房基坑工程分为1～3级基坑，既有高速铁路路基堆载作用下的大开挖基坑工程，又有长期持续降水的深基坑工程，深基坑施工区域的降水总量非常大，保证施工安全顺利进行、降低作业风险、有效控制高速铁路路基沉降显得至关重要。我们组织设计单位、施工单位共同研讨，并聘请有关专家进行论证和决策，最后选定管井降水方案。该方案的优点是可以根据基坑开挖深度的进展随时将管井加深，在一级基坑(两侧即是高速路基)内管井深度只有6m，而中间地铁基坑最深处纵向范围只有30m，这样在满足基坑降水要求的同时，最大限度地减少了对基坑周围建筑物特别是对高速站场路基的影响。深基坑工程施工过程中，通过采取基坑安全信息化监测和路基沉降观测的技术手段，实时掌握基坑施工区域及其周边的动态变形趋势，科学指导后续施工。整个降水过程未对深基坑边坡支护和内支撑体系造成削弱，也未对高速路基的沉降产生不良影响，完全达到了预期效果。

3.3 大跨度钢结构屋盖整体滑移技术应用

济南西站高架候车厅钢结构屋盖为双向弯曲管桁架结构，通过50根钢管柱将荷载传递至基础，屋盖总质量约3 000t。该高架层管桁架钢屋盖的施工位于站房关键线路上，施工和安全控制难度大，如何在确保安全的前提下提高工效、节省工期是该结构施工的难点。我们组织施工认真研究施工方案，采取地面分单元预拼，吊装于高空将各单元钢屋架和钢管柱组装成结构单元，通过预设滑轨实施带柱整体滑移推进的方案来最终实现大跨度钢屋架结构的施工。本方案可以使地面钢结构分单元预拼与高架混凝土结构层同步施工，屋盖钢结构滑移与高架混凝土结构层形成流水施工。利用滑移机器人同步数控技术，推动整体屋盖结构安全、高效整体滑移200m距离，克服了场地条件局限与建设工期紧张的矛盾。在滑移过程中，通过对结构变形和杆件受力进行全过程同步监控，将实测数据与软件计算结果进行分析比对，因地制宜地对方案进行动态调整，确保滑移结束后结构整体变形控制在计算值及规范的允许偏差范围内,施工安全可靠。目前高架候车厅钢结构屋盖已安全、优质全部完成,经检测,结构受力和变形完全符合方案设计要求,并缩短建设工期20天,为后续施工创造了有利条件。

3.4 超长混凝土结构膨胀式后浇带设置优化

站房城市通廊的轨道层及高架层属超长超宽结构(长度超过200m),为消除超长混凝土结构可能产生的应力裂缝,纵横方向均设计有膨胀式后浇带,且结构内设有预应力钢筋。按常规施工要求,后浇带应在结构强度达到要求后才能施工,而且预应力须在后浇带强度达到要求后方可进行张拉,如此一来,整个工期将受到严重制约。为消除留置后浇带对工期造成的不利影响,我们组织施工单位和建科院有关专家共同研究,采取了"分段施工、以缝代带、缝内加强、膨胀抵消"的技术措施。该措施以施工缝取代膨胀式后浇带,通过计算,调整施工缝区域混凝土配合比以及外加剂的掺量,抵消混凝土变形应力,不仅缩短了施工工期,而且同样可以确保混凝土施工质量,取得了较好的效果。

3.5 无站台柱雨棚张弦梁工法工艺改进

济南西站无站台柱风雨棚为张弦梁结构,设计为跨双站台方案,共有四跨。雨棚主体结构由两跨刚架组成。刚架柱为钢管混凝土柱,刚架梁为张弦梁结构,两端在柱顶铰接。预应力张弦梁结构是一种新型的预应力钢结构形式,按照设计要求,张弦梁在地面进行拼装并进行初张拉,吊装到位后进行二次张拉,但高空进行二次张拉作业存在许多困难。为此,我们组织施工单位研究工艺改进措施,利用有限元分析软件进行仿真分析,调整初始张拉力,并参照仿真计算确定的张拉力值改进和优化张拉方法和张拉工艺,然后进行试验性张拉,力争在张弦梁主梁安装就位后保持索力自动变化至设计索力值,无需再进行高空二次索力调整。通过理论计算和现场试吊装复核的理论与实践相结合,确定了张拉终值,并按此结果改善施工工艺,进行张拉和安装。目前张弦梁已经吊装完成,经监测,张弦梁就位后梁的初张拉索力、安装就位后索力、结构应力、变形各项指标均达到设计及规范要求,避免了高空张拉,缩短了施工周期。

3.6 地铁深基坑安全稳定信息化监测

站房工程城市通廊地上两层、地下一层,在车场中心横穿高速铁路站场,城市地下通廊内嵌套有地铁1号线工程,在城市地下通廊下方与其同向呈东西向贯穿整个站房。而通廊两侧即是已经施工完成的高铁正线路基。该区域采用二级明挖基坑,其中地铁一号线基坑深达17m,降水深度达19.1m。由于地铁一号线深基坑施工位于总体施工网络计划图的关键线路上,加之工期殊为紧迫,可利用场地狭小,总体施工组织设计要求该区域内地铁和通廊的主体结构施工必须同步进行。根据各阶段施工工况分析,同步施工情况下,紧邻地铁深基坑周边施工荷载大,深基坑安全风险高,同时深度降水会对高铁路基产生影响,必须采取科学、缜密、高效的技术控制措施,确保该工期和安全的双风险控制工程施工万无一失。我们与相关科研单位合作,采用基坑信息化监测技术对基坑边坡位移、地铁支护体系内力及变形、周边地表及设施沉降、地下水位变化等持续进行全面综合监测,对深基坑工程的支撑体系内力进行科学的监测、研究、分析,并指导和优化施工组织,同时针对可能产生的各种不利情况制订了周全的应急措施。经过系统监测和精心预防,基坑边坡及支护体系在整个地下工程施工过程中保持安全稳定,未出现任何险情。

4 结语

创新激发活力,产生动力,是铁路工程建设管理与时俱进的发展支撑。我们将在今后的工作中,继续以求实创新的精神抓好后续工作,积极运用"四新"技术,创新建设管理,创新工法工艺,攻克技术难关,实现工程建设管理与技术创新、企业发展、资源节约、环境保护的统筹协调,优质、安全、高效地把济南西站及相关工程建设成为优质工程、精品工程。

浅谈标准化管理在铁路客站建设中的实践和纵深推进

张　宏

（兰州铁路局　兰州　730000）

摘　要：坚持"五性"原则，推行铁路建设标准化管理是客站建设的必然选择，实践证明只有不断纵深推进客站建设标准化管理，才能打造客站精品工程和不朽工程。

关键词：标准化管理　客站建设　实践　纵深推进

铁路客站既是铁路的窗口，又是城市的门户。精品铁路客站的建成，对展示我国现代化铁路建设的最新成果和新时期全面提升城市窗口形象，具有特别重要的意义。兰州铁路局范围甘肃、宁夏两省（自治区）多数地区属经济欠发达地区，一批精品客站的建成，势必会成为一个个城市的亮点，并作为集多种交通方式为一体的交通换乘中心，对带动地方经济发展将起到积极的作用。目前，在建的铁路客站有两座，分别是银川站和武威站。

银川站位于宁夏回族自治区银川市上海西路，原有火车站线路东侧。站房结构形式为混凝土框架剪力墙，局部大跨度钢结构，地上 4 层，地下局部 1 层，总建筑面积 29 848m^2。银川站外观设计结合了现代设计理念和伊斯兰建筑元素，色彩明快，风格简洁、大方，充分体现了银川市经济蓬勃发展和民族团结和睦的景象，犹如塞外江南的一颗明珠（图 1）。

图 1　银川站

武威站位于武威市既有火车站站址，正对通往市区的建设路。设计为线平式中型旅客站房，最高聚集人数为 3 000 人，总建筑面积为 14 273.98m^2。建筑立面采用了古城墙象征的收口和极具汉唐风格的中国古典式檐口。站房中部两块大型浮雕及整体墙面的石材装饰，给人以厚重与明快的视觉感受，传达了丝绸之路文化生长与和谐发展的寓意，新建站房也将成为武威市的标志性建筑（图 2）。

图 2　武威站

只有在站房建设的全过程始终遵循和坚持“五性”原则，推行铁路建设标准化管理，如此美丽的建筑才能呈献在世人面前。下面，我将以银川站房、武威站房为例，就铁路客站建设中如何贯彻和实践标准化管理并纵深推进标准化管理等谈谈自己的一点体会和认识。

1 推行铁路建设标准化管理，创新站房建设管理机制

京津城际、武广、京沪高铁等一批客运专线的成功建设已经证明，实施标准化管理，是落实“六位一体”管理要求的重要抓手，是建设精品工程和安全工程的客观要求，是提升建设管理水平的有效举措。为此，铁道部自2009年在南京召开现场会后，正式向全路推行铁路建设标准化管理，客站建设是铁路建设的一部分，当然也不例外。如何在客站建设中推行铁路建设标准化管理，我理解，首先必须深刻理解标准化管理的意义与目的，这是前提；其次建立以站房建设单位为核心，参建各方各负其责、协同推进的标准化管理工作机制，这是做法。简言之，就是深刻理解，贯彻落实。

1.1 建立健全管理制度，为全面推行站房建设标准化管理提供制度保证

建立健全科学、规范、完善的管理制度是实施标准化管理、落实“六位一体”管理要求的基础。武威站房和银川站房开工建设之前，兰州铁路局建管处就按照管理制度标准化的内涵，指导两个站房指挥部分阶段、分层次建立各项管理制度，构建起适应站房建设的“六位一体”管理制度体系、工作标准体系和内部管理机制。一是制订了站房建设管理制度；二是建立了系统的管理标准，包含管理制度标准、人员配备标准、现场管理标准、过程控制标准四个方面；三是建立操作性较强的设计、施工、监理及指挥部考核管理制度体系，支撑标准化管理的具体实施及执行；四是按照先进性、完整性、系统性的要求，制订了指挥部内部管理制度，为实施内部标准化管理奠定了制度基础。

站房正式开工建设后，指挥部积极指导和督促各参建单位按照设计、施工、监理的不同职责，建立各项管理制度，形成了施工现场管理、技术管理、质量管理、安全管理、物资设备管理等制度体系。同时，编制了施工作业指导书、施工作业要点卡片、制订考核标准；编制了监理实施细则、设计配合施工管理实施办法等，努力实现管理制度标准化，为实现人员配备、现场管理和过程控制标准化打下良好基础。

1.2 配齐配强建设管理人员，快速提升人员素质和管理水平

1.2.1 按照标准化管理要求，设置机构、配备人员

为加强站房建设管理，兰州局以“岗位设置满足管理要求、人员素质满足岗位要求”为目标，确定了两个站房指挥部的机构设置和人员定编，并从局各业务处、站段精心为指挥部选配了具有铁路建设管理经验和专业知识、事业心和责任心较强的管理型和技术型建设管理人员。

1.2.2 强化员工培训，全面提升建设管理能力

为提高建设管理能力，路局积极组织指挥部全体人员参加了兰州铁路局第一期建设管理培训班，同时选派优秀学员参加铁道部举办的铁路建设管理培训班，并有针对性地组织到北京南站、天津站考察学习站房建设管理，从整体上增强了指挥部人员的建设管理能力和专业技术水平。

1.2.3 督促各参建单位落实人员配备标准化

指挥部作为建设单位，不仅自身落实人员配备标准化，还要严格审查各参建单位按照投标承诺和合同约定设置现场管理机构，使各参建单位根据工程规模和施工难易程度配足相应的专业管理人员及技术人员，并通过分层次、分岗位对进场人员的业务培训，全面提升参建单位人员的整体素质和业务能力。

1.3 抓住重点环节，把标准化管理的重心放在现场

现场管理标准化是标准化管理的核心。在现场管理方面，必须以《铁路建设项目现场管理规范》和《铁路建设项目现场安全文明标志》为指导，统一规范现场标志，健全“五牌一图”，进一步优化现场布局和作业环境秩序，建立健全各类现场作业标准，抓住重点环节，积极提升现场标准化管理水平。

一是落实文明工地建设标准。施工单位必须严格按照《铁路建设项目现场管理规范》要求，建立健全文明施工管理制度并认真抓好落实，施工现场按照《铁路建设项目现场安全文明标志》要求设置醒目的各类标志，现场布置做到合理布局、井然有序，强化施工现场环境管理，保持生产生活场所的环境整洁和治安秩序良好。二是落实架子队管理标准。坚持以专业化为方向组建架子队，制订架子队管理制度

和办法，建立完善架子队管理体系，全面落实架子队管理责任制。日常重点检查架子队专职队长等人员是否按施工单位正式职工配备，是否到岗到位，是否严格执行管理要求及劳务用工管理标准。三是落实现场工装设备管理标准。认真审核施工组织设计中机械设备配备方案是否合理、机械设备配备是否符合投标承诺、是否符合验标和其他有关强制性规定；监督检查施工单位是否按照施工组织设计的类别、性能、数量等进行配备，设备管理是否达到安全标准。四是落实原材料管理标准。首先严把甲控、甲供物资材料招标关，确保物资材料招标公平、公正，质量合格，供应及时；其次对地材严把物资材料进场程序、检测关，对不符合技术标准或合同要求、物理化学指标检测不过关的材料，坚决予以清场；严格落实材料现场存放标准，妥善存放。五是落实环境保护管理标准。严格执行环境保护"三同时"制度，落实施工现场环境标准、环境保护控制措施等要求，及时掌握工程施工环保动态，定期检查和总结工程环保措施实施情况。六是落实搅拌站及现场试验室管理标准。督促施工、监理单位规范试验程序，实现专业化管理，保证抽样的规范性和试验结果的准确性。严格审查搅拌站建设，严格落实搅拌站管理制度标准、搅拌站操作规程标准及混凝土搅拌标准。七是落实现场技术管理标准。认真组织施工图现场核对、施工技术交底和工程测量工作，加强施工过程设计、监理及施工单位的配合和内业资料管理等。编制指导性施工组织设计，审查实施性施工组织设计、大临工程设计和重大施工方案，审查监理规划和设计配合细则。优化施工组织，采用先进的施工工艺、工法，严格执行施工规范，不断改进完善现有的施工工艺和工法，切实提高施工标准化作业水平，保证质量安全。八是落实现场监控检查标准。把日常检查管理工作制度化、标准化，对现场检查的安全质量问题，实现闭环整改，施工单位落实整改责任人，监理单位落实整改验收责任人，把责任追究制度落到实处。

1.4 坚决落实"六位一体"要求，大力推进过程控制标准化

1.4.1 安全控制

结合站房施工特点，采取以下措施。一是指挥部与各参建施工单位签订安全质量责任书，层层落实质量安全责任。二是以站房建设临近或涉及既有线施工安全为重点，建立健全安全保证体系，并严格按照逐级负责、层层把关的原则认真做好人员培训、施工方案审查、现场监管等工作。三是加大检查指导和现场盯控力度，重点抓好大型施工机械使用、安全防护、高空作业、安全用电、防火、防盗、防食物中毒等重点安全环节。四是按照工程质量"不留遗憾，不当罪人，建不朽工程"和安全工作"六个不"的要求，配齐配强参建单位专职安质人员。五是积极推行标准化作业，深入开展原材料、隐蔽工程专项检测，落实关键环节和重要工点的卡控措施。六是加强考核，落实责任追究，适时开展安全大检查、施工安全专项整治、安全评估检查活动等，集中排查并整治安全突出问题及隐患。

1.4.2 质量控制

建立质量过程控制标准化体系，结合工程实际及特点，从以下六个方面抓质量控制。一是争创优质工程、精品工程。结合站房建设特点制订创优规划，以样板引路、争创全优。认真开展施工、监理企业信用评价，促进过程控制，落实技术标准，激励参建单位开展创优活动。二是严把设计源头关，认真组织施工图审查和现场施工图核对，优化、细化技术方案。三是积极推广作业指导书和施工作业卡片，把质量责任落实到各个工序、各个岗位。四是重点检查测量、计量、试验、原材料等质量基础工作，尤其对原材料的进场、试验进行严格把关和检查，严格混凝土的拌和、运输和泵送施作规范。五是加大质量检查力度及频次，严格落实施工工艺及作业标准，开展工艺工法对标检查，狠抓钢筋、混凝土、模板、装修等关键环节的质量控制。六是追踪落实存在问题的整改。对检查发现的问题，及时提出整改要求和整改时限，对整改情况及时进行复查，难点、重点问题，召开专题分析会议，查找原因、督促整改，对施工、监理单位落实考核。

1.4.3 工期控制

建立工期过程控制标准化体系，采取以下措施进行工期控制。一是牢固树立加快建设的观念，正确处理质量与工期、安全与工期的关系，在保证工程质量和安全的前提下，加快工程进度。二是提前筹划，及时组织完成初设的审批及招投标等前期工作，为站房依法合规开工建设打下坚实的基础。三是积极联系协调地方政府，加快征地拆迁步伐，为施工创造前提条件。四是加强施工组织、优化资源配置，倒排工期，严格落实。五是进行网络动态控制。根据实际情况及施工能力绘制网络计划图，找出关键线路，

在施工过程中重点控制，并进行进度对比，绘出进度比较图，分析找出进度偏差，采取措施，制订对策，调整计划。六是紧盯物资供应、设计供图等关键点，保证施工进度。

1.4.4 投资控制

建立投资过程控制标准化体系，严格控制建设投资，按照初设批准的投资概算，落实好建设项目资金预算管理，管好用好每一笔建设资金，最大限度地发挥投资效益。强化投资控制责任，细化投资控制措施，严把关键环节，最大限度地减少建设中的浪费。在工程项目实施阶段，主要抓好招投标、合同管理、验工计价、变更设计、物资设备采购、施工组织、资金管理、征地拆迁、管理费共九个环节的工作。

1.4.5 环境保护

建立环境保护过程控制标准化体系，认真贯彻执行国家有关环保、水土、文物保持的相关法律法规，严格执行并落实"三同时"、"两不"原则，即环境保护与工程建设同时设计、同时施工、同时交付使用和不留后患、不留尾巴。严格控制噪声、扬尘；各种机械使用清洁燃料，保证尾气达标排放；严格控制植被破坏；保证施工、工作场地的良好环境；施工、生活用水达标排放等。

1.4.6 科技创新

建立科技创新过程控制标准化体系，发挥科技创新建设单位牵头、施工单位为主体的作用，充分运用在建铁路的科技成果，采用新工艺、工法，使用先进的机械设备，为高质量开展工程建设提供技术支撑。银川站房已重点攻关并运用了预应力成套施工技术、清水混凝土模板技术、早拆模板成套技术、钢结构安装施工仿真技术、钢与混凝土组合结构技术、钢结构预应力技术、复合土钉墙支护技术、新型脚手架施工技术等，已完成既有线军便梁吊装、加固、顶进和复式注浆等方面的技术总结，完成"铁路既有线D24便梁吊装施工技术"、"巨厚砂性土地区钻孔灌注桩复式注浆的施工技术"、"铁路既有线整体顶进地下箱涵施工技术"等3篇论文和2篇工法，1项专利正在完善中。

实践证明，银川、武威站房自开工建设以来，通过认真学习、贯彻、落实四个标准化管理，全面提升了客站建设管理水平，有效地确保了安全质量，增强了全员推进客站建设标准化管理的自觉性，标准化管理初见成效。一是通过推行标准化管理，各项管理制度基本健全，规范了现场管理及内部管理。二是通过推行标准化管理，人员配备基本到位，为确保工程安全、质量提供了人员保证。三是通过推行标准化管理，现场文明施工有了较大的改善。在建的两处站房基本均按照施工现场功能严格划分了生活区、生产区，并做到功能区环境干净整洁、绿化环保；各种图表、职责、制度等全部上墙，文件资料归档整齐；在施工地段布置了"五牌一图"和用电、消防、交通标志、宣传标语及防护设施；坚决杜绝野蛮施工，坚持狠抓基础开挖与防护、混凝土施工、钢筋加工等标准化作业。文明施工极大地调动了参建人员的工作积极性，对提高施工工效、确保安全质量起到了非常重要的作用。四是通过推行标准化管理，架子队建设、劳务用工管理基本规范，在建的两处站房架子队建设已基本实现了"三个到位"，现场管理有了较大变化。首先是架子队人员配备到位，所有架子队的"九大员"岗位配齐配全。其次是对劳务人员的管理到位，对所有劳务人员进行登记造册、办理岗位牌、职业健康体检、岗前技能培训及文明施工及安全、质量方面的宣传，统一办理银行工资卡。第三是架子队作用发挥到位，架子队主要组成人员全过程对安全质量的检查指导，认真详细地做好施工技术交底，及时纠正施工中存在的问题，严格落实标准化作业。通过规范架子队管理，提高了劳务队伍的施工能力，保证了施工进度、安全和质量。五是通过推行标准化管理，施工全过程有序可控，有力保证了工程安全、质量。以加强技术管理，严格按照施工规范和作业指导书组织施工为例，银川站房根据进展情况，加强拱壳结构大流态清水混凝土浇筑、高空大跨度拱壳模板支撑等关键施工工艺的研究和应用，武威站房施工在工程进入后期装饰阶段时，重点加强了外墙保温装饰工程中采用硬泡聚氨酯石材保温装饰一体化板施工工艺的研究和应用，并将比较成熟的研究成果进行细化、分解，制订出相应各工序施工作业指导书和作业要点，以作业人员易记好用的应知应会卡片形式，推广到施工现场，确保了目前银川站房高空大跨度拱壳结构及武威站房外墙保温装饰工程的施工质量。另外，在站房指挥部的带领下，监理及施工单位共同参与，严格落实安全控制的各项卡控措施，狠抓站房施工重点安全环节，确保了武威站房人行天桥钢结构跨既有线吊装施工、银川站房人行地道箱涵跨既有线顶进施工安全。

从以上推行标准化管理的取得的成效和实例来看，再一次印证了标准化管理对全面提升客站建设管理水平、确保安全质量具有无可替代的重要意义。以上贯彻和落实标准化管理是实现客站建设标准化管理的第一步，客观地讲只是基础阶段，目前仍表现出标准化管理的各个方面还未完全落实到作业层，施工质量安全问题还未完全得到可控，文明施工还有待加强，施工组织设计和资源配置还需进一步优化等。所以，在推行标准化管理上应按照卢部长要求，以质量安全为核心，在目前的基础上，强力纵深推进标准化管理。

2 强力纵深推进标准化管理，打造站房精品工程

2010 年以来，卢部长在多次讲话中指出了标准化管理纵深推进的具体要求，尤其在 2010 年 9 月 29 日铁路建设质量暨标准化管理现场会，更是总结了推行标准化管理的成绩，指出了目前存在的不足，提出了下一步纵深推进标准化管理的要求。在这之前的 2010 年 9 月 15 日，卢部长在铁路客站前期工作第二次座谈会上对铁路客站建设强力推进标准化管理提出了针对性的要求。结合卢部长的要求，我认为应从以下几个方面入手强力纵深推进客站建设标准化管理。

2.1 切实发挥建设单位的核心作用

目前，我们的标准管理工作机制已建立，在协调推进和落实上建设单位要进一步发挥核心作用，统一组织和协调各参建单位推进标准化管理。一是客站建设单位要加强对本项目标准化管理工作的指导、检查、考核，建设单位主要领导亲自抓督导、检查和考核，延伸拓展，还要对项目各参建单位的标准化管理工作负责，保证标准化管理全员参与，全过程覆盖。二是在推行标准化管理上还要注重抓细节，“从大处着眼，从小处着手”。“细节决定成败”，建设单位不仅要提纲挈领，带领各参建单位共同推行项目标准化管理，还必须要把工序、工艺、工法、工班组织、工装设备等很具体的施工生产活动一并做为推进标准化管理的内容下工夫去抓，具体到作业标准的制订、机械机具配置、重点工序工艺控制等方面，确保各项管理标准、技术标准和作业标准落到实处。

2.2 强化施工组织，做细做实施工组织设计

施工组织设计是项目建设的纲领性文件，建设管理各项工作必须紧密围绕这条主线展开，只有做细做实施工组织设计并进行严格落实，建设管理各项工作才能高效展开。一是严格执行《铁路工程施工组织设计指南》(铁建设〔2009〕226 号)。在施工组织设计的编制和实施过程中，重点围绕实现“六位一体”目标开展工作，同时要充分体现标准化管理，结合实际情况，抓好机械化、工厂化、专业化、信息化等支撑手段。二是施组编制和实施的重点环节必须科学合理。合理的施工顺序和方法要体现出站房分区、分层平行作业，尽力组织流水作业等；工期要通过对站房各分部分项工程的作业时间综合考虑，计算确定；资源配置体现在人、材、物、机的合理配置，要科学组织、统筹安排，细化分解到各分部分项工程，确保资源不浪费、配置更合理。三是加强动态管理。建设、施工单位应加强施组实施情况的检查和考核，并结合项目实际优化调整施工组织设计，进一步提高施组的可行性、合理性和操作性。

2.3 突出抓好标准化管理的重点工作

一是文明施工。严格落实现场布局和文明施工的规范和标准，合理规划现场施工总平面布置，包括各分区的道路通行、设备安放以及材料堆放布置，进一步健全“五牌一图”，统一规范现场标志，加强文明施工教育，加强劳动纪律。必须保证施工现场布局合理、作业环境秩序井然有序、人员着装整齐、物品和设备按规范存放整齐，杜绝野蛮施工、盲目蛮干、现场环境脏乱差的现象等。二是标准化设计。在设计文件的标准化管理方面，铁道部已有明确要求，这里不再赘述。建设单位应积极介入前期工作，参与站房可行性研究和初步设计审查，及早提出合理化意见；在实施阶段，及时组织施工图和方案审查，做到查漏补遗；在工程建设阶段，要求设计单位按照标准化管理的要求，及时建立和完善各项规章制度，并督促落实。三是标准化作业。标准化作业是纵深推进标准化管理的根基。卢部长曾讲过，“标准化作业就是施工企业根据作业指导书配置合格的人员、设备等资源，按照确定的工作流程、施工工艺和作业要求开展的现场施工生产活动”。所以在落实标准化作业上，就必须以作业指导书和作业卡片的形式抓好管理标准、技术标准、作业标准的落实，必须落实到现场的每个岗位。加强标准化作业的过程控制，必须按照标准化作业的工序、工具、工艺、工法严格施作。四是工作流程。参建全员必须进一步加强学习，熟悉建

设管理的各个流程，执行流程，明确每个流程的工作标准和质量、安全要求，明确责任单位及责任人，加强日常工作流程的检查和考核，提高依法建设的水平。五是架子队管理。进一步规范架子队管理，推进架子队健康发展，加强考核，明确管理人员及作业人员的责任，从作业源头上根治施工粗制滥造、现场管理混乱、制度标准不落实等问题。六是检查考核。结合标准化管理要求，站房指挥部进一步健全完善严格可行的考核制度，结合日常检查情况，加强对施工、设计、监理单位的考核，并采取相应的奖罚措施，确保标准化管理再上台阶。同时，路局建设处要把标准化管理工作作为建设单位考核和建设项目考核的重要内容，严格考核。

2.4 借鉴和学习推进客站建设标准化管理好的做法

在推进客站建设标准化管理上，除了按照铁道部的要求，自身进行实践和探索外，还应取长补短，积极借鉴和学习兄弟单位的好的做法，并及时推广到在建客站的建设管理中去，从而进一步提高建设管理水平。

3 结语

铁路工程建设是个复杂的系统工程，客站建设是这个系统工程的重要环节，全面推行标准化管理是建设精品客站的重要保证。目前，银川站、武威站作为兰州铁路局的在建客站，从推行标准化管理的实践来看，标准化作业的落实、文明施工以及项目建设细节管理等仍与铁道部的要求以及兄弟单位的先进做法有较大的差距。为此，还需进一步增强推行标准化管理的责任感和紧迫感，按照“镜头不换，纵深发展”的要求，进一步提高认识，加强领导，大力强化源头控制、过程控制和细节管理，坚持客站建设“五性”原则，狠抓“六位一体”管理要求，强力纵深推行标准化管理，全力打造精品工程和不朽工程。

参考文献

[1] 铁道部.关于推进建设单位标准化管理工作的指导意见,(铁建设〔2008〕45号).

[2] 上海铁路局.铁路建设标准化管理丛书[M].北京:中国铁道出版社,2009.

[3] 卢春房副部长在2010年9月15日铁路客站前期工作第二次座谈会上的讲话.

[4] 卢春房副部长在2010年9月29日铁路建设质量暨标准化管理现场会上的讲话.

[5] 卢春房副部长在2011年1月7日全路建设工作会议上的讲话.

铁路站房工程样板的实践与思考

张少华

（太原铁路局　太原　030031）

摘　要:铁路站房是城市的门户,也是城市的标志性建筑。铁路站房的建筑形象和建筑品质将受到社会各界的广泛关注。为了提升站房工程的建筑品质,在实体工程实施之前,先期制作工程样板,以样板引路,不仅可以充分体现设计意图,也规范了施工工艺流程,确保了工程质量。实践证明,这是建设精品车站的有效途径。

关键词:铁路站房　工程　样板

1　制作工程样板的必要性

1.1　制作工程样板是工程实施的必然要求

按照站房建设的"五性"要求,站房的建筑风格应充分体现城市本土的文化特色。迥异的建筑风格,必然要求有与之相呼应的装饰效果,没有固定的模式可循。因此,在工程实施之前,必须以工程样板为先导,充分体现设计理念,完善设计意图,对施工方案进行优化,减少返工和浪费,降低工程成本,确保工程质量。

1.2　制作工程样板是推行标准化工作的必然要求

工程样板具有一定程度的尝试性。经过方案比选、设计深化、材料选择等多个环节后,选择有丰富经验的施工人员制作样板,使工程样板具有示范性。同时,编写工程样板的施工工艺标准和质量验收标准。这样,在工程全面展开对作业人员进行技术交底时,硬件有工程样板,一部形象生动的实体教材,软件有作业指导书和作业要点卡片,解决了作业人员怎么干、干到什么程度的问题。

1.3　制作工程样板是建设精品车站的必然要求

装饰是建筑和艺术的有机结合,必须精益求精。建筑品质的提升源于细部,装饰工程更应关注细部、重视细节。要做好细部的处理,就必须集思广益、反复推敲,这就更凸显了制作工程样板的必要性。

2　太原南站站房工程样板的实践

太原南站开工建设以来,我们坚持推行样板引路制度,把样板管理作为保证工程质量的有效措施,作为现场质量管理的重要环节,作为推进标准化管理的有效途径,并收到了良好的效果,太原南站工程在山西省省城十大建筑质量评比中始终名列前茅。

在工程样板的实践中,应重点抓好以下环节。

2.1　样板的策划

样板的策划要充分体现设计意图。满足设计要求是做好样板的前提,依据设计院提供的设计图纸、效果图,按照《铁路旅客车站细部设计》的要求,我们对站房工程进行了系统分析,确定了本工程的重点、难点项目。对结构、地面、墙面、吊顶、屋面、幕墙、安装等分项工程进行全面梳理,确定本工程需要进行样板施工的部位,然后对该部位进行深化设计,在深化设计过程中对多种方案进行比选,从中选定合理的方案进行样板施工。

2.2　样板的实施

2.2.1　建立样板园(图1、图2)

有的工程样板可在工程实体上实施,而对于结构实体不具备实施样板条件的项目则要在样板园内进行。我们在工程实体以外选择能够实施样板的开阔地建立了样板园，并对样板园进行了整体规划。样板实施按照与工程实体 1∶1 比例进行，样板大小以能够展示工程的效果为准。样板实施过程中的施工材料、施工标准、施工工艺应与正式工程保持一致，并在完成的样板上要进行有效标志。

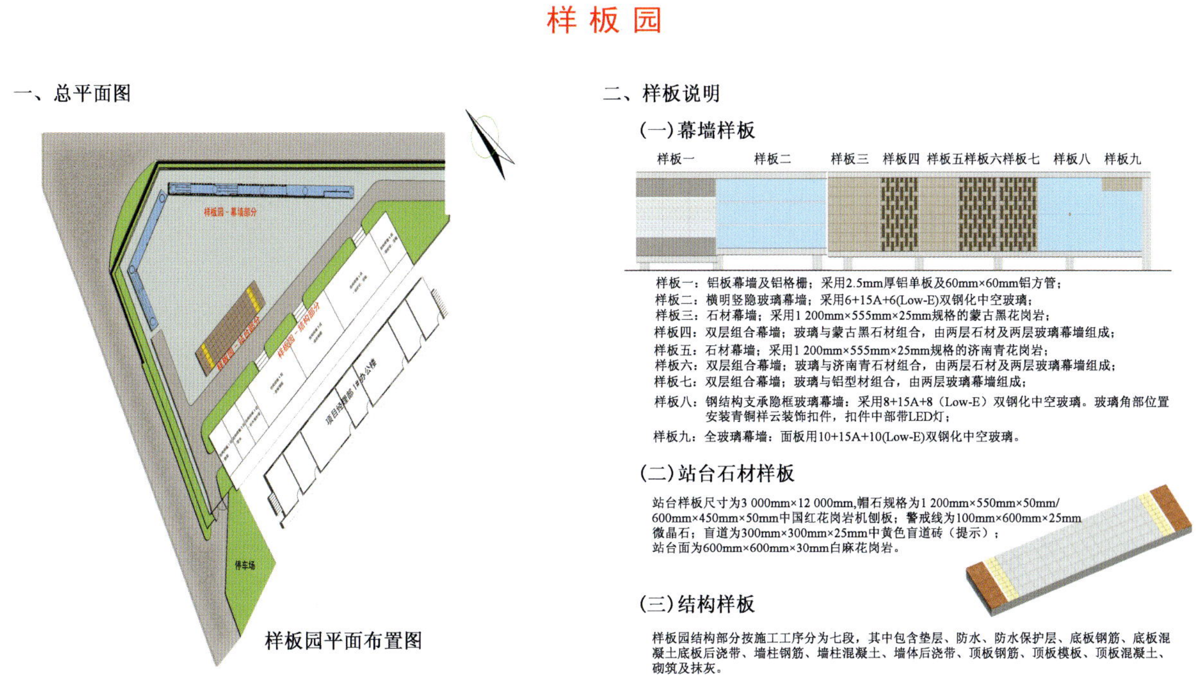

图 1　样板园示意图

图 2　样板园实景

2.2.2　选用合格的材料

合格的材料是工程样板质量的根本保证，在材料质量上要严格把关。样板选用的材料，不仅要材质合格，而且还要注意统一颜色、纹理、规格和质量等要求，尤其是装饰材料。对用于样板的材料要进行严格验收，主要的材料要有质量合格证或商品检测报告。

2.2.3　选择合适的技术工人施工

这是样板成败的关键。在一般情况下选用技术水平中上的技术工人操作，这样容易把样板做好，也易于在面上推广。

2.2.4　在施工前向施工人员进行技术交底

样板施工前向施工人员进行详细的技术、质量交底，是做好样板的重要环节，其内容包括样板的名称、部位、使用的材料、技术、质量标准、操作要领等，务必使交底具有针对性，操作者做到情况明确，落实到位。

2.2.5 样板的验收

样板制作完成后，首先由施工单位组织质检员、施工员、技术员、施工班组长对样板的工程质量、施工做法、技术要求、工程量进行检查验收，填写样板验收表，验收表由项目技术负责人、施工员、质检员、施工班组长签字。在此基础上，指挥部组织设计、监理、施工单位进行验收，验收通过后向铁道部鉴定中心汇报，经过铁道部鉴定中心审查，对审查通过的样板及时办理四方签认手续，并进行拍照存档。对于确定的样板，要在样板处挂牌标志，写明规格、技术要求、施工标准等供大面积展开施工实施对比及大家学习观摩。

样板验收完成后，施工单位要及时对大面积展开施工的施工班组进行书面样板再交底。

太原南站站房工程总计确定样板 98 个，目前已经完成 72 个，尚有 26 个正在施工中，预计在 11 月底完成全部样板工作。

2.3 样板实施的过程控制

样板的实施要体现精益求精的原则。太原南站最具特色的单元伞吊顶（图 3）由四个倾斜的三角面组合而成，对铝板的平整度要求很高。为此我们组织 5 个铝板厂家分别按照不同的材质、不同的厚度进行样板施工，最终选定铝合金材质为 5050 系列、厚度为 1.5mm 的铝板，收到了较好的效果。

图 3 单元伞吊顶样板

玻璃、石材组合幕墙（图 4）因工艺复杂，尚无相关的规范和质量标准。我们分别依据石材、玻璃幕墙的标准组织实施，根据工程样板完成的效果来确定组合幕墙的验收标准，最终确定石材的偏差小于

图 4 幕墙样板

1mm，横向胶缝5mm、竖向胶缝的宽度为10mm，同时细化工程样板的每一道施工工艺，解决安装过程中存在的每一个问题，最终确保实现设计意图并达到了质量标准，较好地体现了太原南站建筑风格中的“晋韵”文化特色。

建设单位应随时抽查样板实施情况，对已经上报样板实施计划而未按照计划实施的，要对施工和监理单位进行考核。

3 关于对工程样板的思考

3.1 通过工程样板确定了工程质量的预控措施

我们在地面样板施工中，因石材防护未严格按照技术要求进行六面封闭，造成已经完成的石材地面出现返碱、返水现象，因加工精度的问题致使铺完的地面平整度严重超标。地面样板施工中出现的质量问题，说明我们在原材料控制方面存在漏洞，为工程大面积展开质量控制敲响了警钟。通过样板的实施，我们对工程质量要进行事前预控，编制专项验收标准对样板及实体工程质量进行控制。

3.2 通过工程样板建立了形象生动的立体教材

通过样板的实施将平面图纸转变成立体实物，更直观地反映了实物状态。当前建筑施工一线作业人员操作不规范、技能水平不高，采取口头、文字等方式进行技术交底和岗前培训往往不能实现应有的效果。依据工程实际制作工程样板，辅之以反映相应工序的现场照片、文字说明，使技术交底和岗前培训内容直观、清晰，易于了解掌握，同时也提供了直观的质量检查和质量验收的判定尺度，从而有利于消除工程质量通病，将有效地促进工程施工质量整体水平的提高。

3.3 通过工程样板充分体现了建筑设计意图

工程样板的实施阶段，既是根据细部设计实现设计意图，确定工艺流程，规范作业标准的阶段，同时也使工程实体提前进入检验阶段。一个建筑在书面设计阶段和实体建成后的效果往往会有一定的差异，而通过样板的检验，就能够将设计意图真实地反映在建设环境当中。通过样板在实际环境中的比对，又可以进一步修正设计中一些被忽略的细节。太原南站西站房单元体钢柱的颜色原设计为白色，在审查过程中，也通过效果图的比对确认了色调方案，但在工程样板的制作过程中，发现色调与周围的环境不够协调。经过多次推敲，反复变换现场单元柱的颜色，最后认定浅灰色更能够与环境深度协调，充分体现了建筑设计意图。

总之，铁路站房工程样板的实践，对创建精品工程具有积极有效的推动作用，特别是在当前铁路工程大规模建设期间实施工程样板制度更加重要。百年沧桑的中国铁路将迎来一个日新月异的创新时代，铁路站房的建设也将成为铁路大建设的点睛之作。我们相信，只要我们继续坚持“不留遗憾、不当罪人、建不朽工程”的质量理念，高标从严，精益求精，就一定能够把铁路站房建设成为精品工程乃至经典之作。

铁路客站工程建设管理信息系统方案研究

罗培新

（乌鲁木齐铁路局　乌鲁木齐　830011）

摘　要：本文针对铁路客站建设总指挥部的管理业务特点，提出了一个铁路客运站站房建设管理信息系统的建议方案。该方案建议采用地理信息系统和三维虚拟现实等技术，构建铁路客运站站房建设基础数据库，以专题电子地图、平面图、立面图、照片、录像和三维等方式直观反映车站站房的建设情况，实现信息的整合与共享，满足领导和专业管理人员的决策需要，并兼顾铁路局、铁路建设指挥部的管理需要。

关键词：铁路　客运站站房　建设工程　管理信息系统

1　引言

铁路客运站站房是车站售票、旅客进站、候车的场所，是铁路客运车站的核心。铁路客运站站房建设是铁路建设工程的重要组成部分，全面掌握铁路建设过程中的站房建设信息，对铁路客站建设总指挥部（简称客站总指）、铁路局进行铁路建设工程项目管理和决策具有重要意义。

目前铁路建设项目管理信息系统的主要服务对象是铁路建设指挥部，覆盖范围涉及建设指挥部、设计、施工、监理等参建各方，利用现代信息技术，实现各类建设管理信息的集成、传递、共享，并对工程质量、成本、工期实施有效控制。现有系统对铁路客运站房管理业务还不够深入，无法满足客站总指、铁路局在客运站站房建设管理方面的需要，因此有必要构建一个铁路客运站站房建设工程管理信息系统，全面采集铁路客运站站房建设过程中的各种信息资源，进行信息的整合与共享，为各级领导和专业管理人员提供决策依据。

2　系统建设目标

系统将实现以下几个目标：

（1）以“标准化指挥部”[1]、铁路客运站站房建设工程的管理标准、技术标准和作业标准为准则形成铁路客运站站房建设工程的数据标准，构建铁路客运站站房建设工程基础数据库，全面采集客运站站房建设工程的站场及站房设计图、站房设计文件、批复资料、效果图、照片等基础数据信息。

（2）基于网络实现客运站站房建设工程的进度、质量、安全、投资等基础信息的采集、整合与共享，为铁路客站建设总指挥部、铁路局（客专公司）的相关领导进行宏观决策，业务人员进行管理工作服务。

（3）以管界电子地图、横道图、平面图、立面图、照片、录像和三维等可视化方式，直观反映客运站站房建设过程的进度、投资等信息，使领导和管理人员全面了解铁路客运站站房的详细工程信息，为站房建设相关的业务管理工作服务。

3　系统方案

3.1　系统设计思路

由于铁路客运站站房建设相关的基础数据具有非常强的空间特性，站房建设管理工作的业务也具有很强的空间分析特性，因此有必要采用地理信息系统技术构建铁路客运站站房建设工程管理信息系统。

地理信息系统是目前信息技术领域在操作系统和数据库之上的主要应用集成平台，可以通过专题图的方式整合铁路客运站站房建设工程管理相关的信息资源，直观展示铁路客运站站房建设工程基本信息。

考虑到铁路客运车站实体组成部分多，包括车站广场、铁路站房和站场客运设施，各部分之间在平面位置、空间关系上重复、复合，即密切相关又关系复杂[2]；客站项目涉及的专业多，包括建筑、结构、建筑设备安装（给排水、消防、电力及电气化、通风空调）、车站通信和信息等专业，同时涉及站台、天桥、地道等站场设施，专业系统性强、集成度高[2]，因此采用三维虚拟现实技术，构建重点车站的三维模型，可以直观反映客运站房与其他车站实体之间的空间位置关系及其专业特点。

3.2 系统体系结构

3.2.1 系统总体结构

铁路客运站站房建设工程管理信息系统依赖的软硬件结构与铁路工程建设项目管理信息系统的体系结构基本一致。系统结构图见图1。

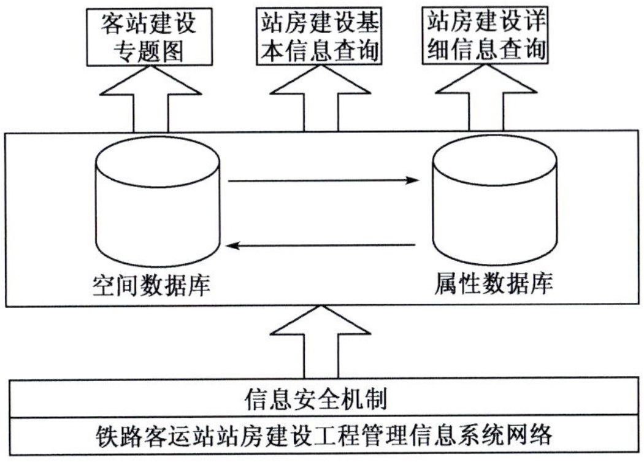

图1 铁路客运站站房建设工程信息管理系统总体结构图

3.2.2 系统功能结构

系统功能结构图如图2所示。

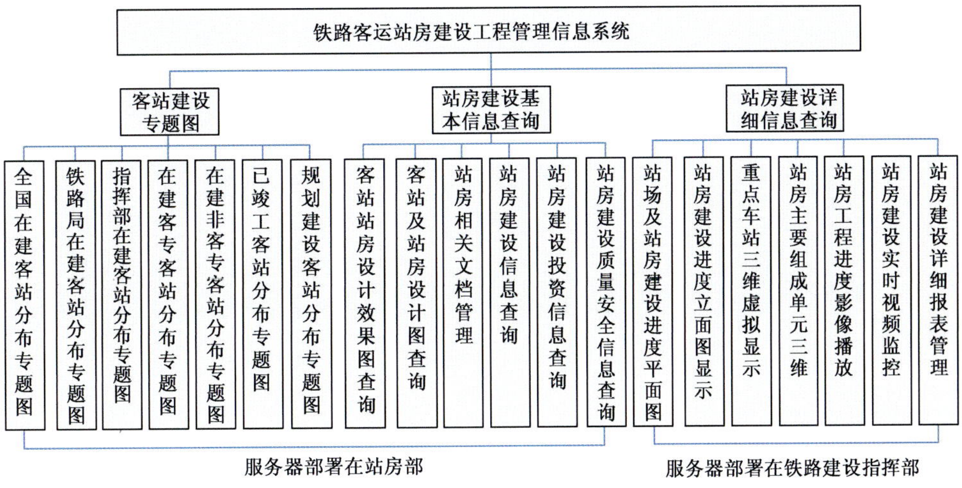

图2 系统功能结构图

3.3 系统主要功能

3.3.1 客站建设专题图模块

该功能主要服务客站总指、铁路局相关领导，系统部署在客站总指。

系统显示全国铁路管界电子地图，包含基础地理信息、既有铁路路网、规划线路、在建线路以及规划、在建和竣工车站等图层信息。对客站按规划车站、设计批复车站、建设中车站和竣工车站划分不同状态，车站图标采用不同颜色，不同等级的客站采用不同的符号显示，可按车站建设进度状态、车站等级、路局以及线路作为选择条件形成多种专题图。可在图上查询在建线路、在建车站工程点基础信息，可以进行在建车站目标的定位，可以打印局部地图。图3为省会城市在建车站分布专题图。

3.3.2 站房建设基本信息查询模块

该模块主要服务客站总指、铁路局、铁路建设指挥部的管理人员，提供站房建设的设计、建设过程的基本信息，系统部署在客站总指。

（1）客站设计效果图查询功能

从电子地图上点击车站图标，可查询每个客站各备选方案的设计效果图，选定方案的效果图。图4为克拉玛依站的车站设计效果图。

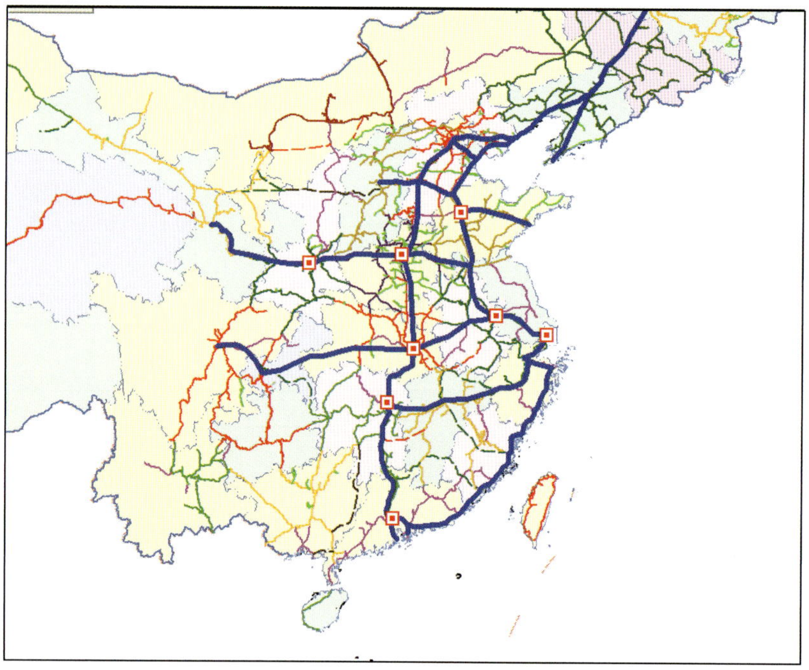

图 3　省会城市在建车站分布专题图

图 4　车站设计效果图(克拉玛依站)

(2)客站站场和站房设计图纸查询功能

可以查询客站站场和站房工程的设计图包括初步设计、施工图设计和变更设计图和竣工图，图 5 为克拉玛依站的站房设计图。

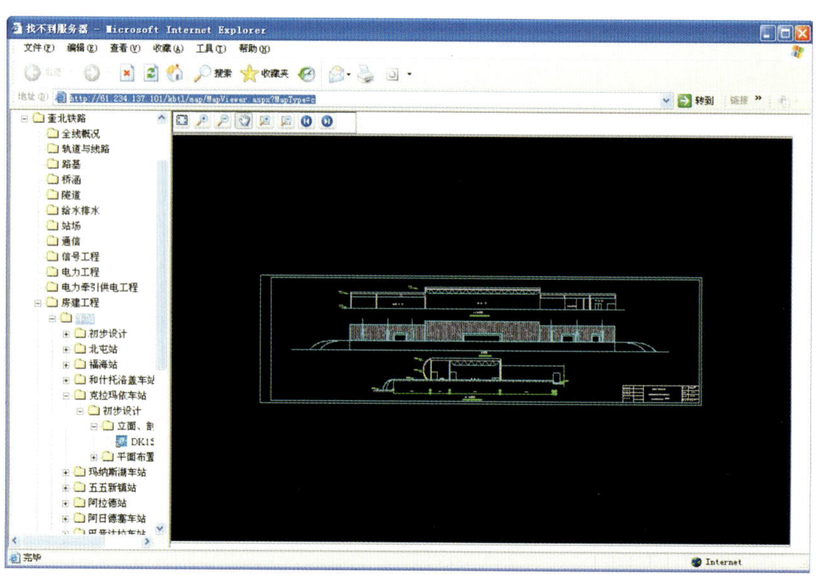

图 5　设计图浏览

(3)客站站房相关文档管理功能

实现对客运站站房设计及设计批复等相关文件的分类归档管理和检索功能。

(4)客站建设进度信息查询功能

从电子地图上点击车站图标，可查询每个客站反映车站建设进度效果的照片。照片可按以下不同部位分类：总体进度、基础工程、主体工程、屋面工程和内部装修装饰工程（候车室、卫生间、贵宾室等）。照片可按不同时间、相同部位对照显示。如图 6 所示。

图 6　车站总体建设进度照片（克拉玛依站）

对于站房工程的不同分部工程采用横道图方式展示工程进度情况。如图 7 所示。

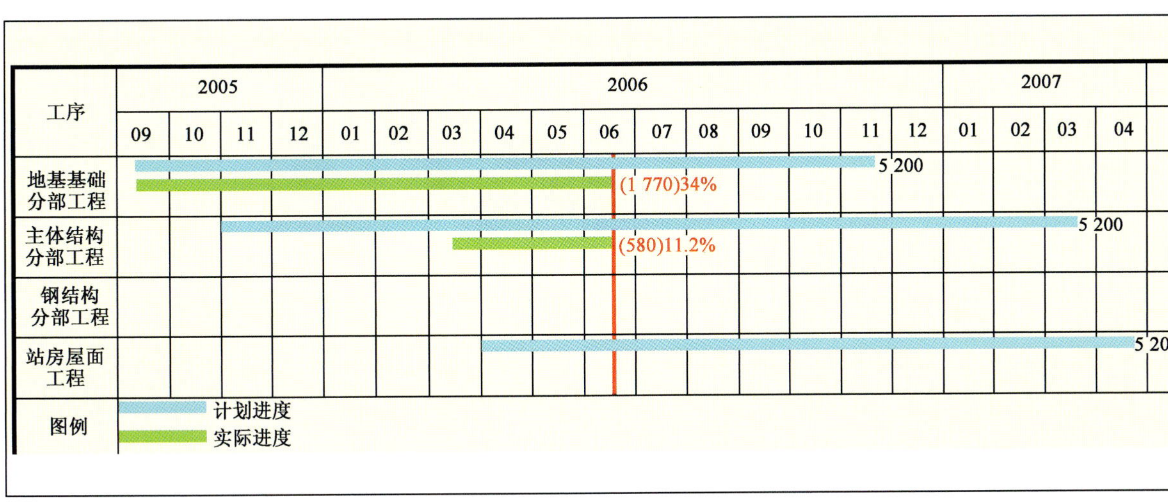

图 7　客站建设进度横道图

(5)站房进度、投资、质量、安全等信息的统计分析功能

对站房建设的进度、投资、质量、安全等信息，可定制固定格式的简单报表，按路局、线路进行统计分析，形成统计报表和专题图。

3.3.3　站房建设详细信息查询模块

该模块主要服务客站总指、铁路局、铁路建设指挥部的专业管理人员，提供站房建设的设计、建设过程的详细信息，系统部署在各铁路建设指挥部，可在现有的铁路建设项目管理信息系统基础上扩充。

(1)站场和站房建设进度平面图展示功能

站场和站房平面图叠加，对站场和站房不同部位用不同颜色表示，显示站场和站房建设进度效果。

(2)站房建设进度立面图显示

利用站房的剖面图，对站房地基基础、主体结构、钢结构、站房屋面工程、站房装饰装修等分部工程进行分块，建立区段站站房剖面图模型，针对不同分部工程的进度完成情况采用不同的颜色，形象地展示整个站房工程的进度情况，如图 8。

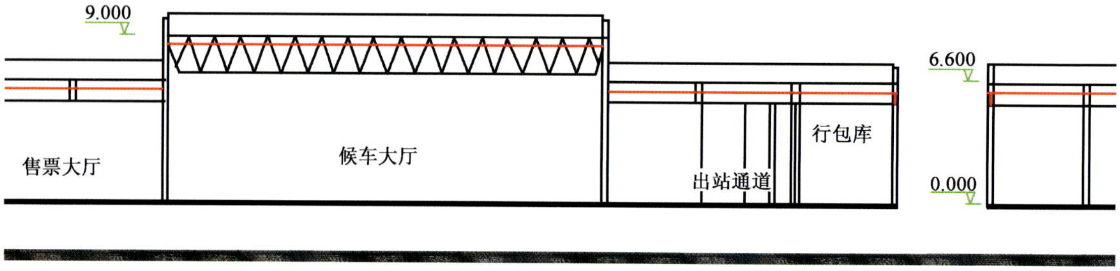

图 8　站房剖面图(单位:m)

(3)重点车站三维虚拟现实模块

根据站场设计图中的要素数据和铁路站场设计相关标准生成重点车站(省会城市所在地在建车站)站房的三维虚拟现实模型，其中对站房的建模可提供竣工和进度两种显示效果。进度效果的三维模型可反映站房地基基础、主体结构、钢结构、站房屋面工程、站房装饰装修等分部工程的进度效果。图 9 为克拉玛依站三维虚拟现实。

图 9　重点车站站房三维虚拟现实(克拉玛依站)

(4)车站站房主要组成单元三维显示

站房内部候车大厅、贵宾室、售票厅和卫生间等组成单元的三维模型显示，直观展示装饰装修的效果，并能查询地面、墙面、屋顶和家具等不同部位的装饰装修材料的规格信息及反映装饰装修效果的照片、录像信息。图 10 为克拉玛依站贵宾室三维模型。

(5)车站站房工程进度影像播放

主要实现由施工单位上传的反映车站站房工程进展情况的录像查询点播功能。

(6)现场实时视频监控

通过互联网主要实现车站站房工程实时视频监控功能。

(7)站房建设详细报表管理功能

根据工作需要，定制详细的报表，对站房建设的进度、投资、质量、安全信息进行汇总、统计和打印。

3.4　系统硬件配置

系统应用服务器采用两级部署，在客站总指和各铁路建设指挥部均部署服务器，利用 VPN 技术，通过互联网建立铁路客运站站房建设工程管理信息系统的广域网。网络结构见图 11。

各铁路建设指挥部可利用现有铁路建设项目管理信息系统的网络及服务器。

图10　车站贵宾室三维展示(克拉玛依站)

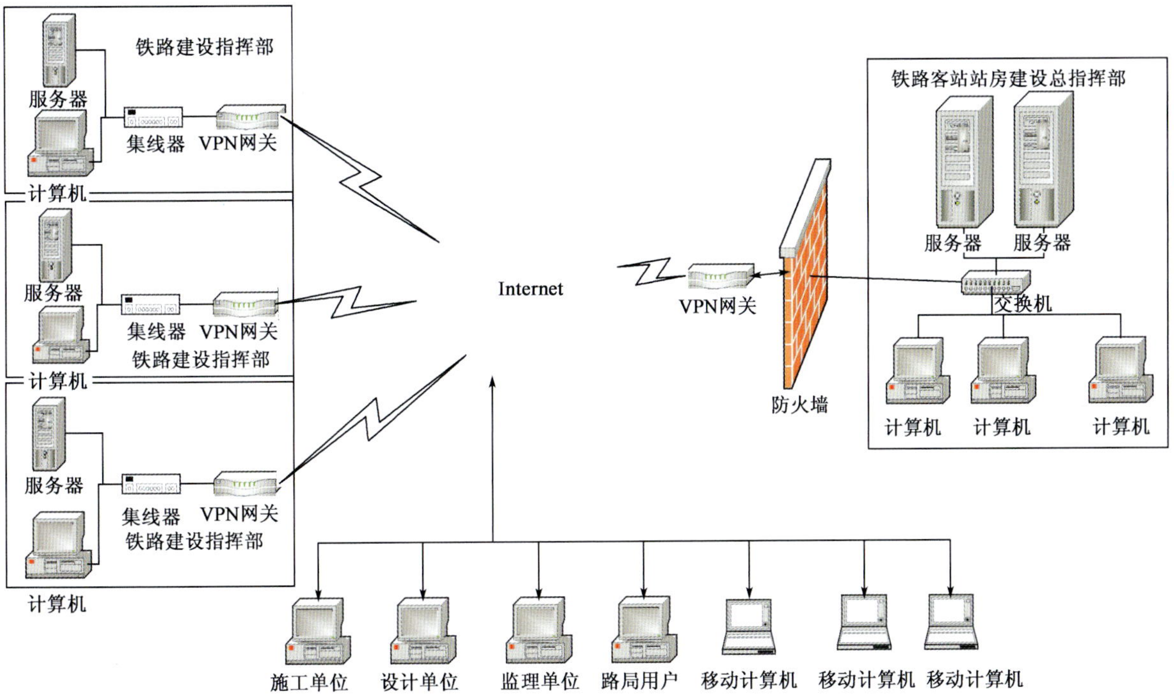

图11　铁路客运站站房建设工程管理信息系统网络

3.5　系统数据库建设及维护

铁路客运站站房建设工程信息基础数据库包括空间数据库和属性数据库两部分。

(1)空间数据库

铁路客运站站房建设空间数据库需要建立以下数据内容,如表1所示。

铁路客运站站房建设空间数据库　表1

编　号	数据名称	数据内容	现存方式	数据来源
1	1∶25万全国铁路电子地图	基础地形图及现有铁路管界信息	MapInfo	铁道部
2	初步设计图	包括与站房相关的站场、房建、给水排水、暖通等专业工程	CAD格式	设计院
3	施工图	施工设计阶段与站房相关的各种施工设计图、配套标准图数据	CAD格式	设计院

续上表

编　号	数据名称	数据内容	现存方式	数据来源
4	变更设计图	与站房相关的房建、给水排水、暖通等专业工程变更设计图	CAD 格式	设计院
5	竣工图	与站房相关的站场、房建、给水排水、暖通等专业工程竣工资料	CAD 格式	施工单位
6	重点车站站房三维虚拟现实模型	分为竣工和进度效果		本系统建设
7	施工点分布专题图			本系统建设
8	施工进度专题图			本系统建设
9	施工点照片录像			本系统建设

(2)属性数据库建设

铁路客运站站房建设属性数据库需要建立以下数据内容,如表 2 所示。

铁路客运站站房建设属性数据库　　表 2

编　号	数据名称	数据内容	数据来源
1	初步设计基础数据	初步设计阶段与站房相关的站场、房建、给水排水、暖通等专业工程的设计基础数据信息	设计院
2	施工设计基础数据	施工设计阶段与站房相关的站场、房建、给排水、暖通等专业工程的设计基础数据信息	设计院
3	竣工资料	站房竣工资料	施工单位
4	站房工程管理数据	各在建客运车站站房工程的进度、质量、安全和投资等工程管理信息	施工单位 监理单位

(3)数据维护及流程

系统基础数据库的基本内容最终来源于铁道部、铁路局(客专公司)、建设指挥部及设计单位、施工单位和监理单位等参建各方。系统的基本数据流程如图 12。

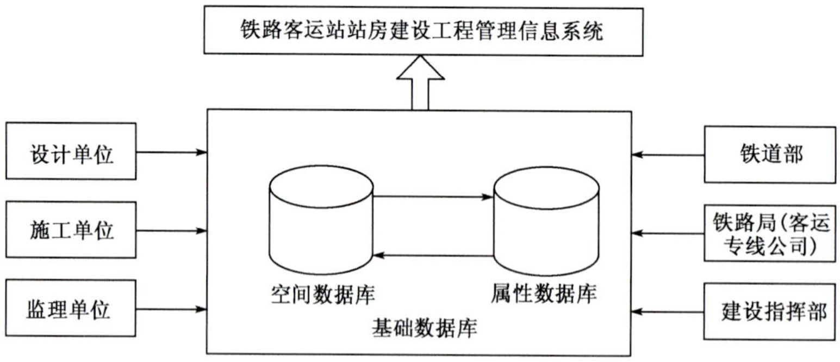

图 12　基本数据流程图

①各铁路建设指挥部服务器上的数据主要来源于铁路建设项目管理信息系统,可与之建立数据接口获取。

②客站总指服务器上的数据除全国铁路电子地图需要自己维护外,其余数据均来自各铁路建设指挥部,需要与现有铁路建设项目管理信息系统建立数据同步机制进行数据维护。由于这部分数据数据量不大,亦可开发维护界面,由各铁路建设指挥部维护各自所管理的车站站房数据信息,这样客站总指的系统可独立运行,只在客站总指一级部署,即可实现系统前两个大模块的运行,基本满足客站总指的主要业务需要。

4 结语

本文针对铁路客运站房建设工程管理信息系统提出了一个建议方案。该方案建议采用地理信息系统和三维虚拟现实等技术，构建铁路客运站站房建设基础数据库，结合铁道部、铁路局和铁路建设指挥部等不同用户及其管理业务特点，提出了铁路客运站房建设工程的各项管理功能，实现铁路客运站房建设工程管理的数字化。

参考文献

[1] 上海铁路局. 标准化指挥部[M]. 北京：中国铁道出版社，2009.
[2] 上海铁路局. 铁路旅客车站建设管理工作指南[M]. 上海：上海交通大学出版社，2008.

突出动态管理　强化过程调控
以建设水平提高带动站房质量提升

郑西铁路客运专线公司

(郑西铁路客运专线公司　西安　710043)

摘　要:郑西铁路客运专线公司在中小型站房建设的全过程中,不断适应形势变化,调整建设理念和思路,动态优化现场管理办法,注重现场质量问题的即时整改,推动站房建设水平不断提高,促进了站房建设质量的全面提升。

关键词:客运专线　中小型站房建设　过程管理　站房质量

郑西铁路客运专线公司负责建设的客运站房共有七座,以中小型站房为主。除洛阳龙门站(图1)面积为30 000m^2外,其他均为5 000m^2,分布在从中原到关中地区的中国文化发源带上。站房(图2)面积虽小,但由于其特殊的地理位置,始终受到了铁道部和沿线各级政府的高度重视,建设标准和要求丝毫不低于大型站房的建设。公司在建设全过程中紧紧立足于时间紧、任务重、经验少、战线长的实际,通过动态调整建设思路和现场管理方法,狠抓问题的随时整改,促使建设水平和质量水平不断提升,在小站房上努力打造精品工程。开通后的中小型站房成为所在城市新的地标性建筑,无论从建筑外观到内部装修,从系统功能到人性化设计等方面,都给旅客耳目一新的感觉,成为当地群众参观和体验中国铁路现代化发展的重要景点,大大提升了铁路客运的外在形象,获得了很好的社会反响。

图1　洛阳龙门站

图2　三门峡南站

1　瞄准建设目标,动态调整建设思路

1.1　树立"五性"理念,打开站房建设新思路

传统铁路客站多强调功能性、生产性和管理性,站房建筑形式比较单调,质量相对粗糙。作为从旧

有的站房建设体系中直接参与到客运专线站房建设中的工程技术人员，在理念上没有根本性转变，仍然用老的思路和方法来指导客运专线站房建设将走上简单粗糙的老路，偏离建设一流铁路客站的建设目标。因此，公司反复强调“五性”理念，要求将“五性”理念贯穿到站房建设的全过程。

在公司层面，把站房建设有关的人员全部纳入到“五性”理念的教育中。主要领导和主管领导带头进行新理念的学习，参与站房建设方案的研讨与审查，形成正确的导向。在设计层面，公司强调“五性”的均衡，要求在满足先进性的同时，始终不放文化性，设计方案既要有现代质感，又要有鲜明的地方文化元素。在满足功能性的同时，始终抓住系统性，对建筑形式、平面布置、流线关系进行统筹规划，保证整体效果最佳。

在现场，把“五性”理念的树立作为提高施工水平的前提，在施工和监理队伍中广泛开展了“五性”理念的普及培训。主要管理和技术人员进场后首先要参加公司组织的现代站房建设理念的教育。施工现场由公司提供相关资料，由各房建项目部对现场骨干进行相应的培训，以保证新理念能够层层贯彻到位。对于深刻体现“五性”理念的《铁路旅客车站细部设计》，公司强制要求各项目部必须配备，并作为施工的指南。

1.2 转变管理模式，集中目标抓站房建设

受站房建设新理念认识不足的制约，初期管理在粗放状态之中，即没有专职管理人员也没有专业技术人员，存在重线路主体轻站房管理的情况，给站房建设的推进造成了一定的被动。随着新型站房建设理念的不断加深，公司认识到，沿线站房虽然都是中小型站房，但“麻雀虽小，五脏俱全”，新型站房建设的各项要素一点都不少，特别是在采取综合楼建设后，涉及的专业多、功能全，点多线长，造成管理力量分散。为此，我们借助铁道部站房建设管理部成立的东风，大胆提出了创新组织机构，实行站房专业管理的重大决策，在全路客运专线公司中率先成立了站房建设管理协调办公室（图 3），在站房建设管理中走出了一条新路。

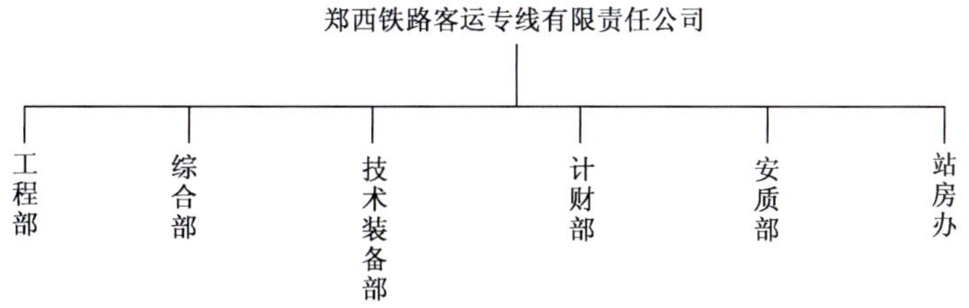

图 3　郑西铁路客运专线公司部门设置

站房办在不增加新的人员编制的情况下，抽调专业人员负责站房工作。管理范围从方案设计开始，直到工程建成、验收和遗留问题的整改。管理内容涵盖了建筑、结构、装修、设备及客服设施等方方面面。管理责任包括对站房的工期、质量和投资控制负全方位的责任。除此以外，还负责与地方政府和铁路局的沟通协调。经过此次专业化改革后，部门职责清晰明确，有力于工作的合理开展。抽调人员不同程度地参加过客运专线的建设，对新型客站有一定的了解，提高了专业化管理的水平层次。此项改革一定程度上改变了站房建设管理力量不足，人员和专业缺乏的不利局面，对郑西线的站房和相关房建工作的开展起到极大的推动作用，收到了很好的效果。

1.3 延伸管理触角，形成全方位齐抓共管的建设大格局

中小型站房建设最大的不利因素就是点多，管理跨度大。郑西管理的房建工程头尾相距 450km，检查一遍少则两天，多则四五天，同时还有大量路内路外的协调工作要做。纯粹依靠站房办自身的力量将不能很好的完成建设任务。为此，公司一方面设立专门的站后监理分站，加强专业人员的配备，强化监理责任，将管理触角延伸到现场。另一方面，调整管理思路，抛开“关门建站”的模式，引进外部力量，加强对站房建设的监督。利用地方政府对站房的关注，引导地方的建设机构、监督机构合理有序的参与监督检查。建立定期协调机制，由地方铁路办牵头，与政府有关部门进行座谈协商，相互通报情况，解决建设过程中存在的难题，为施工单位创造良好的外部环境。作为地方的形象工程和民生工程，地方政府

领导、人大政协等不定期的到现场视察，提出的问题公司也给予高度的重视，坚持做到事事有处理、件件有回音，为加强站房建设的管理和监督，提升站房建设水平提供了很好的外部助力。作为站房建设管理的另一支重要力量，我们对铁路局的先期介入采取欢迎和支持的态度。主动提出请铁路局专业人员进驻施工现场，由相关监理单位提供食宿场所，邀请他们参加现场检查和监管，增加了各方共同推进站房建设的积极性。

2　严控过程管理，引导现场动态有序

2.1　紧扣施组管理，确保动而有序

施工组织设计是工程建设的大纲。站房办成立伊始，我们立即着手进行站房两级施组的编制工作。公司层面抓好站房指导性施工组织的编制，形成全线站房建设的指导性文件。根据指导性施组，施工单位逐项细化，编制形成科学、周密、针对性和操作性强的实施性施组报到公司。公司审查通过后，施工单位按照施组的要求进行现场施工安排，公司根据施组的内容进行现场检查，做到进度有目标，质量有标准，检查有依据。公司在日常工作中，加强了对施组执行的严密监控，对于不能按照施组要求完成进度目标的单位，立即发出督办通知或检查情况通报，要求施工单位采取有力措施，迅速投入力量，满足施组要求。对于确实不能满足形势变化的施组，不是抱残守缺，而是认真地进行分析研究，不断调整工序顺序，保证各专业都有合理可靠的工作面，做到忙而不乱。由于坚持施组要求，同时不断动态调整施组内容，满足现场需要，使整个工期既保持了张力，又具有了弹性，整个站房建设的工效大大提高，在较短的时间内完成了整个站房建设任务。30 000m^2 的洛阳龙门站在 10 个月的时间内即实现了开通运营。

2.2　强化队伍管理，保持进出可控

在领导管理上，强调指挥部和指挥长作用的发挥。房建项目部采取了局指和处指两级管理格局，加大局指的管理和协调力度，提升管理责任，提高自我管理的自觉性。建立了指挥长和主要技术负责人的请销假制度，有事外出必须向公司请假，并定期抽查在岗情况，强化盯岗、履岗责任。对于不能在岗的负责人，随时要求调整，保证主要负责人盯在现场，确保指挥有力。在队伍管理上，对钢结构、装修、消防、幕墙等专业队伍进行重点盯控，在资质和业绩等方面经过审查后才能准许进场，坚决杜绝“游击队”混入场内。把装修施工队伍当作重点中的重点，建设初期清退了各房建施工单位自己的装修队，选用有信誉、有突出业绩的队伍进行装修施工。在铁道部发布装修名录后，又要求各施工单位从名录中重新选取装修施工队伍，以保证装修质量的提升。在后备力量管理上，建设之初就要求各施工单位在区域内为郑西做有针对性的力量储备，在工期紧要关头，中铁一局、中铁七局、中铁十二局等单位都能够立即从西安、郑州等地调集人力、物力，在关键时刻保证了三门峡南、华山北、巩义南等站的施工需要，形成了“常备军”与“后备役”之间的联动机制，为郑西站房建设提供了强大的支持。

2.3　严格考核管理，完善约束机制

公司将铁道部对项目建立激励约束机制的要求，纳入到房建施工合同当中，对考核的形式和资金来源进行了约定。研究制订了站房建设工期和质量考核的具体措施，设立了严格的奖罚标准，将节点工期、现场质量情况与验工计价对应，把压力层层传递到施工现场。在建立并逐步完善相关考核制度和标准以后，公司强调必须硬化考核机制，发挥制度作用，形成常态化考核的日常格局，真正做到“有法可依，有法必依”。公司组成了以建设、监理单位联合组成的考核组。根据工期和质量要求，定期到现场对工程任务完成情况进行考核。对完成工期目标且质量达标的单位进行通报表扬或在验工计价中进行奖励；对没有完成施组节点工期目标或约定任务的进行通报批评并进行相应的经济处罚。考核公开、公正、公平，紧扣现场实际，注重及时奖惩，使施工单位既感到压力，也产生了动力，实施以后起到了很好的效果。据统计，房建工程建设期间，全线对各施工单位共发文奖励 30 万元，处罚 10 万元。对于设计队伍的管理，我们也采用了类似的考核机制，对施工图的快速供应提供了有力的保障。

3 盯住质量中心，狠抓问题动态整改

3.1 强化现场，狠抓样板引路工程

组织施工单位到已建成的新型客站去参观学习，提高质量标准意识。日常组织相互之间的考察，推广好的管理和施工方法。在具体施工当中，强化了看样定板的作用。尤其在装修工程上，要求每个工地、每个步骤、每样材料都要按施工图、事先做好样板工程，现场自验合格后通知建设单位现场复验。公司站房办组织设计、施工、监理各方到现场，对照设计图纸和细部设计进行检查验收，对样板工程的整体感观、色调、材质、尺寸直到配件质量都要进行评审，评审通过后，各方签字再进入全面施工阶段。公司还规定，对重点装修部位，如贵宾室、候车室等处的装修样板除公司通过外，还必须报铁道部客站建设总指挥部进行现场审查。如铁道部的管理技术人员不能到达现场，有关施工单位必须把现场拍成高质量的照片，随带相应的主材和施工方案到铁道部当面汇报，只有全部通过，才能正式铺开施作，以确保质量得到有效保证。

3.2 真抓严管，狠抓施工质量即时整改

郑西站房建设工期和资金都很紧张。在不利的条件下，对施工质量是睁一只眼闭一只眼，还是真抓严管狠抓整改，决定着最终施工质量的高低。因此，郑西公司对问题采取了坚决不放过的态度，质量问题发现一起，处理一起。对于设计中、施工上由于理念深化而产生的问题，特别是铁道部和铁路局提出的要求，公司也采取了高度重视、认真整改的负责态度。每次检查过后，都将问题分门别类进行梳理，以检查纪要等形式发给各设计和施工单位。由于当中许多属于设计优化、功能完善，新增内容和拆改内容很多，施工单位受资金紧张和工期制约，整改时畏难思想很大，有些单位甚至有抵触情绪，不愿整改。公司在推进时也感到了很大的难度。为此，公司领导首先统一了认识，整改再难也要从建设一流铁路客站的角度出发，从不留缺陷、不留遗憾的负责态度出发，努力创造条件，坚决推进问题的整改。公司一方面编制变更文件报部，争取解决部分新增资金。另一方面，眼睛向内，对确实影响到站房整体质量和观感质量的，要求施工单位从兑现合同承诺、树立企业形象的角度出发，克服资金、人员等各种困难，不讲条件，不折不扣地进行整改。整改不到位的书面通知其局指，直到集团公司，靠上级机关的力量督促问题得到落实，达到铁道部和铁路局检查的要求。对于每次检查整改情况，公司还以书面的形式报检查单位，使整个过程形成闭环管理，以确保问题的整改全面彻底。

4 结语

郑西铁路客运专线公司不断更新思想理念、调整建设思路、明确质量目标、优化现场管理方法，在推动站房建设管理方面取得了一定的成效。但由于对新型铁路客站建设的认识还有待加深，具体实施中也存在许多问题。郑西公司在新的站房建设当中，将进一步总结经验，加强对其他客专中小型站房建设的学习和借鉴，不断提升建设管理水平，为大规模铁路站房建设做出积极的更大贡献。

浅谈武广铁路客站建设项目信息管理

汪　良[1]　郑文雄[2]

（1.广东珠三角城际轨道交通有限公司　广州　510308；
2.武广铁路客运专线有限责任公司　武汉　430077）

摘　要：随着全国铁路客站进入高速发展时期，信息管理成为建设管理过程中重要的一环。重视项目信息管理，充分利用好信息资源，就是对社会资源最有效、最合理的利用，也是另一种提供经济效益的方式。总结武广铁路客运专线建设客站的信息管理经验，建立项目管理系统平台，减少信息不平衡分布影响，提高信息资源共享程度，是利用项目信息管理建设好我国铁路客站的重要手段之一。

关键词：信息管理　特点　不平衡　共享　建议

目前，许多国家开始重新思考铁路交通的重要意义，铁路建设掀起新一轮高潮。铁路建设大发展必然会造就一大批经典的铁路客站，武广铁路客站已然成为这批经典客站之一。随着全国铁路客站进入高速发展时期，在研讨如何建设好铁路客站时，信息管理已逐渐成为我们重点关注过程中重要的一环。

1　铁路客站建设信息管理的重要性

近年来，我国高速铁路建设正在如火如荼地展开，到2012年，全国将有800余座新客站投入运营。中国铁路在发展完善铁路网建设中，以功能齐全、系统优化、文化渲染、经济节约为原则，以技术创新为突破口，积极推进新时期客站建设，取得了重要成果。铁路客站建设能够如此大规模展开，这与铁路客站建设管理的管理者全面、充分而有效掌握了大量信息，使其能统揽全局，高瞻远瞩，从而做出正确决策离不开。信息是现代管理中的一种资源，有效地开发和利用，并以现代技术手段为手段，对信息资源进行计划、组织、领导和控制的活动，这就是信息管理。信息作为建设管理系统的基本要素，促使建设管理中各要素有机联系，正是由于信息活动的存在，才使建设管理活动得以进行。信息管理是我们实现项目目标的重要手段。

2　武广铁路客站建设信息管理的特点

能够顺利完成武广铁路客站建设的任务，信息资源是整个建设过程中重要的环节，项目信息管理贯穿于整个项目建设管理过程之中。针对一般铁路客站建设情况，信息管理主要突出的特点有以下五点。

2.1　项目信息分布于不同的参建单位，不对称分布影响严重

从现阶段铁路客站建设管理信息的特性中，我们很容易发现信息的不对称分布在项目管理中无处不在，在武广铁路客站建设中也是同样存在。传统信息管理是闭门造车，简单、单一进行点对点接受和发出信息，很少会想到信息不对称在一定程度上的减少就是意味着一项收益。信息不对称分布使管理者和建设者在决策时都面临着许多不确定性，而这种不确定性的减少必须花费经济成本。例如业主方、设计方、咨询方、施工方与主管部门等，每一个参与方都围绕自身的信息需要而不停地创建、管理各种信息。这种围绕自身需要的信息也只是暂时、单一的，只是满足自身需要。而在整个项目参建各方，都有信息的劣势和优势，如在建设过程中，施工方充分掌握工程进度、材料的质量、施工技术等信息，而监理方、业主方属于劣势；在设计方案决策方面，设计方、业主方掌握的信息属于优势。也正是因为信息是不对称分布影响严重，各方才会在项目管理中从事信息收集，交流活动，开展信息服务，进行信息的生产、处理和利用。如何减少项目信息不对称分布影响，建立项目信息管理平台，管理好信息的传递与共享是重要手段。

2.2 项目信息只能阶段性或区域性局部共享

在传统信息管理模式中，项目信息主要服务于阶段性目标，例如决策阶段产生的信息主要服务于上级主管单位与业主方的决策，设计阶段的信息主要服务于设计人员的工程设计，实施阶段的信息则主要关注项目的实施，通过信息的流动影响推动工程进展。而铁路客站项目信息还有一个区域性，由于铁路线路较长，标段划分和各座车站分布位置不同，信息只服务于某一集中区域，如在各自标段或某一专业领域内，只能局部共享。这种信息传递、共享方式约束了项目信息的潜在价值，而且忽视了项目实施各阶段或区域间的高度关联性与反馈性，往往造成项目建设过程中的项目整体目标受损。

2.3 项目信息的载体及格式多样化

建设项目在实施过程中产生的信息可以分为两类：一类是结构化的信息，如投资、进度和质量等规范数据等；另一类是非结构化或半结构化的信息，如工程文档、工程照片以及声音、图像等多媒体数据，它们很难保存在一般的数据库系统，大多以文件的形式存在。如在一般铁路客站项目建设过程中，结构化的信息是根据国家及省市规范表格，而其他非结构化的信息以不同纸质文件形式存在。据统计在一般铁路客站项目建设中，结构化信息只占工程建设信息量的10%～20%，而其余80%～90%的信息则以非结构化的形式存在。信息的格式和形式的多种多样，导致了信息无法有效集成。

2.4 建设过程中信息流失现象严重

我们的铁路客站建设中参与单位多，如武广铁路全线12座客站（武广公司直接管理范围）分布于3省12个市，参建单位有28家（还不包括各专业承包商），各方对于信息的收集、整理和保存以及准确性都不一样，相互沟通、共享的信息也是有限的。另外，由于对铁路客站信息的阶段性和区域性管理以及基于纸质的传递方式，项目信息在不同阶段的流失现象也非常严重，尤其是设计到施工、竣工移交到投入使用两个过渡阶段，都不同程度地大量流失，严重影响了工程施工质量及铁路客站运营的正常进行。如施工方虽然建立了结构化信息体系以及收集了其他非结构化的信息，但其中结构化信息只是为了竣工验收的需求，而其他非结构化信息随着项目结束而大部分丢失。根据有关方面统计数据，到项目结束时，项目参与方所能够拥有的项目建设信息不足65%，这对于重要项目信息的保存和再利用极为不利。

2.5 传统的信息沟通方式落后

传统的信息沟通方式主要以点对点为主，沟通渠道多，传递效率差，导致信息准确率低、时效性差。据统计，在现代建设项目中，工程师工作时间的10%～30%是用在寻找合适的信息上，而项目管理人员则有80%的时间是用在信息的收集和准备上。铁路客站现代化的信息集成共享的沟通方式是解决上述问题的有效手段，减少沟通渠道，降低信息在传递过程中的损失和失误，图1所示为信息沟通模式转变示意图。

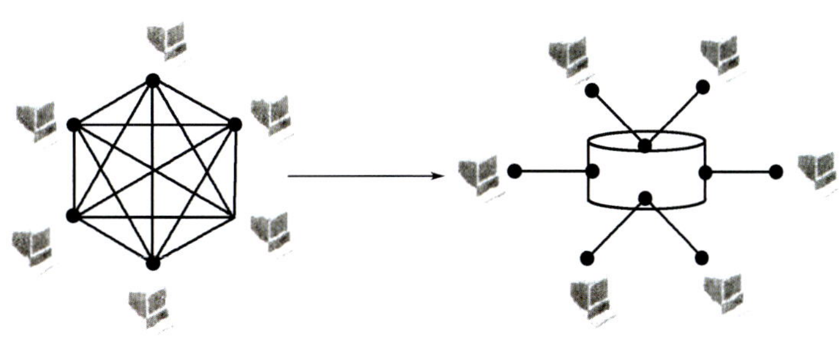

图1 信息沟通模式转变示意图

3 武广铁路客站信息管理的经验

3.1 主动成为信息集成的主体，重视项目信息共享和传递

我们在建设武广铁路客运专线时，公司领导高度重视项目信息管理，积极推动建立项目管理信息系统平台，建立了项目信息管理领导小组，由技术装备部负责信息系统运行和开发工作，综合部负责信息

资源管理工作，工程部负责所有信息的采集、加工和应用。针对客站建设管理，公司成立了客站建设管理小组，负责客站建设信息管理，并有专业工程师重点抓好信息的采集与筛选、处理与加工以及利用与扩大，实现对项目的投资目标、质量目标、进度目标有效控制。为了减少信息不对称分布影响，我们积极主动成为信息集成的主体，通过信息管理平台的优势，及时发布有关站房的指导性施组、技术标准、变更通知、会议纪要、工程进度情况、各参建单位信息等，增加了项目建设的透明度，使各方能够更多掌握项目建设的全貌，执行人员也更多了解和领会管理者的建设目标，使得各方面协调更为容易，同时也减少了项目参与人之间需要人为信息交流的次数，保证了信息的传递变得快捷、及时和通畅。另一方面，加大对设计、施工、监理单位的信息采集，建立定期联动机制，对信息进行加工、储存，及时发布，使项目管理信息数字化、自动化、网络化与集成化，大大提高了信息共享程度。如我们初步建立了设计、施工、监理项目信息数据库，贯穿整个项目建设期，并定期与各参建方共享。

3.2 积极与上级部门汇报沟通，扩大信息共享的范围

铁道部客站建设管理部作为我们的上级主管单位，站在全国铁路客站建设大局上，在客站建设管理方面有丰富的经验。积极与客站建设管理部汇报和沟通，能给予我们更多指导，进一步贯彻铁道部提出的客站建设各种理念。例如，在客站建设过程中，我们邀请客站建设管理部的专家进行现场指导，在客站外部造型、内部结构布局、细节施工等方面给予了宝贵的建议；在室内外装饰材料选择上，专家们深入现场与设计方、施工方进行了充分沟通，以期达到更好的实际效果；在执行《铁路旅客车站细部设计》时，客站建设管理部的专家亲临现场为设计院、施工方及监理方进行讲解和宣贯，重视客站细节的设计与施工，使客站功能更完善、造型更完美。

3.3 提高信息结构化和非结构化信息共享程度，减少信息流失的影响

首先我们建立健全了信息管理制度和项目信息流程，从组织上保证信息生产过程的效率。在建设客站时，因单体项目多、专业多、参建方多，对工程有关信息需分类进行统一，对信息流程进行规范，各类信息力求做到格式化和标准化，使结构化信息占主流，减少非结构化信息流失。例如，我们制订了采集、加工、储存等一系列流程和规范，信息内容定形定式，以具体数据为主，并附照片和文字说明。规范施工、监理的站房周报表、月报表的具体格式，丰富报表的内容，使其更多地体现各阶段的建设信息和进度情况。借助公司信息管理平台，我们公布了各阶段的建设情况、问题，以及共享甲供设备招标结果、合同内容等。积极主动深入现场，加大对非结构化信息的采集，与各方充分沟通，并把相关信息处理加工后共享。例如，我们把在岳阳东站调研的结果、建设情况和施工遇到的问题，与其他标段客站建设方共享，发出预警，使其他加强措施管理，调节单位工程的施工进度，避免类似问题的出现。提高信息资源共享的程度是从我们铁路客站建设项目总体发展趋势，也是客观上要求建设项目参与各方必须从传统的对立价值观中解放出来，建立合作、共享的项目文化，实现不同阶段、不同参与方之间的信息集成与共享，满足参建各方的信息需要。

3.4 制造相互学习、沟通的平台，转变传统信息沟通模式

武广沿线客站建设共有12座，参与建设的单位较多，为提高各参与方的积极性和建设竞争的环境，我们建立了相互学习、沟通的机制平台。例如，在主体结构施工阶段，岳阳东站的施工单位克服各种困难，施工质量和文明施工起到了模范作用，我们举行了观摩会，请其他标段施工、监理主要负责人以及设计单位的设计人员到现场参观学习；在准备进入装修阶段施工时，我们组织了设计人员进行全线统一设计回馈，使设计人员之间相互沟通学习，减少设计误差；在装修阶段，要求各施工单位装修负责人到沿线相互观摩学习，取长补短；在项目竣工阶段，组织大家一起总结经验，进一步提高客站建设水平。通过各方相互学习、沟通、总结，成果一起分享，为建设好客站起到了很好的效果。

4 铁路客站项目信息管理的几点建议

在铁路客站建设过程中，作为信息管理集成的主体，我们需要更加积极完善已经建立起来的信息管理系统，扩大资源共享范围和提高资源共享程度，充分利用好这些资源，使之为项目建设更好地服务。针对目前的项目信息管理系统平台内容，有以下几点建议。

4.1 建议在项目信息管理平台上针对客站建设成立一个专门的信息管理板块

目前信息管理平台是铁路项目建设的大平台，这个平台信息量数量巨大，种类繁多，涉及的专业门类多，针对性还不强，客站相关信息相对量较小，对收集、查阅、处理这些信息不利，如能建立客站建设管理特色板块，更能有针对性和全面掌握此类信息。

4.2 建议在信息管理平台上建立客站建设情况基本信息公告

铁路客站建设过程中信息不对称分布影响比较大，各交叉施工单位、平行施工单位的情况多，施工方需花费很大一部分精力收集其他相关方的信项目息，得到的信息时效性差、准确率低。如能建立客站建设情况基本信息公告，并及时更新，使相关方做好充分准备，制订相关措施，提高施工效率。

4.3 建议在信息管理平台上增加各参建方专属空间，使其能及时更新建设信息

各参建单位(主要是设计、监理和施工方)，根据自身特点，按照结构化的模式进行信息上传，使建设信息更及时准确、公开透明，让各参建方在一个平等的信息共享平台上搞好客站建设，也能形成相互监督的机制。例如，增加设计院上传信息的空间，使各设计专业间沟通更加顺畅，服务于现场的技术指导，并能提醒业主、监理在重点位置加强监督检查；增加施工单位的上传信息的空间，体现自身施工特色，包括设计变更、施工质量、进度情况等，以备其他接口施工方更加具体了解情况。

5 结语

随着信息逐渐体现其潜在的价值，项目信息管理的作用也日趋重要，对铁路客站建设来说，项目实行信息化管理，快速传递信息并提供信息共享程度，充分地利用有限资源，用尽可能少的费用、尽可能快的速度来保证优良的工程质量，获取项目最大社会经济效益。

参考文献

[1] 蔡中辉.建设工程项目信息管理[M].北京:中国计划出版社,2007.

[2] 俞晓国,屈伟萍.建筑项目管理信息化比较研究[J].哈尔滨工业大学学报,2003(35).

[3] 杨洁.建设项目全寿命周期信息管理研究[D].南京:东南大学,2004.

[4] 丁士昭.工程项目管理[M].北京:中国建筑工业出版社,2006.

[5] 乐云,陈伟华.项目管理信息系统(PMIS)与项目信息门户(PIP)[J].建设监理,2003(5).

[6] 赵莹华,黄永刚,陈宏伟.大型建设项目信息交流存在的问题及对策分析[J].绍兴文理学院学报:自然科学版,2005(8).

设 计 管 理

深入实际　融会贯通　进一步提高站房装修设计能力

周铁征　朱志鹏

（铁道第三勘察设计院集团有限公司　天津　300142）

摘　要：铁路客站的装修设计在整个设计过程中是一个重要的环节，也是最为复杂的和难以把控的环节。文章首先提出了铁路客站装修所设计的一些特点，然后结合铁路客站装修设计的特点和要求，着重论述了在装修设计管理与控制方面的一些方法和措施，最后把设计配合施工看作成为设计工作的一个重要组成部分，提出了在此过程中需要重视和做好的工作。文章对于如何提高装修设计能力从三个不同的角度提出了收获和建议。

关键词：铁路站房　装修设计　设计能力　设计管理　配合施工

铁路客站的装修设计是建筑设计的延伸也是建筑设计的一部分，是为了达到更好的设计效果而进行得更加专业、更加深入、更加系统化的设计，同时也是为了在建造过程中更好地控制施工安装质量、提高设计的完成度，使得铁路客站的建设能够达到高标准、高品质，经久耐用以至于百年不朽的要求。装修设计是整个设计过程中最后一道环节，也是最重要的一道环节。这一环节直接影响到铁路客站最终的使用效果和观瞻效果，同时也是对于在铁路客站建筑设计中所有专业所做的工作的系统集成，是对于建筑设计方案所提出的创意和设计意图的最终实现。所以装修设计的成败会决定着整个站房设计的成败，也会决定着建成使用后效果的成败，在铁路客站的设计中起着至关重要的作用。近几年我院先后完成了北京南站、天津站、上海虹桥站等一批备受社会关注的铁路客站设计，也得到了广泛认可，其中在装修设计中积累了很多经验。下面就如何进一步提高站房装修设计能力，从铁路客站装修的特点、加强装修设计的技术管理和加强设计配合现场施工三个方面提出一些收获和建议。

1　铁路客站装修设计的特点

铁路客站站房的装修设计与其他建筑类型不同，有其自身的特点，这是由功能使用和建筑形式的特点决定的。在这里先不讨论站房的装修风格和艺术性表达等方面的问题，因为每个站房所处的地域环境和建筑外部形象都不同，这些会影响到每个站房的具体装修方案设计。我们所讨论的是一些在站房装修设计中所特有的共性内容，其中包括了功能性的体现、系统性的要求、开敞通透的室内空间形态表达以及大空间装修与结构体系的结合等四方面内容。

1.1　装修设计应体现出功能性

对于铁路客站的设计首先要体现的就是功能性，作为建筑设计中的重要环节——装修设计也是一样，其功能性应表现在耐久性、标准化、便于维护、人性化设计、安全性等方面。铁路客站作为使用最为频繁的公共交通建筑，每天成千上万人不间断地在其中穿行，必须做到装修设计具有功能性的要求，材料选择的坚固耐用、主要连接构造设计的安全可靠、在近人部位所采取的人性化设计措施、满足室内环境控制（声、光、热等）所需要做到的构造要求、在不影响使用的前提下的维护方便以及采用标准化材料后的更换便利等都是装修设计中所要首先考虑的，所以从这些使用要求上出发，就会反映到装修风格上，在设计中应该采用简洁、实用的原则。

1.2　装修设计的系统性要求

室内装修设计与几乎所有的设计专业，包括结构、机电设备专业相关，同时也直接与建成使用后的效果相关，所以装修设计具有很强的系统性。与装修设计相关的有灯光照明、设备末段、综合管线、客服设施、商业广告、标示引导等多个系统，这些系统最终都会体现在装修的整体效果之中，同时每个系统中的每个元素、部件也都会影响到装修设计的整体性，需要在设计中进行整体、系统地考虑。目前铁道部对于与装修设计相关的多项内容都提出了进行专项研究的要求，也体现出了对于装修设计的更高要求，而且是更加系统的要求。

1.3 开敞通透式铁路客站室内空间形态表达

铁路客站也是人流最为集中的公共交通建筑，大量的人流聚集在其中。这就要求空间开敞高大，为旅客带来良好的使用环境和心理感受。一般的在候车厅顶层可以相对容易地营造出高大的空间效果，但在层间和地下空间，层高就制约着空间的尺度，所以在装修设计中就要尽可能地争取空间，同时应该利用装修设计手法改善狭小空间给人们带来的压抑感。上海虹桥站的地下通廊就在结构设计中采用了梁上留洞的手法，使得设备管线充分利用了结构高度空间，在装修设计上采用了暴露结构的手法，使得整个通廊空间在层高不变的情况下达到了 6m 以上。

1.4 装修与结构体系的结合

铁路客站的使用性质决定了其室内的大空间的特点。为实现这个大空间的要求就需要采用大跨度结构来实现，在大跨空间的装修上就应与结构体系相结合，充分利用结构所表现的美感，优化结构使其更具观瞻效果，或是使装修与结构统一起来考虑。要避免两层皮的做法，以免既浪费了材料又增加了施工难度，同时也很难取得应有的大空间的效果。比如天津西站的拱顶就完全暴露了结构，把结构作为了装饰设计和空间表达的手段；北京南站雨棚的悬垂梁结构体系巧妙地表现了建筑师所追求的曲面效果。

2 加强装修设计的技术管理

我院在实际工作中，承揽的铁路客站项目比较多。为了更好地达到铁道部对客站建设高标准的要求，同时也为了发挥我院在铁路客站设计中的管理能力，所以在装修设计中针对项目的不同特点，广泛利用国内、国际优秀的设计资源，采取了多种设计管理模式，既有我院独立完成的项目，也有与国际、国内一流的专业设计团队合作的项目，也有作为专项设计吸引更加专业的咨询团队加入到我院负责的项目中来，使得每个项目都能够做出亮点。在北京南站的设计中，我院与国际上一流的泰瑞·法瑞建筑师事务所合作，充分发挥了他们在装修设计中的优势，使得在设计中体现了更多的设计感和原创点。在天津西站的设计中，我院与 GMP 合作，不仅在建筑创意中取得了富于震撼力的效果，同时在装修的细部设计中和创意的完成度表现上也同样出色，其中在模数与对位、建筑与结构的统一性上达到了完美的效果。天津于家堡站引入了 ARUP、KWP 两家装修咨询单位，分别对地上穹顶和地下空间进行设计，较好地实现了建筑设计的原创意图。当然无论是自己完成还是合作联合项目，最终体现的还是设计的成果。对设计成果的控制和进程的控制都应该作为我院的重点工作，发挥好合作单位的优势，同时也要满足铁路客站的需求以及铁道部对于站房设计的要求，这是我们工作的重点。

2.1 加强技术方案的控制

不论是与一流的设计单位合作还是我院自己完成项目，建筑控制性装修概念设计方案都是至关重要的，其成果直接体现在最后建成的效果上。在建筑装修方案的控制上，主要强调的有两点：第一，要有很好的创意，设计的灵魂来自创造性，只有出发点高，最终才能完成一件优秀的作品；第二，在技术方案具有很好的创意的同时，还要注重铁路客站装修所具备的特点，如第一章所述，其最主要的特点就是其装修设计的功能性，所有好的想法和概念最后都要落实到铁路客站的使用功能上，落实到为旅客提供服务的水平上。虽然有些时候好的创意会带来一些困难，甚至于看起来不是很现实，但设计的过程就是解决问题的过程。越是起点高、问题多的设计概念，需要我们在实际工作中付出的代价就会越多，思考亦会相应的越多，通过不断地优化、改进、发展，不断地产生解决问题的新思路，最后形成的设计方案就会具有鲜明的特色和巧妙的思路，同时也会具备非常现实的可操作性。

2.2 加强对装修细节设计和深化设计的控制

一个好的概念设计的实现，第一步就是需要设计的深化，要对每一个部位都做出设计上的斟酌和考虑，这样才能通过建造最终实现一件好的作品。在铁路客站的装修设计中，根据其特点，应正确对待以下两方面：第一，模数与对位。模数与对位是建筑设计最基本的原则，也是建筑师所应需具备的最基本的素质。在铁路客站设计中，由于受到了铁路车场以及相关其他工程技术方面的限制，结构尺寸的不均匀和不规律使得装修设计上模数与对位的考虑就变得相对困难，但我们不应该放弃，需想办法通过技术手段尽量解决相应的问题，达到完美、工整、理性的效果。天津西站在外墙设计中就严格地保持着模数与对位关系，在设计过程中就采取了结构手段，使地铁结构通过柱网的托换，保证了立面的模数关系。第二，人性化设计。铁路客站中公共空间的每一部位都会直接影响到大量旅客日常的使用，所以针对每一个部位都要经过仔细考虑，采取巧妙的手法进行设计，让每个细节都经得起推敲、经得起长期使用，这样才能提升整个站房的品质，同时在一些细部的处理上也需要创造性地解决问题，不能流于一般化。上海虹桥站的风柱就结合显示屏、标示引导等设计成一个整体，形式充满设计感。

2.3 设计深度与广度的控制

设计是工程的灵魂，设计考虑得越周全、越深入，施工建造的过程就越可控、建成后的效果就越好。目前铁道部对于站房的装修设计提出了很多要求，其中控制性装修专题设计以及和此相关的商业广告、客服设施、标示引导、灯光照明等专题都要解决装修设计的广度问题。同时在控制性装修的深化设计中，对于材料的性能要求、主要节点的构造处理等都应该在设计中提出要求和表述。这就要求设计师所掌握的专业知识更加全面、更加系统，既懂得设计又通晓材料构造，同时还掌握施工现场情况，更加贴近现场，拿出的解决方案更加实际、更加具备可操作性，使得装修的品质在设计过程中就能够得到有效的控制。

2.4 投资控制

铁路客站装修设计概算有两方面的特点：一方面是占整个站房的比例比较大；另一方面是包含内容繁多，各部位、各种材料的价格浮动空间很大。针对这两方面的特点，首先要充分认识到控制装修部分投资的重要性，其次也要认识到控制装修部分投资的难度。投资控制最基本的就是技术方案的合理性。整体方案决定了投资的基本取向，比如在装修与结构的结合上就表现得特别突出；主要材料的标准选择及与材料相关的主要构造做法也是影响投资最重要的因素，一方面不能一味地追求高档次的标准，而是应该把握适宜的标准，另一方面材料标准的合理选用是一个非常综合的问题，不单是概算的问题，在设计时就要了解清楚材料性能对应的市场价格；设计深度与设计单位的经验决定了投资控制的准确性，我院在梳理以往建成站房概算经验指标的同时，对于每一个新的项目设计都尽可能有详细的交代，特别是一些特殊要求的设计，通过超前深入的工作来达到有效控制投资的目的。

3 加强现场的设计配合与服务，提高装修设计的完成度

现场的设计配合是设计的延伸，是设计工作的组成部分，而且是重要的组成部分。通过以往几个重要项目的实践来看，设计在现场的工作是不可或缺的，甚至对于工程最终效果的实现能起到关键的作用。在现场配合施工的过程中主要有四项工作，即深化图纸的确认工作、参与样板的制作、处理施工过程中出现的问题和对施工过程的指导和监督。设计人员也会通过现场的工作，在发现问题和解决问题的过程中积累经验、增长见识，在后续的设计工作中做出更加贴近实际的和更加可行的设计来。

3.1 重视装修深化图纸的确认工作

按照目前铁道部对站房控制性装修设计的深度要求，作为建筑设计单位会把装修设计的细节达到有效控制的程度，但实际的施工过程中还需要更加详细的施工安装图纸，这些图纸一般会由施工单位深化完成，所以设计单位对于装修设计深化图纸的确认就显得非常有必要而且是非常重要的。首先要确认的是深化图是否完全遵照设计的意图，这会影响到最终设计效果的实现；第二是在深化设计过程中会对原有的设计进行进一步的优化和细化，会提出一些更加合理的构造解决措施，这样就要求设计单位积极地参与配合，在设计的最后阶段进行把控和优化；第三是要特别注重一些在安全上的构造解决方式，看是否满足设计的要求；第四是要核实深化图纸中的二次结构设计和材料标准的选择，一方面是要注意二次结构本身的合理性与材料标准的合理性问题，另一方面也关系到投资和造价控制与确认。

3.2 积极参与样板工作

装修样板的制作是施工过程中非常重要的一个环节，能够起到检验设计预想的效果、确定材料的标准及技术规格、确定施工安装工艺三方面的作用，所以设计单位要在样板的制作过程中积极发挥作用。首先是配合建设单位、施工单位，积极参与样板制作的策划工作，按照铁道部的统一要求，选定部位、规模和范围；第二是选定装饰材料的色彩、质感和品质，这是最重要的工作，对于不太确定的可能会预先选定几种方案在完成之后作决策；第三是样板的认定工作，也同样重要，在分析实际的效果的同时也要结合以往的经验判定实际能够达到的效果，并对最后的施工工艺和材料选用作出修正和优化，以期达到尽善尽美的效果。

3.3 及时处理施工过程中的各类问题

装修工作是整个铁路客站建设的最后一道工序，会与各工种相关联，其他各方面出现的问题最后都会反映到装修工序上；另外装修工作种类繁多而且细碎。这些都会导致现场随时会出现各式各样的问题，就要求各专业设计人员、特别是建筑师深入要到现场，及时解决出现的问题，才能够保证工程的顺利进行，也才能够控制建成后的效果。这里面最重要的是设计人员在遇到问题时要采取认真与敬业的态度，积极与施工单位、产品供应商配合。解决问题不是目的，而是要开动脑筋、发挥设计综合解决问题的优势，把出现的问题解决得完美而彻底才是最终的目的。其实现场处理问题也是设计的延伸，是设计的最后一道程序，会直接影响到建成后的最终效果。

3.4 发挥设计单位对现场工程的指导和监督作用

站房设计中各专业的设计人员，对于工程的原理是最为了解的，他们对于施工与安装过程阶段性的成果也非常了解，所以要发挥好设计单位对于施工现场的指导与监督作用，为实现设计意图，保证品质与效果能够打下一个好的基础。同时作为设计单位，一个完成度好的工程项目会给设计单位带来好的声誉与业绩，关乎一个企业的生存与发展。作为设计人员也具备这方面的意愿，设计师看到自己的作品逐步变成了现实，有一种莫大的成就感，会在职业精神和责任心的促使下，严格把控现场的施工效果。所以无论是单位还是设计人员，都会关注建设的品质与效果，坚持设计意图的表达与实施。在这样的前提基础上，设计方要把握好以下几个方面：第一，要提高实际人员自身的专业技术水平和实际现场经验，才能够真正做好并起到监督和指导作用；第二，应本着客观、公正、科学的态度，切实站在为工程高度负责的立场上，判定和解决工程中出现的具体问题，表现出良好的职业精神；第三，要面对现实情况，从工程实际出发，在坚持设计意图和施工品质的同时，把握好各种因素的平衡，不能一味地追求细枝末节，使得工程能够顺利地进行下去。

4 结语

铁路客站的装修设计是一项系统庞大、纷繁复杂的工作，既需要设计人员的创意与灵感，也需要落到实处的细部考虑；既需要对整体空间效果的控制，也需要在实用性和人性化方面的周全考虑；既需要充分掌握建筑材料和建筑构造的应用，又要了解和熟知相关专业的设计情况；既需要强调设计意图的实现，也要面对工程的具体情况与条件。这就要求设计人员在设计中深入实际，融会贯通，把握好整体与细部、设计与建造的关系，具备良好的职业精神与追求完美的工作态度，努力提高专业设计能力与水平，达到保证和提升铁路客站装修设计的品质的目的。

参考文献

[1] 郑健，等. 铁路旅客车站细部设计[M]. 北京：人民交通出版社，2010.

[2] 郑健，等. 中国当代铁路客站设计理论探索[M]. 北京：人民交通出版社，2009.

如切如磋　如琢如磨

——谈打造客站建筑精品

盛　晖

（铁道第四勘察设计院集团有限公司　武汉　430063）

摘　要：要打造一批百年不朽的客站建筑精品，有必要探讨精品的含义、建立精品的标准。文章探讨了精品与经典的关系，提出建设客站如同制作工艺作品一样反复切磋琢磨、精雕细刻才能出精品。认为精心设计、加强管理是又好又快打造精品的前提，同时建议推广工厂制作、现场装配的方法以缩短工期、提高质量。

关键词：精品　经典　文化打造百年不朽　细节设计　设计管理　预制装配

中国的高速铁路建设高潮为客站建筑的发展带来了历史机遇。近年来，一批特色鲜明、富于创新的客站建筑相继呈现在公众眼前，与高速动车组一道使中国铁路面貌焕然一新，受到社会广泛好评，也一时成为关注的焦点。据统计，到2012年全国将完成新建或改造的铁路客站近千座。要在短时期集中建设如此大量的客站工程，如何做到"又好又快"，达到"打造百年不朽的客站建筑精品"的要求，是对我们每一个建设者的严峻考验。在此，我从一个建筑师的角度谈谈个人的看法和建议。

1　精品与经典

所谓"精品"，我认为关键在于一个"精"字。精有精致、细密、周到、完美的意思。从我国的建筑方针看，合格的建筑应该满足适用、经济、美观的基本要求。而能称得上精品的，除此之外，还应该有精致的外表和过硬的内在品质。先不谈施工建造质量，单从设计上讲，精品建筑应是精心创作的、精美上乘的建筑设计作品。精品是对作品的质量要求，是通过设计人员主观努力能够达到的。

而"经典"的字面含义，本是指那些具有典范性、权威性、经久不衰的传世之作，如孔孟的儒家学说是中国传统文化经典，莎士比亚著作为英国的文学经典等。所以我认为经典建筑也是可期待却不可重复打造的，因为只有那些经过历史选择出来的、最有价值的、最能表现本行业精髓的、最具代表性的建筑精品才能称为经典。

由此可以看出，经典出自精品，更强调原创性和持久的震撼力。经典小而言之是一个时期里经得起检验的精品，大而言之是经过历史大浪淘沙留下来的文化遗产。所以我们提倡打造"客站精品"，对精品建筑的评价偏重于质量要求和在其设计寿命期内能否较好地满足使用和审美需求。对经典建筑的评价也许应偏重于建筑在艺术或功能上的原创性，以及在社会或行业内文化思想上的影响力。能否成为"经典"，要给出一定时间的评价期。需要指出的是，由于社会经济和交通科技的发展变化，无论是车站的建筑精品还是建筑经典，长期满足需求主要是体现在其主体空间等建筑硬件的适应性和外观造型的审美意义上，而不能指望得到一种多少年不落后的建筑技术或功能模式。

由此试对客站精品和经典做如下定义：铁路客站建筑精品是精心设计和精心建造的、质量上乘的、在设计寿命期内较好满足使用和审美需求的精美客站作品。客站经典则是在功能或审美创新上具有长期影响力或持久震撼力的客站精品。个人认为，精品是可以复制打造的，经典是具有原创性的精品，复制的精品不能成为经典。

2　建立精品标准

努力打造"精品"，有必要探究客站建筑精品的衡量标准是什么？与各级优秀设计工程奖项的区别是什么？是否需要建立一套完整的标准和评价体系？

作为建筑精品，质量要达到我国有关优质工程所需的各项评判标准，这是不言而喻的。而铁路车站是一种重要的公共建筑，量大面广，和人们尤其是最广大的普通民众的生活密切相关，其精品的标准更要体现“以人为本”，使旅客感到便捷舒适的人性关怀。事实上，可以说“以人为本”几乎涵盖了对车站的所有要求。这里的“人”首先指旅客，以旅客为本，其针对性的要求涉及“流线布局”、“方位导向”、“服务设施”、“文化品位”、“空间结构”、“环境材料”等各个方面。这是一般创优标准中没有明确要求的。

此外，我认为还要强调满足“绿色标准”，使建筑设计成为人类实现可持续发展努力的一个组成部分。与其说这是对建筑更高层次的要求，不如说是建筑应当承担的责任。绿色车站的要求也可以包含在广义的“以人为本”之中，这里的“人”已经扩展到了社会公众，以至于当今人类及其子孙后代。设计建造绿色的车站建筑应成为我们的发展方向。在今后，只有符合舒适、节能、环保，可持续发展标准的“绿色车站建筑”才有资格成为精品建筑。

还有很重要的一条，就是对精品建筑无论是整体造型、细部外观还是内部空间形象，都应该有一定要求，它必须能在一定时期内满足人们的审美需求。这一点，在方案竞选中专家领导的评审结果、广泛公示时的支持率以及建成使用后的社会评价和满意度、影响力都可以成为衡量的标准。

因此，我建议结合铁道部酝酿出台的铁路客站后评价标准和绿色客站标准等，制定铁路客站建筑精品的评比标准。客站精品的主要标准应包含充分反映以人为本设计理念、造型精美、质量符合国家优质工程标准、符合绿色车站要求等重要指标。使精品客站成为真正全面体现“系统性、功能性、先进性、文化性、经济性”要求的客站建筑。

3 设计打造“精品”

3.1 理念创新催生设计精品

“设计是工程的灵魂，理念是设计的灵魂”。

建筑精品首先要有精心的设计，而理念的创新就是产生设计精品的催化剂。近年来建成的一批优秀客站建筑，无论从其规划布局、空间流线，还是建筑形象、结构技术上，都可以看到它与国内外以往的火车站有较多的不同和重大创新，给人以耳目一新的感受。这些设计无一不是在强调理念创新指导下产生的成果。

例如“车站非地面化”的创新理念，使我们做出了武汉、广州南、深圳福田站这样的深入城市中心区域，全地下或全架空设站的叠合式立体新型车站，使旅客流线最短化、土地集约利用最大化，铁路线也不再是城市交通和景观的屏障。

“零候车 ＋ 零换乘”的先进设计理念促使武汉站产生了一种创新的自选式候车和直接出站换乘模式。这是一种既适合现在的旅客流线需求又具有未来前瞻性的布局。

而“视觉引导、明确优先”等现代交通设计理念，使我们创作出武汉站这样的“可读性建筑空间”，旅客在大厅中可以看到整个车站的布局，甚至可以看到一列列停靠在站台上的流线型列车，从而明确自己所处的方位以及行进方向。武汉站是我国唯一有火车驶入中央大厅的车站，激动人心的宏大场景带给旅客难忘的震撼感受。

还有，正是因为有了“技术为需求服务、理论在实践中发展”的新思维，才能使设计人员解放思想，积极探索出将属于市政铁路的桥梁和属于民用建筑的房屋，这两种分属不同细分行业、有着不同的理论体系、设计规范和思维习惯的结构设计紧密结合的设计途径，满足了广州南站、南京南站等“站桥一体化”的新型客站要求。

今天，也正是因为明确了“铁路车站要走可持续发展之路”的创新理念，我们才强调要采用一系列低碳措施打造节能环保的绿色车站。

3.2 用文化打造百年不朽

打造百年不朽的建筑，对重要的公共建筑来说是个既普通却又不易达到的要求。据悉在我国，建筑平均寿命只有20年，远低于发达国家的建筑平均寿命。这一方面是因为我国正处于经济快速发展和结构转型时期，过去的建设标准较低，规模、设施不适用于目前的使用需求，不得不拆除重建。而更多的是由于过去盲目跟随国际风，低水平地模仿、不恰当地赶时髦而建设的公共建筑，由于缺乏文化根基，不能满足人们精神和审美需求，“有碍观瞻”的形象限制了建筑生命的延续，不可避免地面临拆除或改造的命运。其实，对于火车站这样的重要公共建筑，我们难以保证今天应用的技术今后仍然先进适用。科技进步日新月异，创新发展成为潮流，因此对于建筑工程我们不可能也没有必要追求脱离现实的技术标准超前。但是，建筑既有物质功能，又有精神功能，具有一定的艺术属性和较长的生命周期。无论维特鲁威“适用、坚固、美观”的建筑三要素，还是亨利·沃顿提出的优秀建筑必须具备“坚固、实用和欢愉”的三个条件，都强调了建筑这种形态存在的时空性质。“百年不朽”就是对这三要素的较高标准要求。一是品质质量要优秀，二是要能适应使用需求的变化，三是能长久给人以愉悦感。尤其是一座优秀建筑，其文化性或者说艺术审美的愉悦感，常常与其完善合理的使用功能交相辉映。并且随着时间的流逝，其文化性可能超越单纯的功用价值而继续存在，甚至成为不朽的文化经典和精神财富。所谓打造百年不朽的建筑精品，我理解除了坚固、实用的质量精品外，更大程度上指的是这种文化的不朽性。

所以我们要强调以文化性打造“百年不朽”，它与规模大小无关，也不在于昂贵设备和先进技术的大量运用，更不是奢华材料的堆砌。而是对建筑质量和空间形态的严格要求，更是对建筑地域性、文化性、时代性的不懈追求，对建筑审美规律的总结和探索。

地域气候环境的不同产生不同的建筑形态特色，文化习俗审美的差异形成建筑形式和风格的差异。铁路客站设计的文化性，重点在于追求现代铁路客站的交通功能内涵与地域文化的和谐统一。车站形象往往是城市乃至周边地区地理、历史、人文、经济及时代特征综合而集中的表现，具有突出的可识别性与标志性。每一座城市都有其相对独立的文化特点，针对具体而有差异的地域环境、人文特色、时代风貌等文化性因素才能形成客站建筑形式彼此不同又丰富多彩的个性，“因地制宜、和而不同”，这在当今全球经济一体化、文化趋同的大背景下显得尤为重要。

“昔人已乘黄鹤去，此地空余黄鹤楼。黄鹤一去不复返，白云千载空悠悠。”唐朝诗人崔颢的千古绝唱使武汉与“白云黄鹤”联系在了一起，武汉站的设计灵感就是来自于对中国传统文化和当地地域文化的理解，同时也是对“九省通衢”这一地理特征的新诠释。

3.3 重视细节设计和专业化设计

上面说过“精”指的是精致细密、周到完美，建筑精品必须有精致的外表和良好的内在品质。“细节决定成败”的说法我们早已耳熟能详，但真正重视细节设计的或有能力做好细节设计的建筑师却不多。现在比较重视大型建筑和方案创作，容易忽视中小型建筑和施工图设计。细节设计也往往停留在概念设计上，比如前期效果图在立面上增加线脚和装饰等细节，但后期在材料、色彩、构造等方面如何实施却不再细究，而是交给施工现场解决。其实，施工图也是一种创作性工作，而不是方案图的简单放大，很难想象依靠那样缺乏思考和创造力的施工图能打造出建筑精品。今后我们应更加重视具有高水平施工图设计能力人才的培养。

在客站设计中还要注重模数化、数字化，推广运用建筑信息模型(BIM)技术，争取实现各专业间的三维协同设计，这也是计算机辅助建筑设计(CAAD)的发展趋势。

现代科技发展迅速，专业化分工越来越细，材料、构造、工艺技术不断更新，客站设计要确立在建筑师领导下的专业人做专业事的思维，既有整体的系统性又能使各部位实现最先进合理。

3.4 设计管理出精品

设计管理研究的是如何在各个层次整合、协调设计所需的资源和活动，并对一系列设计策略与设计活动进行管理，寻求最合适的解决方法，以达成创造出有效的产品的最终目标。设计管理包括计划(项目)、组织(结构)、协调(资源)、控制(进程)、评估(绩效)。其最主要内容是：管人，协调设计资源；理财，管理设计过程的财务。

铁路客站设计工作量大、界面复杂、涉及专业多、系统性强。尤其是设计周期和设计资源问题是目前面临的主要问题，非常突出。客站设计不是单一设计院的单一设计。从横向看设计单位有铁路总体设计院，有时是设计联合体或者中标站房的建筑专业设计院、专项设计分包设计单位，还有配套城市地铁市政工程的设计单位等;从纵向看,设计成果有原设计(概念方案、实施方案、初步设计、施工图等)、二次专业设计(空调、控装、幕墙等)、深化设计(装修、钢结构等)。管理的不单是技术问题,也是工作界面问题。必须具备针对性强的有效的设计管理才能保证质量按期完成设计,这是打造客站精品的重要环节。

4 工厂"制造"精品

目前,如何进一步提高车站的建设质量、缩短建设工期、节省建设投资,已经成为我们最为亟待解决的问题之一。个人认为,车站的主要构件和一些相同的部位应尽量标准化、装配化,就是说应该尽量多采用通过标准设计、集中招标采购的,在定点工厂制造、在现场安装的建筑构配件和配套产品。这是解决车站建设质量问题尤其是细节外观质量问题的方法之一。

4.1 采用装配式构件的优点

(1)装配式构件在工厂生产,其材料的性能指标便于控制。

(2)各站统一供应的产品,便于统一保证各地各站尤其是中小站的建设质量。

(3)批量生产可产生规模效益,便于吸引名优产品和生产厂家参与,对中小站的质量控制尤其有益。

(4)定型产品可以减少材料浪费、降低站房造价。

(5)现场按图组装,进度快;劳动力减少,交叉作业方便有序。

(6)施工现场噪声小,散装物料减少,废物及废水排放少,有利于环境保护。

(7)统一的风格,有利于提升铁路形象,形成行业风格文化。

4.2 可采用预制装配的部位

可首先纳入的内容有:单元式卫生间、室内外标准栏杆、隔断、售票窗单元、室内外变形缝、特殊角度自动扶梯、标准无障碍透明电梯、室内标准吊顶、室外防风吊顶、标准风口、标识广告灯箱、喇叭、灯具等。

其次可以考虑:吸音墙面、站台防滑地面、安全线、盲道线、自动门、平开门、防火门窗、采光楼面、电动百叶窗、旅客座椅、室内消火栓、室内花池等。

还可以进一步考虑的有:无柱雨棚梁柱、檩条、屋面采光天窗、排水天沟、钢节点、钢楼梯、检修马道、封檐板、屋面板、暗藏式排水管等。

有人说21世纪的房屋将主要在工厂"制造"出来,而不是按传统方法建造出来!"建造"与"制造"虽仅一字之差,但两者却有着本质的不同。这将是建筑、建材业面临的一次"大革命",愿我们的铁路旅客车站建设能在其中扮演火车头的重要角色。

5 结语

"如切如磋,如琢如磨",出自《诗经》,原意比喻君子的修养品质就像对待象牙、玉石一样,需反复切磋、琢磨得来。客站建筑也如此,建设者对待它,也应该当做艺术作品那样,精心推敲、精雕细刻、精益求精,才能打造出不负时代的建筑精品。随着我国从铁路运输大国逐步跻身世界铁路强国之列,铁路车站建设也在向着世界一流的目标迈进。建设越来越多的铁路客站建筑精品,并争取成为传世的经典,是我们的时代责任。

当代铁路客站细部设计探索

李春舫　王　力

（中南建筑设计院股份有限公司　武汉　430071）

摘　要：随着中国高铁时代的到来，众多建筑风格多样的新型铁路客站将在短时间内建成。本文通过对当前铁路客站建筑细部设计的分析，探索性地总结出客站建筑细部设计遵循的原则以及设计手法。

关键词：铁路客站　建筑细部　设计要点　设计原则

1　引言

随着我国进入了高铁时代，高铁建设有了突飞猛进的发展。广大铁路客站建设者坚持“高标准、讲科学、不懈怠”，认真落实铁路客站建设的“功能性、系统性、先进性、文化性、经济性”原则，借鉴发达国家先进的建设理念和成功经验，使得新一代铁路站房取得了重大进展，一批新型铁路客站展现在公众面前。

与传统火车站相比较，由于广泛采用新材料、新技术、新设备、新工艺，新一代铁路客站建筑从内部功能到外在形式都发生了巨大的变化。对于大尺度、大空间的现代交通建筑，旅客在其中的活动过程中，发生直接关系的是建筑细部和内部设施，如室内外楼地面铺装、顶棚、空间隔断、标识与引导系统、栏杆扶手、座椅、检票口、服务台、卫生间等。

著名建筑师密斯·凡·德·罗以他的名言“上帝就在细部中”称著于世。建筑细部是建筑的指尖，通过感受它们，我们能从本质上品味建筑。建筑细部是建筑整体中的局部，它对完善建筑功能、烘托建筑氛围、体现文化内涵至关重要。对于铁路客站这样具有广泛影响力的公共建筑而言，细部设计具有重要的现实意义。

2　现代建筑细部设计理念

“细部”是一个相对的概念，指的是建筑物整体中的局部处理。它可以是实实在在的单元构件，也可以是局部的空间或界面，又可以分为构造性细部和装饰性细部两种。构造性细部指对建筑的构成、功能、结构组成起作用的建筑细部。装饰性细部指那些仅对建筑起到美化装饰作用的细部，或直接称“装饰”。前者如门、窗、楼梯等，后者则包括装饰面、线脚、雕塑等装饰物。两者的完美结合造就建筑细部特色。

“细部设计” 就是从整体出发，对建筑物的局部进行推敲与处理的设计过程。表现为在“充满了技艺的打样和营造过程中对形态联结与技术构成的经营”（汪正章《建筑美学》），是对建筑细部的功能、技术、材料、构造、美观等问题的综合处理。

2.1　细部设计与整体设计的关系

建筑设计是一个从整体到局部再到细部不断推敲和逐步完善的过程。建筑细部是构成建筑整体的一个局部，是建筑整体的重要组成部分，是设计过程中必不可少的重要环节。

日本建筑大师黑川纪章说：“建筑细部就是建筑的一个局部，从远处看，从整体上看这个局部，它们并没有很强的个性，然而，当人们逐渐贴近它们，观察它们，就会发现一个全新的世界，这样的局部就是细部。”这说明细部的个性是属于建筑整体的，细部应是对整体的烘托、补充和完善。

2.2　细部设计的范围

细部设计的范围主要包括空间的组织与细部设计、结构构件的细部处理、功能构件的细部处理以及装饰性细部设计等。其中前面三项与建筑主体有直接逻辑关系。

2.2.1 细部设计与空间组织

在对环境的审美活动和营造中，细部设计与空间组织密不可分、互相依存。对于细部来说，它相对于功能、空间等一系列整体的东西更易于为人接近并理解，人们往往通过细部去体味整体空间。从空间意义上的建筑观来看，细部设计不是建筑的本质，亦不是建筑的最终目的，但它却是使一座建筑使用功能趋于合理，并使形式上产生美感的重要手段。营造和完善有意义的建筑环境，不可避免地会遇到技术上和美学上的困扰，而细部设计正是为了化解这种困扰而采取的手段。

不同的空间形式，不同尺度和使用功能的空间，都可以通过细部刻画产生个性与特色；甚至可以通过细部设计对空间的性质进行界定和区分。

2.2.2 结构构件的细部处理

建筑细部具有技术的可实施性，细部形态只有通过技术手段的处理，才能最终实施；从技术角度出发，合理解决技术方面的问题，创造出既符合技术要求，又具有形式美感的细部形式，无疑是细部设计的又一重要途径。

新建长沙南站主站房的波浪形屋顶下，支撑屋顶的支柱没有设计成通常的形式，而是被设计成挺拔生长的树枝形态。巨大的树形柱由四根钢管组成，上部逐级分叉，产生了明快清晰的结构体系（图 1、图 2）。这是一种对具体事物进行艺术抽象处理，并将其与结构设计相结合的方法，由于在符合结构逻辑的前提下加入了更多的细部处理，建筑空间也更具有艺术性。

图 1 长沙南站广场一点透视

图 2 长沙南站候车厅

新建太原南站的钢结构单元体也是一个结构构件细部处理的例证（图 3、图 4）。

2.2.3 功能构件的细部处理

建筑的功能性构件是指那些在空间的使用功能上有重要意义的部分，如大门解决了人们的进出和室外空间的渗透，窗户解决采光，阳台使人有了便捷接近自然的机会，楼梯解决了人们垂直方向运动所遇到的麻烦，诸如此类等等。另外，还包括金属的排水管、通风百叶、遮阳板等。它们的发展与结构构件一样也是逐渐向美学意义上靠拢。

由于传统建筑本身封闭性很强，窗户成了重要的构图要素。现代建筑运动产生了玻璃幕墙，大面积的玻璃可以使阳光随心所欲地进入室内，建筑也一度发展成为一个个通体透明的玻璃箱子，窗在立面细部处理上一度消失。但一阵兴奋过后人们又对大面积的玻璃幕墙产生了单调和乏味感，而且让光线毫无遮挡地进入引起的夏季室内能耗也是一个问题。

图 3　太原南站广场人视图

新建太原南站主立面幕墙是对现代技术和传统文化精巧的组合，它使冷漠的玻璃幕墙有了表情，简单的立面有了细部，是功能性构件在铁路客站细部设计中的优秀实例(图 5～图 7)。设计者从山西传统砖石建筑细部中得到启示，通过独特的双层石材玻璃组合幕墙构造，在保证墙面厚重感的前提下，巧妙地解决了建筑采光与遮阳的问题；同时，双层表皮维护结构具有极佳的热惰性，大大提高了建筑表面的保温、隔热性能，很好地适应了北方冬季寒冷的气候特点。

图 4　太原南站入口透视

2.2.4　装饰性细部设计

建筑构件起源于纯粹功能的要求，或是由于建造工艺的需要。在漫长的岁月中，这些构件日益完善和丰富，最后演化为装饰性的要素。

在今天，建筑毋庸置疑地拥有了实用和艺术的属性，人们对建筑装饰的评价也从功能与精神两方面去衡量，所以装饰性细部的存在有了坚实的依据。功能性细部和装饰性细部并不是相互绝对孤立静止的，它们可以很好地融合、转化。随着历史的变迁、建筑技术的进步，原本具有结构或构造功能属性的构件，逐渐转化为装饰符号。

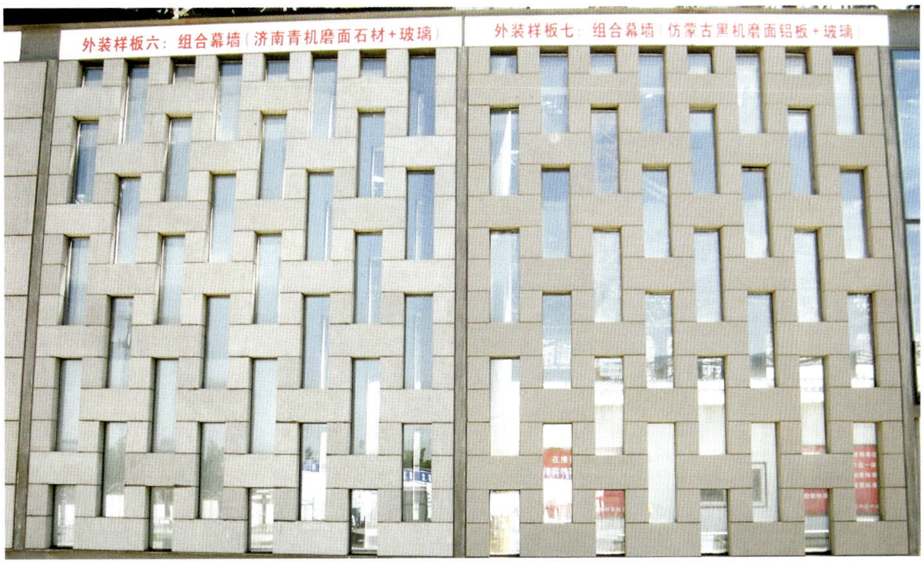

图 5　太原南站外装组合幕墙样板

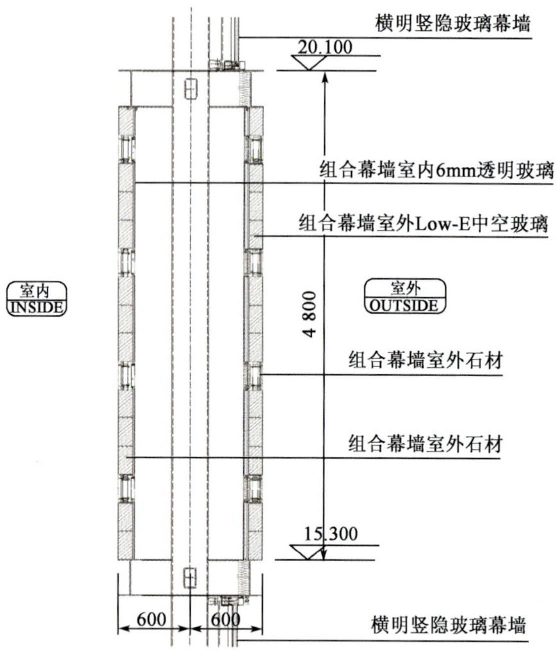

图 6　组合幕墙竖剖面(尺寸单位:mm)

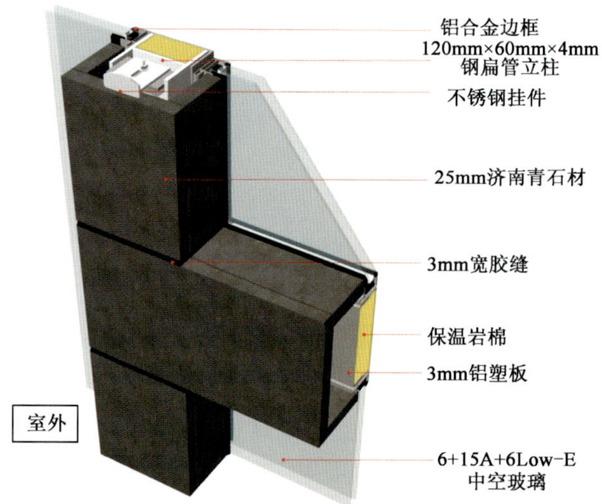

图 7　幕墙三维节点

新丰台站整体体量简洁、大气,富有时代气息。而在细部处理上,设计师对装饰性细部的良好把握,突出体现了交通建筑的“文化性”(图 8)。新丰台站细部设计通过对中国传统文字中极富韵律的“叠篆”字体的艺术化处理,使建筑室内外墙面获得艺术上的升华,同时结合对“中国红”色彩的应用,完美地体现了建筑“盛世丰台”的主题(图 9)。

图 8　新丰台站广场一点透视

图 9　新丰台站室内装饰

3 客站建筑细部设计要点

3.1 主要设计方法

(1)构成法。对细部设计而言,构成方法主要是指对建筑细部的各形态要素如形状、大小、色彩、质感、方向、位置等,按对立统一原则进行排列组合,使其获得抽象的美感,注重的是抽象的形式美,反映出形式美规律作用下的形式、色彩、质感等形态要素的多样组合。应用构成方法时,必须遵守均衡与稳定、对比与微差、韵律与节奏、比例与尺度等形式美规律,以获得安全感、尺度感、节律感、秩序感、统一感等形式上的美感。

如在沪杭客专嘉兴、桐乡、海宁等站的设计中,设计者重复使用"粉墙黛瓦"的母题,同时重复使用"正菱形"这一细部形式,表达了江南气质(图 10、图 11)。

图 10 嘉兴站

图 11 桐乡站

(2)借用法。借用方法是指引用历史的或已经存在的细部形态,通过对类型学原型的选用传达社会文化价值及设计者个人情感。建筑细部原型的借用方法包括对已有材料的选用和对约定俗成复合单元的选用。从其他建筑中选用适于自身的细部形态,为建筑整体的组合创造了无限的可能性,这一方法已为后现代建筑广为采用。由于被引用要素往往存在于人们知觉印象之中,作为一种细部形态的同时,还常赋予建筑特定的意义。

沈阳站改扩建工程设计力求与原有环境相和谐,使用了与旧站房相同的色彩、相同的材质;同时,许多细部处理暗示出旧站房重点部位的细部形象特点,如建筑转角处理让人联想到旧站房主入口的转角,过街楼顶部的装饰细节来源于旧站房的细部,主立面具有生动光影的柱廊和室内巨大的拱形候车空间等等。新沈阳站的设计并未"剥光"一切装饰细节,把建筑还原成原始的几何体块,而是在简化传统建筑过程中,仍然作了相当数量的、令人愉悦的装饰性细部。沈阳站改扩建工程是一个具有类型学表情的作品,建筑师创造出了体现场所精神,严谨、儒雅的建筑形象与氛围(图 12)。

(3)重构法。重构法是指打散或分解原系统之间的构成关系,根据现实的需要和创作者的主观意念，在本系统内或系统之间进行重新组构，形成一种新的秩序。这种新秩序的建立，不是简单的元素的重叠与堆砌，而是为了追求新与旧的并存，时代感与历史文脉的精神联系。斗拱是中国传统建筑构件，应用重构的方式可产生传统与现代完美结合的细节。拉萨站进站大厅立柱柱头的处理便是细部设计重构法应用的典型案例(图 13)。

图 12　沈阳站新老建筑融合

图 13　拉萨站进站大厅实景

(4)变形与夸张法。现代生活方式日益多样化，对新奇和个性的追求使建筑师对所处理的建筑细部或多或少地作些变化，这就导致了诸多变形手法的出现。将特定的建筑元素进行变形和夸张将会获得出其不意的视觉效果，从而增强建筑的独特性。

杭州东站造型优美而富有动感，舒展流畅、蔚为壮观。建筑师将站房四周的立柱造型进行变形和夸张，极富张力的建筑外表皮形成强烈的视觉冲击，体现出速度感和未来感，从而塑造了杭州东站卓尔不群的建筑形象(图 14)。

图 14　杭州东站广场人视图

3.2 模数化设计

模数化设计的概念提出于20世纪50年代，其出现后就被广泛应用于建筑设计、家具设计、玩具设计、电气元件设计等很多设计领域。这一概念的出现，使得现代设计更能适应于社会化大生产的要求。模数化是建筑设计标准化、施工机械化装配化、构件生产工厂化的必由之路。构件规格化. 也促使设计模数化。

建筑的模数化设计自古有之。中国古建筑的木结构以“材”和“斗口”为模数单位，有着严谨完整的模数系统，达到了高度的标准化和通用性。模数应用是建筑技术现代化的重要标志，也是技术和艺术结合的产物，对于现代高铁客站的细部设计来说意义尤其重要。

建筑细部的模数化设计应能够以较少形式的标准构件组合成功能各异、变化丰富、统一协调的建筑细部。在新建甬台温铁路台州站的设计中，设计师采用模数化设计方法将主立面按 2 700mm×2 700mm的单元模数进行划分。在此基础上，玻璃幕墙钢结构龙骨框架模数、石材幕墙以及幕墙上的其他构件，如门斗、百叶、壁灯等细部也都按 2 700mm×2 700mm 的模数细化设计(图 15、图 16)。从而，使得建筑立面的各个细部达到了高度的完整统一性，同时，也有利于简化施工工艺，保证施工质量，加快施工进度。长沙南站在细部设计中也广泛采用了模数化的方法(图 17)。

图 15　台州站主立面幕墙系统

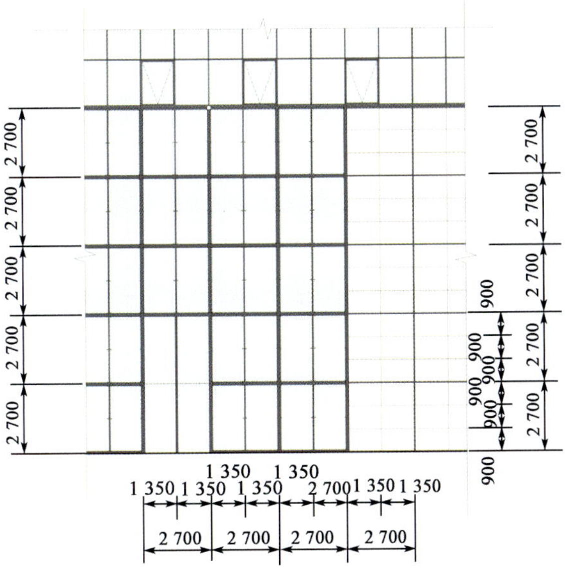

图 16　台州站玻璃及石材幕墙模数化设计(尺寸单位:mm)

图 17　长沙南站立面模数化设计

3.3 装饰材料的运用

建筑材料的颜色、质感的表现也是建筑细部重要的影响因素，不同的材料会赋予建筑不同的表面观感，细部感觉也各不相同。建筑师必须了解材料的物理、化学性能并加以运用。今天，可供选用的建筑材料极其丰富,为建筑师表现创意提供了多种可能性,极大地扩大了设计的选择范围。随着新结构、新材料、新工艺的应用,材料不仅满足结构和构造的要求,且具有强烈的表现力。对材料的把握包含两方面的内容:一是表现材料自身的特性;二是材料转折、交接和过渡的处理。

3.4 设备系统末端与装饰细节

高铁客站设备系统末端主要包括空调、电力、照明、给排水以及动静态标识等系统的末端设备。而对建筑细部造型影响较大的主要是空调系统的进、排风口,照明灯具以及动静态标识牌等体量较大、布置较多的系统末端。

3.4.1 空调设备末端

空调设备系统的进、排风口如设置在建筑立面上,需考虑风口形式与建筑外立面风格的协调一致,并应尽量与立面材料相融合,不应过于突兀。例如,在石材幕墙上风口设计成与石材幕墙材料一致的石材百叶形式;或者利用花坛、绿化等室外建筑小品隐藏空调风口。

而在客站室内的空调设备系统末端,可根据室内装修风格选择相应的成品风口形式(如球形、鼓形风口等)来配合,同时可进一步细化风口外罩的形式,通过重新的设计使风口与内装风格更加协调一致。杭州东站室内风口的设计就是抓住建筑"圆润流畅"的独特风格,将空调出风口外罩进行了相应的细部设计,从而使设备系统末端与建筑风格达到了高度的统一(图 18、图 19)。

图 18 杭州东站室内效果图

图 19 杭州站室内风口设计

3.4.2 照明系统末端

照明系统末端设计应做到灯具风格、布置与建筑整体风格的协调,同时将较大体量的灯具与建筑细部构造结合,尽量做到见光不见灯,避免灯光直射产生眩光。

在新建太原南站的照明设计中,建筑师根据建筑独特的结构单元体造型,将照明灯具与结构单元体中部的"X"形天窗相结合，照亮大厅的圆形金卤灯被设置在"X"形天窗的收边铝板带中，使灯具与吊顶完美地融为一体，同时也满足了照明的均匀度和照度要求；照亮"X" 形天窗的洗墙灯则设置在外露结构桁架下弦的上端，既照亮天窗开口内部，又隐藏了照明灯具；而在结构单元体立柱上设置的照亮吊顶的大功率照明灯具也经过精心设计，在灯具外设置锥台形装饰构件，将灯具隐藏其中，从而达到了"见光不见灯"的艺术效果(图 20)。

图 20　太原南站"X"形天窗

3.4.3　动静态标识系统

动静态标识系统首先应满足旅客识别的功能性要求，体现在细部设计中应该使旅客较快较易识别标识内的信息，如按旅客流线精细设置动静态标识的位置；按人体工学要求设置进站大厅、售票厅等处信息大屏的倾斜角度等等。

其次，在严格遵循铁道部动静态标识系统标识设计规范的前提下，在较大型的高铁客站中可根据建筑整体内外装饰风格，局部细化设计动静态标识载体的形状、边框等细部，从而达到细部与整体的统一。

4　客站建筑细部设计的控制与管理

4.1　强化细部设计是源头

在施工图设计过程中，通过内外装饰设计的专题研究，完善和强化细部设计，是最根本的出发点。这个过程往往是动态的，要根据施工图的变化同步进行修改。这里要强调的是，建筑师对结构形式及节点构造、设备系统末端形式的总体把握。

在铁路客站项目的设计和质量管理过程中，我们认真贯彻"高标准、讲科学、不懈怠"的精神，通过技术交流、现场观摩、技术评审会议等活动使员工掌握细部设计的要领和成功经验，使设计和管理人员在思想上高度重视细部设计，在能力上能够胜任细部设计。

4.2　现场样板确定是关键

在施工现场配合过程中，对各部分装饰效果的把握，包括材质、色彩、比例及施工工法等，通过制作现场样板，可以发现问题，比较实际效果与设计要求的差别。在此基础上修改设计、完善样板，经多方确认后再大面积展开实施。

4.3　施工过程控制是保障

现代铁路站房的复杂性决定了站房施工是一个系统工程。从土建施工、设备安装到装饰装修，对每个阶段的全过程控制，对施工质量和施工进度的保障，将起到至关重要的作用。对于设计院来说，在工程指挥部的统一协调下的现场配合是设计工作的延续，是一项必不可少的重要工作。

5　结语

当前随着我国经济的飞速发展，人们物质生活水平的进一步提高，特别是在这个多元化的时代，人们对建筑及其细部提出更多更深的要求。铁路客站是我国大规模铁路建设的重要组成部分，是众多城市的标志性公共建筑，也是城市形象的对外窗口。因此，铁路客站建设应该注重细部设计，努力打造精品客站，真正实现铁道部提出的"把每一座客站当作作品来对待、打造百年不朽的精品工程"的要求。

以上论述只是站在站房设计单位的角度，结合我们工作的实际经验，提出了一些不成熟的想法，希望大家批评指正。

参 考 文 献

[1] 郑健，等. 铁路旅客车站细部设计[M]. 北京：人民交通出版社，2010.
[2] 陈镌，莫天伟. 建筑细部设计[M]. 上海：同济大学出版社，2002.
[3] 刘向军. 建筑细部对创作形态和建筑审美的影响[J]. 城市建筑，2009(4).
[4] 崔恺. 浅谈火车站的地域特色[J]. 建筑学报，2009(4).
[5] 汪正章. 建筑美学[M]. 北京：东方出版社，1997.

铁路站房设计项目管理组织模式探索

胡建明　杨　强　汪　洋

（铁道第三勘察设计院集团有限公司　天津　300142）

摘　要：我国铁路客站正处于大规模建设高峰期。铁三院作为铁路大型勘察设计院，在现代客站建设理念升级、资源紧张等约束条件下，为高效完成站房设计任务，运用项目群管理方法，紧紧抓住设计资源这个核心，根据项目环境和技术管理特点，着眼解决项目群设计管理中面临的一系列难题，在组织上积极探索与改进，取得了初步成效。本文就项目群组织管理在铁路大型勘察设计院中就站房设计管理的实践进行了分析，力求为相关单位提供一点借鉴。

关键词：铁路站房　设计管理　项目群　组织管理

1　铁三院在站房设计领域面临的机遇与挑战

1.1　站房设计业务面临的机遇

伴随着我国铁路建设的快速发展，铁路客站的修建迎来了难得的黄金机遇期。2004 年 1 月，国务院批准了《中长期铁路网规划》。根据规划，到 2012 年我国将建成现代铁路客站 804 座，其中特大型客站 51 座，形成适应客流特点、便于客运组织、利于城市发展的现代化客站体系。站房工程在铁路建设中的重要性、紧迫性越来越凸现。

如此规模的站房设计任务给铁三院的发展带来了空前的机遇。抓住这一良好契机，通过积累站房设计工作的经验，有效提升站房设计能力，打造一支高素质的设计队伍，逐步拓展站房设计的市场份额，进而面向外部市场，成为摆在我院面前的一项战略任务。

1.2　站房设计工作面临的挑战

1.2.1　从外部需求来看站房设计面临的挑战

一是建设理念的升级。要贯彻落实“以人为本”和“可持续发展”的理念，功能定位由“单一的铁路客运场所”向“综合交通枢纽”转化，运营由“管理型”向“服务型”转变。传统站房在功能布局、旅客流线、空间结构、节能环保、客服系统等方面已不适应现代站房的需要，要求在设计中开展适应性的创新，快速积累经验，打造精品工程。

二是站房数量多、规模大。按照规划，到 2012 年我国将建成现代铁路站房 804 座，其中特大型站房就有 51 座，建筑规模一般在 10 万 m^2 以上；中小型站房的建设规模比过去站房规模也有较大幅度增长，站房设计任务的压力大。

三是设计工期普遍偏紧。站房设计往往受制于线路、站场以及站区规划、市政道路和地铁等因素，开工时间相对滞后，但又必须与线路工程同步建成。由于受此制约，所以给设计工作接口管理带来了困难。

四是技术创新要求高。以综合交通枢纽为例，“零换乘”的功能定位、立体化的功能布局以及列车高速通过对站房的空间结构、节能环保、环境控制、消防安全等带来了一系列技术难题。解决这些难题，是实现综合交通枢纽功能定位的基本前提，也使设计工作更加复杂。

五是专业接口多、协调难度大。现代站房是一项复杂、庞大的系统工程，涉及 30 多个专业；与此同时，地方政府参与度高，需要协调站房与车站区域规划、地铁、市政道路等相互交叉的工程，往往出现多工程、多业主、多设计单位、多操作面之间错综复杂的交叉局面。这些变化对站房设计中的专业接口管理和系统集成管理带来了新的挑战。

1.2.2　从内部业务发展来看站房设计面临的现实约束

(1)站房设计管理模式问题

在大规模现代客站建设之前,房建工程以铁路配套设施工程定位。站房设计任务量相对较少,而且规模不大,我院站房设计工作一般由铁路项目总体统一组织开展。在传统铁路工程设计中,站房属于"站后"工程,设计工作注重基本功能和设备工艺流程等内容,没有体现出相对独立性。这也是符合当时铁路建设基本需求的。设计院内部的技术管理存在重"站前"工程、轻"站后"工程的现象。

为适应新时期铁路站房建设"以人为本"的理念,深入领悟和贯彻"五性"原则,需要我们尽快转变思维观念。

在新的建设形势下,我院站房设计任务迅速扩张,设计工作量是以前的 5 倍以上。截至目前,由我院设计并已建成投产的站房有:北京南站、上海虹桥站等独立站房 5 座,京津城际等新建铁路工程项目的中间站 15 座站房。正在建设的大型站房有:天津西站、于家堡站等 6 座;中小型站房有:京沪高速等项目 46 座。正在设计尚未开工建设的大型站房有:丰台站、哈尔滨站等 3 座;中小型站房 47 座。

在发展过程中,我们深感以下几个方面的研究亟待加强:

一是站房设计独立性定位的研究;

二是对多站房设计项目群管理模式的研究;

三是对大型站房及综合交通枢纽技术创新与管理接口的研究;

四是对如何更好地履行项目总体设计单位管理职责的研究。

(2)站房设计人力资源问题

随着铁路站房建设理念不断提升,站房由原来仅满足铁路旅客上下车功能转变为方便换乘、服务大众的指导原则。需求决定供给,站房建设工作的定位决定了专业人员配置的现实。

随着站房设计业务逐步扩大,我院从优化组织结构着手,整合了部分生产单位,主要参与站房设计的单位有建筑分院、电化电信处、工经处、运规处、公路分院等,相关设计人员达 500 多人。

为又好又快地完成站房设计任务,需要一定数量的优质人力资源保障。当前设计资源缺口问题主要体现在两个方面:

一方面绝对数量偏少、人员结构不尽合理。以我院建筑分院为例,现有职工近 200 人,总工与专业负责人比例为 1∶4,专业负责人与设计人员比例为 1∶12。显然设计中坚力量不足,需进一步加大培养力度。

另一方面设计资源的综合素质亟待提升。目前,人才成长和队伍建设相对滞后于任务量的增速,对设计管理提出了更高的要求;为创建更多的精品工程,施工需要进一步体现设计意图,这样不仅对设计工作,而且对现场配合施工人员的素质也提出了更高的要求,需要有高素质的建筑师结合现场情况进一步细化、优化设计细节。

如何使设计资源能够尽快适应大规模站房建设的需求,是我院近一时期发展中的一个重要课题。

2 铁三院对站房设计项目管理的思考

在新的形势下,我院对铁路站房业务进行了系统分析,着重研究了以下有关课题,并提出了解决思路,采取了相应措施。

2.1 适应铁路建设新形势,调整站房设计管理定位

当前,站房在铁路工程建设中的定位较原先有较大的调整。按照战略管理原则中业务分类的核心原则,对于"新兴类"业务的快速发展,企业应将资源向其倾斜,促进加速成长。为此,有必要对站房工程的设计管理和资源进行专门的调整和配置,使站房设计在铁路整体项目框架内具有相对独立性,并以建筑专业为核心,对相关专业设计资源进行配置,以适应专业化的要求。

2.2 以项目群管理理论为基础,创新站房设计项目管理模式

为适应大规模铁路客站建设的形势需要,我们以站房业务发展目标为引领,以项目群管理理论为基础,以组织管理变革为契机,积极开展项目组织管理研究工作,努力推动站房设计项目群管理体系建设。特别是强化了站房设计项目群的分类管理、组织建设两个方面的工作内容,并以此为基础,循序渐进地

推动站房设计项目过程管理的规范化和标准化建设。

2.2.1 项目群分类管理方面

通过积极探索与总结，对不同类型站房设计工作的特点有针对性地进行研究，总结出不同类型模式下的管理重点和管理特点，以便于对站房设计项目开展整体监控，对核心设计资源的有效调配提供指导，对不同类型的项目制订有针对性的标准化管理。

2.2.2 项目群组织建设层面

我院由专职副院长主抓站房设计工作，从组织结构、人员配备、政策环境上给予扶持，促进站房设计工作取得进展。从专业定位上将站房设计业务凸现出来，使其具有相对独立性，建立起院、项目部、生产单位三个层级的专业化设计管理团队。

2.2.3 探索新型组织管理模式

针对目前管理现状，结合我院在城市轨道交通业务领域实行项目总体总包设计的具体实践，我们提出在站房设计领域引用总体总包管理模式的构想(图 1)，目前，已有了初步的研究成果。

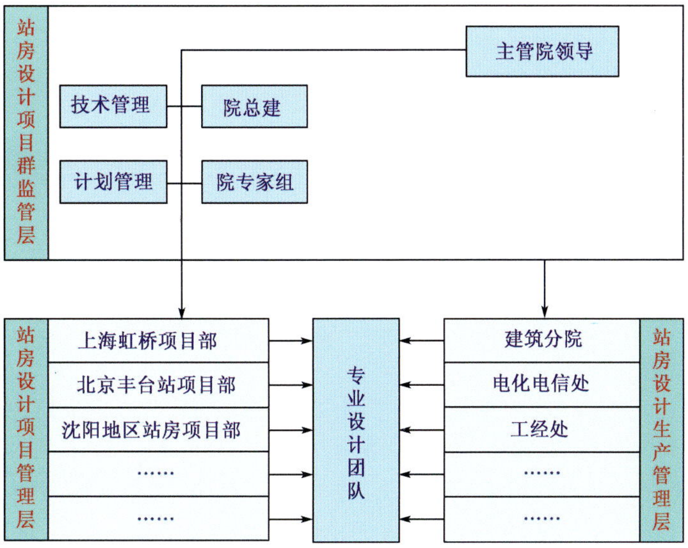

图 1 管理模式

3 铁三院站房设计项目组织管理的实践与成效

在站房设计管理实践中，我们感受到，战略指引着业务发展方向，组织管理是基础性保障，组织结构有助于提高设计资源的工效。以下重点就我院在站房设计项目组织管理方面的具体实践进行论述。

3.1 站房设计项目群的分类管理

做好站房设计分类是开展科学管理的基础，在一定程度上影响着组织管理的基本结构。通过对实践的总结，我们对站房工程梳理出几种具有代表性的项目类型，具体可分为以下五种：

3.1.1 大型站房及综合交通枢纽设计项目

这类项目以北京南站和上海虹桥站为代表。其特点是：建筑体量大，技术难点多，接口协调复杂、困难，不确定因素多，各方关注度高。

在这类项目中，我们在承担站房设计的同时，一般情况还承担着与站房衔接的城市轨道交通和其他市政工程设计任务，需面向铁路和地方市政建设两方面业主。通常我院与国际知名公司或国内一流建筑设计单位组成联合体完成设计工作，联合体职责划分和内部接口管理也是工作的重点和难点之一。

3.1.2 承担铁路设计范围内所有站房设计项目

这类项目以京沪高速铁路中间站站房为代表。其特点是：我院作为项目总体单位并承担该项目全部站房设计工作。

3.1.3 承担铁路设计范围内部分站房设计项目

这类项目以京石客专中间站站房为代表。其特点是：我院负责铁路范围内部分中间站站房设计工作，同时还要履行对其他站房的总体管理职责。其中包括设计原则、技术标准、设计接口、投资控制等。

3.1.4　承担铁路设计范围以外的个别站房设计项目

这类项目特点是：我们需接受铁路项目总体设计单位的管理。

3.1.5　构想的站房总体总包设计项目

这类项目尚未进行实践，在此暂不论述。

3.2　站房设计项目组织管理的具体实践与成效

基于以上对站房设计项目管理的思考，我院在组织层面上采取以下具体措施：

3.2.1　建立院站房设计管理层

在院层级，我院由主管站房业务院领导牵头，负责站房设计项目管理，完成院赋予的生产管理任务；设立院总建筑师岗位，负责全院站房技术管理；院生产调度机构设置具有建筑专业背景的计划调度岗位人员，主要目的是从项目群特征集中的角度加强管理，负责站房设计项目的计划和进度管理。从而建立起院层级的项目管控组织构架。

目前，我院承担的站房设计工作全部纳入院统一管理，计划工作内容清晰、管理有序，资源配置协调有效，质量管理成效显著，并已形成各类问题分层负责的管理格局。

3.2.2　强化生产单位管理层

在生产单位层面，突出建筑分院的主体地位，按照专业化发展思路，积极推进生产单位的组织改进。为此，在建筑分院设立分院总建筑师和总结构师岗位，负责分院站房技术管理；电化电信处明确客服、照明等相关专业的专职技术主管；工经处明确专职技术主管，加强项目投资控制与管理。从而形成稳定的技术团队骨架，为开展站房设计项目提供必要的组织和人才保障。通过强化专业化团队建设，经过一批项目的锤炼，加快了我院人才成长的速度，培养了一批站房设计和管理的中坚力量。

3.2.3　设置项目管理实施层

针对不同类型的站房设计项目，我院采取了相应的组织模式。如：成立独立的站房项目部、在铁路指挥部下设立站房项目部等多种形式。具体分述如下：

(1)大型站房设计项目的组织模式(图 2)

在院层面成立领导小组，由主管院长、总建筑师和相关部门负责人组成；设置院专家组，对重大技术决策提供支持。在项目部层面，由院任命专职项目经理，与项目专业组成员组成设计和管理团队，一般驻现场开展设计管理工作。项目部下设总体组和综合协调组，总体组下设铁路工程组和市政工程组，分别服务于铁路和市政业主。一般情况，由综合交通枢纽总体兼任铁路站房工程总体组组长，市政工程总体组组长由一位副总体分管。

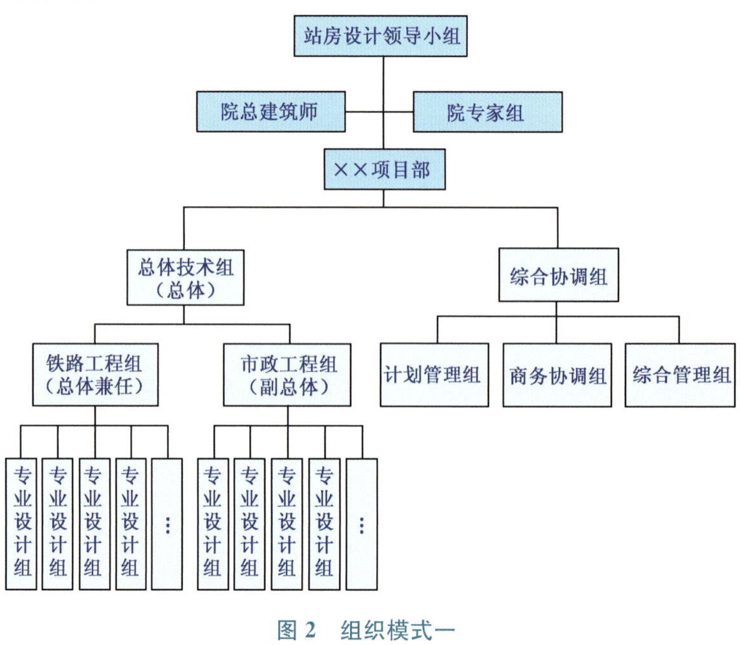

图 2　组织模式一

综合协调组下设计划管理、合同管理和后勤服务保障工作组。

这种组织模式具有专业化程度高、综合性功能强、技术与管理结合紧密、工作效率高等特点，能够较好地适应大型站房及综合交通枢纽工程的要求，尤其在设计联合体的管理中成效显著，在现有项目的实践中发挥了较大作用。

(2)承担铁路设计范围内所有站房设计项目的组织模式(图 3)

此类组织模式，既包括线路设计又涵盖站房设计工作。在铁路项目指挥部内设置负责站房工程的副总体和站房总体组，组织完成站房工程设计任务，站房总体组包括建筑、结构、机电设备等专业。

这种组织模式在铁路整体项目框架内，为确保项目的整体性和系统性，有利于“站前”工程与“站后”工程的协调统一；同时，为适应站房设计的要求，体现出建筑的专业化特点，又具有相对的独立性，以满足站房工程又好又快地建设。

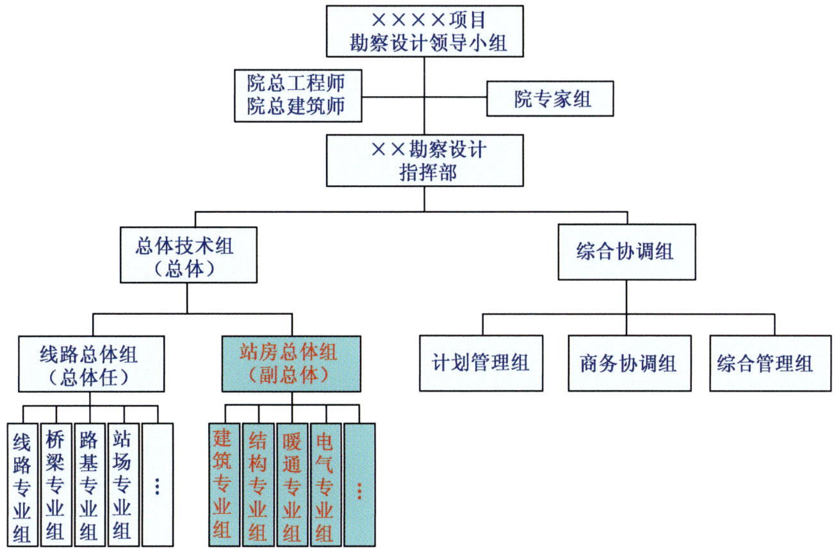

图 3　组织模式二

(3)承担铁路设计范围内部分站房设计项目的组织模式(图 4)

此类组织模式，我院承担线路设计工作，由多家设计院承担沿线站房设计工作。在项目指挥部内设置站房副总体和站房总体组，组织完成自身承担的站房工程设计任务，同时还要履行对其他站房的总体管理职责。

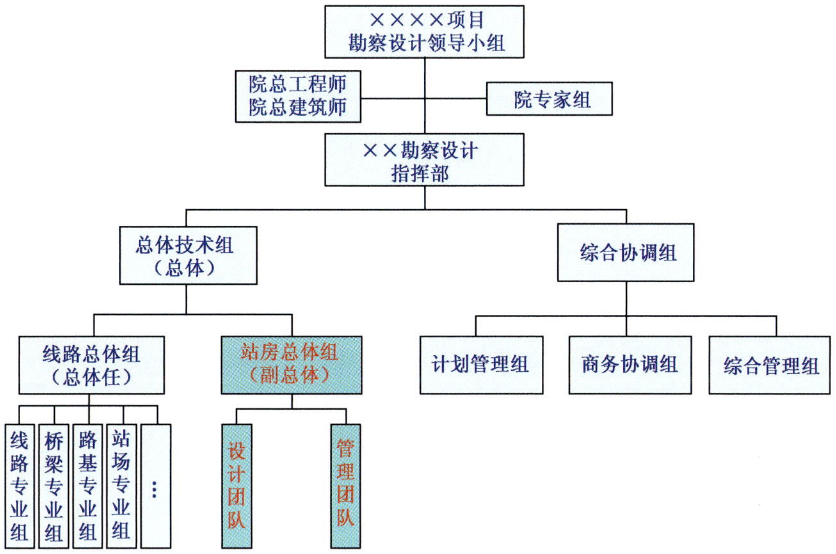

图 4　组织模式三

这种组织模式在铁路整体项目框架内，在满足项目整体性、系统性的前提下，对于多家站房设计单位参与时，能够更好地发挥并履行项目总体单位的管理职责，有利于统一设计原则和标准，有利于设计接口的协调，有利于投资控制。

(4)承担铁路设计范围以外的个别站房设计项目的组织模式

对于承担中间站房工点设计项目，一般不设立专门的项目部，按照区域性原则，根据设计工作量情况，设置站房总体，组织开展站房设计工作，由院统一管理。

4 结语

目前建成的现代铁路客站工程中，北京南站是现代铁路客站的开篇之作，上海虹桥站是大规模现代客站建设中的精品之作。我院在建设过程中既付出了心血，更得到了锻炼和提高。

展望未来，我们仍需继续努力，注重经验总结，不断提升设计和管理水平。要明确发展思路，确定发展目标，建立建筑工程业务的标准化管理体系，打造一支“精于技术、善于管理”的设计管理团队，在站房及公共建筑设计领域努力实现新的跨越。

举一反三　铸造建筑精品

——浅谈“精致性设计”对铁路客站设计者的要求

蔡　珏

（铁路客站建设总指挥部　北京　100038）

摘　要：建筑精品既体现在建筑形态和空间上，又是建筑自身各个精美细部的集中反映。因此现代铁路旅客车站需要设计师进行“精致性设计”，才能打造出一大批铁路客站建筑精品。本文从建筑细部设计的角度出发，认为铁路客站设计者应在理念、创新设计、协同设计和全过程参与等方面更进一步加强认识，举一反三，铸造建筑精品。

关键词：精致性设计　细部设计　建筑精品

1　引言

现代铁路旅客车站是铁路与城市的结合点，既是铁路网重要组成部分，又是城市和区域综合交通枢纽和客运中心；既是展示铁路形象的窗口，又是一个时期城市经济社会发展和文化建设的缩影。铁道部对客站建设历来高度重视，十分关注，在充分借鉴发达国家铁路客站建设成功经验，系统总结我国以往铁路客站建设经验教训的基础上，提出了新时期铁路客站建设必须坚持以人为本，综合体现“适用、经济、美观”的建筑设计原则，并于江苏南通、湖北武汉连续召开了“中国铁路客站技术国际交流会”，明确提出“打造出一大批铁路客站建筑精品”的目标。

建筑精品既体现在建筑形态和空间上，又是建筑自身各个精美细部的集中反映。因此需要建设者们特别是设计师举一反三，把握客站每一个细部，进行“精致性设计”，做到既符合人体工程学的要求，又能运用现代建造材料和构造来完美表达现代制造、施工、材料和安装工艺，体现客站各个构造节点的先进性和铁路客站建筑的特色，铸造精品。

2　提高认识，转变理念，勤于思考

“设计是源头”，铁路客站建设应加强后期技术设计管理，首先需要建筑设计师转变理念，做到既注重建筑的空间和形态，也重视建筑的细部和构造，使建筑“远看、近看、细看，都耐看”。设计师提高对建筑细部的“用”（部件及其连接方式的使用功能）和“意”（部件的精致和连接方式的简洁优美）整体协调的认识，加强对客站建筑本身材料、颜色、质感、工艺技术构造节点的把握能力，是实现建筑创作的灵魂所在。如何避免以往在确定空间与形式后，仅对构造设计着眼于解决具体的功能要求，套用标准图，忽略节点构造的工艺设计，造成大量平庸建筑的现象，是建筑师需要反复思考的问题。

比如对客站的楼梯和栏板扶手的转弯处理，我们在现场见到更多的是把立柱、扶手和玻璃堆成一团，没有设计的逻辑性，造成立柱过多、扶手转弯生硬、下部挡台过长等现象。究其原因，立柱过多主要是设计师没有注意立柱分段的起点选择，随意立柱造成的；扶手转弯生硬在于转弯半径过小和加工粗糙。找到问题的根源后，如何做到使节点能够简单、高效地实现，反过来又会影响构造的做法等等。以下是几种扶手转弯处理方式（图 1），反映了建筑师对该处节点的反复思考。

再如站台地道出入口处栏杆与挡台的处理，某些设计和施工单位担心将栏板下部处理成石材挡台时，挡台的高、宽尺寸会与地道壁干挂石材冲突，达不到设计要求。事实上，在该处可以利用干挂石材龙骨的尺寸与钢筋混凝土的地道壁接合考虑，在地道壁上部外挑一段与龙骨尺寸相当的距离，使石材与外挑钢筋混凝土巧妙结合处理（图 2）。这些做法需要设计师在构造熟悉的情况下，反复思考综合考虑。

精致性设计不仅体现在建筑师的设计上，各专业设计师同样需转变理念，注意细节。各专业工程师不能将存在的问题全部交到后期的装饰装修上，毕竟装饰装修的目的更重要的是烘托建筑造型和空间效果，是对环境的再塑造，而不是遮掩问题的方法和方式。如我们现场谈论最多的楼层净高问题，就是建筑、结构、暖通、电力、弱电等各专业需要在初步设计就要精心推敲后有结论的原则问题，如果到施工后期再去调整，代价无疑是巨大的；再如结构设计师在充分理解建筑师的设计意图，为建筑师创作提供良好的条件完善自身结构体系外，同时应反复推敲结构构件和节点的处理，对节点进行创新设计，结构美才是真正、实实在在的美。上海虹桥站钢结构的节点(图 3)所表达的就是对“受力”关系逻辑的理解，达到了密斯讲究的“技术精美主义”目标。

图 1　几种扶手转弯处理方式

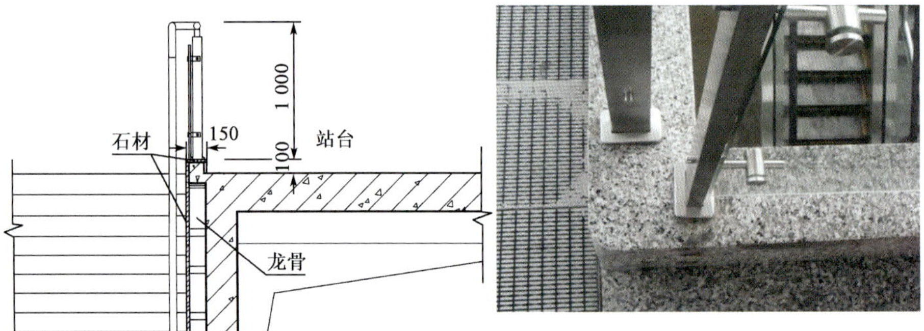

图 2　站台栏板挡台做法及实例(尺寸单位:mm)

图　3

图 3　精致的结构节点

3　掌握设计技术标准，努力创新

铁道部为提高客站设计水平，曾出版《铁路旅客车站设计指南》和《中国当代铁路客站设计理论探索》等理论性著作，为新时期客站建设奠定了理论基础。随着铁路客站大规模建设的铺开，为引导设计单位从技术上达到精品建筑的要求，铁道部工程设计鉴定中心组织专家在 2009 年 3 月编写的《铁路旅客车站细部设计》（试行）一书基础上，结合新建成的上海虹桥、武汉、广州南、武广、郑西、甬台温、温福、沪宁城际等客站建设的成功经验，补充和完善了《铁路旅客车站细部设计》，建立了初步的客站设计细部设计技术参考标准。对能够标准化的内容尽量标准化，力求在当前阶段，复制成功经验，为广大铁路客站建设者特别是设计单位提供技术支持，又好又快推动铁路客站建设，多出精品。

这部技术参考标准共 11 章，涉及客站与城市的关系、客站站房与站场的关系和站区内各个专业的关系三个部分，达三百多个细部的设计方案与处理方法。而这些做法是客站建设现场经常反映的问题的解决方法，包含站房平台、售票厅、候车区、贵宾区、公共卫生间、楼梯扶手等等各个节点的处理。而且每章都按设计要点、参考图、实例的体例布置，做到图文并茂，简单易读，深刻理解。

如对吊顶的铺装要求“吊顶采用离缝形式时，应根据空间关系及板宽的大小确定板缝宽度。”并在参考图中进一步绘出吊顶做法图，给出了离缝板宽和缝宽的具体数值，在工程实例中又有完成的实例图片等（图 4、图 5）。

图 4　板条离缝吊顶

图 5　板条离缝吊顶遇桁架的处理

正因为该标准是包含了客站各相关专业细部设计问题集的解答，因此设计师应认真研读，不仅包括建筑、结构专业，其他公用工程、设备专业设计师都要了解、掌握其中相关内容。需要说明的是，由于设计是一个不断完善的创作工程，虽然《铁路旅客车站细部设计》里的节点做法是现阶段客站建设的参考标准，但另一方面，该标准也是在不断完善之中，不是通用图。我们鼓励设计师对构造节点在已有的基础上积极创新，改进已有的做法，使之更加精美、完善。但创新的做法应符合客站建筑的基本理念要求，这也是设计师需要充分理解的。

4 深化设计，全过程参与

客站设计参与专业多，但大多数设计人员只关心自己本专业的内容，对其他专业的虽说了解，但并不理解，更别谈细部了。在现场经常看到各专业不同步、相互冲突的现象。事实上，在初步设计阶段，大多数设计者都停留在平面布局、结构形式、设备选型等大原则上面，一旦工期紧，设计周期缩短，必然各专业图纸不细、研究不深、研究不透，自己专业的图纸都出不来，更别谈各专业彼此之间的配合，因此不沟通，留出大量“问题尾巴”未完成，都意图到施工现场解决，或留给装修解决。

如某客站结构工程师在设计人行进站天桥时，发现由于跨度太大，原初步设计考虑的钢箱梁结构验算不通过，因此又在两侧增加桁架，却没有考虑天桥栏板的位置和天桥净宽，导致这些问题暴露出来后，现场无法解决，最后只有修改原有建筑方案了。因此需要各专业设计者在初步设计阶段就相互之间提前介入，深化设计，整体协调（图 6～图 8），解决存在的重点问题，避免在下阶段出现重大原则问题，为施工图阶段解决各个细部节点留够时间。同时同专业人员也应相互沟通，相互学习，提高水平。

图 6　风口和建筑细部的协调

图 7　风口、灯具、桁架和吊顶板的协调

图 8　不同材料、不同专业设备布置的整体协调

设计师应该清醒地认识到参与全过程设计的重要性。许多设计师，特别是建筑师认为建筑设计做完方案完成造型，调整平面功能后，剩下的都是装饰设计师的事情了，这种看法是片面的。施工图作为施工的指导和依据，必须准确到位，作为设计师首要任务就是贯彻自己的设计意图，树立设计的威信，特别是细部节点的设计，可以说是建筑创作的又一个挑战——营造。不知方法如何造？如何使建成的作品节能环保，如何使建筑经久耐用，都需要在施工图和现场不断的思考和解决。一个经验丰富的设计

师，不但对图纸有把握能力，还能及时解决现场存在的问题。为了更好地将设计方案转换为施工图，转换为实实在在的作品，设计师必须充分把握不同旅客不同的人体尺度，不断思考不同材料的可塑性、工艺的可实施性，以较低的工程成本达到较高的艺术效果，满足方案设计的意图。我们鼓励主创建筑师全过程参与客站设计，参与全过程设计的设计师更有修养，知识更全面，塑造的建筑更有说服力，更能体现建筑的"理性"与"浪漫"。

5 结语

大规模铁路建设特别是客站建设，一方面为广大设计师提供了施展本领的大舞台，另一方面对设计师也提出了更高的要求。笔者认为，建筑创作的最高境界是将建筑形态与"以人为本"、"为人服务"理念和谐地结合起来，并将"用"和"意"灌输到建筑的每一部分之中。只要我们从细节入手，提高自己对建筑技术、建筑材料、施工工艺等的把握能力，举一反三，把创作激情落实到每一个工程细部节点上，不断思考建筑的本质，我们的作品将更有品质，更有魅力，达到铸造铁路客站"精品工程"成为世纪经典建筑的目标。

参考文献

[1] 郑健. 铁路旅客车站细部设计[M]. 北京：人民交通出版社，2010.
[2] 陈隽，莫天伟. 建筑细部设计[M]. 上海：同济大学出版社，2002.
[3] 秦佑国. 建筑呼唤精致性设计[J]. 建筑学报，2003(1).
[4] 黄云峰. 浅析建筑细部设计[J]. 山西建筑，2007，33(36).

铁路客站大跨钢结构选型探讨

姜　锐

（铁路客站建设总指挥部　北京　100038）

摘　要：大跨钢结构在近些年的铁路客站建设中得到广泛应用。本文总结了大跨钢结构在铁路客站屋盖、雨棚体系中的部分应用实例，从功能、受力、经济、施工、美学等方面探讨了大跨钢结构体系应用于铁路客站时的结构选型问题，并提出下一步研究工作建议。

关键词：铁路客站　大跨结构　结构选型

大跨结构是衡量一个国家建筑技术水平的重要标志之一。自2004年以来，一批造型优美、富于文化内涵，充分体现建筑功能与流线、内容与形式完美结合的铁路客站逐渐由蓝图付诸实施。自2008年至今，先后有北京南、武汉、广州南、虹桥、成都东、杭州东、西安北、太原南、天津西等多个大中型客站建成或在建。这些客站的站房、雨棚屋盖体系大都采用了大跨钢结构，涵盖了索壳、网架、空间管桁架、悬索、连续张弦梁等多种结构体系，跨度从几十米到一百多米不等。大跨度钢结构在铁路客站建设中得到广泛应用。

本文总结了大跨钢结构在铁路客站屋盖、雨棚及候车室楼盖体系中的部分应用实例，探讨了大跨钢结构体系应用于铁路客站时的结构选型问题，并提出下一步研究工作建议。

1　大跨钢结构在铁路客站中的应用

大跨钢结构在铁路客站中的应用主要体现在站房、雨棚的屋盖结构、高架候车室楼盖结构中。表1、表2及图1～图4为作者收集到的大跨钢结构在站房、雨棚中的部分应用实例。

大跨钢结构在站房屋盖体系中的应用　　表1

序号	站房名称	跨度(m)	结构形式	结构高度
1	虹桥站	30m标高屋盖最大跨度为46m，40m标高屋盖主桁架跨度92m	40m标高层：倒三角形空间管桁架；30m标高层：双拼管桁架	40m标高层：4.2m；30m标高层：3m
2	南京南站	整体平面尺寸约为198m×439m，最大跨度72m	正放四角锥双层弦杆网架	网架高6m，截面最大高度7.22m
3	深圳北站	主桁架跨度54～86m	上平下曲双层双向不规则截面桁架	矢高大于10m
4	西安北站	顺轨方向跨度为42m+66.5m+42m，垂直轨道方向跨度为43m，局部47m；屋盖四周悬挑长度均为21m	11个单元体组成的折板网格结构	
5	郑州东站	垂直轨道方向跨度为39m+78m+39m，顺轨向跨度43～56m	矩形空间管桁架	3m
6	长春西站	顺轨方向18m+72m+18m	正放四角锥网架	2.8～5.1m
7	成都东站	27(挑)+42+66+42+27(挑)	空间管桁架	2.6～3.8m
8	汉口站	12.5+66+12.5	正放四角锥网架	网架下弦拱高5.464m，最大矢高4.5m
9	天津西站	114	联方网格单层圆柱面网壳	矢高35.9m

续上表

序号	站房名称	跨度(m)	结构形式	结构高度
10	武汉站	拱间距 64.5m，最大拱跨 116m，壳体宽 135～186m	拱支网壳，屋面采用双向变厚度正交正放双层空间网壳结构，竖向支撑采用大跨度钢管拱、半拱形曲梁、斜立柱	拱跨矢高 45m；壳体矢高 27～30m
11	杭州东站	顺轨方向最大跨度约 84m，垂直轨道方向结构跨度为 43～68m	双向正交管桁架＋钢管格构柱结构体系	从跨中区域的 3.5～4.4m 逐渐变为两侧端部的 7.2m 左右

大跨钢结构在雨棚中的应用　　表 2

序号	站房名称	雨棚跨度(m)	结构形式	结构高度
1	南京南站	横向：62.75＋64.5＋43×2＋64.5＋46.25 纵向：6×21＋18	纵横正三角形管桁架＋钢管混凝土柱	最高 4.5m
2	深圳北站	东西方向柱距 28m，南北方向柱距 43m	方环索弦支双向网格连续钢梁体系	单元体为 14m×21.5m 网格
3	太原南站	最大跨度为 53.3m	弧形钢管桁架	
4	长春西站	43.25＋33.25＋47	纵横相交平面管桁架＋钢柱	2m
5	成都东站	最大跨度 46.8m	空间管桁架	2.6m
6	汉口站	51.25＋2×48＋43＋38.25	连续拱桁架	
7	哈尔滨西站	顺轨：20m；垂直轨道：43m	变截面拱形实腹箱形钢梁	□1 700mm×500mm×16mm×50mm 的变截面箱形钢梁
8	天津西站	纵向主梁采用两榀实腹箱形钢梁，跨度 30m，横向钢梁为变截面拱形实腹钢梁，跨度 21.5m，支撑于纵向主梁上	实腹钢梁＋钢管混凝土柱	纵向主梁截面为□1 500mm×300mm×12mm×16mm，横向钢梁截面为 H1 500～500mm×250mm×8mm×12mm
9	福州站	64.85＋43＋50.2	正三角形管桁架＋钢管混凝土柱	
10	济南西站	46.5＋42.85＋42.85＋43	张弦梁＋钢管混凝土柱	撑杆最高 4.6m
11	福州南站	46.25＋55＋62.75	连续张弦拱桁架	拱矢高 3.5m
12	南昌东站	15.45(挑)＋47.5＋42.25＋21(挑)	倒三角形空间桁架	

图 1　西安北站效果图

图 2 天津西站鸟瞰图

图 3 南京南站效果图

图 4 青岛北站站台效果图

2 大跨钢结构应用于铁路客站的结构选型研究

铁路客站与体育场馆、会展中心等公共建筑不同，其独特的结构形式（如多数大型客站采用的“站桥合一”结构)、复杂的施工条件,决定了大跨度钢结构应用于铁路客站建筑,仍有许多问题需要研究解决。站房和雨棚屋盖体系的结构选型是其中比较突出的问题之一。

由表1、表2可见,站房、雨棚屋盖结构形式涵盖了管桁架、网架、网壳、索拱、张弦梁等多种大跨结构体系,结构选型在大跨屋盖设计中显得尤为重要。

大跨结构选型是个综合性很强的决策问题,涉及建筑、结构、力学、美学、经济学、施工等多个学科。具体来讲,结构选型通常要考虑以下几个因素:

2.1 结构的功能适应性

结构选型应首先考虑结构形式对建筑功能的适应性,选取不同的结构形式,建筑物所能获得的使用空间大小不同。候车室的主要功能是给旅客提供宽敞、舒适的候车空间,雨棚的主要功能是遮雨和形成通透、流畅的站台环境,结构选型应首先保证这些使用功能的实现。目前客站建筑中普遍采用的大跨度屋盖、无站台柱雨棚设计即是对功能适应性的很好诠释。

2.2 结构的受力合理性

结构受力合理指结构体系传力明确、结构抗风、抗震设计安全、应力分布合理、破坏机制合理等,用于大型站房、雨棚屋盖结构时,还要注意结构超长带来的温度缝设置以及雨棚结构体系的防连续倒塌等问题。

各种结构体系有各自的受力特征,网架结构整体刚度大,稳定性好、安全储备高;网壳结构杆件内力分布较均匀,可充分发挥材料强度,并具有丰富的建筑造型;管桁架具有截面各向等强度,承载力高,抗扭刚度大等特点。结构选型要比较各种结构体系的优劣,并综合考虑经济、美观、施工可行等因素,选出最合理的方案。

2.3 结构的经济有效性

大跨度钢结构的经济指标指结构的全寿命期费用,不仅包括结构的建造成本,如用钢量指标、安装费用等,还包括维护成本和改造成本。在有些文献中,结构的经济指标还包括预期灾害损失及加固费用。结构选型应综合考虑这些经济指标,从中比选出最经济有效的方案。

2.4 结构的施工方便性

选择结构形式要结合施工工艺因素考虑工程的具体施工条件,不同的施工工艺材料消耗、劳动力、工期、造价等技术经济指标均不相同。同时,大型枢纽客站施工往往与下穿地铁施工或既有线运营同时进行,钢结构吊装施工作业面有限、材料运输受场地影响、工期紧因素等都应该在结构选型时予以考虑。

2.5 结构的美学效应

结构的美学效应主要指建筑视觉美和结构技术美的和谐统一。近几年在铁路客站屋盖结构选型上有不少用结构来体现建筑视觉美的成功例子,如武汉站的站房屋盖采用拱支双向网壳体系,站房中心最大拱跨116m,矢高45m,外形似飞翔的黄鹤,切合了“千年鹤归”的建筑创意;西安北站站房屋盖由11个4坡屋面单元体形成折板网格结构,体现了“唐风汉韵”的文化内涵等。

除了要综合考虑以上几个因素外,结构选型还要考虑站场环境的影响,如雨棚的柱网布置受到站台、股道布置的限制,雨棚柱截面尺寸应严格满足铁路限界的要求等。

综上所述,结构选型是个考虑多个因素的综合性决策问题,一个好的结构方案,往往是上述多个因素之间的一种平衡。

3 结语

大跨钢结构在铁路客站设计中被广泛应用。事实上,经过几年的站房建设,设计单位在大跨结构选型方面做了大量有意义的探索和实践,其中有不少成功的例子。因此需要总结已有的成功经验,为以后的站房建设提供借鉴。进一步的研究工作,建议从以下几个方面着手:

(1)将已建客站屋盖、雨棚按结构形式进行梳理、分类;

(2)将每种结构形式按跨度指标再次分类;

(3)研究各种结构形式的经济指标;

(4)综合考虑施工、美学等因素,给出不同结构体系的经济指标和适用跨度建议。

参 考 文 献

[1] 王光远,吕大刚,张世海.论结构选型的若干关键问题[J].哈尔滨建筑大学学报,2000,33(1):1-7.

[2] 赵基达,李明顺.大跨度空间结构在我国的发展及其关键技术[J].建筑技术,28(7):483-484.

[3] 郑健.空间结构在大型铁路客站中的应用[J].空间结构,2009,15(3):52-65.

[4] 潘国华.无站台柱雨棚设计若干问题的探讨[J].铁道标准设计,2008(6):113-117.

[5] 王力,张世海,吕大刚,等.大跨空间结构选型的方案评价方法[J].哈尔滨工业大学学报,2004,36(4):477-479.

[6] 高剑.无站台柱雨棚特性与设计[J].铁道工程学报,2008(12):75-78.

[7] 王秀丽.大跨度空间钢结构分析与概念设计[M].北京:机械工业出版社,2008.

总体设计与专项设计的关系以及设计变更管理探讨

苏恩光　王福祥

（呼和浩特铁路局　呼和浩特　010050）

摘　要：随着铁路建设的蓬勃发展，建设者对站房建设“五性”原则的认识不断提高，站房建设中设计理念不断更新，建筑造型新颖别致，涉及的专业越来越多，系统性越来越强。同时随着建设领域新技术、新材料不断涌现，专业分工越来越细。在这种形势下，站房建设中设计工作的管理不断遇到新的问题。本文结合呼和浩特东客运站建设管理的实践，对站房设计中总体设计与专项设计的关系，以及II类设计变更的管理模式进行探讨，旨在进一步规范设计管理工作，提高客站的建设管理水平。

关键词：建设管理　总体设计　专项设计　设计变更

1　总体设计与专项设计关系的现状及存在的问题

总体设计与专项设计是针对大中型建设项目而言的。总体设计是指一个完整建设项目的施工图设计，设计内容一般涵盖了总图、建筑结构、装饰装修、室内外配套、设备安装等。专项设计是指完整建设项目中某个分部工程的设计，一般是指专业性较强的分部工程，是为实现总体设计的原则、标准、设计效果而对总体设计的细化、补充和完善，设计内容一般包含效果、选材、分格、节点、加工、安装等。二者的关系为总体设计是专项设计的依据，专项设计是对总体设计的细化、补充和完善。

1.1　有关总体设计与专项设计关系方面的规定

目前对总体设计与专项设计之间的关系国内尚没有专门的规定，只是在有关设计管理的规定中有一些相应的内容。其中主要包括以下几个规定：

(1)《建设工程勘察设计资质管理规定》(建设部令第160号)

其中规定了工程设计资质共分为四个系列：工程设计综合资质、工程设计行业资质、工程设计专业资质、工程设计专项资质。

(2)《建设工程勘察设计资质管理规定实施意见》(建市〔2007〕202号)

其中列举了“建筑装饰工程设计、建筑幕墙工程设计、轻型钢结构工程设计、建筑智能化系统设计、照明工程设计和消防设施工程设计等专项工程设计业务”。

(3)《建筑工程设计文件编制深度规定》(2008年版)

对内装修专项设计的规定有：较复杂或较高级的民用建筑应另行委托室内装修设计；凡属二次装修的部分，可不列装修做法表和进行室内施工图设计，但对原建筑设计、结构和设备设计有较大改动时，应征得原设计单位和设计人员的同意。

对外幕墙专项设计的规定有：当建筑幕墙结构设计由有设计资质的幕墙公司按建筑设计要求承担时，主体结构设计人员应复核与幕墙相连的主体结构的安全性(幕墙本身及幕墙与主体结构间的连接件的安全性由建筑幕墙设计单位负责)。

对钢结构专项设计规定有：钢结构设计制图分为钢结构设计图和钢结构制作详图两阶段，钢结构设计图应由具有设计资质的设计单位完成，设计图的内容和深度应满足编制钢结构施工详图的要求；钢结构制作详图一般应由具有钢结构专项设计资质的加工制作单位完成，也可由具有该项资质的其他单位完成。钢结构设计施工图不包括钢结构制作详图的内容。

对照明设计的规定是：凡需二次装修部位，其照明平面图随二次装修设计，但配电或照明平面图上应相应标注预留的照明配电箱。

对给排水通风设计的规定是：当建筑装修未确定时，风管和水管可先出单线走向示意图，注明房间送、回风量或风机盘管数量、规格，建筑装修确定后，应按规定要求绘制平面图。

1.2 客站建设中需要进行深化或专项设计的项目

目前客站建设在总体设计的基础上以下项目还需专项设计：钢结构制作（深化）设计，包括节点设计、加工制作、安装过程的设计等；建筑幕墙的设计，包括玻璃幕墙、石材幕墙、金属及其他新材料幕墙；室内（外）高级装饰工程的设计，包括建筑效果、建筑功能的优化，照明（灯具、照度）设计，通风、空调、卫生系统末端设备的布置，各种标识的设计，商业设施的设计等；消防系统中火灾自动报警的二次设计；室内静态标识的设计；站内旅客服务设施及广告的设计，其中包括电力、信息等配套设计；景观照明设计；屋面及虹吸雨水系统设计；管道电伴热及融雪系统设计；建筑光电一体化设计等。

1.3 存在的问题

从以上所述可以看出，现行总体设计与专项设计之间关系的规定存在以下问题：

(1)工程设计专项资质包括的项目与现阶段新技术、新工艺的发展不够适应。工程设计专项资质仅有“建筑装饰、建筑幕墙、轻型钢结构、建筑智能化系统、照明、消防”等几项。而在客站建设中需要在总体设计的基础上进行深化设计或专项设计的项目还有屋面及虹吸雨水系统、管道电伴热及融雪电伴热系统、景观照明、静态标识、建筑光电一体化等。这些专业项目中，某些新技术、新材料的应用往往没有取得工程设计专项资质，而要求总体设计单位的设计者对这些新技术、新材料都全部及时地掌握可能并不现实。这样，处理不好就限制了新技术、新材料在站房建设中的应用，或者给工程质量造成隐患。

(2)目前国内对专项设计与总体设计的关系尚没有明确的规定。包括哪些专业必须由总体设计单位完成，哪些专业可以或应该进行专项设计，哪些专项设计必须由总体设计单位审定，哪些专项设计不需总体设计单位审定，总体设计与专项设计技术接口深度以及各自的责任也不够明确。按照现行的施工图设计深度的规定，仅对二次装修及配套设计、外幕墙设计、钢结构制作加工设计等有相应的规定，但这些规定也不够明确。如上所述对二次装修设计是这样规定的：“对原建筑设计、结构和设备设计有较大改动时，应征得原设计单位和设计人员的同意”。对什么是较大改动则不是很明确。外幕墙的专项设计规定中对结构方面的界定是清晰的，但对功能方面如保温节能、防火等界定则不够清晰。

(3)由于没有明确的规定，各个建设单位掌握的标准不尽一致，完全依赖各个建设单位的管理经验、人员素质情况而定。有的要求所有的专项设计必须要有专项设计资质，这样就限制了某些新技术、新材料的应用；有的要求所有的专项设计均应由总体设计单位审定，这样既限制了专项设计的发挥，加大了总体设计单位的工作量，同时也造成了设计责任的不明确；有的对专项设计把关不严，则会对工程质量造成隐患。

2 站房设计变更的特点及目前管理存在的问题

2.1 站房建设中设计变更的特点

由于站房建设专业多、所用材料品种型号多、工序交叉多等特点，使站房的设计变更呈现以下几个特点：一是变更多；二是变更的连带性强，一个专业的变更会引起几个专业的连带变更，例如简单地改变一个门的位置，就会引起照明开关的变化、风口位置的变化、消防疏散距离的变化、标识牌的变化，如果是卫生间还会引起给排水管路的变化等等；三是提议变更的单位多，除了参建各方外，使用单位、产权单位，以及其他有关的单位部门或社会团体等都可能提出好的变更建议；四是单个变更引起的投资变化价值可能较小，但变更总价值则较大。

2.2 现阶段设计变更管理存在的问题

目前，客站建设对设计变更的管理基本上沿用铁路工程的设计变更管理办法，即将设计变更分为两类：I 类设计变更和 II 类设计变更。I 类设计变更标准明确、审批程序完善；II 类设计变更审批程序明确，费用一般纳入施工总承包风险包干费（总承包风险费一般占预备费的 40%）。II 类变更费用这样的管理模式在铁路工程建设管理中对控制总投资起到很好的效果。但由于客站建设的特点，对 II 类变更简单地采用铁路工程的管理办法存在以下问题：

(1)由于II类设计变更费用的包干，由建设方、设计方或使用方提出的合理的设计变更，只要是增加投资的往往会遇到来自施工承包方的阻力。这样的矛盾处理不好就会给工期和质量造成不利影响。

(2)由于II类设计变更费用的包干，容易引起变更责任主体不明确的问题，造成了不按程序办理设计变更。

(3)由于II类设计变更多，总价值较大，全部II类设计变更的费用都由总承包单位承担也不尽合理。

(4)所有的设计变更，包括一些简单的、不影响工程质量的细部做法的变更，均要求设计单位出具设计变更单的做法，可能与设计单位内部管理制度不一致，也会影响施工单位的主动性，会给工程造成不利影响。

3 关于总体设计与专项设计关系的建议

下面结合呼和浩特东站的建设管理实践，重点就以下几个专项设计，对总体设计与专项设计的关系提出几点建议：

3.1 关于较复杂、较高级的室内装修专项设计

(1)大中型站房的室内精装修应进行专项设计，精装修的范围一般是为旅客服务的公共区域，包括进出站厅、候车厅、公共卫生间、售票厅、贵宾室等区域。由于站房精装修设计存在专业多、专业间相互交叉多、设计细节多等特点，因此精装修设计需要在对建筑结构设计进行认真分析研究的基础上开展。而单独进行精装修专项设计既可以为精装修设计留出必要的时间，又可以保证结构和建筑工程的施工设计先期完成，对加快总体建设进度、保证工程质量提供条件。精装修专项设计即可由总体设计单位承担，也可单独招标由专业装修设计单位承担，规模较小的也可以把装饰工程施工设计合并进行分包招标。

(2)凡需进行室内装修专项设计的项目，必须明确总体设计与专项设计的关系和各自的责任。首先，总体设计应对室内装修设计的总体建筑风格、建筑效果、建筑功能、建筑安全负责，这些要求往往在初步设计中即已基本确定；其次，总体设计单位应将装修设计的允许荷载、材料品质、防火等级、用电负荷、照度、固定设备的基本要求，给排水、卫生、通风、空调、信息等系统的终端设备的布置原则，以及其他涉及建筑安全、功能性的要求明确提交给专项设计；第三，总体设计对列入专项设计范围的给排水、采暖、通风、动力、照明、消防、信息自动化等配套专业可暂时不进行详细设计，待专项装修设计批准后再对这些配套专业进行详细设计；第四，装修专项设计应根据总体设计的要求负责装修的建筑效果和施工图设计，对照明、卫生、通风、空调、广播、消防、静态标识、旅客服务、商业设施等各个系统终端设备的布置等一并设计，并将有关要求提供给各相关专业，作为相关专业的设计条件。

(3)凡需进行室内装修专项设计的项目，应明确界定出专项设计的范围，以免出现漏项或重复矛盾的问题。范围以区域划分为宜，特别要明确分界线的设计责任。

(4)如果总体设计与专项设计不是同一个单位，原则上总体设计应对专项设计进行审核。总体设计对装修设计中总体建筑安全和主要功能负责，包括允许荷载、防火等级、用电负荷、照度、采暖等方面。专项设计应对装修设计中各种做法、材料的技术要求，例如干挂砖、吊顶龙骨、地面等做法和有关材料的技术标准等负责。

(5)实际操作中，总体设计与专项设计不是同一个单位时，装修设计由具有资质的专项设计单位完成施工图设计，总体设计单位审核后出具书面审核意见，专项设计单位根据意见修改设计或澄清。双方意见不一致时，建设单位组织研究确定。

3.2 关于钢结构的专项设计

钢结构设计分为钢结构设计图和钢结构施工详图两阶段。钢结构设计图应由总体设计单位负责，总体设计应提出钢结构施工的有关要求。钢结构施工详图应由有钢结构专项设计资质的单位负责，一般由有钢结构专项设计资质的施工分包方负责。原则上钢结构施工图应需总体设计审核。大型钢结构的施工安装方案还应进行专家论证。

由于钢结构设计施工专业性强，与其他专业的界线清晰，所以实际操作中适宜采取整体分包的方式。呼和浩特东站的钢结构比较复杂，通过招标选定的分包单位负责深化设计、制作安装，事实证明在质量、进度等方面都取得了较好的效果。

3.3 关于室内照明和景观照明的设计

大中型站房应进行室内照明和景观照明（以下统称照明）专项设计。照明专项设计应经装修设计审核。装修设计应对灯具的形式、外观、布置、控制等提出要求，并进行审核。照明专项设计应对配线、光源、照度、控制、安装等负责。照明专项设计一般由总体设计单位负责，大型站房可由专业机构配合设计，由具备资质的专项设计单位或总体设计单位完成施工设计文件。对于特殊的大型灯具，其安装应经装修设计或总体设计单位审核。

3.4 关于金属屋面的专项设计

近年来，由于建筑造型及大空间等建筑要求，客站铝镁锰合金或彩钢板等金属屋面越来越普及。由于此类产品的多样性，其布设方式、性能等不尽相同，而且屋面受风荷载直接作用，是结构安全的重要部分。所以此类屋面应进行专项设计，且应经总体设计审核。实际操作中，由于该项目没有专项设计资质，根据市场情况，建议采用专项分包的形式管理。总体设计提出暴雨强度、汇水面积、风荷载等技术要求，通过招投标确定分包商。由分包商根据其产品特性配合总体设计单位完成加工安装设计文件。金属屋面专项设计应与虹吸雨水系统一并进行。

3.5 关于建筑光电一体化专项设计

建筑光电一体化是一个系统项目，它集成了幕墙、电池板、配电、并网等技术，应进行专项设计。实际操作中也适宜采取整体分包的方式。专项设计者应具备幕墙工程设计专项资质，其中与配电有关的设计应经总体设计审定。

3.6 关于融雪电伴热和管道电伴热保温的专项设计

随着发热电缆技术的不断进步，站房建设中采用发热电缆进行管道保温、屋面融雪的设计逐渐增多。对于北方严寒地区，由于管道保温工程非常重要，因此该工程应进行专项设计，并且必须经总体设计审定。由于各种发热电缆的性能不一致，有关问题与金属屋面类似，建议其设计管理方式可参照金属屋面。根据呼和浩特东站采用发热电缆进行管道保温的实际应用效果，建议在严寒地区，给排水和消防管路不宜采用通过发热电缆保温而长距离户外明露的敷设方式，特别是在横跨电气化铁路的上方要谨慎使用。

3.7 总体设计与专项设计的关系原则

（1）总体设计单位在总体设计中应明确哪些项目需进行专项设计，并为专项设计提供明确的设计条件和设计要求。凡需进行专项设计的工程，总体设计中不需进行细节设计，以免误导施工。

（2）具备工程设计专项资质的项目，专项设计单位依据总体设计单位提供的设计条件和要求所作的专项设计，原则上总体设计单位只针对总体要求进行审核，细部设计由专项设计单位负责。

（3）无工程设计专项资质的新技术、新材料的应用，宜采用由总体设计提出安全及功能方面的要求及有关基础资料，通过招标确定产品，再由产品制造方配合总体设计单位完成专项设计的管理方式。

4 关于站房 II 类设计变更管理的建议

如果将设计变更增减的费用作为风险包干费纳入施工总承包范围时，在施工总承包招标中应详细载明风险包干费所包括的项目，特别要明确由非承包方提出的增加投资的设计变更的处理方式。

以施工图招标的项目，II 类设计变更费用不宜全部纳入风险包干费，部分宜由建设单位负责审批，增减的投资由社会审价机构审核确定。按以上原则，设计变更宜分以下几种形式处理：

4.1 施工单位提出的设计变更

施工单位提出设计变更技术联系单，经监理工程师审查同意，交建设单位审核，建设单位审核同意交设计单位。如设计单位同意变更，则由设计单位签发设计变更技术通知单；如设计单位不同意变更，施工单位存有不同意见的,由建设单位组织协调或组织专家论证确定。该类设计变更增加投资的由施工方承担,减少投资的相当于施工单位的合理化建议,双方按一定的比例分享收益。

4.2 设计单位提出的设计变更

设计单位提交设计变更技术联系单,交建设单位审查。建设单位如同意变更,则设计单位签发设计变更通知单;建设单位如不同意变更,则将其返回设计单位,如设计单位有不同意见,应由建设单位组织协调或专家论证确定。该类变更增减的投资应由建设单位和施工单位各承担50%。

4.3 监理单位提出的设计变更

监理单位提出变更技术联系单,经建设单位审核同意后交设计单位,设计单位签发设计变更通知单,如设计单位不同意变更,应由建设单位组织协调或专家论证确定。该类变更增减的投资应由建设单位承担。

4.4 建设单位提出的设计变更

建设单位提出变更技术联系单交设计单位,设计单位签发设计变更通知单,如设计单位不同意变更,应由建设单位组织协调或专家论证确定。该类变更增减的投资应由建设单位承担。

4.5 其他

对于不降低工程质量标准、不增减投资(或增减投资较小、各方均可忽略不计的)、不影响结构安全和使用功能的设计变更,经建设单位协调,可采取技术核定单的方式确定设计变更,即经施工、监理、设计、建设四方共同确认的技术核定单可作为有效的设计变更文件。

5 结语

以上是笔者对站房建设管理的一点看法,由于水平所限,不妥之处敬请指正。

铁路车站广场设计探讨

阳庆萍

（南宁铁路局　南宁　530003）

摘　要：结合城市广场、铁路车站广场设计对比，对既有南宁铁路局局管内3个车站广场形式进行分析，探讨铁路旅客车站广场设计应增加的功能。

关键词：广场　车站广场　功能　探讨

1　通俗意义上的城市广场和车站广场

广场作为城市心脏与都市绿肺，对城市经济、文化、社会生活及城市居民生活环境质量起着极其重要的调节作用。市民的心理与行为模式、都市文化背景、不同的地段、不同的功能要求，即城市对广场的不同需求，决定了广场的设计形态。

一般城市广场，作为城市客厅，强调历史风貌、交通的可达性，塑造错落有致的城市天际线；集合剧院、影院、高端娱乐、商务、金融、星级酒店，是城市高端商务区，是最具活力的公共活动场所。

国家奥林匹克中心广场设计，回避中轴线尽端建设重要项目的设想，主要的体育场馆分别设置在中轴线的两侧，国家体育场设置在中轴线东侧，国家游泳中心、国家体育馆和国家会议中心在中轴线西侧。中心区内部沿中轴景观从南到北划分为：庆典广场、下沉庭院、休闲花园，中心区中部，下层庭院为20万m^2地下商业、地铁出入口。[1]

铁路车站广场作为城市广场的一种特殊形态，既要满足城市的基本要求，更重要的必须满足其作为城市交通枢纽广场的特殊角色要求，在解决人车分流，人流有效疏散，小汽车、出租车、公交车等车流组织合理的基础上，充分考虑广场使用者的心理与行为模式，并加以良性的引导，使车站站前广场具有有效、合理和美观的特质。

铁路车站广场的常规布局：车站站房体量巨大位于中轴线尽端，处于视觉焦点，在车站广场临城市道路一侧满足旅客或通过者对车站站房立面完整感受，与通行者形成视觉对话，车站广场整体表现亲和、勃勃生机。

2　车站广场的设计

2.1　车站广场设计的依据

《城市道路设计规范》将城市广场分为公共活动广场、集散广场、交通广场、纪念性广场与商业广场五类。强调集散广场应根据高峰时间人流和车辆的多少、公共建筑物主要出入口的位置，结合地形，合理布置车辆与人群的进出通道、停车场地、步行活动地带等。飞机场、港口码头、铁路车站与长途汽车站等站前广场应与市内公共汽车、电车、地下铁道的站点布置统一规划，组织交通，使人流、客货运车流的通路分开，行人活动区与车辆通行区分开，离站、到站的车流分开。必要时，设人行天桥或人行地道。

目前，车站广场的主要设计指导依据是《铁路旅客车站建筑设计规范》：车站广场由站房平台、旅客车站专用场地（按照旅客最高聚集人数或高峰小时发送量4.8m^2/人计算）、公交站点及绿化（绿化率不宜小于10%）、景观用地组成。

2.2　常规车站广场设计的功能分区

广场的主体分为：交通集散区、旅客临时集散区和休闲生态景观区。

交通集散区贯通广场周边和站房平台，设计通过地面高差、铺装材料、绿化分隔等划分出人行、车行空间。人行空间主要由旅客活动地带和站房平台相连，人行通道的设计重点在于保证进出站客流畅通，便于旅客购票、进出站并方便通向公交站点及周围服务性建筑，活动地带、人行通道与车行道可用0.12m高差解决车辆穿越存在的潜在危险。

车行空间由停车场和车行道组成。目前车站广场停车位设置分类：出租车停车、旅游大巴停车、社会车辆停车、行包货物停车。交通区主要解决：各种交通工具之间的"零换乘"。在车行空间与旅客空间的衔接过渡区域，各种标示牌必须充分，可充分指示旅客进入各种换乘站台，实现换乘目的。车行空间内，各种标示牌指示旅客车辆、出租车、社会车辆分道行驶。

旅客临时集散区，位于广场中部，以火车站为景观中轴线对称布局，在铁路运输高峰时期可作为临时候车场地使用。百色站候车大厅约1 000m^2，春运期间在大年初十至十五期间，是返城务工人员的客流高峰期，很多旅客是全天式候车(超过24h)，候车面积已显不足。而在2009年春运期间，百色站新增加的一对开往广州的始发临客与百色开往南宁城际车的发车时间相差30min，城际车流与长途车流交织，两趟车候车人数超过3 000人，因此候车大厅候车面积严重不足。百色车站提前组织在站前广场设置临时候车区，分车次分时段二阶段候车，效果良好。车站广场中部区域作为旅客临时集散区使用，是车站站房候车功能的有效延伸，应具有方便候车设施布置，确保旅客进出顺畅，减少旅客行进过程中的视线干扰特点，因此旅客临时集散区在设计上应尽量减少下沉广场、开洞及喷泉雕塑等设计。

休闲生态景观区，按照《城市道路绿化规划与设计规范》：车站、码头、机场的集散广场绿化应选择具有地方特色的树种，集中成片绿地不应小于广场总面积的10%。结合休闲生态设计，广场增加绿化面积，可有效改善车站气候环境。一般情况下，夏季树荫下的气温约比裸露地面的气温低3℃，并可增加相对湿度。

3 南宁铁路局局管内主要车站广场点评

3.1 南宁站

南宁站广场位于南宁市中心区，始建于20世纪50年代，为市级交通集散广场，是城市交通系统的重要组成部分。整个站前广场面积19 000m^2，产权属于南宁市。广场南侧为东西向城市主干道——中华路，正南为南宁市的主要商业街——朝阳路。2000年以前通过环岛组织地面交通，但车站广场侧均未设公交站点，所有进出火车站的人流均需要横过站前大道中华路，地下设人防设施及过街通道，但由于地下通道设置不合理且未采取强制引导行人进入地下通道的设施，人流在进入环岛的三个开口处与车流交叉。

2000年南宁市进行广场改造规划方案竞标，华南理工大学建筑设计研究院编制的"南宁火车站广场改造方案"为中标方案。该方案取消现状环岛、扩大道路宽度，渠化交通，将车站停车空间设置在地下，地面空间释放给旅客，广场侧设置港湾式公交候车亭与出租车候车处，使落车的乘客通过最短线路到达火车站进站口。并合理组织行人通过过街隧道与人防出入口直接到达火车站出入口。2001年的车站广场改造在很大程度上改善了车站广场交通拥堵并提升了南宁站站前广场的城市客厅功能。但存在两个不足：站前广场未设厕所，2007年春运期间南宁市政府办公会要求建设临时厕所，后南宁站改造候车广场侧的门面为旅客厕所；车站标识系统不完整，公交车牌指示在车站广场内部缺乏，常见旅客在地下空间乱转、来回寻找目标站台。

3.2 柳州站

车站广场面积约23 164m^2，产权属于柳州市，现状为出租车和社会车停车场。既有柳州站站前广场与站房之间横贯一条城市主干道——南站路，因此柳州站站前的交通流线很混乱，旅客进、出站人流直接在南站路上穿行，是柳州市的交通堵塞重灾区，见图1。

柳州市政府正在积极地招商引资，拟对柳州车站广场进行改造(主要改造之一：规划南站路在站前地区部分下穿)，见图2。

3.3 桂林站

车站广场产权属于南宁铁路局，车站广场处于站房侧，面积20 245m^2。2005年原柳州铁路局委托桂林市城市规划设计研究院进行设计并进行改造。改造后的桂林站车站广场车辆基本停放于地面停车场，站前广场功能分区、交通流线较好。但实际使用中，旅客临时集散区功能不明确（让位于停车空间），车流与人流依然存在干扰；另外，车站广场的两个车行出入口与中山中路平交，对城市车流的影响较大。

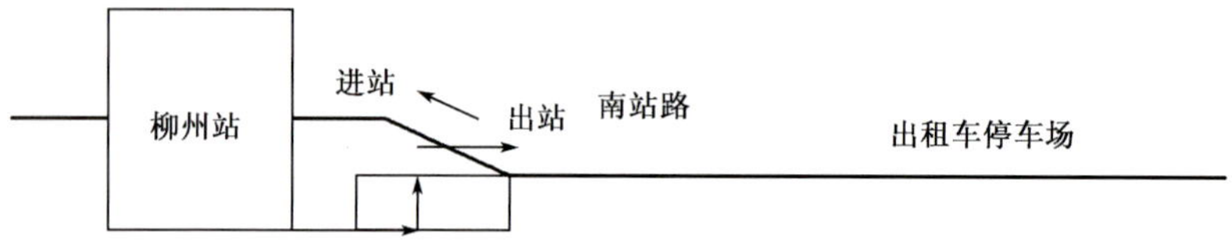

图1　柳州站车站广场示意图

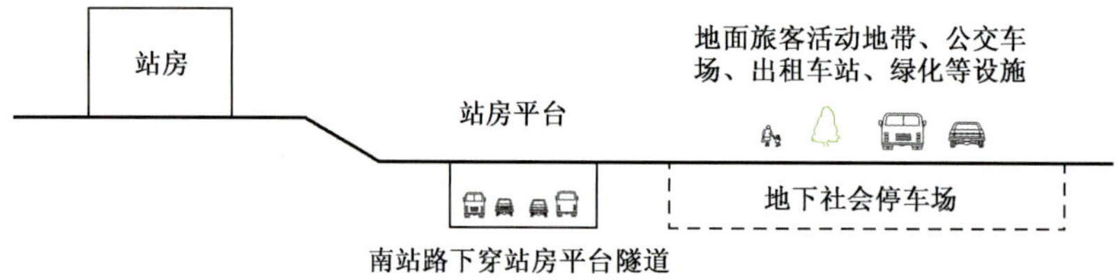

图2　柳州站车站广场规划示意图

4　车站广场设计建议

4.1　改变单一集散广场功能

城市广场不应单一地划分为5类广场。在新的时期，由于车站站房本身、车站地下空间、车站周边商业开发，车站广场兼具商业广场性质，另由于大部分车辆已经下到地下空间（如南宁东站、南宁站），释放后的地面空间面积巨大。南宁东站南北地面广场分别为93 000m^2、105 000m^2，此部分应结合生态景观设计并应增加绿化、座凳、垃圾箱、厕所设计，在寻常日里作为公共活动、商业广场服务于周边居民。而客运专线车站，晚上动车不开行，人员稀少的站前广场容易成为犯罪的滋生地，因此更应该引入商业、休闲设施服务于市民。

4.2　车站广场停车区域设置应充分考虑自行车、电动车的停放场地

桂林车站广场未考虑自行车、电动车的停放场地，柳州站利用车站与城站路间设置的围栏分隔出小部分区域作为自行车停放场地，南宁站未考虑市民的自行车停放场地。南宁东站是南宁铁路局管辖内最大的火车站，站房建筑面积达12万m^2，为现代化的综合交通枢纽，车站广场空间主要解决地铁、国铁、长途车、公交、社会车辆的换乘。表1摘自中铁二院工程集团有限责任公司南宁东站综合交通枢纽规划（2010年4月）。

铁路与各种交通方式换乘量及停车面积（单位：万人/d）　　表1

时　间	轨道交通	常规公交	长途客运	出租车	社会车辆	自行车	合　计
2020年	4.39	2.71	1.27	0.75	2.31	0.12	11.54
2030年	6.97	3.73	1.83	0.91	2.99	0.17	16.59
面积采用（m^2）		35 000	99 000	8 000	110 000	900	258 850

设计划分出约900m^2场地作为自行车、电动车的停放场地，但在设计落实中并未见落在图纸上，且对该部分旅客流线未有描述。

2008年5月杭州市推出智能型公共自行车系统，租车1h内免费，租还车采用自助方式。武汉、南昌、北京等城市目前进行公共自行车计划，提高自行车、电动车出行率可以很好地解决公共交通站点与家、工作单位间最后1km问题，可破解因机动车不断增长而带来的城市交通拥堵、城市环境恶化问题；另一方面，自行车、电动车将成为健康生活的一种方式。因此，车站广场应充分考虑此类停车需求。

4.3　车站广场的景观环境设计应增强

车站广场面积越大，建成后对该区域的自然环境影响越大。以南宁东站为例，该场地地貌上属于南

宁盆地东侧边缘的丘陵地带，丘陵似圆状，高程90.00～107.4m，相对高差13～20m，坡度8°～25°，丘陵间多形成沟谷，现分布有较多鱼塘。南宁东站建成后，地面硬化面积达115.5万m^2(含站房、车站广场，不含站西、站东路、南北城市主干道)，将完全改变原地面的排水方式。原来的低丘陵，大部分的雨水通过地表自然渗入地下，部分雨水汇入沟谷鱼塘，其余少部分流入雨水沟渠。地面硬化后，地表径流系数由0.15增加至0.9，按照该区域多年平均降水强度1 441mm，降水强度平均每日6.5mm，最大日降水强度达283.2mm。通过计算可知，该区域每年将有1 155 000×(0.9－0.15)×1.441＝1 248 566.3m^3地表水排走。此时，不仅是按照降雨强度公式设计修建排水管沟做好排水设计，设计还应通过地面绿化、景观设计，补偿给该区域造成的环境影响。

4.4 建议增加车站广场的抗震防灾问题研究

以南宁为例，南宁市抗震设防烈度为6度，设计基本地震加速度值为0.05g，设计地震分组为第一组；按《建筑抗震设防分类标准》(GB 50223—2008)、《建筑抗震设计规范》(GB 50011—2010)，南宁东站按重点设防类乙类设计。地下车库的抗震设计等级同站房主体。按照《城市抗震防灾标准》(GB 50413—2007)描述，固定避震疏散场所为供避震疏散人员较长时间避震和进行集中性救援的场所。通常可选择面积较大、人员容量较多的公园、广场、体育场地(馆)、大型人防工程、停车场、空地、绿化隔离带以及抗震能力强的公共设施、防灾据点等。它的固定服务半径为2～3km，步行大约1h可以到达。按照1m^2/人的使用面积，南宁东车站广场198 000m^2，按照60%的有效使用面积，可满足11.88万人的避震使用。因此，建议专题进行车站广场的抗震防灾研究，将车站内广场作为固定避震防灾疏散场所进行设计。

4.5 车站广场设计的规范依据

目前广场、车站广场设计未见专项规范，仅散见于《城市道路设计规范》、《铁路旅客车站建筑设计规范》、《城市道路绿化规划与设计规范》等规范中。另由于部分既有车站广场权属于地方，新建车站广场权属于地方，铁路站场选址与城市控制性详细规划不同步，站房与站前广场设计、施工的不同步均可能造成车站站房中轴线偏移，车站广场开洞水景设置与铁道部要求不一致等。例如南宁东站，2010年7月部工程设计鉴定中心组织南宁东站实施方案审查，2010年7月南宁市轨道交通有限公司才开始委托南宁市城市规划设计院进行《南宁东站南、北广场工程可行性研究报告》，2010年10月设计院完成可研报告，11月征求南宁铁路局意见。车站站房建筑，特别是省会级大型旅客站房，地方政府的期望值很高，通常会把车站当成地标和名片工程来抓，因此非常重视车站建筑本身造型及车站的配套(包括站前广场、站前大道及相关的市政管线配套)。在此情况下，铁路局可通过各种相关的建设会议(市政会议、省铁办会议)推进站前广场的设计、施工工作，做到设计尽量符合部要求，施工上尽量同步。但目前做法，站前广场规划设计的“好坏”很大程度上取决于业主的喜好，受制于设计人员的设计思路，铁路局的反馈意见也在很大程度上受制于主管工程师的专业水平。因此建议近期可由铁道部提出站前广场设计的指导性意见，下阶段铁道部、建设部细化车站广场设计规范，在有指导意见和规范可依的情况下，即使建设单位不同，即使设计、施工不同步，也可以更有效地指导车站广场设计。

参考文献

[1] 朱小地. 创造伟大城市的盛典广场——奥林匹克公园中心区设计[J]. 建筑学报，2008(9).

加强联合设计　鼓励自主创新
进一步提高新型旅客站房设计能力

张　海　王可峰

（中铁第一勘察设计院集团有限公司　西安　710043）

摘　要：总结近年来在新型旅客站房设计方面取得的实际经验，以及如何加强联合体设计，鼓励自主创新意识的培养，提高综合设计能力。总结近年来在联合体设计方面取得的进展和存在的不足，探索更高层次的联合体合作模式，进一步提高新型旅客站房设计能力。

关键词：联合设计　创新　铁路旅客站房　站房设计

近年来随着铁路建设新高潮的不断推进，新型铁路旅客站房的建设日益受到社会各界的高度重视。在铁道部领导的专门关注和鉴定中心的正确指导下，以倡导"以人为本"为核心的新型铁路旅客站房设计思想逐步成熟，从2003年开始的长大干线省会级城市、红色旅游型城市站房建设开始起步，发展到目前涵盖高速客运专线、普速铁路、城际铁路，及大、中、小各型站房的全部领域，使得铁路旅客站房设计和建设工作真正实现了跨越式发展的目标，迈向了一个崭新的高度。

我院从承担青藏铁路拉萨站房设计任务开始，正式介入新型旅客站房设计工作，多年来努力学习、积极探索铁路站房建设新理念，始终坚持以部领导提出的站房设计"五性"要求为根本指导思想，充分发扬"高标准、讲科学、不懈怠"的工作作风，通过大力推行联合体设计作为切入点带动自主创新，设计水平稳步提升，设计能力不断增强，取得了一些新型旅客站房设计的有益经验。下面结合我院近年来的设计生产实际，就以下四个方面的体会与大家进行交流，不妥之处请指正。

1　解放思想、发挥特长，进一步加强联合体设计能力

新时期铁路旅客车站从单一功能演变为综合交通枢纽，对我院提出了巨大的考验，虽然有近60年铁路建设的技术积累，但对于现代公共建筑设计的经验不足制约了我们的发展。面对挑战，全院上下团结一心积极应对：对内，"立足自我，刻苦钻研、苦练内功"；对外，放眼国内外，一座座体现时代特色的建筑为我们开拓了视野；联合国内外顶级民用建筑设计单位，充分发挥各自的特点、取长补短，是我们开展联合体设计的基本想法。近年来我院以联合体形式参加站房方案征集及后续各阶段的设计工作中取得了一定的成绩，就其发展和工作方法有以下几个方面的体会。

1.1　站房设计发展形势和联合体的作用

面对铁路基本建设新高潮大好形势的到来，铁路站房设计面向国内外公开方案征集，对我院是机遇也是挑战。2003年部鉴定中心提出了车站站房概念设计可以采用联合体的形式参加方案征集。联合体的形式有力地帮助了我们发挥自身优势积极参加站房设计招（投）标工作，也充分体现了部里针对自身设计院多年一贯制陈旧的设计思想的破解而引入联合体设计参加提高方案设计质量的基本想法。为此我院确定了适应形势，立足自我，积极寻求联合体合作共同发展的站房设计基本思路。近年以来在设计过程中先后与国内的清华大学、西南交通大学、同济大学建筑设计研究院，中南建筑设计院、中建国际设计顾问有限公司、上海现代集团有限公司寻求了合作，并与其中一些设计院（院校）建立了比较稳定的合作关系；在国际上先后与加拿大ABCP设计公司、韩国三安公司进行了合作。通过采用联合体的设计形式开拓了视野、锻炼了队伍，提高了能力，取得了一定的成绩。通过竞标（或委托）我院先后取得了呼和浩特东站、长春西站、沈阳站、大庆西站、西宁站，以及西宝客专宝鸡、杨凌、岐山等站房的设计任务，充分体现了联合体相互学习、取长补短、集思广益、集体创作、重点发展的设计创作特点。

1.2 联合体设计的特点

本着资源共享、优势互补、共同进步、成果共享的原则，我院近年以来先后与中南建筑设计院、中建国际设计顾问有限公司等多家设计单位进行了合作。作为联合体的主办方，我院充分发挥自身优势，积极开发和利用铁路专业设计资源参与联合体设计工作；作为联合体的合作伙伴，则充分发挥专业建筑设计院在公共建筑设计领域的特长，扬长避短，提高了铁路站房方案设计的竞争力和后续各阶段的设计实力。采用联合体的设计形式，在站房概念设计方案征集过程中，可以激发设计人员的潜力，个人专业特长得到充分的发挥。在联合体内部引进竞争和奖励机制，进行方案初步评比和筛选，选出1～3个优秀设计方案进行优化，通过集思广益最终确定参选方案共同完成。

虽然联合体设计有诸多优点，但随着设计项目的进展，我们发现其存在的问题也随之出现。通常联合体设计采取的是共同完成方案设计，初步设计及施工图阶段则由联合体中的一方完成，由双方共同审查签署各阶段文件，由于各阶段设计主体的变化，在方案优化和初步设计的衔接、初步设计和施工图设计阶段的衔接，专业间的接口配合，施工图阶段出现的重大技术难点如何在方案优化和初步设计阶段早期预警和提出等方面都有可能产生设计缺陷。

1.3 进一步加强联合体设计能力

分析几年以来参加铁路站房设计取得的成绩和不足，如何寻求联合体更进一步和更高一个层次的合作和发展是我们在思考和需要解决的问题。我院对此进行了针对性的总结，尤其对于采用联合体的优点和存在的问题及解决方法进行了分析和总结。

(1)制定联合体设计管理办法。以制度的形式对各阶段设计如何衔接和交接、上一阶段设计与下一阶段设计如何提前介入后续配合、各阶段工程投资控制措施、站房设计建筑造型和结构设计如何提前预案和解决、设计文件审查会签等流程进行规范化管理，切实发挥联合体的合力，更好地服务于站房建设。

(2)加强项目管理。进一步加强联合体双方在项目前期策划、人力资源合理调配、项目设计过程中的计划管理，加强项目培训、技术交流、成果总结等方面的落实，联合体双方在每项站房设计前期必须确定需要达到的目标，深入实际、实事求是客观地分析和总结自己，全面响应和贯彻执行部领导的有关指示精神，利用联合体的有效实力进一步提高站房设计质量。

(3)更新设计理念，以质量求发展。面对高速发展的铁路基本建设，质量是根本，牢固树立质量第一的正确设计理念，以站房“五性”原则指导项目的各阶段设计。大型旅客站房与城市其他交通设施的衔接问题，是我们在今后站房设计中需要充分考虑的问题。高度贯彻综合交通枢纽理念，实现与其他交通设施无缝隙衔接和零距离换乘充分体现现代交通“便捷”的特点。贯彻“绿色站房”理念，加强节能环保设计，努力降低站房建筑能耗，建造“资源节约型、环境友好型”新时代站房。

(4)加强细部设计。重视装修设计，加强装修设计人员的培养，全面提高装修设计的能力，让旅客充分享受到好的装修带来的舒适和愉悦。细节影响大局，细节决定成败，充分重视细节设计，加强设计人员的责任心，结合配合施工，深入了解施工过程中出现和产生的有关设计缺陷问题，树立细节设计意识，提高细部设计能力。

(5)做好站房标准化设计工作。认真做好全面提高静态标识、管线综合、内(外)装修、通风空调、幕墙装饰等方面的专项设计要求和设计能力。

2 立足站房工程，鼓励自主创新，不断加强科研工作力度

近几年，新型旅客站房设计工作的陆续展开，对我们提出巨大挑战的同时，又为我们创造了展示自我、提升自我的难得机遇。在院领导和有关部门的指导帮助下，依据各项目的特点和难点，我们先后与西南交通大学、东南大学等院校和科研部门合作，开展了“大跨度钢结构复杂节点试验研究”、“铁路桥式(正线下式)旅客站房隔振、降噪技术研究”、“站房跨层重载异形桁架力学性能研究”、“单层超高玻璃幕墙工程技术研究”、“太阳能与热泵综合应用技术在铁路房屋供热工程中的节能研究”、“站房大跨度钢结构楼面TMD减振技术应用研究”等铁路建设总公司、院科研立项和研究工作。

呼和浩特东站旅客站房候车大厅屋面为六边形，采用三向相交的矩形截面钢管桁架组成三角形网

格空间受力体系，桁架跨度 62.4m，高度 4.2m，每榀桁架为折线形顶标高从 25.100～34.100m，大屋面周边檐口为圆锥面单层网壳。桁架所围成的三角形区域采用箱形，焊接工字形实腹钢梁进行分隔、布置。中部穹顶直径 81m；为肋环形双层球面网壳结构，中部失高 11.7m，根部标高 31.400m，顶部标高 44.300m；网壳沿圆周每隔 7.5°设一道桁架肋，共 48 榀，环桁架间距约 4m 靠近顶部逐渐加密间距约 2.5m，网壳厚度根部 1.5m，顶部 1m，造型美观、结构复杂。为了验证设计的安全性、合理性，我们与西南交通大学合作，开展了“大跨度钢结构复杂节点试验研究”工作，主要包括矩形钢管桁架节点强化构造、空间网壳球冠节点、大跨度钢管桁架与钢管混凝土柱连接节点、大跨度钢管桁架铰支座节点受力性能等方面的内容。

矩形钢管桁架节点强化构造受力性能试验研究是此次研究的重要组成部分。矩形钢管桁架由于其构件断面刚度较大，因此适合于一些大跨重载屋盖结构的结构选型，但在矩形桁架节点区域，其节点抗力性能往往不如圆管桁架的相贯节点受力优越，一个典型的特征就是容易出现管壁的局部屈曲和撕裂。加厚管壁是常用的办法，但是从经济性、安全性综合考虑，节点区域以外的杆件受力相对较小，因此，常用的做法是针对节点局部区域进行强化处理。结合实际工程的节点强化其方式有多种，我们采用缩尺模型试验、有限元软件数值仿真分析等手段，主要针对最常用的三种模式——外套管强化节点、内衬加劲板节点、普通矩管相贯节点的受力性能进行对比研究。

立足于铁路客站建设项目科研工作，我们进一步提高了专业技术水平，为今后的铁路旅客站房设计积累了宝贵经验；通过与相关科研院所的合作，拓宽了解决问题的思路和途径。

3 加强组织领导、理顺设计关系，进一步提高铁路客站设计生产组织效率

新型铁路旅客车站更加突出了综合交通枢纽的特点，它的建设将铁路和城市其他交通方式有效地结合在一起，为改善区域交通环境、带动周边地区发展起到了极大推动作用。

铁路客站工程是一个系统工程，涉及的专业多、接口复杂。设计作为客站建设的源头工作，如果没有统一的领导、精心的协调组织，就无法达到部领导要求的建精品工程的要求。我院借鉴铁路勘察设计工作的生产组织模式，结合客站工程的特点，建立了一整套较为完善的铁路客站工程生产组织架构。

(1)大院统一指挥，指定一名副院长作为主管领导，主抓铁路客站工程的勘察设计工作。计划处作为生产组织协调单位，根据供图协议统一调度，负责搭建项目组、协调专业间的配合、监督各阶段的工作进度情况。成立以主管副院长为组长、各专业主管总工程师参加的站房设计攻关小组，深入分析研究客站设计中的关键技术问题，超前谋划。

(2)建立两级例会制度，动态管理铁路客站设计工作。大院规定每半月召开一次站房设计工作例会，由主管院长主持，计划处主管处长、调度、各业务处主管领导参加，及时沟通信息、掌握设计动态。各项目组每周举行一次由项目总体、调度牵头的设计协调例会，主要协调专业间配合问题，存在问题及时解决。

(3)各级主管领导深入一线，加强与建设、施工、监理单位的沟通与联系，及时解决现场存在的各类问题。主管院长带领相关技术人员按时参加建设单位组织的月度协调会，认真听取参建各方的意见及建议。委派相关业务处、所的领导担任现场指挥部负责人，着重加强现场的配合施工组织工作和与生产基地的沟通与联系，做到出现问题及时反映、快速解决。

(4)动员全院力量、发挥分院的地域优势，开展旅客站房的设计工作。近几年来，我院承担的铁路客站设计任务主要分布于东北、西北地区，总院作为主要的设计部门和技术归口单位，承担了客站项目主要的设计工作。同时，我们充分发挥新疆院、兰州院地域优势，合理利用人力资源，参与铁路客站设计工作。先后完成了伊宁、克拉玛依、武威、喀和线 8 站等站房设计任务，形成了举全院之力、大干客站工程的良好局面。

4 扩充设计力量，提升技术能力，为顺利推进客站设计工作奠定坚实基础

作为铁路客站建设的参建单位，对铁路旅客站房的发展历程有着深刻的了解，从单一功能演变到综

合交通枢纽凝结着几代建设者的心血和汗水，也体现了社会的进步和人们思想认识的提高。2003 年青藏线拉萨站房的竞标拉开了新时期站房设计的帷幕，从此吸引了大量的国内、国际设计机构的参与竞争。面对此种形势，如何提高自身的技术水平，应对挑战和抓住机遇，一直是我们深思的问题。

我院在新一轮铁路站房建设初期，由于历史的原因对大型公共建筑的理解和认识不足，积累的经验较少，一时出现了无法适应的局面。在铁道部相关部门的指导、帮助下，认真反思自身的缺陷和不足，加大人才引进力度，壮大设计团队，转变观念，虚心向兄弟院学习，加强相关业务建设和人才培养，使我院在铁路客站方面的技术水平逐步提高。

在以往的铁路项目勘察设计当中，房建专业作为配套专业，重点承担各类生产工艺用房的设计工作。虽然也参与了一定数量的社会项目的设计工作，但也只是铁路设计项目不足情况下的一种补充，导致了重结构、轻建筑，人员配置与建筑类专业设计院正好相反的局面。随着近年来铁路客站建设规模的不断扩大，对建筑、规划、环境艺术类专业人员需求不断增加，进一步凸显了人员结构方面的缺陷。这几年我院通过各种方式引进相关人才，使建筑设计人员数量从 2005 年以前的 30 多人增加到近百人，显著改善了建筑专业人员数量不足、构成比例不尽合理的被动局面。

新型旅客站房超大空间结构的实现，需要较强的大跨度钢结构、预应力结构方面的理论基础，而我们以往的结构设计人员大都属于工业与民用建筑设计专业，针对性不强。根据实际需求，我院从 2005 年至 2010 年，专门引进大跨度钢结构、预应力结构方向的博士、硕士研究生 15 名，迅速提升了结构设计和计算的基础水平。

新形式下铁路客站建设理念是在我国社会不断进步、经济飞速发展的基础上建立的，需要广大的客站建设者不断提高认识、更新观念，进一步加强自身的建设。我院各级领导带头学习铁道部关于全面做好铁路客站基本建设工作的系列讲话和指示，组织专业技术人员深入贯彻执行部鉴定中心关于铁路旅客站房概念设计的标准和要求。从内容和实际需要上武装和转变设计人员的设计理念和设计思想。在分析自身情况，借鉴别人经验的基础上，各专业分别制订各自的学习计划，采用请进来、走出去的方法，加速提高相关专业的设计水平。

大跨度预应力混凝土结构是目前铁路旅客站房工程中常用的一种结构形式，在以往的工程设计当中，我们只进行整体结构计算分析，对于预应力混凝土构件中预应力束的配置，往往由有专业资质的施工单位进行设计。这样在设计文件的可靠性、相关工程数量的准确性上存在着疑虑和不确定性。针对这方面的不足，我们邀请了中国建筑科学研究院的专家来到我院，举办了“现代预应力技术”培训班，为我们今后的设计工作奠定了基础。

立足实际建设项目加强后备人才的培养，近几年我院参与了呼和浩特东、长春、长春西、沈阳、敦煌、宝鸡南、铁岭西等一些大中型旅客站房和华山北、渭南北等一批小型旅客站房的设计工作，逐步建立起了一只专业齐全的设计团队。随着此类项目的增多，我们不断将一批具有一定理论基础和实际工作经验的年轻设计人员充实到这个团队中来，通过实际工程设计的锻炼和老同志的传帮带，使其技术水平得以不断提高，也使我院铁路客站设计人才队伍不断壮大。

5 结语

面对中国铁路跨越式发展的难得历史机遇，面对新的形势和任务，面对新的压力和挑战，我们充满信心，知难而进，将过去的成绩和荣誉作为新的起点，不断提高技术水平、开阔设计思路、提升管理水平，深入研究、认真总结新型站房设计的规律和特点，设计中精益求精，力求创建百年不朽的精品工程。

大型铁路客运站房管线综合设计

付海生

（中铁第一勘察设计院集团有限公司　西安　710043）

摘　要：大型铁路客运站房管线综合设计具有一定的独特性，也是一个复杂的系统工程。文章结合长春西站管线综合设计过程的问题和经验，提出了铁路站房管线综合设计的基本原则和一些经验性建议。

关键词：大型铁路站房　高架层　办公夹层　管线综合　管线平衡

随着国家经济及铁路建设的发展，"以人为本"的铁路客运站房建设理念深入人心，铁路客运站房设备、设施的标准和要求越来越完善，其有机性及系统性成为站房更好地发挥客运服务功能的有效保证。

如何更好地加强铁路客运站房的系统性？完善管线综合设计成为其中必要的环节。

合理地布置各种系统的管线、设施，为客运站房的整体设计、施工、运营均会提供强有力的支持。本文以长春西站为例，阐述了作者在其管线综合设计过程中的几点经验和体会，为今后解决此类问题提供借鉴。

1　大型铁路客运站房管线综合设计的意义

在大型铁路客运站房的建设设计中，管线综合设计成为指导施工、协调各设备专业的必要措施，加强管线综合设计，在铁路客运站房的建设中有以下几点重要意义：

(1)管线综合设计为更好、更完善地实现客运服务功能提供了保证，只有合理布设好各种设施、管线，候车、售票等空间才能更加系统地为旅客服务，才能保证人性化设计细节的实现，保证室内空间美观。

(2)合理布设各种管线，在满足使用功能的前提下，减小设备管线占用的空间尺寸，"把最好的空间让给旅客"，尽可能地降低造价，取得好的经济效益。

(3)大型站房中的管线及设施相当复杂，给排水、通风、空调、消防、电力、信息等各专业管线均需系统集成在有限的空间内，只有合理布置好各种管线，才能为客运站房的整体设计、施工提供强有力的支持，为后期工程的施工创造了有利的条件，并且利于运营后的日常管理和维修。

2　管线综合设计的内容组成

在铁路客运站房各种新的设备、系统不断完善、增加的今天，管线综合设计涉及的内容和要求主要由以下专业组成：

(1)电力专业：主要是电力电缆桥架和FAS、BAS电缆桥架、封闭式母线、金属线槽、金属导管等电力配电线路的走向布置。

(2)信息专业：线路传输信息分为光信号和电信号，光信号在光纤中传输，能很好地抵抗外界干扰；电信号在电缆中传输，易受外界干扰，在信息线缆敷设应尽量避让强电、高温、高压管线。同时光电缆敷设时，其弯曲半径不宜小于15～20倍，否则将影响线路传输质量，线缆敷设时应尽量减少直角转弯和与相关线槽的垂直交越。

(3)暖通专业

①给水系统：这类管线属压力流管道，主要有生活给水系统管道、中水系统管道、消火栓系统管道、自动喷淋系统管道、消防水炮系统管道等。

②排水系统：这类管道以重力流为主，主要有生活污水排水系统管道、空调冷凝水排水管道、雨水管

道等。

③热力系统：这类管道的特点主要是依靠压力输送，一般情况下主管道均需要保温，主要有采暖系统供回水管道、生活热水供应系统管道、空调供回水系统管道、为热水供应和空调处理设备所需的蒸汽或热水管道等。

3 管线综合设计中存在的主要问题

在管线综合设计过程中，经常会遇到以下一些问题：

(1)现在的大型客运站房都包含有高架候车厅和售票厅等若干个公共空间，为了保证这些大型公共空间整体通透、明亮的效果，为其服务的各种管线及部分设备均应考虑隐蔽布置，放置在其间设备夹层中。由于使用功能的要求，大量管线在此间汇集，相当复杂，既有各种通风管线、空调管线以及各种消防及喷淋管线，又有自动报警、红外监控、声光、广播等信号电力线，需要在设计时合理排布位置，满足空间效果的需要。

(2)在大型客运站房设计中，为了保证空间效果，大量的管线需要穿越结构构件，其预留洞口或套管的位置、大小须保证结构安全，因此在结构设计中应考虑管线穿梁的位置，做到位置准确、合理，不影响结构安全，不占或尽量少占空间与层高。

(3)在大型站房的办公部分，一般都包含了数个夹层空间，由于此处层高往往不是很大，但是各种管线都要在其走道吊顶内通过布置，再分头到达各功能房间。由于空间的限制，大量的管线在此处汇集，因此这里的管线最拥挤，也最容易发生交叉，相互挤占有利空间，影响建筑空间的合理使用。

(4)在管线综合设计中需要考虑设备系统末端的合理设计，例如：高大空间采用球形或鼓形喷口，并应与周边装饰相呼应；地辐射采暖的集、分配器应结合建筑平面布局，尽量隐蔽在墙体内、结构柱处等建筑角落部位；公共区域墙壁不得安装照明开关，宜设置在相应的服务间等。

4 管线综合设计原则及要素分析

4.1 设计原则

各种工程管线具有各自的工艺布置要求，当出现相互交叉挤占同一空间的问题时，应相互协调、布置得当。综合管线设计的原则一般是：

(1)“先大后小”。优先布置口径较大的管道，一般情况下，通风管道优先布置，然后布置水管道，再布置电气管线，因小管占用空间小、易于转弯、安装方便，而电气管线在坡度上没有要求且易于弯曲或加接线盒避让。

(2)“先重力后压力”。压力流管道避让重力流管道。压力流管道区别于重力流管道的主要特征是可以爬升。重力流管道内介质仅受重力作用，由高往低流。污水、废水、雨水、空调冷凝水等管道属于重力流管道。其主要特征是有坡度要求且排放水流杂质多，容易堵塞，因此力求水平管线短，避免过多转弯，以保证建筑空间及排水畅通。管线交叉时，应将重力流管道对标高的要求作为首要条件给予满足[2]。

(3)“先热后冷”。采暖、空调供回水管道，相对于一般给水管道而言，有较严格的排气、泄水要求，就必须要有合理的坡度；而且管道需要保温，要有合理的管道间距便于操作。

(4)附件少的管道避让附件多的管道。这样有利于施工操作、维护及更换管件。

(5)电气管线、桥架与其他管道尽量分开布置(有严格要求的必须分开布置)，不可避免时要布置在其他管道上方，以免管道渗漏时损坏电缆造成事故；如果布置在管道下方时，须采取加设套管等保护措施。

(6)可弯曲管避让不可弯曲管。

(7)各种管线在同一处垂直方向布置时，一般是线槽或电缆在上、水管在下，热水管在上、冷水管在下，风管在上、水管在下。

尽可能使管线呈直线，相互平行不交叉，使安装维修方便，降低工程造价。

4.2 要素分析

综合管线设计中，需要考虑以下几点要素：

(1)要在有限的建筑空间里合理布置各种管线，必须将各类管线统筹安排，及时发现问题，调整管线位置，在符合建筑本身功能使用要求的前提下，形成较合理的综合布线大样图。

(2)为便于后期线缆维护及新设线缆，信息线槽、电力线槽必须保证线槽开盒的操作空间。

(3)在管线综合设计中严格保证风、水等专业管道之间的安全距离。

(4)在结构条件允许的情况下，对管线密集区域的梁上预留一些孔洞；同时结构专业在设计支托架时，应充分考虑支托架的尺寸及承重。

(5)需考虑设备检修平台及马道。不同于其他建筑内的综合管线，大型火车站除了有各种管线，还需要放置部分设备，同时需要有工作人员到达设备层或者大屋面钢结构部分中对管道及设备进行检修，因此预留好检修平台及马道非常必要。

5 管线综合设计的流程及实例分析

5.1 管线综合设计的前期工作

进行管线综合设计前，建筑专业需和其他专业互相配合，完成各专业的分项设计，再收集各专业的管线资料，接着进行如下的步骤。只有完成好前期准备工作，才能为后续管线综合设计工作打好基础。

(1)图层设置

管线综合涉及的专业特别多，提供给业主的信息多而杂。为了便于设计，也为了便于识图，需充分利用 CAD 电子文件的图层管理功能，在设计中将各个专业的管线分成不同的图层，制定成相应的颜色、线宽。

(2)统一标注

为了进行管线综合设计，必须统一标注。首先电气专业和设备专业统一，和设备专业一样，地下采用绝对标高(相对一层地面±0.000 的相对标高)，地上采用相对标高(相对本层地面的相对标高)，考虑水管的外径尺寸、风管的厚度、桥架的高度，对风管和空调水管等有保温要求的考虑保温层的厚度，把一点式标注改为两点式，即空间占位的上顶标高和下底标高。只有这样才便于比较，便于绘制管线综合图。

(3)采集有关部位的建筑结构尺寸

画综合管线图必须搞清楚有关部位梁板、柱的建筑结构尺寸，例如层高、板厚、垫层厚度、梁柱的具体位置、梁柱的具体尺寸，特别是梁的高度，不仅主梁尺寸要知道，次梁的位置和尺寸也必须知道。

长春西站东西方向宽 252m，南北方向长 176m，高架候车厅长 176m，宽 110m，下标高 7.10m，上标高 10.00m，结构形式为预应力混凝土框架结构(图 1)。

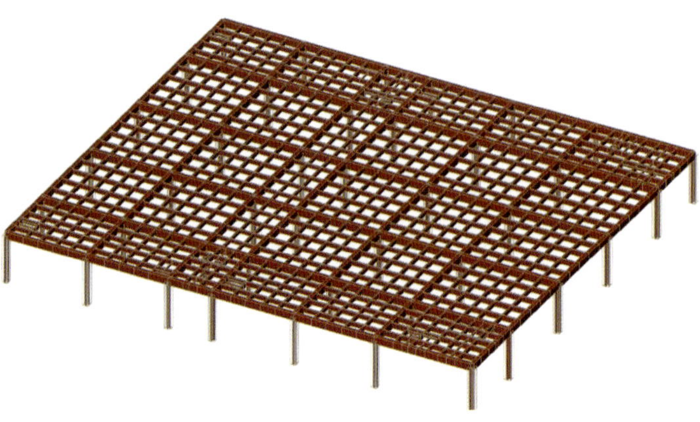

图 1 高架层局部结构三维视图

5.2 管线综合设计的流程控制

完成了前期准备工作后，就正式进入了管线综合的设计流程。本文结合长春西站设计实例，简述管线综合设计的流程控制。

(1)电气综合

电气专业涉及的图纸包括强电配电、弱电、建筑自控、火灾自动报警及联动控制四种平面图。为方便比对,将其余各平面中的桥架集中在强电或弱电平面图上,然后再和设备专业统一核对比较(图 2、图3)。

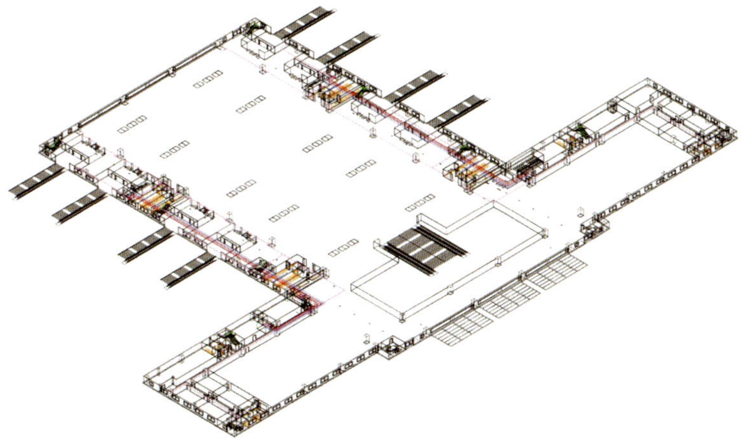

图 2 高架层强弱电管线布置三维视图

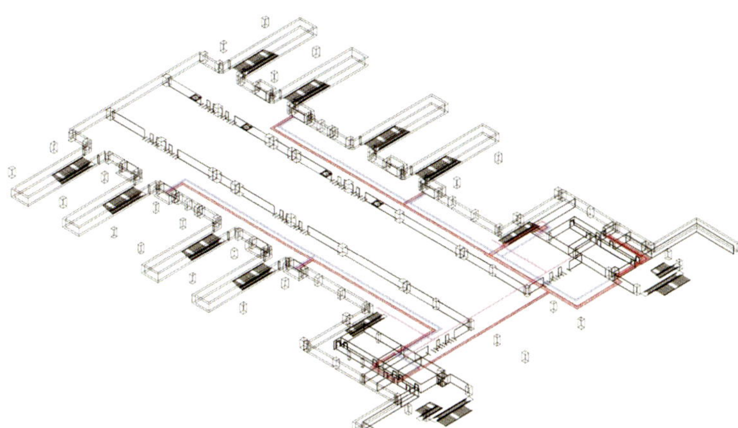

图 3 地下层强弱电管线布置三维视图

(2)设备综合

在和电气专业大综合之前,设备专业首先自行核对比较。如果空间占位有相互冲突的,记录下来,待设备电气大综合时统一调整、统一安排。这个期间最主要的工作就是排布占据较大空间的通风、空调管道,待空调专业管道布置完后,再将水、暖管线进行排布。

这里以长春西站高架候车层和地下出站层为例,其管线布置如图 4~图 7 所示。

(3)和建筑结构图纸核对比较

设备电气大综合前,首先进行设备电气图纸和建筑结构图纸梁、板、柱尺寸核对比较。无论何种管线均不得撞梁穿梁,如有这种情况,则立即调整管线标高。管线综合只在建筑结构允许的空间内进行。

(4)设备电气大综合

当设备电气各专业标高均统一为空间占位,设备电气小综合业已分别完成,和建筑结构图纸的核对比较全。

5.3 管线综合设计的调整完善

管线大综合,是指各个专业的管线设计完成上述工作后,需要将它们布置在平剖面图中进行大综合,只有将其放置在一起,才能发现各专业管线间是否有冲突,再通过平剖面图叠加分析加以调整,形成最终准确、完整的管线综合图纸。长春西站经过调整完善后的管线综合图纸,如图 8~图 12 所示。

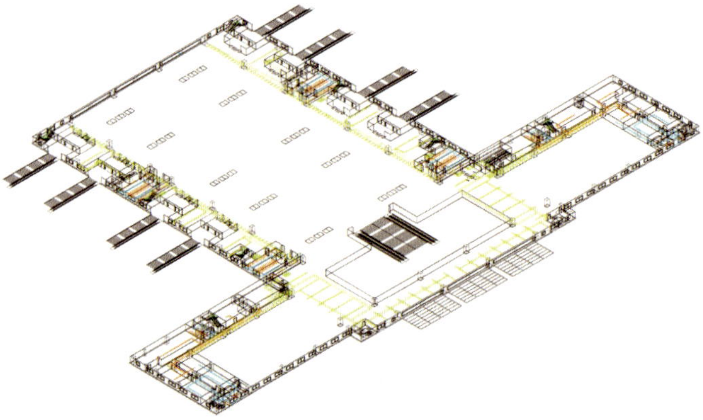

图 4　高架层通风空调管线布置三维视图

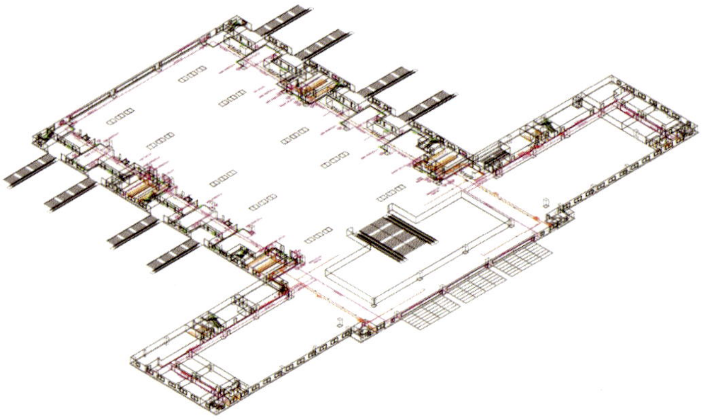

图 5　高架层水暖管线布置三维视图

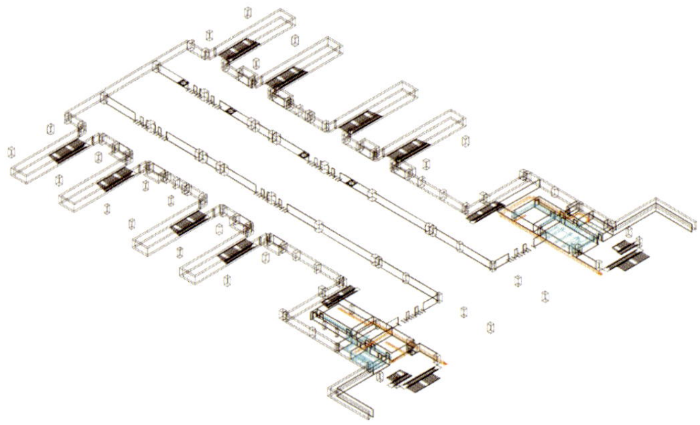

图 6　地下层通风空调管线布置三维视图

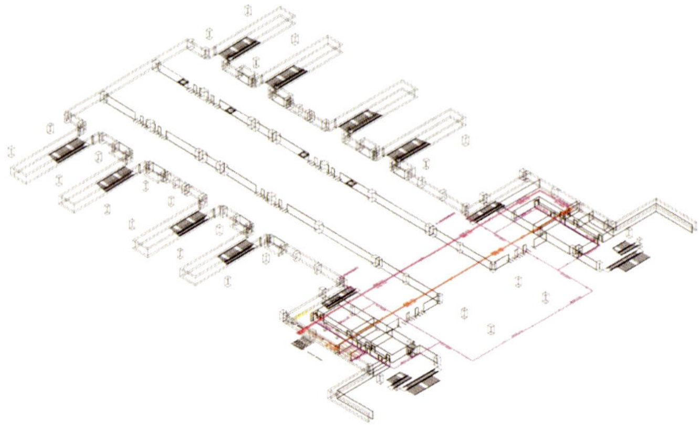

图 7　地下层水暖管线布置三维视图

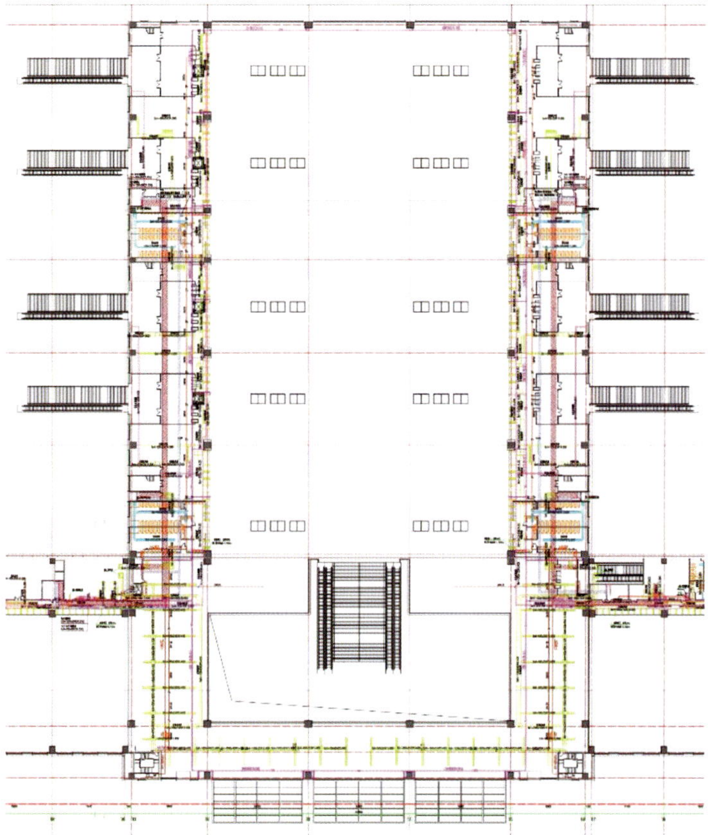

图 8　布置管线和设备后高架层整体布局

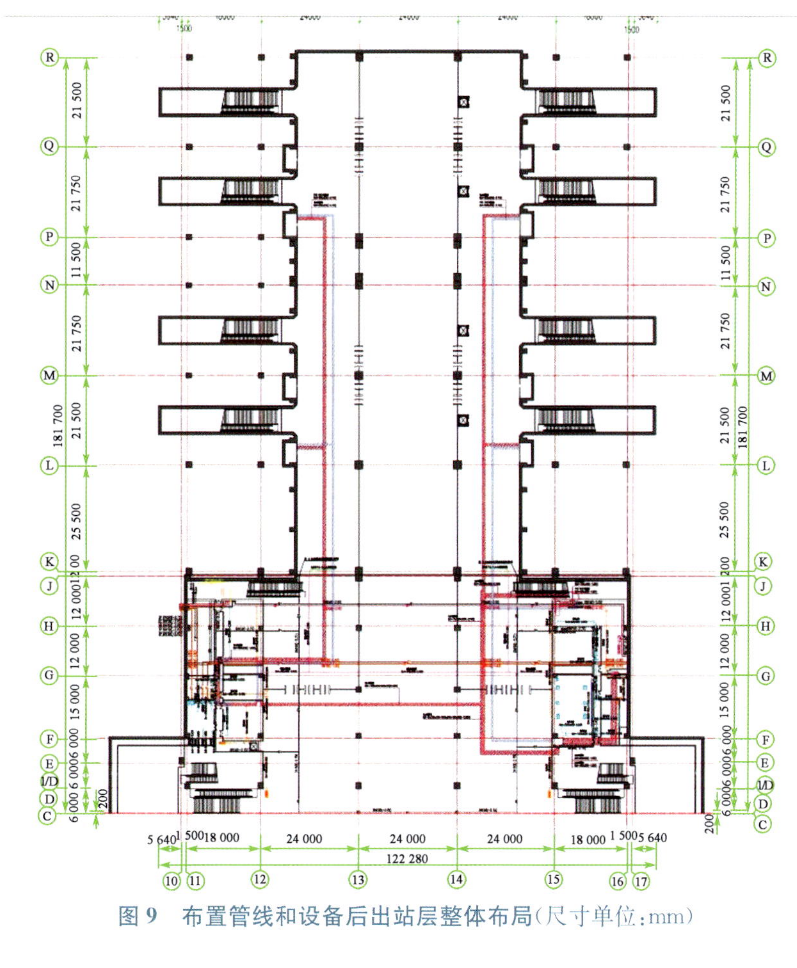

图 9　布置管线和设备后出站层整体布局(尺寸单位:mm)

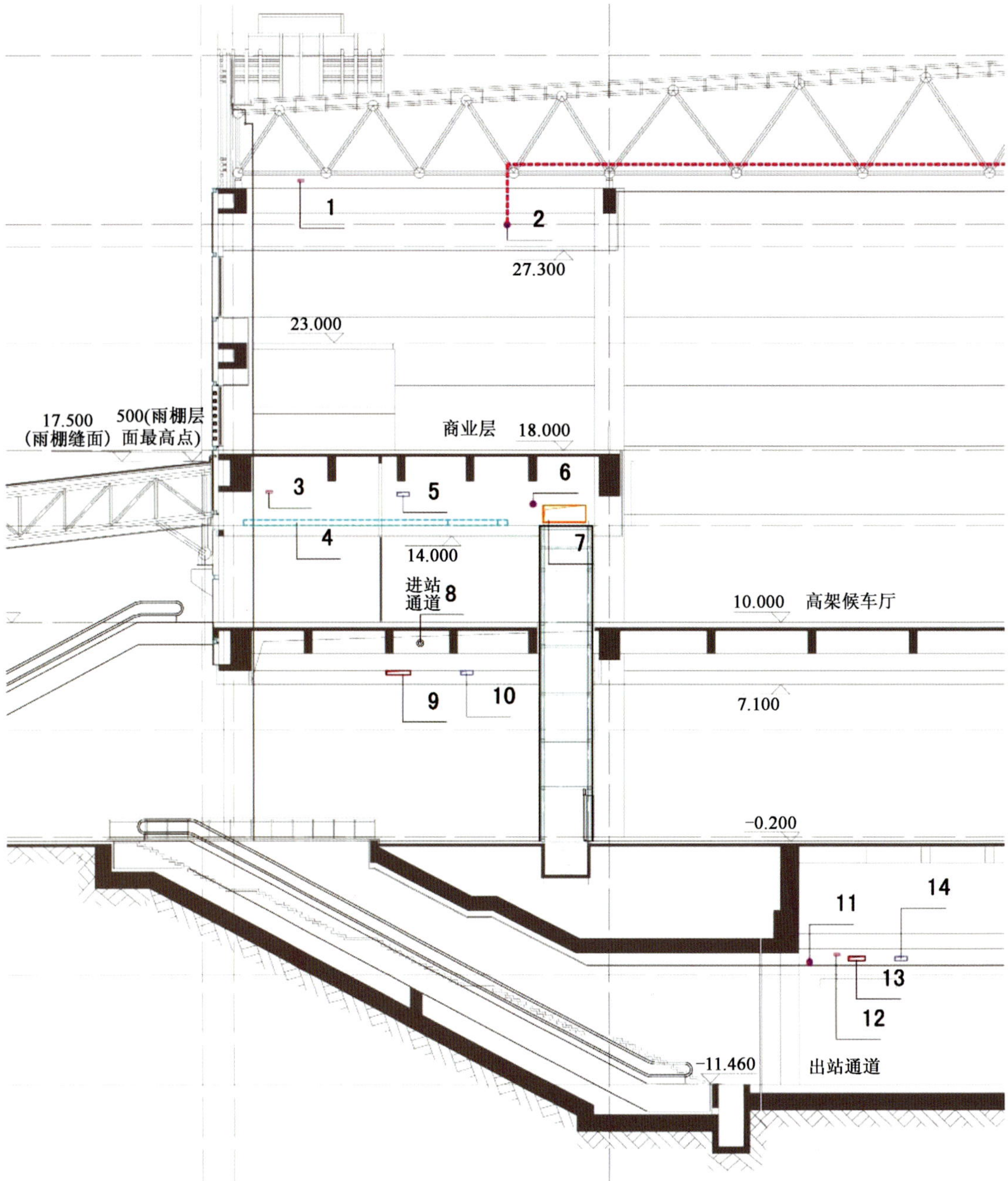

图 10　典型断面管线布置图(一)

1-信息金属线槽 300mm×100mm(30.500m);2-消防管 DN150(28.500m);3-信息金属线槽 300mm×100mm(16.000m);4-排风风管 500mm×400mm(13.200m);5-FAS、BAS 电缆桥架 600mm×200mm(15.850m);6-消防管 DN150(15.500m);7-送风风管 2 000mm×800mm(14.650m);8-排水管 DN200(8.930m);9-电力电缆桥架 1 000mm×200mm(7.750mm);10-FAS、BAS 电缆桥架 600mm×200mm(7.750m);11-消防管 DN150(－5.800m);12-信息金属线槽 300mm×100mm(－5.500m);13-电力电缆桥架 800mm×200mm(－5.745m);14-FAS、BAS 电缆桥架 600mm×200mm(－5.745m)

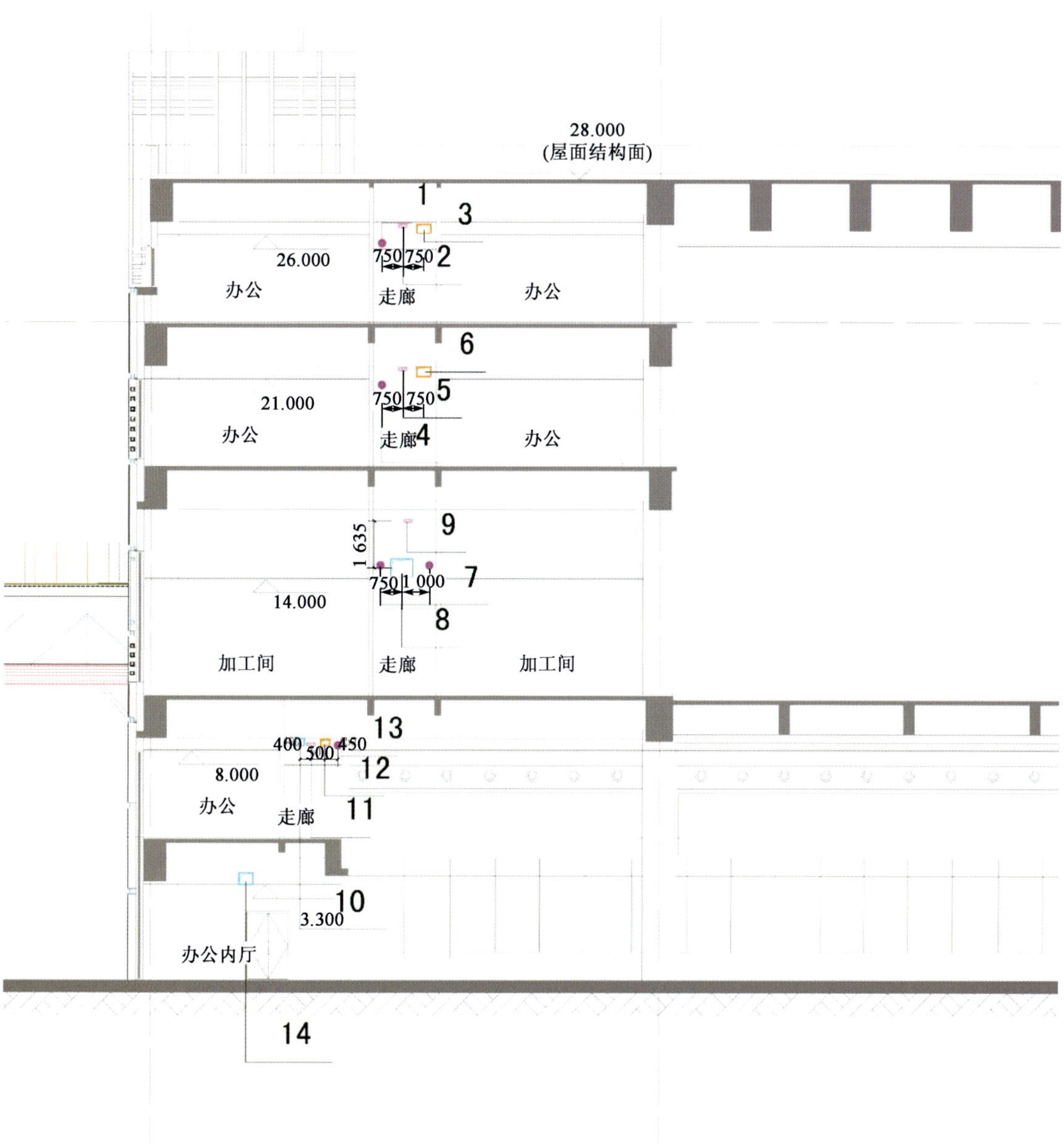

图 11　典型断面管线布置图(二)

1-消防管 DN150(25.750m);2-信息金属线槽 300mm×100mm(26.300m);3-送风风管 500mm×320mm(26.100m);4-消防管 DN150(20.800m); 5-信息金属线槽 300mm×100mm(21.300m);6-送风风管 500mm×320mm(21.100m);7-消防管 DN150(14.500m);8-排风风管 800mm×630mm(14.100m);9-信息金属线槽 300mm×100mm(16.000m);10-排风风管 250mm×250mm(8.200m);11-信息金属线槽 300mm×100mm(8.200m);12-送风风管 320mm×200mm(8.200m);13-消防管 DN150(8.200m);14-排风风管 500mm×400mm(3.350m)

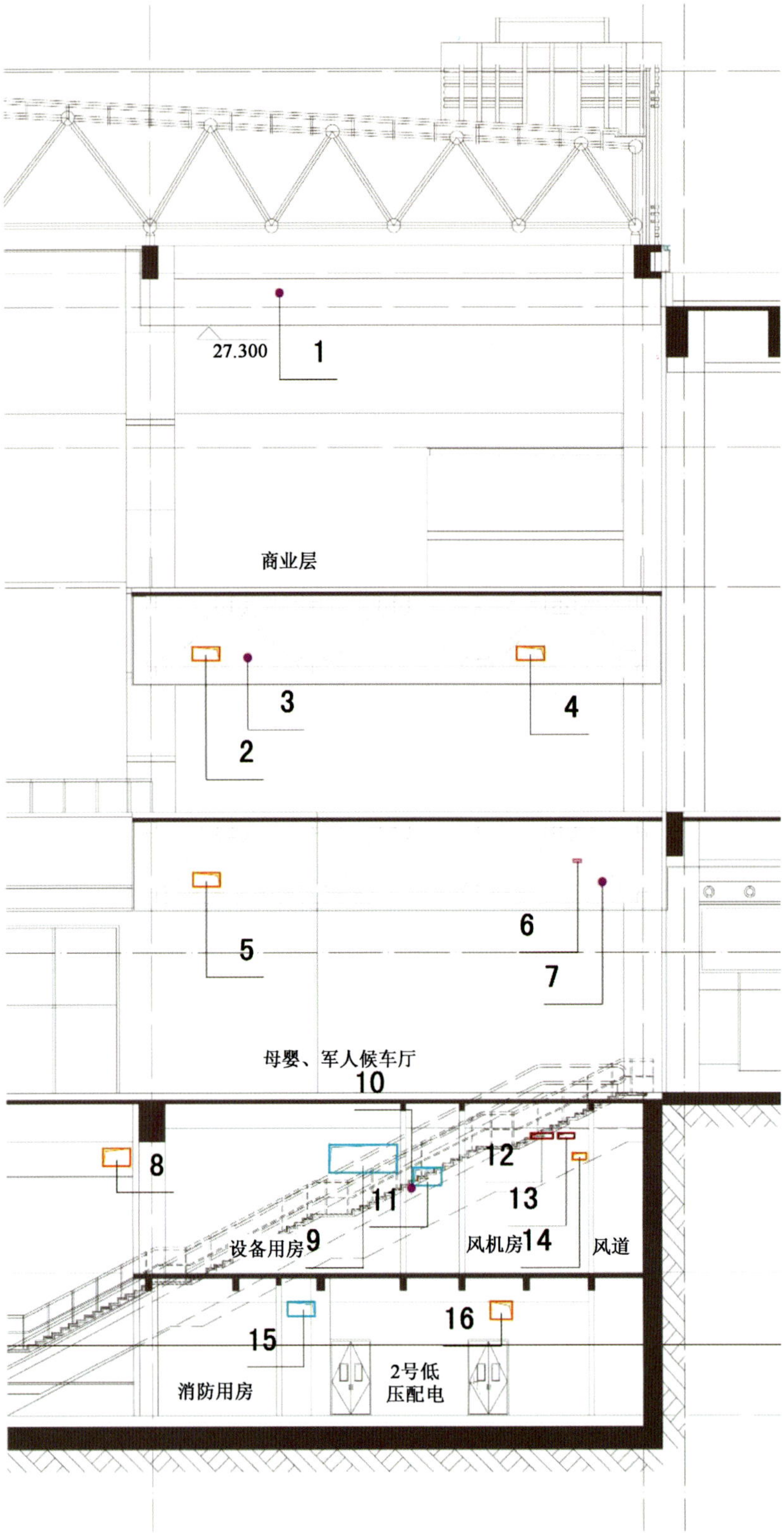

图 12　典型断面管线布置图(三)

1-消防管 DN150(28.500m)；2-送风风管 1 000mm×500mm(15.400m)；3-消防管 DN150(15.500m)；4-送风风管 1 000mm×800mm(15.400m)；5-送风风管 1 000mm×800mm(7.350m)；6-信息金属线槽 300mm×100mm(8.200m)；7-消防管 DN150(7.500m)；8-送风风管 1 000mm×630mm(−2.600m)；9-排风风管 2 500mm×1 000mm(−2.850m)；10-消防管 DN150(−3.400m)；11-排风风管 2 500mm×1 000mm(−3.300m)；12-电力电缆桥架 800mm×200mm(−1.650m)；13-电力电缆桥架 600mm×200mm(−1.650m)；14-送风风管 500mm×250mm(−2.400m)；15-排风风管 1 000mm×500mm(−7.950m)；16-送风风管 1 000mm×800mm(−8.080m)

6 结语

随着铁路科技的不断进步，大型铁路客运站房综合管线所涉及的内涵和外延也在不断完善和发展中。管线综合设计工作也随之变得更加重要，对管线综合设计者的要求也就更高。本文总结的设计原则和注意事项，将为以后铁路客运站房管线综合设计的实际工作提供有益的参考。

参考文献

[1] 郑健.铁路旅客车站细部设计[M].北京：人民交通出版社，2010.

[2] 陈小辉，郭林文.民用建筑机电综合管线设计[J].制冷，2008(9).

加强计划管理　进一步提升项目履约率

张　斌　俞济涛　金旭炜

（中铁第二勘察设计院集团有限公司　成都　610031）

摘　要:针对铁路站房设计管理的特点,从加强组织机构、更新管理体制、细化设计计划、强化设计控制等方面,分析了如何通过加强计划管理,从而提升站房设计项目的履约率,以强力推进铁路站房建设进度。

关键词:铁路　站房　计划　管理

“十一五”以来,中国铁路建设进入了快速发展的黄金时期,大规模、高标准的铁路建设高潮正在全面深入推进。作为铁路建设的重要组成部分,一大批铁路枢纽客运站正在兴建、改造或正在规划、设计中,铁路客站建设也迎来了难得的发展机遇。中铁二院作为铁路建设的主力设计院,承担了一大批大、中、小型铁路客站的设计工作。我公司正以“以人为本,服务运输,强本简末,系统优化,着眼发展”的建设新理念,按照“功能性、系统性、先进性、文化性、经济性”的要求,努力将这些客站打造为设计新颖、流线顺畅、装备先进、功能齐全、百年不朽的新型铁路客站。然而,“十一五”期间建设的铁路客站,不仅规模大、标准高,而且工期紧,原因是其建设进度直接关系到客运专线建设,关系到缓解铁路运输“瓶颈”制约。作为铁路建设的源头——设计单位,如何加强计划管理,保证设计进度,是推进铁路客站建设,确保如期建成,早日发挥效用的关键。

加强铁路客站设计计划管理,就是要使设计计划管理更加制度化、标准化,要提高管理水平,充分发挥计划在设计进度控制中的作用,满足建设单位对站房工程总工期及各阶段设计任务的工期要求。

我公司总结了站房设计管理过程的经验和教训,不断加强计划管理,为进一步提升站房设计项目的履约率进行不懈的努力。

1　构建专职机构,加强组织管理

加强计划管理,组织机构建设要先行,成立适应站房设计特殊性的组织机构与项目总体组是站房计划管理的关键。我公司成立了以集团公司分管副总经理为组长的站房建设管理领导小组,加强站房建设的组织管理;成立了以集团公司分管总工程师为组长的站房设计审查小组,加强站房设计过程的技术管理;成立了进行站房建设管理的中铁二院建筑工程(站房)项目部,加强站房设计从前期方案、实施方案、初步设计、施工图到后期配合施工的全过程设计管理。我公司客站项目部组织机构图见图1。

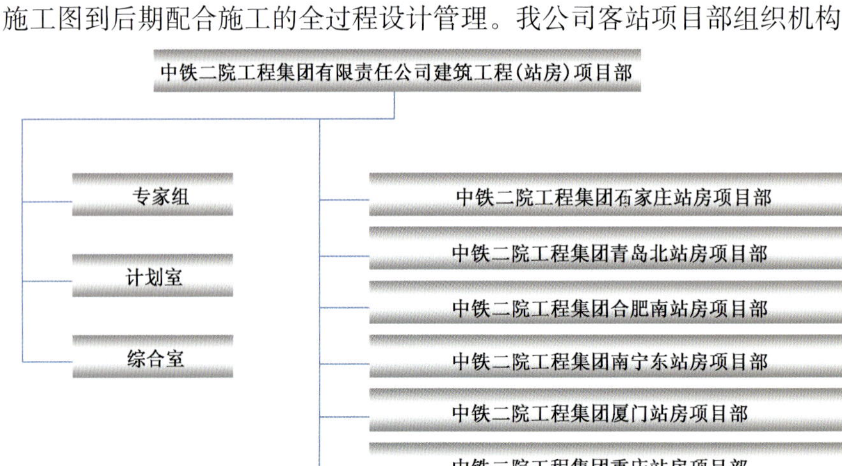

图1　客站项目部组织机构图

2 更新管理体制，明确管理职能

设计院作为客站建设的主体责任单位，面临客站建设任务重、时间紧、困难多、要求高的形势，必须调整设计院内部的管理，构建与目前形势相适应的管理体制，加强领导、精心组织、明确职能，配备熟悉设计流程、具有客站设计经验、工作责任心强的专业技术人员，专职进行客站的计划管理工作。由于专业技术人员具有客站设计的经验，熟悉客站设计的流程，了解客站设计过程中的重点、难点，对设计过程的关键节点进行可靠控制，故配备专业人员专职进行客站的计划管理，可有效确保客站设计的过程有序，最终达到目标工期要求。

我公司站房设计计划管理对公司内、外均为三级管理，公司外是由建设单位、总体设计单位、站房设计单位构成；公司内是由集团公司、生产项目管理部、站房设计相关生产单位计划调度构成。

对于外部计划管理，建设单位主要负责工程总策划编制、设计总策划的审批等；总体单位主要负责设计总策划编制，站房设计单位计划的审批、控制及其他计划管理工作；站房设计单位负责所承担项目的设计计划编制、计划的执行等。

对于内部计划管理，集团公司领导集体负责对站房项目生产经营的宏观决策，对站房重大技术方案和生产组织方案进行审查；生产项目管理部执行集团公司站房生产经营安排的每项指令，指导监督站房设计相关生产单位计划调度，全面制订详细作业计划，协调处理资源与进程的各种矛盾，了解技术方案，确保公司内站房设计参加单位全系统协调联动运转；站房设计相关生产单位计划调度负责制订本单位站房设计的详细作业计划，按科室或项目组分解工作，落实责任人和设计者，协调本单位各种资源按期优质完成设计工作和与相关单位的设计配合工作。

由总体设计单位组建务实高效的设计计划管理机构和网络，为动态控制管理提供组织保障和人力资源保障；由各站房设计单位确定对口的设计管理人员，完成计划管理工作；设计计划管理实行分层管理、优势互补，做到组织落实、工作到位。

设计计划管理职能分工见图2。

3 分解工作任务，细化设计计划

计划管理就是要通过强化设计管理，满足设计各阶段的深细度，加快设计进度，确保设计的系统性，不能让“图纸”成为客站建设的控制因素。

3.1 设计计划的编制原则

(1)站房设计按方案(或实施方案)、初步设计、施工图、配合施工的阶段分别编制设计进度计划。

(2)各阶段中间检查内容、时间、次数和提交哪些设计文件、图纸，经建设单位审查、平衡后贯彻落实。各站房设计单位据此编制阶段设计的详细计划，经设计咨询审查并抄报建设单位备案。要便于设计进度在受控状态下进行，以及建设单位、总体单位及时与各设计单位之间的协调。

(3)设计进度计划应体现事前、事中和事后能动态控制的指导思想，应有工作流程、进度控制措施、组织保证措施、技术措施等方面的内容，并必须考虑到工程施工招标、设备采购、物资准备等因素，提供满足上述工作所需要的有关设计文件。

(4)总体单位根据设计流程统一编制建筑、结构以及设备系统互提资料日程表和互提资料清单，以确保全线所有站房或某独立站房设计综合进度和接口的统一性。

(5)各站房设计单位应在经批准的设计总策划基础上，编制阶段设计详细进度计划，报总体单位预审，总体单位对站房设计单位的进度进行动态监控，发现偏离采取必要的措施及时纠正，保证总体设计目标的实现。

(6)各设计阶段的进度计划制订，应在各阶段设计正式开展前编制完成，提交总体单位预审并报建设单位批准后贯彻执行。

3.2 设计计划的编制依据

设计计划依据项目任务书(或项目合同文件)、建设单位对站房工程的总策划以及铁道部对站房各设计阶段批复意见的有关要求进行编制。

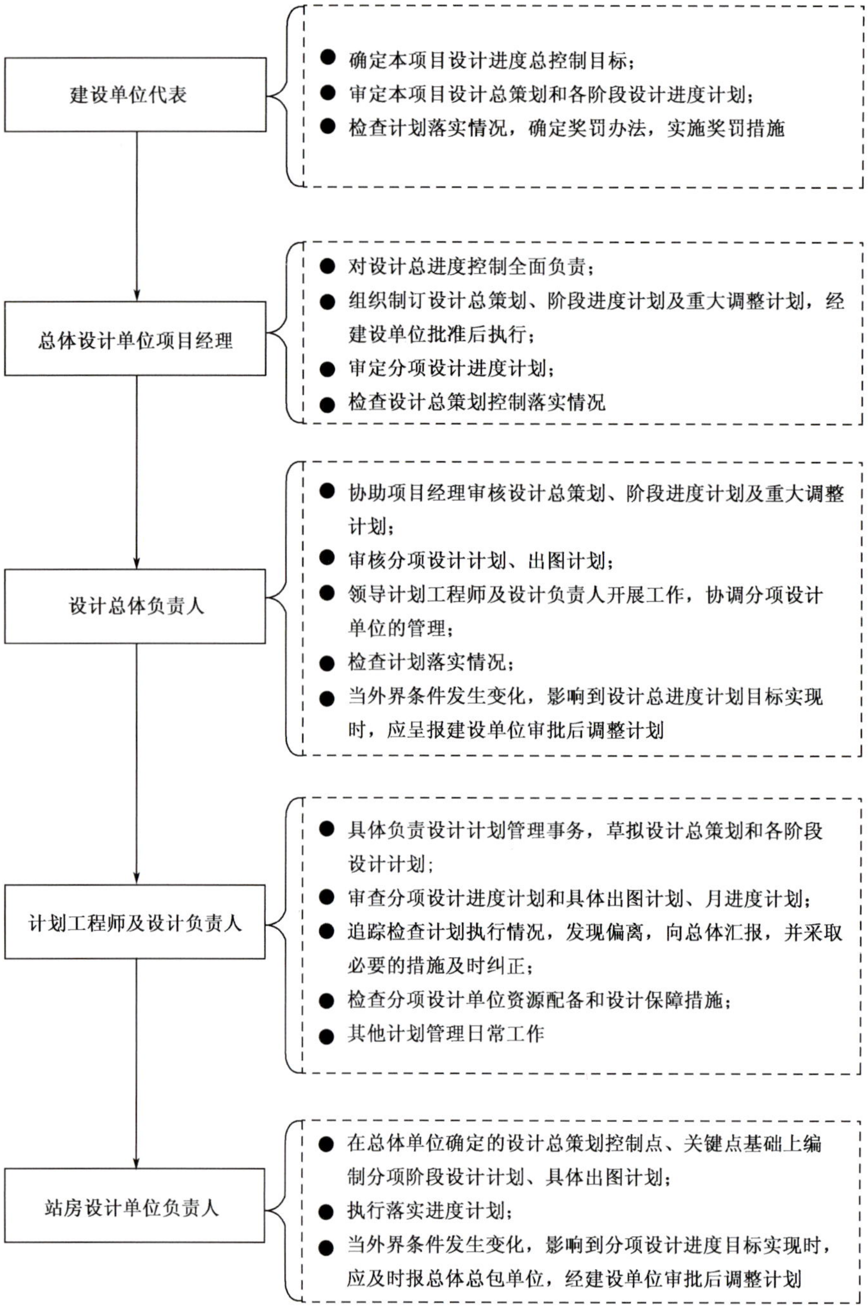

图 2　设计计划管理职能分工图

3.3　设计计划的内容

(1)合同内的项目概况和特点，本项目的工作内容；

(2)以图表形式绘制的设计工作方案；

(3)计划工作量及人员计划表；

(4)总的设计计划进度表；

(5)设计计划的具体实施办法；

(6)限额设计的实施说明；

(7)设计组织机构及主要人员安排图表；

(8)设计质量保证体系的说明；

(9)设计现场工作安排说明。

3.4 设计进度计划的编制和发送

(1)设计进度计划是设计单位承担本项目设计过程总的计划,包括方案(或实施方案)、初步设计、施工图、配合施工等阶段。

(2)设计进度计划的编制时间要求:总体单位收到建设单位下达的工程总策划或站房设计单位收到总体单位下发的全线或独立站房阶段设计进度计划后5个工作日内完成本项目设计进度计划的编制、内部审查、上报审批工作。

(3)设计进度计划的编制深度:

①总体单位的设计深度必须具体到车站。

②站房设计单位的设计深度具体到专业。

(4)内部审查要求:

①检查设计进度计划编制内容是否完整、计划深度是否符合上述规定的要求、格式是否正确、计划中各个部分的时间安排是否合理且满足工程总策划或总体单位计划的要求。

②签署审查意见,并交回计划编制人处理。

(5)设计进度计划的发送。

收到建设单位或总体单位关于设计进度计划的正式批复后,总体单位或站房设计单位以工作联系单形式发至各项目或专业负责人,并抄送建设单位、咨询单位或总体单位备案。

4 加强节点控制,确保计划完成

4.1 设计进度控制的主要思想

(1)工程设计是工程建设的源头和基础,进度控制、质量控制、投资控制是相互依存又相互制约的关系,处理好三者的关系是设计管理工作的重点和难点。

(2)针对站房设计工作复杂、多变、不均衡性的特点,抓住影响设计进度的关键,制定科学有效的措施和办法,强化过程的控制力度和资源配置的合理性、适应性,有序地组织设计工作。

(3)进行目标分解,实施分层控制,开展动态管理,确保最终目标实现。

4.2 设计进度控制的主要管理手段

(1)根据项目设计的系统分析,确定项目设计系统进度控制目标,包括本项目的总目标、单项工程进度目标、各分部工程和分项工程设计进度目标,这些进度计划应由粗到细。

(2)为实施项目设计进度计划,总体单位和站房设计单位均应按计划要求进行工作,总体单位、站房设计单位和咨询单位应相互协作、密切配合,形成严密的设计进度实施系统。

①高度重视影响进度的各种内、外因素,采用动态控制管理办法,并在计划进度安排时充分考虑其因素和留有适当的调整空间。

②建立务实高效的计划管理机构(如项目部等)。建立建设单位、总体管理单位与各站房设计单位的联络网,并根据建设单位要求编制项目编码体系,提高进度计划分析、比较的检索效率,为实现进度动态控制奠定基础。达到能即时了解、掌握各单位、项目、专业的进度动态信息的目的。

③确定本项目的工程进度关键点,编制工程的阶段设计进度计划,加强对关键点的控制,确保关键点设计按计划进度完成,使整个设计工作处于受控状态。

④组织各站房设计单位在经建设单位审批的设计总策划框架内编制各阶段、各项目、工点,及各勘察、设计单位间接口的计划进度表,经审查后组织实施。

⑤组织各站房设计单位根据各工点及勘察、设计单位间接口的设计计划进度表制订互提资料要求和提供的时间表。防止因资料短缺、延误,造成设计进度滞后。

⑥组织并实行定期设计例会制度(一般一周或十日召开一次),参会人员为建设单位项目工程师、各设计单位的生产负责人及计划管理人员,通报全线或独立站房设计情况,对设计进度进行检查及任务布置。对影响进度的问题进行分析和研究并商定解决方案,并形成会议纪要备查和上报建设单位。设计单位内部设计例会由设计单位自行确定,但应通知建设单位项目工程师,接受建设单位监督。

⑦根据联系网络提供的进度动态信息，由计划管理机构定期分析、对比，并对日常设计进度存在的问题等进行了解、汇总、督促。若发现有影响设计进度的问题及时解决、报告。

(3)发现计划进度出现偏差，分析产生偏差的原因，提出修改进度计划的措施，以保证项目按预定目标实现。

(4)根据不同的设计阶段和管理层次，将设计进度控制分为以下三级：

①第一级为工程总筹划，由建设单位制订。

②第二级为设计总策划，由总体单位编制，建设单位审定后执行。建设单位和总体设计单位统一协调控制。

③第三级为设计计划，由各站房设计单位编制，总体设计单位审定并向建设单位呈报备案后执行。总体单位和站房设计单位控制。

(5)设计进度计划的实施应严格按程序控制管理，营造有序、受控、科学管理的氛围。设计进度计划控制管理程序见图3。

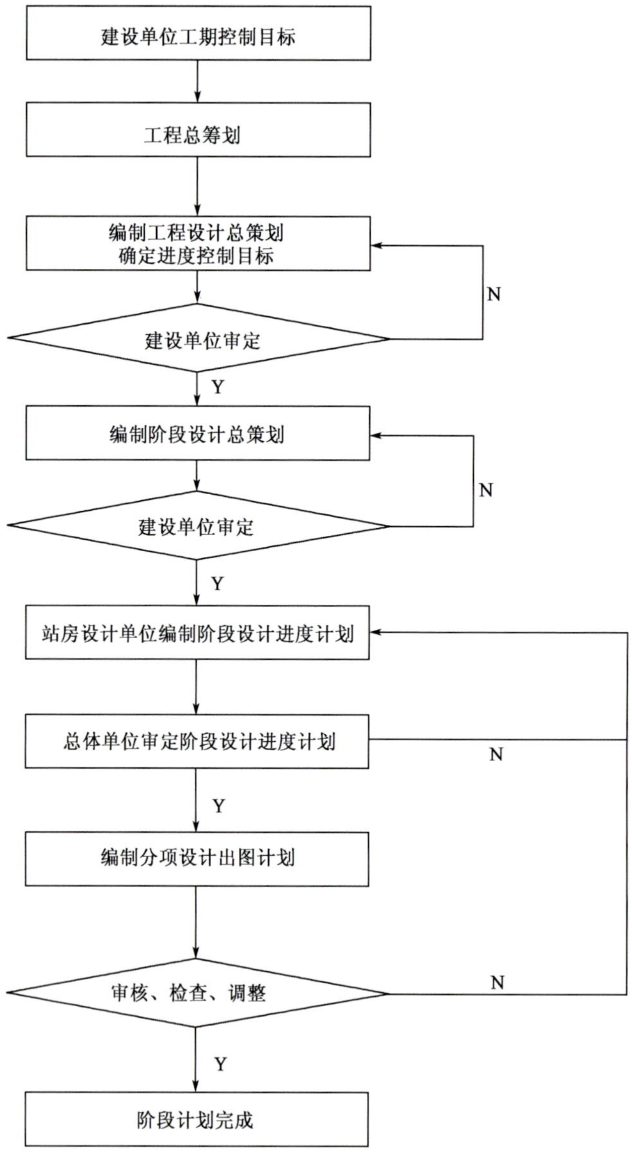

图3　设计进度计划控制管理流程图

4.3　设计进度控制的主要管理内容

4.3.1　日常主要工作

(1)编制阶段设计进度计划报建设单位或总体单位审批后执行；

(2)根据阶段性计划进行分解下达设计单位;

(3)督促和检查各设计单位根据审批后下达的实施计划组织设计;

(4)对设计进度计划管理过程中出现的各种偏差及时进行纠正和调整,保证计划目标按期或提前实现;

(5)完成各类统计工作,根据设计开展情况编制月(年)工作报表和下月(年)工作计划,工作报表应包含项目概况、项目进展情况、本月内主要事件、存在问题、人力资源使用情况;

(6)组织总体巡检、检查各设计单位或专业人员及设计进度情况;

(7)对各单位或专业计划完成情况进行考核;

(8)制订技术作业表(即互提资料日程表)并进行督促检查,以满足总体单位、站房设计单位、咨询单位之间及站房设计单位各专业之间互提资料的要求。

4.3.2 主要工作方式

(1)与设计总体组和各设计单位密切配合,掌握全线和本项目设计动态,为编制后续生产计划奠定基础;

(2)主动上门请示建设单位,了解建设单位对设计进度的要求;

(3)以巡检和例会的方式,加强对设计单位和各专业的指导、了解与管理;

(4)建立健全联系网络,保持与各项目负责人和有关管理人员的密切联系,随时掌握计划工作动态。

4.4 设计管理要周密计划,坚持跟踪

在制订设计计划时,应深入细致地调查研究,全面掌握相关信息,摸清影响、制约设计计划执行的各种因素,努力做到情况明了,对可能存在的不确定性,应予以充分估计,尤其应关注对设计计划执行存在重大影响的"大概率"的不确定性的预见和评估,使计划与现实情况紧密相连。要按"笨鸟先飞"的原则,存在不确定性的工作和任务应尽早安排,尽早动手,资源上优先保证,时间上留有余地;对执行计划有重大影响的不确定性,应做好预案,要有针对性地做好多个备选方案。

在设计计划执行过程中,应坚持跟踪。特别是那些可能存在不确定性的工作任务,应给予足够的、及时的关注,确保信息畅通。一旦发生偏差,及时采取弥补措施,立即纠正偏差。

4.5 充分发挥团队作用,敏锐把握变化

再完善再周密的计划,也不可能不遇到变化。俗话说得好"百密一疏",总有一些因素是计划制订者自身无法预料或无法控制的。唯一弥补的措施,就是在计划执行中敏锐把握这些可能会影响到计划实施的因素,以便及时采取防范之策。尽管这一点是知易行难,但事在人为,应建立相应的、及时的跟踪分析机制。

对于显著的变化,大家一般不会漠视,但是,有些变化却是隐性的、累积的和加速的,等到变化明显被发觉时,已躲闪不及,补救乏术。为对付这种变化,除在制订计划时给予充分评估,提出对策外,还必须重视对计划执行的跟踪,设计过程中发生的各种问题,往往都是有前兆的,应做到敏锐把握。为此,仅仅依靠少数人的力量很难做到这一点,如何调动大多数人去了解变化,并迅速有效地反馈,这很重要。我们要发挥团队和集体的作用,依靠团队的力量做到明察秋毫,及时捕捉不确定性信息,及时化解不确定性,将其对计划的负面影响控制在一定的范围之内。在项目建设中,相关各方(包括建设单位、总体设计单位、站房设计单位、咨询单位等)之间以及各自内部,应该强化彼此之间的互补与合作,通过互补,做个人无法做的事;通过合作,创造大于个人价值之和的集体价值。

5 结语

总之,建立健全精干、高效、稳定且适应站房建设的组织架构,职责明确,有健全的设计计划管理程序和工作流程并有效执行,选派能够胜任、熟悉站房设计管理的专业人员,并充分发挥团队作用,为不确定性管理提供可靠保障,以"精品工程"为目标,以"最终成果"为主导,精心做好站房设计管理工作,相信将使站房设计的履约率得到有力提升,为铁路建设事业作出更大贡献!

不负历史重托　打造无愧于时代的铁路客站建筑精品

——客站建设管理之设计技术

罗汉斌

（中铁第四勘察设计院集团有限公司　武汉　430063）

摘　要：恰逢我国铁路建设大发展的历史机遇，本文通过归纳、总结近几年来铁路客站建筑设计的经验和教训，提出了建设精品客站的设计关键环节和着重点。

关键词：客站建筑　建设　设计　精品

建筑精品是通过精心组织、精心设计、精心施工，建造出的优秀建筑工程。

设计是工程建设的灵魂，它贯穿于工程建设的始终。创新理念、优化设计、不断提升设计水平，对打造精品工程起着至关重要的作用。只有精心设计的工程才可能建成精品工程。要把打造客站建筑精品的理念贯彻到每一位设计人员。

精心设计涵盖的范围很广，它是对客站建设"五性"设计原则的诠释和体现。历年来，客站建设"五性"设计原则在多次交流大会上有关领导和设计人员已经做了较为详细、全面的论述，这里就不再赘述。个人认为要做到精心设计，创精品工程，就必须做好以下方面的设计工作。

1　高度注重细部设计

精心设计在综合规划、功能布局、空间塑造、建筑造型及各专业设计等大的方面的要求相信大家都能理解和体会到，就不再多言。这里想谈的是建筑细节、细部设计的问题。

细节决定成败，细节彰显建筑的品质。这个观点想必每个人都会认可，关键是如何落实？如何将这个理念融入到点点滴滴的工作之中去？客站建筑方案往往会引起社会方方面面的高度重视和关注，这是必然的。经过多轮、多部门相关人员（专家、领导、设计人员及社会各界人士）的审查和反复调整、修改、完善，在大的方案把握上一般不会出现问题，而细节的把握与控制往往放在后期，而后期工作重点在建设管理及施工组织上，细部设计工作往往会被忽视。

通过对建筑细部进行认真推敲，让每一个具体细部既能满足使用者在功能方面的要求，又能满足观感方面的要求，充分体现人文关怀的设计魅力（图1、图2）。

图1　喇叭隐藏于柱面装饰铝板内，只闻其声，不见其形

图 2　某大型交通枢纽内设置的人员会合点

2　积极参与外部环境综合协调

客站建设往往伴随着城市各种交通系统(城市轨道交通、城市公交、小汽车)、广场、道路系统、管线等方面建设同步进行,有大量的协调工作要做。

前期方案阶段的协调工作由部里牵头,组织与客站所在地方进行协调以确定大的方案,协调机制是健全、完善和有效的。这里重点想谈的是工程建设实施阶段有关设计方面的外部综合协调问题。由于工程建设实施阶段牵涉的方方面面因素太多,协调工作量非常大且复杂,同时对项目的顺利实施、推进和建成使用影响很大,因此显得特别重要。设计院在这中间的作用是配合业主做好协调工作,主要体现在以下几个方面:

(1)参加业主与地方进行的协调工作,解答客站设计的相关问题,从技术的角度给业主以支持,当好业主的参谋。但同时要注意摆正自己的位置,不要大包大揽。

(2)提出与地方工程接口的相关设计资料及要求。

(3)建立高效的设计协调机制(明确双方的责任,总负责人、各相关专业负责人及联系方式,资料的提供及确认方式等,建立例会制度)。

容易出问题的几个方面:

(1)高程系统。铁路客站和地方广场工程往往采用不同的高程系统,它们之间的理论换算值往往与通过联测出来的实际换算值有较大误差,不可忽视(图 3)。

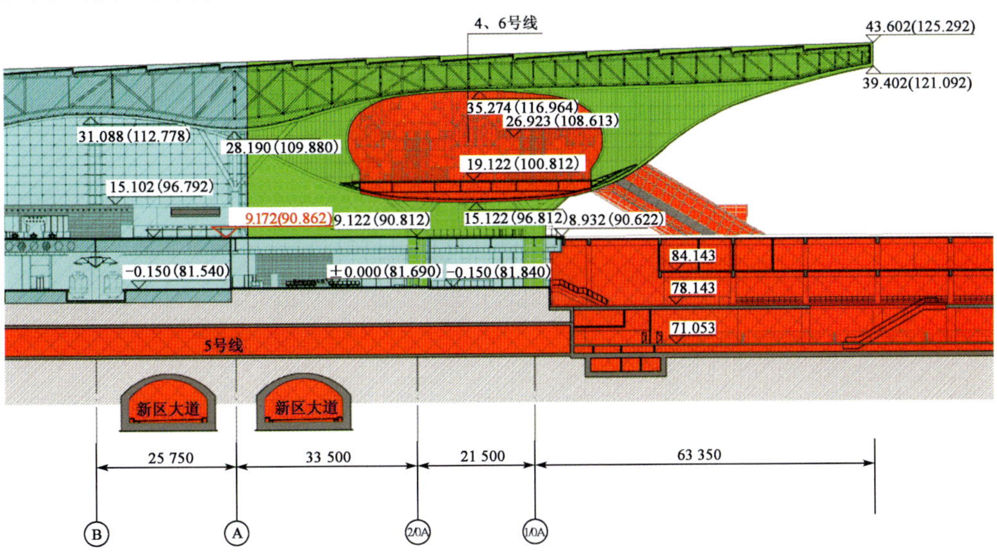

图 3　高程系统(尺寸单位:mm)

(2)坐标系统。地方工程采用当地城市坐标系统,铁路客站一般根据正线及里程来定位,二者间的换算一定要注意,应通过联测来进行校核。

(3)旅客活动平台、出站地道、高架闸道等与地方工程衔接处的定位和标高是容易出问题的地方。

(4)各接口处的调整应及时通知并征询对方的意见,不可遗忘。

(5)客站工程与地方工程设计、施工界面的划分以遵从惯例、界面明确、便于双方实施为原则(图 4)。

①站房正立面屋檐滴水线或旅客平台处;

②站房两侧平台处;

③站房两侧站台外站场排水沟或沟边围墙处。

图 4　施工界面划分(尺寸单位:m)

3　组织好专业间的系统协调

3.1　总体人员的设置和协调的重点

(1)全线(以中小型站房为主)应设置负责站房设计的副总体,在总体的领导下,协调站房设计的相关专业,很有必要。大型或特大型站房应单独设置总体,同时设置站场专业人员为副总体,是否设置站后其他专业副总体,因人而异,原则上尽量不设。

(2)协调的重点:

①与全线或枢纽进行站房设计范围的划分;

②组织编写各阶段设计文件,制定总体设计原则、计划作业表及文件编制办法;

③协调各专业间出现的问题,检查计划作业表的执行情况。

大型站房设计中特别要注意多专业集成系统的协调工作。如室内外装修、设备单元、动/静态标志系统与广告、商业开发、管线综合等均牵涉许多专业(图 5)。

3.2　站前与站后专业间协调

(1)站前、站后专业设计变化的相互影响:由于站前、站后专业设计阶段并不同步,站前专业的设计阶段往往先于站后专业,设计中的变化对相互间的影响往往容易被遗漏(图 6)。

(2)车站中心与站台中心不是同一概念。站后专业要核对站前专业提供的资料中车站中心是否就是车站站台中心,因为一般要求站台中心与站房中心、站前城市广场中心在同一轴线上。站场专业应向地方提供车站站房中心(一般即站台中心)的里程资料,便于地方确定广场中心线及道路系统(图 7)。

图 5　设备单元

图 6　基本站台雨棚柱基础外露

(3)对站场土方回填的要求:除满足地质专业的要求外,还要注意房建专业对土方回填的要求。

(4)站区主要道路系统的设置还应满足房建专业的要求,如消防车、车站内部车辆、贵宾车辆等进出车站。

(5)水文、地质资料是否满足房建专业的要求。站前专业按铁路系统要求做的地勘资料与站后房建专业按建设部要求所需要的地勘资料是不同的,房建专业与站前专业在水文资料要求标准上也有不同,要做好资料搜集前的沟通和协调工作。房建专业应明确提出资料要求,避免再次进场补钻和资料的再次收集。

3.3　站后专业间协调、配合中容易出现问题的地方

(1)各专业设计资料提供完成后如有修改要考虑对相关专业可能的影响,及时进行沟通并补提相关资料;

(2)分批供图施工的工程中各专业管线的预留、预埋要与土建专业图纸同步出图;

(3)做好管线综合设计工作很重要。

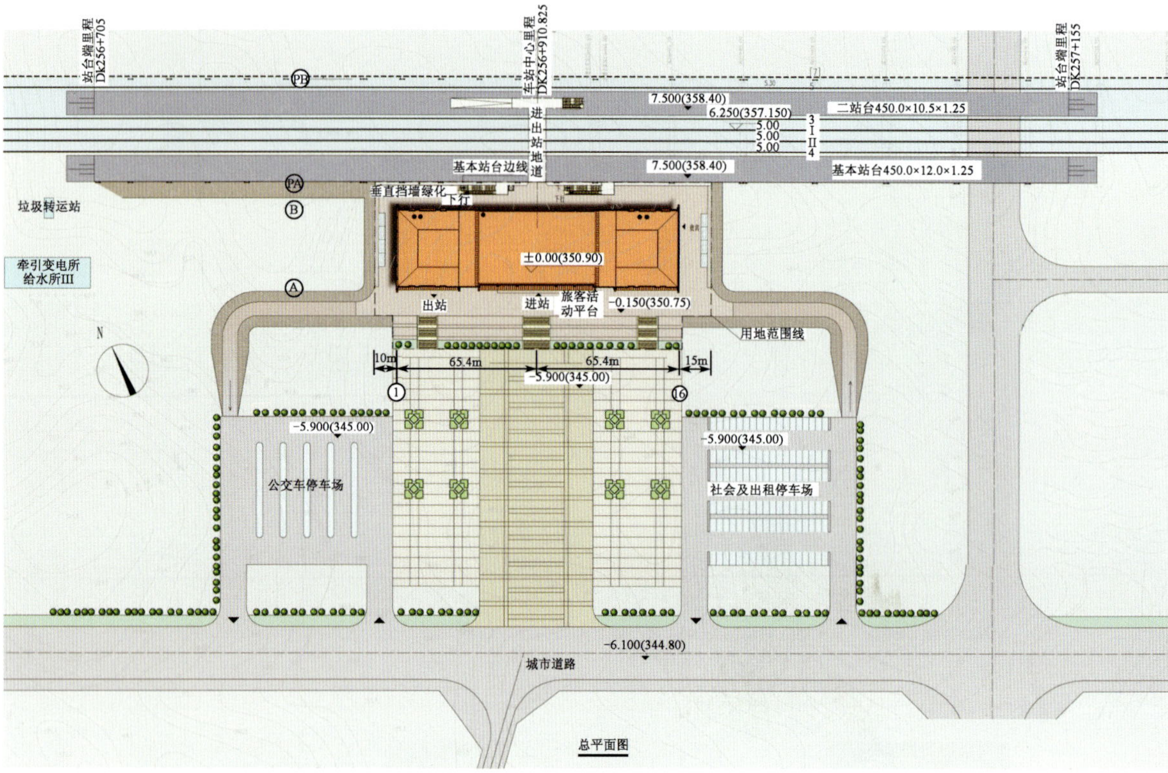

图 7　站台中心与站房中心、站前城市广场中心不在同一轴线上

4　发展趋势

4.1　专业化设计

专业人做专业事，只有专业人才能做好专业事，打造精品工程更应该如此。从某种角度讲，设计院应是总体设计单位，不是所有的设计工作都是它所能完成或擅长做的，如国内目前大部分设计院在幕墙、室内外装修、景观照明、特殊或复杂屋面系统的深化设计方面并不擅长，它在这些方面的主要工作应该是完成大的方案设计并牵头组织协调深化设计的专业公司，只有汇集各方优势才能形成系统最优，因此，设计的专业化是发展的大趋势。

4.2　标准化设计

标准化设计涉及的方方面面实在是太多了，下面仅举几例加以说明：

4.2.1　设计的标准化

它将极大地提高功效，好处是显而易见的。这几年已经建成投入使用和正在建设中的客站近几百座，大量经验和教训需要及时、认真地研究和总结。在细节方面应更多地提倡归纳、总结、完善。在如卫生器具、楼扶梯、垂直电梯、栏杆扶手、座椅、售票窗口、隔断、地道、天桥、显示标志等方面提倡编制通用图，采用标准化设计。让每一个具体的部位不仅能很好地满足使用功能方面的要求，同时在观感、施工、经济性方面也能够得到较好的体现。部鉴定中心组织编写的《铁路旅客车站细部设计》在这方面做了较好的尝试，起到了良好的作用。

4.2.2　设计取值的模数化

设计取值的模数化较容易被设计人员忽视，认为混凝土结构一般采用现浇、钢结构一般采用焊接、装饰材料切割方便等，在开间、进深、高度等方面取值时较为随意，不知道设计前期的随意之作将给后期深化设计和施工带来很大的麻烦。工厂化加工生产出来的各种建筑材料一般均采用符合国家模数要求的标准尺寸，质量容易得到保证，设计如考虑不周将会带来以下几个方面问题：

(1)室内外空间装饰分格无法协调、统一，效果差；

(2)大量材料现场进行切割，造成施工功效低、材料利用率低、损耗大、成本增加；

(3)现场切割的材料质量不能得到保证，特别是在观感方面，如果单独开模具制作将会增加成本，对供货时间等方面有较大影响且给后期的维修、保养、更换带来不便。

4.2.3　平、立面设计的分格化

平、立面设计分格化是设计工作在建筑取值模数化基础上的延续和深化，是在建筑尺寸采取合理模数的基础上，综合考虑建筑室内外装饰材料的标准，确定一基本单元尺寸后，将平、立面以这一基本单元尺寸进行分格(图 8)。

图 8　某站外立面分格化处理效果较好

4.3　加工制作的工厂化

目前，由于铁路行业的快速发展，同时在建和拟建的车站工程数量庞大，分布范围很广、参与建设的单位和人员众多，虽然铁道部有关部门在树立建设理念、加强建设管理和施工、优化设计方面做了大量的工作，取得了可观的成效，但是很难从根本上提高现场加工制作的工程质量，尤其是在工期紧张、现场交叉施工作业多的情况下。因此，尽可能多地通过标准设计，集中招标采购，在工厂加工制作，现场安装的方式来控制工程质量，能加快施工进度，减少材料浪费，节省投资(图 9)。同时统一的装修风格和细部做法还可起到提升铁路形象，形成独特铁路企业文化的效果，如国际上大型的跨国连锁企业。

图 9　某机场栏杆

5 做好专业设计或咨询公司的引入工作

初步设计阶段就引入专业设计或咨询公司配合设计是很有必要的。

5.1 定位

设计咨询。

5.2 优势

可以提供较高水平和较为专业的咨询方案和意见，对方案的优化、稳定和投资的控制是很有好处的。

5.3 引入方式

根据国家有关规定，专项设计应另行委托。如果总的设计费中包含了专项工程的设计费用(单独按国家专项工程标准费率另行取费)时，专业设计或咨询公司可由业主另行委托设计或委托总体设计单位负责(由总体设计单位另行委托)；如果总的设计合同中仅按国家标准费率取费，专项工程设计未单独取费时，由于费用有较大缺口，只能要求专业设计或咨询公司无偿配合设计。当然，这样做会带来一些问题，建议设计单位与业主充分沟通、协调，妥善处理。

5.4 代表性专项工程设计的内容

室内二次装修、各类幕墙、特殊或复杂的屋盖系统、静态标志、景观照明、消防性能化设计等。

6 重视对投资的控制

对工程投资的控制是一个老生常谈的话题，笔者认为设计应从以下几个方面着手：

(1)精心设计，减少“缺、漏、错、碰”。

(2)建议房建专业自己编制个别概算，培养客站概算编制的专门人才。

最近基本建设完成的一个客站项目，目前初步了解到的情况是所有自编概算的专业均表示投资控制在批复概算范围之内，其他所有非自编概算的专业由于种种原因概算均有所突破，就是一明显的例子。

(3)建议制定专门针对客站的定额编制办法和各设计阶段工程数量计算深广度规定。

(4)专业间加强沟通、学习，多到施工现场了解实际情况，提高设计人员和概算编制人员的综合素质。

(5)按质论价，不能搞一刀切。

在设计概算的编制阶段应严格按照定额进行编制，但在工程建设完成并投入运营使用后应按照工程验收的情况、建设主管部门及运营使用部门的意见、社会的反响等对工程建设的质量作出明确的判断，本着优质优价的原则，在工程决算中有所体现，以此作为对施工单位的奖励和工作成绩的肯定。鼓励先进、鞭策后进。

(6)原则上应严格按照批复的方案、规模和标准设计，较大的变化应及时汇报，以便于设计方案的稳定和投资的控制。

7 鼓励设计创新

这么大量的客站建设是应该在技术创新方面出一批成果的。

(1)建立鼓励创新的机制，营造设计创新的氛围。

有人把建筑比喻为凝固的艺术，是丰富多彩的。短时间内大量客站的建设应尽量避免在建筑造型、空间塑造、装饰效果上的大量雷同，但在细部处理上可以统一采用较为成熟的做法。

(2)设计创新应结合工程的具体情况，是一种自然产生的结果和要求。要避免为创新而创新，要分析创新可能付出的代价及得到的益处。

(3)对有创新思维的设计要宽容，应允许大胆尝试。

图 10 所示为结构新颖的室内人行天桥。

图 10 结构新颖的室内人行天桥

8 设计中较为普遍存在的问题

8.1 设计分工及界面划分问题

本来铁路客站建设牵涉的专业就多，接口复杂，随着新材料、新技术、新的建设理念的运用和贯彻将会给专业间界面的划分带来新的问题，需尽快完善，避免设计缺漏或相互推诿给工程建设带来负面影响。

8.2 部分现行规范存在的问题

部分现行规范或现行规范中的部分条款已不能很好地适应新时期铁路客站建设的要求，亟待完善。例如：

(1)有关消防方面的国家规范，在国内它是一个普世标准，就是因为涵盖的范围太广，因此针对性不是太强，造成不同消防审查部门对规范的不同理解和控制标准的不统一。而铁路客站无论从建筑空间、旅客流线、管理模式等许多方面均有自己非常鲜明的特点，生搬硬套国家规范都是不合适的。建议在国家相关规范的基础上，结合大量在建和已经建成并投入使用的客站的具体情况及大量客站消防性能化的研究成果，编制铁路客站专门的消防规范。

(2)客站办公用房空调的设置标准问题。随着社会经济的发展，人民生活水平的提高，气候条件的变化，城市中办公用房配备空调已是非常普遍的现象，但铁路相关规范中的设置标准较低，与高速铁路建设的高标准不相适应。特别是大量中小型车站等到建成投入使用时才发现办公区未设置空调，当然即使买来空调也无法立刻安装、使用，因为没有电源，变压器容量很可能也不够。还有就是由于设计未考虑空调室外机的摆放位置，造成了后期安装时乱摆、乱放、管线乱走，影响车站整体效果和美观(图11)。再还有就是空调的制热和制冷问题，以往的情况是南方沿海地区空调在夏天制冷就行了，实际情况是随着气候的变化，部分沿海地区冬季气温也较低且时间不短，车站空调冬季不制热明显不合适，建议尽快完善。

8.3 车站定员与服务设施不匹配问题

随着“强本减末、服务运输”指导方针的贯彻落实，客站定员较以往大大减少，直接为旅客服务的各类设施大大增加，出现了车站定员与需人工参与服务的设施数量上的不匹配问题。如车站总的售票口数量增加较多，虽然这其中增加较多的是自动售票机的数量，但由于定员的大大减少出现了人工售票窗口数量大于售票定员的现象，造成了人工售票窗口及其配套设备的长期闲置。根本的解决办法应是减少人工售票窗口数量，增加自动售票机等自动化服务设施的数量。

8.4 举一反三，少犯同样或类似的错误

同样或类似的错误在同一家设计单位设计的不同项目中多次出现是较为普遍的现象，究其原因无

非有以下几个方面：

(1)设计人员的责任心不强，工作马虎，不善于总结提高。

(2)单位内部技术总结、交流机制不够健全。这批设计人员犯的错误其他项目设计人员不知道，工作中犯同样的错误。

图 11　放置凌乱的空调室外机

8.5　设计人员综合素质亟待提高

主要体现在以下几个方面：

(1)知识面较窄，对本专业的知识不精通，对相关专业的知识和要求了解甚少。

(2)只会简单地套用通用图纸，对建筑材料的性能、具体的做法和要求知之甚少，一旦无图可套就简单示意或回避不画。

(3)责任心不强，工作马虎，碰到问题推诿、逃避。

(4)设计中的变化和调整是避免不了的，但要有本专业设计变化对相关专业会造成影响的意识，并及时与相关专业沟通、协调。

(5)设计方案的确定必须综合考虑投资、施工技术水平、施工工期等因素，在可能的条件下尽可能采用施工难度小、投资省的方案。设计不是纸上谈兵，不考虑施工条件，一味追求理想效果是行不通的，建成后的效果好才是对设计的最大肯定(图 12)。

图 12　吊顶设计中的自由曲线施工难度很大，建成的效果也不好

(6)不到施工现场,不了解现场的实际施工情况,解决实际问题的能力欠缺,只会闭门造车。

8.6 有关商业开发的问题

客站中引入商业开发是大势所趋,它既方便了旅客又带来了可观的经济效益,实践证明效果是好的。如果在客站建设的后期或建成后再引入商业将会带来诸多问题,如:空间不能合理利用、电力容量不够、供水不足、排水不畅、空调效果不佳、结构荷载不够及消防等方面的问题。建议在设计的前期就引入商业策划,各专业根据明确的要求留好条件,商业一旦要上仅安装相应末端设备即可。在这方面机场是做得比较成功的(图 13)。

图 13 某机场商业开发

8.7 如何加强设计联合体对质量的控制,提供工作效率

8.7.1 发挥各自优势,取长补短

设计联合体一般是由铁路系统的设计单位与专业的建筑设计院组成。建筑设计院的优势在于建筑设计的能力强、专业人员资源丰富。铁路系统设计单位的优势在于对铁路方面知识和程序比较了解,专业齐全。因此,在联合体设计分工和审查程序的制定上应遵循"发挥各自优势,取长补短"的原则。

8.7.2 加强沟通,协调合作

设计过程中的沟通、协调是非常重要的。主要体现在以下几个方面:

(1)建立顺畅的沟通渠道;

(2)建立有效的协调机制和例会制度;

(3)充分尊重对方的意见。

8.7.3 加强投资控制意识

相对于铁路系统设计单位而言,专业的建筑设计院人员在投资控制方面的意识较为薄弱,这就需要铁路设计单位在设计过程中加强对投资控制的宣贯并牵头负责。

8.7.4 提高现场配合施工工作的效率

按照谁设计谁负责配合施工的原则,只要不是重大的方案变化或引起投资较大的变化就应该充分尊重原设计单位的处理意见,授予现场处理问题的权利,这样才能提高现场处理问题的效率,满足施工进度的要求。

9 应主动与业主、施工方沟通,充分听取运营部门的意见

9.1 主动与业主、施工单位进行沟通

铁路项目业主人员一般来至各铁路局或铁路系统的工程局,负责人中房建专业人员不多,这就需要设计人员主动向业主汇报设计情况及存在的问题,及时进行沟通,才能尽量减少或避免工作中的矛盾和

问题，确保设计工作的顺利进行。同时，加强与施工单位间的沟通，使之充分了解设计意图和客站建设的新理念、新要求也是很重要的。它能让施工单位自觉地按照新理念的要求去做，及时发现设计中存在的问题，避免错误的发生，避免返工，也就避免了损失。

9.2 充分尊重运营使用部门的反馈意见，及时发现并改正设计中存在的问题

客站建设成功与否，使用方的意见是评判的重要标准。设计人员应本着负责任的态度充分听取不同意见，及时改正设计中存在的问题，创造良好的使用环境，而不能怕麻烦，回避问题。

10 提升设计水平的有效途径

上述工作的重要性相信大家都是认可的，但由于是设计后期工作，往往容易被忽视。

设计人员深入现场，做好施工配合工作是很有必要的。它不仅解决了现场出现的问题而且有益于提高设计人员的综合素质。然而现实的情况是由于种种因素，相当数量的设计图纸质量不高，施工中暴露出设计方面的问题很多，大量设计工作留在了配施阶段，这不仅增加了设计单位的成本，影响了设计单位的声誉，同时也给施工带来了非常不利的影响，应引起设计单位的高度重视。

项目建成投入使用一段时间后设计单位组织对其进行回访，对了解项目的使用状况，弄清存在的问题和成功之处，指导以后的设计是很有益处的，它将是一笔宝贵的设计财富。但不要让这笔财富仅仅属于少数个人，应该通过制度化的归纳、总结和技术交流使之成为单位集体的智慧，大家共享，才能有效地提升设计单位整体的技术水平。

11 打造有中国特色的铁路客站建筑精品

欧洲的高速铁路经过几十年的发展，客站建设已相当成熟了。而我国的高速铁路建设近几年才大规模地展开，客站建设更是缺少经验，是在探索中前行。

11.1 立足当前，适应国情

由于我国在社会和经济上与欧洲国家有较大不同和差距，使得我国铁路客站在管理模式、客流特点等方面与欧洲国家有明显不同，这就决定了我国的铁路客站建设应适应中国的国情，不能照抄、照搬欧洲的模式，具有鲜明的中国特色，打下深厚的中国烙印。

11.2 具有前瞻性和灵活性，经得起时间检验

精品应经得起时间考验，也就是说在相当长的一段时间内能够满足人们在使用功能、视觉感官等方面的要求，而不是昙花一现，追求一时的新鲜、刺激。这就要求设计具有一定的前瞻性和灵活性，要用发展的眼光和缜密的思维来指导设计。

随着社会和经济的快速发展、生活水平的提高，人们的生活方式将会发生很大的变化。例如我国高速铁路的陆续建成投入使用，高速铁路网将逐渐形成，它将给社会经济和人们生活带来极大的变化和改善，这就要求我们今天的设计在满足当前需求的前提下，还要在一定程度上适应今后发展的需要，具有一定的前瞻性。当然，今后发展会是什么样子？现在谁也无法准确预见，这就要求设计还应具有一定的灵活性，能够适应将来可能发生的变化要求。

历史赋予我们这一代人难得的铁路发展机遇，我们应全力以赴，不负历史重托，打造无愧于时代的铁路客站建筑精品。

广泛应用新设计技术　缩短工程工期　强化投资控制

周德良　张建华

（中南建筑设计院　武汉　430071）

摘　要：本文介绍了在大型铁路站房结构设计中所采用的部分新技术和关键技术以及在设计上缩短工程工期的措施，通过对几个大型站房大跨度高架候车层钢结构的经济技术指标的统计和对比分析，得出一些优化高架层钢结构设计建议，可供相关工程结构设计参考。

关键词：铁路站房　结构设计　新技术　工程工期　经济技术指标

1　概述

大型铁路站房工程具有大平面尺寸、大空间和建筑外形丰富多样等特点，其结构设计一般有以下特点：

（1）平面尺寸和柱网尺寸均较大，屋盖形状较复杂。

（2）结构体系多为混合结构，结构中同时采用钢构件（包括钢骨和钢管混凝土）与混凝土构件，构件种类多，节点复杂。

（3）荷载作用工况多且复杂：除建筑结构中恒载和活载、温度作用、地震作用外，在桥建合一站房中还有包括列车荷载（动载）在内的铁路荷载，荷载作用与组合复杂。

（4）应考虑列车动载作用下结构疲劳和楼盖结构竖向舒适度问题。

（5）结构需满足不同行业的规范和规程，而这些规范、规程在设计方法和设计基准期上均有所不同。

结构设计不仅要满足建筑功能和形态的要求并尽可能使结构与建筑统一，而且必须控制结构的工程造价，方便工程施工，以便加快工程的施工进度。这就要求在结构设计上采用适当的新技术（包括国际领先技术），不断优化结构设计；同时在设计管理上，控制设计质量，提高设计效率，最终目标是在完成预期的建筑功能和效果的同时，降低工程造价，缩短设计和施工工期。

2　设计管理措施

铁路站房特别是大型铁路站房的设计，不仅建筑功能复杂，而且往往牵涉与铁路桥梁、地铁和其他专业单位等外部接口的衔接和配合，接口多而复杂；站房施工工序复杂、施工工期短和工程投资控制要求高。针对上述特点，我公司采取了相应的措施，其中包括：

（1）成立公司铁路站房设计技术委员会，全面负责铁路站房设计质量的管理。

（2）根据铁道部推行铁路工程建设管理标准化及我公司 ISO9000 质量管理体系的要求，公司于 2009 年 9 月制定并实施《中南建筑设计院股份有限公司铁路站房设计、服务质量管理暂行办法》（中南建设技〔2009〕106 号文），对设计流程、质量控制、人员职责、后期服务等作出详细的规定，使公司的质量管理体系与铁路建设特点相结合。

（3）及时颁布和实施院技术标准《铁路客运站房设计指南》，进一步提高设计效率和设计质量。

根据公司研究总结成果，铁路站房结构设计主要指导原则为：

（1）根据建筑布置特点，采用受力经济合理的结构形式、构件和节点（包括新型的结构、构件和节点），降低结构造价，方便施工，提高结构的施工质量。

（2）采用结构消能减振技术，降低结构造价和有利于建筑节能。

（3）结构布置与建筑形态高度统一，减小建筑装饰辅助材料的用量，乃至用外露结构构件表达建筑形态，达到“结构即建筑”的目的。

(4)进行结构精细化设计,对复杂或新型的构件和节点进行必要的实体模型有限元分析和相关试验,确保结构安全。

(5)使整体结构进行弹塑性分析常态化,确保结构具有较好的抗震性能。

(6)在诸如楼盖竖向舒适度、桥建合一结构体系等前瞻性领域进行开拓性设计。

为达到上述目标,应严格控制各阶段结构的设计质量。大型站房各阶段的设计质量控制要点如下:

(1)方案设计阶段

①根据建筑方案确定合理的结构选型,对于大跨度结构,提出多个结构方案,并进行比较,必要时做粗略的结构计算。

②提出结构抗震、抗风和温度作用的结构构造措施。

(2)初步设计阶段

①根据建筑布置和功能要求,并与设备专业、铁路专业院配合,厘清设计界面,初步确定结构布置方案,并作多方案比选,通过分析、设计,选择推荐方案。

②由公司总工主持,召开由公司技术委员会成员和资深结构专家参加的设计评审会,对站房设计中的重大结构问题进行评审,形成评审意见(根据设计的进展,必要时作多次评审)。对于我公司设计的桥建合一的结构,则请国内相关桥梁专家作咨询和专项设计评审。

③结构通用分析一般采用 SAP2000 和 Midas 两种软件,由不同设计人完成,以便互相校核。

④及时开展工程地质勘察工作,必要时,作安评报告,为基础设计和抗震分析提供依据。

⑤开始风洞试验的准备工作。

(3)修改初步设计阶段

①根据铁道部工程设计鉴定中心的初步设计审查意见,进行结构优化设计。必要时,再作设计评审。

②对于桥建合一工程,进行列车振动响应分析,对列车振动对高架候车厅舒适度的影响作出初步评价。

(4)招标图设计阶段

根据工程地质勘察报告、安评报告和风洞试验结果,进行结构设计,包括主要钢结构节点设计。

(5)施工图设计阶段

①通过内部和外部接口配合,完成结构施工图设计,并根据施工图检算结果,确定是否对施工图作调整,将造价尽量控制在核备概算范围内。

②完成结构弹塑性分析,完善结构抗震设计。

③对于特殊节点,如大型复杂铸钢节点,现行国内外规范或规程中不涵盖的钢管桁架节点,进行实体模型数值分析,提出进行足尺或缩尺节点试验要求,必要时进行现场节点应力检测。

④对于其他专项分析,配合相关大专院校和科研机构,进行分析计算。

⑤及时开展现场技术交底工作,及时解决施工中出现的问题。

3 结构设计新技术和关键技术

3.1 “桥建合一”新型结构体系的采用

所谓“桥建合一”,是指站房高架旅客候车厅层的结构柱与轨道层桥梁结构柱或墩相连,使桥梁结构和建筑结构形成整体结构。轨道层桥梁结构是站房建筑结构的一部分,其结构形式有:梁式桥结构和框架式结构。框架式“桥建合一”结构为新型的结构形式,目前只在国内有应用的先例,结构构件和框架节点的设计也处于探索阶段。在满足结构安全性的前提下,结合结构的经济性和耐久性要求,郑州东站轨道层结构采用“钢骨混凝土柱+双向预应力混凝土箱形框架梁+现浇混凝土板”结构体系。该结构体系在国内轨道层中首次应用,特点如下:

(1)预应力梁具有承载力高、耐久性和经济指标好的特点,在铁路桥梁结构中应用广泛,抗疲劳性能明确。

(2)双向柱网尺寸适合预应力梁,梁截面尺寸较小,充分提高出站层净空。

(3)采用钢骨柱以方便梁柱节点和与上部钢管混凝土柱的连接，同时有利于提高柱的承载力和减小柱尺寸，提高出站层的实际使用面积。

(4)采用新型梁柱节点，方便施工，提高节点施工质量和加快施工进度。

3.1.1　郑州东站轨道层结构概况[1]

郑州东站站房为全高架站房(无地下室)，站房范围内顺轨方向平面尺寸为156.2m，其柱网尺寸基本为20m、24m和30m；垂直于轨道方向，两条正线将轨道层分为三部分，各部分平面尺寸分别为117.3m、134.9m和79.2m，柱网尺寸为21.5～22m。

轨道层典型结构布置单元见图1。特点如下：

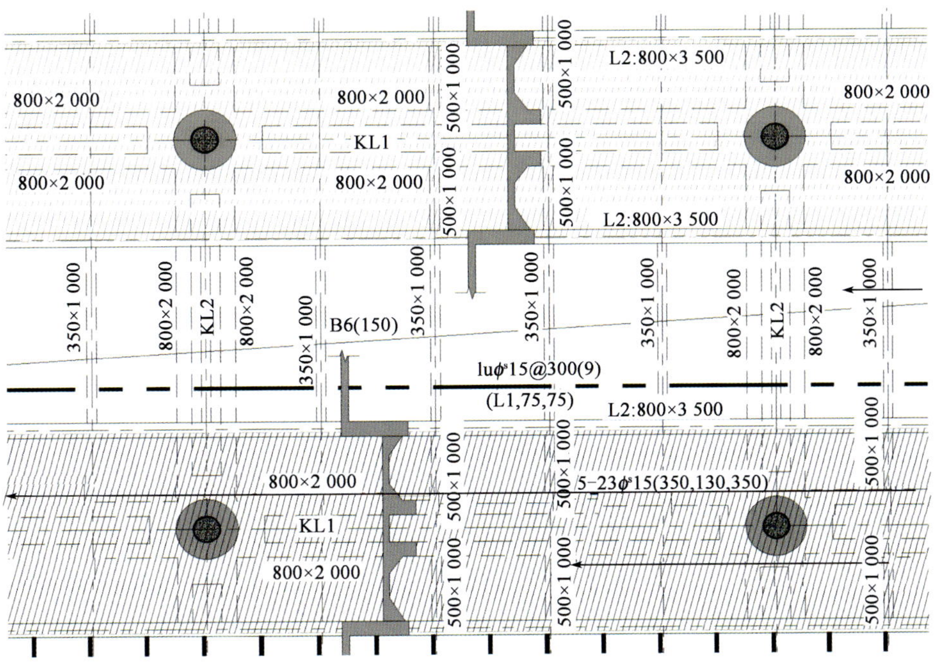

图1　站场双向框架桥梁结构布置典型单元(尺寸单位：mm)

(1)双向预应力混凝土框架梁采用箱梁布置，箱梁两腹板均在钢骨柱钢骨范围之外，绝大部分梁纵筋(包括预应力筋和非预应力筋)不穿越柱中钢骨，方便施工，确保梁柱节点的承载力和施工质量。

(2)顺轨向柱距为20m、24m和30m，垂直轨道方向柱距为21.5m，两向框架梁截面均为0.8m×2.0m。梁下净空高度(即出站层净空高度)为6.1m。

(3)在距柱边3m的范围内将箱梁空腔用混凝土填实，提高框架梁在梁端区域的抗剪能力；其余部分采用混凝土箱梁截面，提高梁的抗弯和抗扭能力。

(4)充分利用桥梁结构布置特点，沿轨道边设置上翻的预应力混凝土次梁L2，梁高为3.5m，见图2。L2将站台及部分线路荷载传至垂直于轨道方向的框架梁上，使双向框架梁共同传递竖向力。L2距框架柱较近，有利于减小垂直于轨道方向的框架梁的截面尺寸，并兼起挡渣作用。

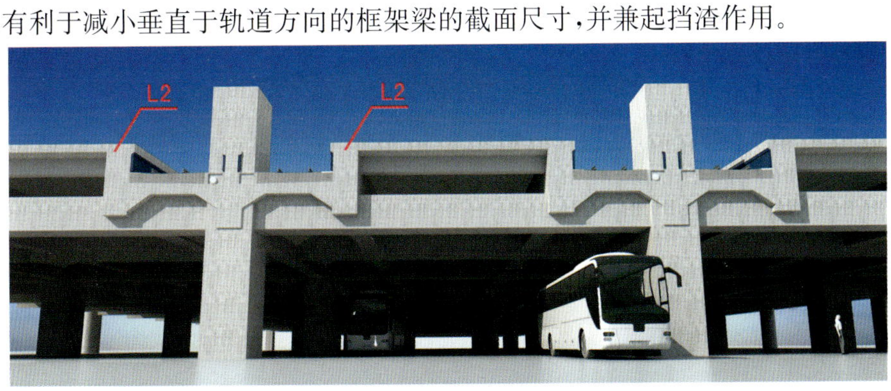

图2　垂直于轨道方向结构布置图

(5)站台采用普通混凝土梁板结构,混凝土梁支承于3.5m高的次梁上。次梁数量少,较大地减小结构自重,降低了轨道层结构的造价和基础造价。

(6)作为桥建合一结构,高架层采用"钢管混凝土柱+钢桁架结构"。为了方便上、下层柱连接和内力的传递和减小轨道层框架柱截面尺寸,轨道层框架柱采用钢骨混凝土柱,截面尺寸为2.3m×2.3m或ϕ2.5m。

3.1.2 结构体系关键问题及其解决方法

(1)预应力框架梁梁端预应力度的确定

按照建筑结构抗震的要求,为使框架梁端出现塑性铰,一级框架梁梁端的预应力度限值为0.6(0.55);而按桥梁规范,预应力混凝土梁的预应力度宜大于0.7,以满足桥梁结构抗疲劳的要求。这两个规定是有矛盾的。

解决方法:按照桥梁抗震计算要求,轨道层地震作用乘以重要性系数,相当于加大地震作用。计算表明,桥梁结构在中震作用下结构基本保持弹性。郑州东站整体结构在罕遇地震作用下弹塑性时程分析结果表明:在罕遇地震作用下,轨道层只有局部柱的在梁柱节点处的柱角部边缘材料发生部分屈服,柱截面不会形成塑性铰。因此,采用目前的桥梁抗震设计方法,梁端预应力度按桥梁规范确定前提下,结构满足建筑抗震要求。

(2)列车振动对上部候车层竖向舒适度的影响

由于正线桥梁结构与轨道层到发线结构完全分开,仅需进行到发线上列车以80km/h通过站房时列车动力响应分析。

初步分析所用的荷载,列车荷载:采用欧洲的0.8UIC活载(与我国高速铁路的目标值相近);其余竖向荷载:恒载+0.5活载;阻尼比:0.035~0.04(最后需通过现场检测确定)。

分析方法:通过模态分析,得到楼盖各主要测点竖向振动加速度,确定楼盖竖向舒适度是否满足要求。

郑州东站车致振动的初步理论分析表明:楼盖竖向振动加速度峰值均小于0.015g,满足设计要求。同时,将在楼盖施工完成后进行现场实测验证。

(3)轨道层桥梁结构根据铁路桥规进行设计并按建筑结构规范进行复核。结果表明,按铁路桥规进行设计,一般均能满足建筑结构规范的要求。

(4)郑州东站轨道层结构楼盖的经济技术指标见表1,指标良好。

郑州东站轨道层结构经济技术指标　　表1

梁高 (m)	柱截面 (m)	楼盖混凝土折算厚度 (m)	混凝土用量 (m^3)	普通钢筋用量 (kg/m^2)	预应力筋用量 (kg/m^2)
2.0	2.3×2.3(ϕ2.5)	0.841	71975	184	23

3.2 大跨度楼盖结构消能减振技术的应用和楼盖竖向舒适度的分析、检测

3.2.1 长沙南站高架层49m跨楼盖区域结构消能减振技术的应用

长沙南站高架候车厅层的平面尺寸为171m×231.350m,结构不设缝。楼盖结构顺轨向的柱距为32m和49m,垂直轨道方向的柱距为20~27.75m,楼盖梁采用钢次梁+钢桁架结构,钢桁架的上下弦杆之间的中心距为2.45m,最小高跨比为1/20,为同类结构中较小高跨比。

一般框架桁架高跨比采用1/8~1/15较合适,根据原平面布置,高架层49m跨两侧为候车区;49m跨内仅有3个联系通道,其余部分挑空。而通道的两个边桁架可以上翻(兼作护栏),其竖向刚度是足够的。因而从柱跨度及建筑节能、经济等角度考虑,采用桁架的中心距为2.45m。其最大高跨比为1/13(L=32m)是合适的。

在高架层部分结构已施工完成时,建筑布置进行了较大调整,49m跨区域全部改为候车区域,而此时已无法调整钢桁架的高度。调整后49m跨钢桁架楼盖结构的竖向振动的最小频率为2.33Hz。而人的一般步行频率范围为1.8~2.7Hz,人行活动易在该结构上产生较大的振动,若振动加速度振幅过大,超过人体舒适度耐受极限,极易在人的心理上造成恐慌。这就是楼盖竖向舒适度问题。目前,国内尚无

对建筑楼盖竖向舒适度的相关规定，只能参照国外的规定处理。

从技术、经济和空间利用考虑，在49m跨区域中桁架结构中采用结构消能减振（又称“消能减震”）技术以有效降低人行在楼盖结构中产生的振动响应。该技术采用黏滞流体阻尼器—调频质量阻尼器（TMD），对楼板上人行活动产生的振动响应进行减振。

3.2.2　TMD楼盖减振原理

黏滞流体阻尼器是一种消能减振装置，它由缸体、活塞、阻尼孔、阻尼材料和导杆等部分组成。通过活塞在缸筒内作往复运动，使缸筒内流体阻尼材料产生阻尼力并做功，将结构的部分振动能量通过阻尼材料的黏滞耗能耗散掉，达到减小结构振动反应的目的。

在结构中设置TMD，由于其附加质量较小，基本不改变主结构的刚度。

调整TMD系统的自振频率，使其尽量接近主结构的基本频率或激励频率。

3.2.3　长沙南站TMD布置

49m×191.25m区域内楼盖共布置56套减振装置，每品榀桁架上在其跨中部位基本布置3个TMD装置。减振装置参数见表2。表中的参数均根据反复优化计算结果得到。

减振系统计算参数　　表2

减振系统编号	弹簧刚度(N/m)(单根弹簧)	质量块质量(kg)	调频频率(Hz)	阻尼器参数			
				阻尼指数	阻尼系数(N·s/m)	最大行程(mm)	最大输出力(kN)
TMD1	40 644×(1±15%)	800	2.27	1	C=1 000	±50	8
TMD2	57 501×(1±15%)	800	2.7				
TMD3	34 784×(1±15%)	800	2.1				
TMD4	61 622×(1±15%)	1 000	2.5				
TMD5	43 480×(1±15%)	1 000	2.1				

3.2.4　楼盖舒适度现场检测结果

在安装TMD前后，分别进行了各种人行活动作用下楼盖竖向振动加速度峰值的进行现场检测，人行活动主要结合旅客候车的活动规律确定，楼盖东部区域的部分检测结果见表3～表5。

9×10人原地踏步楼盖竖向振动峰值加速度（mm/s²）　　表3

测点	9×10人2.0Hz原地踏步		9×10人2.5Hz原地踏步	
	安装TMD前	安装TMD后	安装TMD前	安装TMD后
1	33	50	52	69
2	78	77	69	102
3	198	108	225	133
4	95	82	111	101
5	23	48	35	67

9×10人齐步走楼盖竖向振动峰值加速度（mm/s²）　　表4

测点	9×10人2.0Hz齐步走		9×10人2.5Hz齐步走	
	安装TMD前	安装TMD后	安装TMD前	安装TMD后
1	34	70	38	54
2	55	71	72	57
3	189	89	293	78
4	95	68	134	70
5	29	59	38	41

2×49 人原地踏步和 2×10 人齐步跑楼盖竖向振动峰值加速度(mm/s^2)　　表 5

2×49 人 2.5Hz 原地踏步			2×10 人 3.0Hz 齐步跑	
测点	安装 TMD 前	安装 TMD 后	安装 TMD 前	安装 TMD 后
1	37	38	107	141
2	70	59	180	122
3	171	87	385	133
4	186	79	277	119
5	55	52	81	45

由表 3～表 5 中的现场检测数据可以看出：

(1)在安装 TMD 前，楼盖在多种人行工况作用下，局部楼盖竖向振动加速度峰值超过国外有关标准给出的加速度峰值上限值 0.015g，不能满足楼盖舒适度的要求。

(2)安装 TMD 后，楼盖在多种人行工况作用下，楼盖竖向振动加速度峰值均小于 0.015g($150mm/s^2$)，满足楼盖舒适度的要求。

(3)TMD 减振效果明显，最大减振达到 73.3%。

(4)各测点的结构频率不同，其减振效果也不同。

(5)安装 TMD 后，各种人员活动工况下，激励的步频越接近结构的固有频率，该峰值降低越多。

(6)TMD 设计和施工较大幅度地改善了楼盖的舒适度。

(7)在减振区域 TMD 的总造价为 150 万元，折合 160 元/m^2(按减振区域计算)，约相当于 11.5kg/m^2 用钢量，具有良好的经济效益和社会效益。

3.3　利用结构的受力特点使建筑形态达到经济和美观的高度统一

3.3.1　长沙南站屋盖结构中大型多级分叉树形钢管柱的应用

(1)主站房屋盖结构

采用多级分叉钢管柱支撑钢屋盖的结构设计来自以下两种创意：①利用分叉斜柱与曲面网架屋盖结构之间的空间作用，减小曲面钢网架屋盖的跨度、屋盖结构高度和用钢量；②用结构表达建筑“山水舟城”的创意。

在西侧高架车道处，屋盖结构的最大柱距为 113m，通过二级分叉的树形柱，将屋盖结构的最大跨度减至 81m，屋盖网架结构高度为 3.5m。树形柱下部为由 4 个直径为 1 100mm 的钢管组成的组合截面，分叉柱截面为线性变化的变截面钢管，直径为 700～500mm。在各分叉处用铸钢节点连接，节点及杆件的截面尺寸均与建筑师多次配合后确定。分叉柱外形壮观、挺拔有力、节点光滑，见图 3。另外，在高架层楼面以上也采用二级分叉钢管柱用以支承屋盖结构，见图 4。

图 3　长沙南站主站房西侧立面

图4 长沙南站主站房高架候车厅

(2)长沙南站雨棚结构[2]

站台雨棚位于主站房两侧,对称布置,每侧站台雨棚可以分为两块,每块的平面尺寸分别为138m×101.875m、138m×77.5m,柱网尺寸:43m×34m,悬挑长度为8.5m和8.3m,为单层结构,见图5。根据建筑要求和结构特点,采用刚架柱+实腹梁结构体系。柱采用由底部4根钢管构成的组合截面,进过两次分叉后,形成12根钢管斜柱,钢管斜柱与框架梁构成空间受力体系,受力合理,并有效地减小了框架梁的跨度,减小了钢梁截面和用钢量。框架梁采用箱形截面,次梁为圆弧形H截面。虽然跨度很大,但无论是框架梁还是次梁,其截面高度均为850mm,宽度为300~400mm,屋盖结构上下平齐,曲线优美,连接节点简单且体积小。钢管柱的直径为500~351mm,截面尺寸小。

图5 长沙南站站台雨棚

分叉树状柱的分叉处采用铸钢节点,节点外形光滑,且落水管设置于钢管中,不外露。树状柱总体外形的刚强和局部杆件的纤细有机结合,结构轻盈、美观。

3.3.2 郑州东站78m跨商业夹层与幕墙结构的设计

郑州东站商业夹层在东、西两侧的平面尺寸均为27.5m(横轨向)×78.0m(顺轨向)。根据建筑立面及商业夹层的楼盖标高的要求,夹层楼盖78m跨边钢桁架的上下弦中心距为3.35m,高跨比为1/23.3,且桁架的受荷宽度为13m。虽然桁架的强度、稳定及变形等均满足设计要求,但楼盖的竖向刚度较弱,难以满足楼盖竖向舒适度的要求。

在结构设计中,将斜向交叉的幕墙结构作为跨层桁架的腹杆,将柱距为78m的商业夹层楼面钢桁架结构和屋盖桁架结构相连,形成跨层桁架,提高商业夹层的竖向刚度和承载力,减小了夹层楼盖的用钢量,立面如图6所示。跨层桁架构件截面和布置完全满足建筑形态的要求,减少幕墙连接结构的用钢量,整体结构具有良好的经济性和美观性。

跨层钢桁架结构具有以下优点:

(1)建筑功能要求该桁架在两端柱处无斜腹杆,将端部无斜腹杆区域部位的下弦杆改为高为3.75m的实腹截面以提高其抗剪和抗弯能力,使跨层桁架传力途径更加可靠。

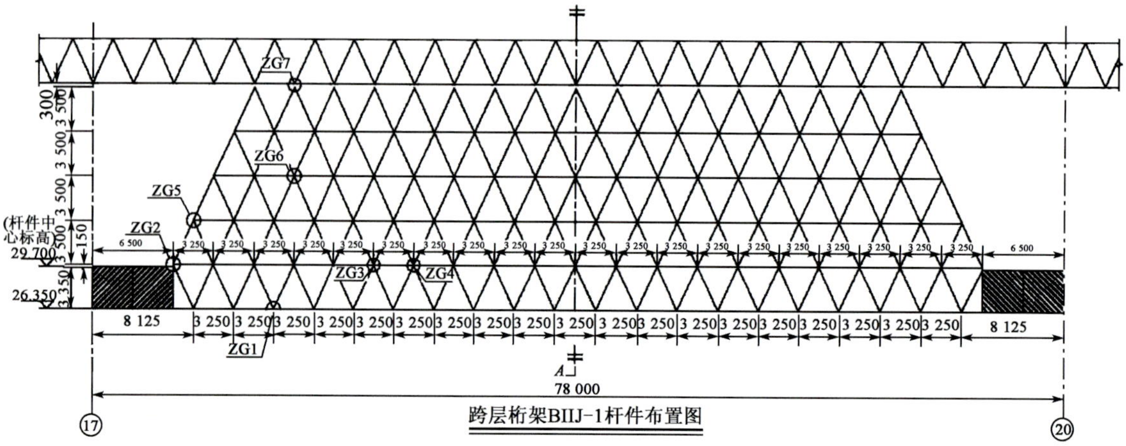

图 6　跨层桁架立面图(尺寸单位:mm)

(2)在 78m 跨跨层桁架的两端轴 17 和 20 处,用高度为 3.75m 的实腹截面框架悬挑梁支承跨层桁架下弦,悬挑长度为 6.5m;在上弦处,采用悬挑空间桁架支承跨层桁架。整体结构部分线框图如图 7 所示。

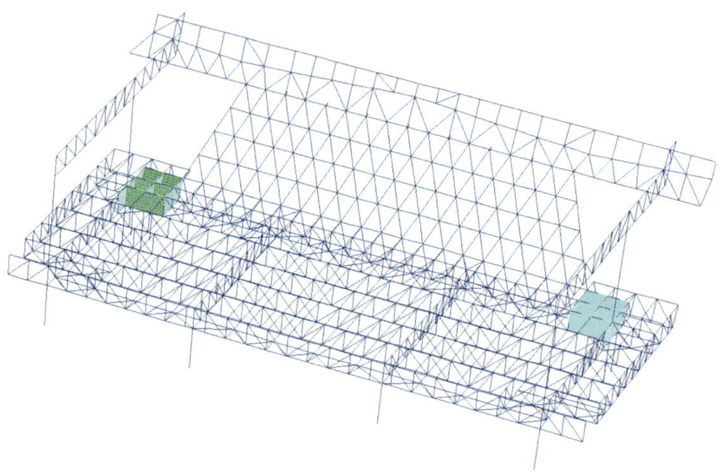

图 7　跨层桁架与其支承结构空间线框图

(3)结合建筑造型需要,跨层桁架向外倾斜角为 21°,上下弦在平面外受力,将上下弦在平面外分别与屋盖桁架和楼层桁架相连以解决弦杆平面外刚度和传力问题,如图 8 所示。

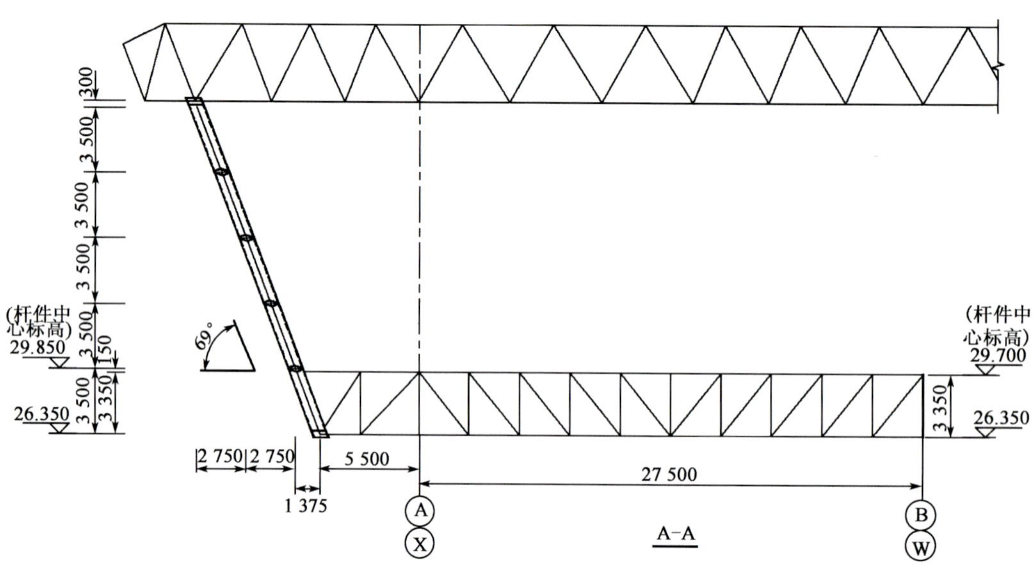

图 8　跨层桁架横剖面线框图(尺寸单位:mm)

(4)夹层次桁架沿横向布置,其跨度为27.5m,次桁架间距为5.5m,高度为3.35m,次桁架和次梁的用钢量大为减小。

(5)跨层桁架上下弦之间用于支承幕墙的腹杆均采用扭曲的菱形截面,由于跨层桁架为倾斜且跨层之间腹杆平面外计算长度为16m,为提高腹杆的平面外刚度,在菱形截面的两角处设置实心钢截面,如图9所示。

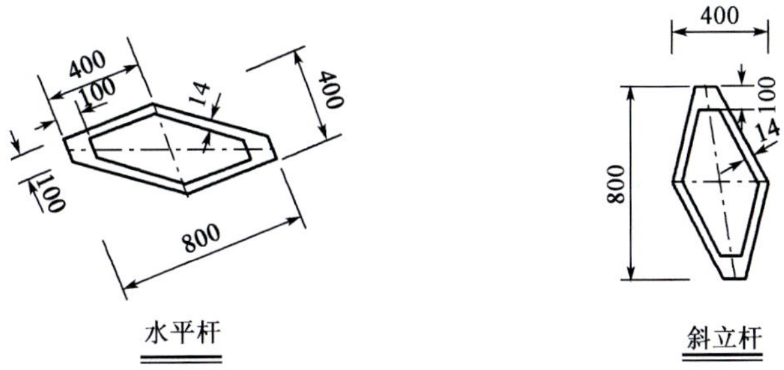

图9 跨层桁架腹杆截面(尺寸单位:mm)

3.4 结构创新设计的科学依据

对于国内外规范或标准中无具体规定的设计内容,通过结构实体有限元分析、专项理论分析和试验,为结构设计提供依据,确保结构的安全。一般包括以下内容:

(1)风洞试验和风致动力分析。

(2)活塞风数值分析。

(3)大型铸钢节点的有限元分析和足尺试验。

(4)高架层结构舒适度分析和现场实测。

(5)“桥建合一”结构车致振动分析和楼盖竖向舒适度分析。

(6)复杂钢结构大型节点足尺或缩尺试验,现场节点应力检测。

(7)现有规范对分叉柱的设计无具体规定,通过结构屈曲分析,得到各柱的计算长度,解决此类问题[2]。

4 站房钢结构楼盖和屋盖的经济技术指标分析比较

结构设计中除满足结构安全和建筑形态外,结构的经济技术指标是极其重要的。楼、屋盖结构体系的选用,以及楼盖构件布置方式的选择,对楼、屋盖结构的经济性至关重要。

4.1 决定楼盖结构经济技术指标的主要因素

主要因素有:柱距、荷载或作用(包括竖向荷载、温度作用和地震作用)和楼盖结构选型及布置方式。

(1)柱距对楼盖结构选型的影响

①柱距为25m及以上时,一般优先考虑采用钢结构;

②柱距小于25m时,则宜优先考虑采用预应力混凝土结构或钢筋混凝土结构。

(2)调整荷载作用的措施

①通过分缝等结构措施,减小结构单元的平面尺寸或约束,减小结构温度作用;

②选择合适的压型钢板类型,降低楼板的折算厚度和重量。

(3)楼盖布置方式

需要根据柱距和建筑布置要求,进行楼盖布置多方案比较综合确定。

4.2 钢结构楼盖的布置方式对经济技术指标的影响

大跨度高架层楼盖采用“钢筋混凝土楼板(压型钢板为模板)+钢次梁+钢桁架+钢管混凝土柱”结构体系时,楼盖结构布置方式对经济技术指标的影响如下:

4.2.1 楼盖结构体系的选型

表6~表10是由我公司设计的采用上述结构体系高架层楼盖的施工图阶段经济技术指标。指标

是经过多次优化得到的，数据均不包括节点用钢量。由表6～表10可知，对于跨度大于25m的楼盖结构，采用"钢筋混凝土楼板(压型钢板为模板)＋钢次梁＋钢桁架＋钢管混凝土柱"结构体系是经济合理的。钢桁架楼盖不仅具有良好的经济技术指标，施工方便、快捷；而且在结构高度内设置设备用房和管道，提高了建筑使用面积。

各站房高架层钢结构楼盖总体用钢量比较　　表6

站房名称	设防烈度	温度作用(Δt)(℃)	平面尺寸(m)	柱网尺寸(m)	结构高度(m)	楼盖用钢量(kg/m^2)
杭州东站	6(0.05g)	30；－32	461×164	(21.7～24.8)×(21.5～46.55)	2.8	172.0
郑州东站	7(0.015g)	30；－40	156×476	(20～30)×(21.5～44.5)	2.9	154.9
太原南站	8(0.02g)	30；－30	281×108	(36×21.6)～31.7	3.0	208.0
长沙南站	6(0.05g)	30；－30	233×179	(32～49)×(20～27.75)	2.45	212.0
西安北站	8(0.02g)	32；－41	183×522	(16～24.5)×(20～43.06)	3.0	186.3

4.2.2　柱距对楼盖用钢量的影响

表7同一站房中不同楼盖跨度区域的用钢量统计结果。由表可知，楼盖用钢量基本随着柱距的增大而增大。

各站房高架层钢结构楼盖总体用钢量比较　　表7

<table>
<tr><th>站房名称</th><th>设防烈度</th><th>温度作用(Δt)(℃)</th><th>柱网尺寸(m)</th><th>结构高度(m)</th><th>楼盖用钢量(kg/m²)</th></tr>
<tr><td rowspan="2">杭州东站</td><td rowspan="2">6(0.05g)</td><td rowspan="2">30；－32</td><td>21.7×21.5</td><td rowspan="2">2.8</td><td>164.0</td></tr>
<tr><td>21.7×46.65</td><td>176.0</td></tr>
<tr><td rowspan="2">郑州东站</td><td rowspan="2">7(0.015g)</td><td rowspan="2">30；－40</td><td>20×21.5</td><td rowspan="2">2.9</td><td>132.6</td></tr>
<tr><td>20×44.5</td><td>155.5</td></tr>
<tr><td rowspan="2">太原南站</td><td rowspan="2">8(0.02g)</td><td rowspan="2">30；－30</td><td>36×21.6
(单向次桁架)</td><td rowspan="2">3.0</td><td>213.0</td></tr>
<tr><td>36×31.7
(双向次桁架＋次梁)</td><td>198.0</td></tr>
<tr><td rowspan="2">长沙南站</td><td rowspan="2">6(0.05g)</td><td rowspan="2">30；－30</td><td>21.5×32</td><td rowspan="2">2.45</td><td>183.6</td></tr>
<tr><td>27.75×49</td><td>235.0</td></tr>
<tr><td rowspan="2">西安北站</td><td rowspan="2">8(0.02g)</td><td rowspan="2">32；－41</td><td>21×21.5</td><td rowspan="2">3.0</td><td>184.5</td></tr>
<tr><td>21×43.06</td><td>196.7</td></tr>
</table>

4.2.3　次桁架布置方式对楼盖用钢量的影响

同一站房结构中，在其余条件基本相同的前提下，楼盖次梁和次桁架布置方式的不同，对楼盖用钢量也有一定影响，具体对比数据如表8所示。

4.2.4　桁架结构高度对楼盖用钢量的影响

长沙南站和杭州东站抗震设防烈度和温度作用基本相同，局部柱网尺寸也较接近，但桁架结构的高度有一定的差异，两站比较如表9所示。由表可知，在条件容许的情况下，增加桁架高度，楼盖经济指标能得到很大改善。但是，楼盖高度取值与楼面标高、下部通道净高等因素密切相关，需综合考虑。

4.2.5　楼盖平面尺寸大小(主要是温度作用)对楼盖用钢量的影响

郑州东站高架层楼盖分别采用分缝形式，将整个楼盖分为三部分和两部分，各部分平面尺寸大小基本一致，楼盖用钢量对比结果如表10所示。

楼盖次梁、次桁架布置对楼盖用钢量的影响 表8

站房名称	次梁间距(m)	次桁架间距(m)	柱网尺寸(m)	结构高度(m)	楼盖用钢量(kg/m²)
郑州东站	3	6.4,8.7(单向)	30×21.5	2.9	127.5
	3	6.4,8.7(双向)	30×21.5		161.7
太原南站	(无次梁)	3.6	36×21.6(仅有单向桁架)	3.0	213.0
	3	8.05	36×31.7(双向桁架)		198.0
西安北站	2.7	6.1	24.5×21.5	3.0	156.7
		3.05	24.5×21.5		181.0

楼盖桁架高度对楼盖用钢量的影响 表9

站房名称	平面尺寸(m)	柱网尺寸(m)	桁架高度(m)	楼盖用钢量(kg/m²)
杭州东站	461×164	(21.7～24.8)×(21.5～46.55)	2.8	172.0
长沙南站	233×179	(32～49)×(20～27.75)	2.45	212.0

温度作用对楼盖用钢量的影响 表10

站房名称	桁架高度(m)	平面尺寸(m)	楼盖用钢量(kg/m²)
郑州东站	2.9	156×187	140.4
		156×142	
		156×147	
		156×208	155.5
		156×268	

根据上述统计数据及分析结果,高架层钢桁架楼盖结构布置原则可归纳如下:

(1)宜采用钢次梁+钢次桁架+钢框架桁架的楼盖构件布置方式。

(2)楼盖的平面尺寸不宜过大,以减小温度作用,降低结构的用钢量。

(3)对于双向柱距为20多米×40多米的楼盖,次桁架宜单向布置,且次桁架的跨度为长跨,间距宜为6～8m。

(4)对于双向跨度均为30多米,次桁架宜采用双向布置。

(5)钢桁架的跨高比为8～15,结合铁路站房的柱距特点,钢桁架弦杆中心距取2.8～3.0m较合适;上下弦杆截面高度一般为400～500mm,宜取400mm。

(6)钢桁架腹杆在剪力较小部位(截面尺寸由杆件刚度控制时),可以用圆钢管代替H形截面或箱形截面。

(7)钢次梁的跨度宜为6～8m,间距宜取3m左右,跨高比为18～20。

(8)压型钢板尽量采用缩口或闭口形,尽量减小楼板折算厚度和重量。

4.3 站房屋盖结构

站房屋盖结构一般具有跨度大、形状复杂等特点,结构形式主要有钢网架(网壳)、钢管桁架和张弦结构等。其结构选型原则如下:

(1)结构选型应考虑的主要因素包括:①建筑形态;②柱网或支撑布置;③空间结构的受力特点;④结构高度;⑤屋盖排水和吊顶要求(主要考虑檩条的用钢量)。

(2)应结合建筑形态,与建筑师充分沟通,采用受力合理的屋盖结构,必要时考虑柱或支撑与屋盖的共同作用。

(3)根据受力状态选用合适的构件和节点类型,尽可能做到受力直接,施工简单。

(4)选择适当的结构跨高比。

(5)采取合适的措施,尽量降低温度作用对结构的影响。

由我公司设计的几个大型站房屋盖结构的相关指标见表 11。

屋盖结构相关指标　　表 11

站房名称	设防烈度	温度作用 Δt(℃)	结构形式	平面尺寸 (m)	柱网尺寸 (m)	结构高度 (m)	屋盖用钢量 (kg/m²)
杭州东站	6(0.05*g*)	30;−35	双向钢管桁架	262×513	68.2×43	4.5~7.0	90.5
郑州东站	7(0.015*g*)	30;−40	双向钢管桁架	266×506	27.5,43,60×41.5,78.0	2.335~4.15	68.0
太原南站	8(0.02*g*)	35;−35	悬挑钢桁架+钢次梁	225×366	38×42.8	1.5~6	81.3
长沙南站	6(0.05*g*)	30;−30	曲面钢网架+张弦梁	181×312	21.5×49.0	3.5	55.8
西安北站	8(0.02*g*)	32;−41	三向交叉网格	193×510	43×66.5	3.6	64.4

注:不含节点系数和主檩条的用钢量。

5 结语

结合笔者参与或主持设计的大型铁路站房工程案例,提出了新设计技术在大型铁路站房工程结构中的应用方法,部分结构设计达到了国内先进水平,其中郑州东站轨道层结构的设计、长沙南站 TMD 减振技术的应用处于国内领先地位。

通过对大型站房大跨度钢结构的经济技术指标的统计和对比分析,本文所提出的关键技术以及设计管理措施均起到了提高工程结构经济技术指标和加快施工进度的作用,其中,楼屋盖的经济技术指标在同等规模的铁路站房设计中名列前茅。得出一些优化钢结构设计的建议,可为相关工程结构设计提供参考和借鉴。

6 致谢

本文得到了同事们热忱帮助,没有他们提供相关数据和图,本文不可能完成。在此谨向李功标、魏剑、王毓、江红、熊森、万海洋、钱屹、汪秋风等同事深表谢意!

参 考 文 献

[1] 周德良,李霆,魏剑,等. 郑州东站站桥合一结构设计[J]. 2009 中国铁路客站技术国际交流会论文集.

[2] 周佳冲,陈兴,余勇,等. 新长沙火车站站台钢雨篷结构设计[J]. 建筑结构,2009,139(7):1-8.

铁路客站合作设计项目管理办法探讨

张　昊　何海鹏

（武汉市建筑设计院　武汉　430014）

摘　要：就铁路客站设计过程中，对合作设计项目怎样实施有效管理进行了初步探讨。分析了铁路客站合作设计项目的特点，结合矩阵式项目管理模式，提出项目管理的核心内容是将合作设计全过程纳入统一的质量管理体系，对优化合作设计项目管理、合作单位遴选、过程控制及质量把关等提出了初步的办法和措施。

关键词：系统工程　矩阵式项目管理模式　过程控制

1　引言

2003年以来，我国开始加快铁路客站建设。随着铁路的发展，铁路客站的内涵及形式不断变化，逐步发展成为涉及专业面广、庞大复杂的系统工程。为了更好地指导新时期客站的建设，铁道部提出了“功能性、系统性、先进性、文化性、经济性”的“五性原则”，铁路客站设计成为集政策性、技术性、经济性、艺术性于一体的综合性学科，是多专业、多工种互相协调的系统工程，是总体性很强的技术性工作。

铁路客站设计的多专业、多工种互相协调，总体性很强的特点，决定了设计过程中，作为站房总体和主体设计单位，必须解决好不同设计单位之间合作设计的项目管理问题。以我院承担设计的贵阳北站为例，在设计过程中需要进行合作设计的项目有：室内精装修、照明专项、幕墙专项、屋面板专项、场地地震安全性评价、场地岩溶勘察与评价、风洞试验、承轨层振动台试验、消防性能化评估、承轨层结构、地铁结构转换、客站“四电集成”等设备用房、客站静态标识、动态标识、管网综合、站区交通枢纽综合规划、站前广场、站区市政设施衔接、客站内部及站前广场商业开发、广告等，涉及专业面广，涵盖知识领域众多。需要进行合作设计的单位，既包括总体设计单位，也包括科研院所，以及不同的专业设计院。

铁路客站合作设计项目实施有效管理的目标是：以“五性原则”为指导，坚持以人为本、服务旅客，系统集成、整体最优，合理投资、注重效益等设计理念，强调系统协作、注重多专业设计配合，依靠多专业设计院联合设计，抓好过程控制和协调，将不同的设计层面和设计内容融为一体，做到密切配合、协调统一，注重设计整合，达到系统设计的目标。

2　矩阵式项目管理模式的运用

2.1　矩阵式项目管理模式的特点

铁路客站设计和建设具有项目周期长、涉及专业面广、技术条件复杂的特点，充足的资源支持和强有力的组织管理模式是项目成功的保证。参与铁路客站合作设计项目的各设计院作为知识型企业，其资源的优势自然不言而喻，如何调整设计院所的组织管理模式以适应客站合作设计项目需要，是我们应重点考虑的问题。参与合作设计的人员来自不同的部门，有着不同技能、不同知识和不同背景，大家为了同一目标而共同工作。面对这种复杂、动态的情况，我们在项目管理过程中，尝试采用设计项目矩阵式项目管理，实践证明取得了较好的成效。

矩阵式项目管理模式的特点可以通过表1加以说明。由三个项目和四个设计院所（所）组成的项目管理矩阵中，每个设计人都有两个领导——设计院（所）经理和项目经理，需接受两个领导的管理，其中项目经理实施横向领导和管理，主要从实施客站设计工作的角度，统一组织和协调各方资源，开展项目合作设计；设计院（所）领导实施纵向领导和管理，主要职责是在各设计院所内部，实现资源调配，缩短问题解决时间，并对质量管理、技术决策和人力资源培养负责，设计人的具体工作需要向两个领导汇报。

另一方面，这个矩阵具有临时性，即跟随客站设计和建设项目启动实施而建立，客站建设项目结束后，项目成员回归到自身设计院(所)，接受设计院(所)经理领导，而不再接受项目经理的领导。

铁路客站合作设计矩阵式项目管理模型　　表 1

		纵向管理一	纵向管理二	纵向管理三	纵向管理四
	项目	总体设计院	主体设计院	科研院(所)A	专业院(所)B
横向管理甲	铁路客站项目甲	设计人 A	设计人 D	设计人 G	设计人 J
横向管理乙	铁路客站项目乙	设计人 B	设计人 E	设计人 H	设计人 K
横向管理丙	铁路客站项目丙	设计人 C	设计人 F	设计人 I	设计人 L

与传统的纯职能式管理和纯项目式管理(例如项目组管理模式)相比，矩阵式项目管理的优势在于：

(1)管理上专业化分工，资源共享。铁路客站设计和建设涉及专业面广、技术条件复杂，仅仅依靠单一设计院的技术力量，难以在短时间内提高生产效率，有效控制设计质量，打造精品工程。我们必须整合各方面的优秀资源，通过管理上的专业化分工，为客站合作设计提供基础和保证。

(2)项目反应时间更短，通过多维度的风险控制降低项目运行风险。矩阵式管理模式同时展开“纵”、“横”两个方向的有效管理，通过纵向管理，确保优秀资源的准时到位；通过横向管理，确保项目组内部整合有效。双向管理，通力合作，最终达到顺利、高效推进合作设计的目的。这些优势是传统的项目管理模式所难以具备的。

矩阵式项目管理的缺点在于加大了设计院内部的管理成本，同时，由于设计人员受到双重指挥，若运用不当，或矩阵式管理决策者的技术决策水平不高，有可能会影响到组织的稳定性和效率，甚至出现管理上的空白区(双方都以为对方在管理，实际上都没有管理)，造成人才浪费、资源损耗，项目进程得到极大耽误。

2.2　影响矩阵式项目管理的关键事项及要素

表 2 对影响设计项目矩阵式项目管理的关键事项及要素进行了大致的归纳。铁路客站合作设计具有项目周期长、设计专业多、复杂程度高以及不确定因素存在等客观条件，参与合作设计的企业具有设计资源紧张、相互之间信息交换处理量大、存在企业文化和经营理念上冲突的可能性。我们认为，在铁路客站合作设计项目中，针对项目特点，识别关键事项，评价合作企业对矩阵式项目管理的适应能力，合理分配权限，优化矩阵式项目管理模式，是决定项目合作设计成败的关键。

影响铁路客站项目矩阵式项目管理的关键事项及要素　　表 2

关 键 事 项	关 键 要 素
项目属性	项目周期长、存在可变因素
	涉及专业多、涵盖知识面广
项目外部环境	复杂程度高
	不确定性因素存在
企业支撑能力	项目经理的职业素质
	信息共享平台的支撑能力
	部门制度的执行力
	合格人力资源的充足程度
企业文化	项目经理的职业素质
	信息共享平台的支撑能力
	部门制度的执行力

以贵阳北站为例，参与设计团队的专业工程师来自十余个不同的设计院所，彼此之间具有不同的专业技能和知识背景，所属的企业对项目的支撑能力参差不齐，企业的内部文化也存在不同程度的差异。面对铁路客站合作设计这样一个复杂的系统工程，我们必须在较短时间内，把上述有效资源加以整合利用，使之发挥最大效益。

2.3 采取的主要措施和对策

2.3.1 采用优化的矩阵式管理模式

在贵阳北站合作设计的过程中，我们采用优化的矩阵式项目管理模式，加强横向管理，在不同设计院所之间加强组织和协调，充分实现资源共享、提高资源利用率，及时解决沟通中存在的问题，协调设计理念和文化观念上的差异，最大限度地推进项目实施。

从表3中可以看出，采用优化后的矩阵式项目管理模式，铁路客站合作设计采用的是“双负责人”项目负责体制，项目经理负责范围、进度、团队、成本、协调、风险、采购以及综合等环节的管理，设计院所负责人则负责质量、技术决策和人才培养等环节，针对铁路客站合作设计的项目特点项目经理的权责显著加大，二者分工协作，权责清晰，各有侧重，相互支持，共同有效推进合作设计项目的开展和进行。

铁路客站合作设计矩阵式项目管理模式的权责分配　　表3

管理内容	范围管理	进度管理	质量管理	技术决策	绩效考核	人才培养	团队管理	成本管理	协调管理	风险管理	采购管理	综合管理
铁路客站项目经理	负责	负责			负责		负责	负责	负责	负责	负责	负责
设计院所负责人			负责	负责		负责						

2.3.2 慎重遴选项目合作设计企业，保证纵向管理的到位率

实施纵向管理的目的，是在各设计院所内部，实现有效和及时的资源调配，缩短问题解决时间。

合作企业对项目支撑能力的大小，对矩阵式项目管理模式的选取，甚至是矩阵式项目管理的成败起关键性作用。我们在考察合作设计单位时，除了要考察该单位的设计业绩、技术力量、人员配备、内部信息资源共享程度等要素以外，是否具有开放的企业文化，技术人员横向沟通及合作能力强弱，以及项目参与人员是否具有高度的责任感，同样是我们要重点考察的内容。在贵阳北站室内装饰合作设计单位的遴选过程中，我们就遇到这样的情况，最初考察的一家国内知名的设计公司，技术能力、设计创意各方面都具有较高水平，但是在项目组人员沟通协调能力、内部管理者的责任感以及适应新时期铁路客站设计理念上，不能让人满意，最后重新选择了更为合适的合作设计方，以确保纵向管理的到位率。

2.3.3 强化管理团队，找准关键人

铁路客站合作设计项目既是知识生产过程，同时也是对工程项目的规划过程，设计过程对工程项目本身及相关方向有高度的依赖性。外部环境中每一个条件的变化，都要求项目组迅速应变，无论是纵向还是横向都有大量的信息要处理，由此造成矩阵里的双向领导与管理中的“统一指挥”一直是难以回避的矛盾，这就要求矩阵式项目管理必须找准关键人。

以贵阳北站为例，在初步设计过程中，历经三次大的外部设计条件变更（客站建设规模调整、站场总平面调整、城市轨道交通与客站的换乘模式调整），每次变更涉及的相关合作设计单位都及时响应，提交变更设计文件。在这个过程中，项目负责人为保证项目设计质量和实施进度要求，和设计人员一起，加班加点，不讲条件，取得了良好的成效。客站合作设计项目经理在专业知识、管理能力和职业操守上的素质，决定了矩阵式项目管理中交叉职能冲突能否得到有效解决。我们院在贵阳北站等重要和关键性工程的合作设计中，都是由分管院长、所长亲自担任项目负责人，以有效整合、利用内外部资源，强化矩阵式项目管理，达到项目顺利推进的目的。

3 抓好过程控制和协调

铁路客站合作设计项目采用矩阵式项目管理模式，内部沟通量会增大，不同设计院所之间为此所支付的管理成本也相应加大。作为客站设计的主体单位，如果技术决策水平很高，那么就可以克服这种缺点，反之会加大内部交易成本，严重的会由于决策不符合实际情况而使合作设计单位设计返工，影响项目的设计进度。对此，我们采取的对策是抓好过程控制和协调，在合作设计过程中加强前期方案阶段的沟通和探讨，分阶段交流、控制，尽可能把问题发现、解决在前期方案阶段。

例如，我们针对客站幕墙专项、屋面板专项、建筑景观与室内灯光设计等合作设计项目，在项目合作设计的前期，就跟合作单位一起，共同探讨制定了《合作设计任务书》。在任务书中，主要明确了以下几方面的内容：

(1)设计范围(明确合作设计的内容及范围)；

(2)客站设计主体单位提供的设计基础资料清单；

(3)设计总体要求(明确合作设计指导思想，应满足的规范要求以及成果验收标准)；

(4)设计工作流程及相应成果提供；

(5)其他(设计成果文件格式、文件签署、人员及工作计划安排、知识产权等)。

其中，在关键的"设计工作流程及相应成果提供"一节，我们把设计划分为四个阶段：

(1)方案研究(主体设计单位与合作设计单位一起，确定系统设计方案及其比选方案)；

(2)控制性方案设计(合作设计单位根据系统方案研究的成果和实施方案的相关审查意见对建筑幕墙系统设计进行深化设计，报主体设计单位审核，配合主体设计单位完成客站装修初步设计)；

(3)实施方案设计(合作设计单位根据初步设计审查意见完成实施方案设计，报主体设计单位审核，用以指导完成施工图阶段设计)；

(4)后期技术服务及配合。

在合作设计的各阶段，客站设计主体单位对于合作设计项目不是"一包了之"，而是分阶段提出设计意图、设计原则，与合作设计单位共同协商、拟定设计方案，对提交的成果逐项、逐步进行审查，以达到抓好过程控制和协调、将不同的设计层面和设计内容融为一体的目标。

4 结语

新时期铁路客站设计和建设，任重道远，抓好铁路客站合作设计项目管理工作，是做好新时期铁路客站设计和建设工作的重要一环。我们需要不断总结经验，深化认识，创新思路，促使管理水平和能力不断提高，以满足大规模铁路客站建设的需要。本文在写作过程中得到了院副总建筑师汤群的指导。

参 考 文 献

[1] 郑健，沈中伟，蔡申夫. 中国当代铁路客站设计理论探索[M]. 北京：人民交通出版社，2009.

[2] 危机36：矩阵式管理策略分析[M]. 台北：华泰文化出版社，2004.

[3] 于苇. 浅谈软件外包业项目管理中的资源分配[J]. 市场周刊(理论研究)，2008(7).

苏州站钢结构复杂节点设计研究

彭　翼[1]　范　重[1]　赵长军[1]　陈以一[2]　赵宪忠[2]

(1.中国建筑设计研究院　北京　100044;2.同济大学　上海　200092)

摘　要:苏州站屋盖结构采用空间菱形大跨度钢管桁架结构,局部为双向交叉菱形桁架。桁架汇交杆件数量多,直径大,节点构造非常复杂。本工程节点主要采用相贯焊接的形式,受力集中和几何构型非常独特的部位采用铸钢节点。焊接节点域进行局部加厚,并在主通弦杆内部设置环形加劲肋,以提高节点承载力。铸钢节点域根据构件的几何尺寸与空间关系确定主通杆件与加劲肋的设置方式,采用渐变壁厚的方式满足受力平衡过渡以及铸造工艺的要求,并在构件端口设置构造环肋以及反向焊接坡口解决与钢管的连接。本文通过有限元分析与试验研究对上述节点构造的合理性进行了全面分析,确保节点具有较大的安全储备。

关键词:空间管桁架　节点　相贯焊接　铸钢节点　有限元分析

1　工程概况

苏州站改造工程属原址改扩建项目,改造后的苏州站客运用房地下3层,地上2层。地面以上由北站房、南站房与候车大厅组成。北站房的室内空间非常高大,南站房结合广场,为开放式的半室外空间。地上二层为高架层,楼面标高8.700m,高架候车大厅将南、北站房连为一个整体,屋脊结构高度为31.855m。首层为站台层,设有7座站台,地下一层为地下出站通道层,楼面标高－11.550m。地下二层是地铁2号线站台层和4号线的站厅层,地下三层是地铁4号线的站台层和设备及管理用房。苏州火车站南立面如图1所示。

图1　苏州站建筑效果图

苏州站站房结构设计基准期为50年,结构耐久性设计年限为100年,抗震设防烈度6度,建筑抗震设防类别乙类,建筑结构的安全等级为一级。

苏州站改造工程站房的大跨度屋盖平面呈工字形,南北方向最大长度为352.2m,东西方向最大长度为198m,屋盖最大高度为31.855m,单体屋盖钢结构覆盖面积达60000m^2。整个大跨度屋盖结构支承在16组V形斜杆之上,东西方向柱距为88m和132m;南北方向柱距为22～56.2m,通过抗震球形支座与下部混凝土柱顶相连。屋盖结构采用双向布置的空间桁架结构,桁架截面为菱形,宽度为11m,高度为8m。站房建筑方案创意来自苏州园林的菱形花格窗,新颖别致。为了满足建筑造型与采光要求,菱形桁架在屋盖短方向采用密排方式,在屋盖长方向则主要布置在柱顶位置。苏州站站房屋盖结构布置如图2所示。

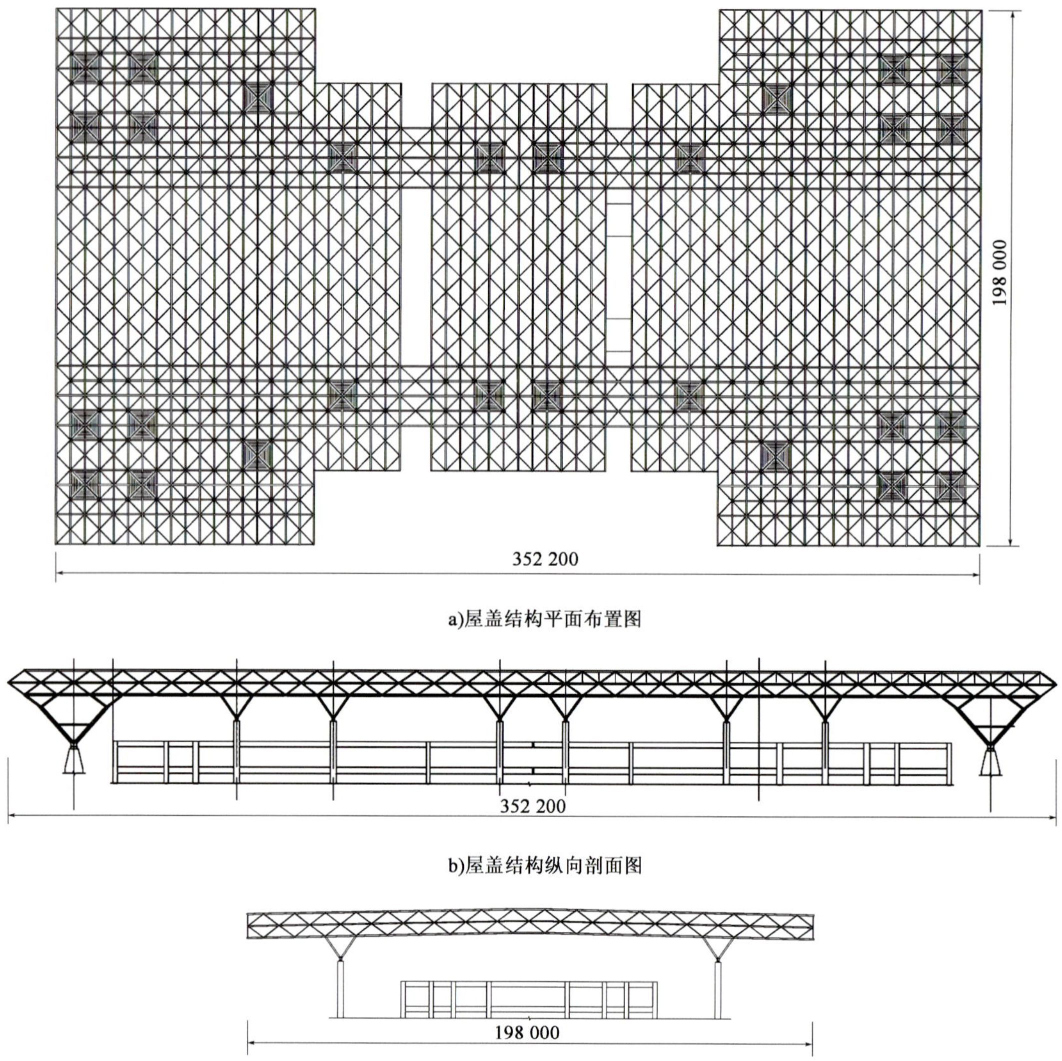

a)屋盖结构平面布置图

b)屋盖结构纵向剖面图

c)屋盖结构横向剖面图

图 2　苏州站站房屋盖结构布置图(尺寸单位:mm)

2　节点设计原则及构型方法

2.1　节点设计原则

苏州站站房钢结构屋盖的平面尺度大,密排的菱形桁架结构体系下的构件布置较为复杂,汇交杆件多且均为较大规格的钢管截面,节点构造非常复杂。节点设计时主要遵循“节点与构件等强”的原则,充分发挥构件材料的强度,确保节点不先于构件破坏。同时,为节约工程造价,节点构造应尽可能简单,并且传力直接,保证其在各种荷载作用下的安全性。密排菱形桁架体系中主要采用相贯焊接节点,并对节点部位采用加劲肋等方式进行加强。在横向桁架与纵向桁架相交处以及支座部位,节点杆件数量多,几何关系复杂,受力很大,故采用铸钢节点。

鉴于本工程节点形式多样且构造复杂,其设计方法在国内外钢结构设计规范中均无相应规定,因此在设计过程中针对各种节点的几何构造及受力性能的合理性分别进行了专门的计算分析与试验研究。

2.2　节点构型方法

2.2.1　焊接节点

苏州站站房钢结构为密排桁架与垂直交叉布置桁架组成的结构体系,进行钢管桁架设计时,节点的承载力通常低于构件的承载力。鉴于苏州站站房钢结构构件的截面尺寸相对较大，有条件设置内部加劲肋。根据“节点与构件等强”的设计原则，为确保节点的安全性，在节点构型设计中针对节点区采取了加强措施。对于单向密排桁架中的双 KK 焊接节点形式，对节点区进行了如下加强处理：①节点区弦杆壁厚加厚至弦杆壁厚的 1.5 倍；②对应节点区中间位置和腹杆与弦杆相贯线的外边界处，分别设置加劲肋，加劲肋厚度同较大腹杆壁厚。

对于垂直交叉布置桁架形成的双向弦杆焊接节点，对节点区进行了如下加强处理：①将较大壁厚的弦杆作为主通弦杆，若两个方向弦杆壁厚相同，则与横向联系桁架平行的弦杆主通；另一方向非主通弦杆分别与主通弦杆侧壁相贯焊接；②主通弦杆的节点区壁厚为 1.5 倍的杆件厚度，非主通弦杆的节点区壁厚为 1.2 倍的杆件厚度；③腹杆端部设置节点域，长度约为一倍的腹杆直径，节点域壁厚不小于相应杆件壁厚的 1.2 倍；④对应非主通弦杆侧壁、腹杆与主通弦杆相贯线外侧的位置设置内部环形加劲肋，加劲肋厚度同对应杆件的壁厚。节点构型图如图 3 所示。

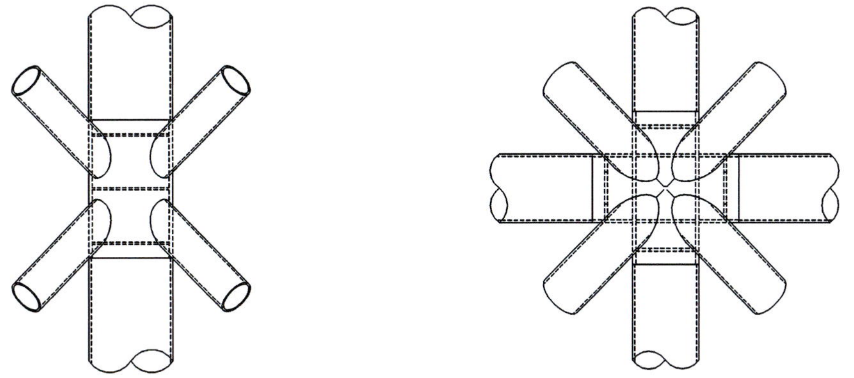

a)双KK焊接节点　　b)双向弦杆焊接节点

图 3　典型节点构型示意

2.2.2　铸钢节点

对于本工程中杆件交汇状态特殊复杂且受力部位关键的节点，规范中对该构型的焊接节点无明确规定。为确保节点区安全，采用铸钢节点来解决。节点构型仍遵循“节点与构件等强”的设计原则，首先根据节点区的铸钢截面与相应杆件截面在受力性能上等强的原则来调整铸钢件的壁厚，再根据构件的几何尺寸与空间关系确定主通杆件与加劲肋的设置方式。节点区采用渐变壁厚的方式满足受力平缓过渡以及铸造工艺的要求。在构件端口设置构造环肋以及反向焊接坡口解决与钢管的连接，如图 4 所示。

由于铸钢节点在曲面相交容易产生应力集中的现象，故需要对其进行圆化处理，使得杆件过渡传力更加平滑。在进行铸钢节点倒角处理时，外圆角 $R=25$mm，内圆角半径 $R=50$mm。

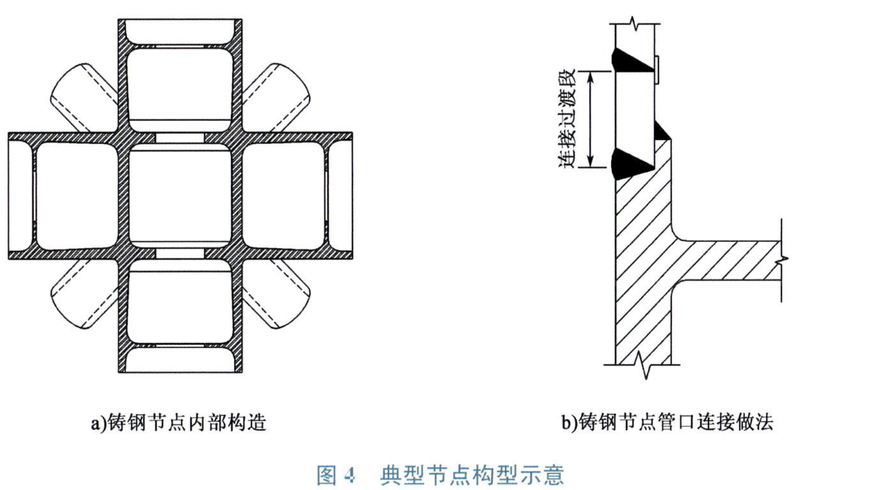

a)铸钢节点内部构造　　b)铸钢节点管口连接做法

图 4　典型节点构型示意

3 复杂节点有限元分析

3.1 有限元分析要点

采用大型三维图形处理软件 CATIA 建立复杂节点几何模型，运用通用有限元分析软件 ANSYS 10.0 进行计算分析。计算采用 Solid45 单元。该单元为 4 节点单元，每个节点 3 个自由度，适用非线性分析，材料弹性模量为 $2.06\times10^5 N/mm^2$，强化模量为 $2.06\times10^3 N/mm^2$，泊松比 0.3。为了保证计算结果的精度和计算速度，合理调整单元网格稀疏。在计算模型杆端设置刚域，将其中一根弦杆的端部作为固接端，其他杆件端部刚域的形心施加集中荷载。从屋盖结构整体计算模型中得到各种工况组合下的设计内力值，通过线性插值方法得出节点计算模型加载端的内力值。

节点验算采用 Mises 强度准则，节点域板件的 Mises 应力 σ_s 可以用下式表达：

$$\sigma_s = \sqrt{\frac{1}{2}[(\sigma_1-\sigma_2)^2+(\sigma_2-\sigma_3)^2+(\sigma_1-\sigma_3)^2]} \leqslant \beta f \tag{1}$$

式中：σ_1、σ_2、σ_3——分别为第 1、第 2 和第 3 主应力；

f——钢材的抗拉、抗压、抗弯强度设计值。

同时考虑几何非线性和材料非线性影响，计算时不考虑焊接残余应力的影响。对于出现局部超过允许应力水平的情况，如果应力峰值范围很小，且应力峰值超过强度设计值不大，可以将分布范围较大的最大应力值作为判定依据。

在有限元分析的基础上，结合复杂节点的受力特点与构造要求，确定节点域弦杆与加劲肋的厚度。由于在进行有限元分析时，很难充分考虑焊缝几何尺寸、焊接残余应力、材料塑性内力重分布等因素的影响，因此在确定节点域板件厚度时，遵循“最大平均应力”的控制原则，即控制节点域板厚的“最大应力”是平均意义上的最大值，而不是范围极小的应力峰值。

3.2 相贯焊接节点

根据站房钢结构密排菱形桁架体系中各部位的受力特点以及各规格杆件汇交的几何构型，在密排桁架的上弦层、中弦层以及下弦层中，对于腹杆管径相对较小、节点区焊接质量容易保证的节点均采用相贯焊接节点，焊接节点类型为 KK 形节点、T+K 形节点、T+KK 节点、X+KK 形节点、X+双 KK 形节点，对规范无明确定义的复杂节点类型进行了有限元分析。

3.2.1 X+KK 节点

X+KK 形节点位于上弦层与下弦层中腹杆规格相对较小的区域，其节点构型与内部加劲肋布置如图 5 所示。选取典型的上弦层 X+KK 形节点为研究对象，其节点区板件厚度如表 1 所示，控制内力如表 2 所示。

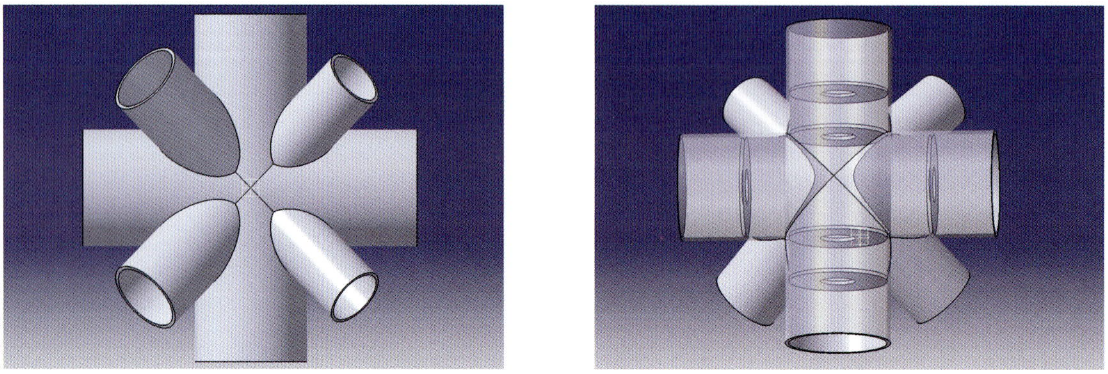

a)几何构型　　b)内部加劲肋

图 5　X+KK 形节点

X+KK 形节点杆件几何尺寸及节点区加强 表 1

构件位置		构件尺寸(mm)	节点域尺寸(mm)
弦杆	1	$D402\times14$	$D402\times21$
	2	$D402\times14$	$D402\times21$
	3	$D402\times14$	$D402\times21$
	4	$D402\times14$	$D402\times21$
腹杆	1	$D273\times12$	$D273\times18$
	2	$D219\times12$	$D219\times18$
	3	$D273\times12$	$D273\times18$
	4	$D219\times10$	$D219\times15$
加劲肋	与非主通弦杆对应肋	同非主通弦杆壁厚	21
	端部构造肋	同相应弦杆壁厚	14

X+KK 形节点计算的控制内力设计值(整体坐标力) 表 2

单元编号	节点编号	F_x(kN)	F_y(kN)	F_z(kN)	M_x(kN·m)	M_y(kN·m)	M_z(kN·m)
8673	2922	−1.55	−940	−2.30	22.7	−1.70	−11.0
8674	2922	−2.48	483	−17.5	−24.4	−0.19	15.5
8710	2922	−191	0.744	−9.70	−1.27	−17.2	−3.88
8712	2922	1370	−0.331	−8.88	1.14	17.3	−1.45
14318	2922	−82.4	−82.4	−64.6	−0.22	−0.02	−0.16
14316	2922	−275	−275	199	0.04	0.04	−0.03
14319	2922	−482	482	340	−0.08	0.08	0.06
14317	2922	−326	326	−244	0.21	−0.21	0.16

在控制内力作用下，典型 X+KK 形节点的节点域应力分布如图 6 所示。该类型节点应力分布比较均匀，节点最大应力发生在与非主通弦杆对应的环形加劲肋内侧，峰值为 236.317MPa，而弦杆与腹杆部位的最大应力为仅为 142.633MPa，根据有限元分析结果判断该类型节点的构型及加强原则能确保节点的安全性。

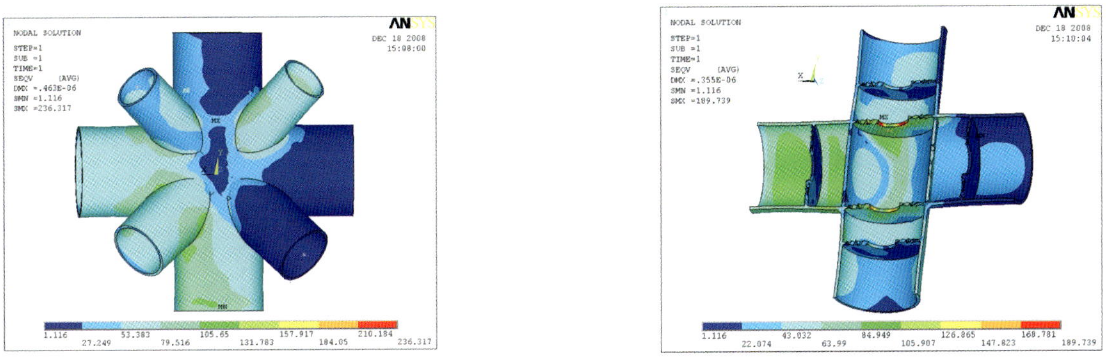

a)弦杆加强区与腹杆加强区　　b)内部加劲肋

图 6　典型 X+KK 形节点的节点区 Mises 应力云图

3.2.2　X+双 KK 节点

X+双 KK 形节点位于中弦层，考虑节点处焊缝交叠过多，焊接操作及质量难以保证，为确保节点安全性，仅选取腹杆外径均不大于 219mm 的 X+双 KK 形节点为相贯焊接节点，其节点构型与内部加劲肋布置如下图 7 所示。选取典型的上弦层 X+KK 形节点为研究对象，其节点区板件厚度如表 3 所示，控制内力如表 4 所示。

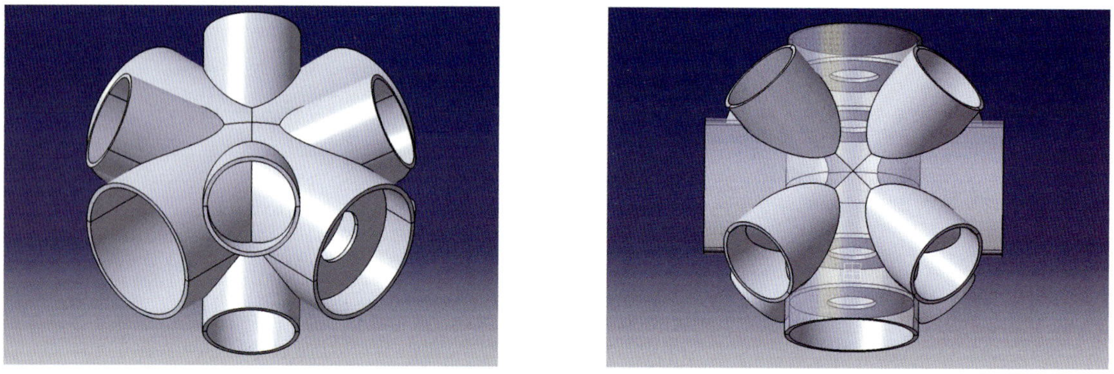

a)几何构型　　b)内部加劲肋

图 7　X+双 KK 形节点

X+双 KK 形节点杆件几何尺寸及节点区加强　　表 3

构件位置		构件尺寸(mm)	节点域尺寸(mm)
弦杆	1	$D402\times14$	$D402\times21$
	2	$D402\times14$	$D402\times21$
	3	$D402\times14$	$D402\times21$
	4	$D402\times14$	$D402\times21$
腹杆	1	$D273\times12$	$D273\times18$
	2	$D273\times12$	$D273\times18$
	3	$D273\times12$	$D273\times18$
	4	$D273\times12$	$D273\times18$
	5	$D219\times10$	$D219\times15$
	6	$D219\times12$	$D219\times18$
	7	$D219\times10$	$D219\times10$
	8	$D273\times12$	$D273\times18$
加劲肋	与非主通弦杆对应肋	同非主通弦杆壁厚	21
	端部与腹杆对应肋	同相应弦杆壁厚	14

X+双 KK 形节点计算的控制内力设计值(整体坐标力)　　表 4

单元编号	节点编号	F_x(kN)	F_y(kN)	F_z(kN)	M_x(kN·m)	M_y(kN·m)	M_z(kN·m)
10459	3992	0.283	50.9	−14.4	27.4	0.21	1.56
10458	3992	−0.99	−335	−7.73	−19.9	−0.02	5.40
10581	3992	7260	0.50	−11.6	−1.47	−8.16	−2.67
10582	3992	−589	−0.48	−11.2	0.423	7.90	−3.28
14156	3992	516	5160	−386	0.135	0.14	−0.10
14213	3992	559	5590	395	−0.89	−0.89	−0.64
14225	3992	−428	4280	−321	0.46	−0.46	0.34
14144	3992	−458	4580	323	−0.67	0.67	0.48
14152	3992	−341	−3410	−249	0.13	0.13	0.09
14217	3992	−674	−6740	491	−0.45	−0.45	0.33
14221	3992	437	−4370	−317	−0.04	0.04	0.03

在控制内力作用下，典型 X+KK 形节点的节点域应力分布如图 8 所示。该类型节点的节点域应力分布比较均匀，无明显的应力集中情况，两向弦杆相汇交处的应力最大，峰值应力为 217.501MPa，腹杆最大应力为 197.655MPa，环肋最大应力值为 123.086MPa，根据有限元分析结果判断该类型节点的构型及加强原则能确保节点的安全性。

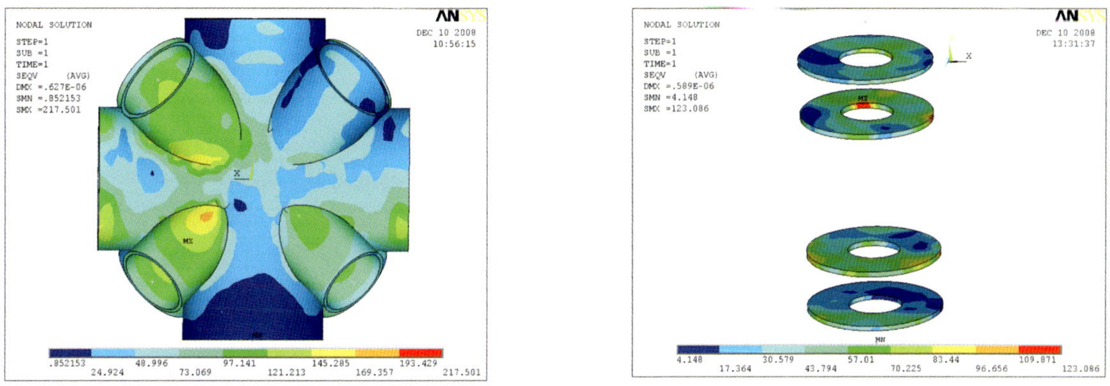

a)弦杆加强区与腹杆加强区　　b)内部加劲肋

图 8　典型 X+双 KK 形节点的节点区 Mises 应力云图

3.2.3　T+KK 节点

T+KK 形节点位于中弦层的端部，其节点构型与内部加劲肋布置如下图 9 所示。选取典型的 T+KK 形节点为研究对象，其节点区的构造原则如表 5 所示。其节点区板件厚度如表 5 所示，控制内力如表 6 所示。

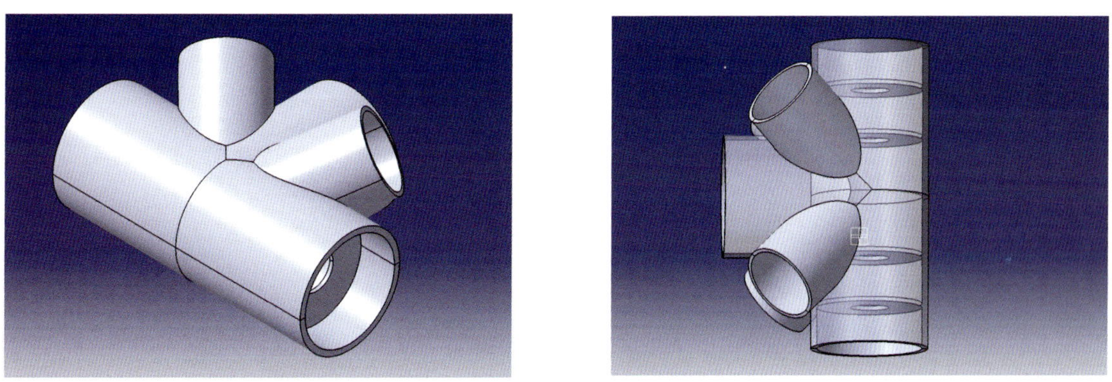

a)几何构型　　b)内部加劲肋

图 9　T+KK 形节点

T+KK 形节点杆件几何尺寸及节点区加强　　表 5

构件位置		构件尺寸(mm)	节点域尺寸(mm)
弦杆	1	$D402\times14$	$D402\times21$
	2	$D402\times14$	$D402\times21$
	3	$D402\times14$	$D402\times14$
腹杆	1	$D273\times12$	$D273\times12$
	2	$D273\times14$	$D273\times14$
	3	$D273\times14$	$D273\times14$
	4	$D219\times10$	$D219\times10$
加劲肋	与非主通弦杆对应肋	同非主通弦杆壁厚	21
	端部与腹杆对应肋	同相应弦杆壁厚	14

T+KK 形节点计算的控制内力设计值(整体坐标力)　　表 6

单元编号	节点编号	F_x(kN)	F_y(kN)	F_z(kN)	M_x(kN·m)	M_y(kN·m)	M_z(kN·m)
10289	3912	1.15	859	−0.07	9.05	1.66	5.70
10294	3912	0.86	−647	−19.0	−15.6	−1.10	−6.68
10271	3912	−422	0.512	−9.50	0.67	−0.245	−5.08
13391	3912	−554	−554	392	0.92	0.92	−0.66
13419	3912	667	−667	−498	0.27	−0.27	−0.20
13395	3912	662	662	482	−0.77	−0.77	−0.57
13415	3912	−359	359	−261	0.11	−0.11	0.08

在控制内力作用下,典型 X+KK 形节点的节点域应力分布如图 10 所示。该类型节点的节点域应力分布比较均匀,无明显的应力集中情况,弦杆加强区的峰值应力为 245.3MPa,腹杆最大应力为 171.5MPa,环肋最大应力值为 134.2MPa,根据有限元分析结果判断该类型节点的构型及加强原则能确保节点的安全性。

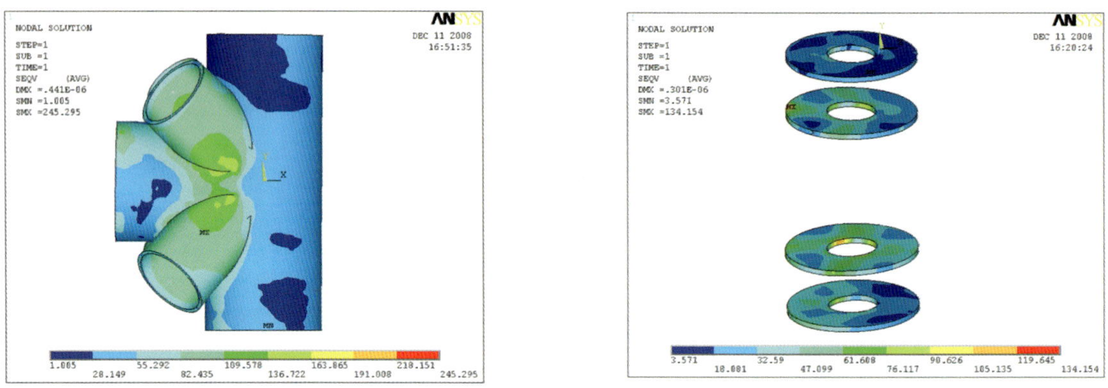

a)弦杆加强区与腹杆加强区　　b)内部加劲肋

图 10　典型 T+KK 形节点的节点区 Mises 应力云图

3.3　铸钢节点

针对站房钢结构受力关键的特殊复杂部位,存在汇交杆件数量很多且腹杆管径均较大的情况,几何关系特别复杂,采用焊接相贯节点则焊接质量难以保证,故采用了铸钢节点形式[1-3]。铸钢节点具体分为下述几种情况:①位于上弦层与下弦层横向桁架与纵向桁架相交处的 X+KK 形节点,当腹杆管径较大时(直径不小于 402mm);②位于中弦层的 X+双 KK 形节点,当存在一根以上的管径不小于 402mm 腹杆时;③与斜柱相连的下弦层节点 T+X+KK 形节点;④大斜柱与小斜柱连接处的 Y+K 形节点;⑤ V 形斜杆底部铸钢节点。针对上述铸钢节点分别进行了有限元分析。

在支承大跨度屋盖 V 形斜杆的底部,四根大直径杆件交汇在一起如果采用焊接球节点,将导致支座尺寸过大。因此在苏州站屋盖设计中提出了一种支座铸钢节点,该类节点内部肋板数量较少,侧壁过渡平滑,传力路径流畅,正好满足了建筑美观的要求,如图 11 所示。V 形斜杆底部铸钢节点的 Mises 应力分布如图 12 所示。

a)俯视图　　b)剖面图

图 11　V 形斜杆底部铸钢节点(尺寸单位:m)

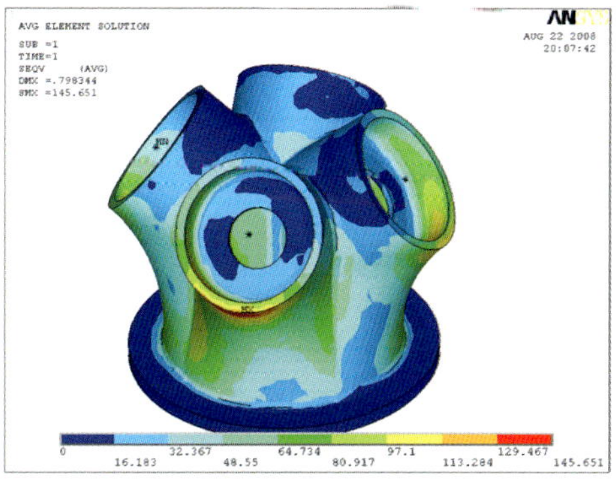

a)俯视图

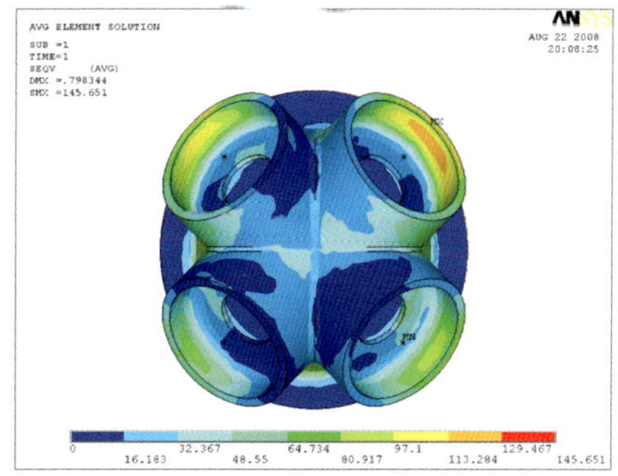

b)顶视图

图 12　V 形斜杆底部铸钢节点的 Mises 应力分布

4　复杂节点试验研究

4.1　试验方案

综合考虑试验室现有场地和加载设备吨位等条件，本次试验为缩尺模型试验，缩尺比例为 1∶2，材料为 Q345-B 钢材。试件设计时考虑了几何相似、材料相似和受力状态相似等相似条件，尽可能反映原型结构的性能。由于节点管件众多，在各杆端采用千斤顶直接加载的方式十分困难，且难以模拟实际工程中节点的边界条件，因此，本试验采用间接加载的方式，将试验部位组合进一个便于控制加载的试验桁架结构中，通过对该系统的加载实现对节点部位的间接加载。试验桁架如图 13 所示。此方法可使节点的受力情况及约束条件与实际结构基本一致，并且易于实现较大试件加载的要求。

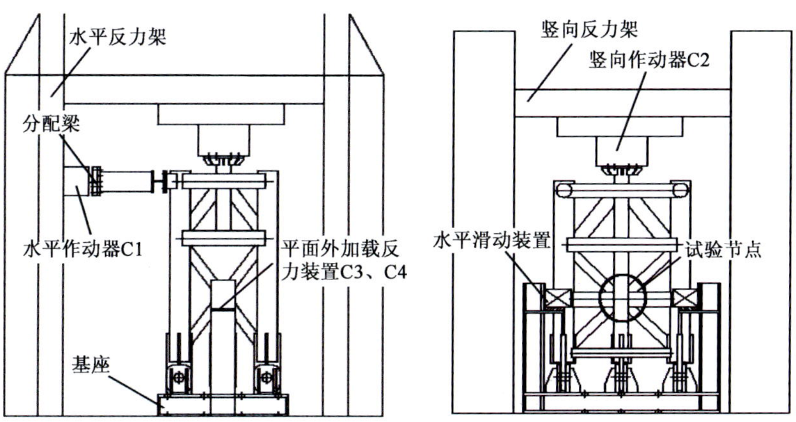

a)加载装置示意图

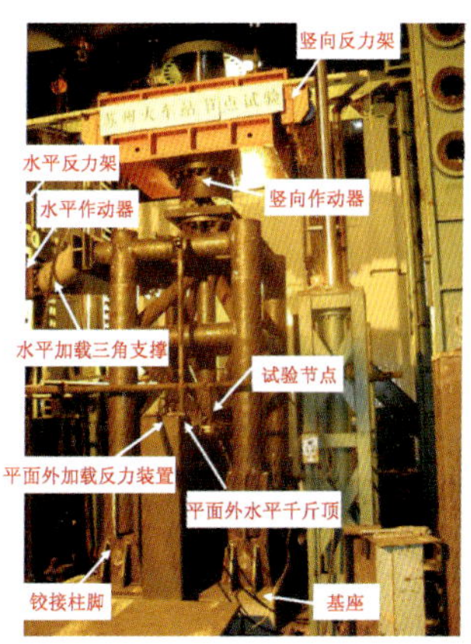

b)试件加载图

图 13　试验加载装置图

4.2　试验加载制度

正式加载前进行预加载，预加载达到控制杆件屈服荷载的 30%，以检查加载系统和测试系统工作是否正常。正式加载时，平面内水平作动器与竖向作动器同时等比例施加荷载，待加载稳定后，两个平面外水平千斤顶等比例施加平面外的荷载。控制杆件屈服前分 5 级施加荷载，每级荷载施加屈服荷载的 20%，持荷 1min 以上；控制杆件屈服后，按照屈服荷载的 10%分级加载，直至节点破坏。节点试验中，节点区或相连构件段的任一部分发生如下情况之一即认为达到破坏：①观察到节点部分有断裂裂纹；②试件出现很大的塑性变形。

4.3　试验现象

(1)双 KK＋系杆试件在设计荷载水平下，各杆件均处于弹性阶段，节点区各测点保持在弹性范围内，节点工作性能良好。加载至 2.5 倍设计荷载时，节点区受拉腹杆处测点首先进入屈服，加载至 3.15

倍设计荷载时，控制腹杆全截面屈服，节点区弦杆测点的应力水平小于各腹杆。随后，其他杆件陆续屈服，并发生内力重分布，节点区测点大部分进入塑性，节点变形性能良好。节点试验现象如图 14 所示。

a)试件整体位移明显　　b)受拉杆件对接焊缝处断裂图

图 14　双 KK+系杆焊接节点试验现象

(2)X+双 KK 试件在设计荷载作用下各腹杆及节点区工作性能良好，各杆件均处于弹性阶段。加载至 2.0 倍设计荷载时，节点区受拉腹杆处测点首先进入屈服，加载至 3.15 倍设计荷载时，控制腹杆全截面屈服，节点区弦杆测点应力水平较小。之后，其他腹杆也进入屈服。节点区进入塑性且变形发展到弹性变形 3 倍以上时仍未发生断裂。节点试验现象如图 15 所示。

a)柱脚转动变形过大　　b)杆件进入塑性，变形增大

图 15　X+双 KK 焊接节点试验现象

4.4　有限元分析与试验结果对比

苏州站站房钢结构节点几何外形较为复杂，腹杆与弦杆相贯处为三向应力状态，极限荷载作用下节点区域常发生较大的塑性变形。试验过程中监测到节点即使在弹性受力阶段，应力状态也非常复杂，应力集中现象明显。由于试验过程中测点数量有限，不可能通过跟踪测试全方位的了解节点的受力性能。因此，针对试验试件进行了有限元分析对比分析，从整体上把握节点力学性能的同时，也作为试验研究的重要补充。各类节点对比分析结果如下所示。

4.4.1　双 KK+系杆焊接节点试件

从腹杆轴力—沿腹杆轴向相对变形的试验和有限元分析结果对比曲线(图 16)可知，有限元计算结果与试验结果在弹性阶段发展趋势相似，并在同一级荷载下发生拐点，且最终的极限承载力与试验值吻合较好。有限元加载分析的最终状态为受拉腹杆轴向拉应力已经超过材料抗拉强度，受拉杆件局部失效。整个塑性发展过程及最终的破坏模式与试验吻合较好。

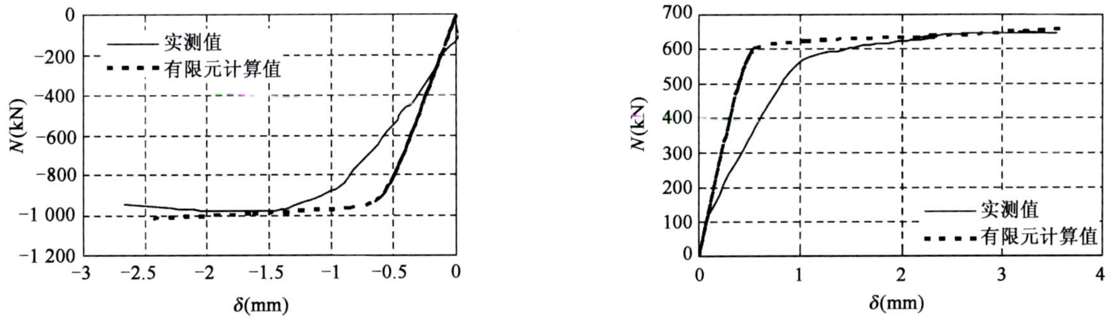

a)受压腹杆　　b)受拉腹杆

图 16　双 KK＋系杆焊接节点试件轴力—沿腹杆轴向变形图

4.4.2　X＋双 KK 焊接节点试件

根据腹杆轴力—沿腹杆轴向相对变形的试验和有限元分析对比分析曲线(图 17)可知,有限元计算结果与试验结果在弹性阶段发展趋势相似,并在同一级荷载下发生拐点,最终的极限承载力有限元计算值略高于试验值。加载过程中靠近节点区域应力沿轴向和环向分布开始变得不再均匀,多条焊缝相交处产生明显的应力集中。加载后期,大部分杆件进入全截面屈服,受拉腹杆轴向拉应力已经超过材料抗拉强度。整个应力变化过程和塑性发展过程与试验吻合较好。

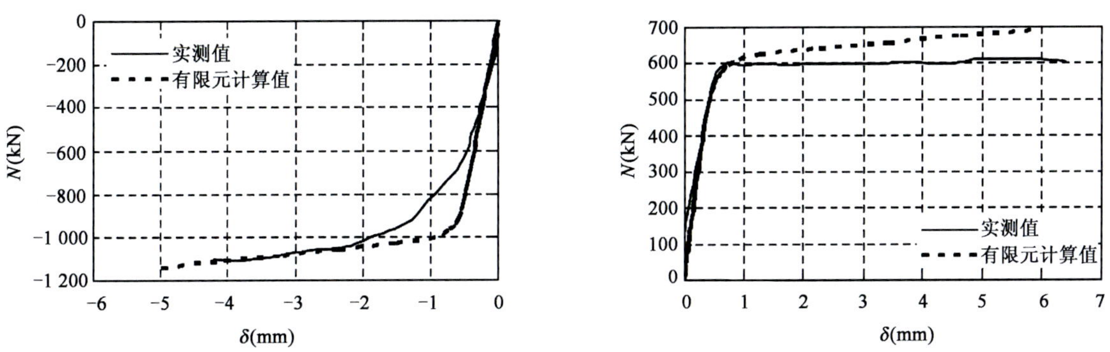

a)受压腹杆　　b)受拉腹杆

图 17　X＋双 KK 焊接节点试件轴力—沿腹杆轴向变形图

4.4.3　X＋KK 焊接节点试件

根据腹杆轴力—沿腹杆轴向相对变形的试验和有限元分析对比分析曲线(图 18)可知,有限元计算结果与试验结果在弹性阶段发展趋势基本相同,并在同一级荷载下发生拐点,且最终的极限承载力与试验值吻合较好。最终节点区大面积进行塑性,且腹杆全截面屈服,整个应力变化过程和塑性发展过程以及最终破坏现象均与试验吻合良好。

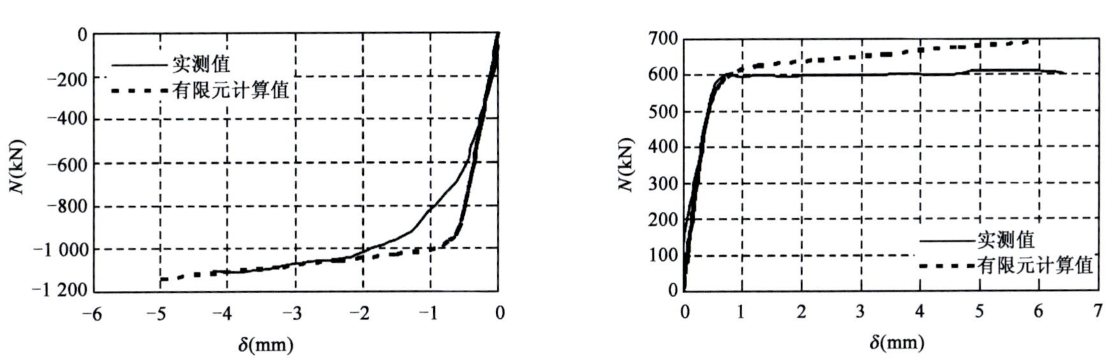

a)受压腹杆　　b)受拉腹杆

图 18　X＋KK 焊接节点试件轴力—沿腹杆轴向变形图

4.5 X+KK焊接节点与铸钢节点对比

通过对X+KK焊接节点与铸钢节点试验研究与有限元分析可知，当X+ KK焊接节点区腹杆进入屈服后，腹杆轴力缓慢增加，沿杆件轴线的相对变形快速增大，但在设计荷载作用下仍具有可靠的安全性。而在X+ KK铸钢节点中，在控制截面进入屈服后，杆件的轴力仍可线性增加。可见，同样的应力水平下(扣除焊缝变性影响)，铸钢节点承载力要大于焊接节点，有更大的强度储备。同时，铸钢节点在多杆交汇处的平滑处理可以较好地缓解节点域的应力集中情况，其多杆交汇处的应力水平要小于焊接节点。对于铸钢节点而言，节点区本身具有很高的安全余度，属"强节点弱构件"，铸钢件与管材对接处对接焊缝的质量将对节点的安全性起控制作用。由于焊接节点本身已能满足设计安全性的要求，因此在施工过程中，为了降低工程造价，加快施工进度，将部分X+双K铸钢节点改为焊接节点，取得了良好的经济效益。

5 结语

(1)结合苏州站站房钢结构的结构特点，提出多种复杂类型的节点构造，通过建立节点加强区，设置内部加劲肋等措施以满足"节点与构件等强"的设计原则。

(2)通过大量有限元分析对节点构造的可靠性与安全性进行了深入的分析，从整体上全面把握节点力学性能。

(3)针对典型复杂节点进行了试验研究，并采用有效校准的有限元分析方法对节点的承载性能进行对比分析，结果表明有限元数值分析结果与实测结果吻合较好，各类节点均具有可靠的安全性。

(4)通过试验研究和有限元分析均证明X+KK焊接节点构造合理可靠，虽然相应的铸钢节点具有更大的安全余度，但焊接节点的受力性能均可满足本工程设计安全性的需求，因此，为降低工程造价，加快施工进度，将部分X+KK铸钢节点改为焊接节点，取得了良好的经济效益。

参考文献

[1] 铸造工程师手册编写组. 铸造工程师手册(2版)[M]. 机械工业出版社，2005.

[2] 中国工程建设协会标准. CECS 235:2008 铸钢节点应用技术规程[S]. 北京：中国计划出版社，2008.

[3] 范重，彭翼，王喆，等. 国家体育场多面体铸钢节点设计[J]. 钢结构，2006，21(5)：1-6.

苏州站站房钢结构施工模拟分析

赵长军[1]　范　重[1]　彭　翼[1]　尉胜伟[2]　罗兴隆[3]

（1.中国建筑设计研究院　北京　100044；2.中铁十二局　太原　030024；
3.宝冶建设　上海　200941）

摘　要：苏州站钢结构屋盖为大跨度屋盖结构，屋盖为双向布置的空间菱形桁架结构。根据站房的分期建设需要，对结构通过单元逐步激活技术进行了阶段施工模拟分析。根据屋盖钢结构的安装方案，对结构进行了现场实时卸载模拟分析，分析中同时考虑了施工期间各榀空间桁架的安装温度和合拢温度对结构挠度及杆件应力的影响。挠度实测值与理论计算值符合较好，为钢结构屋盖卸载提供了科学依据。

关键词：大跨度结构　分期施工　安装方案　施工模拟　温度影响

1　工程概况

苏州站改造工程属原址改扩建项目，改造后的苏州站客运用房地下3层，地上2层。地面以上由北站房、南站房与候车大厅组成。北站房广厅的室内空间高达3层，南站房结合广场，为开放式的半室外空间。地上二层为高架层，楼面标高8.700m，高架候车大厅将南、北站房连为整体，屋脊结构高度为31.250m。首层为站台层，楼面标高±0.000m，设有7座站台，站台标高－0.150m。地下一层为地下出站通道层，楼面标高－11.550m。地下二层是地铁2号线站台层和4号线的站厅层，地下三层是地铁4号线的站台层和设备及管理用房，目前北区已建成通车。建筑效果图如图1所示。

图1　苏州站建筑效果图

1.1　站房钢结构的特点

大跨度屋盖平面呈工字形，平面尺度与跨度均很大，南北方向最大长度为352.2m，东西方向最大长度为198m。整个大跨度屋盖结构支承在16组V形斜柱之上，斜柱通过抗震球形支座与下部混凝土柱顶相连，东西向柱距88～132m，南北向柱距22～56.2m。结构布置图如图2所示。

屋盖结构采用双向布置的空间菱形桁架结构，桁架单元宽度11m，高度8m。为了满足建筑造型与采光要求，菱形桁架在屋盖短向采用整体密排方式，南北区分别为12榀，在屋盖长轴方向柱顶位置布置纵向联系桁架。中弦层除纵向弦杆外，还设置了纵向系杆以增加密排桁架的纵向连接，增强屋盖结构的整体性与抗侧刚度。由于结构跨度较大，实际施工中将每榀桁架按1%双向预起拱，以有效控制屋盖挠度。

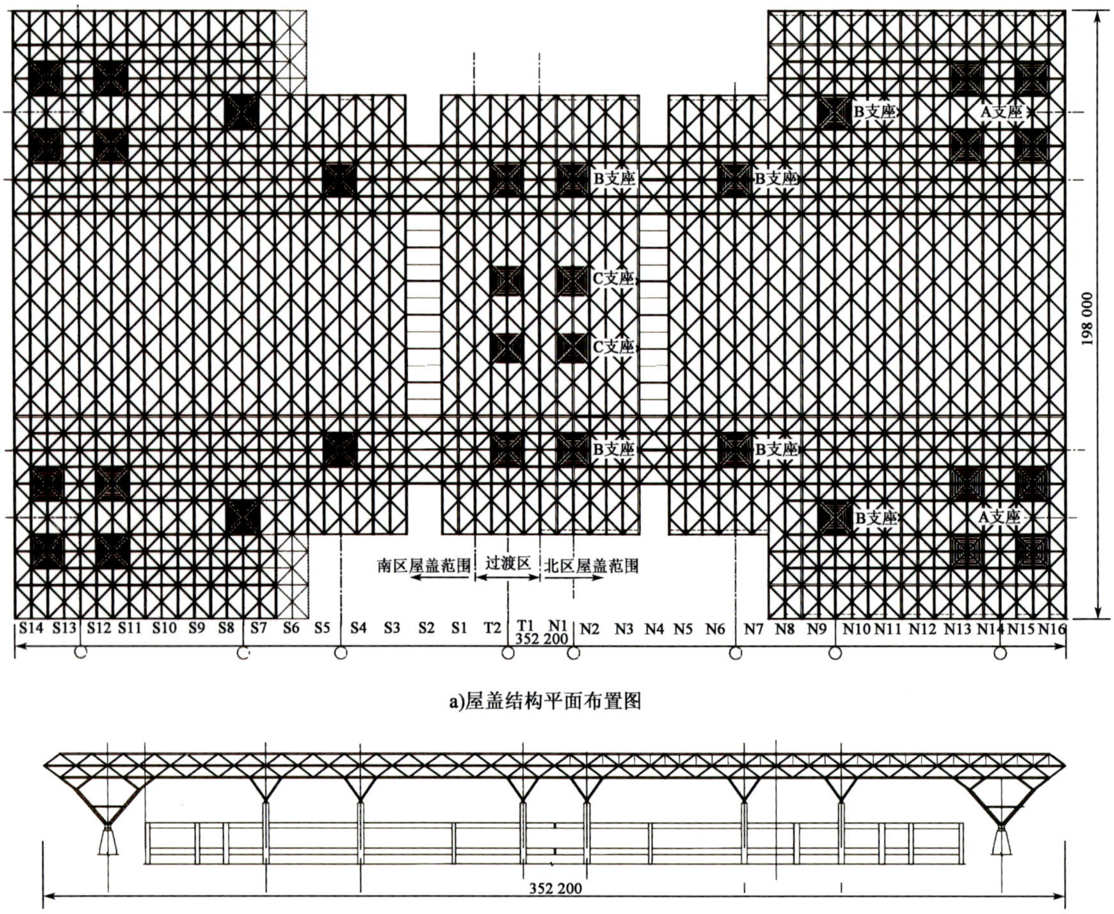

a)屋盖结构平面布置图

b)屋盖结构纵向剖面图

图 2 苏州站站房屋盖结构布置图(尺寸单位:mm)

1.2 存在的主要难点

钢结构平面尺寸很大,跨度很大,屋盖钢结构覆盖面积达 60 000m²。根据铁路运行的工艺要求,站房建筑分为北区、过渡区与南区分阶段建设。由于苏州站屋盖结构为超大型空间结构,构件内力很大,分期施工对屋盖钢结构构件在重力荷载作用下的内力将产生明显影响[1,2]。若将结构荷载一次性施加在结构上进行计算,计算时会得到与实际情况不符的结果。基于该工程分期施工的特点,有必要对结构进行阶段施工模拟分析,在此基础上进行结构构件设计,确保各阶段的使用功能与安全性,同时为结构施工提供技术支持,保证施工质量与施工进度。

该工程施工周期很长,季节跨度和温度变化很大,计算分析中要充分考虑由于季节跨度和温度变化引起的结构构件温度应力变化,以保证结构的安全性。

2 苏州站屋盖钢结构的建造特点

2.1 钢结构的分期施工

站房建筑根据原定铁路运行的工艺要求分为两期建设。后因沪宁城际铁路开工建设,原定建设方案无法组织实施,从而调整了施工进度,经研究增设了过渡方案。根据新的建设方案对苏州站改造工程 I 期与 II 期的分界线进行了重新调整,将 I 期(北区)站房下部混凝土结构与站房大跨度钢结构向南延伸 22m 作为过渡区,待过渡区完成卸载后再进行南区剩余部分建设。南区施工期间,北区和过渡区保持正常运营。全部工程完成后整个车站投入正常运营状态。

2.2 钢结构施工缝与临时结构柱

为了满足工程的建造和使用要求,并减小分期建设屋盖钢结构合拢的难度,在北区及过渡区靠近分界线的位置各设置两个过渡支座(C 支座),总共四个过渡支座,以减小钢结构在合拢部位的变形。待南区结构施工完毕,将拆除四个过渡支座。在北区、过渡区、南区之间由于分段施工,将形成钢结构施工缝,钢结构施工缝节点部位将预留杆件接头,以满足杆件焊接要求。

3 分期施工模拟

3.1 分期施工模拟分析

施工模拟分析是一个静力非线性的分析过程,分析过程中将各段结构单元逐步激活,使结构的刚度、质量、荷载等不断变化,每一阶段分析都是在上一阶段分析的结果基础上进行的。通过阶段施工模拟分析可以真实地反映实际结构阶段施工状态。

根据本项目进度要求,北区站房混凝土结构与屋盖钢结构先行施工,过渡区的混凝土结构与屋盖钢结构随后施工,最后进行南区混凝土结构与屋盖钢结构的施工。协调好混凝土结构施工与钢结构安装的关系,对保证连续施工与钢结构的顺利安装具有重大的意义。具体施工顺序如下:

(1)一期工程(北区)

①完成下部混凝土结构;

②安装钢结构支座预埋件;

③搭设临时支撑体系,分段(片)吊装主桁架;

④将各分段主桁架在高空依次拼接为若干个对称、均匀布置的独立板块,逐渐合拢各独立板块;

⑤临时支撑体系卸荷;

⑥安装天窗、金属屋面、吊顶;

⑦安装北区马道、排水管、灯具、音响、标识及各种设备支架;

⑧安装北区幕墙。

(2)二期工程(过渡区)

①施工过渡区的混凝土结构;

②安装过渡区的过渡钢柱与支座;

③搭设临时支撑体系,采用高空散装法进行安装过渡区主桁架;

④进行过渡区钢桁架的拼接合拢;

⑤进行过渡区钢结构与北区钢结构合拢;

⑥临时支撑体系卸载;

⑦安装过渡区范围内的天窗、金属屋面、吊顶;

⑧安装过渡区马道、排水管、灯具、音响、标识及各种设备支架;

⑨安装过渡区幕墙。

(3)三期工程(南区)

①～④与北区施工工序相同;

⑤将北区中间过渡支座替换为临时支撑结构;

⑥进行南区屋盖结构与已建成过渡区屋盖结构的合拢,严格控制合拢温度。

⑦临时支撑体系卸荷;

⑧安装南区范围内的天窗、金属屋面、吊顶;

⑨安装南区马道、排水管、灯具、音响、标识及各种设备支架;

⑩安装南区幕墙。

计算分析中施工模拟分析步骤如下:

(1)下部混凝土结构全部完成并施加全部荷载;

(2)一期(北区)屋盖结构完成并卸载;

(3)一期(北区)屋盖结构施加全部静荷载;

(4)二期(过渡区)屋盖结构完成并进行与北区进行合拢并卸载;

(5)二期(过渡区)屋盖结构施加全部静荷载;

(6)三期(南区)屋盖结构完成并与过渡区进行合拢,同时撤掉过渡支座;

(7)三期(南区)屋盖结构施加全部静荷载;

(8)屋盖整体施加活荷载、地震荷载、风荷载、温度作用等其他荷载。

3.2 施工期间温度变化影响分析

分析过程中除考虑了分期施工对屋盖钢结构构件在重力荷载作用下的内力产生的明显影响,还深入考虑了施工期间各榀空间桁架的安装温度和合拢温度对结构挠度及杆件应力的影响。施工单位提供的屋盖拼装及支座施工时间如表 1 所示,表中支座编号及桁架编号见图 2 结构平面布置图。由于钢屋盖桁架安装季节跨度较大,根据施工单位所提供的屋盖桁架施工完成时间,将北区钢结构屋盖分成四个安装温度区域,如图 3 所示;根据支座斜杆的施工完工时间,将北区钢结构屋盖分成两个合拢温度区域,如图 4 所示。安装温度分区及合拢温度分区温度值见表 2。

屋盖拼装及支座施工时间　　表 1

部　位	施工开始时间	施工完成时间
B1 支座东	2009.10.30	2009.11.10
B1 支座西	2009.10.31	2009.11.17
B2 支座东	2009.10.29	2009.11.10
B2 支座西	2009.11.02	2009.11.17
B3 支座东	2009.11.04	2009.11.15
B3 支座西	2009.11.07	2009.11.17
C 支座东	2009.11.07	2009.11.15
C 支座西	2009.11.04	2009.11.17
A 支座东	2009.11.17	2009.12.18
A 支座西	2009.11.18	2009.12.19
N1	2009.08.02	2009.08.17
N2、N3	—	2009.09.03
N4～N6	—	2009.09.13
N7、N8	—	2009.09.26
N9、N10	—	2009.10.06
N11、N12	—	2009.10.14
N13、N14	—	2009.10.22
N15、N16	—	2009.10.31

安装温度分区及合拢温度分区温度值　　表 2

	安装温度分区编号			
	I	II	III	IV
温度值	30℃	25℃	20℃	15℃
	合拢温度分区编号			
	I	II		
温度值	15℃	0℃		

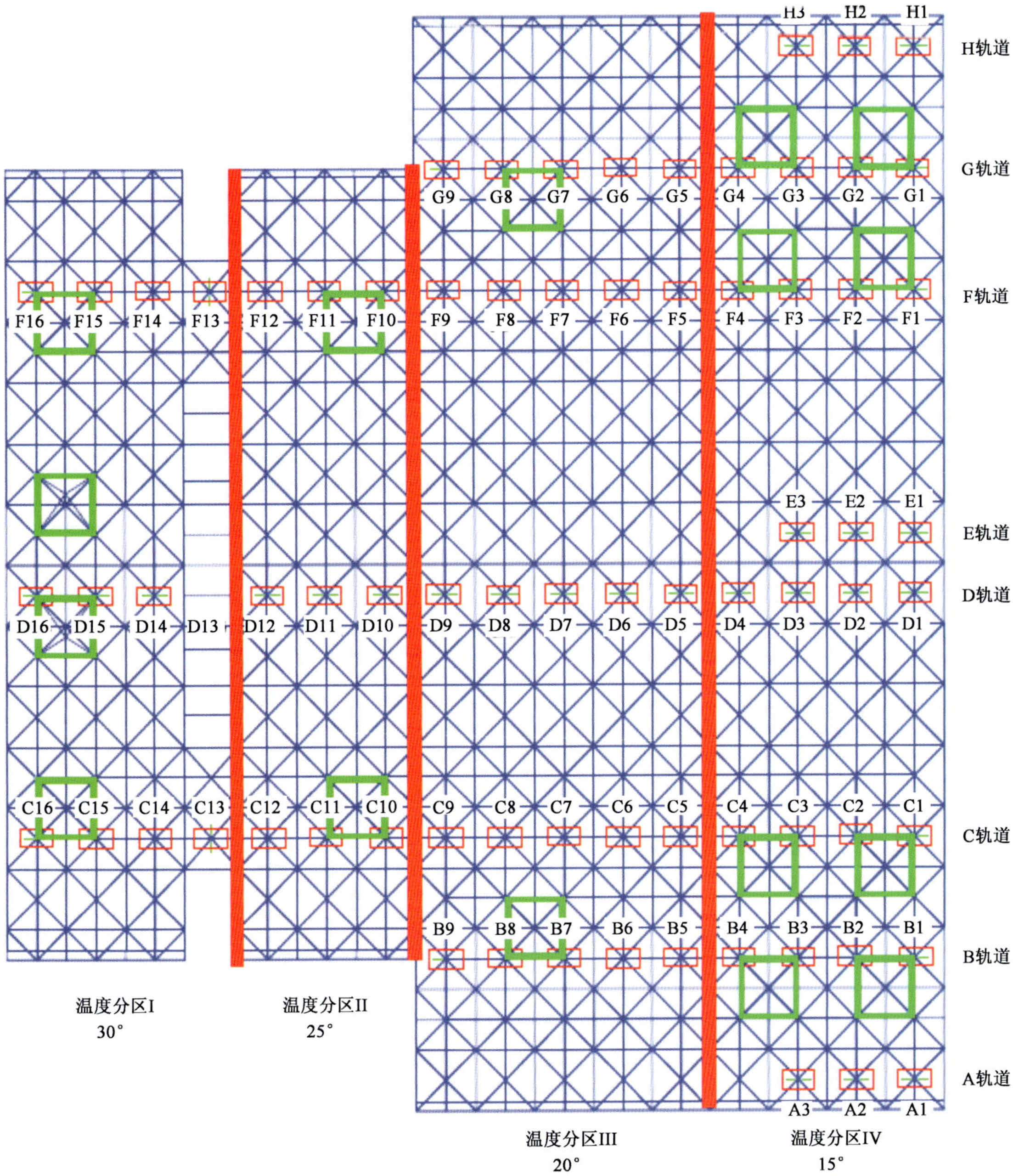

图 3　安装温度分区

计算分析中根据安装温度和合拢温分区不同，合理确定各分区的升降温温差，从而精确地考虑温度应力对结构设计的影响。合拢前（支座斜杆安装前）及合拢后（支座斜杆安装后）I～IV 区桁架温差值见表 3 所示。

合拢前后各分区桁架温差值　　表 3

	分 区 编 号			
	I	II	III	IV
合拢前温差值	−15℃	−10℃	−5℃	−15℃
	分 区 编 号			
	I	II	III	IV
合拢后温差值	−15℃	−15℃	−15℃	0℃

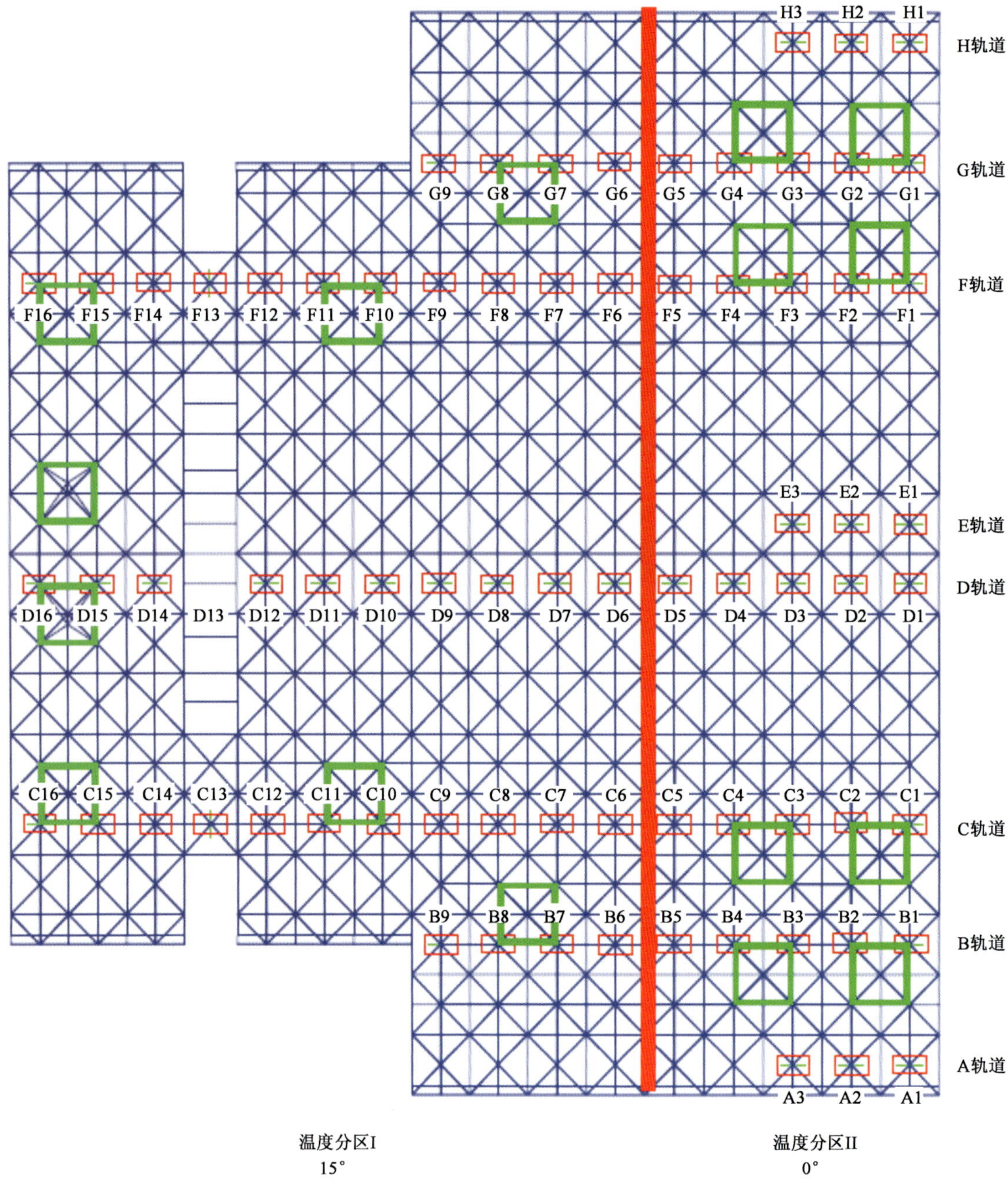

图4 合拢温度分区

4 钢结构卸载分析

4.1 钢结构安装方案与临时支撑布置

北屋盖钢结构施工采用地面预拼装和高空散装结合，高空累积滑移施工的方法[3]，在北侧高空胎架上分段拼装和散装后逐渐向南滑移，屋盖钢结构在施工滑移过程中，由支撑在滑移梁上的74个滑靴（临时支撑）将力传递给下部的共80个滑移支架，滑靴分别布置在A～H 8条轨道上，整个屋盖钢结构在卸载后由8个永久性固定球形支座和2个临时性滑动球形支座支撑。根据本工程的结构特点，由于屋盖钢结构安装完成并支座及斜柱安装完成后，结构本身已形成一个稳定的空间结构体系，结合现场实际情况，采取分步割除滑靴和千斤顶下降相结合的卸载方法进行整体卸载。北区屋盖支座及滑靴布置见图3。

采用分步卸载方式，根据变形量的大小，分以下几步进行卸载，完成结构由临时支撑承重到由设计支座承重的一个转变过程，实际卸载流程如下：

(1)安装 B1、B2、B3 及 C 支座斜柱。

(2)割除与 A 支座斜柱相碰的支架立柱,安装 A 支座斜柱并焊接完成。

(3)为便于分步卸载,先用 12 个 100t 千斤顶(千斤顶缸体高 300mm,行程 150mm)置换 D 轨道 N5～N16 桁架下的滑靴,千斤顶顶升约 2mm,顶紧受力,使原支撑脱空,割除滑靴,塞入垫块,垫块选择 5mm 厚钢板,用于控制卸载量。

(4)割除部分支座部位滑靴,割除顺序如下:

①割除滑靴 A1、A2、A3、H1、H2、H3(共 6 个);

②割除滑靴 E1、E2、E3(共 3 个);

③割除滑靴 D15、D16(共 2 个)。

(5)分四次共抽出 4 块 5mm 厚垫块(每次抽出 1 块,下降 5mm),使 D1～D12 千斤顶缓慢下移 20mm。同时将紧挨支撑附近的滑靴(计算卸载后下挠小于 10mm 处)割除,卸载到位,割除顺序如下:

①割除滑靴 B1、C1、B2、C2、B3、C3、B4、C4、B7、B8、C10、C11、C15、C16(共 14 个);

②割除滑靴 F1、G1、F2、G2、F3、G3、F4、G4、G7、G8、F10、F11、F15、F16(共 14 个)。

(6)将离支撑较近部位(计算卸载后下挠小于 25mm 处)滑靴一次性割除,跨中滑道上仍处在支承状态的千斤顶顶升约 2mm,顶紧受力,抽出 2 块 5mm 厚垫块,控制卸载量,然后 D 轴滑道上千斤顶下降 10mm。滑靴割除顺序如下:

①割除 B5、B6、B9、C9、C12、G5、G6、G9、F9、F12(共 10 个);

②割除滑靴 C5、C6、C7、C8、C13、C14、D14、F5、F6、F7、F8、F13、F14(共 13 个)。

(7)千斤顶顶升约 2mm,顶紧受力,每次抽出 2 块 5mm 钢板垫块,继续卸载,直至千斤顶全部脱空,结构整体卸载完毕。

4.2 卸载模拟分析

卸载模拟分析中千斤顶用非线性单元模拟,该单元只能受压不能受拉,布置在支点 D1～D12 下。初始状态为钢结构屋盖支撑在 74 个临时支撑上,支座斜杆未安装。初始状态如图 5 所示。

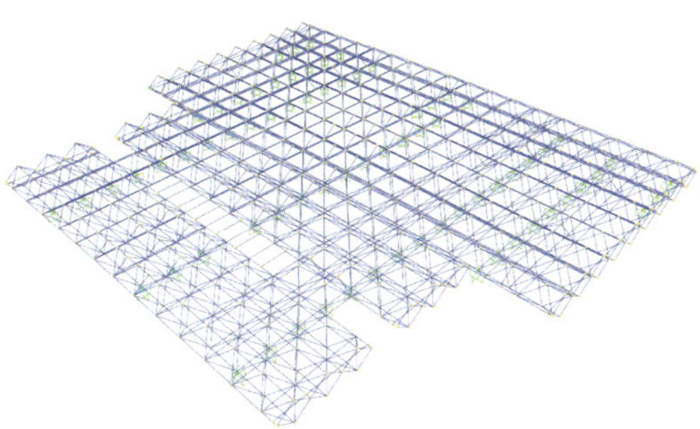

a)临时支撑布置

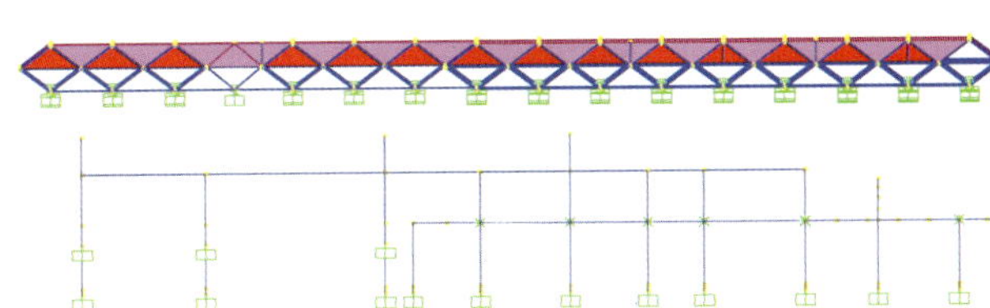

b)初始状态

图 5 分析模型初始状态

计算分析中考虑安装温度和合拢温度施工模拟分析步骤如下:

(1)初始状态;

(2)施加自重荷载;

(3)分区施加温差荷载,温差值参见表 3 合拢前温差值;

(4)增加支座斜杆(结构合拢);

(5)分区施加温差荷载,温差值参见表 3 合拢后温差值;

(6)首先去掉点 A1、A2、A3、H1、H2、H3 处的支座,然后去掉点 E1、E2、E3 处的支座,其次去掉点 D15、D16 处的支座;

(7)点 D1～D12 处支座下移 20mm,同时去掉点 B1、C1、B2、C2、B3、C3、B4、C4、B7、B8、C10、C11、C15、C16、F1、G1、F2、G2、F3、G3、F4、G4、G7、G8、F10、F11、F15、F16 处支座;

(8)点 D1～D12 处支座下移 20mm,同时去掉 B5、B6、B9、C9、C12、G5、G6、G9、F9、F12、C5、C6、C7、

C8、C13、C14、D14、F5、F6、F7、F8、F13、F14 处的支座；

(9)点 D1～D12 处支座继续下移，每次下移距离为 10mm；

(10)直至所有支座反力为零，表明卸载完毕。

屋盖卸载过程中对结构杆件变形、焊缝、桁架挠度、关键杆件应力进行了全程监测，在施工现场进行了卸载同步模拟分析，将屋盖实际监测挠度与实时计算结果进行比较，以便于分析判断卸载过程是否安全顺利，为过程控制提供了技术支持。钢结构卸载实测挠度值与现场理论计算值比较见表 4。卸载后的挠度分布云图如图 6 所示。

苏州站北站房钢结构卸载挠度实测值与理论计算值比较　　表 4

测　点　号	实测值(mm)	理论计算值(mm)
N5D	−61	−66
N7D	−75	−62
N8D	−88	−78
N10D	−96	−109
N11D	−81	−111
N12D	−102	−108
N14D	−91	−94
均值	−84.86	−89.71
偏差	−5.4%	

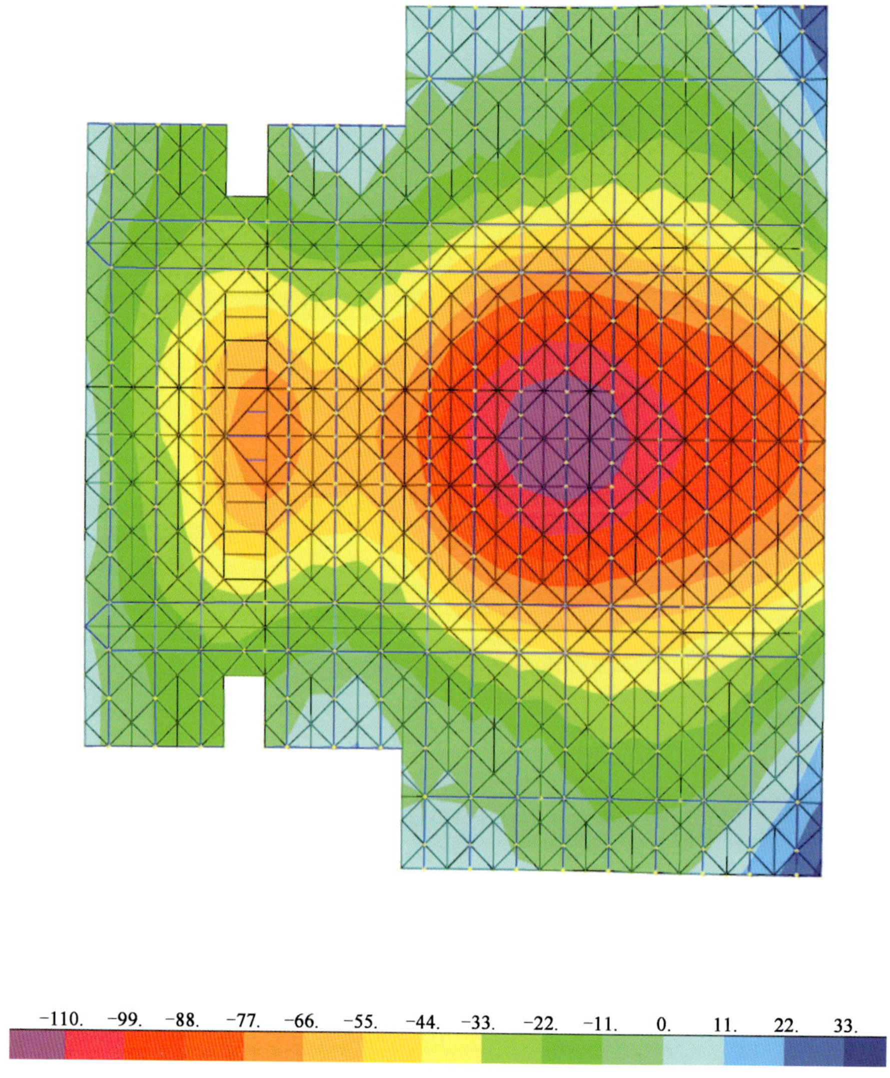

图 6　卸载后挠度分布云图

理论计算中较为精确的考虑了屋盖不同阶段的温差效应，实测值与理论计算值偏差为−5.4%，二者较为接近。

5 结语

苏州站钢结构施工模拟分析中不仅进行了屋盖结构分期施工模拟分析，而且进行了结构的卸载模拟分析，卸载模拟分析中还深入考虑了施工期间各榀空间桁架的安装温度和合拢温度对结构挠度及杆件应力的影响，全面的施工过程模拟分析对结构设计具有重要意义，能够真实反映结构的实际受力状态，保证结构的安全可靠，同时为结构施工提供了必要的技术支持，可加强过程控制，确保了施工质量与安全。

参 考 文 献

[1] 范重，刘先明，胡天兵，等. 国家体育场钢结构施工过程模拟分析[J]. 建筑结构学报，2007，28(2)：134-143.

[2] 范重，刘先明，范学伟，等，国家体育场钢结构卸载过程仿真技术研究[J]. 第12届空间结构学术会议论文集. 2008.

[3] 中铁十二局，宝冶建设. 苏州火车站钢结构安装方案. 2009.

铁路客站与换乘地铁一体化建设的若干应对技术

贾　坚　谢小林　张　羽　张志彬　杨　科

(同济大学建筑设计研究院(集团)有限公司　上海　200092)

摘　要:本文结合近年来承担设计的“改建铁路宁波站改造工程”铁路站房与换乘地铁一体化建设的工程实践,对我国软土地区铁路客站与换乘地铁等一体化建设中的工程实施筹划、基坑开挖中临时铁路便桥及既有正线正常运行的应对、深大基坑及“坑中坑”的安全稳定、一体化共建的结构统筹及纵向沉降耦合等若干疑难技术问题进行研究分析。并在研究分析的基础上,提出合理有效的应对技术措施,从而保证铁路客站与换乘地铁一体化建设实施的“多、快、好、省”。本文的研究成果及应对技术措施可为软土地区同类铁路客站建设的设计和施工提供借鉴。

关键词:铁路客站　换乘地铁　一体化建设　应对技术

1　引言

在新时期铁路建设理念指导下,客站规划与城市规划相互融合,一大批集铁路与地铁及其他换乘交通于一体的新型城市综合交通枢纽,随新一轮铁路建设的大发展而应运而生。为贯彻“以人为本”的宗旨,国铁站房与地铁换乘通常采用将换乘地铁垂直于国铁线路,设于国铁站房地下中央出站通道下方,以实现“零换乘”的便捷换乘。例如笔者承担设计的改建铁路宁波站改造工程。图 1 为改建铁路宁波站的站房效果图,图 2 为改建铁路宁波站与换乘地铁为一体的工程关系平面、剖面示意图。

图 1　改建铁路宁波站站房效果图

当这类国铁站房与换乘地铁于一体的工程建造于我国沿海软土地区时,由于地质土层主要由饱和黏性土、粉性土以及砂土组成,一般具有成层分布特点。土体性质具有高含水率、高孔隙比、高灵敏度、低强度、高压缩性等不良地质特点。由此带来此类超深、超大基坑及“坑中坑”开挖施工期间的安全稳定及控制难题;同时由于建造的地铁上方部分为国铁站房、部分为集散广场,上部荷载不一从而需要重视国铁与地铁结构一体化的纵向沉降耦合及结构整体结合统筹难题;以及由于国铁施工工期紧,如何在两年多时间内,在不中断既有正线正常运行的前提下,通过科学合理的工程筹划和分析,制订出切实可行和安全的工程实施方案。这些都是在软土地区建造国铁站房与换乘地铁为一体工程建设中所面临的严峻工程技术难题,需要我们引起重视去研究和解决。

本文结合近年来承担设计的“改建铁路宁波站改造工程”铁路站房与换乘地铁一体化建设的工程实践,对我国软土地区铁路客站与换乘地铁等一体化建设中的工程实施筹划、基坑开挖中临时铁路便桥及既有正线正常运行的应对、深大基坑及“坑中坑”的安全稳定、一体化共建的结构统筹及纵向沉降耦合等若干疑难技术问题进行研究分析。并在研究分析的基础上，提出合理有效的应对技术措施，从而保证铁路客站与换乘地铁一体化建设实施的“多、快、好、省”。

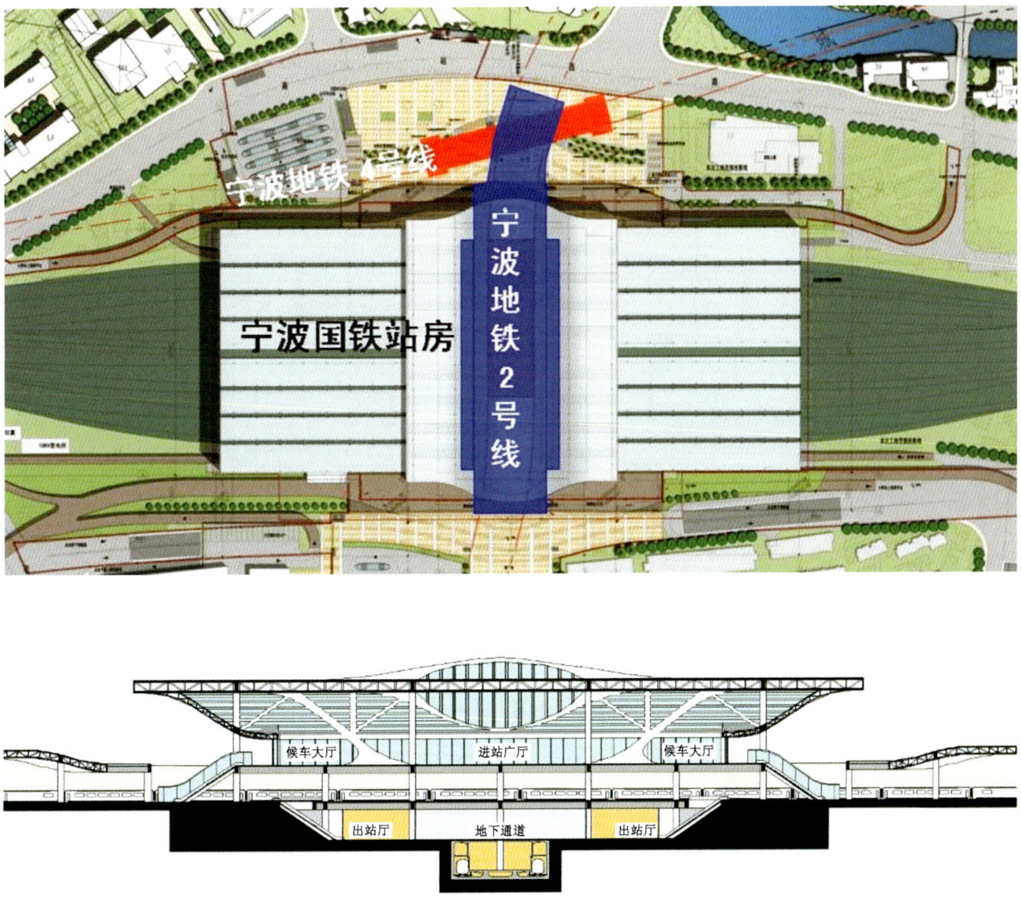

图 2　改建铁路宁波站与换乘地铁为一体的工程关系平面、剖面示意图

2　地下一体化建造的实施筹划

2.1　地下一体化建造的工程背景

改建铁路宁波站改造工程是华东地区铁路网的重要枢纽，现位于萧甬铁路的终端，车站位于宁波市海曙区西南老城范围内的宁波站既有站场上。改建宁波站将宁波地铁 2 号线、4 号线引入到车站内，形成集国有铁路、地铁、公交、出租等市政交通设施为一体的大型综合交通枢纽。因此，本项目主体基坑为国铁南北通道与地铁 2 号线车站共建，既有运营正线横跨项目主体基坑，主体基坑长 265 m，宽 123m，最深达 24 m。

2.2　地下一体化建造的实施筹划

由于在改扩建宁波站工程施工期间，要保证既有正线正常运营，同时本项目两年内需完成永久正线铺轨。为此工期十分紧张，需作深入研究、科学运筹。

按传统做法一般将主体基坑设置临时中隔墙，分为南北（或东西）两坑分别前后进行施工（既有正线位于基坑一侧），例如杭州东站、苏州站、天津站等。如图 3 所示，首先施工南区基坑，待南区站台层完成，既有正线搬迁至南区永久正线位置后，再施工北区基坑，从而可保证施工期间既有正线正常运营。但如按传统方法实施，则因主体基坑分区前后施工，工期较长，不能满足宁波站改造工程的铺轨节点要求。

根据本工程特点及要求，经过科学研究和多方比选，工程实施筹划采用在基坑中先架设临时铁路便桥，过渡既有正线，保证既有正线正常运行。基坑整体一次性开挖，铁路便桥在基坑开挖中临空承担列车运行，从而缩短基坑工期一年，满足工程铺轨及完工节点要求，具体实施方案为：

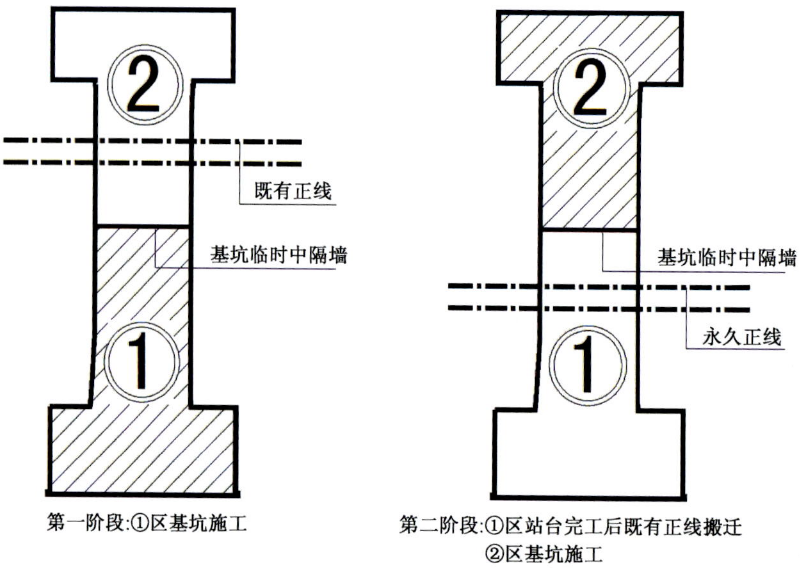

图 3 传统基坑分区实施过渡正线

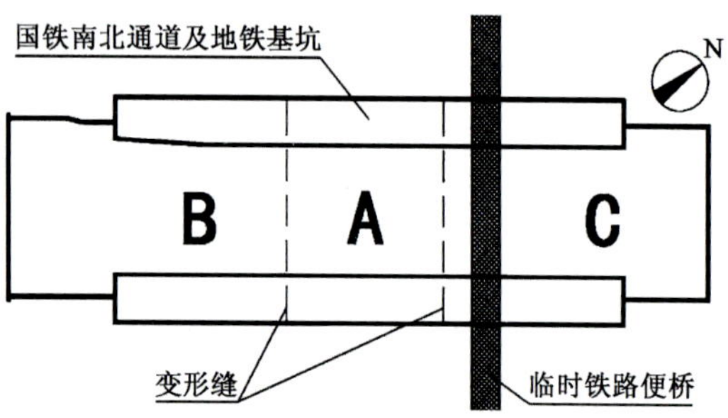

图 4 国铁南北通道结构分区示意图

在主体基坑整体开挖前，先将既有正线临时搬迁至既有的其他线路，然后在既有正线位置处施工临时铁路便桥。便桥施工完毕后，将正线复位(即正线通过临时铁路便桥跨过南北通道及地铁基坑)，再一次性整体开挖施工南北通道及地铁基坑。为尽早满足铺轨节点，根据国铁站房变形缝设置，在基坑回筑时分为三个区，永久正线段为 A 区(见图 4)，A 区回筑阶段支撑避开结构柱，A 区不拆撑快速回筑至轨道层。其于 B、C 两区拆撑回筑，从而既可满足正线运营不中断，同时也满足了永久正线铺轨的节点要求。

2.3 临时铁路便桥安全稳定的设计控制要点

根据铁路要求，在基坑开挖施工期间设置的临时铁路便桥，需保证列车以 45～80km/h 速度正常过站。为此，铁路便桥即要满足基坑开挖过程中安全稳定，同时便桥结构又要满足不同时速列车动荷载作用下便桥的变形和结构共振的控制要求。

2.3.1 临时便桥方案比选

在方案设计过程中，通过大量计算分析和方案比选，拟定了以下两种临时铁路便桥的设计方案，其比较如表 1 所示。

临时铁路便桥方案比较 表 1

方　案	优　点	缺　点
传统铁路临时便桥方案(钢便桥)	(1)在满足承载力前提下，桥梁桩(柱)数量较少，工程造价相对较低； (2)传统的临时铁路桥面采用工厂化生产的钢结构梁板，安装、拆除迅速	(1)地铁车站区域的桥梁桩(柱)高约 24m，桥梁的横向稳定问题较难解决，目前铁路工程中通常仅在桥柱高度 7m 左右的情况下使用； (2)桥梁桩(柱)穿过主体结构底板，浇筑底板时施工冷缝的防水难处理，成为工程质量隐患； (3)采用传统铁路临时便桥方案，过站列车时速需控制在 45km/h 以下，难以满足路局的要求； (4)列车运营期间，钢便桥上要安排专职管理人员对便桥进行管理，需每天检查调整轨道，紧固螺栓，维护纠偏钢便桥，安全风险大

续上表

方　　案	优　　点	缺　　点
临时钢格构立柱及现浇钢筋混凝土梁板方案（钢构柱＋混凝土梁板桥）	（1）便桥柱为插入钻孔灌注桩的角钢格构柱，穿过底板时防水容易处理； （2）通过格构柱间设置纵向及横向的钢剪刀撑及现浇混凝土联系梁，可解决铁路桥横向刚度不足的问题； （3）通过计算分析，可将过站列车的时速提高到80km/h以内	（1）通过该措施设置临时混凝土便桥，在目前铁路工程中暂无先例，但在民用工程中得到大量成功的应用； （2）该方案便桥桩相对传统方案较多，造价相对较高

综合比较上述两个方案的优缺点及综合技术经济比较后，最终确定了临时角钢格构立柱支托现浇钢筋混凝土梁板的临时铁路便桥方案。

2.3.2　临时铁路便桥设计要点

（1）设计参数的选取

临时铁路混凝土便桥的设计参数如下：

①采用 ϕ1 000mm 钻孔灌注桩作为便桥桩，桩间距为 6m，角钢格构柱规格为 4×L200×20（Q345B 级钢），现浇混凝土梁板采用 C40 混凝土。

②临时过站线路的限制速度 80km/h，客货共线。

③正线线间距按既有正线确定为 5.3m。

④按规范要求考虑了桥面二期恒载、人群活载以及列车活载。

⑤考虑现浇混凝土的收缩徐变以及结构的温度变化。

（2）计算模型的选用

分别采用 SAP2000 及 PKPM 两种软件进行建模计算对比分析。为确保临时便桥安全，除了对临时便桥结构受力方面进行常规计算分析外，还重点分析了临时便桥结构在列车荷载及结构自重作用下的沉降位移以及基坑开挖卸载产生的隆起位移的叠加影响；另外，对在列车动荷载作用下的临时便桥结构振动影响也进行了动力分析。图 5 为 Sap2000 计算模型图，图 6 为 Pkpm 计算模型图。

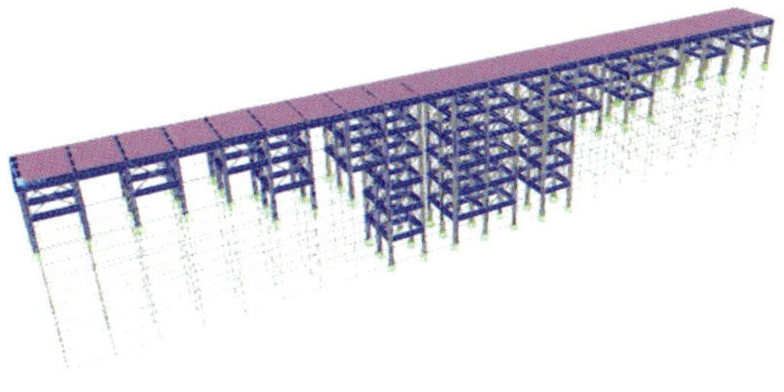

图 5　Sap2000 计算模型图

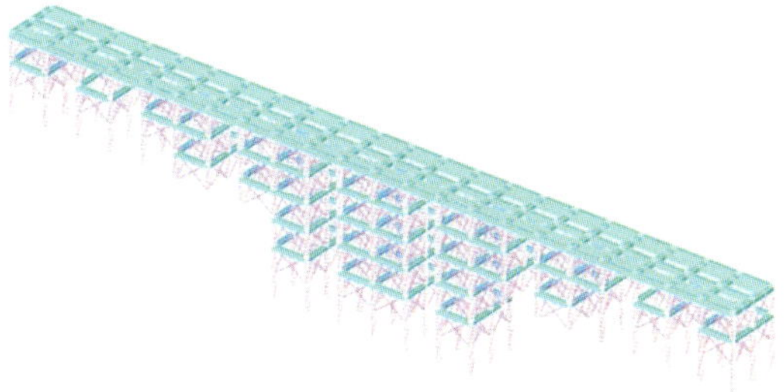

图 6　Pkpm 计算模型图

（3）临时便桥结构沉降及隆起计算分析

临时铁路便桥在设计中，既要考虑开挖 10～22m 深基坑开挖卸载状态下土体回弹引起的便桥结构隆起，又要叠加考虑在列车荷载作用下便桥结构的自身沉降变形影响。图 7 为基坑开挖过程中基坑及便桥竖向位移等值云图，图 8 为便桥沉降及基坑隆起变形叠加曲线。

经分析计算，考虑基础沉降及基坑隆起变形叠加后，临时便桥结构的沉降控制在 5mm 左右，可满足列车运行速度 $v \leqslant 80$km/h 时的使用要求。

（4）结构振动频率分析

为确保临时便桥结构安全及列车行驶舒适度，当列车运行速度 $v \leqslant 80$km/h 时，在承载力满足的前提下，临时便桥结构还需满足以下两点要求：

①临时便桥结构计算振动频率不能接近列车振动频率 $f = 0.842$，以避免列车振动引起便桥结构共振，对结构安全及行车舒适度产生不利影响。

②临时便桥结构计算振动频率需大于规范规定的自振频率 $f = 1.106$。

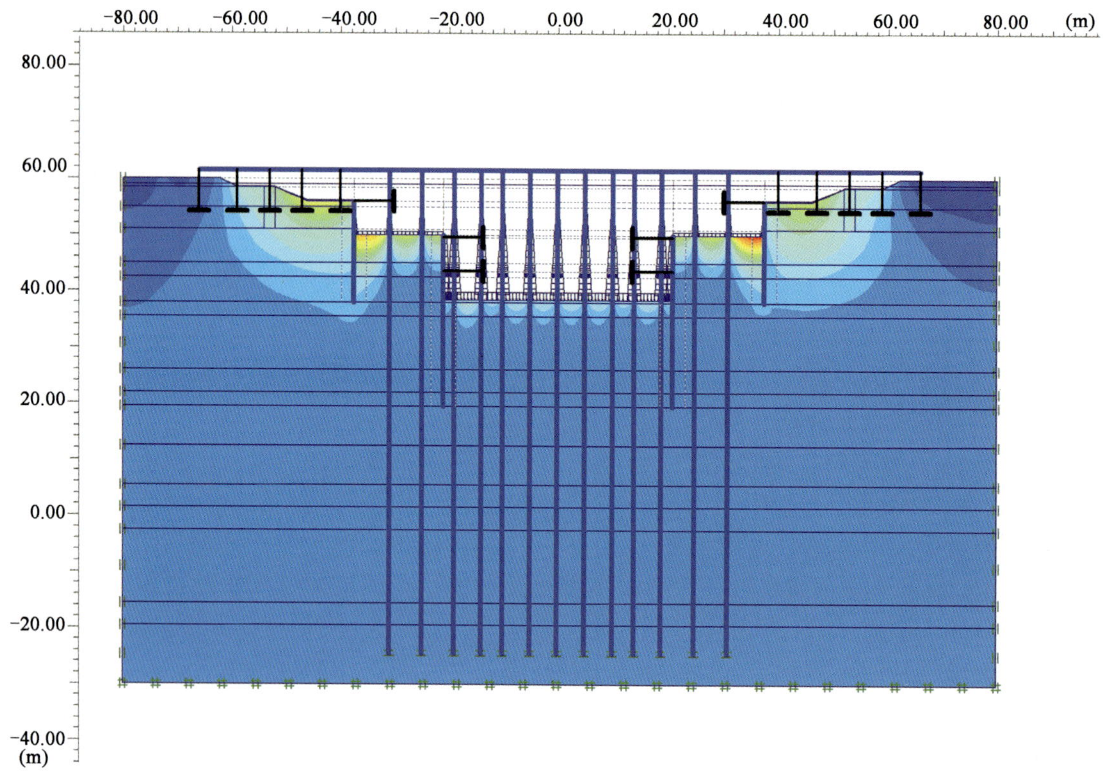

图 7　基坑开挖竖向位移等值云图

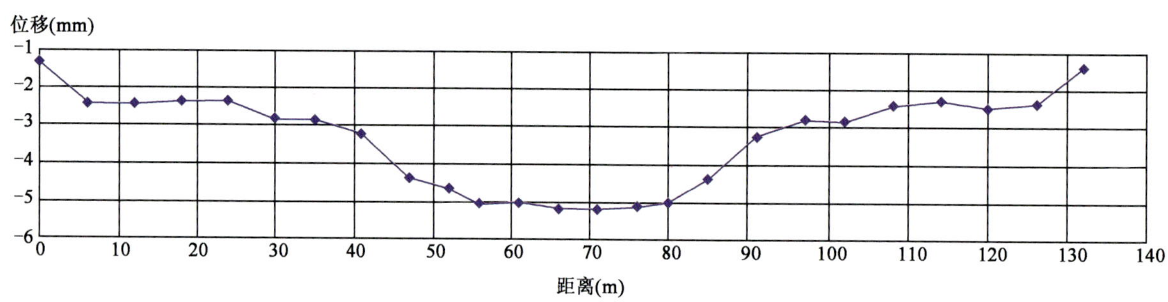

图 8　便桥沉降及基坑隆起变形叠加曲线

经建模分析计算，临时便桥结构计算振动频率为 1.469(SAP2000 计算结果）和 1.405(PKPM 计算结果），计算结果表明，临时便桥结构的振动频率均能满足规范和列车运行速度 $v \leqslant 80$km/h 时的使用要求。

(5)临时便桥设计的工程借鉴

采用钢格构柱的现浇混凝土临时便桥的工程方案在民用建筑中得到了大量的应用，我们在设计既有正线过渡的临时铁路便桥时借鉴了民用工程中深大基坑施工栈桥的设计和工程实践，见图 9。

图 9　民用工程中的采用钢格构柱的现浇混凝土施工栈桥

3　一体化工程中深大基坑及“坑中坑”的安全稳定设计应对

宁波站项目主体基坑为国铁南北通道与地铁 2 号线车站共建，基坑总面积约 30000m²，其中国铁南北通道区域开挖深度约 10m，地铁区域为“坑中坑”开挖深度约 21～24m。

3.1　深大基坑及“坑中坑”的工程难点

软土地区站房与地铁一体化建设及深大基坑及“坑中坑”的设计、施工难点主要为：

3.1.1　主体基坑施工的复杂性

由于基坑为国铁南北通道基坑与地铁车站基坑的共建基坑，经多方案比选后，最终确定采用分级放坡、钻孔灌注桩＋止水帷幕以及地下连续墙围护形式。同时，为满足国铁永久正线的铺设节点，在主体基坑回筑阶段，正线段支撑避开结构柱，不拆撑先行回筑。因此，施工难度大、工艺复杂、对工程实施统筹要求高。

3.1.2　超深、超大基坑及“坑中坑”工程的风险性

项目主体基坑属深大基坑工程，一次性开挖面积达到约 30 000m²，设 3 层地下结构，其中国铁南北通道基坑开挖深度约 10m，地铁车站基坑开挖深度约 21～24m，为此进行大规模基坑开挖具有一定的工程风险性，同时大体量的土体开挖卸载将对周边环境造成较大影响，加之基坑超深后面临开挖过程中的承压水突涌的工程风险。

3.1.3　软弱及不良地质条件

本场地内存在较厚的软弱土层，基坑开挖深度范围内第②$_1$ 层灰色淤泥质黏土、第②$_2$ 层及第②$_3$ 层灰色淤泥质粉质黏土、第④$_1$ 层灰色淤泥质黏土和第④$_2$ 层灰色黏土均为高含水率、高压缩性、低强度的软弱淤泥土及黏土，厚度约 15m，具有明显的触变及流变特性，受扰动后强度降低较大，因此对基坑支护结构的强度和变形控制要求高。图 10 为场地典型土层分布示意图。

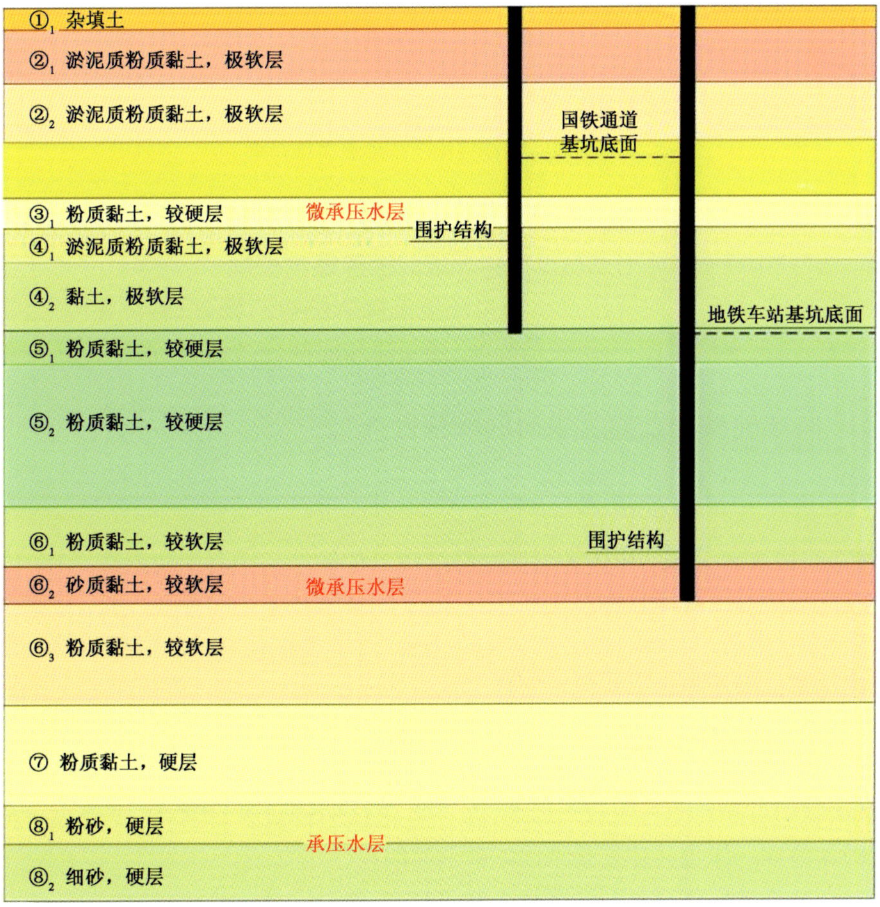

图 10　场地典型土层分布示意图

此外，场地内存在较多的废弃地下工程桩和旧有建筑遗留基础等障碍物，施工实施前，必须确定有效合理的措施和设备，予以清障，确保桩基础及围护结构的施工质量以及基坑开挖安全。

3.2 基坑设计方案的选定

由于项目工期紧，若从地面开始开挖施工主体基坑，根据国铁南北通道及地铁区域开挖深度，需设4～5道钢筋混凝土支撑，工程量较大，不满足铺轨节点要求。因此，多方案比选后选定基坑设计方案如下：

基坑开挖采用二级放坡加灌注桩及搅拌桩止水帷幕，设一道混凝土支撑，先开挖国铁南北通道基坑，开挖至10m深，在施工国铁通道底板的同时，再“坑中坑”开挖地铁车站基坑，地铁车站基坑开挖至24m深。地铁基坑围护结构采用0.8m厚地下连续墙，设两道混凝土支撑。图11为国铁与地铁共建基坑横剖面。采用此方案相比传统基坑支护方案节省支撑1～2道，方便施工，节约工期，节约造价；更主要的在于通过设置临时铁路便桥过渡既有正线，基坑实施一次性整体开挖，可节约工期一年以上，在设计上保证了工程的工期要求。

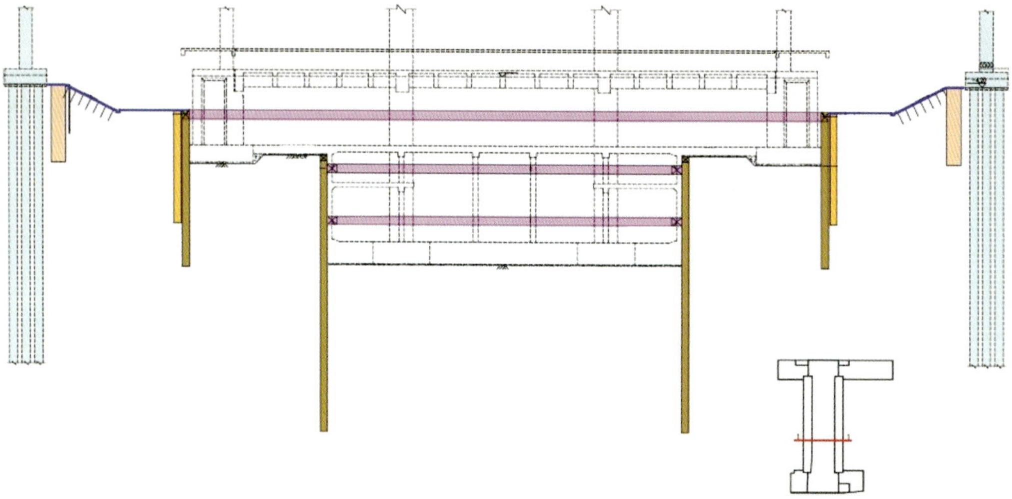

图11 国铁与地铁共建基坑横剖面

3.3 控制降承压水对基坑及周边环境影响的应对措施

针对深基坑开挖中降承压水对基坑及周边环境的沉降影响控制，我们采取了以下措施予以应对控制：事先进行现场抽水试验，并对降压产生周边环境沉降影响进行预评估，优化降水设计；缩短降压滤管、加深止水帷幕、增大渗流路径；分级按需降压、缩短降压时间、控制总抽水量[1]。

4 一体化共建的结构统筹及纵向沉降耦合

4.1 一体化共建结构的统筹分析

改建铁路宁波站改造工程结构体是国铁站房结构与地铁结构两者的集合体。在国铁与地铁一体化共建工程的结构设计中，主要面临着两大难题：一是不同结构体系的转换和连接。国铁站房结构上部为钢结构—混凝土混合框架，支承结构跨度大，柱网密度小，单根柱荷载大；而地铁车站结构体型细长，荷载分布均匀，结构整体刚度较小。两种不同结构体系之间的转换、连接，需要通过合理的结构统筹，使结构整体满足预期的使用功能。二是荷载工况复杂。工程地处沿海软土地区，地下水埋深较浅，结构荷载工况需考虑抗压和抗浮两种工况。而除常规荷载外，改建铁路宁波南站改造工程一体化结构体系还需承受列车通过和制动引起的动力荷载。因此，在一体化结构的设计计算中，需考虑不同的荷载效用组合。图12为国铁地铁一体化共建复杂结构体系剖面图。

由此可见，在软土地区建造大型铁路交通枢纽时，必须对一体化结构进行统筹分析，进而确保国铁、地铁两种结构体系之间的合理连接，以及两种结构体系在列车动荷载作用下的使用安全。

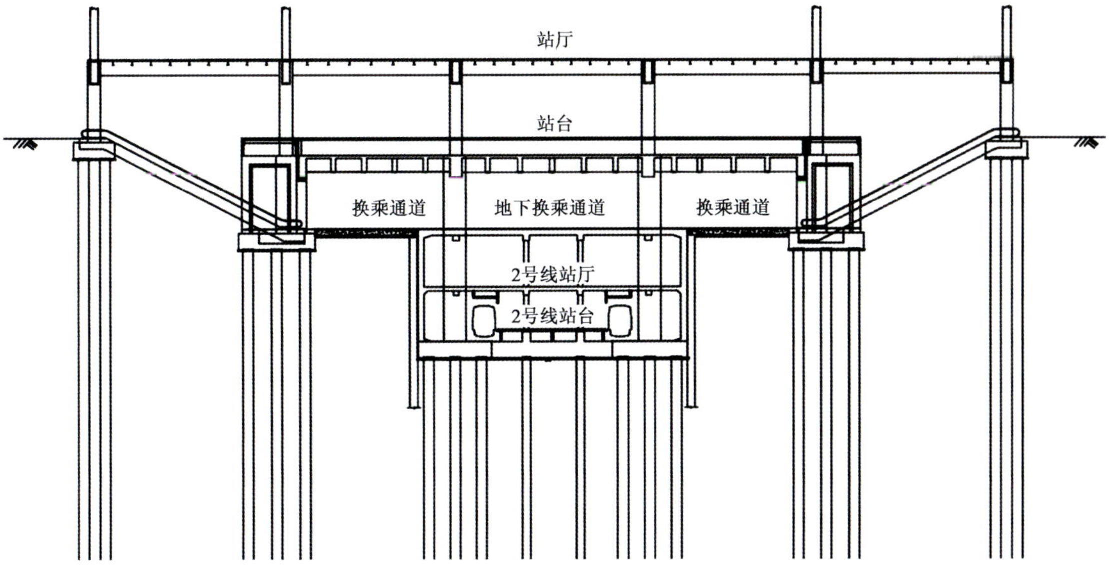

图 12　国铁地铁一体化共建复杂结构体系剖面图

4.1.1　国铁地铁结构结合部节点的设计

由于国铁结构与地铁结构形式及受力特点有着明显的不同，这导致两种结构形式的结合部存在受力复杂的节点。这些节点的设计是协调两种结构体系、保证一体化结构受力安全的关键所在。

国铁与地铁为一体化共建结构，作用于国铁部分结构的各种荷载通过竖向受力构件传至地铁结构上，导致与国铁竖向受力构件连接处的地铁顶板、中板及基础底板等梁柱节点受力情况复杂，如不能合理处理，将影响结构的整体性，降低结构的抗震性能，影响结构的安全性。我们在构件设计计算中，首先考虑了国铁传来的各种荷载组合，保证节点承载力满足要求；其次在保证国铁、地铁使用功能的前提下，在节点核心区周围设置暗梁、增大纵梁配筋率，从而增加节点的刚度，保证节点的传力性能。

4.1.2　结构系统耦合振动分析

在改建铁路宁波南站改造工程中，虽然高速列车、城际列车以及货物列车均直接运行于站房主体结构之上，但荷载经南北通道和地铁车站结构向下传递，由国铁支承结构桩基以及地铁桩基共同承担。因此，在国铁和地铁结构一体化的情况下，列车通过和制动引起的结构振动问题需引起重视。尤其是在一定条件下，列车的激振频率与结构的自振频率吻合，会引起结构发生较为显著的共振响应。地铁结构振动响应过大，将直接影响地铁的使用及运营安全，而站房结构振动响应过大，将影响候车旅客的舒适性、站房附属结构以及相关仪器设备的正常使用性能、结构疲劳强度甚至强度。因此，设计过程中利用有限元程序对列车运行下一体化结构的静力特性、自振特性以及车致振动响应进行了计算与评估。图 13 为车致振动影响计算所建立的结构模型。

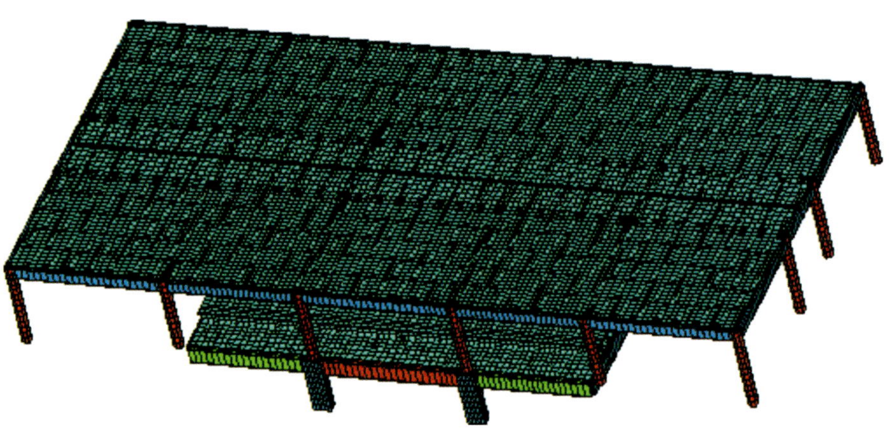

图 13　车致振动影响计算模型

经过反复的结构调整与试算，最终使各种最不利计算工况的计算结果均能满足结构正常使用和振动舒适度要求，从而避免结构使用阶段的不良振动问题。

4.2 一体化共建结构的纵向沉降耦合分析

宁波地处软土地区，地质情况较差，主要由饱和软质黏土组成，孔隙比及压缩性大、抗剪强度低、灵敏度高。由于国铁支承结构跨度大，柱网密度小，造成柱荷载较大，且部分柱荷载经地铁2号线车站结构传至底板和基础。而位于软土地区地下二层的地铁车站结构体型细长，结构整体刚度较小，上部荷载部分为国铁站房、部分为集散广场，在上部荷载的不均匀作用影响下，易造成地铁车站基础的不均匀沉降开裂，以及连接口部拉裂漏水等，不仅影响地铁运营安全，同时基础的差异沉降过大将导致上部混合框架结构和国铁支承结构产生次应力，进而影响国铁运营安全，所以需严格控制一体化共建结构的纵向变形量。因此，在软土地区建造大型铁路交通枢纽时还面临各结构体之间的工后沉降耦合技术难题，对此需引起重视并作深入研究，采取相应的工程技术措施予以控制和解决。

国铁主站房结构的计算结果显示，站房结构柱底反力极不均匀(柱底最大轴力标准值为最小轴力标准值的2～6倍)，这势必会造成较大的纵向差异沉降影响。但地铁车站的使用功能要求结构不能设置变形缝，因此，只能通过桩基的合理布置，调整结构不均匀沉降。为了增加基础刚度和加强地下室的防水效果，地下室底板采用钢筋混凝土筏板与钻孔灌注桩共同组成桩筏基础。

为分析国铁与地铁共建一体化结构的受力及纵向工后沉降耦合的规律和特点，进而指导设计，我们在设计计算分析中采用Boussinesq解和Mindlin弹性半空间理论以及基于Mindlin中厚板理论的弹性解析相结合的计算方法，考虑实际底板结构刚度，并综合运用三维有限元的分析手段进行计算分析。通过理论分析、数值计算、工程设计、模型试验、现场量测等手段展开综合研究，并采取针对性的工程措施予以控制[2]。

经过多次的试算和桩基调整，最终确定桩基布置应遵循在国铁高架桥柱下集中布桩、地铁中柱底板下适当位置增设沉降控制调节桩的原则，以控制不均匀沉降、控制底板变形。同时地铁车站采用叠合墙结构，充分利用地铁车站地墙在土体内的竖向承载力，在与地铁及国铁桩基础共同作用下，达到控制车站底板纵向沉降的目的。计算模型及计算分析结果如图14所示。

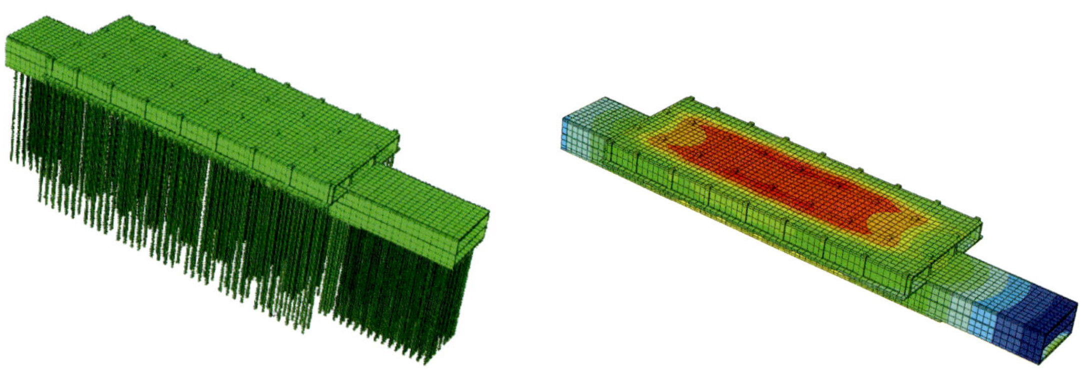

图14 国铁及地铁结构沉降耦合模型及计算结果

此外，为控制抗浮工况下的基础变形，主站房地下一层南北通道中位于地铁两侧底板采用了800mm厚防水钢筋混凝土结构，由地铁基坑的地下连续墙、国铁支承结构桩基以及地铁桩基共同承担水浮力及上部结构的作用。

5 结语

本文结合近年来承担设计的改建铁路宁波站改造工程铁路站房与换乘地铁一体化建设的工程实践，对我国软土地区铁路客站与换乘地铁等一体化建设中的工程实施筹划、基坑开挖中临时铁路便桥及既有正线正常运行的应对、深大基坑及“坑中坑”的安全稳定、一体化共建的结构统筹及纵向沉降耦合等若干工程技术难题研究得出的成果及应对技术措施可为软土地区同类铁路客站建设的设计和施工提供借鉴。

参考文献

[1] 贾坚,谢小林.上海软土地区深大基坑的卸荷变形及控制[J].岩土工程学报,2008,30(增刊):376-380.

[2] 贾坚,谢小林.上海地下综合体的建造模式及沉降耦合控制[J].建筑结构,2008,38(9):71-73.

福州南站桥建合一结构体系的车致振动影响分析

刘传平[1]　吴定俊[2]　李　奇[2]

(1.同济大学建筑设计研究院(集团)有限公司　上海　200092；
2.同济大学桥梁工程系　上海　200092)

摘　要:新建福州南站为全国十大区域性铁路客运交通枢纽之一,中部换乘广场部分为典型的桥建合建结构体系,轨道层及下方换乘大厅采用钢筋混凝土柱和预应力钢筋混凝土梁组成的现浇框架结构,轨道层以上采用钢管混凝土柱和张弦钢梁组成的大跨空间钢结构。本文对于这种桥建合一的新型站房结构因运行列车引起的振动问题进行了分析研究;对站房结构体系的布置、构件截面尺寸的确定与结构的动力响应关系进行了探讨。

关键词:福州南站　桥建合一　车致振动　结构刚度　自振频率　舒适度

1　工程概况

福州南站是集铁路、城市轨道、公交、汽车客运及社会出租等各种交通于一体的现代化大型铁路客运交通枢纽工程,将担负向莆线、福厦线和温福线引入的沿海高速铁路大通道的过往及始发终到旅客列车的作业。车站设正线 2 条,到发线 12 条。设基本站台 2 座,中间站台 5 座。站房建筑面积约 92 500m^2,站台无柱雨棚面积约 78 500m^2。

福州南站站房采用"下进下出"的旅客流线模式,建筑总高度约 55.3m,共 5 层,其中地上 3 层分别为候车层(站台层),进站层及换乘广场层(出站层),地下 1、2 层分别为地铁 1 号线火车南站站厅、站台层。图 1 所示为福州南站效果图。

图 1　福州南站效果图

东西站房之间的换乘广场高架桥长 96.7m,采用钢筋混凝土框架结构体系,桥面上为钢管混凝土＋张弦钢梁的钢结构站台雨棚,桥下地铁车站采用箱形框架结构。图 2、图 3 所示为换乘广场结构剖面图。

高速列车、城际列车及货运列车直接运行于站房主体结构(换乘广场)之上,运行列车的车致振动问题及对站房结构的安全性、站房使用舒适度的影响等问题均需设计进行分析研究。

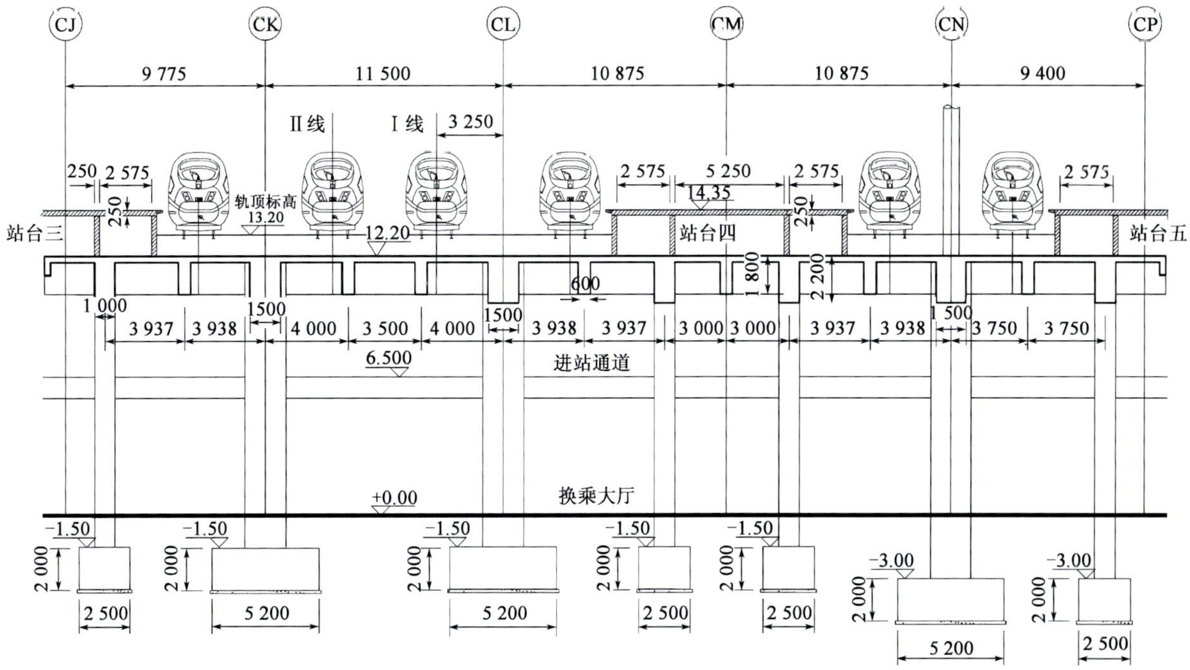

图 2　高架桥结构纵剖面(局部)(尺寸单位:mm)

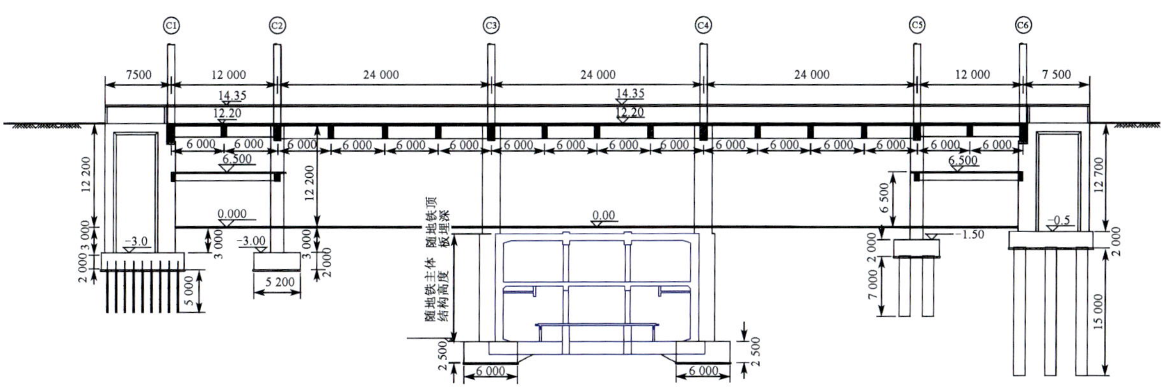

图 3　高架桥结构横剖面(尺寸单位:mm)

2　站房结构计算模型的建立

采用通用有限元程序分别建立桥梁结构模型和运行车辆模型,采用模态叠加法建立车辆和桥梁结构的运动微分方程,并采用拟力法将非线性内力处理为虚拟力以实现模态解耦。

动力反应分析的计算模型着重于结构刚度、质量和边界条件的模拟,其中结构刚度包括构件的轴向刚度、弯曲刚度、剪切刚度和扭转刚度等;结构质量主要包括构件的平动质量和转动质量;边界条件模拟主要指有限元模型的边界条件应和结构的支承条件相符,如支座的类型、基础的形式等。

本工程换乘广场高架桥部分沿轨道方向设有两条结构变形缝将整个桥面结构分为三个独立的结构单元,每个结构单元的桥面宽度分别是 63.5m、53.5m 和 57.5m。本文选择有高速列车通过的 CJ～CP 轴高架桥部分结构进行建模分析计算。

计算模型考虑了轨道层结构及站台结构、＋6.5m 标高进站通道夹层结构以及地铁箱形结构。实际工作时尚建立了对比模型二:考虑轨道层结构和站台层结构、＋6.5m 通道夹层结构;对比模型三:只考虑轨道层结构及＋6.5m 通道夹层结构进行对比分析计算。三种有限元模型的情况汇总见表 1。

三种有限元模型的比较　　表1

模　　型	模型所考虑结构部分	边 界 条 件
模型一	考虑轨道层结构、+6.5m通道夹层、站台结构及地铁箱形结构	轨道层的梁端竖向约束；通道一侧固结；墩柱承台底固结；地铁箱形结构的底板底部及两侧墩柱的承台底固结
模型二	考虑轨道层结构、+6.5m通道夹层、站台结构	轨道层的梁端竖向约束；通道一侧固结；墩柱承台底固结
模型三	考虑轨道层结构、+6.5m通道夹层	轨道层的梁端竖向约束；通道一侧固结；墩柱承台底固结

为了确保有限元模型的正确性，分别采用了通用有限元软件ANSYS和Midas/civil进行建模计算分析。图4为ANSYS有限元模型，图5为Midas有限元模型。

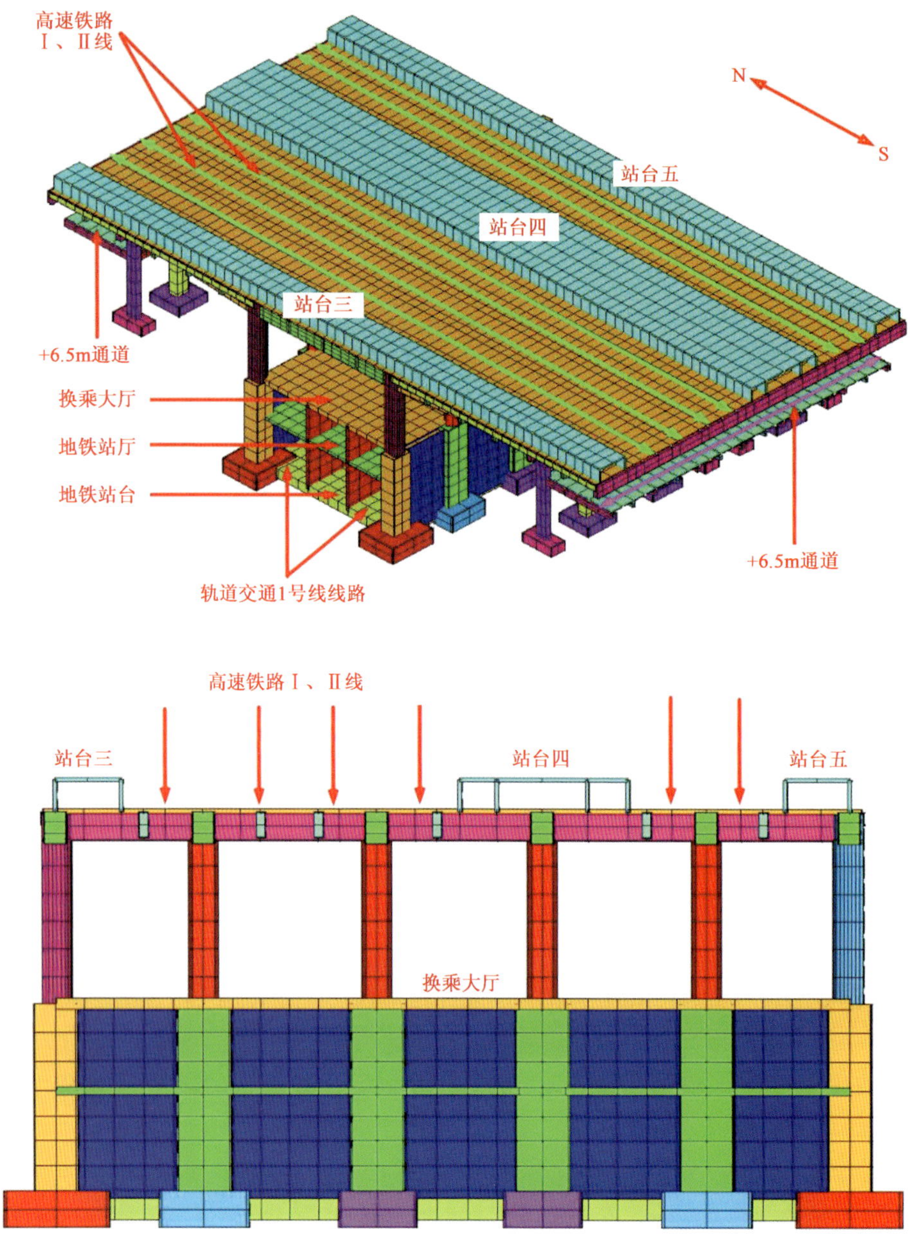

图4　ANSYS有限元模型

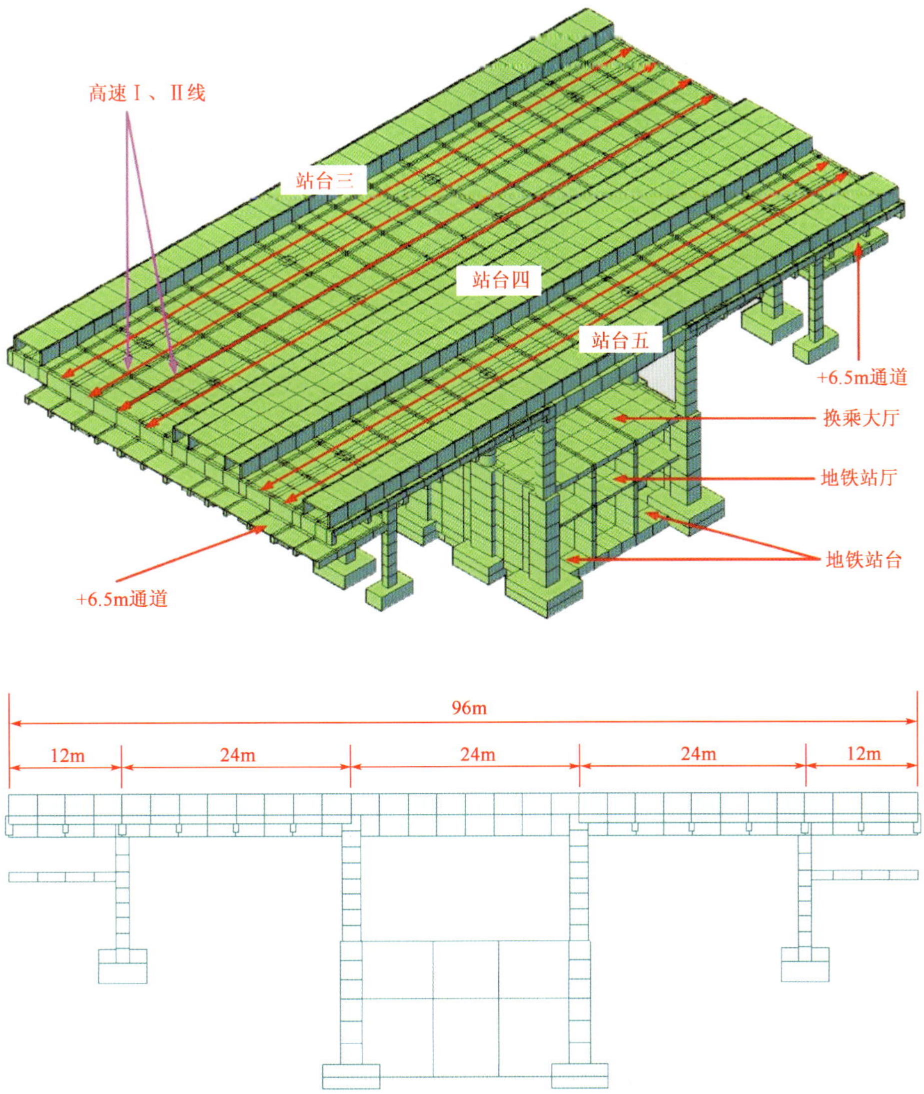

图 5　MIDAS 有限元模型

3　结构的动力特性分析

运用 ANSYS 和 Midas 通用有限元软件对三种结构模型的动力特性进行计算，结果见表 2、表 3。

三种模型自振特性比较（ANSYS 计算）　表 2

阶数	模型一		模型二		模型三	
	频率(Hz)	振型	频率(Hz)	振型	频率(Hz)	振型
1	1.916	立柱对称横弯	1.952	立柱对称横弯	2.042	立柱对称横弯
2	1.926	立柱纵弯	2.129	立柱纵弯	2.178	立柱纵弯
3	2.180	立柱反对称横弯	2.233	立柱反对称横弯	2.321	立柱反对称横弯

三种模型自振特性比较（MIDAS 计算）　表 3

阶数	模型一		模型二		模型三	
	频率(Hz)	振型	频率(Hz)	振型	频率(Hz)	振型
1	1.909	立柱对称横弯	1.932	立柱对称横弯	2.008	立柱对称横弯
2	2.071	立柱纵弯	2.123	立柱纵弯	2.148	立柱纵弯
3	2.199	立柱反对称横弯	2.229	立柱反对称横弯	2.289	立柱反对称横弯

从以上计算结果分析可以得出：

(1)ANSYS 与 Midas 模型的计算结果基本一致，验证了所建立结构模型的正确性。

(2)三个模型的第 1 阶振型均为立柱的对称横弯，频率在 1.9Hz 左右；第 2 阶振型为立柱纵弯，频率在 2.1Hz 左右；第 3 阶振型为立柱的反对称横弯(桥梁整体扭转)，频率在 2.2Hz 左右。其后 4～11 阶振型均为梁板结构的竖向振型，频率在 4.0～6.6Hz。

(3)通过站房的列车运行主要引起结构竖向和横向振动；列车制动、加速启动则主要引起结构纵向振动。

(4)模型一因考虑了地铁箱形结构，墩柱在其底板固结，因而其刚度较模型二、模型三小，振型频率也相应小一些。

4 站房结构车致振动分析

4.1 计算参数与评定标准

4.1.1 轨道不平顺

列车通过桥梁时将引起桥梁结构的振动，桥梁结构的振动又会反过来影响车辆的振动。这种相互作用、相互影响的问题就是车辆与桥梁结构之间车致振动耦合问题。

桥梁结构上轨道不平顺是引起机车车辆产生振动的主要原因，因轨道不平顺引起的列车振动和轮轨作用力会随车速的提高成倍急剧增大，并会导致列车脱轨。因此选取合理的轨道不平顺谱是计算结果真实可靠的重要条件。

经综合比选，本工程车致振动分析采用的轨道不平顺样本选用由德国高速低干扰谱生成。本文所选择分析的桥梁结构上共有 6 条线路，每条线路均采用同轨道谱生成的不同轨道不平顺样本，波长范围为 1～100m。

4.1.2 机车动力性能评定标准

根据我国《新建时速 200 公里客货共线铁路设计暂行规定》，铁路桥上运行列车应满足以下要求：

(1)列车脱轨系数：$Q/P \leqslant 0.8$；

(2)轮重减载率：$\Delta P/P \leqslant 0.6$；

(3)轮对横向水平力：$Q \leqslant 80\text{kN}$；

(4)桥上列车车体振动加速度：竖向 $\alpha_V \leqslant 0.13g$；横向水平 $\alpha_L \leqslant 0.10g$。

4.2 计算工况

根据本工程的特点选取 5 种工况进行计算分析，见表 4。

车桥耦合振动分析工况汇总　　表 4

工况号	工 况 描 述	计算车速(km/h)
1	1 线 C62 货车制动	从 52 km/h 开始进站减速
2	1 线 C62 货车通过	60,70,80
3	1 线 ICE3 高速列车通过	160,170,180,190,200,210,220,230,240
4	1 线准高速客车通过	80,100,120,140,160
5	2 线 ICE3 高速列车通过	160,170,180,190,200,210,220,230,240

4.3 结构车致振动分析结果及评价

从上述各种工况的计算结果分析，站桥结构对于列车运行的安全性如车辆轮对脱轨系数 Q/P (0.18～0.35)、轮重竖向减载率 $\Delta P/P$(0.1～0.5)、轮轨横向水平力 Q(24～55kN)、车体竖向加速度 α_V (0.53～1.20 m^2/s)及横向加速度 α_L(0.28～0.61 m^2/s)等指标均满足我国《新建时速 200 公里客货共线铁路设计暂行规定》的要求，列车运行的安全性可以得到保证。评判列车乘坐舒适性的 Spering 指标(分析计算结果：客车≤2.7；货车≤3.1)达到"良好"标准以上。

我国《新建时速 200 公里客货共线铁路设计暂行规定》参照欧洲铁路规范提出桥梁跨中的最大竖向

振动加速度应满足下式的规定：

对有砟轨道桥梁：

$$\alpha_{max} \leqslant 3.5\text{m/s}^2$$

其他桥梁：

$$\alpha_{max} \leqslant 5.0\text{m/s}^2$$

我国《铁路桥涵检定规范》关于桥梁横向加速度响应限值如下：

$$\alpha_{max} \leqslant 1.4\text{m/s}^2$$

在本工程中，按照表 4 所列工况进行计算分析列车运行引起的站房结构振动加速度最大值为 1.235m/s^2（竖向）、0.319m/s^2（横向），均满足轨道结构正常使用及行车安全性要求。

列车动载引起的站房结构内力变化值不大，采用规范提供的冲击系数以及中—活载进行结构设计能够保证结构具有足够的强度和安全度。

但计算分析结果也揭示了列车动载可引起站房结构较大的纵向、横向位移，显示采用站桥合建结构体系中的框架柱相当于铁路桥梁的轻型墩，在不对称的列车荷载作用下容易引起车桥结构纵、横向的耦合振动，甚至出现共振现象，应引起设计足够重视。实际工程中可结合工程实际情况采取以下措施处理：①适当加强墩柱的纵、横向截面尺寸和刚度；②适当加强轨道层楼板的厚度；③调整桥梁支座类型和布置；④有条件时可在适当位置设置减振阻尼器等。

5 结语

对于桥建合一结构由于列车直接运行于站房主体结构上，列车的通过、制动与加速必然会引起整个站房结构的振动。若站房结构车致振动响应过大，将影响候车旅客的舒适性、仪器设备的正常使用性能，以及站房结构强度和安全。因此有必要对列车运行下站房结构的振动响应进行分析评估，避免由于结构设计不合理产生不良振动问题，影响站房结构的正常、安全使用。

福州南站中部换乘广场采用桥建合一结构体系，优化了站房室内结构柱网布置，大大地提升了站房建筑的室内景观效果和建筑功能，提升了换乘广场使用空间的舒适性。通过对站房结构车致振动影响分析，优化结构设计，并通过调整结构布置、构件截面尺寸、支座布置方式，采取有效的隔振和减振措施来降低站房结构的车致振动影响，最大限度地提供满足列车运行安全和旅客舒适乘车的良好环境。

福州南站西站房及换乘广场部分已于 2010 年 4 月竣工投入使用，半年多来的使用情况良好，达到了预期的设计效果。

参考文献

[1] 徐进. 建筑振动工程手册[M]. 北京：中国建筑工业出版社，2002.

[2] GB 50010—2002 混凝土结构设计规范[S]. 北京：中国建筑工业出版社，2002.

[3] TB 10002.1—2005 铁路桥涵设计基本规范[S]. 北京：中国铁道出版社，2005.

[4] 铁运函〔2004〕120 号 铁路桥梁检定规范[S]. 北京：中国铁道出版社，2004.

[5] 铁建设函〔2003〕439 号 新建时速 200 公里客货共线铁路设计暂行规定[S]. 北京：中国铁道出版社，2003.

[6] 铁建设〔2005〕140 号 新建时速 200～250 公里客运专线铁路设计暂行规定（上、下）[S]. 北京：中国铁道出版社，2005.

[7] 吴定俊，李奇，黄晓彬，等. 新建铁路福厦线引入福州枢纽福州南站站房桥梁结构车致振动问题研究报告，2009.

大型铁路客运站旅客候车区公共空间形态综合设计研究

魏　崴　谢立伟　张少森

（同济大学建筑设计研究院（集团）有限公司　上海　200092）

摘　要：旅客对候车空间品质需求的变化促使空间从满足交通功能要求向更加人性化的方向转化，空间形态的生成也需要从旅客的直接感受和需要出发，让空间变得更加富有层次。高品质的候车空间环境除了满足交通功能外，完善的服务系统也是必备的一个方面，这部分功能的完善也将影响空间系统的构成。作为为旅客服务的车站来说，达到精品车站的目标除了富有创意的建筑设计、精良的施工技术外，人性化服务和舒适度提高也是保证品质的重要方面。

关键词：大型铁路客运站　候车区空间　社会服务品质　空间分级　服务流线

铁路事业的发展伴随着国家经济的发展飞速前进，铁路客运站的建设也随之迎来了一个新的时期。铁路客运站设计作为面对旅客、为旅客提供服务最直接的载体，如何在车站设计中真正体现"功能性、系统性、先进性、文化性、经济性"的五性要求，如何让铁路客运站房的空间组织形式适应新的发展要求，使站房空间成为提高旅客服务品质的载体，就成为我们着重要思考的问题，也将成为设计深化的一个方向。

在工作和研究中我们发现，伴随着国家的经济发展，整个国民自身的素质也在逐步提高，旅客对站房的要求也与原来发生了巨大的变化。这些变化也促使铁路客运站自身的空间形式和内容的变化发展，原有的设计内容是否能够完全适应新的要求，值得我们反思和总结。

1　公共空间形态生成逻辑

1.1　空间划分分级分析

1.1.1　空间分级的需求及背景

从铁路进入人们生活开始，铁路客运站就扮演着城市地标的角色。铁路客运站往往体量宏大，内部空间尺度也以大空间为主，这一方面满足了铁路大量人流使用的需要，同时也体现了整个城市宽广的气度。

可以说，多年的铁路站房建设使"标志性、大空间、大体量"成为大型铁路客运站的一个重要的特征，但不能因此而忽视小尺度的空间，小空间是大空间中不可或缺的一部分。作为大量旅客服务的铁路客运站，以人为本是对其本身最简单直接，同时也是最重要的要求。建筑作为为人服务的载体，既有功能的要求，也有其精神属性的要求。如果说，大尺度的空间是为了通过建筑的宏伟彰显城市的自信，小尺度的空间则是为了让使用者产生亲切感，削减大尺度带来的距离感。

1.1.2　空间尺度的套叠与空间设计的细化

对于大型铁路客运站来讲，候车大厅是整个车站最为核心的空间。宽敞明亮的候车环境是对其最基本的要求。但仅有空旷的空间是远远不够的，当人们置身于与自己相差级别过大的空间时，尤其当缺少与自身相当的参照物时，因为强烈的尺度对比，往往会产生失衡和不安定感（图 1）。此时，小尺度的参照物显得尤为重要，它们可以让人们在大空间中重新找回自己的坐标。因此，对于候车大厅来说，有层次的空间体系，是满足其作为城市标志的要求和为旅客提供高品质服务的一个必需的环节（图 2）。

创造有层次的候车空间，并不是单单通过空间设计的手法实现，而应该通过与车站自身需要的功能的结合形成合理而丰富的空间形态。空间与站房的社会服务功能的紧密结合，通过功能的细化进而形成多层次以人为本的候车空间，是站房候车空间深化设计的方向。

图1 大空间与人本身尺度对比

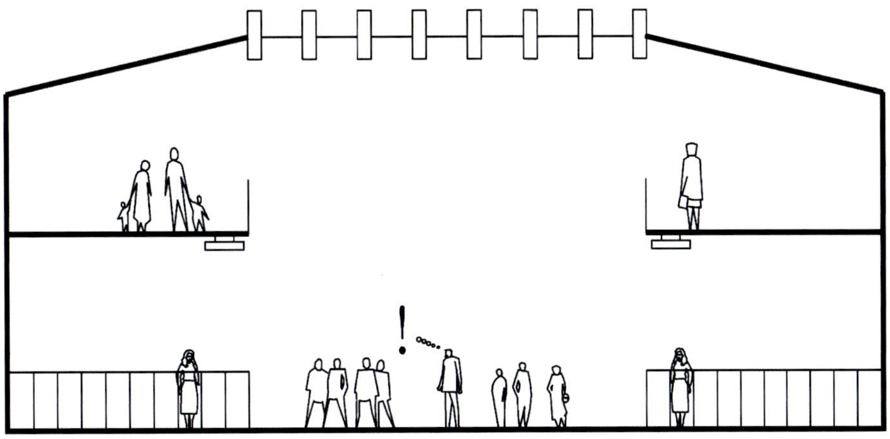

图2 有层次空间与人本身尺度的关系

铁路客运站有其作为交通建筑的功能要求，因此，它本身就有相应的功能可作为细化大空间的依据。如：有规律的候车厅、候车厅之间宽阔的人行通道、进站安检区域等，这些构成了整个空间里中间层次的部分。有规律的安检口、座椅、广告牌、标识系统等都可以作为构成小尺度空间的元素。这些与如何使旅客方便快捷的进出站、如何满足铁路大流量客流疏散的要求息息相关。多层次空间体系的建立会使旅客的乘车环境向更加人性化的方向发展。

在多年的车站设计及使用过程中，我们对铁路客运站设计中旅客流线、办公人员流线、车站运营等方面积累了大量的经验，也形成了相对完善的系统。但对服务人员流线的设计缺有所遗失。将社会服务体系引入到铁路客运站中来，是改善整个营运环境一个非常重要的环节。这部分功能的加入也会给整个候车空间的设计带来新的元素，这些与旅客候车活动密切相关的功能的设计，反过来也会丰富整个空间的细节。

1.1.3 不同尺度空间的过渡与联系

过大的空间与过小的尺度之间并不是自然协调的，它们之间存在着天然的矛盾。如何形成从大到小的过渡，如何让使用者不产生割裂感，我们可以在分析从古至今的大体量建筑中得到答案。

雄伟的故宫太和殿宏大的体量，体现了皇权的威严和国家的实力。但太和殿中并不因为宏大而显得单板，原因就是它不缺乏小尺度的空间和元素（图3）。正立面的柱廊空间一方面是结构的需要，另一方面也形成了第二级的空间层次。连接这两种尺度的是排列成序的柱子、繁复的装饰中不断重复出现的主题。

这些构成空间的元素不单丰富了空间的层次，不同的色彩分配也对视觉形成影响。朱红色墙面和金色屋顶为整个建筑的主体色调，在此基础上装饰性彩绘和间隔出现的红色柱子起到了视觉第二层次的作用。大色调基础上的有节奏的变化使整个建筑整体性强，但并不单调。

欧洲的古建筑中同样有很多这样的例子。欧洲的教堂通过大厅高耸向上的空间来表达神权的权威，让人心存敬畏。但其大空间也不是孤立存在的，如巴黎圣母院，除了空间高耸之外，大空间中有韵律的柱廊、飞扶壁、肋拱以及柱间精美的玫瑰窗同样是其最为精彩的部分(图 4、图 5)。这些结构与装饰构件丰富了空间的层次，同时通过与大空间的对比更加烘托出了大厅空间的宏伟气势。

图 3 故宫太和殿

图 4 巴黎圣母院室内大厅

图 5 巴黎圣母院细部

现代建筑中也不乏这样的例子，以同样是大型交通建筑的里昂机场火车站为例，西班牙建筑师卡拉特拉瓦独特的新哥特般的设计手法一方面使建筑与结构设计紧密结合，另一方面，有韵律的结构构件也构成联系大空间的中间环节。卡拉特拉瓦的精心设计使整个建筑既有特征鲜明的大尺度空间，又通过小尺度的细部使旅客不会在空间中迷失，找到归属感(图 6、图 7)。

在从历史的经验和现有案例的分析中，我们可以看到体量巨大的建筑物并不一样的单调而呆板的，丰富的空间层次可以让建筑体高大宏伟而又不失细节和人情味。

图 6　里昂机场火车站(一)

图 7　里昂机场火车站(二)

1.2　配套系统的分级设计

随着铁路建筑的发展，铁路客运站的各类相关专项的设计也从仅仅为了满足功能需要向更加人性化的方向发展。室内设计、静态标识设计、商业空间设计、广告设计、灯光照明设计等专项设计的开展和深化使铁路站房为旅客服务的质量和品质都大大提高。有层次的车站空间为这些必要的功能提供了载体，同时这些设计所带来的与人本身相接近的空间尺度给旅客带来安定感，也丰富了旅客的乘车活动中的空间体验。

1.2.1　标识设计分级对空间的影响

根据人的感受变化及旅客流线设计的要求，进行提示系统的分级设计。

除了通过空间尺度的变化来细化空间体系，以提供更加丰富而高品质的服务空间，标识系统的分级设计同样达到这一目的重要的方面。旅客进站，首先需要大的标识牌来确认候车的区域以及到达的方式。大的标识牌满足人们快速寻找目标、快读定位的要求，但如果只有大的标识牌就会因聚集人数过多而造成拥堵。所以旅客到达自己的候车区域后，小尺度的标识牌就成为必需。

有序列的进站口，是铁路候车空间中一个独特的部分。结合进站空间的小尺度的标识系统也可通过重复达成序列，形成标识系统大小尺度的过渡。这既满足了空间的要求，也满足了人们实际候车的需要。

1.2.2　广告系统分级对空间的影响

广告系统与标识系统一样，也是候车空间中一个重要的因素。大的广告牌视觉冲击力较强，而如果仅仅有大的广告牌，就会因为缺乏对比给人们带来视觉疲劳感。因此，广告设计应该根据旅客流线的方式及局部旅客候车区域的视觉观察距离布置。如大的广告牌更容易给运动状态中的人们留下印象，可布置在距离候车区域有一定距离的位置；而小的广告牌则可以结合小尺度的物体，如消火栓、显示屏，甚至座椅来布置在更加靠近旅客的位置，同时起到限定空间的作用。

1.2.3　声学设计分级

候车空间声学的控制主要体现在两个方面：大空间的吸声控制及细化的电声控制。

安静的候车环境是让旅客更加便利的得到声音信息的保障，也是提高候车品质的另外一个重要的方面。安静的候车环境需要对整个大厅空间的混响时间进行控制。这需要对整个大空间的形体、室内装修的材料等进行研究。有层次的空间形式、吸声材料的使用会减少大厅的混响时间。

在此基础上，在小尺度的空间里根据不同功能区域的划分（座椅候车区、洗手间、旅客服务区、售票区等）设计电声控制系统，这会让旅客更清晰的得到声音信息，同时有效地减少噪声的干扰。

1.2.4　照明设计设计分级

照明设计同样要考虑空间的层次。如北京南站（图 8）、高铁虹桥站（图 9），集中的大面积的采光天窗对应的是最主要的候车空间。这部分或者是大面积的面状天窗或者是由有韵律的采光带形成的序列，整体的形式都与下部的候车空间呼应。两侧服务性的空间照明则是采用了侧窗采光或人工照明的方式。与空间设计匹配的照明方式，会强化空间的效果，烘托整个建筑的气氛，是整个建筑空间营造的重要组成部分。结合空间系统来设计照明，也有利于能源的节省。

图 8　北京南站候车大厅

图 9　高铁虹桥站候车大厅

1.2.5　材料及色彩

候车区域室内装修的材料会给旅客在候车活动带来最直接的感触。墙面材料的拼接、地面石材的划分方式、顶部天窗和吊顶的排列方式都影响着空间的刻画。材料与旅客的距离成为决定材料材质纹理与材料拼接方式的一个重要的依据。距离候车区空间较近的材料可采用较为细腻的处理方法，让旅客更加熟悉，更加安定。距离较远的区域则可考虑采用色带、宽线槽等较为大线条、大体块的处理方式，用以烘托大空间大尺度。

大面积出现的浅色调易使整个空间显得简洁明快，突出体现交通建筑的效率。而合理安排标识系统、运营系统中的色彩，使之形成空间序列，可以使整个候车空间更加生动，愉悦了乘客的视觉感受，也减弱了大空间的距离感。

2　公共空间功能流线组织建议

在“五性原则”的指导下，新建铁路旅客站房的交通流线更加人性化，业形成了“以旅客为本”较为完善的流线组织方式，其中一项重要标志就是为旅客提供了宽敞、舒适的候车空间。这个空间中购票、候车、进站等流线已经趋于成熟，使旅客能够方便快捷的乘车。然而从目前投入使用的新建车站情况，以及对比国外车站，我们会发现在提升旅客服务品质上仍需进一步地思考，旅客服务品质的提升除了服务人员的素质外，更重要的是功能的设置和流线的组织要合理。现在新建的铁路旅客站房大多已经具有相应的配套商业功能设置，但在其综合流线的组织上仍值得商榷。在优化高架候车空间中的客服流线方面，我们认为以下三点值得我们思考：

2.1 高效独立的服务流线

在新建站房高大宽敞的候车空间中，充分考虑了旅客候车与进站的便利性，但普遍缺少一条与旅客流线分离的检票服务人员流线。通常是某一检票口检票前，车站工作人员从大型车站的某一端通过候车大厅远距离步行至工作点（通常大型高架站可能达到近两三百米的距离）为旅客服务，当旅客上车后，服务人员再长距离返回间休室。这样不仅降低了服务人员的工作效率同时也使得服务流线与旅客流线发生交叉。此外在新建天津站我们看到在高架候车区设有值班室，工作人员进出这个值班室不是通过候车区而是通过布置在候车区两侧的商业客服空间与外玻璃幕墙之间的夹缝进出，这就说明相对独立的服务流线在实际使用中是需要的。现在新建大中型铁路旅客车站都会在高架候车厅边侧设置商业夹层，夹层下为商业客服、进站和卫生间等空间，这个夹层下层高通常有 10m 左右，因此是否可以利用空间的高度优势在候车区两侧划出一条高 2.5m 的通道，两侧客服商业空间通过 2.5m 以上的空间进行开窗，这样在完全不影响候车区两侧商业客服使用的同时就有了一条车站服务人员流线，这样工作人员可以很方便地从一个检票口到达另一个而不与旅客流线发生交叉（图 10、图 11）。如果能在这条流线上串联几个小的服务人员休息室，那么对服务人员来说工作将更高效，为旅客提供更便捷的服务，也使旅客候车空间更为纯粹和明确。

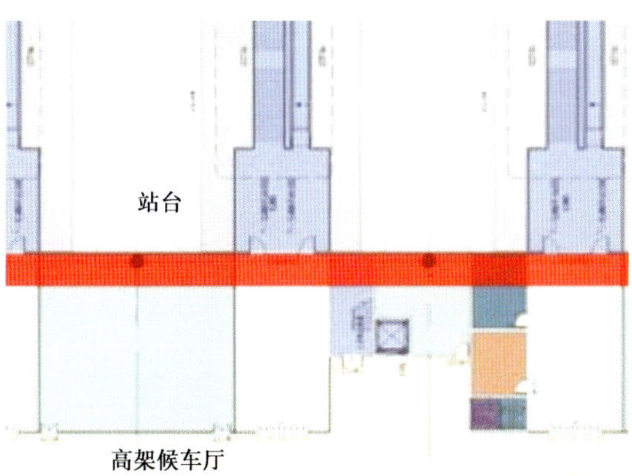

图 10　车站服务人员辅助流线平面示意

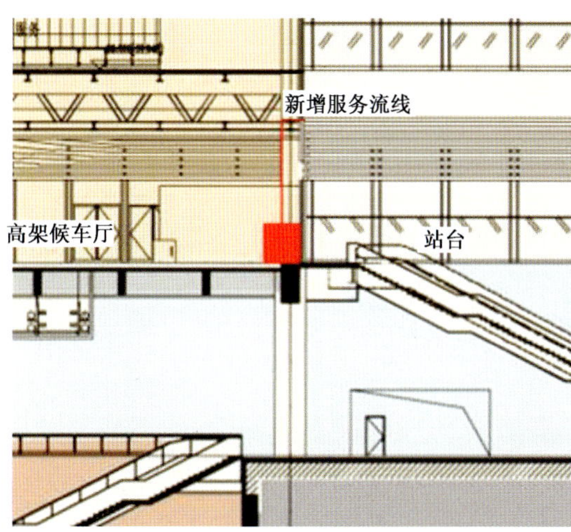

图 11　车站服务人员辅助流线平面示意

2.2 系统的问询服务网

随着我国铁路建设的发展尤其是高铁投入使用后，将会有更多的人选择铁路交通出行、旅游，火车站将肩负起更重大的城市门户作用。然而作为一个门户，火车站目前缺少相应的城市功能，比如问询。这个问询不仅仅是指提供乘火车的问询，应该也包括城市交通、城市信息的问询。比如国外机场和火车站都会有问询处提供城市地图或者城市信息问询，国内机场也有相应问询处。此外随着火车种类的增加和系统的复杂，加之中国的国际化进程和乘客文化水平的不同，人工问询处将是必须和必要的，这将使旅客出行更加便利。现在大型火车站大概三四百米长，这样的空间中如果设置一处问询对于旅客也是不方便的，因此能否结合第一条中建议的服务流线在服务人员休息处结合设置问讯点，使这些问讯点形成网络系统，这将提供更好的"以旅客为本"社会服务。

2.3 相对独立的客服货运流线

中国火车站建设进行到目前阶段，已经开始更加关注对旅客的服务。在新建大型旅客车站中候车厅周侧会设置商业或者利用空间高度设置商业夹层等商业服务设施，然而这些设施通常是车站建好后再植入，这样会出现商业服务功能所需要的流线考虑不周的问题，比如商业、餐饮的货运流线在前期设计时如果没有给予充分考虑，那么有可能后期出现货运流线与客流交叉的问题。虽然目前是通过车站营运的时间差解决货运问题，但必将直接影响到候车区的环境品质，也难以适应未来的需求变化，不利可持续发展。因此设计阶段为商业客服考虑好货运流线十分必要。

在目前基本做到"以旅客为主"的流线组织方式基础上，进一步优化客服流线，将是提高旅客候车区环境品质和服务品质的重要方式。

3 结语

对旅客服务的不同功能要求车站候车区提供不同尺度的空间系统，层次丰富的空间反过来也对提高服务品质起着促进作用。两者并不是孤立存在的系统，而是一个协调统一的整体。

目前铁路建筑积累了大量建设经验，成果显著。站房硬件系统已经达到相当高的标准，但软件系统仍有所欠缺。在与同为大空间交通建筑的机场的对比当中，我们发现从整个空间体量到室内外装修的标准等方面都越来越接近，甚至更好。但与此同时也发现，车站在人性化、舒适性方面还与机场还存在一定程度的差距。这方面内容的补充将更有利于精品车站的建设。

参 考 文 献

[1]《建筑学报》轨道交通建筑特辑[J]. 北京:《建筑学报》杂志社，2009.
[2]《2007 中国铁路客站技术国际交流会》论文集[M]. 北京：中国铁道出版社，2008.

细节决定成败

——站房管线综合设计模式探讨

胡庆立　赵红英　董建昆

（中铁上海设计院集团有限公司　上海　200070）

摘　要：管线综合设计作为“建设百年不朽精品客站”的一道不可或缺的工序，应引起设计院、施工单位、建设单位和审查单位的重视。作者对当前管线综合设计的现状和问题进行了详细分析，总结出了采用设计院出技术、设计工作室出软件的一种全新的合作模式，并就管线综合设计的管理提出三点要求。在节省人力、物力和财力得同时，更能为“建设百年不朽精品客站”添上完美的一笔。

关键词：管线综合设计　BIM　专业接口　技术要求　控制事项

1　名词解释

管线综合设计(pipes comprehensive design)指的是确定横断面范围内各种管线的布设位置及与平面布置和竖向高程相协调的工作。根据有关规范和规定，综合解决各专业管线布置及其相互间的矛盾，从全面出发，使各种管线布置合理、经济，最后将各种管线统一布置在管线综合平面图上。根据各种管线的介质、特点和不同的要求，合理安排各种管线的敷设顺序。在铁路站房中管线综合设计主要包括两方面内容：一是合理布置吊顶内的各种管线；二是合理布局吊顶面上的各种末端设备。

BIM(Building Information Model)——建筑信息模型是一个虚拟的三维工程资料库，是实现工程协同作业的基础。特别要指出的是，BIM是以数据为核心的协同作业平台，具备以下特殊功能：

(1)在一维单线图、二维平面图和三维立体图之间任意切换。图形和模型产生于同一个数据库，因此互相关联，一处修改，处处更新，自动避免施工图设计过程中平、立、剖之间可能产生不一致的低级错误。

(2)实时输出工程量、管道构件等各种明细表。

(3)支持多人在同一建筑数据模型下实施团队设计。

(4)实时自动碰撞检测功能。

(5)强大的计算功能，配合庞大的真实设备数据库，使得计算的结果真实可信。

(6)开放的设计工具，与能耗分析、动画设计、效果图设计等相关软件无缝链接。

2　管线综合设计的必要性和意义

2.1　必要性

“天下大事必作于细”。宏伟的建筑精品来源于众多完美的细节。要认真落实铁道部提出的“建设百年不朽精品客站”的要求，就必须做好每个细节。其中，铁路站房的管线综合设计应是一个需重视的细节。若不能处理好各种管线和末端设备与建筑专业吊顶和结构专业梁、柱的关系，就算有再精美的建筑方案、再好的建筑材料，最多也就是“金玉其外败絮其中”，不可能真正造就百年不朽的精品客站。

铁路站房中机电设备繁多，各专业管线错综复杂，纵横交错，尤其在车站两端的公共卫生间、售票厅、设备房、管理用房及走廊。各专业设计时，各自为政，只按有利于本专业的位置来布置管线，造成施工现场各种管线或末端设备交叉、重叠等现象，故不得不降低吊顶的安装高度，这不但影响了建筑的美观，还严重影响到了房间的使用。故有必要对各种管线和末端设备进行管线综合设计。

2.2　意义

管线综合设计的基础是各专业的施工图设计文件，但不是将各专业施工图简单叠加或重叠，而是各专业设计的综合汇总。

管线综合设计的意义是平衡各专业对空间的使用，合理布置各种管线和末端设备，确保各专业施工顺畅和严肃施工程序以及为维修作业留有必要的检修空间，从而为“建设百年不朽精品客站”保驾护航。

3 铁路站房中管线综合设计现状和问题

目前在铁路站房设计中，大多设计院不做管线综合设计就直接出施工图，由施工单位自己做管线综合设计或者待施工过程中出现了问题再现场解决。由于施工单位对图纸的不完全理解或者施工现场根本没条件来解决等问题，使得经常出现管线、末端设备碰、撞等现象，不但造成设计人员常驻现场或者一次又一次地跑现场，一次又一次地开各种协调会，还造成了许多费时耗资的返工，造成大量人力、物力、财力的浪费，并延误工期，到最后还不符合工艺对房间的净高要求和建筑对美观的要求。

4 管线综合设计优化

4.1 对管线综合设计现状和问题的分析

针对目前站房中管线综合设计的现状和施工现场出现的各种问题，作者对此进行了深入的分析。造成目前这种状况的原因有以下几个方面：

(1)从设计院到施工单位，对铁路站房中管线综合设计都尚不够重视。

机电设备专业在铁路站房设计中属于配套专业，所以从铁路站房的设计到施工，大家都把主要精力放在了站房的方案和结构上。无论是设计院，还是施工单位，对机电设备专业都不够重视，或者只考虑机电设备内部各专业自身，而欠缺综合考虑。从方案设计到施工设计，没有综合考虑建筑吊顶、结构梁、柱和机电设备专业管线、末端设备安装空间的关系。

(2)部分建筑设计人员经验不足，对机电设备专业不够了解。

正确的层高应由工艺对房间的要求净高、各种管线和末端设备的安装高度以及结构专业梁的高度三方面确定。但由于部分建筑设计人员经验不足，对机电设备专业不够了解，在确定建筑层高时，或根据自身美观需要定一个数值，或参考其他站房层高，没有结合自身项目的特点。或许工艺对房间的要求净高、管线和末端设备安装高度都可以参考其他站房，但由于各地地质情况不一，各家设计院结构专业实力不一，使得梁高度不一。实力强的设计院，梁、柱尺寸做得小，或者部分管线穿梁通过，从而采用了层高低的方案；实力稍弱的设计院，梁高度稍大一点或者不让管线穿梁，使得管线和末端设备的安装空间被迫压缩，最后只能降低房间的净高。一些本可在设计阶段就解决的问题，却遗留到了施工现场，造成了各种返工或者以损失建筑美观和使用要求为代价的折中方案。

(3)设计院分工不明确，造成没有一个专业出来牵头负责。

由于国家对《中长期铁路网规划》做了新调整，一大批项目陆续开工建设，各家设计院都忙着抢项目，造成各家设计院人手都特别紧缺，特别是建筑专业。原本一些由建筑专业牵头的管线综合设计，因院里分工没有明确规定，建筑专业不愿承担这个任务。再加之这个任务没多少技术含量，就是繁杂，也没多少产值，所以其他各专业也不愿承担这个任务。这就造成没有一个专业出来牵头负责，各专业自己做自己的，没人考虑综合设计。

(4)传统的二维平面设计技术综合协调难度大。

少数设计院也在做管线综合设计，不过采用的是传统的二维平面设计技术和流程，先由各专业的设计师绘制平、剖面图和详图，再由负责综合管线的专业将各专业的设计图进行人工的二维平面的叠加、检查和协调。由于强电专业、弱电专业、采暖及通风空调专业、给排水及消防专业等是分开设计绘制，汇合叠加到一起时，基本无法辨认复杂的线条，更不谈对狭窄空间的综合利用。传统的二维平面设计技术综合协调效率低，错误率高，难度大。

4.2 可实施性解决方案

要“建设百年不朽精品客站”，要解决好目前因没做好管线综合设计而出现的问题，首先就应该从设计院抓起，设计院、施工单位、审查单位都应高度重视。从方案设计开始，设计院就应强调管线综合的重要性，做好管线综合设计的分工；其次就是技术创新。

4.2.1　可实施性解决方案

针对目前的管线综合设计现状和新技术出现，作者提出了两种解决方案：

方案一：引进基于 BIM(Building Information Model)——建筑信息模型技术的建筑设备专业设计软件和其协同设计平台；

方案二：引进拥有 BIM(Building Information Model)——建筑信息模型技术的建筑设备专业设计软件的设计工作室作为设计院的管线综合设计部。

4.2.2　方案的比选

基于 BIM 的设计软件和协作平台是一种新技术，其购置费用较高，且设计人员需要一段时间来培训和熟悉。所以方案一的缺点是一次性投入较大，所有设计人员都要参加培训，学习一种新的工作模式，影响当前的设计工作；优点是学成后将大幅提升工作效率，可提高企业自身的竞争力。方案二的优点是一次性少投入就能解决当务之急，不影响当前工期；缺点是设计人员没能掌握这种新技术，不利于企业自身的长远发展。

我院结合当前设计任务重，设计人员紧缺以及费用投入等问题，采用了方案二。我院与上海一家设计工作室达成了合作协议：由设计院提供各专业图纸，设计工作室派专人到设计院负责管线综合设计和协调。

即采用设计院出技术、设计工作室出软件的一种全新的合作模式，一次性解决管线和末端设备的安装问题。设计院根据管线综合设计结果调整后出图，也不必担心现场管线碰、撞问题，也定能减少跑现场和开例会的次数。在节省人力、物力和财力得同时，更能为“建设百年不朽精品客站”添上完美的一笔。

5　管线综合设计的管理初探

管线综合图是一个综合性的并具有指导性的设计文件。综合性是指它对多个专业的管线位置经过协调和平衡后，再以简化的形式汇总；指导性是指各个专业的管线设计和施工安装都必须服务从于管线综合设计图的整体安排。作者根据分析和总结，绘制了管线综合设计管理流程图，详见图 1；并对管线综合设计的管理有点初步想法，详述如下。

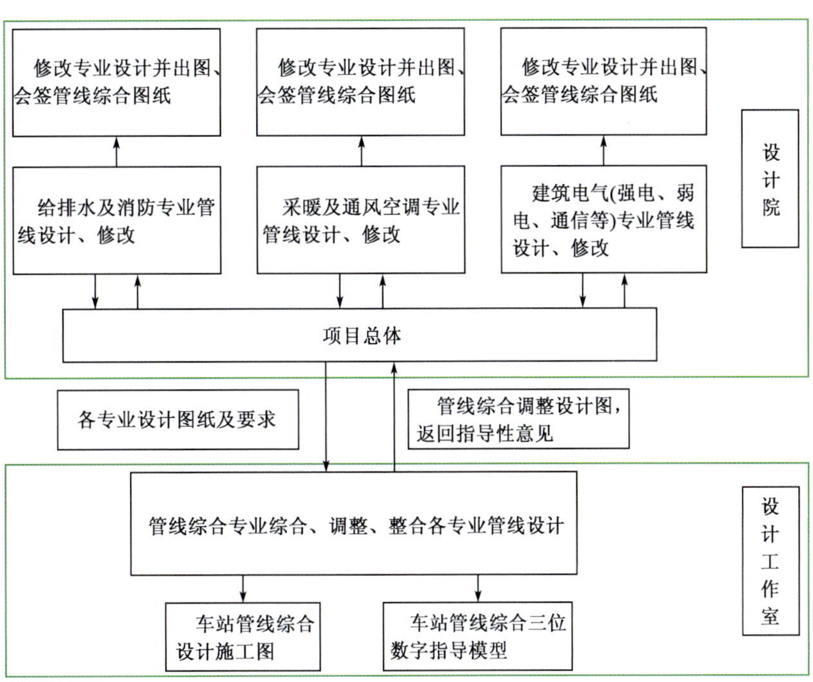

图 1　管线综合设计管理流程图

5.1 制定管线综合与各专业的设计接口

要做好管线综合设计，首先就应制定管线综合与各专业的设计接口，把各专业的分工界面划分清楚，尽量做到有法可依，责任落实到个人。

机电设备专业，汇总起来也就是我们经常所说的给排水及消防、采暖及通风空调、建筑电气（强电、弱电、通信等）三大专业。以下将详述管线综合与各专业的设计接口。

5.1.1 与给排水及消防专业的接口

由给排水及消防专业提供：

(1)站房内给排水及消防各层平面图、系统图、大样图；

(2)管线综合时本专业的要求。

然后按照管线综合的结果调整本专业图纸，并对综合管线完成的情况进行会签。

5.1.2 与采暖及通风空调专业的接口

由采暖及通风空调专业提供：

(1)站房内各层通风空调风管、水管平面图及必要的剖面图；

(2)通风空调机房平面图及必要的剖面图；

(3)主要节点通风空调详图；

(4)管线综合时本专业的要求。

然后按照管线综合的结果调整本专业图纸，并对综合管线完成的情况进行会签。

5.1.3 与建筑电气（强电、弱电、通信等）专业的接口

由建筑电气（强电、弱电、通信等）专业提供：

(1)站房内供配电系统所涉及的桥架、支架、管、电缆电线，强电电缆井（沟）的管线敷设路径图（含标高、管径）；

(2)站房内供配电系统设备、灯具等的设置位置图；

(3)管线综合时本专业的要求。

然后按照管线综合的结果调整本专业图纸，并对综合管线完成的情况进行会签。

5.2 编制管线综合设计的技术要求

由于设计工作室设计人员大多并不是工程技术出身，他们只是对自己的软件很熟悉，对各专业的内容不是都很清楚，所以设计院需要编写一份管线综合设计的技术要求给设计工作室，让他们有据可依，也可减少设计院与设计工作室的反复沟通协调。

(1)对管线布置空间进行规划

①所有管线的布置高度应综合协调考虑，在可能的条件下应尽可能布置于高处，同时所有管线的布置应避开设备运输预留门洞，以满足运营期间设备检修和更换运输的要求。

②在大型设备用房及设备运输通道上，所有管线安装完毕后，管线下净空应不低于运输通道相连通的运输门高。

(2)各专业设计的具体要求

各专业的具体要求由各专业提出给项目总体，再由项目总体进行汇编。

(3)管线交叉布置原则

管线交叉布置发生矛盾时，一般应以压力流管道避让重力流管道；小管径管道让大管径管道；技术要求低的管线让技术要求高的管线；新建管线让已建的永久管线。

(4)管线的维修、检修要求

站房内布置的所有管线均应考虑其维、检修要求：

①若管线的宽度不大于 1.2m 时，可考虑从单侧进行维检修；

②若管线的宽度大于 1.2m 时，应考虑从两侧均可以进行维检修。

5.3 管线综合设计的管理控制事项

(1)对管线综合设计基础图的质量控制

要建好一栋大厦，必先打好基础。管线综合设计也一样，各专业的图纸作为管线综合设计的基础，它的质量也应该是有保证的。所以要求各专业提供给项目总体做管线综合的图纸，必须是通过各级审核的图纸，不得随意提供一版图纸。管线综合设计工作量较大，牵一发而动全身，所以要求各专业提供作为管线综合设计的图纸是本专业定稿，不得在管线综合设计过程中随意提出更换版本。如因有专业中途更换版本造成工期延误者，应由该专业承担误工后果。

(2)对时间节点的控制

保证了项目的质量同时，还应保证项目的完成时间。要按时保质保量完成项目，必须事先做好策划表，把管线综合设计时间也纳入其中。管线综合设计以及反馈协调一般需要1～2周时间。各专业应严格按照时间节点完成互提资料，如有问题应及时知会项目总体。

(3)对管线综合设计图纸的质量控制

一切准备条件都做好了，当然我们的管线综合设计也应提出相应的要求。对管线综合设计图纸一般有两个要求：一是图面必须杂而不乱，虽然各专业管线和末端设备都放在一起，但必须有条理，包括各种标注必须清晰可见；二是必须满足管线综合设计的技术要求，此技术要求一般由设计院根据各专业要求汇总提给设计工作室。设计工作室人员应严格按照此技术要求执行，执行中若有问题应及时与设计院联系沟通。

6 结语

针对目前铁路站房施工现场中各种管线和末端设备碰、撞等问题，作者进行了详细分析。我院还采用了设计院出技术、设计工作室出软件的一种全新的合作模式，并就管线综合设计的管理表达了一些作者的观点：制定管线综合与各专业的设计口、编制管线综合技术要求，提出管线综合设计的3个控制事项。

然而基于装饰由施工单位承担，且需报部审查，其工序远滞后于施工图设计。故仅靠设计院的力量是不足的做到完美的，尚需引起建设单位的高度重视。我院的做法也尚在实践中，尚不足以推广。作者的观点和我院的做法也仅供大家参考探讨，旨在抛砖引玉，为“建设百年不朽精品客站”尽一份力。

参 考 文 献

[1] 郑健，等. 铁路旅客车站细部设计[M]. 北京：人民交通出版社，2010.
[2] 中国工程建设标准化协会. CECS 119：2000 城市住宅建筑综合布线系统工程设计规范[S]. 2000.
[3] GB 50015—2003 建筑给水排水设计规范[S]. 北京：中国计划出版社，2003.
[4] GB 50289—98 城市工程管线综合规划规范[S]. 北京：中国计划出版社，1998.
[5] TB 50242—2002 建筑给水排水及采暖工程施工质量验收规范[S]. 北京：中国计划出版社，2002.

合蚌客运专线铁路站房照明专项设计管理

罗思衷

（中铁上海设计院集团有限公司　上海　200070）

摘　要：打造精品工程，树立企业形象要从规划、设计、施工、设备、器材、维护、管理等每个环节落实。本文结合合蚌客运专线的水家湖、淮南东站房照明专项设计实例，对中小铁路站房如何注重细节，精益求精，设计百年不朽的精品工程进行探讨；对重点空间的照明设计思路、方法和心得体会做了简要的介绍，并在此基础上提出了站房照明设计管理的几点要素。

关键词：铁路客站　照明专项设计管理

1　引言

"功能完善、设施先进、节能环保"是现代化客站的一个重要标志，站房照明设计已经成现代站房设计中极为重要的因素之一。为落实我院"打造精品工程，树立企业形象"的要求，在站房照明设计管理中，我们摒弃长期以来将照明设计单纯视为"满足工作、生活基本照度需求"的思维局限，无论项目大小，注重细节，精益求精，选择重点部位，努力打造亮点，进行重点空间的照明专项设计，充分运用各种现代照明艺术形式及控制技术，营造出具有整体性、时代性、艺术性、人文性、和谐性的站房景观照明，衬托出一个个巍然耸立、气势磅礴的客运站房楼体形象，使铁路建设与城市发展融为一体，高标准、高质量、高效率地设计百年不朽的精品工程。

虽然我国的站房照明设计起步较晚，但是经过近几年的快速发展，已具雏形。笔者回顾总结从事照明技术研究和站房照明设计工作三十多年的体会和经验，认为现代站房照明设计管理的控制要素首先是实现设计理念的根本性转变，其次是抓住重点、抓好细节，抓好专项设计方案的落实。

2　实现设计理念的根本性转变

火车站广场是典型的交通集散广场，其背景是客运站房。现代站房照明已经超越了单纯的自身照明功能而步入灯光环境艺术领域，我们正是要立足于这一设计理念，运用灯光这一空间的要素，将"照亮黑暗空间"提升为"美化城市夜景"，创造出一个个具有时代新意的站房景观照明，使客运站房建设与城市规划融为一体。因此，现代站房照明设计的主导思想是：

2.1　创新是现代站房照明设计的灵魂

要用独特的设计思维，营造适合不同人群的空间与场所；在满足照明功能需要的同时，营造一个富有艺术气息的灯光环境。

2.2　整体性是现代站房照明设计的鲜明特点

以重点空间照明专项设计为突破口，合理规划整个站房建筑灯光景观的各构成要素，处理好单体与群体的关系；重视单体灯光照明与其所处的灯光环境的整体性，在强调单个灯具的个性与特色的同时，又使之融入区域环境的景观之中，协调背景与主体的关系。

2.3　绿色节能是现代站房照明设计的时代要求

设计中要注重选择节能光源和灯具，充分利用天然采光，将铁路站房照明专项设计直接与客站的功能性、可靠性、先进性、经济性密切结合，满足照明的整体要求，即照明质量——照明水平和均匀性、眩光控制；营造良好的视觉气氛——光源色温、光的方向和阴影、灯具美观，视觉舒适——光源显色性、和谐的亮度分布、视觉美观等要求。采用新技术、新产品、新材料，统筹考虑灯具的安全性、维护性以及光源的使用寿命。

3 明确照明专项设计管理的重点

我们将站房照明专项设计管理重点放在候车大厅、进出站大厅、售票厅、贵宾室、出站厅、室外景观照明等重点空间。在充分满足旅客对光照的需求和照明品质的前提下，节约照明用电，追求的是客站照明系统总效率的提高。在室外景观照明方面，设计管理重点放在站房照明和周边环境照明，其中站房照明为立面照明、内透照明部分。周边环境照明包括站房周边道路、站前广场、绿化及水景照明。

4 重点空间照明设计管理

下面以合蚌客运专线的水家湖、淮南东站房照明设计为例，对铁路站房照明专项设计问题进行探讨。

4.1 明确装修设计方案及照明设计思路和方法

4.1.1 装修设计方案

(1)装修设计延续外观简约现代装饰风格。

(2)墙面主材为白麻花岗石。

(3)地面以白麻为主，柱子装饰灰麻装饰条。

(4)天花采用铝板围边，中央吊挂U形铝挂片形式。

4.1.2 照明设计思路和方法

(1)照明设计思路

将自然采光和人工照明相结合，根据不同的功能区域、照明要求进行不同的设计，为不同区域的旅客与工作人员提供良好的视觉环境，满足人们对照明功能的需求。站房大空间照明设计除了要满足照明质量和视觉环境要求，还要与建筑环境、室内设计完美地结合起来，充分有效地利用自然光，体现节能环保的绿色照明理念。

(2)照明设计方法

结合建筑结构特点、室内装修方案，充分考虑运营单位的运营成本、节能等多方面的要求，完成设计。

4.2 重点空间的照明设计管理

4.2.1 明确照明设计原则

(1)光源的选择

随着电光源的迅速发展，适合于各种场所使用的电光源品种越来越多，在设计中我们根据实际情况出发，首选发光效率高的光源和高效灯具。具有高显色性，高光效，优秀的光通量维持率，超长寿命的光源是首选，在高大空间照明中采用陶瓷金卤灯为主照明，既节能又经济耐用。

(2)照明显色性的选择

直接照明采用的高显色性的光源，充分展示建筑材质的质感。

(3)灯具布置与装饰的配合

灯具的布灯点与室内装饰的设计模数紧密配合，在照明为装饰服务的基础上，合理应用设备的功率和光源种类，满足节能的要求。

(4)眩光控制

合理的灯具应用设计，关注灯具的配光曲线来控制眩光；间接照明和洗墙灯、装饰照明的应用，增加了局部的天花板和墙面环境光，有效的空间背景光，控制直接照明的眩光，同时可降低LED大屏幕显示屏的眩光。

(5)对设备维修的考虑

高大空间灯具维修，与建筑专业配合，综合考虑各专业维护的需要，选择最佳方案。

(6)应急照明

应急照明由备用照明、疏散照明及安全照明三个部分组成。其中，备用照明不低于该场所一般照明照度值的 10%;疏散照明采用双电源 EPS 供电,或者灯具(包括指向标志及导流标志等)设蓄电池作后备电源(连续供电时间不低于 30min)。灯具选用快速点燃的卤乌灯或荧光灯。灯具结构安装形式与正常照明灯具保持一致。疏散照明的地面最低水平照度不低于:疏散通道 0.5lx,进出站大厅、候车厅 1.0lx,楼梯间 5.0lx;安全照明则在站房内公共场所采用卤钨灯作安全照明光源,照度值不低于该场所一般照明照度值的 5% 。

4.2.2 水家湖站房重点空间照明设计实例

(1)候车大厅

层高 9.2m,为高大空间,其特点是旅客集散场所。专项设计中我们充分考虑其功能特点,在照明形式上采用了直接照明,根据内装天花顶面结构,在候车厅中间铝挂板天花采用 70W 吸顶式陶瓷金卤筒灯,嵌入式安装,其布置方式为 12 列×5 行均匀布置,在保证光色品质的前提下又能将节能照明做到最大化。同时在候车厅进出门铝扣板过渡区域各均匀布置一排 2×26W 节能筒灯(数量为 10 个)作进出门过渡照明,使平均地面照度为 157lx,照明均匀度为 0.6。考虑到候车厅为旅客较长时间的驻留空间,光源色温采用 4 000~4 200K 的标准中性白光。

根据建筑特点还可采用局部间接照明。安装投光灯或在建筑凹槽中作反射照明,地面观察时看不到灯具,达到见光不见灯的效果。灯具维护则考虑便捷与安全。设计中采用下维护形式。可选择在非高峰时刻直接采用升降梯的方式进行灯具维护。效果图如图 1 所示。

(2)售票大厅

层高 6.6m,其特点是空间较大,旅客最拥挤场所。在照明形式上,我们采用直接照明,根据内装天花顶面结构,在铝挂板天花采用 2×26W 节能筒灯,其布置方式为 6 列×3 行均匀布置,在保证光色品质的前提下又能将节能照明做到最大化,使平均地面照度为 201lx,照明均匀度为 0.6,以获得较高的照明效率和较好的照明均匀度。

售票室与候车厅相邻且没有隔断,所以光源色温采用与候车厅一致的 4 000~4 200K 的标准中性白光,保证了两个区域的色温协调,衔接自然。效果图如图 2 所示。

图 1　水家湖站房候车大厅照明效果图

图 2　水家湖站房售票大厅照明效果图

图 3　水家湖站房出站大厅照明效果图

(3)出站大厅

平均层高 7.2m,其特点是人员室内流动的交通要道,与候车室和出站口相连,根据标准照度为 150lx,保证足够的均匀度。楼梯相当于一个坡形的走廊,其照度值不应小于通道。在照明形式上采用直接照明,根据内装天花顶面结构,在铝挂板天花采用 70W 吸顶式陶瓷金卤筒灯,其布置方式为 3 列×7 行均匀布置,使平均地面照度达到 152lx,照明均度分别为 6.77W/m^2、6.43W/m^2,均小于照明功率密度目标值 7,但其平均照度分别为 157lx 和 152lx,均满足照度要求。效果图如图 3 所示。

4.2.3 淮南东站房重点空间照明设计实例

(1)进站大厅

二层候车厅高10m,挑空集散厅高17.65m。其特点是,空间大,人员流动频繁,是中枢地带,往往与候车室等相接,大厅四周常设服务台。在照明形式上采用直接照明,并采用普通照明和局部重点照明相结合。在二层候车厅采用70W吸顶式陶瓷金卤灯,并在候车厅周围过渡区域采用70W吸顶式陶瓷金卤灯照明,在挑空集散厅采用150W吸顶式陶瓷金卤灯照明。候车厅平均照度185lx,照明均匀度0.69。空集散厅平均照度120~150lx,照明均匀度0.6。功率密度4.51W/m^2。由于人流密度大,灯具维护一般在马道上,采用上维护形式。效果图如图4所示。

(2)贵宾室

其特点是贵宾停留和休息的场所。建筑风格是在贵宾室墙面造型提炼了淮南汉王宫建筑造型元素,引用了当地神话故事壁画“八仙图”为主题背景,整体效果稳重大方,富有地域文化内涵。效果图如图5所示。

图4 淮南东站房进站大厅照明效果图

图5 淮南东站房贵宾室照明效果图

4.2.4 室外景观照明设计

随着城市建设的发展,站房的夜景照明已经成为了城市装饰照明的主体之一。不仅使极具特色的车站建筑群在夜间得以再现,为车站周边的夜间活动创造一个良好的光照环境,给旅游者留下美好深刻的印象,而且参与到整个城市亮起来工程,令城市居民引以为豪。

淮南东站的室外照明结合站房的建筑风格、结构特征及周边建筑灯光环境进行设计,采用点线面结合,运用泛光照明和室内内照明相结合的方式,充分体现室外构件拱的轮廓,室内的空透感,做到主题突出、层次分明,简洁明快。恰当采用了彩色和动态光,做到既节能又经济安全。

在淮南东站房的室外景观照明设计中,我们突出重点、重塑夜间形象,突出建筑的灵魂。借助照明手段,恰当地突出被照主体在环境中的地位,并且和周围环境照明协调一致。充分体现照明技术和艺术的有机结合,做到照明功能合理,并富有艺术性,也就是既要照得亮,又要照得好、照得美、照得有特色。同时正确选择照明方式,慎用彩色光。效果图如图6所示。

图6 淮南东站房立面效果图

注重节约能源，避免光污染。通过灯光控制系统对建筑物的夜景效果进行场景的设置，根据不同场景的设置进行分级控制，一般分为平日、一般节日和重大节日三个场景，通过场景的变化来表现建筑的特色。

一般泛光照明用的投光灯功率大，亮度高，又布置在建筑物附近，极易对路人造成眩光，对周围建筑物内的居民造成光干扰。因此，我们在进行夜景照明设计时，对设备的选型及设备安装位置的选择都要充分的考虑到这一点，尽量做到灯具安装隐蔽，最好能够只见光，不见灯。同时，客站夜景照明设备要安全可靠，并且要便于维修。

4.2.5　应急照明

将应急照明列入专项设计主要强调安全第一。站房应急照明系统包括消防疏散照明、备用照明两部分。在候车厅、进站大厅、售票厅、出站厅等公共区为确保应急情况下人员安全疏散均设置疏散照明，疏散照明采用能瞬时启动的光源即 2×26W 节能筒灯，做到了既不影响灯具的整体布置效果，又能保障应急照明的有效。在站房各疏散线路上设置指向标志灯，在各安全出口、疏散门处设置出口标志灯，在走廊、楼梯间等人口聚集的公共场所均装设疏散照明。

4.2.6　节能效果

在照明专项设计中，我们同样注重节能效果，并作为一项重要的控制指标。水家湖、淮南东站候车厅、出站厅照明节能效果同样是非常显著，在晚上全部开启人工照明时，其功率密度在 $5W/m^2$ 以下。

5　结语

“建造百年不朽精品客站”要从规划、设计、施工、设备、器材、维护、管理等每个环节落实。在中小铁路站房照明设计中，牢固树立以人为本的理念，以公共场所为重点进行专项设计管理，注重细节，精益求精，打造亮点，同样能为设计百年不朽的精品工程做出应有贡献。在重点空间的照明设计思路、方法和技巧方面，我们注重落实，设计时优先采用直接照明，在候车厅、售票厅、出站厅等高大空间优先选用直接型灯具，同时设计充分考虑利用自然光，选用高效节能金属卤化物光源、低能耗电器附件等多个角度综合考虑，取得良好的节能效果。在进门处铝扣板过渡区域安装节能灯具，充分利用大空间的玻璃幕以形成非常好的内透光效果，利于表现其夜景观，从而达到节能的目的。设计考虑到公共空间净空较高，安装在顶部的灯具及光源更换维护较为困难，因此采用长寿命、高品质的光源及灯具，来缓解更换和维修的不便，减少维护费用。照明均匀度为 0.6。光源色温采用 4 000～4 200K 的标准中性白光。

我们在站房照明设计管理中体现三个理念(即：交通枢纽、地域特色、与城市整体景观照明的有机统一的理念)、四个控制模式(前半夜、后半夜、节假日、重大节日)，配合各专业，一起将铁路客站打造成城市建设的名片。

照明设计管理是铁路客站的有机组成部分，是一个复杂的分项系统工程。目前，我们将照明专项设计管理与建筑、结构、节能、控制、供电等方面进行充分融合，加强探索研究。

参考文献

[1] GB 50034—2004　建筑照明设计标准[S]. 北京：中国建筑工业出版社，2004.
[2] TB 10008—2006　铁路电力设计规范[S]. 北京：中国铁道出版社，2007.
[3] 铁道部鉴定中心. 铁路站房照明设计细则[S]. 北京：2009.

施 工 管 理

践行标准化管理　全面提升大型铁路客站施工现场管理水平

孟庆彬　张　利　陈淑民

（中铁建工集团　北京　102488）

摘　要：伴随着国家高铁时代的到来，集国铁、地铁、长途客运、城市公交等多种交通方式为一体的超大型铁路客站枢纽工程应运而生，这类站房普遍具有工程体量大、结构设计复杂、标准要求高等特点。而每一个这种类型的大型铁路客站都是一个城市的地标性建筑，从开工到竣工的整个过程都受到社会各界的广泛关注，这就对施工单位的现场管理提出了很高的要求，现场标准化管理成为当今时代大型铁路客站施工的一个新课题。本文尝试通过在大型铁路客站施工中现场标准化管理的实践探索，提供可供参考的经验。

关键词：高铁时代　大型铁路客站　现场管理标准化

高铁时代的到来催生了大型铁路客站的诞生，这类站房秉承"零换乘"的设计理念，把国铁、地铁、公交、长途、社会车辆等多种交通方式引入站房设计，使之成为一座综合性的客运交通枢纽。这类大型铁路客站的施工范围、管理跨度、形象要求、组织难度均远远大于传统的铁路站房，而现场管理直观反映了大型铁路客站施工的管理水平和企业形象，这就迫切要求施工单位改变传统的现场管理模式，整合原有的安全生产、文明施工、队伍管理等单体概念，使现场管理向系统化、一体化、标准化方向迈进。

1　施工现场标准化管理的内涵

施工现场标准化管理是近年来大型铁路客站施工过程中对加强和改进施工现场管理总结出来的一套全新的管理模式。铁道部《关于推进建设单位标准化管理工作的指导意见》文件写到：现场管理标准化就是将现场管理工作内容具体化、定量化，把现场布置要求、检查内容和检查方法等转换为工作标准，实现文明施工，规范建设。《铁路建设项目现场管理规范》和铁道部《关于推进铁路建设标准化管理的实施意见》文件对现场管理的具体内容进行了规定，主要涉及现场布置、安全生产、文明施工、环境保护四大方面。现场布置就是按照以人为本、因地制宜、节约用地、满足施工需要，做好施工现场布置工作；安全生产就是要做好现场安全防护设施、警示标志的设置和安全防护用品的配备，确保现场作业安全、用电安全、危险爆破品使用安全；文明施工要规范管理机械设备、物资材料；环境保护就是要加强现场环境保护工作。通过现场管理标准化形成密切相关、交织科学的施工现场管理新体系，其目标是以实施施工现场管理标准化为突破口，整合现场资源，形成有效的预防与持续改进机制，全面改革现场管理方式，做到管理制度标准化、施工现场标准化、人员配备标准化、过程控制标准化，从而提高企业在大型铁路客站中的施工管理水平。

2　大型铁路客站施工现场管理的特点难点分析

大型铁路客站施工具有规模大、标准高、工期紧、专业繁多、技术复杂等特点。如正在建设中的郑州东站，建筑面积近 41 万 m^2，工期 832 天，混凝土 58 万 m^3，钢结构用钢 8 万 t，高峰期施工人数达 6 500 人，配备塔吊 12 台，履带吊 12 部(280t)。又如正在施工中的成都东客站，建筑面积近 10 万 m^2，工期 730 天，混凝土 25 万 m^3，钢结构用钢 3 万 t，高峰期施工人数达 3 500 余人，配备塔吊 9 台。可见，大型铁路客站建设是一项复杂的系统工程，其施工具有不同于一般工程和传统客站的特殊性，主要表现在：

(1)周转材料用量大、大型设备多、线路施工单位等工程相关方众多，影响施工现场平面布置的因素众多。

(2)多家专业施工队与品种繁多的物料堆放给客站的施工组织、安全、文明施工等造成了极大的难度。

(3)多种专业交叉作业，施工区域广，安全生产管理难度大。

(4)铁路大型客站施工受社会公众关注度高，参观、交流等接待任务频繁，对企业品牌形象提出了更高的标准要求。

因此，加强大型铁路客站施工现场标准化管理是提升施工管理水平的重要举措，是增强企业核心竞争力、升华企业文化、树立企业品牌形象的重要手段，是大型铁路客站施工在新一轮建设高潮中实现大发展的必然选择。而从当前经济发展的宏观环境来看，相对于其他行业，建筑业的施工模式和施工组织方式一直在低水平徘徊，与新时代高铁建设不匹配，这使得大型铁路客站施工现场标准化管理显得更为迫切。

3 科学推进大型铁路客站施工现场标准化管理的措施

高标准、高起点推进施工现场标准化建设逐渐成为施工企业在大型铁路站房施工中的共识。依据铁道部标准化文件要求，中铁建工集团结合工程施工现场实际，以标准化管理为主线，以打造精品工程为目标，全面落实"六位一体"管理要求，积极推进铁路站房标准化建设进程。先后发布了《中铁建工集团企业形象IC标示系统》、《中铁建工集团有限公司标准化管理手册》、《项目文化标准化建设实施办法》和《项目文化标准化建设手册》等指导性文件，并要求项目部紧紧围绕铁道部"六位一体"为核心的标准化管理要求和创建"鲁班奖"、安全文明工地的目标，以大型铁路客站为依托，高度重视标准化管理工作，全员、全面、全过程推进项目标准化管理建设工作。

3.1 高起点策划，动态管理，实现施工现场平面布局科学合理

大型铁路客站施工现场平面布局是展示企业形象的重要平台，也是施工现场标准化管理的源头，因此大型铁路客站的施工现场一定要高起点策划、科学合理布置、高标准建设，并进行动态管理，才能保证铁路客站建设顺利完成。大型客站占地面积大，施工单位多，施工交叉多，为了保证场内交通顺畅和工程安全、文明施工，减少现场材料、机具二次搬运以及避免环境污染，应对现场平面进行科学合理的布置。一般公建工程施工平面布置分三个阶段，即地下、地上及装饰装修阶段平面布置。而大型铁路客站由于项目特点决定了与一般公建的施工组织不同，影响其平面布置的因素较多，主要归纳为：

(1)场区前期往往受征地拆迁、地下管线改移、既有线过渡等影响，使得平面布置划分成若干个施工区域，因此平面布置一般分为地下施工阶段平面布置、地上主体施工阶段平面布置、钢结构安装平面布置、既有线过渡场区施工平面及装饰装修阶段施工平面布置。

(2)场区大门、围墙的设置，大门尽量设在临近城区主要道路一侧，方便车辆通行，大门宽度应满足大型钢结构构件运输，一般除主出入口外，还应设置一处辅助出入口，以便中小型车辆通行及人员出入，围墙设置高度不小于2.2m，对施工区域进行全封闭围挡。

(3)主体施工阶段大型运输车辆、重型设备较多，物料存放占用场地大，因此场区施工道路要统一规划，靠近作业区域，形成环形道路，提高利用率，尽量减少拆改。生产区主干道宽度建议不小于8m，围绕站房四周的环形道路宽度不宜小于6m。

(4)在场地许可的条件下，建议将办公区、生活区和施工现场作业区、辅助作业区分区集中布置，互相独立，分界明确，并保持安全距离，实行分区管理，便于文明施工管理。

(5)生产区应设置在靠近站房结构附近或布置在道路两侧且在塔吊的吊装半径内，这样便于材料运输、倒运。生产区的布置还应结合站场施工进度进行布置，避免因站场施工造成二次搬迁。辅助生产区在生产区周边就近布置，做到道路顺畅、水电通信接入方便。

郑州东站施工现场为238m×502m的长方形区域，占地面积约12万m^2。施工平面布置划分为生产区、辅助生产区、办公区、生活区。生产区根据不同的施工阶段进行布置，分为桩基础施工阶段、承台及结构柱施工阶段、轨道层施工阶段、钢结构吊装阶段、装饰装修及安装阶段，共5个阶段。每个阶段布

置的内容主要有:施工区段划分、机械设备的配备及布置、施工道路及排水系统的布置、临时用电布置、临时用水及消防布置、场地硬化、绿化、工程宣传、安全、文明施工标志管理等内容。郑州东站施工现场外还设有大型的辅助生产区,包括搅拌站1座、钢筋集中加工场1座,钢结构堆放及预拼场地2块。

3.2 严密组织,措施到位,确保现场施工安全

安全控制是工程管理中的关键要素和重要环节,其标准化管理在施工安全防范中起着重要作用。例如,太原南站工程在施工现场安全管理中,首先对工程存在的危险源进行系统识别和安全风险评估,确定重大风险因素,制定并实施安全措施计划、安全专项方案,对可能造成人员伤害或物资财产损失、环境破坏的危险或危害因素以及管理上的缺陷进行有效控制。其次,分析查找安全事故发生的主要诱因,主要有人的不安全行为、物的不安定状态、环境的不利因素和管理上的缺陷。最后,制定安全事故防范措施和应急措施,落实安全责任制,实施责任管理,进行安全教育与培训,定期组织安全检查,实施作业标准化,按科学的标准规范各岗位、各工种作业人员,确保了现场施工安全。

3.3 强化过程控制,打造精品工程

过程控制标准化是通过对现场安全质量、工期进度、生产成本、环境保护等现场管理和作业行为的全过程控制,实现工程项目的闭环式管理。在太原南站施工中,指挥部将"六位一体"管理分解细化,实现过程控制标准化要求。根据铁道部《铁路建设项目施工作业指导书编制暂行办法》的要求,结合工程进展情况,编制作业指导书、施工要点卡片、分项工程质量控制手册、分项工程施工工艺手册等文件。在工程建设过程中,通过科技创新和技术革新,解决施工中遇到的难题,优化施工方案,为工程建设的顺利进展创造条件。另外,在过程控制中始终坚持样板引路,即每个分项施工前进行样板施工,通过样板进行方案比选、材料选型、确定施工工艺等,主要材料、设备在里面封样管理,设有材料(设备)的台账,封样材料(设备)标志、签字齐全,通过建立施工样板制度把结构、装饰施工期间的每个工序、每个操作要点体现出来。在实施过程中从各分项抓起,严格按照施工工艺进行控制,对每个分项都进行技术交底,施工完成经检查验收合格后再进行下道工序。以分项保分部、分部保整体的目标,实施精细化管理,打造精品过程。

3.4 强化企业CI建设,实现标准化文明施工

企业品牌是最重要的无形资产,也是企业形象的集中体现。大型铁路客站更是企业塑造品牌形象的窗口工程。中铁建工集团先后下发了《中铁建工集团企业文化手册》、《中铁建工集团视觉识别系统管理手册》、《中铁建工集团标准化管理手册》,要求集团公司重点项目从办公场所到施工现场、职工住地,从宣传画册到名片、胸卡,从工程机械到工作服、安全帽,规范使用"中国中铁"、"中铁建工"标志,全面整合,全方位统一企业形象,建造精品,彰显品牌。主要措施有:

(1)建筑工地四周砌筑不低于2.2m的"景点式"围墙,围墙上悬挂张贴企业业绩照片和标语。在施建筑均实行全封闭管理,外侧悬挂绿色密目式安全网进行全封闭,外挂宣传标语。

(2)施工现场的图表、材料堆放标准化。严格按照《铁路建设项目现场安全文明标志》和《中铁建工集团施工现场标准化管理手册》要求布置"七牌一图",并在醒目的位置布置主题活动展示牌和大型宣传标语牌。各类材料、半成品、成品等分区堆放,实行成垛、成堆、成捆、成圆、成方,并挂牌标明。

(3)进出口场地必须硬化,外露土进行覆盖处理,办公区、生活区进行大面积的绿化,打造"庭园式"施工现场。

(4)建筑材料和建筑渣土进行密闭运输,防止运输中的滴、洒、漏现象。施工现场设有专用洒水车,安排专人定时进行洒水降尘。

(5)工地出口处均有洗车台和高压冲洗设备,对驶出建筑工地的汽车强制洗车,防止将施工现场的渣土带入城市街道,影响市容市貌。

(6)施工现场设垃圾房,现场垃圾分类存放,减少对环境的污染。

3.5 改善施工环境,加强人文关怀

大型铁路客站施工现场是展示企业形象最直接和最有代表性的窗口。是社会各界、建设单位(业主或甲方)、当地政府、当地群众认识企业的最主要的途径。把大型客站施工现场建成"景点式"文明现场,

除了需要草绿、花香、整洁有序的建筑工地外，对广大参建员工的人文关怀也很重要。

太原南站加大“三工建设”资金投入，用细致的工作、高品质的服务、功能齐全的生活设施和坚强的后勤保障管理工人生活区，抓住细节做文章，为工人营造舒适、和谐的生活环境。现场工人宿舍内安排双层床铺，统一被褥、挂床头卡、安放吸烟桶等，规范宿舍管理。室内采用 36V 安全电压照明并安装低压电风扇，每层设手机集中充电间，楼道设置应急照明和疏散指示灯，建有应急消防泵房，安排专人 24h 值守。建立工人活动中心，设有图书柜、乒乓球台、象棋桌、电视机、投影幕、工人餐厅、便民理发店和超市，丰富工人的业余文化生活。安装太阳能热水器，保证一年四季都能让工人洗上热水澡。又如郑州东站对宿舍区实行人性化管理，引进了物业管理模式，所有宿舍均配置了冷暖空调。这些人文关怀措施丰富了广大参建员工的物质生活和精神生活，使他们能够精神饱满地投入到紧张的施工中去，创造了标准化建设的良好氛围。

4 创新提高施工现场标准化管理水平

4.1 体系创新，保证工程质量，提高工效

实现施工现场标准化管理目标必须做到管理团队和施工作业队建设标准化，让标准化成为每一个员工自觉的行为习惯。合理设置部门和岗位，配齐配强管理人员，落实管理岗位责任，实现“有事必有岗、有岗必有人、有人必有责、有责必有果”的管理要求。中铁建工集团承接的铁路大型客站管理团队均采用指挥部、项目部模式设置管理机构。根据工作岗位要求，配备了具有相应技能、知识以及协调能力的人员，实现岗位设置满足管理要求，人员素质满足岗位要求，构建有知识、有能力、快速度办事、高效率运转的团队。

建立健全标准化管理制度，结合工程实际进行目标、责任和考核的细化与完善，使原则规定、通用要求转变为具体要求，突出可操作性。在太原南站标准化管理工作中，项目部共梳理出施工技术、安全质量、人力资源、计划统计、机械设备、财务、物资、成本及党工团等各项现场管理制度 90 项，制定了项目部各管理部门的工作职责、业务流程和工作目标，建立了考核办法并严格奖惩，做到工作有目标、实施有规范、操作有程序、过程有控制、结果有考核，从而保证了施工质量，提高了工效，按期完成了各阶段工期目标。

4.2 创新系统规划，构建现场管理信息化之路

传统的管理理念和手段已无法适应大型铁路客站管理的要求，必须利用现代化的信息手段来提高大型客站的管理水平，从而提升精细化管理水平，提高企业核心竞争力。

中铁建工集团统一为员工开通了即时通信系统，使得办公文件在网络上及时传递、处理，实现了无纸化办公，降低了管理成本；在网络上建立了项目管理平台，项目实现网上管理，数据及时上传，实现了资源共享，便于掌握项目的管理情况。

大型客站施工现场还建立了视频监控系统。如太原南站为了及时掌握施工现场的作业、进度和安全情况，将视频监控系统覆盖到整个施工区域。在施工现场的主要位置均设有摄像头，监控室设专人 24h 值守，发现问题及时上报。在现场的主要位置、出入口、食堂等处设置广播系统，定时播报施工中应注意的安全事项，给予施工人员安全提示。

大型客站施工现场实现技术管理信息化，大量采用软件系统进行施工方案辅助计算，基坑边坡检测、钢结构变形检测、高架桥应力检测等都采用集成监测系统。如成都东站站房通过采用 MIDAS/GEN 软件模拟计算，采用大跨度钢结构逆作托换技术，缩短了工期，节省了工装费用；深大基坑采用 plaxis 软件进行有限元模拟，确保了站房下地铁 2 号线、7 号线深大基坑施工的安全和进度。

4.3 技术创新，打造节能减排标准化工地

施工现场开展节能减排工作，是促进项目精细化管理的重要手段，是控制成本、提高综合效益的重要途径，应与项目标准化管理融合起来，精心组织、科学实施。项目部成立节能减排领导小组，建立节能减排责任制，制定工作目标和相应措施。作业现场规范有序，采用先进手段对使用材料进行检算优化，推行集中采购、限额领料和回收再利用；施工机械选型合理，能源消耗可控，利用效率高；现场采用节水

节电措施，水资源得以重复利用；施工现场的废水、废渣、噪声采取有效的控制措施，生态环境受到保护等。如太原南站工程，混凝土施工中采取花管喷水养护、配电箱加节电器、模板用短木方重新加工对接等措施，节约了水电用量及周转材料用量；站房高大空间铝板吊顶采用免搭满堂脚手架方案，外墙采用高强脚手架技术措施，节约了大量周转材料和人工费；钢筋接头采用直螺纹连接技术，混凝土采用双掺技术，节约钢材和水泥，降低了成本。

4.4 推广架子队管理模式，实行施工现场安全文明施工

大型客站工程体量大、工期紧、施工难度高、工种繁多、工人水平参差不齐，采用架子队管理模式组织施工，有利于施工企业强化对作业层的管理和控制，确保施工现场的质量与安全保证体系的有效运行。根据铁道部的有关要求，项目部均建立了架子队管理制度，并完善了管理台账，在日常管理中制定培训计划，设立农民工夜校，加大培训投入。除组织集中培训和岗前教育培训外，还对各架子队的教育培训进行指导、督促、检查和考核。对新技术、新工艺、新设备、新材料的实施和应用技术等进行专项培训。

项目部架子队均按“1152”进行设置，即专职队长1名，技术负责人1名，配备质量员、安全员、材料员、实验员各1名，技术员1名，领工员及工班长根据施工内容及现场需求各设置3～5名。太原南站项目部共设置架子队5个，成都东客站设置架子队8个，通过对作业队管理程序和行为的控制，使施工现场管理始终在预先设定的轨道内运行，避免现场管理出现偏差。

4.5 安全防护工具化、定型化，确保现场安全生产施工

大型客站采用工具式、定型化的防护设施是现场安全的重要保障。结合现场防护的特点，开发研制了多种安全防护装置，其中“工具式楼梯防护栏杆”获得国家专利授权；还专门制作了《标准图解》，对一些具体要求，附上彩色照片、标明具体尺寸和材料型号；还和有关单位一起开发标准化系列产品，降低项目的施工成本。

(1)施工现场临边洞口、安全通道、楼梯、电梯洞口、钢筋加工棚等采用可拆卸、多次周转使用、定型化、标准化的防护设施。

(2)施工现场的各种机械都有相应的安全防护装置，安装牢固，确保了工人操作时的安全，如切割机、电焊机、木工机械、钢筋机械等，氧气、乙炔防晒车，无齿锯防护罩，现场消防器材设置防护棚并悬挂警示标志。

(3)电气防护设施设置固定配电箱防护棚，派专人负责，悬挂好警示标志；电缆沟、电缆槽放置于电缆沟内或用电缆槽覆盖，放置漏电伤人。

(4)施工现场按“三级配电、三级保护”的要求进行布设，配电箱全部统一定做及配置，用电设备全部实行“一机、一闸、一漏、一箱”的安全要求，进场的电焊机全部装配二次侧降压保护，保证了使用的安全。

4.6 党建创新，“双标共建”提升施工现场管理水平

“双标共建”即以项目管理标准化和项目党建标准化为核心内容，将项目党建和思想政治工作全面纳入“标准化”体系建设，开展以组织设置标准化、制度建设标准化、项目文化标准化、基础资料标准化为内容的活动，构建甲方、设计、监理、施工、协作队伍共荣共赢的大共建格局，全面加强施工现场管理标准化建设。“双标共建”相继在成都东站、太原南站、郑州东站等重点项目进行了试点，取得了显著成绩。如作为“双标共建”主体单位的郑州局郑州工程指挥部与中铁建工郑州东站指挥部，在工程建设中坚持党组织与工程项目同步建立、党建工作任务与工程建设任务同步部署、党建工作与工程建设同步考核，双方围绕工程难点、质量要点、安全关键点等开展技术攻关和质量把关，先后研发了22项新技术、新工艺，不仅确保了工程质量、加快了工程进度，还确保了施工安全。

5 施工现场标准化管理的成效及持续改进

推行施工现场标准化管理是企业一项长期的工作。通过太原南站、成都东站及郑州东站等大型铁路客站推行现场管理标准化建设取得的成果，深切地感到现场标准化管理既要有思维观念上的超前，更要有实践观念的创新，同时辅之以不断健全完善的机制的保证。这些体会具体归结为：

(1)必须坚持以企业为主体,推广标准化建设才具有坚实基础。为推进建筑工地向标准化管理迈进,制定了奖励措施,还建立检查制度。通过激励和监督检查这两种不同的措施,激发了项目部严格执行标准的积极性和主动性。

(2)必须坚持以工人为主角,推广标准化才具有最佳效果。企业的发展离不开大量高素质、能拼搏、善打硬仗的熟练建筑工人,在推广标准化工地工作中,以工人为主角,把改善工人的生活、生产条件当作头等大事,最大限度地改善工人生活、生产的需求,吸引了大批经验丰富的熟练工人,避免了出现“民工荒”的情况,为施工生产的持续发展增添了后劲和活力。

(3) 必须坚持以持续改进为动力,推广标准化才具有坚实保障。推广标准化是一个渐进的过程,需要及时总结、不断完善、持续改进。

6 结语

施工现场标准化管理不仅仅是创建一个良好的施工环境,更重要的是造就一种良好的工作作风和严谨科学的工作态度,进而实现施工现场管理向精细管理、科学管理的转变。大型铁路客站施工现场实行标准化管理,是高质量、高速度、高效益完成客站建设任务的必然选择,也是创建精品工程、树立企业品牌的重要保障。

科技创新引领京沪高铁上海虹桥站的建设

上海建工(集团)总公司京沪高铁虹桥站项目总承包部

(上海建工(集团)总公司　上海　200080)

摘　要:上海虹桥站既是京沪高速铁路的关键站点,又是虹桥综合交通枢纽的重要组成部分,其建设工期紧、任务重、周边环境复杂、总体协调难度大,建设过程中,通过科技创新成功解决了超大型基坑施工和复杂环境下大体量钢结构吊装的问题,通过节能降耗技术的应用,使得工程达到绿色环保低碳的要求,通过管理上的系统统筹,细化节点、抓住关键,有效、有序推动工程进展,保证了虹桥枢纽工程的顺利完工。积累了相关经验,值得同类工程建设借鉴。

关键词:超大型基坑　钢结构吊装　网格化

1　工程概况及周边环境分析

上海虹桥综合交通枢纽工程位于上海市中心城区以西,闵行区的华漕镇和长宁区的虹桥地区,规划占地面积约 26.34km^2。枢纽核心区占地面积约 4km^2,主要由航站楼、东交通中心、磁浮虹桥站、上海虹桥站、西交通广场及延伸段、地铁西延伸段几大建筑单体组成(图 1)。

图 1　虹桥综合交通枢纽核心区建筑实景

1.1　工程概况

上海虹桥站是中国第一条运行速度为 350km/h 的高速铁路——京沪高速铁路的终到、始发站,是京沪高速铁路的重要组成部分,建成后同上海地区其他铁路客站共同构成全国四大铁路客运枢纽之一。上海虹桥站总用地面积为 22.42 万 m^2,主要由站房主体、无站台柱雨棚、南北辅助办公楼、场区站场设备等工程组成。其中站房主体东西长 448m,南北宽 198m,建筑面积为 24.2 万 m^2。铁路客站含高速、综合两个车场,总规模为 30 站台、30 线,年设计旅客流量为 6 000 万人次。

1.2　周边环境分析

上海虹桥站作为核心区工程的主体建筑之一,其东侧为磁浮虹桥站,西侧为西交通广场,南北两侧为楼前高架,站房的地下一层为站厅层,地下二层为 2 号线、10 号线、青浦线地铁站台层,地下三层为 5 号线、17 号线地铁及新风道、通风道,相当于其下面有 5 个地铁车站,建设环境十分复杂。同时,由于存在多家建设单位、多家设计单位、多家监理单位、多家施工单位、多种工况并存、多种工序交叉,施工组织与协调相当困难。上海虹桥站平面及剖面图见图 2。

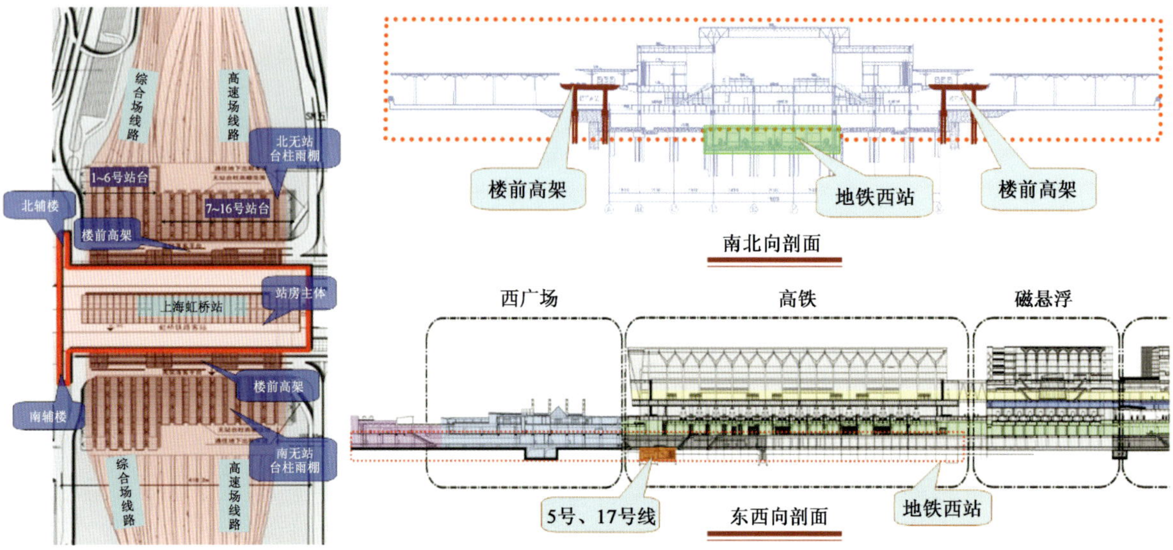

图 2 上海虹桥站平面及剖面图

2 工程难点及特点分析

上海虹桥站工程的特点以及难点有：

(1)工期紧。上海虹桥站自 2008 年 7 月 20 日开工，至 2010 年 7 月 1 日沪宁城际铁路开通，仅为短短的两年时间，工期十分紧张。

(2)环境苛刻，受周边工程制约影响。其东为磁浮车站施工，南北两侧为楼前高架施工，其西为西交通广场施工，下部为地铁西站工程，组织协调难度大。

(3)基坑工程超大、超长、多级、超深，施工难度高。

(4)多工况并存及多工序时空交叉。大面积的混凝土、钢结构、机电、幕墙、装饰等工程必须同时、交叉施工，给工程施工带来极大的挑战。

(5)环保节能新技术应用多。地源热泵、太阳能光伏发电系统、太阳能热水系统、光纤照明、LED 及节能灯具、屋面雨水回收系统等新技术得到广泛应用。

(6)钢结构总量逾 8.7 万 t，吊装要求精度高、难度大。

3 科技攻关与技术创新

上海虹桥站工程体量大、工期紧、要求高、施工环境复杂、各种工种时空交叉，因此，工程建设必须以技术为引擎，向科技要进度、要质量。

3.1 超大型基坑围护施工技术

上海虹桥站基坑工程单个基坑面积约 16 万 m^2，分 B1、B2、B3 三级开挖，最大挖深近 30m，开挖土方量 350 万 m^3(配套挖土 175 万 m^3)，日最大出土方量 5 万 m^3(配套最大出土方量 2 万 m^3)。其基坑东侧为磁浮虹桥站，西侧为西交通中心基坑，基坑与周边均有联系，因此，在施工过程中必须处理好相互之间的界面关系。在选择围护形式上充分考虑：①满足工期对工程的要求；②方案的建设成本低；③经济合理、安全适用；④化解将来实施过程中的不利因素。在选择围护方案上，先后对比以下三种方案，对比汇总如表 1 所示。

方案一：B1 层基坑四级放坡，B2、B3 层基坑为地墙＋4 道支撑，如图 3 所示。B1 层基坑采用四级放坡的到底开挖方式，B2 层基坑采用地连墙＋3 道钢筋混凝土桁架内支撑体系，B3 层基坑采用地连墙＋钢管内支撑体系，根据不同位置及标高布置钢管支撑。

方案二：采用地墙＋4 道支撑，如图 4 所示。B1 层基坑采用 1 000mm 钻孔灌注桩＋双排 550mm 水泥搅拌桩止水围护体系，开挖初期采用预留挡土坡护墙方案，基坑内放坡开挖，后期利用零层结构板作顶部支撑，局部加斜撑方案，B2、B3 层基坑采用地墙＋钢筋混凝土桁架/钢管的内支撑体系。

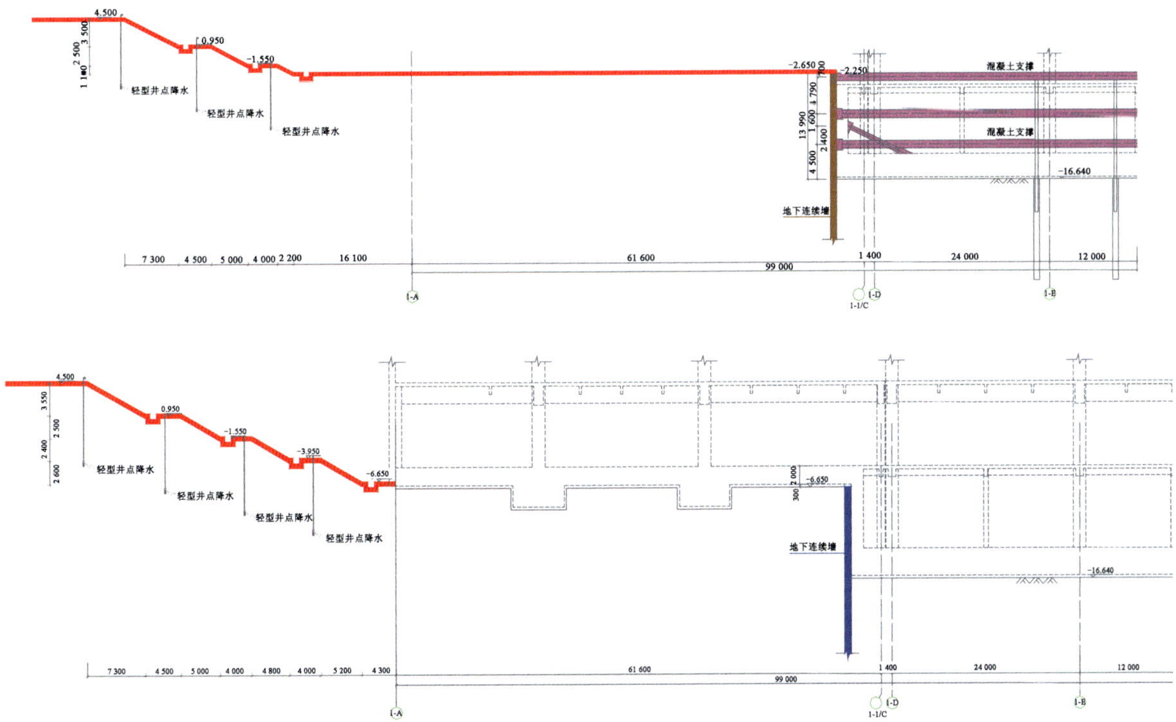

图 3　基坑围护方案一：四级放坡＋地墙＋内支撑体系

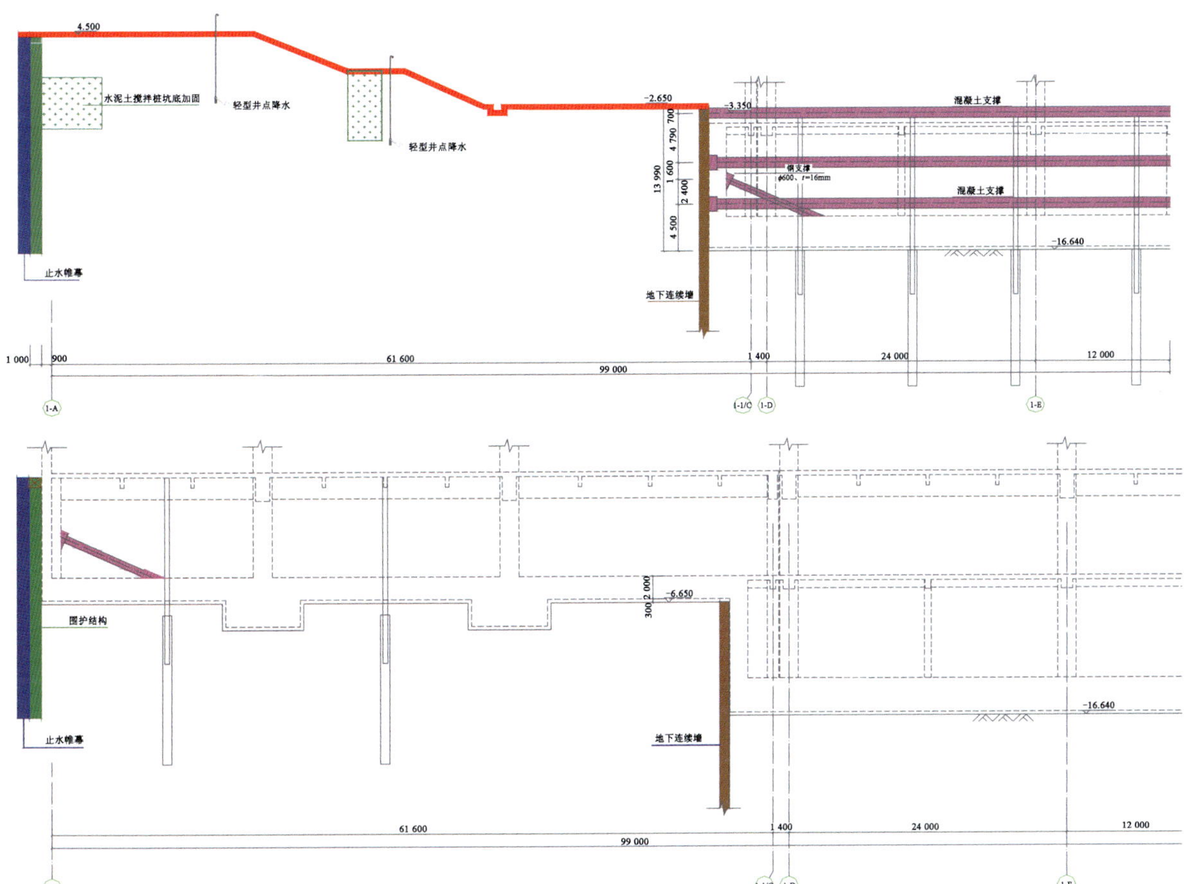

图 4　基坑围护方案二：钻孔灌注桩＋水泥土搅拌桩止水帷幕＋地墙＋内支撑体系

方案三：B1层基坑二级放坡＋重力式挡墙，B2、B3层基坑为地墙＋内支撑，如图5所示。B1层利用重力坝可以直立的特点，采用无支撑的放坡大开挖方式，保证了大体量的土方在短时间内开挖完毕。B2、B3层采用地下连续墙＋多道钢筋混凝土桁架/钢管的内支撑，地下连续墙考虑采用两墙合一的做法，B1、B2、B3围护共同组成多梯次联合支护体系。

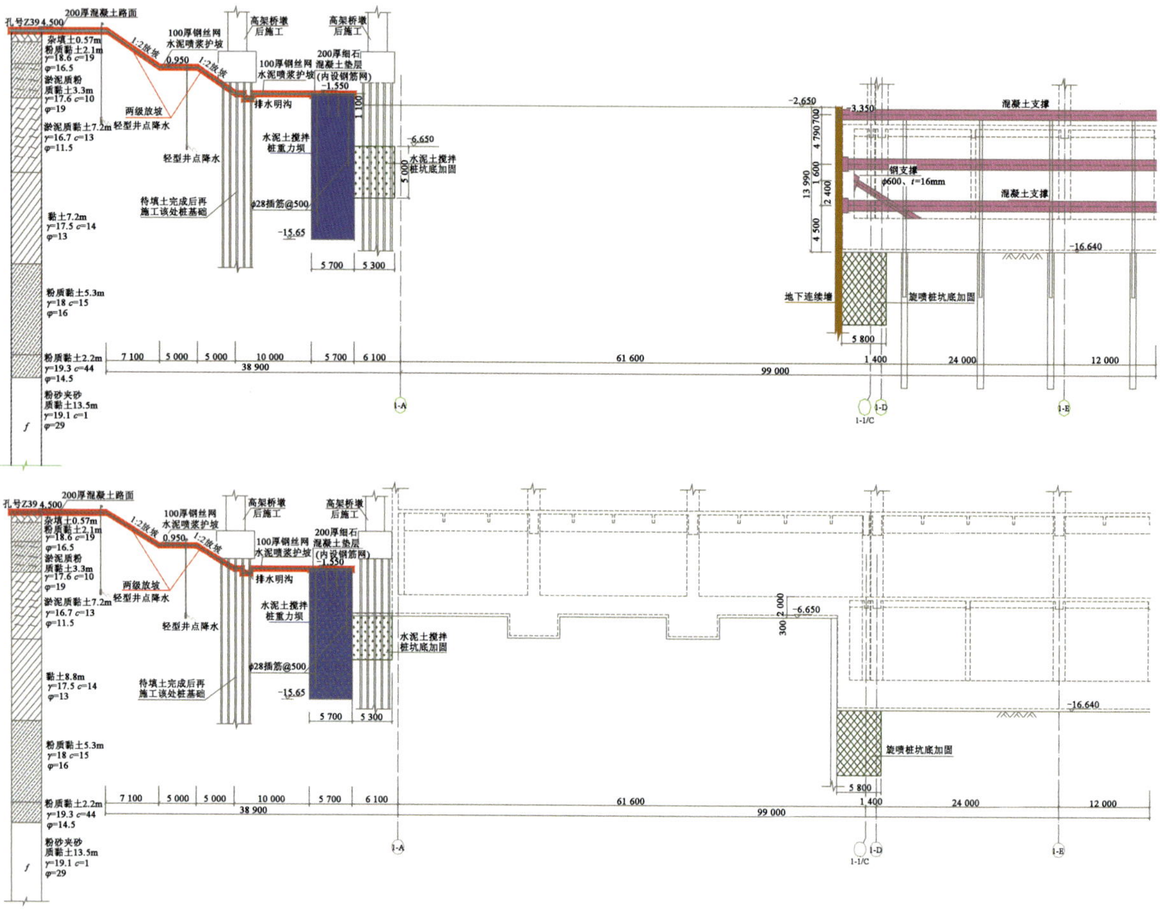

图5　基坑围护方案三：二级放坡＋重力式挡墙＋地墙＋内支撑

围护方案对比表

表1

围护形式	方　案　一	方　案　二	方　案　三
优点	施工速度快、工程造价相对低	土方开挖量最小、对南北两侧国铁车场的路基影响最小、变形可控、对主体结构工程桩影响较小	基坑变形可控、土方开挖及回填量较小、能够很好地与临近基坑连接
缺点	围护风险大、土方开挖和回填量最大、对南北两侧国铁车场的路基影响大	造价偏高、工期长、与东西端第一级基坑支护体系协调难度大	放坡开挖对南北两侧国铁车场的路基存在一定的影响，重力坝挡墙控制基坑变形能力不如钻孔灌注桩围护结构方案强
综合考虑	方案三：二级放坡 ＋重力式挡墙＋内支撑		
效果	从挖土开始到结构出±0.000m，工期不足10个月		

经过对上述三个方案进行技术、经济及工期的对比分析，结合周边环境及本基坑施工时的边界条件，并征询专家意见，最终确定采用方案三：二级放坡＋重力式挡墙＋地连墙＋内支撑的多体系联合支护。该围护体系的成功应用，有效地缩短了施工工期（从挖土开始到结构出±0.000m，工期不足10个月），控制了施工风险（B1层重力坝的累计水平位移、B2、B3层地下连续墙的累计水平位移均控制在预警值以内），圆满地完成了土方开挖施工。同时，经专家鉴定，该多梯次联合支护体系的施工技术达到国际领先水平。

3.2 “变分段开挖为整体开挖”的施工技术

5 号、17 号线基坑位于高铁基坑西侧，原设计分为 3 个基坑支护（利用两道分隔墙将基坑分为 3 个基坑，中间基坑靠近分隔墙处为环形支撑），二次开挖（先开挖中间基坑，待中间基坑结构浇筑至 B1 板后，再开挖两端基坑）（图 6），但工况无法满足工期要求。因此，在施工过程中考虑采用将 3 个基坑合并、整体开挖的施工方式，即在原分隔墙两侧的第一、二、四道支撑梁之间的空当部位上增加 300mm 厚的板，锚入分隔墙顶部使其连成整体，与环形支撑形成力系平衡体系，确保封堵墙两侧的支撑力平衡，从而达到 3 个基坑同步开挖、缩短工期的目的（图 7）。

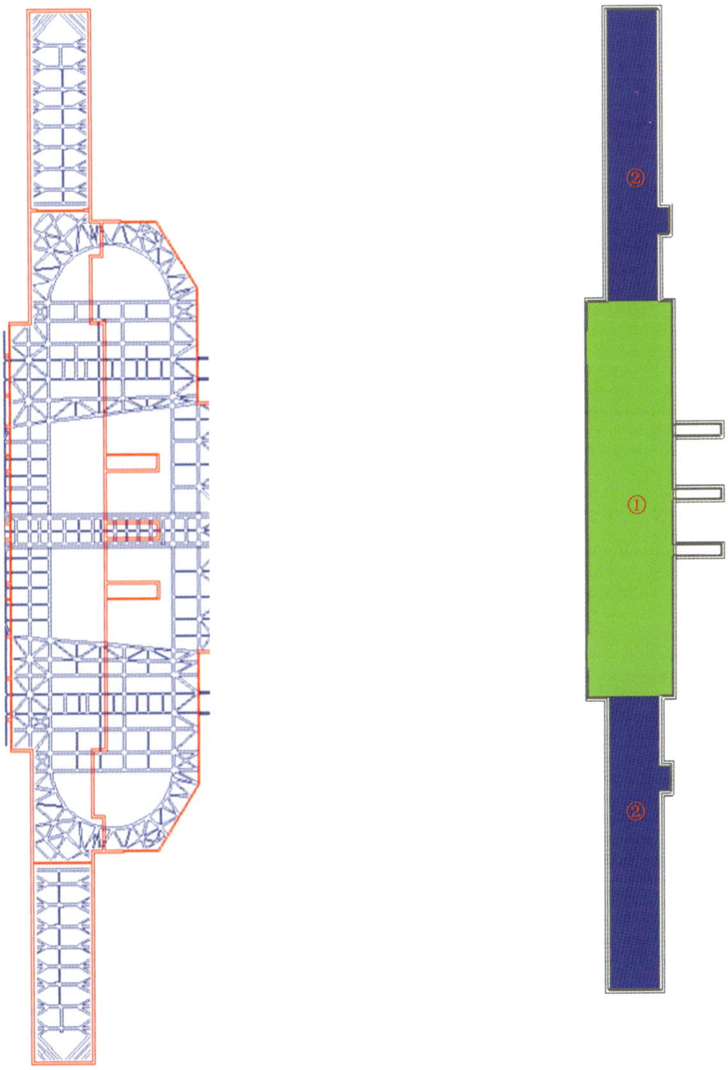

图 6　原设计支撑图

3.3 复杂工况下组合式钢结构吊装施工技术

上海虹桥站钢结构工程体量大（约 8.7 万 t）、构件重（最重的桁架超过 200t）、工期紧（4 个月内完成下部钢结构 3 万多吨、5 个月完成上部结构 5 万多吨）、钢结构吊装与其他工种同步立体交叉施工，施工现场占地面积广但供施工用的构件堆放及吊机开行的场地却十分有限。因此，必须选择合适的吊装机械，采用科学的吊装方法，才能确保工程的有序进展。

根据上海虹桥站钢结构工程的特点，项目部经过精心策划，提出采用“大型行走式动臂塔吊分区域逐跨退吊，大流水施工配合节间综合吊装”、“现场拼装，整体提升”以及“利用桁架形成胎架场地、跨内定点吊装”等工艺，极大地解决了吊装场地狭小的问题，确保上海虹桥站钢结构工程的顺利实施，同时也为后续工作的开展提供工作面，确保了整个工程的顺利实施。

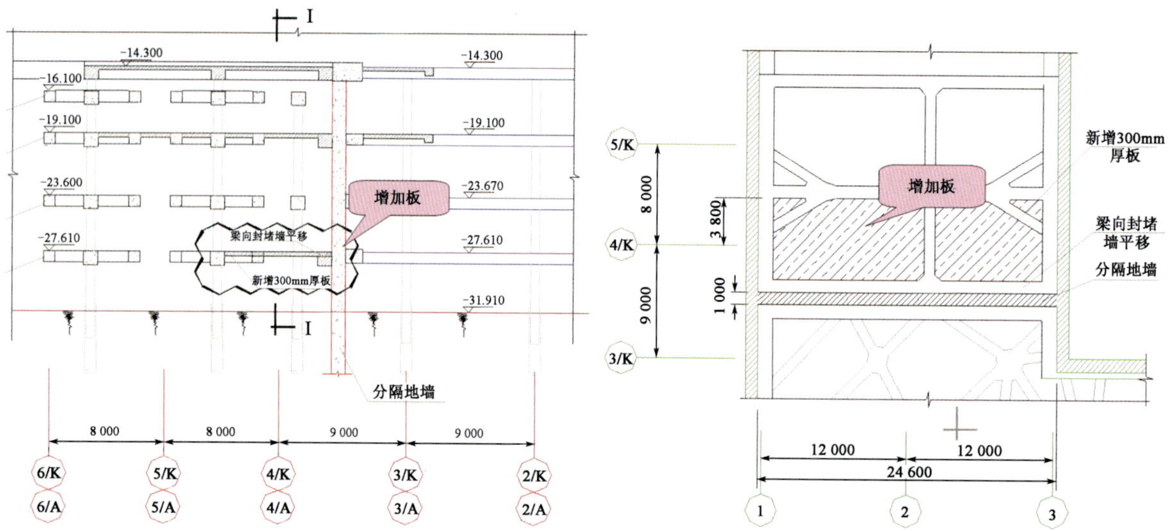

图7　调整后支撑体系图

3.3.1　大流水配合节间综合吊工艺

铁路虹桥站站房占地 418m×162m，东西向有轴线 1～23 轴，南北向有轴线 A～K 轴。从工程外部环境分析，工程南北两侧为楼前高架，东西两侧分别为磁浮虹桥站和西交通广场(铁路虹桥站与磁浮虹桥站之间为规划的申兰路，与西交通广场之间为规划的申贵路)。高铁站房施工时，周边各单体建筑同时施工。

在如此复杂的环境下，如何布置塔吊及安排塔吊行走路线，使得钢结构既能实现大流水作业，又不至于影响到相邻工程的施工显得尤为重要。因此，项目部在施工前进行了精心策划，先后对比了三种方案。

方案一：行走式塔吊跨外施工。考虑采用 4 台行走式塔吊布置在结构南北两侧，即在主站房结构外侧进行钢结构吊装。优点是可大流水作业，不影响结构施工；缺点是没有大的场地，同时也会影响周边建筑物的施工，且所需的塔吊吨位超大(超过 3 500t·m)，市场上无满足该吨位的塔吊。

方案二：行走式塔吊纵向跨内施工(南北向行走)。考虑利用－2.550m 轨道层的列车轨道作为塔吊行走路基，进行钢结构吊装。优点是可以减小对－2.55m 标高混凝土楼面的破坏，也可以减少对行走式塔吊行走轨道的设计和布置；缺点是只有当列车轨道铺设完毕后才能安装塔吊、吊装钢结构，这样势必使得钢结构安装工期更加紧张，同时也增加了与土建等相关单位的协调难度，另外，钢结构安装完成后，塔吊的拆除也很困难。

方案三：行走式塔吊横向跨内施工(东西向行走)。考虑采用 8 台行走式塔吊(1 000t·m 以上)跨内布置，在 12～13 轴向东、向西边退边吊。优点是塔吊布置简单，现场总体施工布置简便，多工种搭接及多种施工工艺的使用可提高安装精度，缩短工期，保证工期节点目标。

经过以上的分析对比，决定采用方案三的大流水作业(图 8)，将整个站房主体上部钢结构安装分为东、西两个施工区域。东区为 1～12 轴，西区为 13～23 轴，8 台行走式塔吊分成 4 台/组，自 12、13 轴向东、西两侧同时吊装。在吊装每一跨时，借鉴厂房节间吊经验，采用综合吊装方法，即先安装 10m 标高的立柱，然后依次安装 6.5～10m 标高桁架层、16m 和 21.85m 的夹层、30m 标高屋面结构层以及 40m 标高屋盖结构层，如此吊装可以尽快形成一个完整的节间，为后道工序的施工创造条件。

3.3.2　大跨度桁架整体提升工艺

上海虹桥站钢结构工程中 6.5～10m 标高桁架层以及 30m 屋架层存在多处因抽柱而形成的大跨度桁架，桁架的长度为 42m、45m、46m，最重的达 210t 左右，超出吊机的起吊能力。因此，采用了整体提升工艺，由于 6.5～10m 标高桁架层(图 9)和 30m 屋架层(图 10)工况的不同，采用不同的整体提升工艺。

(1)6.5～10m 标高桁架层“原位拼装、整体提升”。

6.5～10m 标高桁架层中的大跨度桁架总共 32 榀，结构形式为箱形钢综合桁架，截面高 4m，长度分为 42m 和 46m 两种，质量在 120～200t 之间，超出了吊机起重性能。因此，采用“桁架工厂整体制作、分段运输、现场拼装、整体提升”的施工工艺，即将整个桁架沿纵向分为 3～4 段，分段运送至施工现场，在桁架空间实际位置投影设置拼装胎架场地，完成桁架的现场拼装。同时，将提升架对应安装到两侧的钢柱顶端，并将提升架后拉杆与后方桁架连接牢固，通过钢绞线连接将提升设备的前锚点与提升桁架相连，利用液压千斤顶，将提升桁架整体提升到位，与两侧钢柱牛腿通过连接板连接后焊接牢固。

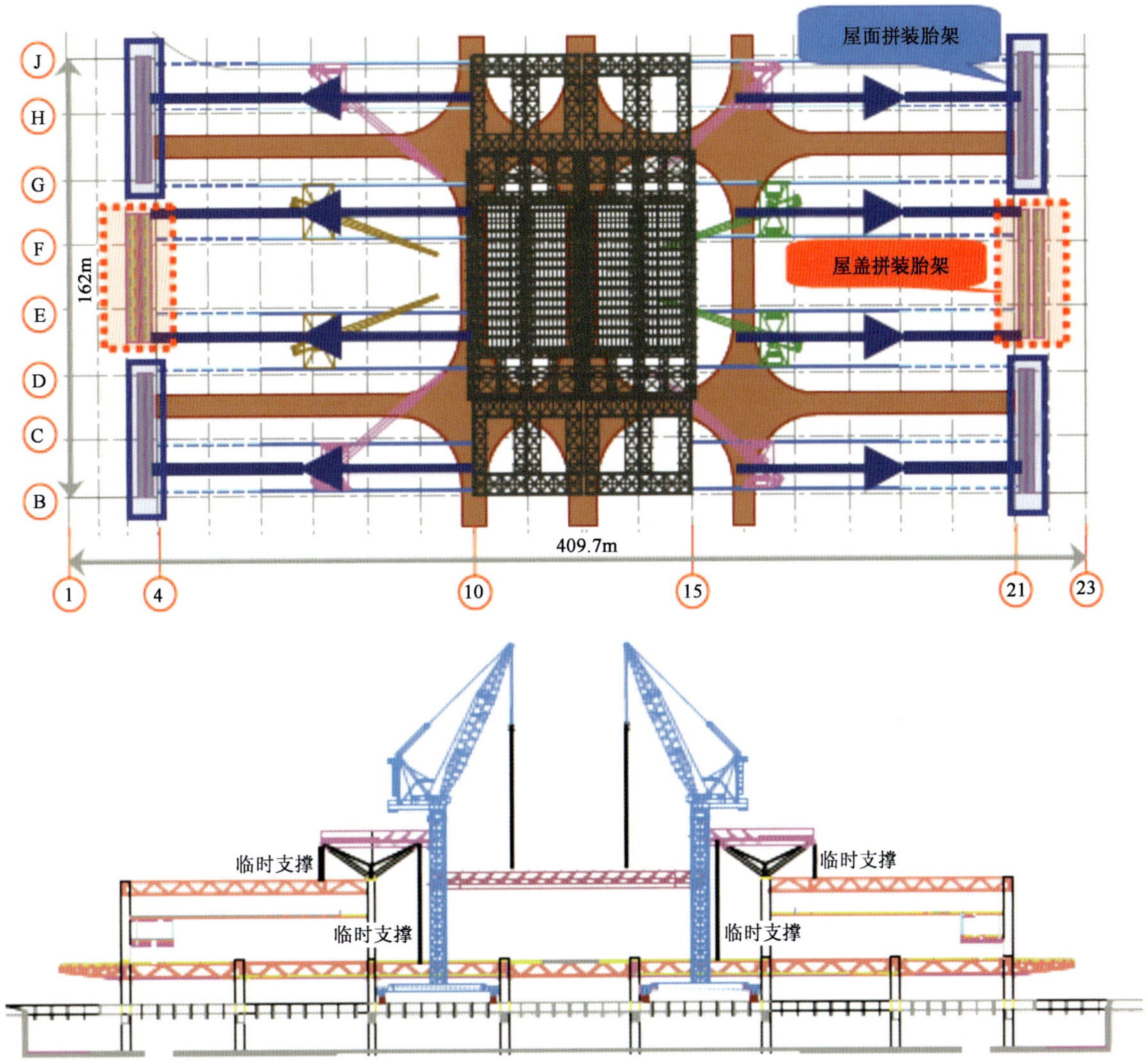

图 8　大流水配合节间综合吊平面及剖面图

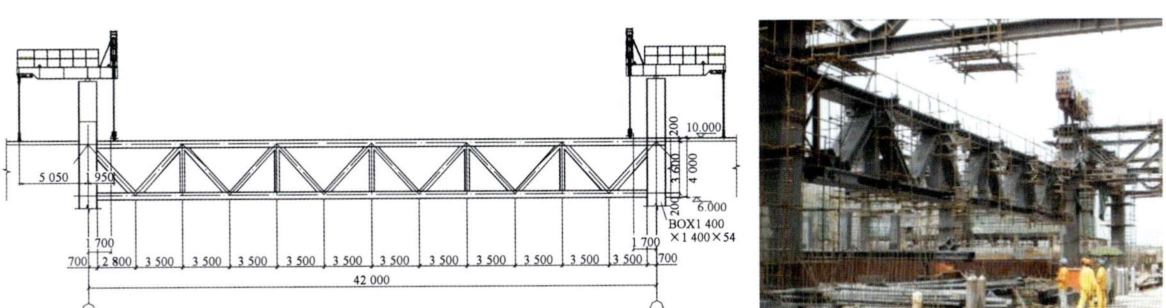

图 9　6.5～10m 标高桁架层整体提升

(2)30m 标高屋架层大跨度桁架"高空拼装、整体提升"。

30m 标高屋架层大跨度桁架共有 4 榀，长度约 45m，质量在 210t 左右。与 6.5～10m 标高桁架层施工不同，30m 标高屋架层大跨度桁架采用"现场高空拼装，整体提升"的施工工艺，即在安装位置投影线下的 10m 桁架上完成桁架的高空拼装，借用＋10m 层大跨度桁架提升时所用设备，安装到桁架两侧的钢柱上，并给每个提升设备配备 3 个 50t 千斤顶，实现大跨度桁架的整体提升。

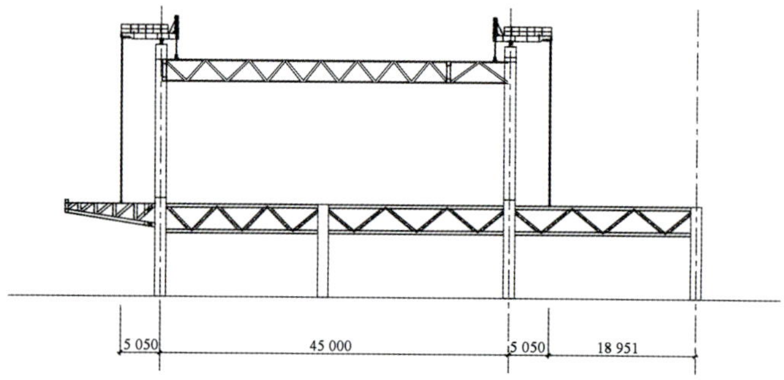

图 10　30m 标高屋架层大跨度桁架整体提升

3.3.3　利用桁架形成胎架场地，跨内定点吊装

上海虹桥站钢结构吊装的一个特点就是虽然施工现场面积广(410m×162m)，但是现场胎架拼装场地却十分狭小。因此，在采取大流水吊装施工时，胎架拼装场地随着 8 台行走式塔吊分别向东、向西退却而后退，特别是当 4 台行走式塔吊退至站房东侧时，胎架场地将会退至东侧的申兰路，这会对道路的施工与协调及整个工程的道路交通组织产生很大影响。因此，在吊装东侧边跨 21～22 轴之间 30m 屋架的钢结构时，利用已吊装好的 10m 层桁架作为胎架拼装场地，采用高空拼装。

上海虹桥站主站房的 4～21 轴与两侧的 1～4 轴和 21～23 轴存在 2.45m 的结构高差，针对东区边跨间距较小，且无大跨度悬挑结构，为加快工程进度，减少塔吊翻跨对工期的影响，当东区 4 台塔吊边吊边退，退至 19～21 轴时，4 台塔吊不再翻至 21～23 轴高跨重新安装，而是停在 19～21 轴间，定点吊装 19～23 轴的钢结构(图 11)。在拆除东区 4 台行走式塔吊的时候，采用 4 台塔吊依次自南向北互拆的方法，在拆除前一台塔吊后，利用后一台塔吊对前一台塔吊停机位置的构件进行补缺。

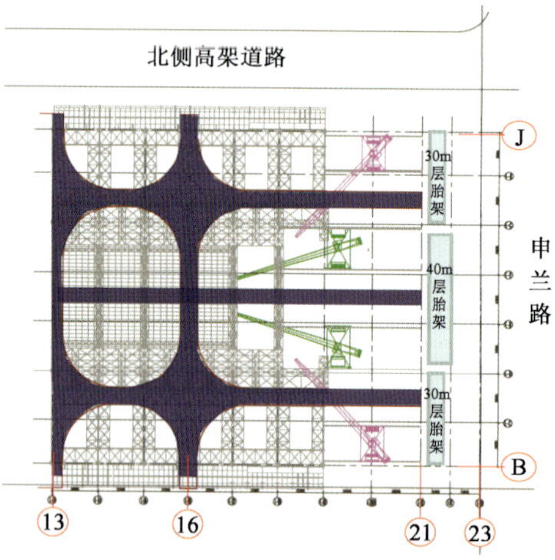

图 11　东区边跨钢结构跨内定点吊装

4　节能降耗技术的应用

4.1　太阳能技术的应用

太阳能作为一种清洁能源，在上海虹桥站中得到充分的利用。上海虹桥站利用的太阳能技术主要包括三大块：太阳能光伏发电系统、太阳能热水系统和太阳能光导照明(图 12)。

在南北无站台柱雨棚上安装 23 910 块太阳能电池板，总装机容量达 6 688kW，年均发电 630 万度，可供 12 000 户居民使用，年减排二氧化碳 6 600 多吨，年节约标煤 2 254t。

太阳能热水系统是目前最有效利用太阳能这一绿色能源的设备之一，主要由太阳能集热管、储水箱及辅助加热器、冷水补给系统等组成，其中太阳能集热管位于主站房 30m 屋顶上。太阳能热水系统主要服务于贵宾候车室。

太阳能光导照明由采光罩、光导管和漫射器三部分组成。上海虹桥站太阳能光导照明的采光罩设置于主站房屋顶，由它收集的阳光经光导管传送至设置于地下候车大厅和贵宾厅的漫射器，实现地下大面积的自然光照明。

图 12　太阳能晶硅电池板与光导室内照明

4.2　地源热泵技术的应用

地源热泵技术是一种利用相对稳定的浅层地热资源（或河流、湖泊热源），既可供热又可制冷的高效、节能的空调技术。上海虹桥站工程热泵系统室外地埋换热器采用垂直埋管换热器，共设计 1 960 个垂直孔，单孔深度为 90m。上海虹桥站冬季采暖将全部由地源热泵系统提供，现场作业如图 13 所示。

图 13　地源热泵钻孔施工及集水器作业

4.3　隔音降噪材料的应用

上海虹桥站作为虹桥综合交通枢纽的一部分，众多的交通形式带来大量的噪声污染，需采取合适的隔音材料和特殊的建筑形式以降低噪声污染，达到建成绿色环保建筑的要求，保证良好的候车环境，最终达到人性化的适用要求。因此，在建设过程中采用了许多隔音降噪材料，比如在主站房 B1 层、轨道层等采用硬质无机纤维喷涂技术及穿孔吸音板材料等建筑声学处理措施，确保这些区域有合适的混响时间、良好的语言清晰度、较为合适的噪声级。轨道层吸音吊顶及 6.55m 层穿孔吸音板如图 14 所示。

图 14 轨道层吸音吊顶及 6.55m 层穿孔吸音板

4.4 绿色环保节能型施工

上海虹桥站在施工过程中也充分体现绿色环保节能。比如在钢筋连接施工过程中采用铜排放热技术,采用该技术焊接的钢筋焊点不松脱,载流能力大,能承受多次大浪涌电流冲击而不退化。又如在管道安装过程中,采用工厂化预制流水线,管道的多种工序可以在预制厂一次完成,提高施工质量,缩短工期,降低工程成本。在施工过程中,以"节能、节地、节水、节材和环境保护"为重点,在施工过程中推广各种节能措施。原施工场地建筑垃圾比较多,在场平阶段,将建筑垃圾作为施工便道的基层,变废为宝,节约成本。施工过程中采取水循环利用技术,通过设置多级沉淀池,将收集到的废水净化,循环利用。

5 系统统筹式管理

上海虹桥站管理上的一个特点就是业主多、施工单位多、单体项目部多、一家总承包单位管理等,这都给上海虹桥站的管理带来极大挑战,针对虹桥站的工程特点,上海建工组织经验丰富的管理人员成立管理项目部负责工程总体协调与管理,其组成如图 15 所示。

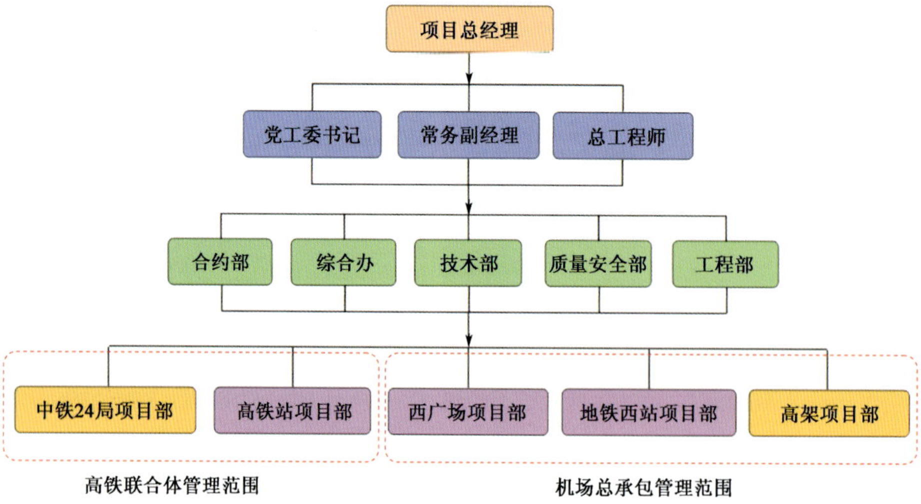

图 15 上海虹桥站管理组织机构图

5.1 细化节点,抓住主次

5.1.1 向西交通广场借道

在整个虹桥枢纽建设过程中,上海虹桥站工程工期最紧、工程量大、交通组织困难。为了保证虹桥站工程能够按期完工,必须确保道路交通顺畅,因此,在虹桥站的挖土及结构施工阶段曾两次向西交通广场借道(图 16)。

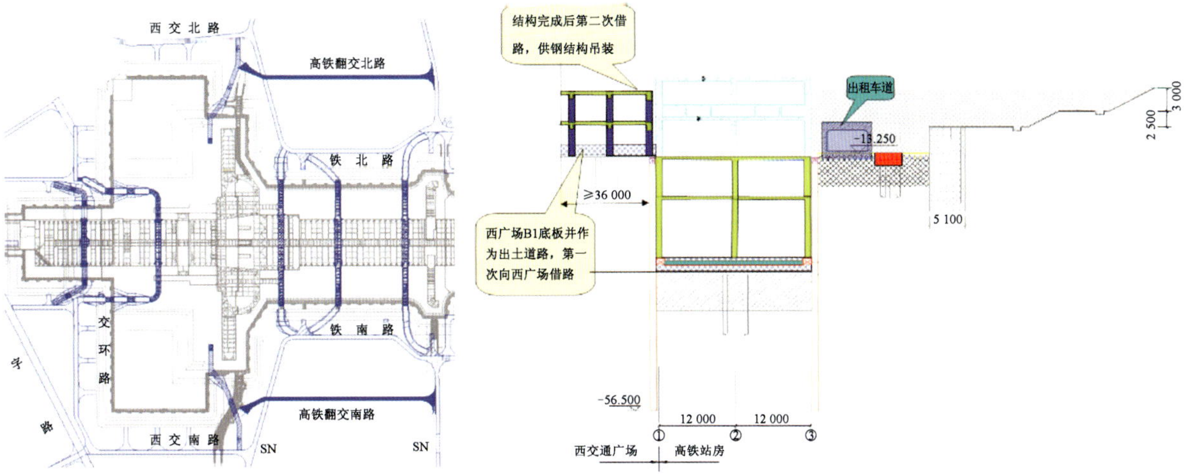

图 16　两次向西交通广场借道

(1)挖土阶段。

上海虹桥站区域西侧的 5 号、17 号线基坑，其西侧为西交通广场，与西交通广场在 B1 板共坑，因此在基坑施工时与西交通广场、5 号线、17 号线基坑结合处同步开挖，西交通广场向西延伸 50m，然后作为 5 号、17 号线基坑的土方开挖道路，西交通广场施工底板留设 20m 作为 5 号、17 号线基坑的土方开挖道路，预留段与 5 号、17 号线的 B2 层顶板同步施工。

(2)结构施工阶段。

当西交通广场结构出±0.0m 后，上海虹桥站上部钢结构正进行大流水吊装施工，当 4 台行走式塔吊由中间退至西侧时，借助西交通广场与上海虹桥站之间的申贵路作为胎架拼装场地和塔吊吊装场地，从而有效保障了上海虹桥站工程的进展。

5.1.2　协调外围高架工程

上海虹桥站站房主体工程周边施工环境复杂，存在多单体(南北楼前高架、共同管沟、铁路线路)、多工种(高架桩继承台及结构施工、土方回填及地基加固、共同管沟施工及管线铺设、路线的加固及铺设)、多单位(楼前高架由外地甲单位施工、土方回填及地基加固由地铁单位完成、共同管沟结构由中铁二十四局实施而管线铺设则由上海建工完成、线路加固及铺设由中铁二十四局完成)交叉施工的现象。周边单体的施工必然影响主体结构道路交通组织。因此，必须合理安排施工流程及各单体的组织协调以尽快形成施工道路，为虹桥站上部结构施工创造便利的交通组织条件。具体工序流程如图 17 所示。

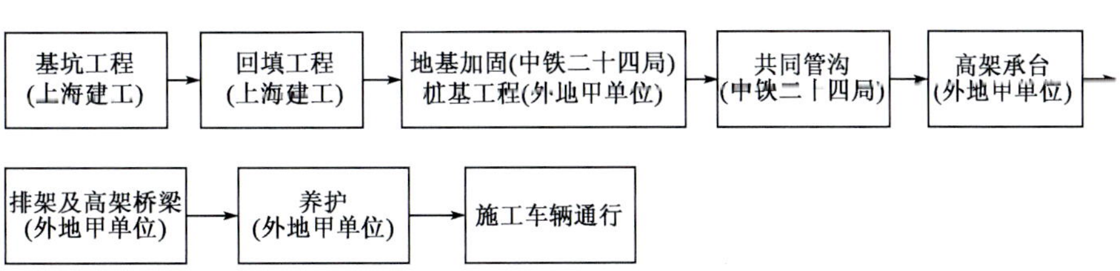

图 17　工序流程

5.2　增强深化设计

上海虹桥站工程工期紧、任务重，包含着众多的诸如幕墙、安装、装饰等专业工程，如何在工程中安排好专业工程的深化设计，提高专业单位的深化设计能力，是工程有序开展的重要保证。对此，项目部组织及协调幕墙、安装、装饰等专业单位积极与设计院进行沟通，理解建筑设计意图，对设计节点进行深化，完成节点深化设计后组织召开深化设计研讨会，与设计院协调形成统一的节点深化设计图(图 18)；而在施工过程中，密切注意节点施工的符合性和完整性，推动工程进展。从整个虹桥站工程的进展来看，加大工程的深化设计能力对工程的进度、质量、效益产生很大影响。

图 18　安装及装饰深化设计效果图

5.3　样板引路，标准化管理

上海虹桥站工程以"鲁班奖"为最终创优目标，为实现这一目标，在工程实施的各个阶段都采取了"样板引路"的方法，将"创优"覆盖至所有分项工程及关键工序（图 19），无论是劲性梁、超大钢管混凝土柱工程、耐久性混凝土工程、防水工程、钢结构柱梁吊装工程、钢结构焊接工程、大跨度铝板吊顶工程、异性铝板安装工程、大理石地坪铺贴工程、玻璃幕墙界面安装工程、无柱雨棚钢结构吊装及面板安装工程、屋面板安装工程，还是节能技术太阳能、光导系统工程、电源热泵工程，以及风管、桥架布设工程等，通过"样板引路"的实践，大大提高质量标准和观感标准。

图 19　结构及装饰阶段现场样板段

5.4　网格化管理与管理责任制

整个虹桥枢纽工程引入网格化管理体系，作为枢纽工程的一部分，高铁工程也从管理制度上进行了革新，实施了网格化管理。

针对虹桥站不同的施工阶段，项目部进行了阶段性的网格化管理。先后在土建施工阶段、钢结构施工阶段和装饰施工阶段制定阶段性网格化管理措施，成立网格化管理领导机构及工作机构，明确总承包部及各项目部主要负责人；将施工区域按照一定面积进行网格化划分，并在每个单元格设定 1～2 名质量员及安全员；编制项目部创优规划，建立安全生产保证体系及专项措施、考核制度，将网格化管理落实到实处；针对工程的具体情况，采取一些强管理措施，比如每周组织专项检查、晚上施工安排专人值班、月底对网格化管理进行评比，以及对每一台进出场的大型机械建立验收及台账制度等；同时制作支撑网格化管理工作的相应表格，如网格化管理巡检表、高危作业施工许可证、大型机械环境评估表等，作为网格化管理的支撑文件。

6 结语

上海虹桥站工程自2008年7月20日开工至2010年7月1日沪宁城际铁路开通，2010年10月底沪杭客运开通，在这短短的两年时间内，上海建工在铁道部、上海铁路局、上海铁路枢纽工程建设指挥部的直接领导和协助下，依靠科技手段，通过技术创新、管理革新，成功地保证了上海虹桥站的建设，为以后建设超大型工程积累了经验。

产品化理念在装饰工程中的运用

苏州金螳螂建筑装饰股份有限公司

（苏州金螳螂建筑装饰股份有限公司　苏州　215004）

摘　要：我国的装饰施工至今在很大程度上尚依赖于传统的人工操作，由于作业手段原始，缺乏专业管理，施工过程中普遍存在质量参差不齐、效率低下、现场脏乱差的现象。同发达国家相比，我国的装饰施工还处于手工作坊阶段，科技含量明显不足。通过借鉴制造业的机械化、标准化管理，突破现有的手工生产模式，从而在产品质量和效率上寻求提升，这与铁道部所提倡的“机械化、工厂化、专业化、信息化”理念不谋而合，也是未来中国装饰发展的必然趋势。

关键词：工厂化　标准化　成品打包

1　产品化装饰的概念

把装修项目分解成工厂里的每一道工序来操作，从基层到面层，从单间到单层，它的层层组合、组装就好比是“工厂”中合格零部件的组装过程。施工现场可以理解为“工厂”，项目经理好比“厂长”，施工员好比“车间主任”。施工现场的每个面、每道工序都进行严格的监控，责任到岗，考核到人，按工厂化的管理模式进行流程控制和标准化管理。每道作业均是经过检验合格、符合质量标准的部品、部件，最后交付业主使用的每个房间、每个层面就是总装、集成的结果。这个过程理解为产品化装饰。

2　产品化装饰相较传统装饰的优势

2.1　质量的改进

产品化装饰在质量上实现了大幅提升。机械化的后场加工有着现场手工操作无法比拟的各种优势，以成品木饰面为例，采用工厂化装饰能够做到超长无接缝，这对于大型公共空间装饰效果来说尤为重要。木饰面精度从毫米级提升到微米级，高压无气喷漆确保了饰面光洁，基层木材真空蒸汽干燥，可以长久保持不起鼓、不开裂、不变形，返修的几率大幅降低。

2.2　效率的提升

目前装饰工程通常具有工期要求较紧的特点，一些项目在二次翻新时还存在边施工、边运营的现象，这就需要尽量减少现场的作业面和作业时间，提高工效。以机械化、专业化、批量化为基础，部件的集成整合与安装分开将现场施工转移到工厂里生产，可以和现场制作基层同步进行，而且可以把后道工序提前施工，其加工速度和质量是手工操作无法比拟的，这样就有效地缩短施工工期，从而保障项目的早日投入使用。苏州园区城铁工程中的吊顶铝板施工就是采用了模块化集成吊顶分段安装的方式，12 000m^2左右的铝板从开始安装加工到安装完毕只用了 35 天时间。

2.3　成本的降低

产品化装饰能加强对原材料成本的控制，以前装饰工程大部分都在现场施工，材料都是按单个项目单独采购的，有的时候因为要抢工期，只能大概地估算材料，一般都会大大超过实际使用量，施工结束后都会剩下很多材料，这给施工增加了很多不必要的成本。现在有了零部件的工厂化生产，很多材料可以在工厂里合理计算和使用，避免材料的浪费，而且工厂里对短料可以采用直接的方式重新利用，碎料则可以碾成碎末后压制成人造板，这些都可以为装饰工程节省很多材料费用。材料利用率提高，批量化生产还可以达到降低成本的规模效应，这也充分体现了当今节约型社会的理念。

另外，产品化生产还可以节省现场人工，劳动力基本集中在工厂，而现场的施工人员和原来大面积现场施工相比可以节省较多。

2.4 环境的保护

传统装修带来的污染问题也越来越引起公众的关注。传统装饰采用的饰面板等大都残留有大量甲醛，现场刷漆、刷胶所带来的苯、二甲苯、甲醛等挥发性的有毒物质会在相当长的时期内不断释放。手工过程中也必然会产生大量噪声、垃圾，污染环境且严重扰民。工厂化装饰要求全部使用环保材料且生产时黏合剂用量少，产品后场化，现场只是拼装，施工期间没有甲醛和油漆等的气味，完工后即可使用。

现在不少装修是对老的建筑进行翻新，施工过程中还要照常营业，所以对施工的时间、噪声和环境控制得很严，产品化装饰后场加工的特点在这一方面可以得到有效改善。

3 产品化的流程

产品化装饰价值的体现关键在于实施和推广，这需要在整个施工的进度过程中贯彻产品化的理念，从始至终进行控制，做到一步到位，步步到位。装饰产品化流程如图 1 所示。

3.1 重点前倾——深化设计、现场放线

产品化装饰需转变原有的习惯思维，大胆探索“532”施工法，即用 50%的时间进行方案的敲定、材料的确认、细节的深化和定制产品的下单，用 30%的时间在配套厂内进行加工，最后用 20%的时间进行现场组装、检验、交货。产品化装饰需要尽可能减少现场的加工制作，面积大、损耗率高的饰面工程，如木饰面、石材、软包等均采取厂家制作、现场安装的方法，并尽量通过联合下单，进行一体化加工安装。

苏州园区城铁地下一层走道都有 5‰的坡度，项目部在前期就联合吊顶铝板厂家、墙面石英石厂家、地面石材厂家和设计师在现场进行交界面各不同材料的收口方案会审，形成统一方案后再绘制精确尺寸图(即分料加工图)，避免交叉收口的不合理，顶面、墙面(含踢脚线收口)地面石材都是按照放坡 5‰的设计要求，使装饰面层材料规格更合理。

产品化对深化和放线等前期工作提出了更高的要求。传统意义上的粗放线、加大尺寸现场切割的方式已经不能满足产品化装饰的要求，深化方案需要更细、尺寸更准确、下料更仔细，即“精放线、细深化”。通过现场测量、收集数据，并根据数据进行施工深化设计，将复杂的现场情况转化为可加工的工厂标准。同时，根据图纸在现场精准放线，放线放样时，基准点、标高线、中心线、排版要层层推进，精确定位。根据现场的放线和大样先行，及时发现问题和解决问题，避免过程中的返工和被动。产品化还强调单元化、模数化，按单元划分不同施工区域、施工部位。产品尺寸尽量统一，既方便加工，又方便安装，万一出现个别损坏，可随时更换。

3.2 后场生产管理

产品化装饰中，项目管理转向深化设计和供应商配套管理、组织协调工作。装饰半成品的后场生产非常重要，其质量、精准度、生产周期和运输都将直接影响产品化装饰的成败。

后场管理的具体操作要点为：

(1)专人跟踪。了解工厂加工的各生产流程是否规范合理、材料损耗的大小及加工生产的进度，进行信息反馈。对于关键材料，必要时，需派人在厂蹲点进行实时监控。

(2)单元式生产和送货。传统的横向生产和送货方式导致施工作业面出现百花齐放的分散杂乱现象，不利于集中装配和管理控制，也不利于现场文明施工。产品化装饰强调工厂需根据项目部进度要求，以区域为单位进行计划生产和配送，实现做一块收一块，一步到位，步步到位的产品化理念。

(3)定期验收。对场内产品进行抽查验收，对材料质量问题及时进行预控，及时进行解决，而不是在材料抵达现场时才去发现问题。

(4)包装前验收。进行包装前的厂内验收，并对其运输过程中的成品保护措施进行鉴定(尤其是拼接的阴阳角部位要重点保护)，避免在材料运输过程中出现损耗，对质量和工期造成影响。

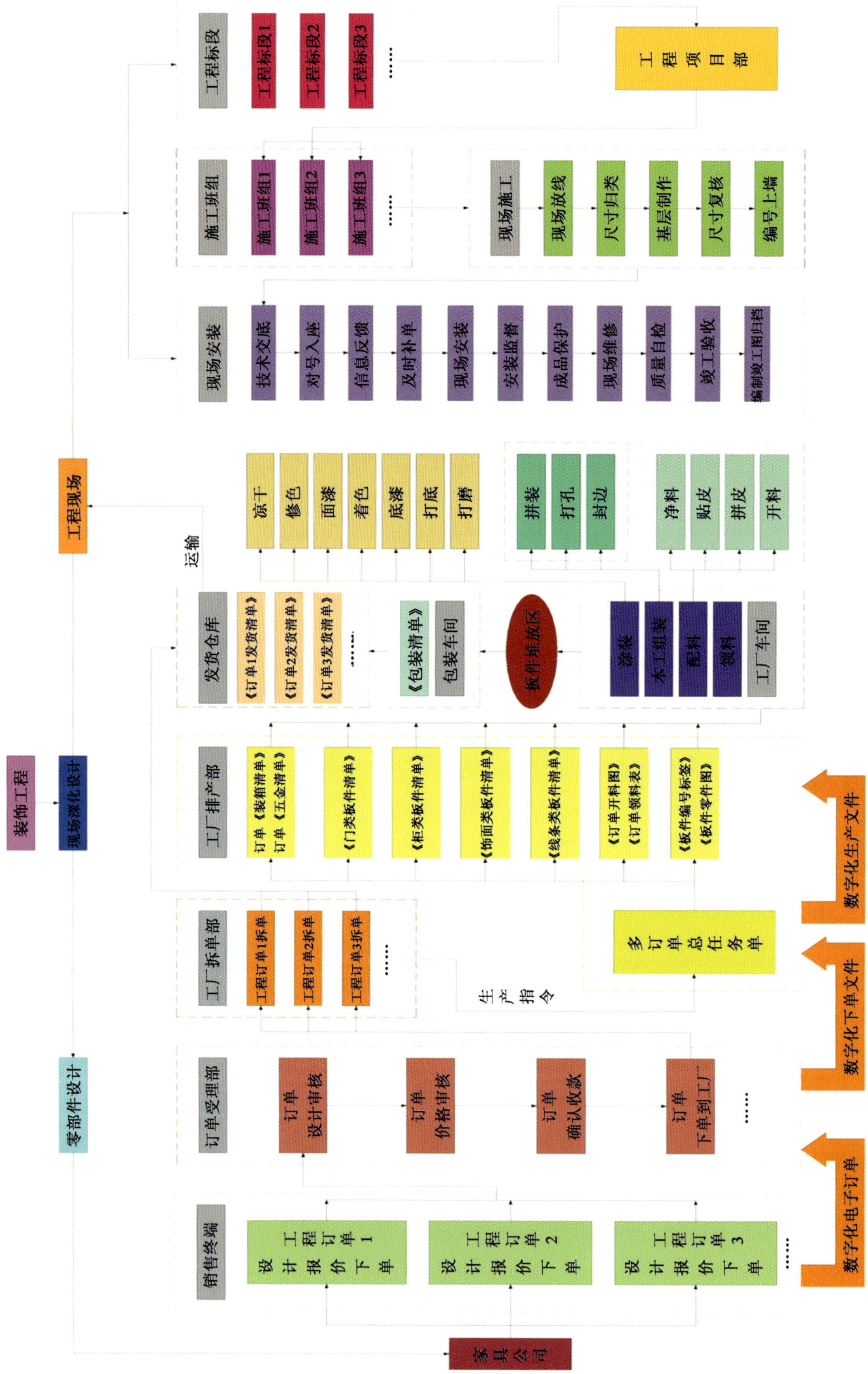

图1 产品化流程(以成品木饰面为例)

3.3 现场控制——过程检验

产品化强调的是过程管理。产品在工厂生产的主要过程、环节有：产品零部件的类型、贴面材料、配料工艺、边部处理、组装工艺、涂装工艺、包装等七大方面。过程中每一道环节、工序质量控制好了，最终的产品质量也会得到保障，不论是半成品，还是最终产品的检验，都需要在过程中进行严格的检验与管理。这贯穿在整个施工过程中，是产品化中最难控制和最容易出问题的，同时也是检验产品化成功的重要阶段。在整个装饰工程施工中，因周期长，问题杂而多，如果控制不好，就又会走向传统施工的老路子。

(1)检验合格的半成品及基层加工。原材料进场，经过施工及过程控制，完成基层和半成品的制作和加工，此时在过程中需对基层和半成品工序进行检验和验收，达到要求，属于合格品，进入下一道工序。

(2)检验合格的部品、部件。基层合格后，进行装饰面层的施工。原工厂加工的成品材料经验收合格后，也进入安装阶段。安装装饰完成，经验收整改，合格的每一个墙面、地面、房间便构成了整个装饰产品的部件、部品。

为了整体控制，保证产品化的执行，推行两种用于施工过程中的检验单——“产品过程检验单”(图2)和“合格单”(图3)，用于规范和控制产品化生产，辅助项目的质量管理。

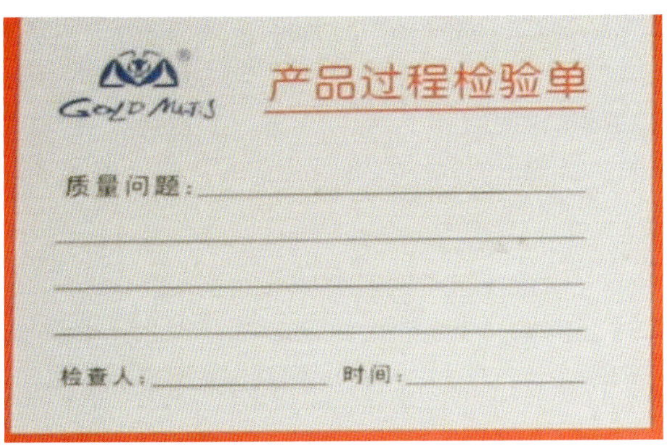

图2 产品过程检验单

图3 合格单

“产品过程检验单”主要用于施工过程中的质量检查和验收，发现的问题可以直接、形象地加以表示，其使用流程见图4。“合格单”用于表示部件、部品的验收合格，是装饰的“合格证”。

在产品化施工的过程中，通过这两种标签来控制，形成统一的管理流程和规范标准。

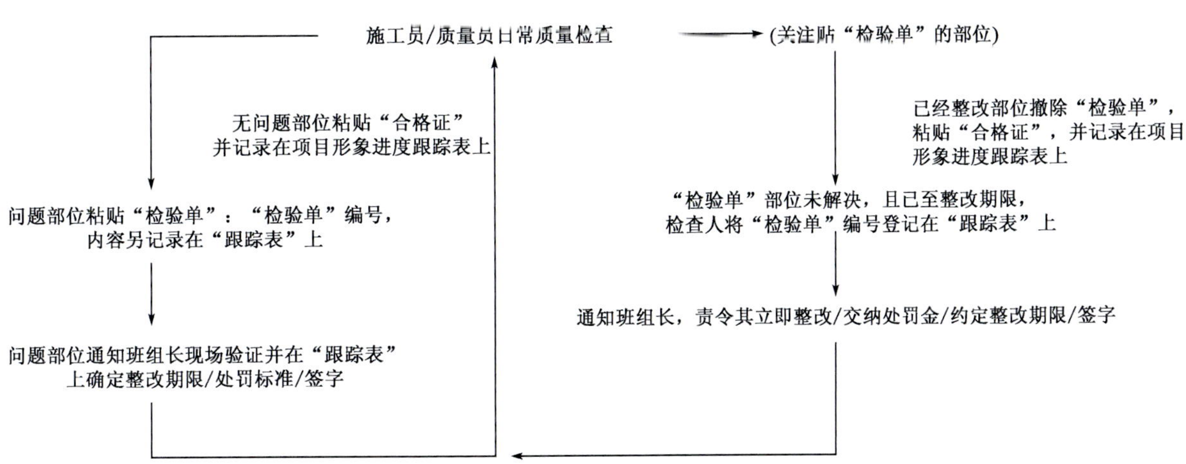

图4 “产品过程检验单”使用流程

注：“产品过程检验单”的使用应该贯彻于项目部的日常质量检查工作，无需刻意花时间进行

3.4 运输包装及成品保护

经过各道工序的生产，最后产品转移到包装车间进行包装。产品的包装必须根据运输距离的远近以及运输路途的条件来决定包装方式。

(1)短途运输。路况比较好的前提下，一般里层采用泡沫纸，表层用较厚的纸皮进行包装，如果有易碎品，如镜子、玻璃、石材等，需要加钉实木框架，确保运输安全。

(2)长途运输。如果碰到远距离的产品运输，考虑到运输时间比较长，而且长途运输容易造成产品被压坏、碰撞、变形等现象，所以一般要根据产品的形状进行装箱包装，先把产品表面加一层泡沫纸，然后装入垫好厚泡沫的纸箱内，纸箱外部用包装带收紧，还要加钉实木框架防止运输过程中碰撞引起内部零部件的损坏。

(3)根据以上两个基本的包装要求把产品包装好后，就要对它们逐一进行编号，编号的依据就是在产品设计下单中的编号，这个编号是和现场施工过程中标在墙上的编号是一致的，只有做到编号的统一才能保证工厂里生产出来的产品能在工程现场顺利安装。

(4)产品最后到施工现场进行装配式安装，对于已经验收合格的部品、部位，接下来的工作就是产品的打包，打包不同于传统意义的成品保护，既是指完成的装饰部件、部品的打包保护，同时也是对产品的包装，需要美观。它是销售前的最后一道工序，标贴合格后，装饰便成了合格的商品。客户在启用时，打开包装，进行精保洁处理后即可投付使用。

(5)凡是已贴“合格单”的部品、部位，即为成品，应立刻打包成品保护。所谓“检验合格的产品”，是指已经完成的某一段施工面，如墙面石材 A～X 轴已经安装完毕并且都已经做完缝、清洁干净，经过项目部质检员检查合格后贴上合格标签，进行表面打包处理，程序缺一不可。产品打包遵循实用合理的原则，同时要求美观大方。保护膜必须平滑无褶皱，阳角、关键部位需重点保护。

4 产品化装饰的要求

装饰产品化是一个系统工程，不但需要完善的管理体系，同时对产品化的基础提出了较高的要求，否则标准化、机械化和装配化施工只能停留在理论层面。产品化的基础建设集中体现在以下几个方面。

4.1 供应商的建设管理

产品化装饰的重点在于后场生产加工的能力，因此对供应链的管理水平和产品化理念的灌输成为决定产品化装饰能否实施的关键。现场深化放线不管如何精准，但后场的加工配合无法满足产品化的理念和要求，还是沿用传统的方式进行粗放型地下单、生产和配送，造成抵达现场后尺寸不对或者质量不过关，或者无法完成单元式装配，产品化施工还是无法实现。因此，需要让供应商和配合单位一起参与，在前期共同进行详尽策划，根据产品化要求进行生产和配送。

4.2 管理的标准化

产品化装饰也可以理解为标准化装饰。实践中，很多项目管理人员仍依赖过去的经验和感觉，在管理上缺乏系统和计划，见招拆招，项目的质量和经营水平参差不齐，人为因素很多。这些都不符合产品化装饰的标准化理念。建立以项目进度为主线的流程和标准(图 5)，通过对项目过程中每一个关键节点进行把控和指导，促使施工管理人员按流程进行科学规范的项目管理，各岗位职责明确，考核到人，将各项工作做到一步到位，步步到位。

4.3 管理人员和技术工人的产品化培训

产品化装饰的推进还需不断地对现场管理人员和工人进行产品化理念灌输，训练其严格地按产品化操作程序、工艺要求进行施工，保证技术创新成果在工程中切实有效地发挥作用；在产品化生产执行过程中发现缺陷，提出改进意见，使产品化工艺技术始终处在持续改进的创新状态。同时，还要求技术人员熟悉和了解相关(水、暖、电、通风、消防等)专业的知识，提高深化设计能力，将复杂的现场情况转化为可加工的工厂标准，这需要培养一支现场经验丰富的深化队伍。

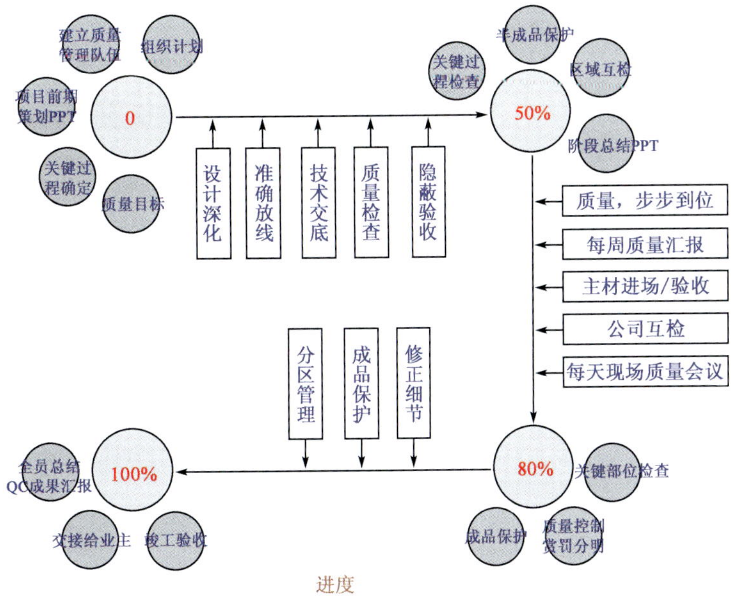

图5 标准流程示意图

5 结语

我国的产品化装饰探索目前才处于起步阶段，但这必将成为行业发展的趋势。谁能掌握其精髓，通过对供应链的改造管理和在项目过程中对产品化理念的贯彻，将传统的操作模式进化到现代的工厂化装配模式，谁就具备在未来市场中的核心竞争优势。这需要不断地摸索、实践和总结。这不光是对传统项目管理模式的革命，也是对自身固有思维习惯的突破和改变，需要持之以恒，永不懈怠。在此，借用铁道部的一句经典名言来自勉：让标准成为习惯，习惯符合标准，结果达到标准！衷心希望通过在产品化装饰上的努力，能为我国铁路客站建设添砖加瓦，贡献一份绵薄之力！

拓宽思路　强化管理
在铁路站房施工中积极扎实地推进架子队建设

中铁十二局集团有限公司

（中铁十二局集团有限公司　太原　030024）

近年来，我集团先后承建了延安站、苏州站、西安北站、济南西站、泉州站等 11 座大中型铁路站房，合同总额达 62.5 亿元，施工总面积达 79.2 万 m^2。目前已竣工交付 5 座，在建 6 座。针对铁路站房建设规模大、进度要求紧、工艺标准高、工序复杂、立体交叉作业、区域作业密集、标段协作链条环环相扣等特点，为了高标准、高质量地完成施工任务，在关键性工程和重点工序全面推行架子队管理模式，先后组建架子队 180 多个，为工程施工的快速有序推进提供了有力的保证。

1　严把“两关一档”，从源头上保证架子队人员素质

架子队的人员素质直接决定着架子队的管理效果。从人员配备和队伍选用入手，严把管理人员配备和劳务队伍录用“两个关口”，并严格实行实名录档制度，从源头上保证了架子队的人员素质。

1.1　严把管理人员的配备关

在组建架子队时，根据工程特点和专业要求，挑选现场经验丰富、专业技能符合要求、能对整个施工过程起指导、协调和控制作用的企业内部员工担任架子队的专职队长、技术负责人及技术、质量、安全、试验、材料领工员和工班长，并且要求以上人员必须经过岗位培训合格后持证上岗，从而确保了管理人员的素质与岗位要求相适应。

1.2　严把劳务队伍的录用关

录用的劳务人员主要来源于合法、正规、资质证照齐全、具备相应施工业绩、有丰富施工经验的劳务队伍以及与企业有长期友好合作关系且未发生过法律经济纠纷的劳务企业。在挑选劳务队伍时，实行严格的准入制度，要求“三证一书”齐全，坚持“四不录用”，即营业执照、资质证书、安全生产许可证和法人委托书不齐全的不录用，没有工程技术人员的不录用，靠不正当手段竞争、投机钻营的不录用，有不良记录的不录用，从而确保了劳务队伍的整体素质。

1.3　严格实行人员实名录档制度

要求各工程项目对劳务作业人员进行实名登记造册，记录身份证号、职业资格证书号、劳动合同编号以及业绩和信用等情况，定期复核，及时全面地掌握在册人员的岗位、工种、技能、数量、编制等情况。同时，还在全集团范围内建立了劳务企业和劳务人员的信誉档案，将不符合用工要求的劳务企业和劳务人员列入全集团的“黑名单”，永不录用。既有效避免了劳务选用中的暗箱操作行为，也提高了对劳务企业和劳务人员的甄别能力。

2　创新管理思路，提高架子队的管理效能

为了进一步发挥架子队的管理优势，根据铁路站房的建设要求和管理特点，不断创新管理思路，使架子队的管理效能得到持续提高。

2.1　采取多样化的组建模式

根据不同的管理实际，在铁路站房施工中分别采取了整建制式、混合式和合作式等架子队组建模式。如在西安北站、济南西站施工中，主要采取了整建制的模式，大多数架子队人员全部由企业正式职工组成；在苏州站施工中，主要采取了混合式的模式，架子队多数由企业的管理技术骨干与劳务工共同

组建；在泉州站施工中，主要采取了合作式的模式，架子队主要由企业的管理技术骨干与长期跟随企业的协作队伍共同组建。在此基础上，还根据项目的不同情况，采取了不同的架子队管控形式，如分别以工区、作业面或工序等为对象来组建架子队，从而使架子队的管理模式既适应企业的管理现状，又符合项目的施工实际。

2.2 采取专业化的组织架构

根据站房施工的分区特征和工艺精细、工种繁多的特点，在架子队的组织架构上实行“分区域作业、分专业组建、分阶段配置”原则，对架子队及其所属工班尽量按照专业分工和工序作业内容进行专业化分工。在西安北站施工中，先后组建了基础工程、主体结构、设备安装、装饰装修等38个架子队，在每个架子队下面再根据工序划分若干专业工班。一方面使得现场管理层次分明，监控有力，有利于专业化的生产组织，提高了工作效率；另一方面有利于管理技术人员以及作业队伍的稳定使用，也便于专业化施工设备的配套完善以及专业化工法工艺的形成。

2.3 采取一体化的管理模式

为了实现管理层与作业层、管理者与作业者的有机结合，保证管理指导、培训交底、任务安排、上岗作业、效果检评等工作环节逐级贯通，采取了“项目部总管、分项目部主管、架子队队长直管、架子队工长协管”的一体化管理模式。

(1)项目部总管。项目部对架子队的组建与解散、人员选定、劳务组织、管理制度建立、劳动合同签订、办公生活设施规划、作业效果、劳保安全、工资发放等进行总体管理，并对各分项目部的实施情况进行检查督导。

(2)分项目部主管。分项目部负责编制作业指导书，下达施工计划，调配生产要素，组织、指导、监督架子队进行施工生产，并对架子队进行绩效考核。

(3)架子队队长直管。架子队队长对所有劳务人员的工作计划、任务安排、作业要求、教育指导、交底培训、监督检查、绩效考核、思想交流、生活保障等进行直接管理。

(4)架子队工长协管。工长按照队长的安排，协助管理架子队的部分日常事务，并根据工种或工序，对相应的现场作业人员进行直接管理。

3 丰富管理手段，增强劳务人员的作业能力和凝聚力

劳务人员的施作能力在很大程度上决定了施工任务的完成质量。采取多种措施，不断丰富管理手段，增强了劳务人员的安全防护、质量控制和实际操作等方面的能力，并且极大地提高了作业队伍的凝聚力和战斗力。

3.1 开展经常性的教育培训，提高作业能力

要求所有进场劳务人员在上岗前必须经过培训，并且经过考试合格后持证上岗。在施工过程中，各项目部采用集中教育和现场培训相结合的办法，本着“以用定学、急用先学、学以致用”的原则，从企业文化、管理制度、奖惩规定、安全防护以及工程质量、作业标准、工作要点等方面对劳务人员进行不间断的教育培训，提高了作业人员的能力素质，确保了工作质量和生产效率。苏州站、济南西站通过开办劳务工夜校，极大地提高了劳务人员的施作能力。据不完全统计，近年来通过参加劳务工夜校学习，掌握1～2门技术的劳务作业人员有800多人，不仅保证了施作水平和质量，也提高了劳务人员自身的生活技能。

3.2 深化现场作业标准化，规范施作行为

为了规范现场作业行为，要求架子队按照施工组织统筹安排作业任务，并实行逐级交底。作业前，技术主管就工程作业工序和环节向工班长进行书面交底，工班长对班组作业人员进行工作和安全交底。在作业中要求每个工序和作业面都要有技术员、安全员跟班作业，保证施工全过程受控。此外，各项目部还根据工程作业特点编制了重点突出、流程清晰的作业要点提示卡片和简洁明了、好懂易记的应知应会卡片，发给劳务人员，教育劳务人员养成“学标准、用标准、守标准”的思想意识和行为规范。西安北站

指挥部自开工以来共编制图文并茂、直观易懂的“应知应会卡”130 余套，累计发放 6 000 余张，作业人员人手一卡，在作业时随时查看，使施工方案得到有效落实，确保了工程实体质量。

3.3 营造和谐共赢的合作氛围，增强凝聚力

本着“以人为本、和谐共赢”的理念，对劳务人员做到权益上一样保障、工作上一样信任、技术上一样培养、荣誉上一样享受、生活上一样关心。普遍建立了劳务人员工资支付保证金制度和工资发放监控机制，不断完善工资代发制度，确保劳务人员工资按时足额发放。统一为劳务人员提供了符合安全、卫生标准的生产环境、生活设施、居住条件、作业条件、机械设备和安全防护用品。架子队管理人员做到与劳务工人同生活区居住、同时间上下班，营造人性化的氛围，增强了凝聚力，提高了劳务作业人员的工作质量和工作效率。

4 结语

在铁路站房施工中，通过扎实推进架子队管理模式，实现了现场管理层与作业层的有机衔接，降低了安全隐患，提高了工程质量，保证了施工进度。已经竣工交付的延安火车站获得铁道部“火车头优质工程奖”，苏州站获中国铁建“安全标准化工地”，泉州站被福建省政府表彰为全省样板工程。在建的西安北站从主体钢结构正式吊装到郑西场具备运营条件，仅用了短短 13 个月时间，完成施工产值近 20 亿元，工程进度、安全、质量、文明施工整体有序推进。济南站已完工程分项合格率达 100%，优良率达 98%，分部工程优良率达 97%。

推行架子队管理模式是一项需要持续改进和不断完善的长期工作，虽然在铁路站房的施工实践中取得了一定的成效，但也存在不少需要改进和提高的地方。应开拓思路，积极创新，不断加强和完善架子队的建设和管理，为推进铁路站房建设做出应有的贡献。

高空大跨度拱壳模板支撑的研究与应用

李　智

（兰州铁路局　兰州　730000）

摘　要：高空大跨度拱壳模板支撑应用实例较少，通过银川车站改造工程站房中拱结构的实施，对高空大跨度拱壳模板支撑体系的探索起到一定的借鉴和指导作用。

关键词：高空大跨度　清水混凝土　拱壳

银川车站改造工程站房 4～22 轴为 2 层结构，其中 9～12 轴的屋面采用清水混凝土结构。屋面 9～12轴/A～J 轴范围采用现浇 C40 清水混凝土拱壳结构，由 3 对连续的单曲面薄壳板组成，混凝土薄壳与钢结构天窗连接处设置 L-L 联系梁，薄壳板东西两侧设置上翻的 BL 边梁。三对壳体的顶标高分别为 32m、38m、32m，薄壳板厚度为 450mm。混凝土壳体与钢结构天窗连接处设 L-L 梁，其断面尺寸为 1 200mm×1 100mm，L-L 联系梁结构最高点的标高为 29. 85m，拱梁东西跨度计 56m。壳体东西两侧位于 A 轴、J 轴的 BL 梁为上翻梁，其断面尺寸为 1 100mm×800mm，梁的结构最高点标高为 38. 00m。壳板下表面每隔 3. 5m 设一条装饰凹槽线，装饰线条垂直于屋脊布置，凹槽宽 50mm、深 25mm。清水混凝土方量为 2 648 m^3，清水混凝土展开面积大约为 6 000m^2（其中薄壳板为 5 885m^2）。清水混凝土拱壳完成后图片见图 1。

图 1　清水混凝土拱壳完成后图片

1　清水混凝土拱壳模板施工特点与难点

（1）拱壳结构的拱脚采用后张法预应力技术，等拱壳结构全部施工完毕并且混凝土强度达到设计强度的 100%，才能进行第一次预应力张拉，第一次张拉完毕，拆除拱壳模板。因此拱壳模板无法周转，一次投入，模板量很大。

（2）模板承重架的搭设高度高，最高点高度达 38m，模板高空作业的难度较大。

(3)拱壳结构的倾角较大，模板需要两边支模，同时为确保混凝土的浇注质量，在拱壳上层模板上开设混凝土振捣孔。

(4)壳板与边梁为单曲面，弧度较大，主拱的弧度为31.787m，副拱的弧度为22.667m。L-L联系梁为双曲面梁，其侧向倾角相对主拱倾角要小。

(5)双曲梁的空间扭曲情况复杂，主筋直径大，箍筋不但边长变化，角度也在变化。

2 方案比选

根据本工程清水混凝土的特点，可以考虑两种模板施工方案：钢模施工方案和木模施工方案。通过认真研究，选择了木模板施工方案。

2.1 钢模施工方案

(1)拱壳为曲面结构，钢模板必须加工成定型的弧形结构，通用性差，只能算一次摊销，加工成本昂贵，制作周期较长。

(2)模板承重架的搭设高度高，钢模板自重大，对承重架的要求很高，承重架立杆间距更密，承重架成本投入更大，搭设周期更长。

(3)由于采用定型钢模，其自身质量大，必须采用塔吊配合进行安装调整，对塔吊的安装要求很高，现有塔吊不能满足大钢模的运输与安装要求，必须采用汽车吊与履带吊配合进行施工，施工成本高，施工周期长。

(4)由于拱脚采用预应力技术，底模必须等清水混凝土全部施工完毕且进行首次张拉后才能拆除，因此拱壳下部的6 000m^2定型钢模无法采用吊车配合进行拆除，只能采用手工在高空拆除，拆除难度大且不安全。

(5)如果壳板两侧均采用定型钢模，上部模板的固定和安装难度很大；如果上部模板采用木模，则木模与钢模采用对穿螺栓进行连接固定的工艺不配套。

2.2 木模施工方案

(1)由于拱壳结构的弧度较大，采用18mm厚的九夹板与50mm×80mm方木可以很容易地安装成弧度，并且已经在更小的弧度上得到成功试用。

(2)通过采用气枪钉固定模板可以较好处理钉眼问题。在模板拼缝处增设高密度海绵条等一系列措施可以很好地解决模板拼缝问题，并且在工程实际操作中得到验证。采用高强度的面板如wisa板，其具有很好的强度与刚度，并且已经在多个工程上得到了成功应用。

(3)木模成本低，而且拆模后还可以供其他项目周转使用。

(4)自重轻，模板拼装时无需塔吊配合，模板安装速度快。

(5)木模对承重架的要求相应较低，因此承重架的搭设周期短，成本低。

(6)由于木模质量小，拆模更安全。

(7)壳板上下两侧均采用木模，便于开设混凝土振捣口，工艺配套，施工技术成熟。

3 木模板施工方案的研制

3.1 总体支模方法

由于倾角较大，主拱标高36.00m以下与副拱标高30.00m以下的壳板采用两边支模（支模方法与墙体类同），接近拱顶部分的壳板采用单边支模（支模方法与板类同）。混凝土施工时按弧长4.88m为一施工段，即混凝土每隔4.88m弧长浇注一次。

3.2 施工工艺流程

施工准备→曲面拱壳构件图纸深化、翻样→模板深化与清水混凝土配合比优化设计→模板体系选择→模板体系设计、计算、优化→模板体系预拼装、加工、制作→现场支模体系搭设（图2）→下部模板安装（图3）→钢筋绑扎→上部模板安装（图4）→清水混凝土浇捣→清水混凝土养护→上部模板体系拆除

→下一施工段。

图 2　清水混凝土拱梁支模

图 3　清水混凝土拱壳底模安装

图 4　清水混凝土拱壳面模安装

3.3　支模架体系确定

支模架采用扣件式满堂钢管脚手架。

(1)材料规格选用。

模板的质量直接关系到混凝土结构的感观质量，为了保证混凝土的密实度及外观达到清水效果，模板采用 18mm 厚的覆膜九夹板，方木采用 50mm×80mm 方料。钢管采用 ϕ48mm×3.5mm 钢管和扣件，ϕ20mm 对拉螺栓和大伞形卡。

(2)模板质量要求。

为了达到清水效果，模板面板的强度、刚度必须达到标准要求，面板表面要求平整光洁，模板易分块、腹膜质量好、穿墙螺栓孔眼排列规律整齐，几何尺寸准确，拼缝严密。

(3)方木面板强度、刚度通过软件计算均能满足强度要求，因此采用木模板施工。

4　模板布置及节点处理

4.1　拱梁、壳板模板的布置

根据施工图，拱梁、壳板的圆弧半径较大，50mm×80mm 方木与 18cm 面板满足弧度要求，具体做法是：方木龙骨垂直于屋脊方向布置，钢管横楞平行于屋脊方向布置，直接将方木与面层模板弯曲成型并进行固定，而无需对方木与面层模板进行切割(图 5)。通过现场实际大样的施工，情况较好。

4.2　施工缝处模板的节点处理

采用木棒打入施工缝背部的方木与钢管间，使模板与老混凝土进一步贴紧，再采用胶水将缝隙封闭，防止新混凝土浇注时浆液从缝隙溢出，确保新老混凝土的搭接质量(图 6)。

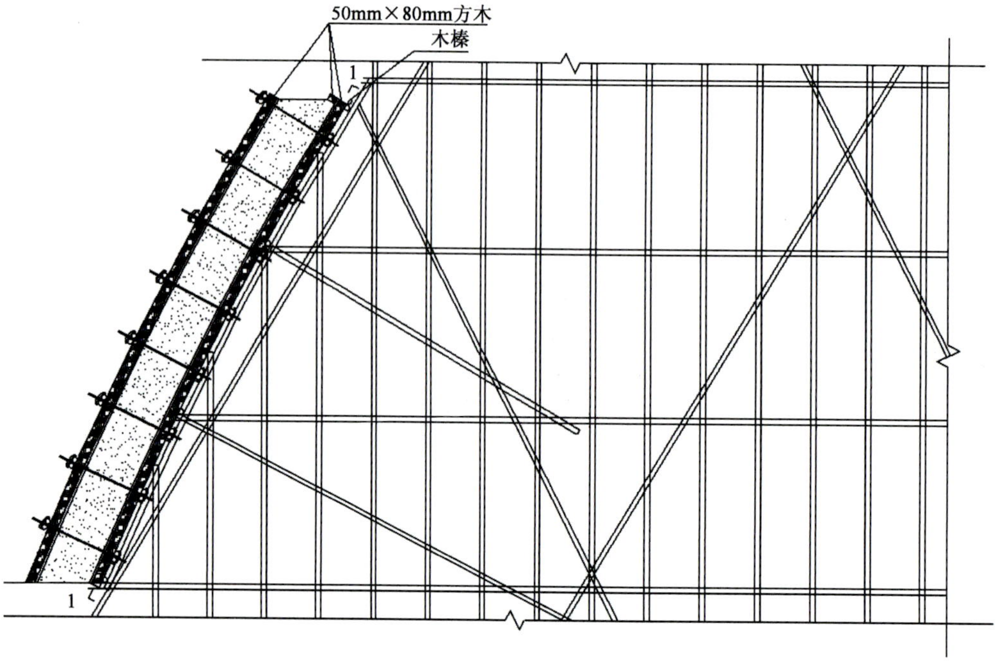

图 5 清水混凝土壳体模板支撑示意图

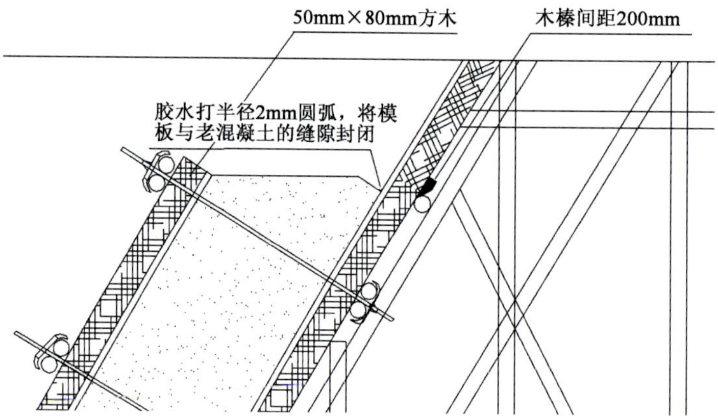

图 6 新老混凝土交接部位处理

4.3 清水混凝土壳下线槽的模板施工(图 7)

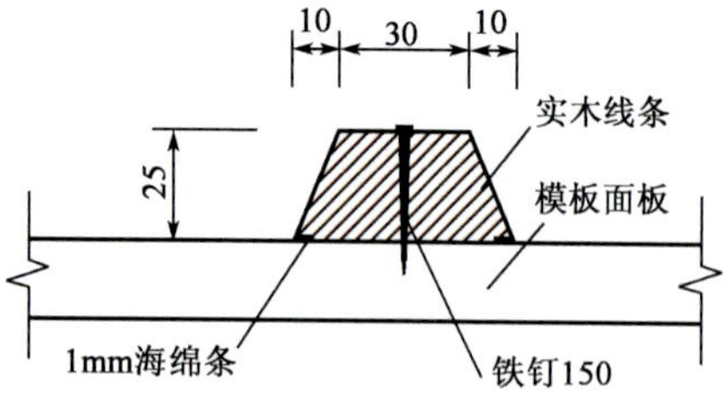

图 7 清水混凝土拱壳线槽节点模板安装

5 模板加工制作

5.1 模板加工

5.1.1 面板选择与加工

选料：面板必须平整、无扭曲破损，非整板侧面的边口无明显空隙，边口整洁，厚度、形状符合要求。

下料：按弧长 4.88m 作为一个施工段。在弧长方向设置两块面板，每块面板长 2.44m。从面板的正面进行裁切，确保面板正面不崩边。所有在面板上新分割或开孔的地方都要进行封边处理，以防止水的渗入而影响面板的平整度。

研缝：对切割后的模板采用砂皮打设切割面，再采用模板漆处理，要求侧面平整光滑。

5.1.2 模板龙骨的加工

模板骨架在保证模板平整度、强度、刚度等方面提供了有力保障，因此，方木加工的准确性非常关键。采用50mm×80mm方木，高度方向为50mm，具有质量轻、强度高、操作灵活简便的优点。

5.2 模板组装

5.2.1 模板架体组装

组装工序：模板承重架搭设→安装上部定位钢管→安装水平双钢管→安装方木→铺设面板并固定→板缝处理、表面刷模板漆→质量检查→钢筋绑扎→上表面模板安装→螺杆安装并固定。

5.2.2 面板组装

加工工序：微调方木高度（采用手工刨和三夹板垫的方法）→拉对角线、找方→铺设面板并固定面板→设置高密度海绵条→铺设邻边面板并固定→修整海绵条→拼缝处刷模板漆（贴脐带纸）→画螺栓孔→开孔→螺栓孔眼部位刷模板漆→检查验收。

6 质量标准及技术保证措施

6.1 清水混凝土饰面质量要求

6.1.1 无大于5mm的混凝土空洞或缺陷

控制措施：骨料粒径不宜大；混凝土钢筋保护层适当加大；振捣操作严格按标准执行；注意防止选择与混凝土化学反应后产生过大气泡的混凝土外加剂（本工程采用聚羧酸高效减水剂，减水率＞20%，并含有适量的缓凝、引气、消泡等成分）、模板面板要有一定的透气性（木模较钢模好）。

6.1.2 无大于0.5mm宽度的裂缝

控制技措：控制混凝土配合比，通过外加剂提高混凝土的坍落度；在每个拱壳的两边同时进行混凝土浇注；初凝时间定为6h，控制浇注速度；注意适宜的养护方法，防止出现过大的温度裂缝和变形缝。

6.1.3 模板错台高度小于2mm

控制措施：控制模板面板的厚度公差，通过后衬三夹板等措施调整模板的接缝高差。

6.1.4 无任何修补痕迹

控制技措：万一需要修补，采用特殊的修补办法，以做到基本不留痕迹。

6.1.5 原混凝土表面机理可见

控制技措：注意面板的选择，混凝土表面不宜过于光亮，防止光反射污染，破坏混凝土饰面效果。在混凝土中掺入一定量的钛白粉使混凝土有一定的光泽。

6.1.6 表面质地均匀

控制技措：混凝土密实整洁，无污迹，不漏浆，无明显色差，浇注尺寸准确。

6.2 清水饰面性混凝土施工技术保证措施

6.2.1 测量放线

对双曲梁，首先在地面测放出水平投影线（各投影点的间距是500mm），然后根据水平投影线和高度投放到上部，在梁底的定位钢管进行初步定位，然后在定位钢管上架设受力钢管，进行二次定位，接着在受力钢管上铺设方木，最后铺设面板。

6.2.2 模板施工

圆弧形面板与方木采用气枪钉进行连接，减少外露印迹，钉头下沉，表面刮腻子，在钉眼位置做模板漆，在模板的接缝处要加塞海绵胶条。本工程采用高强度热融合腹膜模板，不使用脱模剂，仅在接缝处使用模板漆。套对穿螺栓时，必须调整好位置后轻轻入位，保证每个孔位都加塑料垫圈，避免螺纹损伤穿墙孔眼。模板紧固之前，应保证面板对齐，严禁在面板校正前固定对穿螺栓。浇注过程中，严禁振捣棒与面板、对穿螺栓接触。拆模过程中必须做好对清水墙面的保护工作。

7 结语

通过实际应用,选用木模板钢管承重架满足了大跨度拱壳结构支撑体系的需要。

高强度的 wisa 板具有很好的强度与刚度,特别适合在大跨度曲面结构中使用。

随着绿色建筑日渐受到重视,在工业与民用建筑中,大跨度异性清水混凝土结构日益增多,高空大跨度模板支撑体系将会得到更大的发展。

参 考 文 献

[1] 余万成.高空斜交转换层的支撑架设计[J].建筑技术,1998(8):556.

[2] 张显刚,等.高空大跨度斜拉悬挑结构模板支撑技术[J].建筑技术,2004(8):604.

模数控制体系在银川站房中的应用

宋　成

（兰州铁路局　兰州　730000）

摘　要：本文从模数控制、专业配合、材料选择以及效果照明等方面，探讨了富有地域文化色彩的银川站房施工中的细部设计与模数控制，重点强调了实行模数控制的意义。

关键词：模数控制　细部设计　专业施工

1　引言

随着铁路基本建设的大发展，铁路站房也迎来了建设高潮。铁道部在借鉴国内外先进技术经验，总结已建成站房成功案例的基础上，对细部设计进行了总结、提炼和规范，要求在设计阶段科学控制，在施工阶段精益求精，打造艺术精品，而模数控制体系是对细部设计进行控制的有效途径。

建筑模数指建筑设计中选定的标准尺寸单位，它是建筑设计、建筑施工、建筑材料与制品、建筑设备、建筑组合件等各部门进行尺度协调的基础。铁路站房与其他民用公共建筑不同，它集建筑、装饰、照明效果、标识系统等内容为一体，因此，模数控制体系在设计、施工中得到了有效应用。

2　项目概况

银川车站改造工程位于宁夏银川市上海西路，既有火车站线路东侧。工程包括站房、雨棚、天桥及地下通道四个部分。站房结构形式为混凝土框架剪力墙，局部大跨度钢结构，地上4层，地下局部1层，建筑面积达29 848m^2。

站型为线侧平式站型，站场总规模为10台18线，其中基本站台2座。

银川站造型设计充分汲取地域与民族元素，形成了以三大拱为核心形象、融地域文化与现代风格为一体的独特建筑风貌（图1）。

图1　银川站正视点效果图

3　细部设计与模数控制

3.1　模数控制的引入

模数控制是现代建筑设计的一个基本原则，就是将建筑室内外装饰装修纳入一个完整、统一的几何体系，使之在建筑空间效果上形成一定秩序，做到各种控制线及分格线都能对齐、对中。

3.2 模数控制的优点

(1)模数控制的引入创建了建筑空间的逻辑关系,使建筑空间视觉界面理性、统一。

(2)模数控制的引入创建了设计的基本准则,为诸如材料分格、门洞、机电设施等设计内容确定了定位基准,从而使建筑设计同专业施工的配合得以简化。

(3)模数控制的引入使设计与各专业间的有效协调变为可能,可以大大提高工作效率。同时模数控制的引入也使建筑材料的运用更加规格化,便于材料的生产与加工。

3.3 模数系统在银川站房中的应用

3.3.1 模数控制体系范围

银川站房装饰装修工程全面采用模数控制体系。模数控制体系的范围为公共区及重要的公共空间,包括入口广厅区、进站服务区、候车区、候车服务区、出站区、出站服务区、售票区、行包服务区、公共卫生间、进站天桥及站台雨棚(图2)。

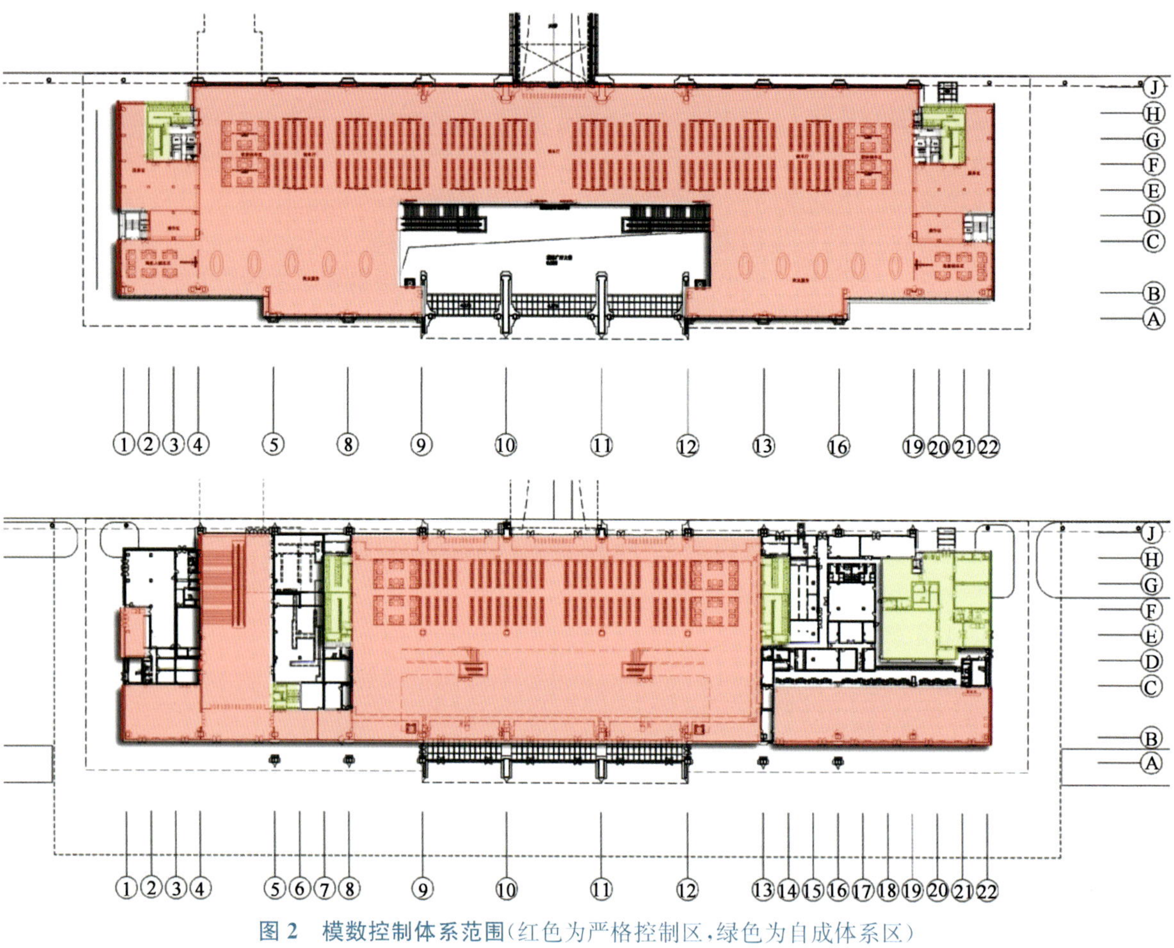

图2 模数控制体系范围(红色为严格控制区,绿色为自成体系区)

3.3.2 模数控制体系内容

在银川火车站站房设计中,模数体系主要控制以下内容:

(1)控制模数网格与重要结构杆件之间的关系(图3)。

(2)以装修完成面为控制线,确定墙体位置、洞口位置及尺寸(图4)。

(3)依据基本模数确定地面、墙面、顶棚的分格、家具布置以及风口、灯具等机电设备的末端位置(图5)。

3.3.3 基本模数的确定

建筑模数体系是根据综合场地条件、平面轴网尺寸、层高、常用洞口大小以及常用建筑材料规格等因素而确定的。

考虑到银川站房大空间、大跨度的特性,以及材料选择与使用情况,银川站房采用500作为模数的

4.3 细部设计与效果照明设计

效果照明遵循安全、节能与隐蔽的原则，针对室内与室外的不同要求，采用了融地域文化与现代风格为一体的效果照明。

在室外部分，用光线将三大拱及两翼连续拱的轮廓烘托出来，同时通过两边虚化光拱的过渡，形成交通建筑特有的速度感(图 11)。

图 11 室外景观照明效果

在室内部分，追求典雅宁静的空间氛围，表现崇尚自然、天人一体的理念。进站空间序列的照明主题是星空，入口空间及材料选择的大尺度与 LED 点光源形成对比，形成宽广的空间氛围。与之垂直贯穿南北的拱形采光廊则在天窗架底部设置光带，仿佛月光般洒满室内空间，给人们带来宁静的感觉(图 12)。

图 12 室内照明效果

5 结语

本文通过银川站房模数控制的引入，有效实现细部设计控制的实践，反映了细部设计对建筑特性与地域文化体现的重要性，着重强调了建筑模数控制的意义以及材料控制的原则，对今后的铁路旅客车站建设有所借鉴，进而实现"把每一座客站当作作品来对待、打造百年不朽的精品工程"的总体要求。

大型铁路客站的施工进度管理

吴永红　钱增志

（中铁建设集团有限公司　北京　100131）

摘　要：本文介绍了大型铁路客站的施工进度管理，主要从进度管理特点、进度管理的主要内容、注意的问题三个方面进行了阐述。重点介绍进度管理组织体系、进度计划编制、计划的检查与纠偏等。

关键词：客站　施工进度　管理　计划

1　引言

2009～2010 年，武广、福厦等客运专线相继开通，一批大型铁路客站也随之投入使用，如广州南站、武汉站、厦门北站、福州南站等。大型铁路客站是综合性的公共交通建筑，其规模庞大，功能性、系统性强，施工难度大，且要求的施工工期一般在两年左右，施工单位在工期方面的压力很大，例如厦门北站，总建筑面积达 162 409m^2，工程于 2008 年 7 月 10 日开工建设，2010 年 4 月 26 日建成通车，施工工期不到 21 个月。

铁路客站是铁路建设的窗口，如何在确保质量及安全目标的前提下满足施工工期的要求，是摆在每个施工单位面前的重要课题。做好施工进度管理的研究，总结经验教训，不断实践创新，具有重要的意义。

2　大型铁路客站施工进度管理的特点

大型铁路客站通常由站房、雨棚、附属用房等几部分组成，一般采用高架候车形式，如厦门北站，站房建筑面积为 109 028m^2，无站台柱雨棚面积为 53 381m^2。由于功能及空间布局的要求，大型铁路客站结构形式复杂，跨度大、层高高，钢筋混凝土构件往往超高、超重、超大，钢结构为大跨度的空间结构体系。如厦门北站工程，钢筋混凝土弧形箱梁最大跨度为 44.02m，最大截面尺寸为 3 300mm×1 400mm，钢结构桁架的跨度达到 132m。大型铁路客站的工程量巨大，在相同面积条件下工程量是普通房建工程的 2～3 倍，而工期基本相近，造成工期非常紧张。编制施工进度计划时不能简单按照以前的经验"拍脑门"照搬，要计算详细的工程量，在此基础上才能编制符合实际情况的施工进度计划。

2.1　施工进度安排和线路整体计划要协调一致

铁路客站是整条线路的一部分，施工过程中交叉作业多，路基、桥梁、铺轨、四电、客服及地方市政工程（如地铁、广场等）都是由不同的施工单位来进行，作业面交织在一起，但最终的竣工时间是一样的。站房的工期节点和线路的工期节点要保持一致，要满足线路铺轨、挂网、联调联试、通车的总体安排，编制进度计划不能自成体系、闭门造车。

2.2　进度管理动态性强

动态性强主要体现在两方面：一方面站房工期经常受到整条线路因素的影响，另一方面施工现场不确定因素多。铁路客站施工和站前单位、市政单位的进度安排密切相关，其他单位的计划发生变化，自己的计划也要及时跟着调整，带来的是施工方案、施工顺序、资源安排等一系列的变化。站房现场环境复杂，设计、资源组织、拆迁、气候、地质条件等不确定因素的变化会给施工带来很多影响，施工安排会经常调整，但已经确定的工期目标绝对不能改变。

2.3　资源组织是进度管理的重中之重

影响进度的因素包括人力因素、技术因素、材料因素、资金因素、气候因素、环境因素等，对大型铁路客站来说,人力、材料设备等资源的组织是重中之重。为保证施工进度,大型铁路客站的施工组织往往采取平行、连续作业,在人力、材料、设备等资源组织上超过常规,要求劳务人员不但数量充足而且具备较高的素质,大量的材料、设备要在很短的时间组织进场且质量满足要求。

2.4 进度管理中要特别突出设计细化工作

铁路客站进度管理中对设计细化工作要特别重视,设计细化的内容比较多,包括钢结构工程、金属屋面工程、幕墙工程、装饰装修工程等。要编制设计细化工作计划,确定完成时间。设计细化图纸要符合原施工图的基本原则,还要考虑现场实际情况,方便施工,提高施工效率。

3 大型铁路客站施工进度管理的主要内容

3.1 建立高效的进度管理组织体系

项目的施工进度管理,首先要建立高效的管理组织机构,组织理顺了,责任明确了,项目管理才会得心应手、水到渠成。对大型铁路客站,集团公司要成立督导组直接管理,督导组的工作内容是与项目部一起策划、协调,而不是走过场地检查、指导。

大型铁路客站项目部的组织机构分决策层和执行层两个层次,决策层为指挥部,执行层为区域及专业项目部。以厦门北站为例,决策层包括项目经理、书记、项目总工、常务副经理、项目副经理以及工管部、计财部、物资设备部、综合部和安质部,执行层包括东站房、西站房、地铁刚架桥、钢结构、机电设备、装饰等六个项目部(图 1)。

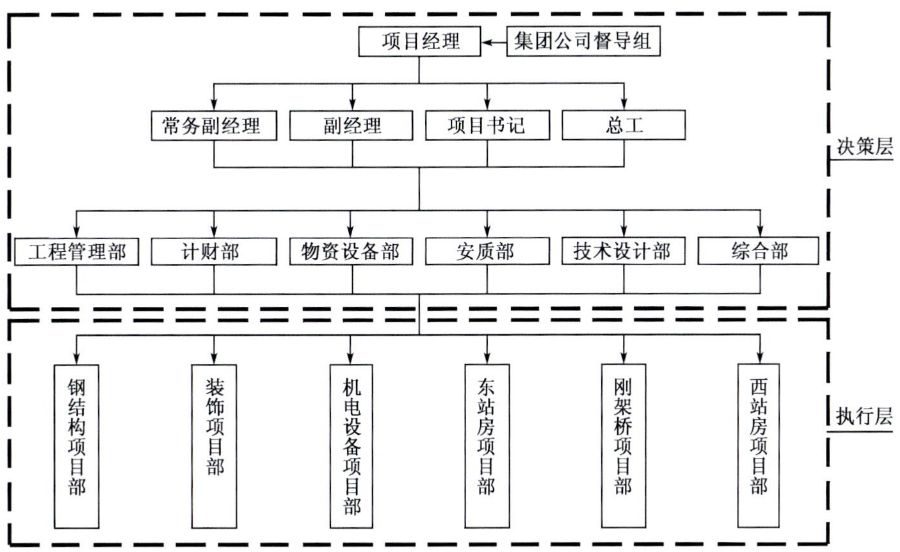

图 1 厦门北站组织机构图

对于职责分工,指挥部主要负责协调相关方关系、现场总体施工部署、工程进度安排以及各项目部之间各种问题的协调;各区域项目部主要负责劳务管理、进度计划的落实、资源和现场的协调等,还要负责协调本工程部管理范围内的机电、钢结构、屋面、装饰的现场管理工作。

3.2 施工进度计划制订与项目工作结构的分解

施工进度管理要建立三级计划控制体系,包括:一级计划——总控制进度计划,二级计划——阶段性工期计划或分部工程计划,三级计划——月计划。总控制进度计划是项目的最终进度目标,各主要分部、分项工程均有明确的开工、完工时间,并能反映各分部、分项工程相互间的逻辑制约关系;各阶段性工期计划的制订是为了保证一级计划的有效落实,有针对性地对具体某一阶段的生产任务作出安排;月计划的制订是将二级计划进一步细化到日常的施工安排中,是最基本的操作性计划,具备很强的针对性、操作性、及时性和可控性。

编制项目施工进度计划前要做好项目工作结构的分解,工作分解结构 WBS 是将工程作业项目按一定的管理规则进行层次化分解，按这种结构对项目管理作业进行划分，大大提高了项目的可控性。WBS 界定了项目的工作范围，使进度管理和项目范围管理有机结合，实现项目范围与责任的层层落实。图 2 为哈尔滨西站工作结构分解图。

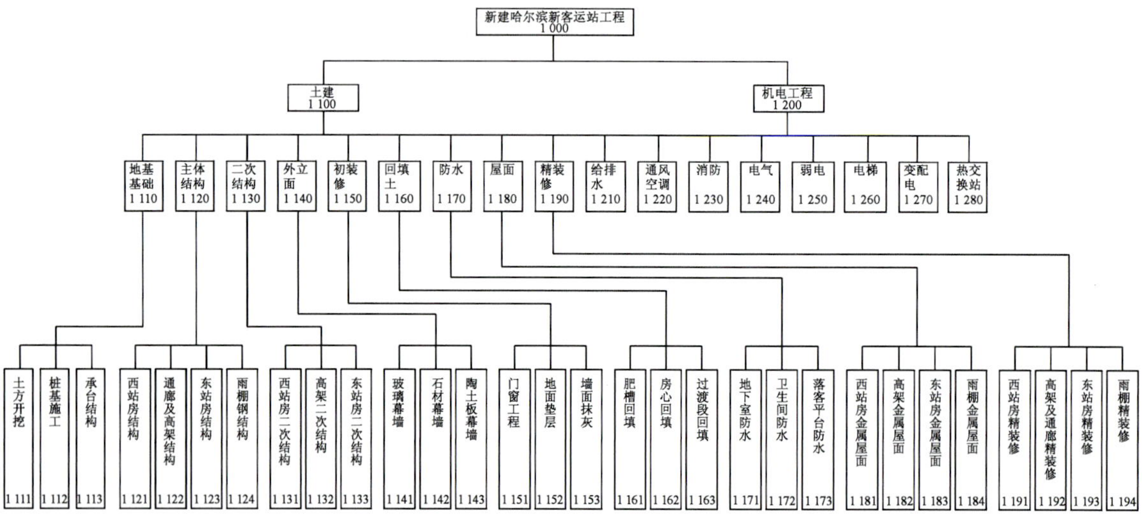

图 2　哈尔滨西站工作结构分解图

3.3　建立符合实际的进度协调制度

进度协调指正确处理与工程进度相关的各种内外关系，为施工生产正常运转创造良好的条件和环境，促进施工进度目标的实现。铁路客站施工的相关单位多，外部包括设计单位、监理单位、站前单位、四电单位、周边市政单位、地铁单位等，内部包括架子队、专业分包单位等。建立相应的协调制度包括会议协调制度、文件往来协调制度、现场办公协调制度等。

会议协调制度包括周协调会、日协调会、专项协调会。协调会是相关方沟通的平台，目的是为了发现问题、解决问题，对工作流程运转过程出现的问题进行纠偏。因此，协调会是执行者提出问题、决策者解决问题、决策者提出要求、执行者领会落实的过程，会议要简短、高效。

3.4　落实施工进度管理的各项保证措施

进度计划的执行过程重点落实以下保证措施：资源保证措施、技术保证措施、组织保证措施、过程控制保证措施。要做到：人力资源充足、材料供应及时、技术准备详实、后勤保障到位、组织运行顺畅。

劳务人员的数量根据工程量计算出定额工来参考配置，要满足现场平行施工、24h 连续作业的需求，且选择长期跟随本公司施工、素质高的劳务人员组成架子队。

大型铁路客站材料需求巨大，如厦门北站，钢筋用量 2.9 万 t，混凝土用量 25 万 m^3，钢结构用量 2.5 万 t，石材 18 万 m^2，这些材料只是运到现场就需要相当长的时间，铁路客站的周转材料基本不考虑周转，因此需求量也很大。如厦门北站，钢管用量达到 2 万 t，木胶板均按照结构接触面积 1∶1 配置。为保证材料供应，要编制材料保证方案，内容包括材料计划、厂家供应能力分析、运输组织、材料存放方案等内容。

技术保证是施工生产正常开展的前提，从工程的开始便要注重抓好前期策划和技术准备，坚决做到技术先行、方案先行。施工方案管理、设计文件管理、测量管理、试验管理等每一项技术管理工作都影响施工进度。大型施工方案是否合理更是施工进度的关键，必须优中选优，多方比较，集团公司要成立专家组，对大型铁路站房的技术方案把关。

大型铁路客站项目管理的团队必须执行力、战斗力强，需要选择精兵强将，管理人员必须有丰富的施工经验，如厦门北站项目，主要管理人员中担任过项目经理的 5 人，担任过项目总工的 6 人。

工序是施工进度管理的最小单元，工序之间的衔接是过程控制的重要内容。过程控制就是通过细化工作流程，加强质量控制，压缩每个工序的验收时间，减少工序衔接时间，达到加快施工进度的目的。

3.5 进度计划的检查与纠偏

进度计划的检查包括以下内容:①工作量的完成情况;②计划时间的执行情况;③资源使用及与进度的匹配情况。

通过进度计划检查,要得到实际进度与计划进度的对比情况,进度计划执行过程中存在的问题及原因分析,进度执行过程对质量、安全和成本等的影响情况。一般采用横道图比较法对照工程的实际执行状况与计划目标的差异。

在项目实施中,经常出现实际进度落后进度计划的现象,这种偏差必须采取措施予以纠正。进度计划纠偏采取的措施包括增加劳动力、优化技术方案、增加施工机械、改进管理流程等。

4 大型铁路客站施工进度管理过程中需要注意的几个问题

4.1 在确保工程质量的前提下抓进度

一般情况,建筑工程要求的质量越高,施工工艺要求的会越严格,施工工期也会延长,但这也是一个相对的理论,并不是质量要求低,工期就会缩短。工程质量不出问题是确保施工进度的前提。如果工程质量问题频出,造成验收不能通过,或出现质量事故造成大面积返工,都将大大影响施工进度。在确保工程质量的前提下抓进度,要求施工单位提高自身的管理和组织水平,采用先进的工艺及施工方案,抓好预控及过程控制。

4.2 抓好施工组织设计的编制是进度管理的关键

施工组织设计是现场管理的核心文件,现场平面布置、施工部署、主要工期节点安排、主要施工方案措施等都是进度管理的主要影响要素。

铁路客站的施工部署是以铁路线各节点工期为主线,以具体施工方案为支撑,综合考虑现场、人力、材料等因素的整体安排。项目部要牢固树立"站房是线路一部分"的观念,要有大局观,站房要服从线路。线路安排的节点工期如铺轨到站房时间、挂网时间、联调联试时间、通车时间一定要了解得很准确。这些节点和工期安排密切相关。

施工安排要有具体方案作支撑,不但解决什么时间完成的问题,还要解决如何完成的问题。如大中型站房屋面体系一般为大跨度钢结构,不同的结构形式、不同的安装方案会造成不同的施工顺序,对各部位节点工期会造成不同程度的影响。如在厦门北站的施工中,屋面钢结构主桁架在候车层楼板上采用整体提升,次桁架采用候车层楼板加固,履带吊上楼板吊装。其他大型站房有的采用先进行屋面钢结构的安装,再进行候车层混凝土结构施工。施工顺序要根据现场实际情况、具体结构形式来确定。

现场平面布置对铁路客站施工非常关键,其中道路布置是重中之重。大型站房道路布置要综合考虑各阶段现场情况、周边环境变化、材料堆放位置、道路运输任务等。

4.3 重视施工图审核,做好与设计单位的配合工作

铁路客站存在边设计、边施工的现象,因此,一定要做好施工图的审核工作,把图纸问题及时消化是保证工期的重要一环。设计图纸下发后,项目部的总工程师要立即组织土建、水电、市政等有关技术人员对图纸进行审查,审查建筑、结构、设备安装等各专业图纸间是否有矛盾;审查图纸各部位主要尺寸、标高是否统一、准确;审查桩基、钢筋混凝土结构、钢结构、预应力、金属屋面等重点专项工程设计的细部节点等内容。与设计单位的沟通要建立固定的制度,发现了问题要做到日事日清,建立日沟通制度,施工单位每天早晨发图纸问题联系单,设计院当天下午发问题解决联系单。遇到大的设计问题,及时召开设计交底会及设计专项协调会。

4.4 重要节点工期的控制

大型站房的施工进度管理与普通房建相比,存在着较大的差别,普通房建更重视最后的竣工时间,但铁路站房与线路相关的各个工期节点都必须保证,确保每个节点工期的实现,才能完成整体目标的要求。

站房重要节点工期在施工管理中有着重要的意义,标志着阶段目标的实现或是项目工作重点的转

移。在施工前，确定几个比较关键的节点工期，如土方开挖完成时间、桩基完成时间、基础完成时间、站房主体结构完成时间、四电机房交付时间、装修完成时间、联调联试时间等，这几个关键的节点工期要在关键线路上，且同时贯穿整个工程。在施工管理中，以这些节点工期为阶段目标，管理整个工程的实际目标，并对项目相关管理人员进行目标考核。这几个节点工期的时间也不要太长，一般控制在1～3个月。

5 结语

大型铁路客站的施工进度管理是项目管理的主线，这是工程本身的复杂性所决定的。另外，在施工进度管理中，还要注意处理好和安全、质量、投资、环保、技术创新的关系，做到协调一致、相辅相成。只强调进度管理，其他方面的管理不到位，施工进度肯定无法保证。

中国的高速铁路技术发展迅速，相应的，建设过程中的管理也不能落后。针对施工进度管理，施工单位要建立一套适应铁路客站施工进度管理的制度、流程，工作实践中注重提高效率、抓住重点、执行到位，这样才能又好又快地建设一流的铁路客站。

铁路站房建设专业化探索

周华松

（中建三局工程总承包公司　武汉　430010）

摘　要：2008年铁道部全路建设工作会议正式提出了以标准化管理为主线，以打造精品工程、安全工程为目标，全面落实"六位一体"要求的总体思路。机械化、工厂化、专业化和信息化是推行铁路建设标准化管理的重要基础和手段。中建总公司以承接武汉站站房工程施工为契机，全力贯彻和运用标准化管理这一重要管理方法，并结合自身特点，编制了公司内部标准化管理手册。本文结合武汉站站房施工管理实际，讨论专业化施工的得失和体会。

关键词：站房　专业化　标准化

武汉站项目是中建总公司进入中国铁路系统所承接到的第一个大型综合性站房工程，也是率先启动施工的中国高速铁路网枢纽站之一，更由于其超前的设计理念和独特的结构形式，受到社会各界的高度关注。铁路客站站房工程的建设过程既涉及一般公共建筑中的地基基础、钢及钢筋混凝土结构、给排水、建筑电气、空调、消防、电梯等专业，还涉及铁路桥梁、轨道、接触网、通信、通号、静态标识等铁路专业，且各专业在站房这一系统工程内相互衔接、交叉。在施工过程中，要保证各专业顺利、优质完成，必须贯穿专业化施工的原则，且在项目管理过程中，应通过强有力的系统集成（总承包）管理手段，科学合理做好各专业接口管理规划和实施工作，顺利实现站房工程的系统功能。在武汉站建设期间，我们进行了一些探索和尝试，在此成文，与路内外同行分享，期待得到大家的批评指正。

1　客站建设施工专业化对项目管理体系的要求

1.1　专业化施工对组织机构建设的要求

站房工程本身是一个人员高度集中、流量极大的，以优先满足旅客乘车、进出疏散功能的大型公共建筑，是一项涉及铁路、房建、市政配套综合一体的庞大系统工程，其工程建设存在以下特点：①工程规模大，涉及专业多；②技术标准高，施工难度大；③施工工期紧，专业接口多；④社会影响大，综合要求高；⑤周边环境复杂，社会干扰因素多。另外还存在征地拆迁和设计图纸相对滞后的情况，以及由于新结构、新工艺、新材料应用而产生的新课题，需要边设计、边研究等。

针对铁路站房建设特点，除了要求项目管理团队必须具有很强的综合决策能力、快速反应能力，还要求项目管理团队综合素质高、专业搭配齐全、分工要明确、责任要清晰。

中建总公司完全授权由中建三局负责总承包承建武汉站项目，中建三局充分发挥其集团优势，由三局工程总承包公司承担项目总承包职责，同时直接负责该项目的土建、安装和屋面施工任务，其余由中建钢结构公司、局深圳装饰公司、局东方装饰公司分别承担其钢结构工程、幕墙工程和室内装饰工程施工任务。我们继承了中建传统的项目管理模式，组建项目总承包管理部和土建、钢构、安装、幕墙、装饰、屋面六大专业施工部，实行扁平化管理体系。

项目总承包管理部下设设计协调部、技术管理部、工程管理部、物资管理部、商务合约部、财务资金部、综合管理部、综合办公室等部门，以及一个中心试验室和一个混凝土集中搅拌站。各专业施工部仍按三局传统的项目经理部要求配置部门或专业组（图1）。

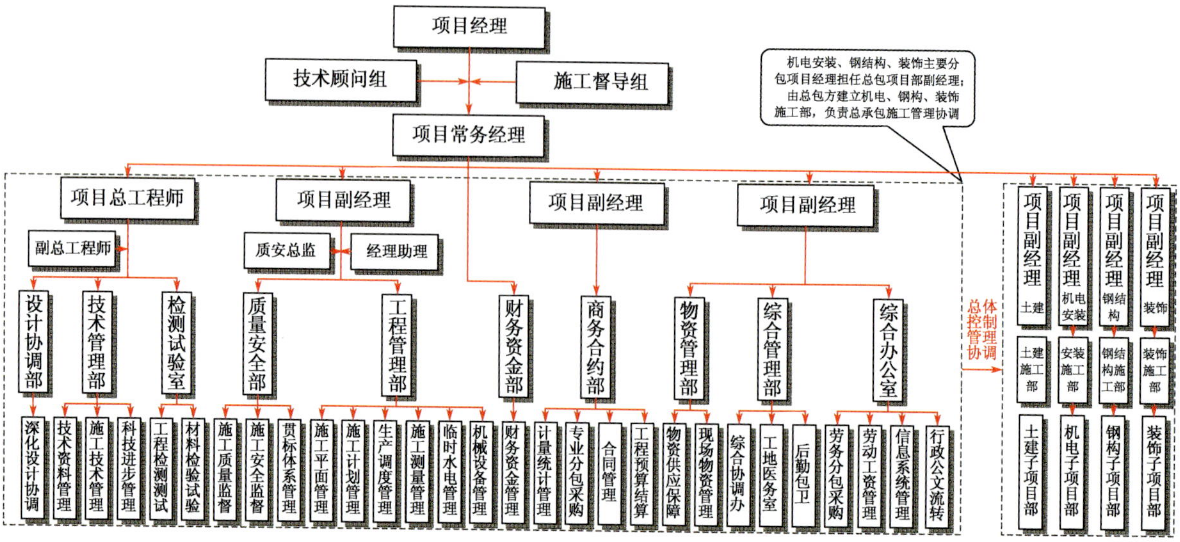

图 1 中建总公司武广客运专线武汉站工程项目经理部组织机构图

1.2 总承包管理部职责和能力要求

项目总承包管理部充分履行项目总承包管理职能，对内主要职能是：①进行整体和阶段性的总体施工部署，明确施工顺序和节点时间要求；②牵头组织专项施工组织设计的评审（重在施工部署、施工方法及节点时间要求等方面，专项施工方案由各专业施工部发挥其自身专业优势）；③为各专业施工部提供现场条件保障；④督促资源配置计划与落实，协调生产、技术、设计方面存在的问题，监督质量、安全保证体系的运行和业主方指示的贯彻落实；⑤签订阶段性目标管理责任状，严格实施阶段性考核兑现。对外，总承包管理部统一牵头，组织协调对接工程。建设各单位，包括业主、设计、监理、政府部门和上级主管单位，整体研究决策对外事务，统一报送和收发文件。

要充分履行好以上职责，项目总承包管理部在所属的公司或集团公司层面，应具有强大的融资能力、深化设计能力、技术创新能力和成熟的采购网络。在项目总承包管理部人员配置层面，应满足以下要求：

(1)一个专业背景全面、凝聚力强的项目核心管理团队，包括项目经理、总工程师、生产经理、商务经理等。项目核心管理团队要具备强的综合决策能力、快速反应能力、全局判断能力、系统策划能力，首先应当是一个专业背景全面、集成能力强的团队。项目核心管理团队的主要工作可以体现为工作任务分解、专业能力集成。即在项目策划阶段，项目核心管理团队的主要任务是将项目总目标分解到各专业施工部，使总承包部各部门和各专业施工部职责清晰，各专业施工部间边界条件容易界定和交接；在项目实施阶段，充分调动各专业部专业施工能力，形成总集成优势和能力，按期优质完成工程建设，为业主提供优质服务。

在执行工程总承包管理的过程中，很多时候问题是来自管理和被管理的矛盾，业主与总承包商之间、总承包商和专业分包商之间等等。对同一个问题的理解，不同的角度会得到不同的结果。如何处理不同角度、不同文化、不同背景带来的对问题不同理解导致的矛盾或冲突体现了总承包的管理能力。

(2)满足工程需要的专业工程师，尤其是掌握项目管理和工程总承包知识、技术的专业人才，如深化设计工程师、采购经理、进度计划工程师、费用控制工程师、项目财务经理、合同管理专家、安全工程师、质量工程师等。各层次主要人员除精通业务以外，还应具备良好的沟通协商和组织管理能力。

(3)强大的后勤保障管理团队。由于新时期站房建设社会影响大，综合要求高，且多数周边环境复杂，要么在目前城乡结合部新建车站，要么为既有车站改、扩建，绝大多数涉及征地拆迁，社会干扰因素多。为保障工程顺利进行，项目总承包管理部应承担起协调周边关系、维护工程稳定的重要职责。同时，进入现场的道路、水源、电源也由项目总承包管理部统一管理。

1.3 专业施工管理部职责和能力要求

专业施工部承担具体分部工程的施工任务，其主要职责是：①承担相应分部工程的深化设计；②编制相应分部工程施工计划，包括形象进度计划、物资采购计划、重要设备进场计划、专业架子队进场计划等，并报送总承包管理部汇总合并，得到批准后实施；③具体管理专业架子队实施分部分项工程施工，实现各分项工程质量、安全、进度目标；④与其他专业施工部协作，做好接口管理。

要适应新型铁路站房建设标准化管理的要求，各专业施工部应至少满足以下各项要求：

(1)具备相应专业背景的管理团队，并对本工程建设的总体部署及其他专业施工部有相当的了解，具有全局观念。

(2)具备相应专业的深化设计团队，不仅能和设计单位进行深入的沟通和协作，在深化设计过程中，还要更深入地与其他专业进行有效的沟通。例如武汉站站房钢结构工程，不仅结构设计本身复杂，数以万计的构件各不相同，节点构造形式复杂，且在深化设计过程中，还要考虑机电、屋面、接触网、装饰等各专业在钢结构施工阶段的预留预理。

(3)具有足够数量的、素质过硬的专业架子队。架子队管理是近年在铁路工程建设实践中发展起来的一种卓有成效的管理模式，公司自有职工与一线作业劳务人员混岗、混编，组建了专业性突出和集中生产性强的施工队伍，达到施工专业化、班组自控化、行为市场化、考核日常化，体现出组织严密、专业突出、纪律严明、操作规范四大特点。在武汉站站房工程建设期间，总承包管理部向各专业施工部强力推行了专业架子队这一先进管理模式来改进原有传统劳务分包模式，取得了明显的成效。

2　专业化施工促进了标准化管理水平的提升

2.1　专业化是标准化管理的重要基础之一

标准化管理包括管理制度标准化、人员配备标准化、现场管理标准化和过程控制标准化，而保证人员配备标准化和过程控制标准化的重要手段就是专业化。

随着一大批具有鲜明时代特点、适应社会进步的新型铁路客站的建设，大量新工艺、新材料、新技术被广泛运用；同时，传统工艺、常规材料在新时期建设中也面临着新的要求和改进，作业工种的门类也越来越细分，对工艺要求也越来越精细，越来越需要专业人、专业设备来做专业事。比如，在数个大型站房屋面安装的太阳能光伏发电系统的设计、安装，就超出了传统铁路站房设计、施工单位的业务范围，必须要引进专业单位进行相关工作。而随着大型复杂桥梁设计，桥梁模板体系的设计难度也越来越大，模板设计、加工专业化程度也越来越高，需要引进专门的模板设计公司、专业的模板制作公司进行设计制作，方能满足工程建设的要求。

专业化程度的提高对作业标准的制定、专业队伍的建设、机械机具的配置、工艺工序的制定、作业标准的执行都有着非常重要的促进作用。

2.2　标准化管理要求专业化程度不断提高

人员配备标准化不仅包括按照标准化管理手册或程序的要求配置足够数量的人，更应配置适应岗位需要的专业化人才，通过贯彻、实施标准化管理，企业或工程项目能及时发现和掌握不同阶段、不同岗位对各专业人员的要求，并通过招募、培训等不同手段，满足专业化施工的要求。比如武汉站建设初期，通过标准化项目的建设，充分认识到企业原有的土建、机电安装、幕墙、钢结构等专业人员均缺乏铁路建设过程的相关常识，专门组织人员进行了相关培训，使这些专业人员认识到铁路站房建设与一般其他公共建筑建设的差异，特别对铁路建筑限界、接触网安装调试期间的安全防护等常识有了充分的认识，为武汉站施工顺利进行提供了保障。而在武汉站屋面施工的关键时期，由于专业屋面施工劳务人员严重不足，项目屋面施工部通过对相近工种作业人员的临时强化培训后上岗，顺利实现了分部工程的工期目标。

过程控制标准化是专业化施工的关键之一，如果没有过程控制标准化，各工序作业标准缺乏、接口流程随意，专业化就无从谈起。过程控制标准化就是在尊重相应专业工程的客观规律的基础上，制定相应的工艺流程、各工序接口管理方法、工序验收标准等，并将相应流程、标准制度化，利于专业化过程的质量、安全控制，也提升了各专业的管理效率，促进专业化程度的提高。

管理制度的标准化有助于工程建设和整体策划，使得工程任务分解更科学，专业化队伍建设或引进更具有前瞻性、全局性，不同专业队伍的接口管理更可控，各专业质量策划和创优更具有可行性。

现场管理的标准化不仅促进整个工程施工顺利进行，在为现场各专业化队伍提供便利的同时，也对专业化队伍的内部管理及作业行为提出了更高要求，促进了专业化程度的提高。

3 专业化施工与技术、管理创新的辩证关系

专业化施工并不意味着作业标准、工艺工序的完全固定和僵化，更需要根据工程本身的实际特点进行创新和发展。

一方面，对于各专业施工中基本作业标准和要求，要随着技术进步不断向前发展和完善，对工艺工序的质量要求也应与时俱进、不断提高。企业各项施工工艺技术标准要定期进行修订、完善，适应不断进步的时代要求。

另一方面，每一项新的工程不可能是前期任何一项工程的简单重复，而是经常会遇到以往任何工程均未经历的困难和矛盾。比如在武汉站桥梁工程施工中，三跨连续刚构拱桥模板的设计和制作，如果完全按传统的施工流程，将全部模板设计制作直接交由专业模板厂家就无法顺利完成，面临全新的空间不可展曲面和饰面清水混凝土要求，不仅要解决模板成形符合桥梁和建筑设计要求，还要解决模板自身受力体系合理，更要解决现场作业面狭窄、操作空间受限的问题。为此，武汉站项目部专业组建了由项目技术人员、专业模板设计机构和专业模板加工厂三方构成的专业攻关小组，最终顺利研发出复杂空间曲面模板体系和多支点横向移动模架体系，并交由专业化厂家加工制作完成，顺利完成了三跨刚构拱桥的施工（图 2、图 3）。类似的工程难题在武汉站还有钢结构深化、幕墙双绞摇臂系统等多项，均组建专业化攻关小组解决。

图 2 横向移动模架

图 3 空间曲面模板

4 专业化与总承包管理有机结合是实现项目精细化管理的有效途径

做专才能做精，集团公司在区域公司组建时就采取专业化公司的模式，以促进集团公司精细化管理。在武汉站建设中，集团公司更是强调专业优势互补，以工程局作为总承包管理单位，集合六大专业公司集体作战。专业化施工部充分发挥其专业技术管理实力，总承包管理部发挥协调管理能力，两者有机结合，促进项目精细化管理。

武汉站核心区钢结构及三跨连续刚构桥是本工程的两大难点，不光技术难度罕见，且工序衔接，施工条件复杂，安排工期共 8 个月。钢结构施工部充分发挥专业公司技术资源优势，提前深化设计、制作构件，安装过程首创国内最大的滑移胎架，顺利完成核心区钢结构施工。土建施工部研制出 16 支点横向移动模架与桥梁用高性能自密实清水混凝土，且成功应用于桥梁施工，使得三跨连续刚构桥按期保质完成（图 4、图 5）。两个专业化项目部通过其专业技术优势，既实现了工程工期、质量、安全目标，也产生了极大的经济和社会效益。总承包管理部通过组织协调，确定了两者施工顺序，其他专业插入时间，明确了方向，并使得滑移胎架与多支点横向移动模架共用基础，设备、平面等资源共享，产生了极大的经济效益。专业化与总承包管理有机结合是精细化管理的途径。

图4　施工现场1

图5　施工现场2

5　结语

武汉站的建设是中建人在路内施工迈出的坚实一步，经历了坎坷，经受了挫折，但在铁道部、铁路局及路内外业界的关心支持下，武汉站于2009年底顺利开通，科技攻关和标准化管理也取得了一定的成绩。我们知道，新时期铁路建设的路还很长，需要我们不断学习、不断努力，为铁路建设再立新功！

铁路客站装修的标准化施工

叶常青

（中国中铁四局集团建筑装饰安装工程有限公司　合肥　230023）

摘　要：建设现代化的铁路客站是新时期铁路建设的重要任务。总结新型客站装修的标准化施工经验，探讨如何通过加强制度建设、提高装修理念、科学安排、精细管理、严控质量、技术创新，实现工期、质量、环境、投资、安全、创新“六位一体”的建设管理目标，做好铁路客站标准化建设。

关键词：铁路　客站　标准化　六位一体

当前，我国铁路客站进入新的加速建设期，随着站房建设的不断发展，标准化管理已成为现行项目管理的重要手段，通过大量新技术、新材料、新工艺、新方法的运用，充分展现了以人为本的先进装饰装修理念，具体践行了“功能性、系统性、先进性、文化性、经济性”的原则，充分展示了我国现代化铁路客站建设的最新成果。由于站房装饰直接关系到旅客使用，探索如何实现铁路客站装修的标准化作业，对于全面提高铁路客站建设水平，保证铁路客站最终成品质量，具有特别重要的意义，事关铁路客站建设的成败。中铁四局在大规模、高标准铁路建设中，主动承担历史重任，坚持以铁道部“功能性、系统性、先进性、文化性、经济性”的“五性”原则为指导，先后参与了一批人文特色突出、地域特点十足的现代新型客站的装修施工，赢得了广泛赞誉，总结了一套行之有效的铁路客站装修标准化施工经验，为我国现代化铁路客站建设起到了示范和引领作用。

1　坚持制度优先，提高执行力，奠定铁路客站装修标准化施工的基础

没有规矩不成方圆，没有严格规范的制度，铁路客站装修标准化施工只能是一句空谈；同样，有了好的制度，而不去执行，所有的努力等于零。开工伊始，我们就根据宜昌东站管理模式及特点建立了一系列管理办法，包括《宜昌东站装饰工程外协队伍管理办法》、《宜昌东站物资管理办法》、《宜昌东站装饰安装施工管理办法》等，首先从人员、物资、施工管理方面建立了一套行之有效的规章制度，为后续施工的顺利开展奠定了基础。

1.1　坚持图纸会审制度优先，做到图纸会审不深入不施工

铁路客站装修施工是实现铁路建设产品的末端，因此铁路客站装修标准化施工是确保铁路建设产品质量的关键。随着客站建设标准的不断提高，设计理念的不断统一以及新材料、新工艺的不断涌现，能否做好图纸会审工作，能否充分理解设计意图进而结合现场深化设计，直接关系到装修标准化施工的水准。图纸会审不仅仅是一线技术人员的责任，还需同时组织公司内外经验丰富的装饰专家召开专门的图纸会审会议，听取各方意见和观点，使装饰深化设计不断精细化，进而到达施工标准化。同时，还针对图纸会审制定了专项奖罚制度，鼓励全体员工积极钻研，不断优化。

1.2　坚持技术交底制度优先，做到技术交底不详尽不施工

装修施工具有很大的灵活性，能否将设计意图充分展现出来直接关系到装饰装修效果。在宜昌东站装修的标准化施工中，我们编制了客站装修标准化施工作业指导书和作业要点卡片，减少了传统技术交底文字叙述所占比重，增加了更加直观的图文，确保作业人员人手一份。每道工序开始前，组织专门技术交底会，重点讲解施工技术、质量保证措施和常见的质量通病及预防措施，克服了传统技术交底操作性不强的弊病，大大提高了装饰施工质量和进度。

1.3　坚持材料验收制度优先，做到材料不验收不施工

装饰材料种类繁多，档次不同，品质差别很大，装饰出来的效果也各不相同。特别是随着社会的发

展、科技的进步，装饰材料的更新频率不断加快，增加了标准施工的难度。采用优质的材料是构筑出一座座精品客站的基础保证，材料的好坏需要优秀的物资管理队伍来把关。宜昌东站装饰工程广泛采用了大面积白麻石材干挂和灰麻石材铺贴，如何确保石材的色泽统一、没有色差，是质量控制的关键，关系着整个装饰效果和观感质量。为此我们专门委派了一批业务能力强的物资人员进驻福建石材加工厂，直接参与选料、下料、生产加工的全过程，极大地提高了进场石材的质量。到达施工现场后，再次组织物资、技术和一线作业人员进行验收，这样层层把关，将不合格产品挡在作业区域门外，进而提高了施工质量和进度。

1.4 实行样板引路，确保工程施工质量

为加强工程质量管理，项目部成立了以项目经理为组长，总工程师为副组长，各部室负责人、各架子队长、技术负责人为组员的工程质量领导小组，作为整个项目质量管理组织机构的重要组成部分。施工过程中完全实行样板引路制度。项目部对每道工序的第一板块，在设计规范要求下，严格控制施工过程，使之符合设计规范要求。对该板块进行建设单位、监理、设计和施工的四方验收，验收合格的板块作为整道工序的样板工程。在施工过程中"用典型引路"，在检查验收时"让样板说话"。该工序的各板块需以该样板施工为指导，各施工方法均需以样板为要求，以确保该工序的各板块均达到样板的要求。对不符合样板施工要求的施工方法坚决给予否定，违者按章处罚，做好样板的唯一性、权威性。将这一制度深入运用到每道工序中，确保整个工程均达到样板工程要求。

1.5 坚持过程监督、检查、验收制度，以工序控制保证工程质量

工程过程质量检查是规范作业过程和确保工程实体质量最有效和直接的控制程序，施工中必须严格执行工程质量过程监督、检查、验收制度。在宜昌东站装饰施工过程中，由项目的安质部门负责质量工作的监督、管理和质量检查、申报的各项管理工作。

(1)检验批验收，每个检验批完成后技术人员及时填写检验批质量验收记录。经质检员检查合格后并及时报告监理工程师到场进行检查和签字认可。凡验标中规定需要设计人员参加的工序检查，由监理工程师会同设计人员一并参加。未经监理工程师检查或经检查不合格的工序，不得进行下道工序的施工。

(2)完成一个分项工程的所有检验批质量验收后，质检员整理该分项工程的质量验收记录，填写分项工程质量验收记录，并报请监理单位对检验批、分项工程质量进行验收。

(3)完成一个分部工程所含的分项工程质量验收后，质检工程师整理汇总该分部工程的质量控制资料，在监理单位组织下，项目部有关人员参加分部工程质量验收。

(4)单位工程质量验收工作由项目部及时与建设指挥部联系确定，建设指挥部组织项目队、设计、监理单位对管段内的单位工程进行验收。

2 提高装饰施工理念，提升装修标准化作业水平

现代铁路客站建设越来越注重完善的交通功能、鲜明的时代特征与浓厚的地域特色的和谐统一，只有充分理解把握这一理念，才能使铁路客站装修施工更上一个台阶。

为了切实建设好宜昌东站，不断开拓创新、独辟蹊径，寻找适合宜昌东站实际情况的管理模式，坚持合作共赢，走出去、引进来的理念。

(1)多次组织考察组奔赴武汉、上海、长沙等地进行实地考察，通过走出去，不断提升装修理念，吸收兄弟单位的管理经验，提高自身的管理素质。站房装饰施工准备阶段，先后到武昌站、上海南站、上海航站楼进行调研，除对已完工程进行全面的感官认识、对功能使用过程中容易产生的问题进行调研外，重点对施工特点、施工阶段与宜昌东站相似的上海虹桥枢纽航站楼进行了详细考察，特别是针对现场材料控制、施工工艺、贵宾室的施工、成品保护措施以及文明施工管理进行了现场取经，对大面积地面铺装难度大、材料间的接缝处理不容易控制等在施工过程中常见问题进行了咨询，就如何加强关键部位施工质量的技术控制，保证各阶段目标和最终目标的实现的措施进行了深入交流；站房外装饰施工阶段，组队到在建武汉站、咸宁站、长沙站进行现场观摩，本阶段主要针对现场中遇到的实际问题进行考察，本着优

化设计、提升施工质量、强化管理水平、查缺补漏的目的,通过对目前正在施工中的大、中、小三个比较有代表性的站房进行实地学习,挖掘对方施工的长处,弥补自身的不足,为下步外墙装饰面板的施工以及内装的展开打下坚实的基础,填补了我局在铁路大型站房施工方面经验欠缺的空白。

(2)聘请专业监理,实行施工现场全过程控制。为了进一步加强现场的技术力量,强化施工过程的质量控制,聘请内部监理对施工质量进行全过程指导、监控,通过赋予内部监理相应的管理措施、执法权利,在工程监理严格要求的前提下,进一步加强自身队伍的管理,目的是确保一次成优、开工必优。内部监理作为一个单独的现场监管机构,除每天对现场施工进行全过程跟踪、现场技术指导外,坚持每周内部监理周检查和周例会制度,每周集中大检查,从现场文明施工、施工安全、质量方面进行全面、深入细致的检查,不放过任何一个问题,细到现场的每一道焊缝的质量检查;每周例会相当于每周的总结,要求现场施工负责人必须参加,例会内容包括对本周工作的总结、下周工作的安排、现场施工遇到的相关问题、需要协调解决的事宜,主要侧重于现场的实际问题,有问题现场负责人必须当场拿出整改方案以及完成整改时间,与会者一起讨论方案的可行性,最终确定最优执行方案现场实施,进而能够有效地避免踢皮球的现象,极大地促进了现场的执行力度,保证了解决问题的及时性。通过抓现场施工、抓质量,确保了现场施工有序、质量可控,一方面能够加快现场的施工进度,另一方面能够有效地避免因返工导致成本损失,提高了经济效益。

3 科学安排,合理调度,精细管理,规范标准化施工

铁路客站装修是一个复杂的系统工程,需要从施工单位的项目部到作业队、作业班组,围绕工序要求的人、机、料、法、环、信息、财务等生产要素的系统控制来实现。宜昌东站通过开展装修标准化施工,取得了较好的成果,并荣获了"湖北省2009年安全标准化文明工地"。

3.1 超前谋划,合理布局

一个系统工程涉及多种专业的交叉配合,稍有不慎就会引来不必要的麻烦。通过组织各专业协调会的方式,超前谋划,提前预测,根据各专业工种、每道工序的要求,合理布置了物资堆码区、材料加工制作区,科学灵活地安排各专业施工的先后顺序,确保各专业的流水线作业。

3.2 队伍过硬,计划缜密

特别重视"人"这一工作的关键因素。首先配备一个强有力的领导班子,选拔一批作风过硬、业务精湛的优秀客站装修专业技术管理人才,并做到责任分工明确、奖惩分明。一线作业人员经验丰富,操作能力强,大多数参加过北京南站、武汉站等大中型客站的建设。高度重视计划工作,计划工作是进度管理的基础。根据现场工、料、机等因素,并结合现场实际情况,组织人员编制并下发合理的月生产计划。根据月计划的节点要求,通过细化日计划具体抓落实,并对当日计划的完成情况进行考核。

3.3 过程控制,工艺精准

在宜昌东站的装修施工中,始终坚持以人为本的原则,结合客站装修的具体特点,积极探索研究新的施工工艺和工法。对影响客站观感、使用功能的部位进行精雕细琢,结合现场实际强化细部施工工艺。如在天井玻璃幕墙、通风口位置、灯具布局、卫生间设施、柱角圆弧施工、墙面阳角钝化等施工细节处理上,紧密结合铁道部鉴定中心编制的《铁路旅客车站细部设计》,不厌其烦,反复推敲,精益求精。

4 严控质量,创新技术,提高装饰标准化施工水准

质量控制是铁路客站建设的主题,是打造一流客站的关键。在宜昌东站装修标准化施工中,重点做好以下两点。

4.1 重点监控,层层把关,加强关键部位、关键工序监控

严格质量控制,特别是要重点监控事关质量安全的重难点工序,层层把关,不打折扣,不留隐患,形成作业班组、作业队、项目部、监理单位四道"安全网",做好各层次检查,确保不把问题遗留到下一工序,

针对重要工序、关键工种组织集中检查、上岗培训考试，做好监控工作。如混凝土工程、钢筋工程、站台石材施工，表面平整度、空鼓率、站台边缘标高控制，站台边缘轴线控制(侵线问题)；站房人厅金属板吊顶，平整度控制，安装牢固度控制、标高控制；墙面石材干挂，平整度、垂直度、轴线控制及安装牢固度控制；站房地面石材施工，表面平整度、空鼓率控制及接缝错台控制等作业时，技术、试验人员跟班作业，实行24h旁站监控，整个实施过程都记录在案，并在施工日志中详细描述，主要内容包括：项目、时间、地点、架子队负责人、架子队技术负责人、旁站值班人、施工方法及工艺标准，质量控制情况等，以实现产品质量的可追溯性。

4.2 集思广益，不断创新

集体的智慧是无穷的，是不可估量的。每个人的知识储备不同，看问题的角度也不尽相同，自然就有各式各样的解决方式，所以施工中必须学会利用集体的力量去寻求最佳解决方案。如在宜昌东站二层候车厅高空间铝单板吊顶施工中，就遇到了进度、安全、成本和质量的矛盾，一方面面临着工期短、成本压力大的实际情况，一方面二层候车厅关系到站房的整个装修效果，安全质量不容有丝毫马虎。采用传统满堂脚手架施工，工期长、花费大，同时影响地面石材铺贴；采用吊篮施工，钢网架结构承载力达不到要求，以上方案只能一一排除。但通过公司总工亲自牵头，从项目技术负责人到一线作业班组工人都主动加入其中，经过几个昼夜的反复推敲论证，终于在几个方案的基础上，总结出了一个最佳方案，即采用小单元组合反吊顶施工工艺，利用铝合金升降台将铝单板分版整体吊装，具有投入小、施工周期短、施工效率高、影响作业面小等优点。通过集思广益、技术创新，宜昌东站装修施工较好地协调了进度、质量、安全的矛盾，极大地提高了装修水准。

只有积极贯彻建设标准化管理精神，全面落实“六位一体”的管理要求，大力推进铁路客站装饰建设项目标准化管理，不断提高铁路客站建设项目综合管理水平，才能确保建设优质、安全、节约工程，又好又快地完成施工任务。

参 考 文 献

[1] 王峰，等. 标准化作业[M]. 北京：中国铁道出版社，2009,8.

V形刚构组合连续梁施工技术

袁　毅

（中铁二十二局集团有限公司　北京　100043）

摘　要：本文结合新广州站站房桥的工程实例，叙述了鱼腹式槽型截面V形刚构组合连续箱梁原位现浇施工的主要施工工艺及关键技术，重点介绍了特大断面V形刚构结构现浇支架方案及施工控制要点和方法，为今后类似工程施工提供一些借鉴。

关键词：客运专线　V形刚构连续梁　施工技术

1　概述

新广州站是国家中长期铁路网规划中“四纵”客运专线之一——武广客运专线的重要组成部分。站场设计28股道，15座旅客站台。新广州站采用站桥共柱形式，站房桥承担铁路和站房双重荷载。站房桥桥梁共14座，起讫里程为DK2 218＋270.05～DK2 218＋845.95，桥全长575.9m，分为17孔，横桥向用字母进行轴线编号，为B1～G轴，顺桥向用数字0～17进行轴线编号。5～11轴（2×32m＋64m＋2×32m）为V构组合连续梁，梁全长205.6m，7～9轴主跨64m，跨越广州地铁2号、7号线，其余各孔跨均为32m。站房桥梁有单线梁和双线梁两种断面设计形式，本文主要介绍双线V构连续梁的施工技术。

2　梁体构造

双线V构连续梁为鱼腹式三腹板槽形双箱梁结构，支点梁高为5.4m，跨中梁高为3.5m，边支座中心线至梁端6.8m。桥面宽13.1m，顶板厚0.5m，底板厚0.5m，中腹板厚1.5m，边腹板厚1.2m，支点横隔板宽度为2.0m。V形结构斜腿及桥墩为实体截面。全桥分19个施工节段，见图1、图2。

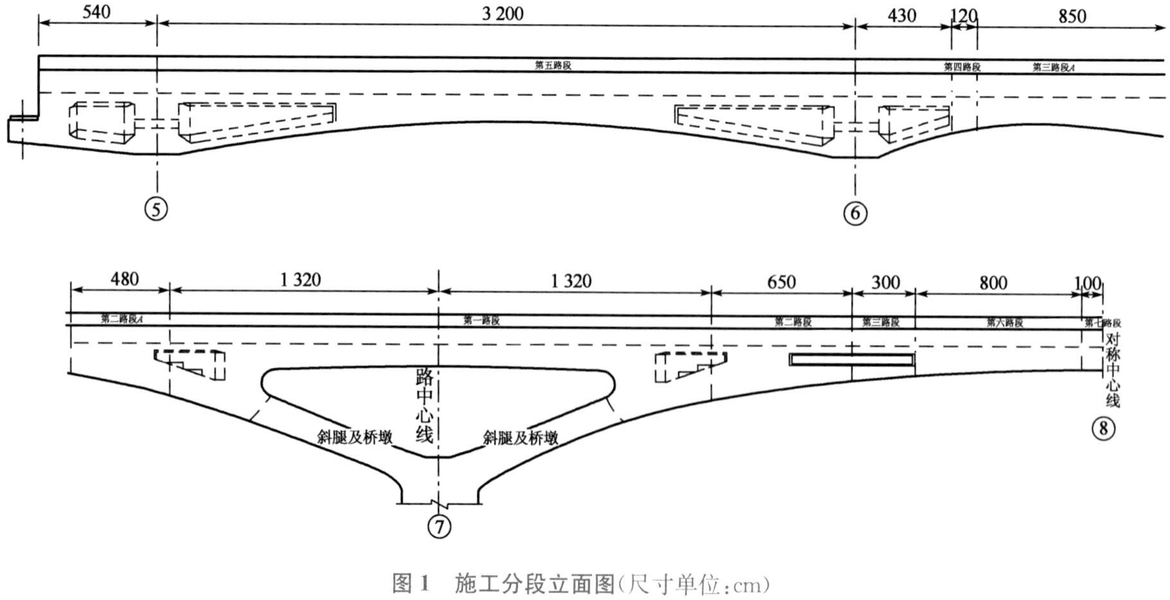

图1　施工分段立面图（尺寸单位：cm）

注：本图只表示1/2联梁，8～11轴与之对称

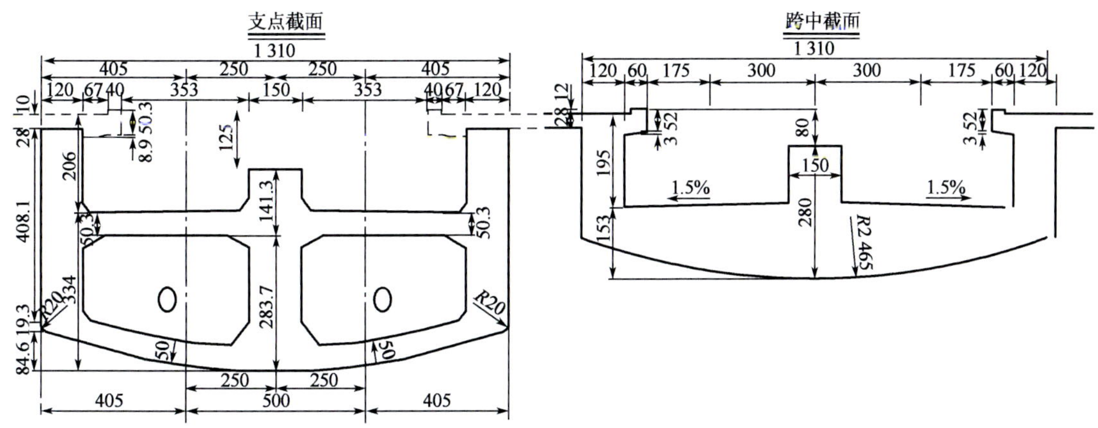

图 2　双线 V 构连续梁横断面图(尺寸单位:cm)

3　桥型特点及施工难点

(1)槽形梁是一种下承式桥梁结构,上部荷载通过轨道、轨枕、道砟传递给主梁,再由主梁传给下部结构。本桥型设计便于压低线路高程,相对抬高站台面高度,桥梁腹板既作为上部荷载的承重构件,也作为站台功能的构造构件。

(2)鱼腹式槽形梁底板呈鱼腹形,由于混凝土具有流动特点,浇注底板混凝土时,混凝土易上翻造成底板厚度过大,而且,鱼腹面为清水混凝土设计,外观质量要求高,因此底板混凝土浇注工艺需要深入研究与探讨。

(3)V 构连续梁体量庞大、结构复杂,每联连续梁混凝土用量达 6 798m^3,最大节段达 1 144.5m^3,截面最大高度为 7.40m。梁体自重大,施工荷载大,支架搭设在地铁结构顶板上,施工荷载需控制在顶板允许承载力范围内,因此,现浇支架体系设计是一大难点。

4　施工工艺

4.1　支架搭设

V 构连续梁现浇支架采用碗扣式满堂支架,搭设在地铁顶板及地下室底板上,立杆间距为 0.6m×0.6m,个别实体梁段适当加密为 0.3m×0.6m,步距为 1.2m,剪刀撑按规范要求纵、横向每 3m 加固一道(支架详细布置见本文 5.1 节)。

4.2　V 构连续梁集中荷载分布措施

V 构连续梁采用原位现浇的施工方法,现浇箱梁施工支架搭设在广州地铁顶板之上,地铁顶板承载力是按照 124.5kN/m^2 的均布荷载设计的。V 构连续梁为鱼腹式槽形截面,腹板处集中荷载较大,施工中采取以下荷载分布措施以满足地铁顶板承载力要求。

(1)模板设计时,设置横向桁架,既满足槽形截面要求,同时考虑荷载分布效应。

(2)在支架顶托上布设横向型钢分配梁,将模板桁架传下的荷载进行再分布。

(3)采用碗扣式满堂支架,加密满堂支架剪刀撑,通过支架将分配梁传下的荷载进行再分布。

4.3　支架预压

预压采用 C15 混凝土预制块堆载法,预压观测点采用在支架顶部工字钢焊钢筋和支架底部混凝土面上打膨胀钉埋钢板的方式。

支架搭设完成后,按照加压荷载的 0%、10%、40%、70%、100%、120%分级进行预压,加载完成后 12h、24h、36h、48h 读数,直至最后的平均沉降值<3mm 并满足 24h 以上时方可逐级卸载,最后再测量一次卸载后的读数。测出加载前、加载后和卸载后的测量比较值,得出弹、塑性变形值,以确定基础是否

满足要求和支架预留沉降量。

4.4 模板体系

模板采用专业厂家制作的大块模板，模板要求表面平整，尺寸形状准确，有足够的强度和刚度，制作完成后应进行试拼。

模板安装采用吊车与塔吊相结合的方式。安装时，要求相互连接面要对齐，连接缝间隙应用灰膏类填缝或贴胶带密封。安装完成后应涂刷脱模剂，并对模板进行测量复核，确保其平面位置、标高符合设计要求。

4.5 钢筋及预应力束的安装

钢筋在加工场按设计图纸的规格尺寸下料、弯制，然后运至现场，在支架上进行安装、绑扎。

预应力管道采用熟料波纹管制孔，用 ϕ10mm 钢筋每隔 0.5m 设一道定位，并且焊接牢固，保证其位置准确、管道畅通、没有死弯。

穿束前应全面检查锚垫板和孔道。锚垫板应位置正确，孔道内应畅通，无水分和杂物，制好的钢绞线束应检查其绑扎是否牢固，端头有无弯折现象；钢丝束按长度和孔位编号，穿束时核对长度，对号穿入孔道，穿束一般采用人工直接穿束，较长的预应力筋可借助一根 ϕ5mm 的长钢丝作为引线，用卷扬机进行穿束，预留孔按设计规范或需要预留排气、排水和灌浆孔。

4.6 梁体混凝土浇注及温控措施

4.6.1 混凝土浇注

混凝土在大型搅拌站集中搅拌，罐车运输至施工现场泵送入模，V 构斜腿在其上壁板处开口用串筒分层浇注混凝土，分层厚度不超过 30cm，采用插入式振捣器振捣。施工工艺质量按设计及相应规范要求执行。

为了防止浇注过程中底板混凝土上翻，内模底部采用半封半开的形式，即在底倒角处延伸 60cm 底板，增加混凝土上翻阻力，有效控制内翻混凝土。内模防上浮装置采用设置 114 工字钢纵梁加钢筋拉杆装置，能够有效地防止芯模上浮。另外，要合理安排浇注顺序，底板混凝土从腹板入料，直至将内侧模底口封堵后，再从顶板中部预留孔下料补齐。浇注时还要严格控制混凝土的坍落度，坍落度不能过大，只要满足泵送要求即可。

4.6.2 温控措施

梁体混凝土体积较大，水化热不容易散发，浇注前需采取降低水化热及温控措施。在混凝土配比设计时，尽量减少水泥用量，掺加矿粉和粉煤灰降低水化热，另外在混凝土搅拌时，在粗骨料中添加冰块，降低混凝土的入模温度。在浇注施工时，预先布置冷却水管，混凝土浇注后及时通水散发热量，并加强养生，避免出现大体积混凝土因温差而开裂。

梁体各段混凝土浇注后不但要采用措施加强养生，更要加强温度监测，在梁体中埋设测温元件，进行温度监测，根据所测数据来指导养护后拆模。

4.7 预应力张拉

预应力张拉时，混凝土的强度和张拉顺序严格按照施工图要求进行；预应力钢束采用两端张拉时，两端应保持对称张拉，并两端同步。所有预应力张拉均要求伸长量与张拉力双控，以张拉力为准，要求实测伸长量与设计伸长量两者误差在±6%以内。

4.8 合龙锁定步骤

(1)在合龙口两端各混凝土中预埋型钢件。

(2)安装钢撑架，在跨中加一对大小相等、方向相反、大小为 6 000kN 的预力。

(3)所加顶力作用点位置应在截面重心轴上或在截面重心轴上、下缘，对称于截面重心轴。

(4)在合龙温度范围 15℃～20℃锁定钢撑架。

(5)浇注合龙段混凝土，合龙锁定结构见图 3。

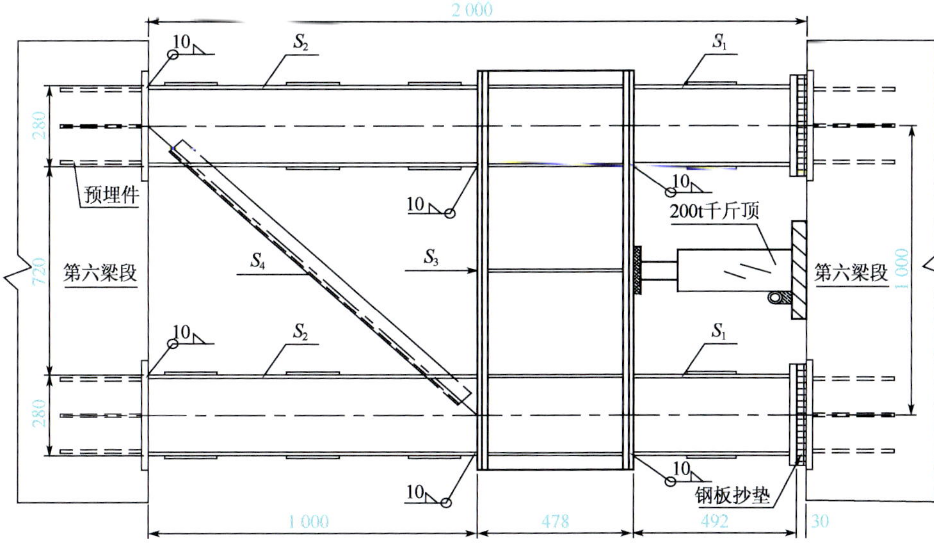

图 3　合龙锁定结构图

5　各梁段施工支架布置及计算

5.1　斜腿支架

斜腿支架采用碗扣式钢管脚手架，立杆纵向间距为 0.6m，横向间距为 0.3m，横杆步距为 1.2m。为抵抗水平推力，在支架纵立面加设斜撑杆，斜撑杆水平倾角为 45°，纵向间距为 1.2m，横向间距为0.3m。立杆顶沿横向设 14 号工字钢分配梁，在分配梁顶摆放三角支架，三角架横向间距为 0.6m，每片三角架位于纵向两排钢管支架中间，使两排钢管均匀受力；在三角支架上弦节点处沿横向设 2 根 14 号工字钢分配梁，支撑 V 构斜腿底模。支架布置见图 4、图 5。

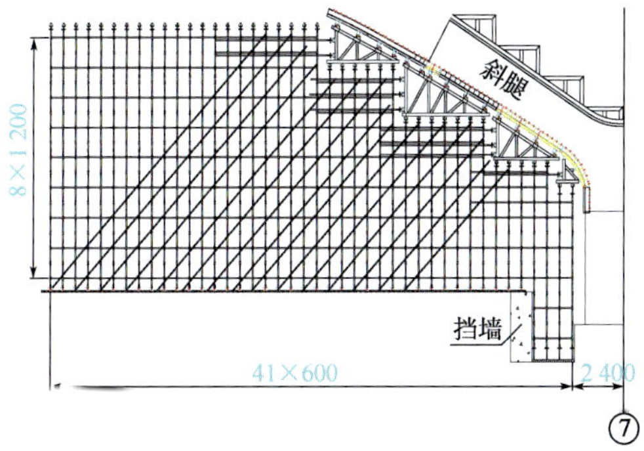

图 4　斜腿施工支架立面布置图

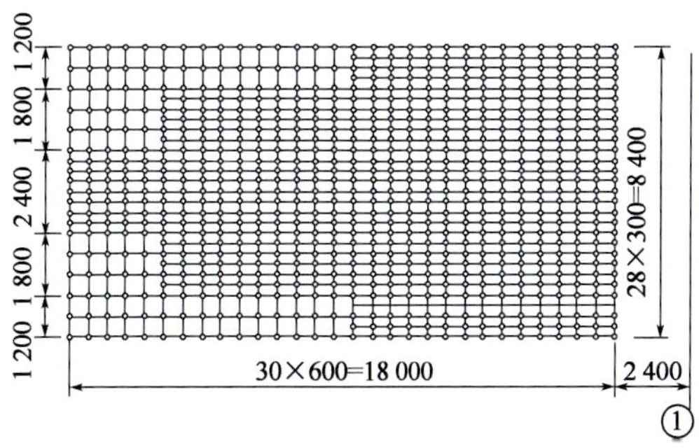

图 5　斜腿施工支架平面布置图

5.1.1　荷载

斜腿混凝土自重，模板重与施工荷载以线荷载的形式加在底模分配梁上，一根分配梁上所施加的荷载大小为：

$$p=(1.2\rho\times l\times h+0.1l)\times\cos\theta$$

$$l=\frac{L_1+L_2}{2}$$

式中：ρ——斜腿混凝土重度，取 2.6t/m^3；

L_1、L_2——相邻底模分配梁之间的间距(m)；

h——V 构斜腿竖向截面厚度，$h=2.3$m；

θ——V 构斜腿水平夹角，$\theta=29.4°$。

荷载计算简图见图 6。

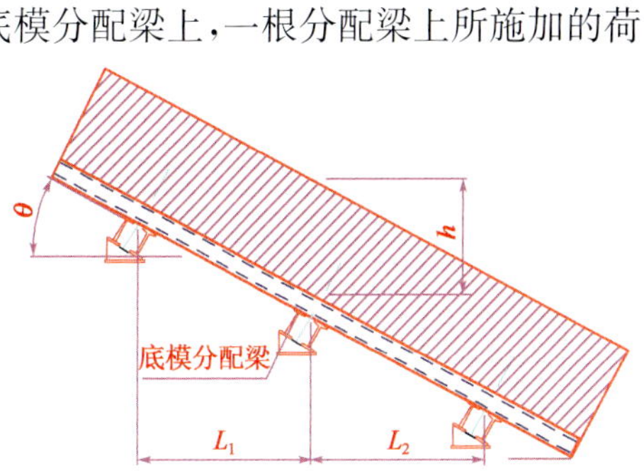

图 6　荷载计算简图

按由下往上的顺序，每根分配梁上施加的线荷载大小为：3.17t/m，3.96t/m，6.34t/m，6.34t/m，5.55t/m，5.55t/m，6.34t/m，5.90t/m，3.57t/m。

5.1.2 计算模型及结果

桥中线处纵向3排支架受力最大，因此取桥中线0.9m宽度范围内支架建立计算模型，模型中立杆采用梁单元模拟，横杆及斜杆采用桁架单元来模拟。三角支架和分配梁采用梁单元模拟，三角支架与分配梁之间采用刚性连接，分配梁与立杆之间采用弹性连接，立杆底端施加竖向约束。在Midas/civil上建模计算结果为：

(1)轴力。

立杆顶端轴力：自内向外第7排立杆轴力最大，为1.7t。

立杆底端轴力：自内向外第4排立杆轴力最大，为1.3t。

斜杆轴力：自内向外第3排斜杆轴力最大，为1.6t，第4排与第8排斜杆轴力为1.4t。

水平撑杆轴力：自下而上第4排水平撑杆轴力最大，为3.0t。

(2)位移。

钢管顶竖向位移：钢管顶竖向最大位移，为0.6mm。

钢管顶水平位移：钢管顶水平方向最大位移，为0.8mm。

斜腿施工荷载加在支架的轴力较小，考虑到第一梁段施工荷载仍要加在斜腿支架上，因而支架布置较强。

5.2 第一梁段支架

5.2.1 支架布置

斜腿以外的第一梁段支架与斜腿支架同时搭设，立杆纵向间距为0.6m，横向间距为0.3m。斜腿内的支架待斜腿混凝土强度达到2.5MPa后，搭设在斜腿顶模上的三角桁架上，三角桁架采用型钢制作，纵向按步高0.6m呈阶梯状布置，横向间距为1.2m，见图7。

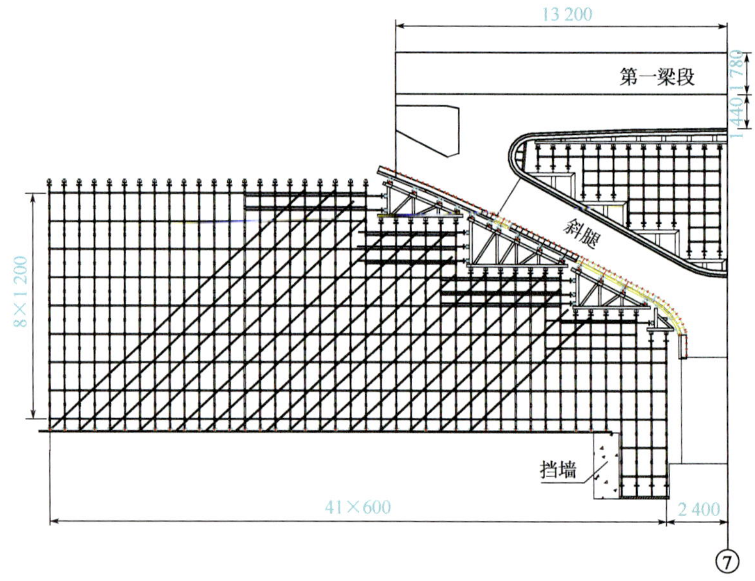

图7 第一梁段施工支架布置图

第一梁段支架杆件计算同斜腿计算方法，本文不作详细介绍。

5.2.2 斜腿临时拉索布置与计算

斜腿上第一梁段的施工荷载通过支架传递到斜腿上，使斜腿产生较大的变形及增加较大的水平力，仅靠在满堂支架上固结水平撑杆、斜杆撑不能克服斜腿的变形和位移。因此在斜腿上部(墩顶以上4.2m处)布设5根临时预应力索，在斜腿混凝土强度达到设计强度的90%以上后，给每根预应力索施加120t的张拉力。通过满堂支架固结的水平撑杆、斜杆撑以及临时预应力索共同承受上部梁体施工荷载所产生的水平力，见图8、图9。

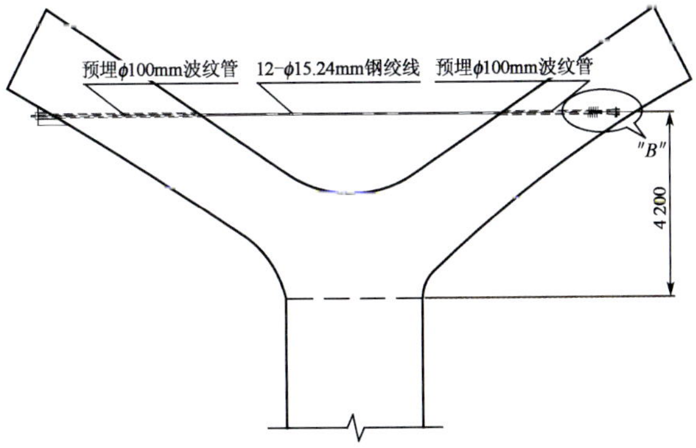

图 8　张拉索立面布置图

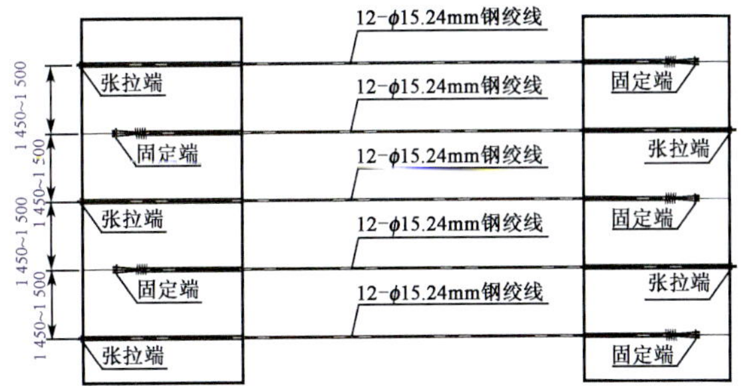

图 9　张拉索平面布置图

5.2.3　计算模型

(1)临时拉索。张拉索采用单个索单元模拟，断面积 $A=12\text{mm}\times140\text{mm}=1\ 680\text{mm}^2$，索长 $L=14\ 364\text{mm}$，弹性模量取 $1.95\times10^5\text{MPa}$，预拉力为 120t。

(2)斜腿。斜腿与墩身沿横桥向分为 10 等份，按梁单元建立 10 个独立的模型，模型之间采用刚性连接。单元材料特性为：容重 $\rho=2.6\text{t/m}^3$，弹性模量 $E=3.45\times10^4\text{MPa}$。

(3)约束。临时拉索与斜腿梁单元之间为铰接，墩身底端固结。

(4)荷载。在计算模型中计入斜腿自重。建模时临时拉索锚固点移至斜腿轴线处，由此产生附加弯矩 $M=120\text{t}\times0.739\text{m}=88.7\text{t}\cdot\text{m}$，计算模型中施加大小相等、方向相反的反向弯矩以平衡此附加弯矩。斜腿上方梁部混凝土重量以线荷载形式加在斜腿梁单元上，梁段截面尺寸见图 10。

斜腿宽度范围内截面面积 $A=13.57\text{m}^2$，考虑施工中模板重量及施工荷载，取荷载增大系数为 1.2，则梁单元荷载大小为：

$$Q=\frac{A\times1\times\rho\times1.2\times\cos\theta}{10}=\frac{13.57\times1\times2.6\times1.2\times\cos29.47}{10}=3.69\text{t/m}$$

式中：θ——斜腿与水平梁段之间的夹角，$\theta=29.47°$；

ρ——混凝土容重，$\rho=2.6\text{t/m}^3$。

计算模型见图 11。

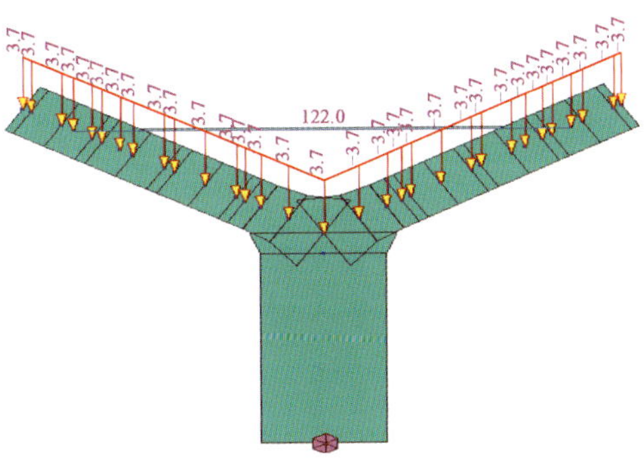

图 10　计算模型

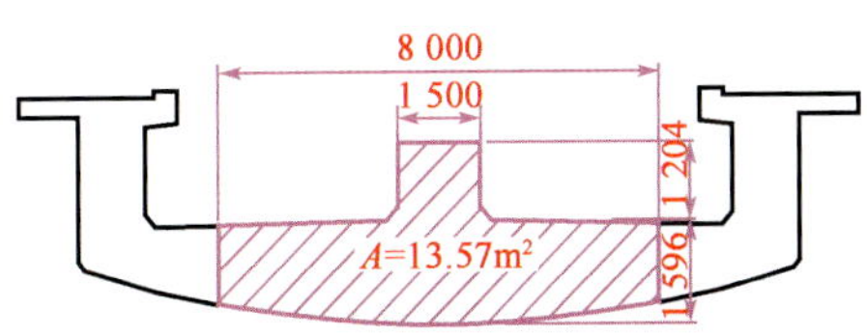

图 11　梁部断面图(尺寸单位：mm)

5.2.4　施加预张拉力计算结果

斜腿混凝土达到设计强度后，每根索施加 120t 预拉力，通过在 Midas/civil 上建模计算可以得到斜腿根部截面位置的轴力与弯矩：$N=-69.4\text{t}$(压力)，$M=36.8\text{t}\cdot\text{m}$(逆时针方向)。

斜腿根部下缘拉应力：

$$\sigma_{拉}=\frac{N}{A}+\frac{M\times H}{I_y\times2}=\frac{-69.4\times10^4}{157.6\times10^4}+\frac{36.8\times10^7\times1\ 970}{5.1\times10^{11}\times2}=0.27\text{MPa}<1.5\text{MPa}$$

斜腿根部上缘压应力：

$$\sigma_{压}=\frac{N}{A}-\frac{M\times H}{I_y\times2}=\frac{-69.4\times10^4}{157.6\times10^4}-\frac{36.8\times10^7\times1\ 970}{5.1\times10^{11}\times2}=-1.15\text{MPa}$$

5.2.5　浇注梁部混凝土后计算结果

浇注斜腿上方梁段混凝土时，通过在Midas上建模计算可以得到斜腿根部截面位置的轴力与弯矩：$N=-87.2\text{t}$(压力)，$M=-76.1\text{t}\cdot\text{m}$(顺时针方向)。

斜腿根部上缘拉应力：

$$\sigma_{拉}=\frac{N}{A}-\frac{M\times H}{I_y\times 2}=\frac{-87.2\times 10^4}{157.6\times 10^4}-\frac{-76.1\times 10^7\times 1970}{5.1\times 10^{11}\times 2}=0.92\text{MPa}<1.5\text{MPa}$$

斜腿根部下缘压应力：

$$\sigma_{压}=\frac{N}{A}+\frac{M\times H}{I_y\times 2}=\frac{-87.2\times 10^4}{157.6\times 10^4}+\frac{-76.1\times 10^7\times 1970}{5.1\times 10^{11}\times 2}=-2.02\text{MPa}$$

5.3　第五梁段施工

5.3.1　支架布置

支架采用碗扣式钢管脚手架，立杆纵、横向间距均为0.6m，横向间距局部加密为0.3m，横杆步距为1.2m，支架顶摆放纵向分配梁，底模桁架横向布置，纵向间距为1.0m。支架布置图见图12、图13。

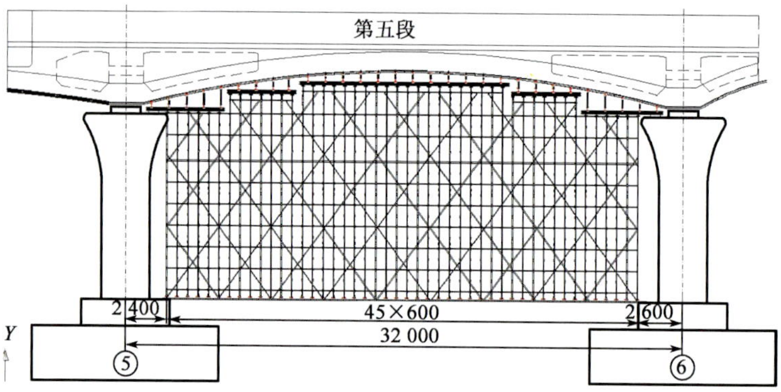

图12　第五梁段施工支架立面图(尺寸单位：mm)

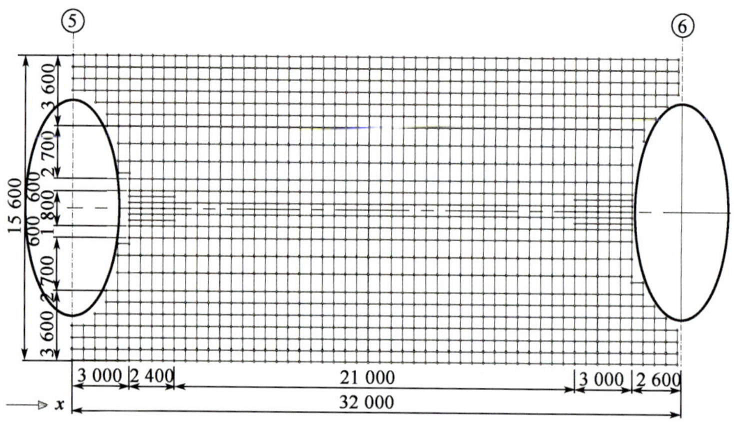

图13　第五梁段施工支架平面图(尺寸单位：mm)

5.3.2　荷载

梁体混凝土自重、模板重与施工荷载以线荷载的形式加在底模分配梁上，一根分配梁上所施加的荷载大小为：

$$p=1.2\rho\times l\times h+0.1l$$

式中：ρ——斜腿混凝土重度，取为2.6t/m^3；

l——相邻底模桁架之间的间距(m)；

h——梁体截面混凝土厚度(m)。

空箱段和实体段梁截面荷载分布图见图14、图15。

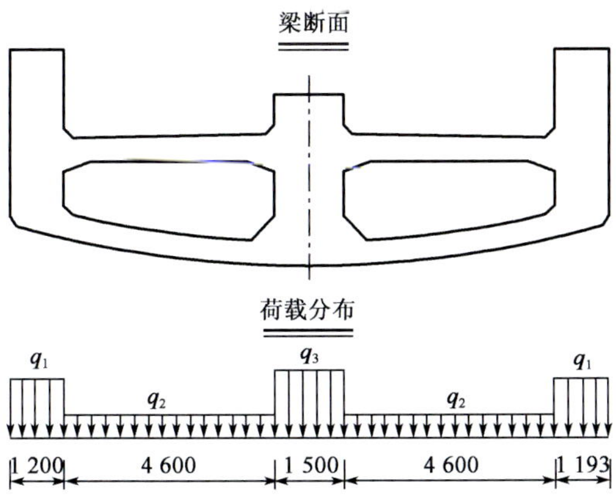

图 14 空箱梁段荷载分布图(尺寸单位:mm)

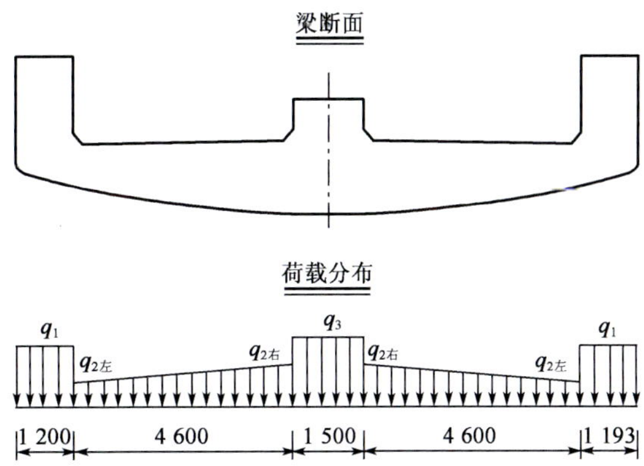

图 15 实体梁段荷载分布图(尺寸单位:mm)

各分配梁荷载值详见表 1、表 2。

空箱梁段分配梁荷载值(单位:kN/m) 表 1

序　号	q_1	q_2	q_3
1	12.53	3.41	13.52
2	11.84	3.41	12.83
3	11.20	3.41	12.19
4	10.62	3.41	11.61
5	10.10	3.41	11.09

实体梁段分配梁荷载值(单位:kN/m) 表 2

序　号	q_1	$q_{2左}$	$q_{2右}$	q_3
1	9.62	4.17	5.17	10.61
2	9.21	4.73	6.73	10.20
3	8.84	4.36	6.37	9.83
4	8.53	4.05	6.07	9.52
5	8.27	3.79	5.83	9.26
6	8.06	3.58	5.62	9.05
7	7.90	3.43	5.47	8.89
8	7.80	3.32	5.36	8.79
9	7.75	3.27	5.31	8.74

5.3.3 计算模型及结果

计算模型中所有单元均采用梁单元模拟,底模桁架采用 20 号工字钢代替,支架底约束 Z 方向。在 Midas/civil 上建模计算支架轴力和位移结果为:立杆底端最大轴力为 3.1t,满足要求;支架最大竖向变形为 3.0mm,满足要求。

6 针对本工程特点采取的措施和实施效果

本工程在实施过程中,针对桥型特点和施工难点,在模板设计制作、加固,支架设计、搭设和混凝土配制、浇注等各个施工环节采取有效措施予以控制。在模板方面,内模底部采用半封半开的形式,在底倒角处延伸 60cm 底板,增加混凝土上翻阻力,有效控制内翻混凝土。采用设置 I 14 工字钢纵梁加钢筋拉杆装置,能够有效地防止芯模上浮。在混凝土方面,一要严格控制混凝土的坍落度,坍落度不能过大,只要满足泵送要求即可;二要合理安排浇注顺序,底板混凝土从腹板入料,直至将内侧模底口封堵后,再从顶板中部预留孔下料补齐。通过采取上述两方面措施,在实际工过程中有效控制了内模上浮、底板混凝土上翻等。本桥连续梁施工荷载主要集中在腹板处，因此在支架设计时，第一在腹板处加密支架立杆间距；第二设置了分配梁，使腹板处施工荷载向箱室处分布。在实施过程中，对计算最大荷载的支架杆件进行了应力应变监测，实测值均在控制范围内，确保了施工安全和支架下的地铁结构顶板的安全。

7 结语

本工程实例针对V形刚构连续梁的设计形式、工期异常紧张、施工物料运输困难、施工场地拥挤和多专业交叉作业的实际情况，在方案比选时考虑到碗扣式满堂支架可充分利用其材料运送方便、可大量投入人力进行支架搭设、可灵活拼装支架高度和分布传递荷载等优点，解决了工期紧张、工序交叉、鱼腹式双曲面连续箱梁梁底标高控制和支架基础(地铁结构顶板)承载力为均布荷载限值的要求等问题。但是，满堂式支架体系如何传递施工荷载，重新分配形式如何还有待进一步研究和探讨。

随着我国铁路客运专线的大规模建设，大吨位异形断面箱梁设计应用普遍，支架法原位现浇箱梁施工越来越多地应用于工程实践中。现浇箱梁施工支架的安全性、经济性、实用性直接决定着工程项目的成败。支架方式、布置支架体系必须根据具体工程的设计形式和现场实际情况进行深入研究后，通过多方案比选确定。

基于新型项目文化的大型铁路客站施工管理实践与创新

张文龙

（北京建工集团　北京　100084）

摘　要：本文以京沪高铁天津西站站房工程施工管理实践为基础，总结归纳出基于新型"项目文化"的铁路客站施工管理思想。首先介绍了项目文化的提出和内涵；然后对铁路客站项目文化建立的必要性和意义进行了详细阐述；文中第三部分探讨了如何围绕铁道部施工管理思想建立具有天津西站项目文化特色的"六位一体"标准化施工管理体系；最后总结了基于天津西站建设的特点，难点和亮点的施工管理、施工技术及科技创新的做法。本文是对铁路客站项目文化及其在天津西站工程应用的初步探讨，可供从事铁路客站建设的同仁共同讨论、完善、参考。

关键词：项目文化　项目部文化　京沪高铁　天津西站　施工管理

新建天津西站是京沪高速铁路配套建设的五大铁路客运枢纽之一，是联系东北、华北和华东的高速铁路枢纽车站。天津西站还是天津市中心城区重要的公路、铁路联运站，也是三条城市地铁、公交、出租车的重要交通转换节点，其交通功能是集高速、城际、客运专线、普通铁路、公路长途、轨道交通、公交、出租车和停车场为一体的综合交通枢纽公共建筑。该工程位于天津市红桥区繁华地段，拟作为城市的"副中心"带动周边地区的发展。主体站房建筑设计宏伟大气，中央站房以超大圆拱结构展示"旭日东升"的造型，寓意天津的蓬勃朝气和飞速发展（图 1）。站房主体结构南北全长 381.65m，东西长 282m，高架站房宽 144m，建筑高度约 57m，总建筑面积 22.9 万 m^2。开工日期为 2009 年 12 月 1 日，计划竣工日期为 2011 年 6 月 30 日，总工期为 19 个月。

作为首次进入高铁客站建设领域的北京建工集团，如何在铁道部和北京铁路局的领导下，高标准、高质量、高效率地完成如此大规模的铁路站房的建设，无疑是一个严峻的挑战（图 2）。面对西站工程工期紧迫、施工技术难度大、周边协调任务繁重、施工质量要求高等四大挑战，北京建工集团积极探索施工管理创新思路与措施，科学组织施工管理，充分发挥项目文化建设在优化项目管理、提高员工素质、凝聚员工队伍、促进工程建设、树立企业形象中的作用，逐步形成了具有天津西站项目文化特色的标准化管理模式，保障了工程的顺利进行。

图 1　天津西站站房效果图

图 2　天津西站站房施工照片

1　项目文化的提出和内涵

项目是在一定的约束条件下具有特定目标的一次性任务。成功的项目是在规定的项目范围、时间、预算、性能、质量等条件下完成预定目标，并让项目利益相关者满意。目前，国内外对于项目文化的研究与关注比较薄弱，更多地将项目文化等同于企业文化在项目层面上的简单延伸。事实上，项目文化是与建设项目相伴而生的一种客观现象，是对传统项目管理理论和实践的补充与完善，是随着项目的发展而动态变化的一种多元文化综合体。

天津西站工程开工初期，由于工程的独特性、建设环境的差异性以及参建企业的工作理念、文化背景不同，参建人员的做事方式、行为准则不同等因素，北京建工集团的传统企业文化，即传统的组织机构和管理方式难以适应天津西站施工管理的需要，导致各项施工管理进展不够顺畅，迫切需要建立适用于西站项目建设过程中经主要参建方认同的一种价值观或价值标准，也就是项目文化。

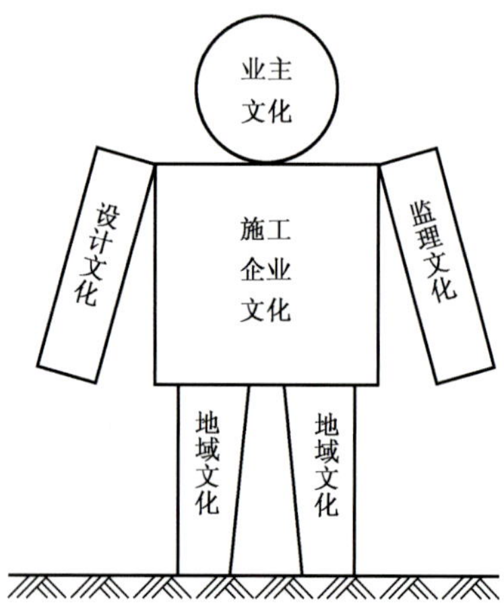

图 3　项目文化架构图

项目文化主要由业主文化、地域文化、设计文化、监理文化、施工企业文化等五方面构成，这五方面参建人员构成项目人员的主体(图3)。作为施工企业，应以自身的企业文化为主体，以业主文化为导向，以地域文化为支撑点，以设计文化和监理文化为重要影响因素，进行合理融合提升，最终形成能够得到各方认同的项目文化。在项目文化中，业主文化是灵魂，是施工企业文化取舍的唯一依据。项目文化的优点是对项目经理的个性特质没有依赖性，对施工企业文化具有选择性，只要业主文化保持连贯性或者多个项目同属一个业主文化，则对项目建设极为有利；缺点是其对业主文化的依赖性较高，建立难度相对较大，当业主文化改变时，项目文化会随之改变。

2　铁路客站项目文化建立的必要性与意义

2.1　现代铁路客站项目特点决定了客站建设管理的思想基础是铁路客站项目文化

在新时期中国高铁建设中，高铁车站所在城市的规划思路已调整为以铁路站房为中心，形成城市交通枢纽区域，铁路站房往往作为所在城市的地标性建筑，被赋予了浓厚的地方文化特点，其设计标准也达到或超过了现代化的城市公用建筑水平。尤其是大型铁路站房的中央站房部分，往往具有体育场馆式的大空间、大跨度。铁路站房工程除了满足铁路的功能性要求以外，已经日益走向公建化、现代化、大型化，这一点在已建和在建的北京南站、上海虹桥站、南京南站等站房工程中得到了充分体现。

因此，基于“百年不朽精品铁路客站”的项目显示出三个最主要特点，即建设规模大、地域跨越大、施工周期长。这三个特点对项目建设管理提出了更高的要求：建设规模大，会迫使参建单位组织更多的管理干部和工程师，很可能打破原单位已成型的组织架构，新的项目管理机构成立后，人员、分工、制度等各方面的磨合不可避免，处理不好就会导致施工效率低下；地域跨越大，会导致项目组织施工时难度不可预知，同样规模的客站、同样的组织架构，不同地域的施工效果会大大不同；施工周期长，会不可避免地在业主、设计、施工、监理等各方出现参建人员调整的情况，高层人员的更迭有时甚至会导致企业文化的调整，为项目建设带来更多的变数。

现代铁路客站的这些特点对项目施工管理提出的最大挑战就是“变化”，如何在诸多变化因素中寻找不变点作为施工管理思想的基础至关重要。对于铁路客站工程，有两个因素是肯定不变的，即在施工过程中，客站项目作为实施主体的核心地位是不变的，所有工作的出发点和落脚点都是项目本身；客站业主是不变的，铁道部代表国家履行业主职责。因此，必须以项目和业主为核心，建立施工管理思想，将所有参建各方的思想统一到项目本身，建立一个以业主文化为导向并经各方认同的价值体系。

2.2　建立铁路客站项目文化有利于落实铁道部对于客站建设的各项要求

建国以来，中国铁路建设凝聚着一代又一代仁人志士不畏艰险、勇往直前的献身精神，凝聚着中华儿女艰苦创业、奋发图强的聪明才智，凝聚着广大铁路建设者的心血和汗水。在这辉煌卓越的60余年里，铁道部一直承担着中国铁路建设业主的角色，直接指挥了全国各地无数大型、特大型铁路项目的建设，积累了大量珍贵经验。更为可贵的是，铁道部将这些经验系统归纳总结，提炼浓缩成项目建设的指导性方针，如“标准化管理”的管理模式，质量、安全、工期、经济、环保、创新“六位一体”的管理方法，“专业化、工厂化、机械化、信息化”的管理手段，“架子队模式”和“样板引路”的管理措施等。这些以血汗和时间铸就的管理经验已成为铁路工程项目建设的方法论。

当前大量铁路客站同期建设，迫切需要一种途径能够切实有效地将这些方法论贯彻到每一个项目部、每一名管理人员，避免成千上万个施工项目部各自为政并以狭隘的经验主义组织施工，导致人员和资源巨额浪费，避免悲剧和失败反复出现，让每一个施工企业自觉、自愿地在施工组织和施工措施中落实这些方法论，从而保证铁路客站建设又好又快地发展。

从项目文化的架构可以看出，项目文化的主体是施工企业文化，但它受业主文化的指挥，业主文化是灵魂文化。对于铁路客站项目，起灵魂文化作用的业主文化就是中国铁路文化。经过60余年的历练，中国铁路文化不仅保持了艰苦奋斗、勇当先锋、留光荣于历史、铸辉煌于当代、创大业于未来的光荣传统，更为可贵的是始终保持与时俱进、科学发展、以人为本、和谐包容的开放精神。作为业主文化，中国铁路文化这种继承传统、不断创新的精神持续性好、统帅性高，因此以中国铁路文化为业主文化建立的项目文化无疑将大大降低项目部之间的个性差异，从而更好地贯彻铁道部对于客站建设的指导方针和方法论。

2.3 铁路客站项目文化是施工管理人员开展工作的思想基础和行动纲领

在施工组织过程中，施工企业项目部管理人员的思想倾向至关重要，这不仅由于一线成千上万的民工需要管理人员去指挥调度，内部外部成千上万吨的物资需要管理人员去调配，更为重要的是，建设百年不朽精品客站取决于管理人员的思想高度。因此，要有一种文化来统帅管理人员的思想和行动，使他们以一种积极的心态、主动的工作去推动施工的进展，而不再纠缠于对工期、图纸、设备供应、市政配套等外部条件毫无意义的内耗和抱怨。

建立铁路客站项目文化能够实现施工管理人员、现场施工项目由内而外的统一。比如工期问题，施工企业总会和以往承担的工程比较。但从项目文化的角度来看，工期是业主文化层面的要求，作为实施主体的施工企业，只需要考虑如何配备与工期相匹配的各项资源，争取设计、监理的支持。实际上，工期紧往往是管理人员的感觉，一线的民工对于工期紧则没有那样敏感，其根本原因在于工期和资源的匹配性。简言之，工期没有长短，只有配备资源是否到位。又如地域文化问题，施工企业投标之时就应对项目所在地的地域文化有针对性地调研，包括当地气候、民风、政风等各方面，是处于发达地区、欠发达地区还是不发达地区等。在开工之后，要有针对性地采取措施，避免出现不可调和的矛盾，减少重要矛盾出现的机会，降低一般矛盾出现的几率。地域文化应作为项目文化的基础，不重视地域文化，不妥善处理地域文化，往往会出现“心有余而力不足”的情况。

3 具有天津西站项目文化特色的“六位一体”标准化施工管理体系的建立

北京建工集团天津西站项目部通过学习铁路文化、高铁精神、天津地域文化、设计院和监理单位企业文化，同时融合集团自身的企业文化，经过一段时间的现场施工组织实践，经过管理人员的争论、探讨和反思，逐渐形成由六种精神支撑的“天津西站项目文化”，即“崇尚荣誉、志在一流的爱企精神；海纳百川、兼容并蓄的包容精神；如负千钧、如履薄冰的求实精神；千方百计、千辛万苦的奉献精神；善于学习、勇于超越的创新精神；阳光向上、激情和谐的团队精神”。

天津西站项目文化初步建立后，项目部各项施工管理工作很快步入正轨。在内部管理方面，项目部人员发扬“崇尚荣誉、志在一流的爱企精神”，管理思想很快趋于一致，施工组织、施工技术的优劣评判也有了明确标准；在外部协调方面，以“海纳百川、兼容并蓄的包容精神”作为指导思想，很快得到参建各方的认同，因此项目部采取的各项施工措施也就容易得到各方的支持，管理人员做事也感觉到得心应手；在现场施工方面，全体管理人员开始将“如负千钧、如履薄冰的求实精神；千方百计、千辛万苦的奉献精神”作为个人座右铭，使得天津西站各项施工管理工作很快走向正轨，施工进度和质量很快调整到既好又快的水平。

以天津西站项目文化为基础的施工管理思想实现了三方面的突破：一是从以施工企业为中心改变为以施工项目为中心；二是以铁道文化引领项目部各项工作的开展；三是从项目部内部文化突破到以全项目为核心的项目文化。这种施工管理思想的突破直接影响到项目部200多名管理人员的思想和行为，进而影响到参与施工的5 000余名一线民工，使得实施主体和实施对象达到由内而外的协调统一。能够实现施工管理思想的突破，在于全体管理人员和项目部有一种“善于学习、勇于超越的创新精神；阳光向上、激情和谐的团队精神”。这种精神贯彻到现场施工组织时，每位管理人员都能够“多想一步，多做半步”，从而保证了天津西站站房工程快速、有序地进行。

(1)以天津西站项目文化为核心，将“五统一”管理理念融入“六位一体”的管理理念，为标准化管理奠定思想基础。

在北京市奥运场馆建设时期，按照安全、质量、功能、工期、成本“五统一”的要求，北京建工集团组织各职能部门和参建二级公司建立了一整套施工管理体系，包括了建立组织、建立档案、建立责任制等具体做法。在奥运工程建设完工后，根据奥运建设经验，集团“五统一”施工管理体系又进行了修改和完善并日趋成熟。这套管理体系在近几年集团承担的工程中得到广泛的推广应用，对整个建筑业的科学施工管理起到了巨大的推动作用。

根据天津西站项目文化理念，作为北京建工集团所熟知的安全、质量、功能、工期、成本“五统一”施工理念必须要融入铁路系统质量、安全、工期、经济、环保、创新“六位一体”的管理思路中。项目部全体管理人员善于学习、勇于超越，及时调整思路，制定了具体的质量目标、安全目标、工期目标、经济目标、环境保护目标和科技创新目标，建立起“六位一体”的标准化施工管理体系。为了保证上述目标的落实，集团公司科技质量部、施工管理部、安全监管部、人力资源部等主要业务部门和主管领导每月初到项目部召开月度工作会，对项目部上个月的整体施工组织进行评判；同时，根据下个月的施工组织要求，提出工作要求和方法。另外，还不定期地派工程师进驻现场解决问题，指导标准化体系的建立和“六位一体”管理思路的落实。这样，“六位一体”不再是空洞的口号，而是指导项目部日常工作的纲领性文件。

(2)以抓组织机构、抓人员落实、抓制度建设为突破点，实现管理制度标准化、人员配备标准化。

在组织机构方面，在天津西站建立了领导小组、现场指挥部、项目部三级管理模式。领导小组由集团领导组成，负责决策和集团资源调配。现场指挥部是领导小组的派驻机构，由集团内施工组织、安全管理、技术管理、质量管理、钢结构、地基基础、机电安装等不同领域的专家组成，人数虽然不多，但均为国内知名专家，能够代表集团对项目部履行“领导+服务”的职责。指挥部人员常驻现场，随时解决施工中出现的各种问题。项目部为工程的具体实施机构，按照标准化配备，包含完备的各个职能部门，具体负责项目的组织实施。三级组织管理层级各司其职、责权利明确，能够最大限度地整合集团资源，调动项目部的积极性，为西站工程的顺利实施提供了组织保证。

为保证建设世界一流的铁路站房工程，在中标后跑步进场的同时，即在全集团范围内选调精兵强将。在近300名管理人员和工程师中，有全国劳动模范2人、北京市劳动模范5人、享受国务院津贴专家3人、教授级高工9人、高级工程师10人、高级政工师1人、高级会计师1人、国家注册一级建造师11人，而且有100多名管理人员和工程师参加过奥运场馆、首都机场等特大项目的建设，如此高规格的人员配备在北京建工集团前所未有。

制度建设是项目高效运行的保障。在岗位职责和内控职责制度方面：①制定了《天津西站站房工程项目部部门管理职责》，明确了各部门的管理职责和员工的岗位职责；②签订了《部门管理责任书》和《员工岗位责任书》；③编写了《分包单位管理人员职责汇编》。在管理制度方面：①出台了安全生产制度、质量管理办法、验工计价办法、周转材料进场验收、资金使用制度、生活区管理制度等六项管理文件；②运行了物资采购、合同评审、核算管理等三项工作流程；③结合工程建设的特点，对每个节点目标从进度计划、工程技术、安全质量、资金成本管理等方面都进行了较为详细的策划。在检查监督制度方面：①建立了标准化的会议及有关工作制度，将施工日志填写、领导干部夜间值班、巡视施工现场、部门周例会汇报工作、领导班子例会、部门经理例会、生产例会、成本分析例会、质量分析例会形成九项制度；②在分包管理方面，制定了出台了《办公室系统有关管理事项的通知》、《安全管理发牌办法》、《工程总承包技术质量管理程序》等文件，明确对分包单位的监管要求，加强了总包管理的力度。

(3)以抓技术质量、安全生产和文明施工、工期为着力点，落实现场管理标准化、过程控制标准化。

在技术质量方面，坚持抓创优规划、抓事先控制、抓过程精品。建立了质量管理保证体系；成立了质量管理领导小组；制定了工程质量管理办法，颁布了六项制度：“三检制”、例行检查制、样板制、挂牌制、质量分析会制、不符合项处置制度。

在安全生产和文明施工方面，坚持抓全员参与、抓法律法规、抓保障体系。建立了安全生产保证体系；成立了安全文明施工领导小组、消防安全领导小组、综合治理领导小组、工会劳动保护监督检查委员会；建立了安全教育培训、安全员旁站、安全责任目标考核等 29 项安全管理制度。在施工过程中对专职安全员实施分工管理；发挥总包作用，各专业架子队安全员直接参与总包管理；突出工作重点，对既有线防护、危险性较大的专业性操作重点管理；严防死守，定点旁站，全程、全方位控制，使各个施工角落都在安全员的视线之中；加强教育培训，树立了"建立一个安全意识，胜过十道安全网的"理念，培养作业人员安全意识和安全员善事责任；每半个月进行一次联合检查，发现问题及时整改。

在工期方面，以抓 9 项保证措施为核心开展工作：①组织保证措施；②制度保证措施；③管理保证措施；④技术保证措施；⑤专业施工单位选择保证措施；⑥劳务队伍选择与管理的保证措施；⑦施工材料、大型施工机械的组织调配保证措施；⑧资金保证措施；⑨过程监控保证措施。

(4)将具有北京建工集团特色的劳动竞赛制度作为标尺，检验具有天津西站项目文化特色的"六位一体"标准化施工管理成果。

北京建工集团历来有组织现场劳动竞赛的光荣传统，结合天津西站工程特点掀起了以"五比五赛"（比工程进度，赛工期提前；比安全生产，赛事故为零；比工程质量，赛缺陷为零；比文明施工，赛活完底清；比精细管理，赛节能降耗）为目标的劳动竞赛高潮，各参战单位团结协作、组织有序、奋力攻坚，在劳动竞赛中做到"五有五出六创"（有组织领导、有计划安排、有动员发动、有考核评比、有效果和经验，力争达到"五出"，即出精品、出经验、出成果、出人才、出效益，做到工程创优、安全创零、管理创先、科技创新、素质创强、用工创好）。全体参战人员众志成城、顽强拼搏、无私奉献，形成你追我赶、攻坚会战的良好竞赛氛围，掀起了劳动竞赛热潮。对标准化管理的认识不断深化最终固化在每名参建人员的思想中，逐渐形成了天津西站工程攻坚会战态势。

4 天津西站项目施工管理实践

根据天津西客站建设的特点、难点、亮点，充分挖掘北京建工集团的技术资源，在施工总体部署、施工关键技术、科技创新模式等方面保证了工程顺利实施。

(1)根据京沪线与天津西站在施工现场全空间、全天候交叉的特点，创新施工总体部署和施工组织方案，实现铁路运输、现场施工"两不误、双安全"。

长期以来，铁路既有线改造和新建客运线施工干扰多、安全卡控难度大一直是铁路客运站建设项目管理的难点。对于天津西站站房工程，京沪线铁路纵贯客运站施工现场，客运站建设施工过程中还要实现京沪铁路既有线两次改线，即要求在不中断既有京沪线行车的前提下，配合京沪铁路线路的两次改线，完成站房施工任务。众所周知，京沪线是我国最繁忙的主干线之一。天津西站平均不到 7min 就有一辆列车通过，每天通过的客车和货车多达 200 多列，施工中稍有疏忽，轻则延误工期，重则会影响到既有京沪线的正常运行。因此，天津西站工程施工总体部署和施工组织方案显得尤为重要。图 4 中的两张照片可以直观反映出第一次拨线前后现场的情况。

a）拨线前　　b）拨线后

图 4　第一次拨线前后现场照片

为应对既有线对施工总体部署带来的挑战，天津西站项目部制定了“合理优化施工部署、合理调整拨线时间”的施工方法。在进行施工组织方案制订时，重点解决三大难点：①安全。既要保证施工安全，又要保证既有线的安全，且既有线的安全比施工安全更重要。如何做好统筹协调，确保施工和既有线“双安全”，难度很大。②工期。既有线的存在将施工工地一分为三，即北区、南区和中间占压区，必须经过至少两次拨线才能够完成整个工程，因此所制定的施工方案必须与三个区域的进度相匹配。③施工现场内外运输。无论拨线前后，既有线的存在都把工地一分为三，现场内无法形成循环道路，现场外的道路也由于既有线的阻隔，很难和市政道路接口。如何把近 20 万 m^3 混凝土、近 5 万 t 钢筋、近 8 万 t 钢结构在 12 个月的时间内运输到施工部位，运输的组织难度极大。

为保证既有线的正常运营，不是被动地“防”，而是主动地“让”。“让”的方法，就是合理优化施工部署，合理调整拨线时间，使现场施工组织不与既有线有任何干涉。在第一次拨线前，现场分为北区、占压区、南区三个部分。第二次拨线需拨至北区，因此施工总体部署为：①最大限度地倒排占压区的工期，为北区施工赢得时间；②调集集团最有力的资源突击北区施工，确保高架层、高架桥、雨棚等三个与拨线区相干涉的部位完工，实现铁路运行线上方和两侧均有防护，最大限度地保障既有铁路线的运营安全；③既有线第一次拨线后，占压区与南区形成一个大南区，综合调度组织大会战，以最短的工期完成轨道层施工，实现高架层结构的三区合一，在占压区组织施工时，合理安排打桩、挖土、钢结构吊装、钢筋绑扎、混凝土浇注等工序，组织了 5 000 余工人进行突击抢工，比原定工期提前一周；④在大南区会战时，既有线上方无防护区域内不进行任何施工，待二次拨线后进行剩余结构的集中突击，上部巨型拱壳结构则采用分块整体提升，实现了运输和施工“双安全、两不误”。

(2)根据中央站房巨型大跨度钢拱结构施工难点，在铁路客站建设中首次采用液压整体提升技术，高质量、高效率地完成了天津西站最复杂的主体结构施工。

天津西站站房工程规模宏大，钢结构总量七万多吨。其中中央站房采用“巨型大跨度钢拱结构”，南北向长 346.5m，东西向长 114m，跨度为 114m，纵向拱角分格间距为 10.75m，矢高 37m，最高点 57m，其高度和跨度在我国已建和拟建的铁路站房中位居前列，由于其施工难度极大，影响站房整体施工方案，因此中央站房巨型大跨度钢拱结构施工方案成为天津西站站房工程中最关键的技术问题。

对于中央站房钢结构施工，有高空散拼、累积滑移、整体提升三种施工方案可供选择，参建各方有过激烈的争论，最终北京建工坚持的整体提升方案得到铁道部认可。事实证明，液压整体提升技术不仅解决了天津西站站房工程施工中最关键的技术难题，而且极大地方便了整体工程的施工部署。整体提升的具体方案为“楼面拼装、分块提升、高空合龙”。该方案的优点在于：①对保证既有线的正常运营有利。如果采用常规散拼的施工方法，会对既有线安全构成重大影响：一方面履带式吊车吨位大、臂长，在吊装作业时可能干扰既有线的运行；另一方面钢构件如果在空中散拼，由于拱顶标高达 57m，其高空散落的范围大，既有线的安全防控难度极大。②对施工工期和施工安全有利。采取整体提升方案，钢构件的拼装高度降低了 30m，施工工效大幅度提高，同时对施工安全也极为有利。③整体提升工艺需要使用专业化的提升技术人员、工厂化的支撑架制作、机械化的提升设备、信息化的控制系统，充分体现了“专业化、工厂化、机械化、信息化”的要求，展示了建设一流站房工程所需要的一流施工技术。图 5 为 2010 年 8 月 28 日北区大拱结构整体提升时的壮观景象。

图 5　中央站房北区大拱结构整体提升

(3)根据天津西客站大截面钢混组合结构多、巨型大跨度钢拱结构施工力学复杂、巨型大跨度钢拱结构弯扭矩形截面外形控制难度大等施工技术亮点，主动提升科技创新在施工技术中的主导地位，创新科技创新管理模式，实现了科技创新引领施工技术、科技创新成就科技成果的双丰收。

在科技创新方面，建筑施工中沿用的是“自下而上”的模式，即工程项目中出现关键性技术难题或科技创新思路后，向相关部门申请立项支持，经审核批准后再由项目部组织技术攻关。这种科技创新模式一般会导致研究工作滞后于实际施工，很容易出现“先施工、后总结”而导致的科技创新和工程项目脱节。

作为拥有50余年历史的大型国企，北京建工集团一直有重视科技创新的传统。但是进入天津西站施工后，我们发现在铁路项目建设中，科技创新已被提升到战略高度，承担着施工技术引擎的作用，远高于建筑施工中科技创新的定位。在铁路文化的引领下，集团在天津西站项目中首次尝试“自上而下、不设上限”的科技创新管理模式，即“专家指导科研立项、申报课题严格审查、投入经费按需拨付”。在科技立项阶段，由集团专家根据工程特点先期指导、预先策划，由项目部申报，集团严格审查确定课题；在科技经费筹措方面，将科技创新经费纳入集团管理费单独列支，且不限定此项经费的上限。事实证明，该种模式由于预先策划、经费及时，不仅为现场施工技术解决了实实在在的问题，而且由于科技立项起点高、与工程实践结合紧密，能够产生水平高、效益好的科技成果。

根据这种创新模式，进场后不久，集团就组织科技质量部、现场指挥部技术专家和项目部技术人员共同研究了制约工程进展的施工关键技术，最后确定通过三个科研项目解决这些关键技术：一是轨道层钢骨混凝土大梁模架体系设计与施工，二是大跨度钢拱结构整体提升监测技术，三是大跨度钢拱结构三维激光测量技术(图6)。

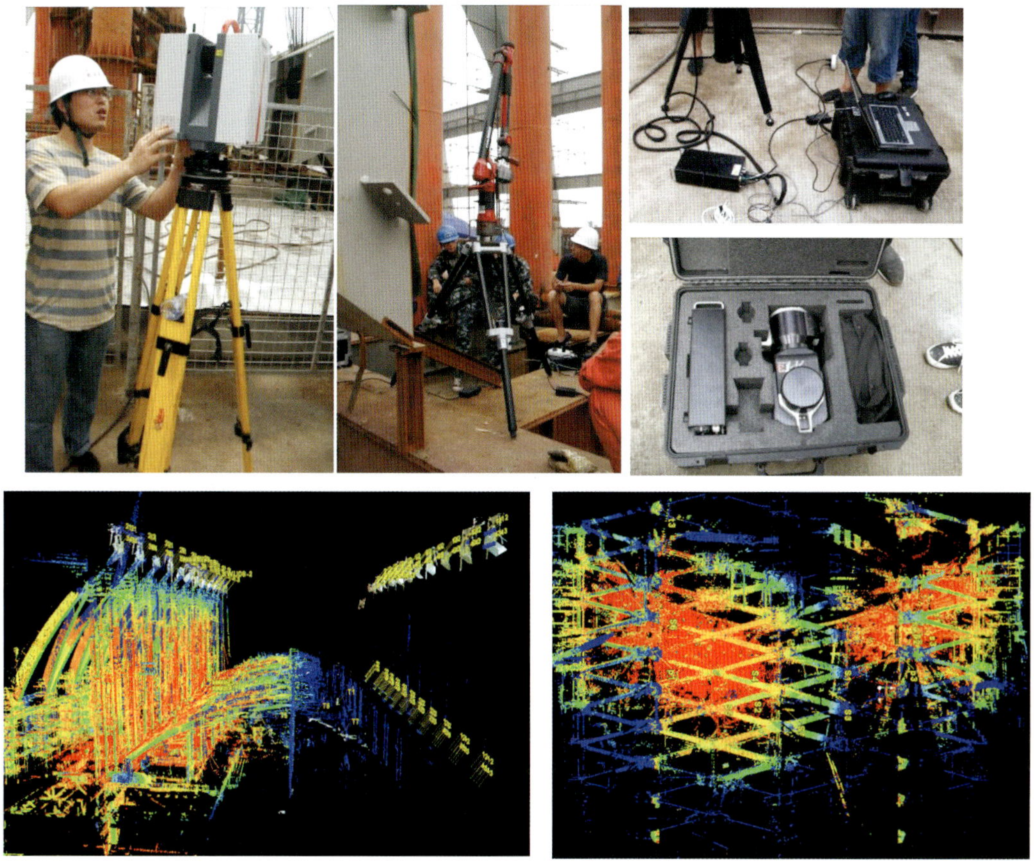

图6　大跨度钢拱结构三维激光测量

现以“轨道层钢骨混凝土大梁模架体系”为例(图7)，说明这种科技创新服务工程项目模式的优点。

图 7　轨道层钢骨混凝土大梁模架体系监测

天津西站站房工程轨道层采用钢骨混凝土框架结构，钢骨混凝土大梁截面尺寸最大的达到 2m×3m，跨度达到 21m，对如此巨型的钢骨混凝土大梁如何设计模架体系？在首次召开的专家论证会上，专家们要求采用全截面混凝土大梁进行模架体系设计。但是项目部技术人员认为，钢骨混凝土大梁中钢梁会承担一部分混凝土重量，但是究竟能够承担多少，国内外没有人做过系统研究。因此进行了三阶段研究策划：第一阶段，在北区施工时，首先按照常规方法进行模架体系设计与施工，将集团下拨科研经费委托集团研究院对模架体系受力进行了应力应变监测，同时配合有限元模拟混凝土浇注受力分析，结果发现模架体系受力仅为设计值的 1/3；第二阶段，在南区，模架体系根据测试结果进行了调整，继续使用仪器设备对模架体系受力进行监测，结果证明计算模型的选取是正确的；第三阶段，从总结科技创新和科研成果的角度，在最后的中区模架体系搭设时，对钢梁和模架进行了全方位、系统的补充监测。通过事先策划的三个阶段科研工作，加上有充裕的科研经费，在中区和南区节省了千吨脚手管，更重要的是节约了极其珍贵的 20 天工期，同时由于策划充分，天津西站工程在钢骨混凝土大梁模架体系设计和施工方面也产出了高水平的科研成果。

5　结语

京沪高铁天津西站站房工程是北京建工集团首次承担的铁路客站工程。自 2009 年 11 月进场以来，集团公司在精神境界、思想方法和管理方法上主动接受中国铁路文化的洗礼，逐步建立起“天津西站项目文化”。全体管理人员和工程师始终以高度的政治责任感精心组织施工管理中的各项工作，先后圆满完成了 12.31 底板战役、2.10 北区轨道层战役、4.18 首次拨线战役、7.31 北区钢拱提升战役、10.31 钢拱全面提升战役等五个会战，于 2010 年 11 月底实现主体结构封顶。2011 年 4 月初在站房施工区域内完成第二次拨线，基本确保了 2011 年 6 月底天津西站站房工程如期竣工，得到了铁路系统领导和行业的普遍赞誉。

一年多的忘我奋战，四百九十多天的日夜兼程，北京建工人日益感到铁路项目业主不仅是我们的客户，更是我们在施工管理方面的良师益友。有中国铁路文化的引领、有良师益友的鼎力支持，我们有信心用自己的汗水和智慧向伟大的祖国奉献一座座百年不朽的精品铁路客站，使其不仅成为京沪高铁这条项链上最璀璨的珍珠，而且成为高铁建设辉煌历史中最巍峨的丰碑！

打造铁路站房装饰精品　提高专业技术核心竞争力

——论设计深化为质量和进度保驾护航

宋吉民　徐　萍

（中国建筑装饰工程有限公司　北京　100037）

1　引言

铁路站房建设，尤其是高铁项目，在近几年内如火如荼地展开，其中涌现了不少从设计到施工、从工艺到技术、从工期到质量都在世界建筑前端的作品。特别是国内外顶尖设计师联手打造的一些项目，如泰瑞·法瑞设计的北京南站与广州站，GMP设计的天津西站，上海现代建筑设计的上海虹桥站，中国建筑设计研究院设计的苏州站，北京市建筑设计院设计的南京南站，法铁、铁二院设计的青岛北客站，这些项目在建筑形式上大胆突破、勇于创新，从而成为所在城市的地标性新建筑，不少杰出的设计师都为能承揽到中国高铁项目而倍感荣耀。

分析当前国内建筑市场的形式，竞争颇为激烈。这是多方面因素造成的，基本上可以归纳为以下几点：①随着城市发展的饱和，新建工程数量增加趋势放缓；②随着对外开放的逐渐深入，国外的、国内的、新成立的建筑承包单位使同行竞争愈来愈激烈；③行业发展成熟，透明度增加及同行间人才流动使企业利润下降。

而铁路工程大多规模大、标准高、投资额高、管理严格，且多聘请国外的建筑设计顾问单位。由于各国标准的不同及行业性的特点，这些设计单位在设计工作中，特别是在装饰设计工作中，往往只出到控制性装饰图纸，施工图纸必须与施工单位密切配合完成。所以，在此基础上，企业的深化设计能力就成为对工期的保障、对质量控制、对效益负责的关键性因素。

在服务铁路市场的过程中，在对各家企业施工能力、全面保障的考察中发现，深化设计非常能体现企业的竞争力和技术优势，从而使之能在施工能力基础不相上下的同类企业中脱颖而出，赢得市场的份额，收获同业的尊重。

2　深化设计工作的组织与流程

鉴于深化设计工作在站房装修项目中的重要性，高效而全面的组织是必不可少的。首先是内部条件的配备，包括软、硬件两方面：硬件配备包括设计工作人员，深化设计小组的人员应包括设计负责人、设计审核人及专业设计员若干名，设计人员均需配备电脑，组内配备打印机、扫描仪等必备设施，建立局域网，共享信息资源，建立公共邮箱，疏通信息渠道；软件配备包括电脑设计软件及设计人员的能力、素质等。根据目前的工程要求，设计工作者基本掌握AUTOCAD即可满足初步工作需要。设计人员的设计能力和工作经验直接影响到设计成果的可行性和有效性，所以要求深化设计人员至少具有大专以上学历，能熟悉使用AUTOCAD，有设计经验或施工经验，对常规材料的特性有基本了解，具备合作精神。外部条件也要相应建立，首先是与项目总体设计院的对接，与报价商务人员密切配合，尽可能地把项目情况掌握清楚，尽快确立设计的概念框架。

编制设计流程并报请项目指挥部与总体设计院同意，以方便几方日后对节奏的掌握和工作的顺畅，满足工程边设计边施工的严格的时间要求，减少设计摩擦、返工等。为保持良好的发展态势，深化设计工作一般按以下流程进行（图1）。在以上流程中，C阶段以上的设计工作即常规意义上的设计院工作，提供的图纸即为工程施工过程中使用的施工图纸；D阶段为施工单位根据企业实力、自主完成的辅助性工作。根据此项流程，可确定深化设计的组织架构（图2）。

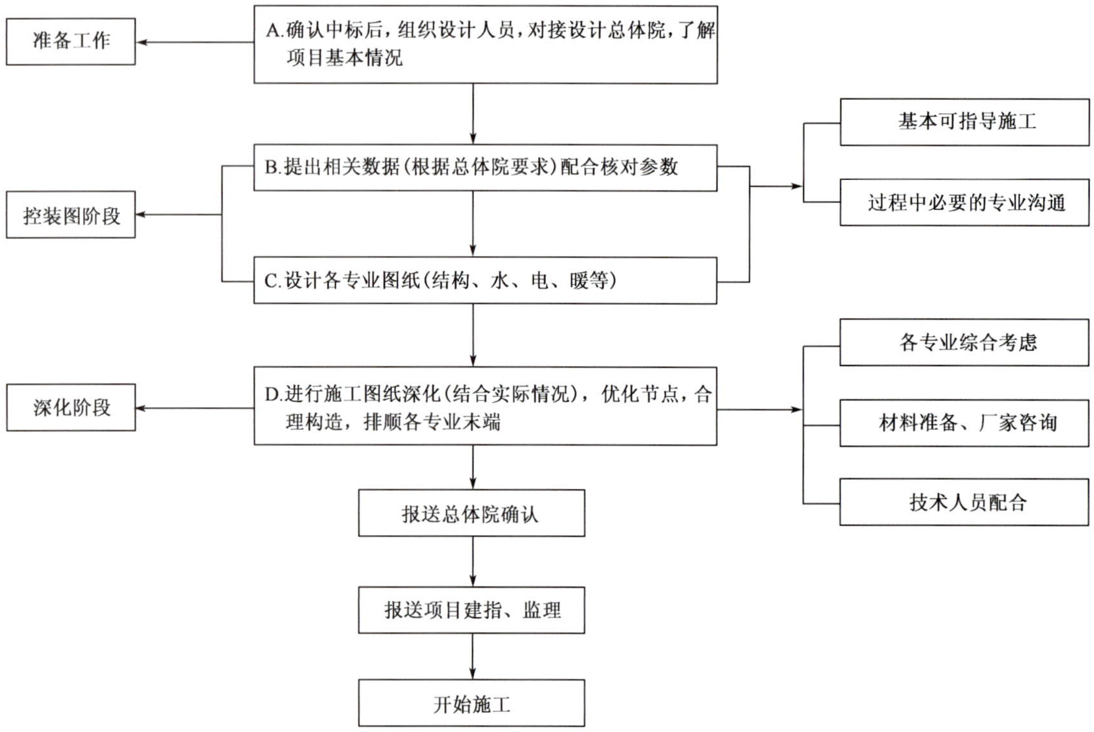

图 1 深化设计工作流程

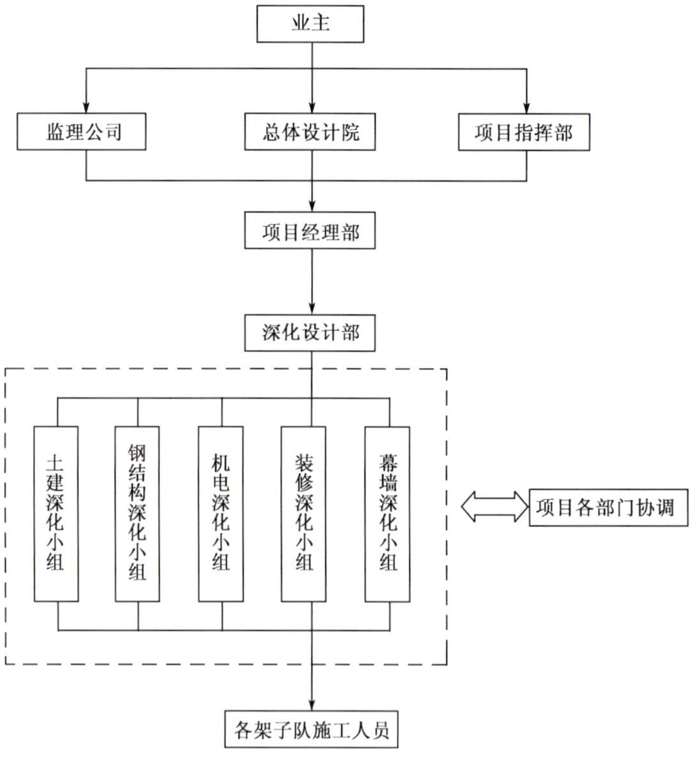

图 2 深化设计组织架构

3 深化设计工作要点

随着近年来发展各类工程设计任务，尤其是承揽深化设计任务，我公司逐渐培养了各类方案图、施工图与详图的设计能力，不仅包括进行各类工程设计的操作能力，也包括对设计工作理念的认识与发展追求，形成了自己的团队和品牌，形成了在装饰设计方面的领先地位与优势，这使得我们在铁路市场的站房工程项目中能够承担起至关重要的任务。

以下是在站房装修项目中对深化设计工作的一些体会和认识。

3.1 统一思想、树立团队荣誉感

当前全国主要铁路站房大多是由国内外名师执笔设计方案，他们的设计各有特色，能与这些大师并肩作战是每个设计师的梦想。而且这些工程均独一无二，不是体量巨大，就是形态特异，能够完成这样一件杰作也是每个设计师的热切愿望。在开展深化设计工作时，要将这些认识深入地贯彻到每个设计师的心里，使其产生自豪感，能在主观愿望上加强工作动力，充分调动、发挥其参与各项设计工作的积极性，在工作中有创造性地思考，加强艺术素养，开阔眼界。

其实当前经济大发展，特别是铁路市场高速发展，是设计提高发展的黄金时代，生逢其时的设计师都要好好把握这个机会，争取能在这个时代中表现自己，得到飞速的提升。大工程、大项目激动人心，是设计师们大展身手的舞台，只有打过这样的硬仗，才能得到学习提高：①能使自己对于建筑系统、机电系统、结构系统、幕墙系统有充分的认识和了解；②应对复杂的人际关系，协调各类管理单位，提高沟通和交流的技巧；③熟悉现今的材料，了解其性能、规格、各项参数，掌握最前沿的信息；④对接各专业优秀的分包商、承建商，了解最先进的技术信息。

由于站房项目专业性强、面积大，深化设计必须组建一个相当大的团队。团队中的设计师水平有高低，个性有差异，需统一思想，强调合作，培养集体荣誉感，使他们认知工作的重要性。这要反复强调，常抓不懈，只有把认识高度提升了才能打好战役。

3.2 加强沟通，与设计总体院配合互动

一般来说，对于交通建筑，建筑师在做建筑方案时，基本上把室内空间都做到位了，室内设计师主要对这些空间的界面、材料和使用方式作进一步研究，处理各种材料包括钢、玻璃、木头、石材、混凝土之间的节点，很多细部设计是在室内深化设计阶段来完善的。对建筑墙体提出调整装修方案，如在一个强调墙地对缝的完整空间里的主要立面上门与石材分缝的关系或出现细小的边条，这就需要反复修正，并且在设备专业上也要调整，使之能够达到完美的境界。

装饰深化设计是建筑设计的延续，是在建筑提供空间的基础上把功能细化，这就需要深化设计师与建筑设计院不断地深入沟通，确保大的空间关系、色彩关系、材质关系严格按照建筑设计的思路贯彻。要明确建筑是一个非常完整的概念，每一个参与其中的人都需要对建筑师的概念深入了解，才能在这个从大脑到图纸再到实施阶段的过程中完整地将它呈现在世人眼前。

各个阶段中，实施的人员分工不一，所对应的责任也会有矛盾。如施工人员会考虑怎样快捷高效地完成工作，对构造方法材料的运用希望简便易行；一些生产厂家会希望能够保证尽量统一的规格和尽量少的损耗；建筑师在对整个建筑进行规划时追求整体大气的效果，在局部处理上会选择工艺感较强的手法。深化设计人员此时起到承上启下的作用。在建筑师对各系统的整体控制下，把握好各个方面的诉求，这就需要深化设计师经验丰富，并且与总体院充分沟通，使之整体性非常好，而在细节方面也会有预期之外的突破，这些都是通过大家齐心协力做出来的。

铁路站房还专门出了细节指引手册，但是细节怎么做？在图纸阶段推敲，借鉴成熟的案例，这都是方法，但是有些问题是在图纸阶段发现不了的，也有其特殊性，这就需要现场解决。这就是见招拆招，快速反应，提供一些好的方法给施工人员，并且保证其与建筑设计的延续。

3.3 深入现场，确保可操作性

由于站房项目体量庞大，设计内容繁杂，专业性强，且不断有新工艺、新技术的运用和展现，造成了许多项目都存在边设计边施工的工程特性。而在实际工作中，设计单位与施工单位是在矛盾中走向完美，首先是理论与实际的差异问题，在图纸上可以精确地排版对缝，但到现场要做到这一点，要花很大工夫才能实现，而且由于是边设计边施工，各专业图纸有可能会不交圈，而站房项目往往是多个多专业单位交织在一起施工，发现问题后，需要招集各方会商、协调，需要深化设计师拿出解决方案。如在施工过程中，吊顶系统内有各专业的终端会甩在装饰最终完成面上，这就需要作综合天花排布图来确认所有末端的位置，而且要迅速反馈给设计单位确认。

深化设计在图纸阶段就开始配合设计单位进行细部设计，也将施工中的经验反映给设计单位，提出既符合设计要求又便于施工材料组织的建议，这样能避免图纸拿到现场后有较大的变化。但是在施工现场，还有些因素是图纸阶段解决不了的，比如墙体砌筑的误差，施工工序的打乱，这些问题都可能会引起已设计好的图纸产生变化。深化设计顾名思义，“深”的标准，其一是合理（施工方便、构造简单、牢靠、满足相关规范、符合实际环境）、详尽、明确、具体；其二是要符合美学原理；其三是要与总体风格协调，局部与整体形成有机统一；其四就是深入到施工第一线进行设计交底，及时发现，及时调整。

在站房建设中，深化设计承担着完善设计工作、实现设计构想、落实施工细节的重要工作。既要熟悉相应的建筑设计规范，也要熟悉装饰工程施工规范；既要了解施工工艺、施工方法，也要了解相关材料的性能、规格；既要具备美学素养，还要兼顾力学知识等。一项优秀装饰工程的充分条件是相应的优秀装饰设计，而优秀装饰设计的必要条件是深化到位，而深化到位必须深入现场到每一处作业面、每一个细节中去，严格控制。

3.4 精打细算，加强施工成本控制

一说到经济，就会想到是不是施工企业会通过深化设计去做减法，在施工工艺、物材用料上想办法，偷工减料，为施工企业创造利润，开绿灯。其实不然，施工企业固然要考虑成本、收益，建设单位更要着眼控制造价的方法。铁路项目，尤其是站房项目，体量巨大，工序、工艺繁杂，地面一般是石材满铺，墙面的做法也相对统一；吊顶区域性强，重在整体而不求变化。一个模数的确定，一种工艺的要求，都是大面积展开，而设计单位在作图的初期，往往只给控制性分格、分线，许多构造节点都需要去深化解决。多画一根线，就有可能造成动辄百万以上的费用；同样，缺乏推敲的细部也会造成后期整改，从而造成不必要的重复劳动。仔细核对设计概算和施工预算，配合商务预算，在设计深化中准确反映工程量清单所涵盖的子项，给商务预算提供核算依据。所以，对物料的常规规格、参数、市场价格要做到心中有数，优化合理。由于站房建设中常有外籍设计单位介入方案环节，把控效果，他们所提供的材料有些是依据国外的规格参数来推算、来要求的，那就更要仔细了解设计意图，找到国内同类同质产品，或定向加工，以期能最大化利用本地产品的优势。同样有些设计单位对材料尺度提出超大规格要求，深化设计也可以通过成功案例来引导。比如有些石材通过密拼与留明缝的视觉差异，可以消弭小板块产生的小气之感，在大空间构成与之呼应的尺度关系。总之，每个深化设计师对设计单位的理念要做到了然于胸，通过对物料特性的深入分析，对构造的深刻了解，合理建议，刻苦钻研，从而为建设单位、施工企业各方算好经济账，把好质量关。

3.5 各专业积极主动，紧密配合

在装修工程中，室内装饰设计是室内各专业的前提与基础，而在施工作业流程中，工程又是所有专业设备末端的收口，所有设备的末端要在装饰面上体现，而所有设备的管线的敷设、安装又先于装饰工程开始，这有可能在设计单位提供的图纸阶段还不会显现，但结合到施工现场，尤其是精装修完成面上，几乎不能有任何偏差，否则，消防的喷淋、空调的风口、照明的灯位与装饰材料规格之间就有可能会互相矛盾。尤其是在站房内，任何一点的偏移都会对工程最终收官的整体效果造成影响。有些设备设施要在装修工程开始之前就进行预埋预设，如果不反复校对的话，极有可能埋偏了，造成浪费返工，甚至不能更改，留下遗憾。所以，在深化设计阶段，要反复比对各专业图纸，熟悉现场条件，尽可能把问题消灭在萌芽状态。遇到已经发生的问题，要快速反应，想出应对方案，及时调整，把效果保证到最好。在机电设备安装布管之前，对图纸进行深入细致的研究，画出综合天花图、综合布线图，避免管线路由交叉重叠。会合各专业工程师，提出合理化建议，站房工程这样的大型工程设计项目牵涉多个设计单位的配合，多个专业的组织，人员庞大，分工细致，所以一定要有充分的思想准备，提前着手，早准备，早发现问题，最好有各专业深化小组在现场协同作战，解决问题的效率就会大大提高。

在铁路项目的施工中，工期是决定成败的关键因素，因为一条线路有多个站房，要确保线路通畅，各站房要有一致性。有同一个关门工期，在站房工程中，尤其是装饰工程，是整个战役的最后一仗，按期完工并体现出色的效果是最终效果展示的两个重要保证。除了设计单位的设计理念，与施工企业兢兢业业、一丝不苟的实战操作是分不开的。一个好的设计没有好的工艺、好的材质表达是不可能实现的。在

施工图纸深化阶段，谁的深化设计水平走在了前列，谁就能在工期保障、工程质量上拿到高分，也就会有更广阔的市场。这已经被越来越多的企业所认识，深化设计的人才也越来越被企业所看重。

3.6 培养团队，提升深化设计能力

设计师的能力与设计工作的关系最大，但比能力更重要的是设计师的责任心，除此以外，其他的都不是这个工作性质所特需的，而是所有职业共同要求的。

设计师的个性对于个性品味、创意是极为重要的，但是在深化设计团队中，沟通合作才是开展工作的核心。深化设计师需要延续并贯彻设计原则的整体性，而且将之与实际情况结合后传达给现场施工人员，在这个流程中，还需要取得总体设计院的确认，并且与施工人员会商图纸的可操作性，这是一个多方互动的过程，而深化设计师参与其间，与各色人员交流论证，需要极大的耐心和责任心，只有想通过自己去铸造完美的人才能将事情做好。

4 结语

总而言之，深化设计师没有方案设计师那样光鲜亮丽。社会对主创设计师进行肯定，给予其荣耀的光环，而深化设计师永远都是藏身在工程细节后的那群人，就像隐形人一样，默默无闻地为各种建筑作品作贡献。

对于深化设计人才储备工作，选择具有一定的设计基础和一定的业务技能，还要有完整工程施工经验和统筹思想，能熟练掌握 AUTOCAD 的使用，具有较大的可塑性和学习性，工作踏实能干，吃苦耐劳的人才。对总体设计院的要求和铁路设计细节详细研究，及时进行施工前的图纸深化设计工作，及时交付设计院及现场指挥部审批，根据意见及时跟进修改。

通过各种高端项目的深化设计来形成一支专业齐全、素质过硬的稳定深化、优化设计团队。将设计单位的思路和图纸融会贯通，优化其构造，使之更便于操作，不但要深入钻研探索，更要提出好的建议和解决方案，这才是一个优秀的深化设计团队需要做到的。在技术革新、难点攻关、改良构造上下工夫，真正成为为工期作保障、为质量目标保驾护航的关键支柱，出色地完成铁路站房建设赋予的历史使命，为整个行业的稳步发展作贡献。

浅论安装末端与精装修饰面收口处理管理

孙洪升

（青岛建设装饰集团有限公司　青岛　266003）

摘　要：铁路客站建设面大，装修区域范围广，设备量大，终端口多。以往较多铁路客站的装修末端与饰面收口不尽完美或根本不考虑收口并带有普遍性。对于客站精装修工程来说，施工现场安装末端与精装修饰面收口处理是项目开端与收尾管理较难掌握的问题。虽然看起来不起眼，实际关联整个装修完成细节处理，做得不好直接影响装修质量精度，造成视觉观感遗憾。安装末端与精装修饰面收口处理是精装修整体管理工作中很重要的组成部分，既代表了相关施工企业的精细化管理水平，也反映了业主、设计、安装、装修等相关企业在生产经营建设的综合表现。因此，作为设计、安装、装饰企业，应不断优化、精细化施工质量管理，做出更好的精品。

关键词：安装末端　精装修饰面

1　克服安装末端与精装修饰面收口处理的三个基本认识问题

施工现场安装末端与精装修饰面收口处理要符合观感要求，取决于设计公司的施图设计完善性与安装、装修等相关单位的图纸会审细致度和现场施工共同协调的群体作用。

1.1　设计单位

设计单位要克服只管量不管质、只按通用做法不出细节施工图的做法，避免形成单纯的生产观和进度观。如果设计单位只管给在建施、结施、安装施（空调、送排风、消防、智能化、强弱电、给排水等）出具施工图，各专业设计图纸会审走过场，并没考虑或没细考虑各专业在实际施工中的关联细节，就要造成隐蔽管线、终端定位不准确问题的发生，出现施工交叉干扰，直接带给甲方、监理、施工相关单位在施工中的协调难度，影响工期进度，并发生不必要的工程经济签证，造成成本提升。设计单位应在精细化设计方面下工夫，并同时在各专业设计诸多要素中，时时处处进行各专业施工图审核、完善施工图，及时解决可能在施工中存在的相互冲突、相互矛盾的问题，力争各专业在施工中减少相互冲突环节，使专业分工明确、责任分工清晰、按图施工准确、进展顺利。

1.2　安装单位

相关安装单位在施工管理工作中应当按照既科学又合理的原则办事，以期做到现场施工管理的灵活化，真正符合现场实际的观感客观要求，避免与其他专业、装饰有冲突，造成日后返工现象。在许多实际施工中，很难做到建施、结施、装施与各安装末端口的标高、坐标、方位、面饰精细吻合。究其原因，以往各专业往往将施工图发放到施工班组按图施工，没考虑可能某个部位端口与后续精装修饰面的位置不吻合，造成完成观感太差，业主要求返工的麻烦。如果各安装单位根据施工图与精装修单位在施工前进行细致协调定位交底，提前找出可能存在冲突的问题，提前指定统一收口标准并落实在书面预控上，饰面与安装末端口收口将非常完美。

1.3　精装修单位

精装修是工程施工的最后一个环节，如果装修施工不管相关安装定位，势必造成安装末端与装修饰面收口出现问题。作为装修单位，应在项目施工精细化管理中重视饰面与安装末端收口可能出现的问题。首先实行末端与饰面收口标准化、规范化是对施工现场非常重要的管理要求。事实上，为了有效协调施工生产活动，施工现场的诸要素都必须服从一个统一方案，克服主观随意性。只有这样，才能从根本上提高工程审美观感标准，从而建立起规范的现场作业秩序。

2 施工现场收口管理的主要途径

2.1 提高优化施工现场全员素质

现场饰面与末端收口管理复杂性和完美性显现了当前客站工程项目管理的局限性。庞杂的施工现场,众多的工种和岗位,以及不断压缩的管理层,使得我们很难做到时时监督、处处检查。因此,细化优化施工现场的根本就在于坚持以人为中心的科学管理,千方百计调动、激发技术人员的积极性、主动性和责任感,充分发挥、加强现场精细收口管理的作用,重视现场技术人员的技术素质与审美观的提高。

2.2 以班组为重点,细化现场管理组织

班组是施工现场饰面与端口收口细节美观的保证。班组的活动范围在现场,工作对象也在现场,所以,加强现场管理的各项工作都要无一例外地通过班组来实施。班组是施工企业现场管理的承担者,抓好班组建设就是抓住了现场收口管理的核心内容。因此,施工现场精细收口的管理组织必须以班组为重点。

2.3 细化施工现场收口质量管理标准

质量是企业的生命,也是企业的效益,而质优的产品需要严格的现场管理标准来保证。建立施工现场饰面与末端收口质量管理标准显得尤其重要,只有这样才能使工程自始至终确保实现精装修施工细节处理的完美目标。

3 精细化施工现场管理的主要措施

3.1 加强安装末端与饰面收口处理施工过程控制

3.1.1 施工人员的控制

各项目部(建施、装施、安装等)技术人员应由装施项目总工统一牵头,各自按照前期图审预控的安装末端与饰面收口标准进行施工,控制好顺序,定位准确,有条理、有步骤地进行分项施工。各项目部随时对分项细节既定标准的工作状态进行考查,并如实记录状态,随时掌握施工情况,发现问题随时调整。各岗位依据其部位功能量化为若干小的分项。所有施工班组均进行施工工艺、技术操作等技术交底,不单纯只是安装到位问题,而是要满足细节处理与观感。

3.1.2 装修饰面材料安装定位控制

装修饰面材料与安装末端收口处理定位是否准确、符合装修设计标准,取决于设计公司在各安装专业施工图与精装修施工图绘制中的完善性,是否考虑了造型构件与专业安装部位的定位标高,是否考虑了易出现的相互冲突问题。不重视精细化施工管理既影响了工程美观又造成了返工浪费,甚至破坏了饰面材料。如消防喷淋嘴与造型吊顶、灯具位置是否合理;消防栓门与墙面石材收口处理是否得当;开关插座与肌理墙面收口是否细致;消防卷帘与扶栏、吊顶收口是否符合规范要求;防火门与周边墙面是否吻合;电梯控制按钮与墙饰面位置关系是否美观;空调送风口与天花造型是否满足功能要求等。精装修施工单位都要有认真负责的态度,积极主动地去发现和找出施工中存在的细节问题,向业主、设计、监理和其他施工单位提出协调、解决处理的办法,防止出现“各自为战”现象的发生。

3.1.3 施工技术人员的控制

装饰饰面材料品种繁杂、肌理多样、材质悬殊,控制好饰面材质与安装末端收口处理看起来容易,实际操作有难度。怎样才能做好呢? 这需要设计单位、精装修单位、安装单位及业主共同参加制定安装末端与装修饰面收口处理标准。各专业施工技术人员应积极参与施工图与现场实际对照的图审,提前找出和解决施工中存在的问题,将施工、收口办法贯彻到班组甚至每个施工人员心中,每个项目技术人员应经常到施工现场与施工人员面对面解决收口问题。

3.1.4 施工工艺的控制

施工工艺是决定工程收口处理质量的关键,好的工艺能使操作人员在施工过程达到事半功倍的效果。为了保证工艺的先进性及合理性,对于不太成熟的工艺,应安排专人在加工厂进行试验,将成熟的

收口工艺编制成作业指导书，并下发各施工单位，施工管理人员在现场指导细节收口处理时，则以此为依据对工人进行书面交底，并由班组长签字接收。工艺交底包括工具及材料准备、施工技术要点、质量要求及检查方法、常见问题及预防措施。

3.1.5 施工环境的控制

施工环境对精装修工程的影响很大，为了保证工程质量，必须控制好施工环境，这就要求施工管理人员在进行工序安排时要合理，避免施工污染，同时保证各工序所需环境要求，如室温要求、基底干燥要求、空气清洁要求等。因此一般结构方面的工作先进行，饰面工作后进行；顶面工作先进行，墙、地工作后进行；隐蔽工程先进行，包封工作后进行；水电管线工作先进行，灯具、开关、插座、洁具、五金配件安装工作后进行；易受污染或贵重材料，保养不易的工作（玻璃制品、镜面、壁纸、面料、地毯等）应最后再做。如果冬季施工时室内温度达不到要求，则要制定相应的保温升温措施，同时要做好防火工作。

3.2 加强施工现场安装末端与饰面收口处理检查，及时解决影响收口问题

3.2.1 开展自检、互检活动，培养操作人员的质量意识

各工序完成后由班组长组织本班组人员对本工序进行自检、互检，在自检中发现的问题由班组自行处理并填写自检记录。班组自检记录应填写完善，自检出的问题已确实修正后方可由项目质检员进行验收。

3.2.2 认真开展交接检活动

上一道工序完成后，在进行下道工序施工前，由质检员组织上、下工序施工班组长进行交接检，由下道工序班组长检查上道工序质量，对影响本道工序的质量问题提出意见，并填写交接检记录，质检员督促上道工序人员进行修正后，下道工序方可进行施工。此项活动增强了施工人员本身的质量意识，加强了施工人员的责任感，从而在操作人员中形成人人管质量、处处有把关的现象，从根本上杜绝收口出现问题。

3.2.3 专职检查、分清责任

在班组自检基础上，项目质检员要对各班组长的各道工序进行检查，从严要求，对不合格的要立即处理，在检查时必须分清产生不合格的原因，是由于施工人员操作引起，还是由于施工材料或施工方法引起的不合格。查清原因后，对于反复发生的问题要制定整改措施及相应的预防措施，防止同类问题再次发生。对于施工人员操作引起的不合格，要视情况严重程度对施工人员采取处罚措施，并及时向操作人员讲明处罚的理由，使施工人员理解“松是害，严是爱”的道理。

3.2.4 定期总结

现场各项目部对施工中发现的收口问题定期集中分类，定期召开质量分析会，组织施工管理人员对各类问题分析总结，针对特别项目制定纠正/预防措施，并贯彻实施，使各项目部施工管理人员在不断解决问题的过程中提高水平。

4 安装末端与精装修饰面收口处理精细化质量管理目标

（1）彻底消除精装修饰面与安装末端收口处理失控的现象，科学合理地组织施工图会审并与施工现场实际对接、定位、预控，真正实现工程既满足功能又符合观感要求的目标。

（2）建立精装修饰面与安装末端收口处理质量管理机制，减少安装末端与饰面收口返工现象的发生。

（3）优化细化现场协调作业，发挥各专业综合管理作用，有效地控制施工现场出现的收口处理的质量和观感，尽最大努力做好收口处理。

（4）安全生产，文明施工，确保创造精细作品工程。

5 结语

铁路客站精装修工程只有首先认识到细化优化现场施工质量管理的重要性和必要性，才能使整个装饰施工质量和品质迈上一个崭新的台阶。上海虹桥铁路客站就是一个很好的案例，该工程装饰饰面与安装末端收口上精心处理，细节得当，呈现给旅客一种自然协调美和艺术美。如果每个业主、设计、安装、装修单位都能在工程质量细节上多下工夫，将会使我国今后的铁路客站建设工程成果更加丰硕。

浅谈火车站装饰施工中的细节问题

梁文昌

（深圳海外装饰工程有限公司　深圳　518031）

摘　要：本文从我公司在新火车站站房建设中碰到的细节问题出发，讨论火车站站房装饰工程中有关设计和专业配合产生的问题及解决方案，从而使整个火车站站房施工流程合理，工艺精湛，同时降低损耗。

关键词：设计　施工　细节　管理

党的十六大以来，大规模的铁路客站建设取得了丰硕的成果，截至2010年8月底，已建成新时期客站207座，按照铁路中长期发展规划，到2012年需建成804座客站，建设任务非常艰巨。现从我公司在火车站建设施工过程中遇到的细节问题出发，浅谈几点影响施工管理的问题。

1　设计与施工结合的问题

1.1　施工工艺设计对施工的影响

随着我国工业化的发展，建筑装饰的施工方法和工艺发生了重大变化，在遵守现有的施工规范的同时，也要努力研究新的工艺，从而提高生产质量和工作效率。新的施工工艺一定要设计合理，否则会给施工造成不必要的麻烦。

比如某站的转换层施工，其节点如图1所示，从图上可看出两个问题。

(1)主梁之间的连接采用了一个比主梁稍小的插件。事先要在插件及主梁上打孔，然后用螺杆连接，一个插件上4个孔，再加上与之连接的主梁上的孔，一个连接点就要打8个孔。根据施工面积，连接点有900多个，共计打孔7 200多个，每打一个孔需要2min，折算共计240h，按每天工作8h，打孔就要打一个月。而且每个孔的位置要求很高，如果偏了一点，孔与孔之间就不能对位，螺杆就穿不进去。所以这个节点对施工的细致程度造成很高的要求，难度增大，工期加长。如果这个节点参照轻钢龙骨的结点，主龙骨之间的连接参照图3中的④加工附件，那施工的难度和工期就会缩小很多。

(2)与顶棚的钢结构球点连接的圆钢，其施工工艺采用的是焊接。顶棚的钢架结构发生形变时，球点会有上下变动，那么与之焊接牢固的圆钢也会随之上下变动，与圆钢连接的底层的转换层钢结构就会变形，长时间以后，与转换层连接的铝合金垂片吊顶也会变形。如果在球点上预留孔，用丝杆从球形的预留孔里穿过，就会缓解这种变形，如图2所示。

所以施工工艺一定要在设计阶段研究透彻，因为它涉及装饰材料的采购内容和加工数量、施工周期、人工量，是影响施工管理的重要因素。

1.2　设计图纸的完善

站房的室内设计包括方案设计、专业设计、扩初设计、施工图设计以及具体到现场的施工排版图设计。设计图纸的深化程度是影响施工管理的重要因素，设计图纸的好坏直接关系到工程质量的优劣。

火车站细部设计中对墙面及地面的对缝问题要求非常严格，每一块砖、每一块饰面板从哪里开始定位是非常重要的，它会同时影响地面、墙面、天花等多个面的施工以及其他专业的定位，比如通风口、安全标志、灯具开关等。如图4、图5所示，从图上可以看出地插和地面方向指示与地面大理石的关系，灯和通风口与顶面装饰板的关系。所以在火车站的施工中，图纸的深化和排版图的设计就显得尤其重要。

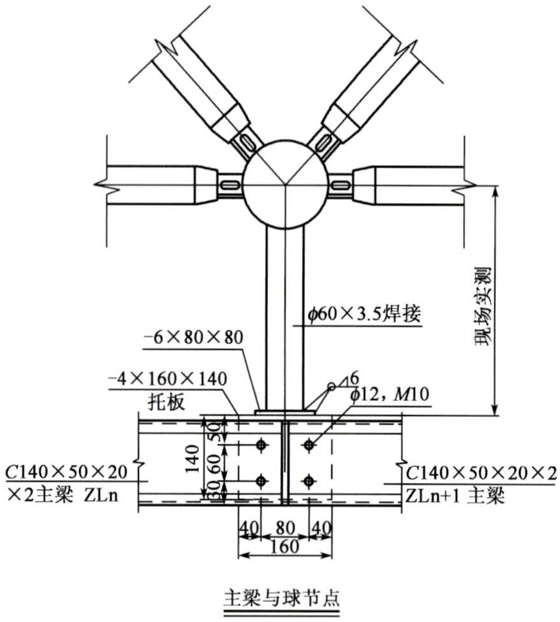

图 1　某站的转换层施工点

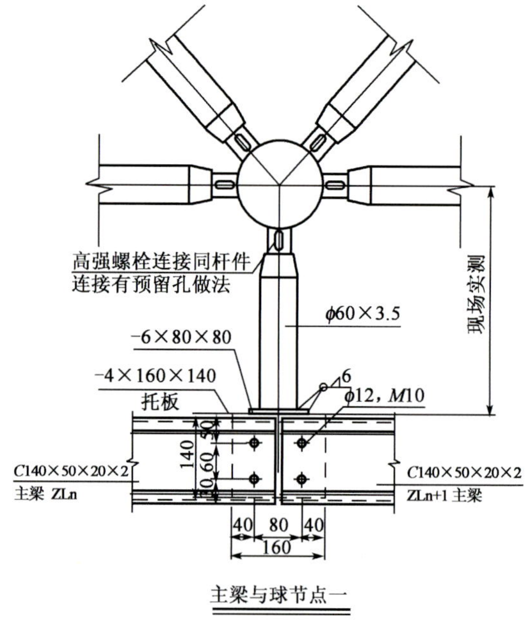

图 2　预留孔

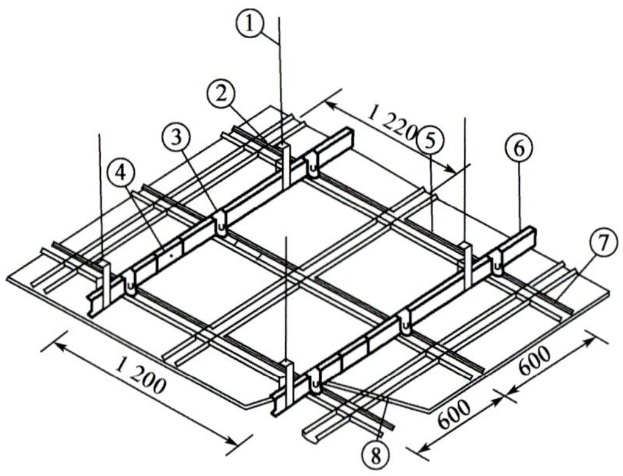

图 3　主龙骨连接

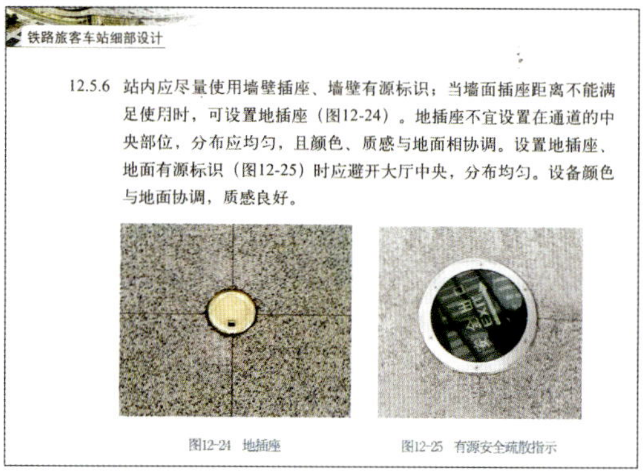

铁路旅客车站细部设计

12.5.6 站内应尽量使用墙壁插座、墙壁有源标识；当墙面插座距离不能满足使用时，可设置地插座（图12-24）。地插座不宜设置在通道的中央部位，分布应均匀，且颜色、质感与地面相协调。设置地插座、地面有源标识（图12-25）时应避开大厅中央，分布均匀。设备颜色与地面协调，质感良好。

图12-24　地插座　　图12-25　有源安全疏散指示

图 4　地插和地面方向指示与地面大理石的关系

铁路旅客车站细部设计

具的布置、消防喷淋头、各种探测器布置和检修口的开设进行统筹设计，取得整洁的吊顶效果，参见图12-2。

图12-2　空调风口隐藏在灯带装饰里

图 5　灯和通风口与顶面装饰板的关系

我们应该努力提高设计图纸的质量，减少因图纸问题带来的各专业协调问题。一般情况下，各专业设计人员自己设计的部分都较为严密和完整，但与其他专业的工作就不一定能够一致。这就需要在图纸会签时找出问题，并认真落实，从图纸上加以解决。图纸的会审应将各专业的交叉与协调工作列为重点，进一步找出设计中存在的技术问题，加以周密的讨论。

这里要强调的是，不论是会签、会审还是隐蔽验收，所有制定的制度不能是一个形式，而应实实在在，或者说所有的技术管理人员对自己的工作、签名应承担相关责任，设立相关的奖罚措施，并一级一级落到实处，从而加强图纸的完善程度。

2　施工中的协调问题

由于现代火车站建筑的个性化，每一个火车站站房都是一件特殊的产品。其科技含量越来越高，涉及的专业也越来越多，而专业之间的协调与配合会直接关系到工程的进度与质量。要建造一个高质量、高标准的建筑产品，在整个施工过程中各专业之间的协调与配合是至关重要和不容忽视的。

图 6　施工中的长沙站进站广厅

如图 6 所示，施工中的长沙站进站广厅在装修时应按照天棚→墙面→地面→其他的顺序来组织施工。如果各专业沟通不及时，施工顺序安排不当，或者是某施工队拖延工期，大厅内的满堂脚手架将会影响一系列的工序和大面积的工作面。

再比如铁路上各单位由于协调问题而引起的站台上的材料运输问题。站台的施工顺序往往是先铺铁轨再做站台及站台雨棚装饰。铁路铺轨后，汽车不能在铁路的路基上行驶，如果是线侧下式岛式站台，也不能在铁路的护坡上搭临时通道，站台上大量的混凝土、石材、水泥、沙、雨棚吊顶材料等就要靠人工搬运至站台上。比如某站站台的石材搬运费达到 30 万元，累计搬运周期为一个月。

这就是铁路上的配合问题给施工条件造成的障碍，这些障碍使施工难度加大，处理不当就会造成工期和人工量的损失。

2.1　产生问题的原因

在现行的管理体制中，施工单位的专业分包现象普遍存在，专业分包单位在工作范围的界定上很难做到十分明确。主观上各单位在利益的驱使下，总希望相关单位承担更多的工作，往往造成工序上的遗漏，人为地带来一些问题，增加了协调管理的复杂性。

再者，每一个专业的技术管理人员对其他专业的工作、工序以及技术、质量要求很难全面了解和掌握，有的虽然是本专业的问题，但由于是新产品、新技术的应用，对其性能与施工工序不太熟悉，这也无疑给协调工作带来更多的问题。

此外，施工组织管理不健全，存在着人员责任不明确，或者是专业人员思想麻痹，加之施工人员、管理人员的水平素质参差不齐，都会给施工中各专业的协调工作带来困难与不便，这也是产生问题的重要原因。

2.2　建议做好协调工作的方法

从理论上讲，协调工作并不十分复杂，只要我们在施工中能严格按规范要求做好每一道工序，并及时进行工序交接，就不会出现上面所说的矛盾，至少会大大减少问题出现的概率。

比如上面说的站台的施工顺序问题，其实站台边缘线和铁轨线都是可以根据图纸尺寸来确定的。如果施工图纸给出的定位尺寸准确无误，站台的边缘线和铁轨的定位线都用全站仪由卫星定位点向外发尺寸，这两根线都应该是准确无误的，那么站台和铁轨的施工都可以互相不影响。或者铁路上的各单位都配合密切，站台上的材料用火车运至站台上，也能很快解决材料运输问题。

作为工程的建设者、管理者，要做好协调工作，首先要充分认识其重要性，然后加强管理，建立科学的管理模式，在现有管理水平的基础上，针对影响工程质量进度的一些关键问题，从技术上以及人事制度上建立更有效、更科学的管理体制，从而进一步提高施工管理水平。具体措施建议如下：

(1)首先要从设计图纸上下工夫，设计对工程的影响程度达到 70%，要从图纸上使技术问题得到进一步的协调。

(2)要建立一整套健全的管理制度，全面了解、掌握各专业的工序和设计的要求。由专人统一指挥各专业的施工队伍，保证施工的每一个环节有序到位。

(3)建立问题责任制度；建立由管理层到班组逐级的责任制度，并且建立奖罚制度，提高施工人员的责任心和积极性；建立严格的隐蔽验收与中间验收制度，隐蔽验收与中间验收是做好协调管理工作的关键。此时的工作已从图纸阶段进入实物阶段，各专业之间的问题也更加形象与直观，问题更容易发现，同时也最容易解决和补救。通过各部门的认真检查，可以最大限度减少问题。

(4)建立专门的协调会议制度，施工中业主、监理人员应定期组织各专业施工单位举行协调会议，解决施工中的协调问题。对于较复杂的部位，在施工前应组织专门的协调会，使各专业队进一步明确施工顺序和责任。

(5)提高施工管理人员的业务水平、综合素质。加强施工管理人员的技术培训，提高专业水平，以及对新技术、新产品的了解掌握水平，培养施工人员的敬业精神与细致的工作作风。

3 结语

综上所述，随着现代建筑的科技含量越来越高以及施工新技术与新产品的日益更新发展，施工技术以及各专业的协调配合对施工的重要性欲显突出，只有加强这方面的管理，把问题、隐患消灭在萌芽状态，保证工程质量进度，才能建设出最好的建筑产品。

参 考 文 献

[1] 深圳海外装饰公司. 建筑装饰环保施工标准[M]. 北京：北京出版社，2006，7.
[2] 工程论文. 建筑施工各专业协调管理[D]. 2009，7.

特殊现场条件下站房外装饰工程施工进度管理要点

——浅谈武昌站改扩建工程室外装饰工程的进度管理措施

丁卫国[1]　谈　政[2]

(1. 中铁建工集团北方工程有限公司　天津　300451;
2. 珠海兴业绿色建筑科技有限公司　南京　210002)

摘　要: 既有站改造工程往往面临工期紧和施工作业面局促等诸多限制,本文从针对性设计、流水作业、进度计划编制、施工条件、劳动力组织等五个方面简单介绍了提高工效的一些做法。

关键词: 外装饰　进度管理　流水施工　模块化

1　施工概况及现场条件

武昌站西站房改扩建工程室外装饰工程包括石材幕墙(24 000m^2)、玻璃幕墙(16 000m^2)、铝板幕墙(4 500m^2)及蜂窝板屋盖反吊顶(19 000m^2)等施工内容。站房透视图见图1。

图1　站房透视图

站房西(正)立面临站前广场,为武汉市地方管辖的施工作业段,在外装饰施工之前广场已进行大规模开挖,仅留有一条行车通道供站房施工使用;东立面临基本站台,无柱雨棚及站台铺装同期施工,且基本站台在整个施工期内要留设旅客临时进站通道;南立面为旅客临时候车室;北立面为旅客临时出站通道,东西反吊顶作业面上无搭架条件。2007年6月下旬局部具备施工条件,工期要求2007年9月中旬结束施工,站房定于10月1日国庆时启用,进行外装饰项目施工的有效时间约为90天。

现场垂直作业面分布图见图2。

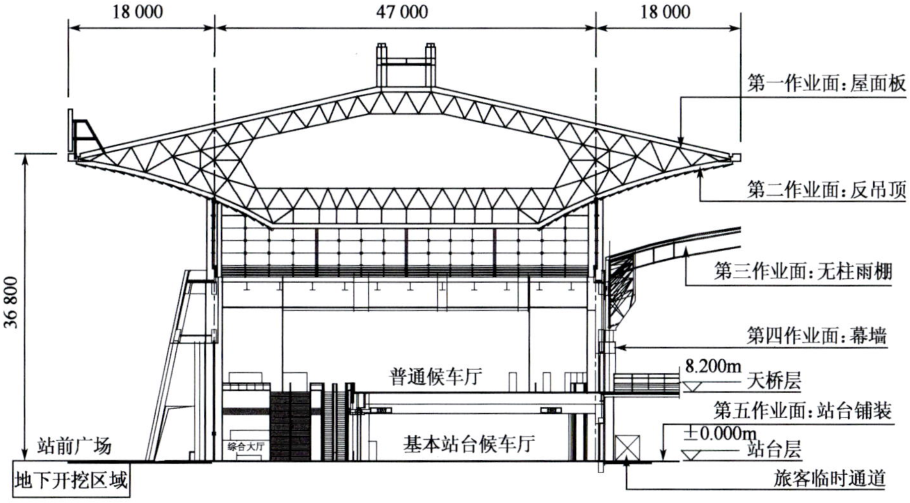

图2　现场垂直作业面分布图

2 进度组织的难点及针对性管理要点

2.1 进度组织的难点

(1)有效施工时间相对较短,留给玻璃、蜂窝板等面板材料的加工时间极为有限。

(2)多工种工序交叉作业,现场工作面局促。

2.2 针对性管理措施

(1)对施工图设计提出适应现场因素的要求。

(2)合理进行施工分区,合理组织流水施工。

(3)编制符合现场实际的施工进度计划。

(4)创造尽可能好的施工条件。

(5)加大劳动力投入,设立激励办法。

3 现场管理对施工图设计提出的要求

3.1 施工误差

外装饰工程对安装精度要求较高,施工过程中要对主体结构的施工误差进行消化和消解,如果不掌握主体结构的误差位置和误差值,像钢化玻璃、蜂窝板等面板尺寸就不能尽早提供给供应商。在进场后,首先对建筑结构进行了一次整体测绘,将获得的测绘数据提供给设计部门,并要求设计人员将每个收边收角处的现场尺寸反映到施工图中,建立和现场尺寸相适配的三维面板模型,这些工作成果使得现场项目部在进场初期就将绝大部分面板材料尺寸提供给供应商,保证了面板材料的进场时间。齿状反吊顶的三维面板模型见图 3。

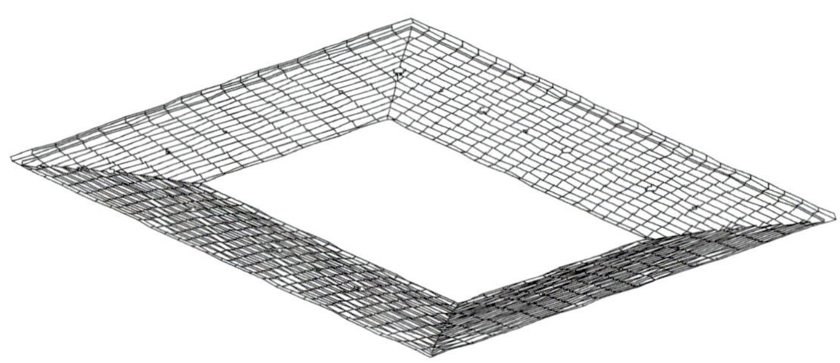

图 3 齿状反吊顶的三维面板模型

3.2 模块化

反吊顶工程虽然面型复杂,杆件数量多、板块数量大,但其中很有规律可循,这些规律使得我们有可能进行模块化的批量加工制作。现场项目部要求设计人员将桁架构件分类出图,将整个体系简化成若干种同类单元实施制作,经过设计人员的归类拆分,构成吊顶体系的约 1 640 榀桁架最终划分为 7 种竖向拼接单元和 7 种横向拼接单元(图 4),经过这些并类划分,施工制作和安装的速度得到极大的提高。

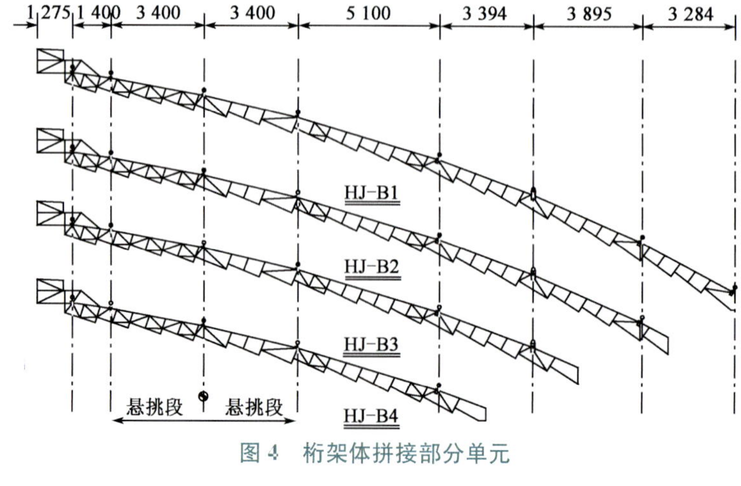

图 4 桁架体拼接部分单元

4 施工分区及组织流水施工

4.1 施工区域划分

本工程总施工面积约 64 000m²，属大型外装饰施工，其中位于站房两侧的售票厅（A 区）及贵宾候车区域（C 区）施工面积较少，中间广厅部分（B 区）施工面积较大。针对现场具体情况，将整个施工区域划分为 13 个作业段，分属 13 个作业班组实施，同时设立一个保障队，为 13 个作业班组提供搭架、搬运、清理、供电等保障服务，施工作业面分区后每个班组的作业量不再显得繁重。现场作业分区见表 1。

现场作业分区表 表 1

现场作业分区	A 区	B 区	C 区
1	石材幕墙	石材幕墙	石材幕墙
2	玻璃及铝板幕墙	玻璃及铝板幕墙	玻璃及铝板幕墙
3	点式玻璃幕墙	点式玻璃幕墙	点式玻璃幕墙
4	蜂窝板反吊顶	蜂窝板反吊顶	蜂窝板反吊顶
5		入口伞结构装饰	

4.2 流水作业划分

针对外装饰工程先制作后安装、先骨架后面板的施工特点，将各类幕墙和吊顶的施工都划分为车间制作和现场安装两个大步骤。幕墙龙骨、吊顶桁架、面板预装配等制作任务均安排在工厂车间进行，由于车间制作的构件精度好，有效减少了现场的调节工作量。流水作业划分见图 5。

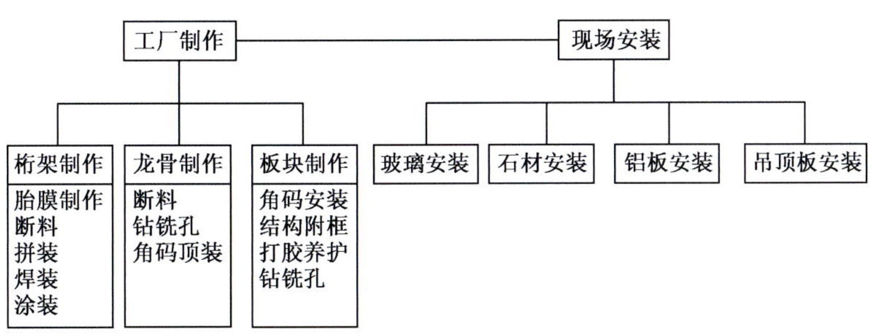

图 5 流水作业划分

5 编制符合现场实际的施工进度计划

充分认识和了解现场实际情况，包括工作面获得时间、其他单位施工情况、材料加工周期和供应速度、道路和场地占用情况，综合这些现场情况编制出符合现场实际的总体进度计划和阶段性节点计划，各工序、工段严格按照施工计划安排生产。现场施工网络计划见图 6。

实际上，在施工过程中由于各种原因经常出现某工序施工滞后，一旦发现了施工滞后，项目部在第一时间制订补偿计划，并在最短的时间内完成补偿作业。

6 创造施工条件

除了妥善安排办公及工人食宿场地，解决道路、吊运条件、堆场、制作场地这些基本施工条件以外，搭建良好的作业平台对保证施工安全、缓解工人的高空作业心理压力、提高施工精度和施工速度都有积极意义。如前所述，由于现场反吊顶施工部分工作面无脚手架搭设条件，实际施工时根据具体情况分别采取了搭设悬挑平台和架设空中索道的措施，具体为：AC 区利用主体结构柱作为临时支承条件，搭设悬挑施工平台（图 7）；B 区利用网架结构作挂点搭设空中索道，下挂吊篮（图 8）。施工平台和吊篮的底面和侧面均设有妥善的防坠落和防火保护措施。

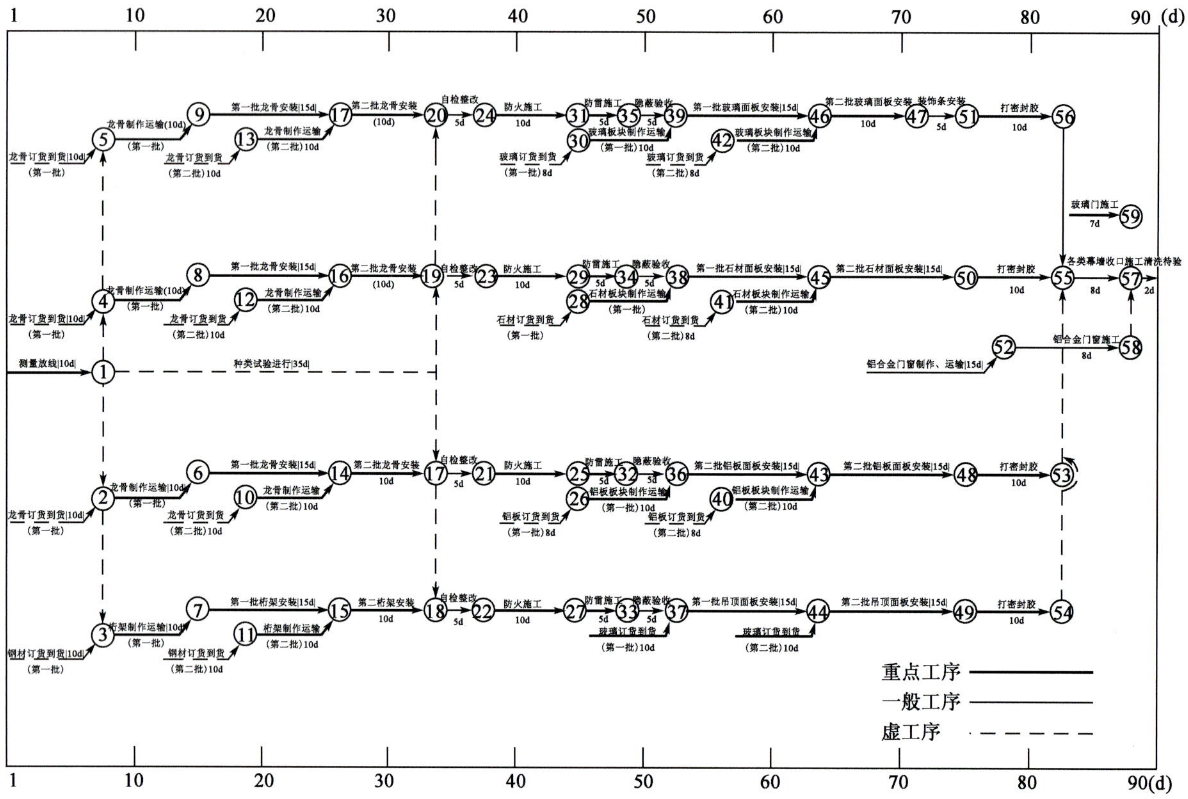

图 6　现场施工网络计划

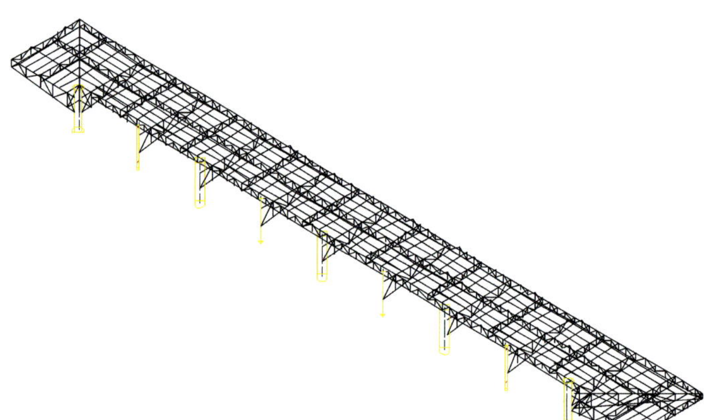
图 7　AC 区施工平台轴测示意图

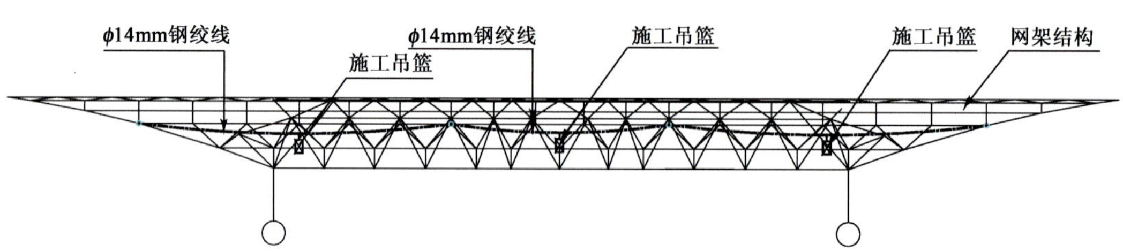

图 8　B 区施工吊篮安装示意

7　劳动力投入及激励办法

本工程预计工日量为 45 000 工日，工期 90 天，平均劳动力投入量约为 500 人/日，高峰人数约为 650 人/日，分 13 个作业队和一个后勤保障队，每个作业队人数在 25～65 人不等。

施工时，将每个作业队又细分成若干个由 4～8 人组成的作业小组，作业小组根据作业任务不同动态调整，项目部将制作安装任务全过程承包到每个作业小组。考虑到工程的重要性，经过项目部建议，公司批准特别设立了总额为20万元的过程工期奖和总额为30万元的总工期奖，用于分阶段奖励完成节点工期和完成总工期的作业小组和作业队，对每个作业小组进行单日工作考核和周工作考核，过程工期奖励每周兑现。

奖励措施极为有效，以反吊顶面板安装施工速度为例，平常的经验工日约为0.50工日/m^2，实际施工时一个6人作业小组的日安装量最高达到25m^2，折合工日约为0.24工日/m^2，工效提高近一倍。

整个外立面装饰施工在2007年9月15日前完成落架，零星工程也在9月20日之前结束，图9、图10是站房使用后的外立面实景照片。

图9　实景图片1

图10　实景图片2

8　结语

(1)有现场针对性的施工图设计是提高施工速度、少走弯路的有效途径。

(2)合理的施工分区和流水作业能化大为小、化繁为简，提高施工速度。

(3)施工进度计划的编制要符合现场情况。

(4)施工条件是工期实现的重要手段。

(5)劳动力工效是工期实现的根本因素。

工厂化施工在铁路站房装饰工程中的应用及对策

顾光辉

（浙江亚厦装饰股份有限公司　杭州　310008）

摘　要：本文从铁路站房装饰施工的现状出发，探讨了存在的问题，在此基础上提出了工厂化装饰的一般含义，结合温州站装饰工厂化施工实践，分析了实施工厂化装饰的可行性、必要性，并从站房装饰设计的模数化、标准化建设，创立有实力、有经验的专业装饰企业名录等方面就铁路站房装饰推广工厂化施工提出了对策、建议。

关键词：工厂化施工　铁路站房　装饰工程　对策

1　我国铁路站房装饰施工现状

当前我国铁路事业已进入了快速发展的新阶段。按照点线能力配套的原则，到2012年，我国将陆续建成铁路新客站804座。截止到2010年9底，已建成208座，正在建设的客站有216座。铁道部对铁路客站工程建设提出要满足功能性、系统性、先进性、文化性、经济性的原则，要全面落实质量、安全、工期、投资效益、环境保护、技术创新"六位一体"管理要求。然而，铁路站房工程由于其工程复杂性、时间的急迫性、管理模式的特殊性，往往在装修过程中还停留在人海战术、流动的工匠队伍阶段，传统的人工操作与手工组装方式仍主导着整个装饰施工过程。由于作业手段原始，分工方法混乱而又缺乏专业性，大多数客站的装修以保工作面完成、保开通、保运营为荣，离精品工程的要求有很大距离。

一方面是大量的站房将在未来的几年里集中建设，一个又一个堪称地标性的现代化铁路客站相继开工；另一方面，站房装修技术的相对落后和杂乱使得很多弊病反复出现。目前建筑市场特别是装饰施工中劳动力队伍流动性大，高素质作业队伍紧缺且难在短时期内大量聚集。这与客站建设工期紧、规模大、要求高的实际情况之间的矛盾十分突出，通常一个酒店或写字楼留给精装修的时间常常有半年以上，甚至一年多，可以随着工程的展开，逐步增加工人，"慢工出细活"给精装修提供了良好的环境。但客站的建设留给装修的时间一般不会超过半年，甚至只有两三个月，各种工种在短暂的时间里要求同时集结，交叉作业严重，一直处于高峰施工期。这就要求站房建设的管理者、设计者以及施工者，通过建立一整套先进有效的管理、技术、工艺等规则，实现施工的科学、高效。本文以温州火车站装饰工程为例，就工厂化施工在装饰工程中的应用可行性及制约因素作粗浅分析，供大家参考。

2　站房装饰工程实施工厂化施工的可行性分析

2.1　工厂化装饰的含义

工厂化装饰是指将装饰工程所需的各种构配件的加工制作与安装按照体系加以分离，构配件完全在工厂里加工和整合，形成一个或若干部件单元，施工现场只是对这些部件单元进行选择集成、组合安装。其核心是以工业化为手段，强调注重集成化。工厂化装饰强调部品的后工厂化、现场装配化，要求产品标准化、系列化。

2.2　站房装饰实现工厂化的可行性

近几年来，在铁道部领导的高度重视下，特别是成立专门的铁路站房管理部以来，在站房的设计、施工中进行了卓有成效的规范管理，并形成了《铁路旅客车站细部设计》指导书，对站房各功能、各部位的做法、用材都做了普遍规定，方向明确，要求统一。

每一个站房可分为公共空间和独立房间，基本上按以下材料组织。

(1)公共空间顶部按铝板、铝扣板吊顶、墙面石材或铝板干挂饰面，地面用花岗岩铺设。主要的装修材料为铝制品板、石材。

(2)独立房间主要指普通办公附属用房和贵宾室，主要装修为木饰面，干挂大理石，乳胶漆及成品门。

可见，从施工材料组织上看，铁路站房所需材料品种相对单一，数量大，造型变化少，这些都是非常适合工厂化施工的重要特点。

在站房设计规格尺寸选择上，基本上按1 000、800、600模数，卫生间一般采用500模数，要求对缝跟通，特别改版后的《铁路旅客车站细部设计》指导书对各区块、各部位的尺寸规定更加明确、合理。使得站房装修中的放样排版特别有规律、有节奏、有秩序。规格少、数量大、通用性强，这也是适合工厂化生产的重要因素。

以温州站为例，其贵宾室有大量的板栗色木饰面平板装修，单单大门门扇高度就达3.6m，在工厂里采用钢骨架，面层贴皮超长无接缝的特别工艺处理，饰面精度从毫米级提升到微米级；高压无气喷漆将油漆与空气有效分离，饰面光洁，基层木材真空蒸汽干燥，进口设备齿接，可保证30年不起鼓、不开裂、不变形。同时，根据各个贵宾室的立面统计现场放样尺寸，编号排序，统一在公司加工基地进行分部加工、齿接、打磨、无尘喷漆等十多道机械化生产工序，最终通过检验合格，贴上保护纸盒，把成品饰面板运到工地。工地上按编号一一对应，一周时间，工人就有条不紊地完成了全部近600m^{2}的木门、木饰面的安装。

其他如内墙铝板干挂、铝挂片吊顶，在温州站，吊顶有150mm×25mmU形铝挂片和1 800mm×1 200mm铝单板两种规格，采用与厂家专业联合的方式，由厂家来现场放样定线，做好基底。并负责把10多万米的U形铝挂片压膜成型，5 000多平方米的1 800mm×1 200mm铝板定制加工好，并在背面设立加强筋，把外围框架的异性板按编号一一收口安装好，现场的工人只需把大量规则挂片按区块扣上固定，简单明确。通过工厂化施工，2万多平方米的铝板铝挂片吊顶20多天就保质保量地完成了。

2.3 站房装修推广工厂化装饰的必要性

总结温州站站房的成功经验，本文认为在站房装饰工程中实施工厂化是相当必要的，主要体现在以下方面。

(1)有利于实现站房建设的现代化，有利于铁路依靠行业细分、科技进步、市场网络化发展而获得自身的快速、大幅度发展，并因此也带动相关行业的发展，实现良性互动，促进国家战略发展。我国装饰行业科技含量低，产业结构不合理，推行工厂化装饰有利于选择市场中具有竞争优势的优质企业；有利于提高站房建设的科技含量，进而带动相关科技应用水平，以提高各行业的科技含量；把国家对铁路上万亿的重大投入转化成各行业的实际效益，真正体现拉内需、促进发展的重大战略。

(2)有利于铁路建设按时完成，提高施工效率。由于铁路站房不是一个孤立的建筑物，它是几十、几百、甚至上千公里的现代化铁路线串起来的一个重要人流交通口，它的建成日期往往按照全线开通的需要而设定，具有相当的政治性，没有退路。所以确立并推广工厂化装饰施工，有利于把大量的工程内容分解到不同行业、不同地点的专业厂家，最大化地调动利用各种专业配套资源，把一个现场有形的项目部分解为许多个分散在不同地点、不同专业的小项目部，在铁路建设者的科学组织下，实现优势互补，资源整合，实现站房装修的专业、精美、高效。

(3)有利于提高施工的现代化程度，提升装饰工程质量。采用机械化操作，其加工制作质量是手工操作无法比拟的，工厂化装饰克服了人工制作的随意性和某些技术的不可操作性，可以大大避免铁路站房建设中常见的大干快上，各工种交叉施工混乱，工地环境质量等因素而造成的施工质量和精度欠缺问题。

(4)有利于体现专业化分工优势，工厂化装饰以机械化、批量化为基础，极大提高劳动生产率。专业的事情交给专业的人去做，构配件的生产全部在工厂里进行，部件的集成整合与安装分开又大大提高了专业化程度，劳动功效大幅提高。

(5)有利于减少污染，促进环保，逐步实现绿色施工。现场施工所带来的苯、二甲苯、甲醛等挥发性的有毒物质会在相当长的时期内不断释放。而工厂化装饰要求全部使用环保材料且生产时粘合剂用量少，产品后场化，现场只是拼装，施工期间少有锤钉等施工噪声和垃圾，不会有甲醛和油漆等气味，装修完毕即可投入使用。

3 铁路站房装饰施工推广工厂化的对策分析

3.1 站房装饰设计的模数化、标准化

工厂化装饰要求部品件的配套性、通用性强，这就要求站房设计中采用"模数化协调"原则和方法，以满足工厂化施工的集合化、专业化划分。在站房的设计中，方便施工组织者分割和组合，对不同功能区块但同一模数材料进行组合，对同一空间但不同模数材料进行区分，既满足产品是标准化的需要，又体现装饰是多样化的丰富内涵。要求专业装修单位必须有很强的深化设计能力，在方案设计阶段就参与到设计配合中，提供各种材料、构配件规格型号、节点构造等，使设计方案的理念与模数控制科学合理地反映到实际的用材和材料的排版中。设计的模数化、标准化指导材料的选择和排列，而材料的特性和不同的组合方式是确定模数、标准的依据，同时也是最终的一致体现。现场配合设计是工厂化施工的必要补充，使工厂和工地得到无缝衔接。可以对部分非标准化、非模数的收口收边材料进行现场测定下料，工厂加工，从而保证项目的完整和工厂化的统一。

铁路站房总指挥部编辑并推广的《铁路旅客车站细部设计》一书对站房设计做出了模数化和标准化的普遍要求，是站房装饰推广工厂化施工的有力支持。

3.2 有实力有经验的专业装饰企业名录

参与铁路站房装饰施工的企业要迅速提高认识，积极主动地制定全面实施工厂化装饰方案，大力发展生产基地，确定项目施工组织设计，组织技术攻关，加强现场测量，增强现场设计人员的配套深化设计能力，广泛搜集那些能直接或间接用于工厂化装饰的新技术、新材料、新方法，与行业之外的专业厂家合作，建立设计配合、定制供货、物流配送等一系列的组织协调机制。目前，铁道部实施的装饰企业准入制是建立工厂化装饰施工体系企业的有效保证。在短短几年的站房大建设中，以从全国百强企业中选择的站房装修名录企业为代表的既有站房装修单位，代表了国内装饰行业的先进企业，同时也是综合实力的保证，可以最快最好地形成与铁路建设相适应的强大装修力量，可以避免铁路站房装修市场的混乱和低水平发展。

3.3 解决好不同地域文化的个性化与工厂规模化生产之间的矛盾

不同地域的站房，都强调体现当地历史、地理、文化，努力做到"一站一景"，各地新旅客站房精彩纷呈，是时代气息和文化历史底蕴的完美结合体。所以要从共性中找特性，在特性中实施共性。比如在建筑外形上，在贵宾室的风格上，通过构造体现站房的地方特色，比如武汉站房的"黄鹤展翅"和苏州站房的"庭院深深"，都体现了浓郁的地方风情。但对于现代化铁路站房本身，诸如候车大厅、售票大厅、进出站大厅、站台无柱雨棚等功能区域，无论是用材、拼接方式、高低大小等细部尺寸，都应该像"麦当劳"式标准化一样，体现鲜明的现代化铁路站房特色，要求标准化、模数化。在大面积施工上，对于共性的用材推广工厂规模化生产；对于局部的区块和细节元素，用特别的图腾或做法来体现当地的个性。比如温州站贵宾室用当地特有的工艺展示了温州的"鹿城印象"、"雁荡秋色"、"湿地"、"瓯江潮涌"等。

3.4 解决好站房装饰多专业施工的矛盾

站房装饰实行工厂化施工过程中，应综合考虑设备安装、客服、静态标志、照明、消防、智能化工程对装饰效果的影响，一方面应在前期深化设计过程中，作为总设计牵头人，把各专业的外露管线、末端、产品本身反映到同一面上，集成为一张的综合定位图，确保各完成面整齐、美观、相协调；另一方面，对于因布置相关设施而引起的标准板材、线条打断或开孔，则应在对应的材料板块上打眼、开孔，定制好非标板，以达到事半功倍的效果。

3.5 触类旁通地运用工厂化施工概念

需要强调说明的是，工厂化装饰并不一定要求装饰公司什么都自己办厂做，装饰公司可以是一个能够统筹安排的设计者、组织者、总调度，是工厂化装饰的总装车间，是牵头人的角色，主要负责做好组织协调管理工作，而把各单元部件交由各专业公司或厂家进行加工整合。在此也仅仅是举几个普通例子，关键是都达成工厂化组织施工的共识，触类旁通地运用，在其他诸如不锈钢、玻璃、卫生间隔断等小型单项中，都实现工厂化生产、制作、安装，这样在装饰单位的专业、科学管理下，轻重缓急地合理安排，共同打造精品站房工程。

4 结语

铁路站房工厂化装饰施工应在很高的政治层面，特别是铁路站房总指挥部层面的号召下，通过试行，在全路尽快推广。

由于一些历史的原因，铁路站房建设一直处于比较低的水平，一方面是建设项目少，另一方面是项目的规模也不大。新一轮铁路站房建设是名副其实的大飞跃、大发展。铁路的建设者、管理者还没有很快很好地认识到站房建设的专业性，在具体的管理人员配置和方式方法、要求上都存在不足。通过近两年的努力，已经建成了在站房总指挥部领导下的各铁路项目指挥部站管办或站管专管干部队伍，在组织上、人才上有了较好的保证。政通人和，实施站房装饰工厂化，将大有可为，大有成果。

参考文献

[1] 姚燕. 木制品工厂化施工技术在装饰工程中的应用论[J]. 建筑施工，2006，28(9)：28-730.

[2] 王辉平. 装饰施工工厂化刍议[J]. 科技创业月刊，2005(10)：78-79.

[3] 陈保勋，田军，李干椿. 特大型铁路站房项目技术管理特点及管理模式[J]. 施工技术，2010，39(4)：23-25.

监 理 管 理

探索风险管理　强化事前控制

——风险管理在虹桥站建设过程中的应用探索

张云鹤　杜忠诚

（上海建科建设监理咨询有限公司　上海　200032）

摘　要:风险管理作为一门新兴的管理科学,近年来已广泛应用于社会经济、生活等各个领域。在工程建设界,运用风险管理理论对工程建设项目实施有效管理,已越来越多地被众多建设管理者广泛接纳,尤其在风险较大的大型公共建筑、地铁等建设领域,利用风险分析成果实施有效管理,已显得尤为重要。本文以京沪高铁上海虹桥站建设工程为背景,阐述监理通过运用风险管理理论进行事前系统的风险分析,识别建设过程中可能产生的质量与安全风险,并制定相应的应对措施,对工程在整个施工期间的质量、安全实施有效管理,为顺利完成建设任务进行了有效探索。

关键词:监理　风险管理　风险清单　风险控制　事前控制

1　引言

工程项目一般投资大、周期长。在工程建设和生产过程中,经常会受到多种不可预见因素的影响与干扰,其影响时间跨度往往贯穿项目的全寿命周期,即从项目的前期可行性研究阶段直到项目投产后的运营阶段。这些因素直接影响工程建设的顺利进行,甚至可能酿成严重后果。因此,工程项目的风险管理显得尤为重要。

工程项目所面临的风险可以认为是在工程项目整个寿命周期内发生的对工程建设项目目标(包括工期、成本和质量)的实现和生产运营可能产生干扰的不确定影响,或可能导致项目受到损失或损害的事件,并具有客观性、普遍性、随机性、必然性等多种特点。

工程项目风险管理就是项目管理班子通过风险识别、风险评估,并以此为基础合理的使用多种管理方法、技术、手段对项目活动涉及的风险实行有效的应对和管理,以最少的成本保证安全、可靠地实现项目的总目标。项目风险管理的作用可以用图1简要的诠释。

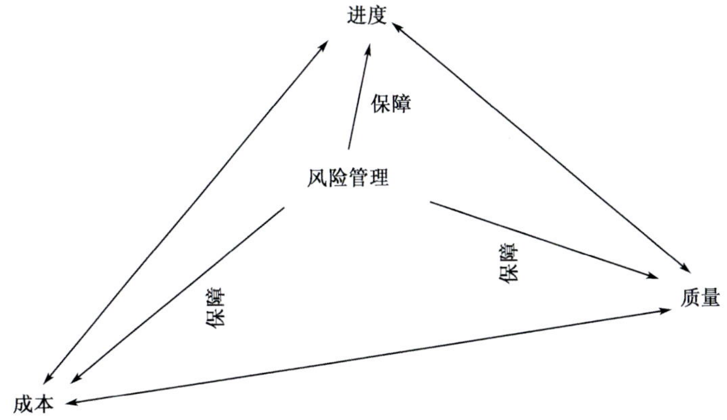

图　1

2　风险管理基本理论概述

一般而言,风险管理过程包括风险识别、风险评估、风险应对、风险跟踪等方面,下面就风险识别、风险评估、风险应对三方面的概念作一简介。

2.1 风险识别

风险识别是指通过某种方法识别出工程项目质量、安全、进度、投资等目标顺利实现的主要风险，是工程项目风险管理的第一步。

2.2 风险评估

风险评估是指采取科学方法将识别出的风险根据其风险水平大小予以排队，按照一定的风险等级评定准则，对各个风险进行风险等级的划分，以便于风险管理方按照规定的风险决策，有针对性、有重点地管理好风险。

2.3 风险应对

风险等级评定之后，应根据不同的风险性质和风险承担人的风险接受准则，采取相应的风险应对策略。风险应对策略主要有风险回避、风险转移、风险降低和风险自留四种。

3 虹桥站风险管理应用情况

3.1 虹桥站基本情况

京沪高速铁路上海虹桥站是一个规划面积达 24 万 m^2，30 台 30 线的超大型站、桥合一的铁路站房，站房下有 5 条城市地铁线通过，其基坑最大深度高达 30m，基坑规模（130 万 m^3）之大、主体钢结构用钢量之多(8.7 万 t)国内罕见，单个钢结构构件质量高达 220t，加上工期异常紧张(全部工程要在两年内完成)，质量、安全要求高，周边施工条件苛刻(除站房投影面积以外，外部全部为其他工程施工区域)，参建单位众多等，这些内部和外部因素均给工程安全与质量管理带来极大的风险。虹桥站为虹桥枢纽的重要组成部分，其建设过程一直受到世人的关注，质量与安全管理上稍有闪失，将会造成巨大的社会影响。

3.2 风险评估的目的

京沪高速铁路上海虹桥站作为一个系统工程，存在着各种各样的风险源和与之相关的风险节点。进行风险评估最主要的目的就是让监理项目部全面把握工程实施过程中的风险点并做出正确决策，以比较全面地、系统地识别和评估本工程风险和风险水平，确定风险发生的概率，确保本工程目标顺利实现，并且做到以下三点：①为监理项目部正确决策，全面把握工程风险提供依据；②为完善《监理大纲》和《监理规划》提供依据；③体现先进的监理风险管理理念。

通过对不同施工阶段施工状况系统的风险评估，让项目部管理层和执行层通过对评估报告的消化吸收，全面提高风险意识，加强风险管控能力。

3.3 风险评估情况简介

监理进场后，及时组织专家和风险评估专业人员，结合工程实际和已有的工程资料，从地基与基础、主体工程、装饰工程、机电安装工程、HSE(职业健康、安全、环境)、自然灾害风险六个方面，以工程特征为出发点，运用工作分解、风险识别整理出风险清单，在此基础上运用风险计算模型，计算确定各种风险级别，进而形成可供项目部操作和预警的风险控制措施表。

3.4 风险管理流程

由于工程管理是一个动态的过程，随着工程的推进和施工内、外部环境的变化，质量与安全风险也在不断发生变化，为此监理项目部制定了相应风险管理工作程序，将风险管理动态化纳入到日常管理范畴，见图 2。

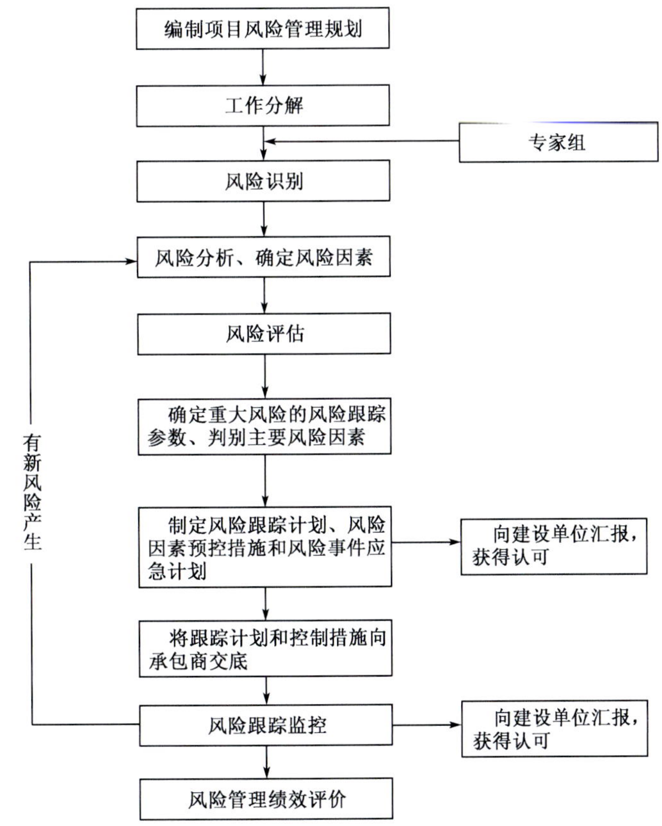

图 2　风险管理工作流程

4　虹桥站部分风险分析成果与风险应对措施

4.1　主体结构风险

4.1.1　主体结构施工风险清单

主体结构施工风险清单见表 1。

主体结构施工风险清单　　表 1

分部工程	子分部工程	分项工程	风险事件	风险编码	风 险 因 素
主体结构 WC	混凝土结构 WC1	模板 WC11	轴线偏位、标高偏差	RC111	1. 放样不认真或技术交底不清，模板拼装时组合件未能按规定到位； 2. 轴线测放产生误差； 3. 墙、柱模板根部和顶部无限位措施或限位不牢，发生偏位后又未及时纠正，造成累积误差； 4. 支模时，未拉水平、竖向通线，且无竖向垂直度控制措施； 5. 模板刚度差，未设水平拉杆或水平拉杆间距过大； 6. 混凝土浇筑时未均匀对称下料，或一次浇筑高度过高造成侧压力过大，挤偏模板； 7. 对拉螺栓、顶撑、木楔使用不当或松动，造成轴线偏位
			模板支撑系统坍塌	RC112	1. 施工方案缺陷(不完整或存在计算错误)； 2. 临时设施的基础不牢固； 3. 缺少水平和竖向加固措施； 4. 施工人员操作失误或违规
		钢筋 WC12	断筋	RC121	1. 钢筋不合格； 2. 钢筋存放、运输、搬运或施工过程机械损伤、荷载过大等
			预埋件尺寸或位置偏差	RC122	1. 预埋件的临时固定不合理； 2. 混凝土浇筑措施不当； 3. 预埋件材料与加工质量不符合要求； 4. 预埋件放样差错

续上表

分部工程	子分部工程	分项工程	风险事件	风险编码	风 险 因 素
主体结构 WC	混凝土结构 WC1	混凝土 WC13	混凝土蜂窝麻面	RC131	1. 混凝土质量或脱模剂不符合要求； 2. 模板变形或模板含杂质； 3. 混凝土浇筑不当，或模板拼缝漏浆； 4. 拆模时间或混凝土养护不当
	劲管混凝土结构 WC2	劲管焊接 WC21	焊接裂纹	RC211	1. 冬季施工，将对焊接产生较不利的影响，增加焊接难度； 2. 焊接操作位置受影响，不能按常规施焊； 3. 高空作业环境恶劣，施工条件有限
		劲管安装 WC22	尺寸偏差过大	RC221	1. 测量轴线定位不准；地脚螺栓的预埋位置存在偏差； 2. 安装过程中未严格按照施工要求进行
			劲管倒塌	RC222	1. 地脚螺栓在其他施工过程中遭到破坏或受损； 2. 在立柱焊接过程中，受到其他起重机械的碰撞、超偏压荷载的作用
		混凝土 WC23	填充不密实	RC231	1. 混凝土配合比不当； 2. 浇筑速度控制不当； 3. 人为操作失误
			钢管爆裂	RC232	1. 矩形截面柱的 4 条主焊缝焊接不合格； 2. 混凝土浇筑压力施加太大
	钢结构 WC3	钢结构焊接 WC31	节点断裂	RC311	1. 焊接不当，并没有及时探明； 2. 材料选择不合理； 3. 节点构造设计不合理； 4. 连接方式或构件选择不当； 5. 铸钢件可焊性差； 6. 厚钢板焊接工艺不当、铸钢件焊接工艺不当； 7. 出现不利气候条件
		钢结构安装 WC32	变形过大	RC321	1. 施工过程中发生碰撞； 2. 屋架预拱值计算有误
			尺寸偏差过大	RC322	1. 测量偏差过大； 2. 梁、柱、支撑等安装顺序不正确； 3. 焊接残余应力(变形)过大
			结构倒塌	RC323	1. 屋架吊点设置有误； 2. 屋架变形导致重心偏差； 3. 对构件随意切割； 4. 柱、屋架的临时支撑不牢； 5. 临时支撑拆卸不当
		压型金属板 WC33	压型钢板贯穿	RC331	1. 在未浇筑混凝土的压型钢板上直接堆置大量的钢筋； 2. 吊装过程中的随意卸货

4.1.2 主体结构风险控制措施

根据本工程主体结构风险评估结果，主体结构风险等级为 3 级，风险一般，风险事故后果一般，对工程可能造成破坏的范围较小；不希望发生，可均衡风险损失与风险控制成本采取适当的控制措施。具体控制措施如表 2 所示。

主体结构风险控制措施　　表2

分部工程	子分部工程	分项工程	风险事件	风险控制措施
主体结构WC	混凝土结构WC1	模板WC11	轴线偏位、标高偏差	1. 严格按1/10～1/50的比例将各分部、分项工程制作翻成详图并注明各部位编号、轴线位置、几何尺寸、剖面形状、预留孔洞、预埋件等，经复核无误后，认真对生产班组及操作工人进行技术交底，作为模板制作、安装的依据； 2. 模板轴线测放后，组织专人进行技术复核验收，确认无误后才能支模； 3. 墙、柱模板根部和顶部必须设可靠的限位措施； 4. 支模时，要拉水平、竖向通线，并设竖向垂直度控制线，以保证模板水平、竖向位置准确； 5. 根据混凝土结构特点，对模板进行专门设计，以保证模板及其支架具有足够强度、刚度及稳定性； 6. 混凝土浇筑前，对模板轴线、支架、顶撑、螺栓进行认真检查、复核，发现问题及时进行处理； 7. 混凝土浇筑时，要均匀对称下料，浇筑高度应严格控制在施工规范允许的范围内
			模板支撑系统坍塌	1. 模板支撑方案必须进行可靠设计及计算； 2. 严格按程序对模板支撑专项方案进行审批，杜绝盲目施工，无证施工； 3. 模板安装时，必须严格按经审核的专项施工方案及有关安全技术规程进行操作； 4. 施工中，严格控制建筑材料、模板、机具堆放的数量和重量； 5. 浇筑过程中，施工安全管理人员要对模板及其支撑进行观察，发现异常，及时处理
		钢筋WC12	断筋	1. 钢筋进场时，要严格检验质量； 2. 钢筋存放、运输、搬运均需按规定进行，坚决杜绝违规操作
			预埋件尺寸或位置偏差	1. 严格按1/10～1/50的比例将各分部、分项翻成详图，并注明各部位编号、预留孔洞、预埋件等，经复核无误后，认真对生产班组及操作工人进行技术交底，作为模板制作、安装的依据； 2. 在浇筑过程中，注意保护预埋件
		混凝土WC13	混凝土蜂窝麻面	1. 严格把握好原材料进场关； 2. 随时检查水泥的储存条件，确保干燥、通风、防风雨、防潮湿； 3. 严格控制模板清洁，支模前应保证边模下口严密； 4. 操作时不得踩钢筋，以免露筋； 5. 混凝土自由倾落高度超过2m时，要用串筒或溜槽等下料，避免混凝土离析； 6. 要控制好振捣间距和浇筑层厚度。振捣新的一层，均应插进先浇筑混凝土层5～10cm，力求上下层紧密结合； 7. 混凝土拆模时间要根据试块试验结果正确掌握，防止过早拆模，使混凝土粘模造成蜂窝、麻面或缺棱少角； 8. 混凝土应具有足够的强度。拆模时，不能用力过猛，注意保护棱角。吊运时，严禁模板碰撞棱角，同时要加强成品保护。对于处在人多、运料等通道处的混凝土阳角，拆模后要用角钢等保护好，以免碰损
			结构开裂	1. 控制好集料的质量。搅拌站应加强原材料质量检测和控制，特别是砂石含水量和含泥量的检测和控制，以确保混凝土本身的质量稳定；进一步优化混凝土配比，提高混凝土抗裂能力； 2. 对混凝土加强保温养护是减少温度裂缝的最有效措施。最常用的方法是：采用草袋同塑料薄膜联合使用，用草袋进行保温，用塑料薄膜保湿。保温层的拆除应根据测温情况而定，要确认内外温度差低于25℃时方能拆除，同时应分层逐步拆除，应尽量避免因为降温速度过快而引起混凝土开裂； 3. 后浇块混凝土温度不宜高于气温，且不应超过30℃，混凝土养护温度不应高于65℃，混凝土表面养护水温度与混凝土表面温度之差不宜大于15℃； 4. 积极关注气候动向，对可能出现的急剧升温或降温早做预防，加强对混凝土的早期养护，防止早期干缩过大或早期受冻

续上表

分部工程	子分部工程	分项工程	风险事件	风险控制措施
主体结构 WC	劲管混凝土结构 WC2	劲管焊接 WC21	焊接裂纹	1. 优先选择焊接经验丰富的焊工和焊接队伍施焊； 2. 为减少焊缝中扩散氢含量，防止冷裂和热影响区延迟裂纹的产生，在坡口的尖部均采用超低氢型焊条打底，然后用低氢型焊条或气体保护焊施焊； 3. 对于有对称截面的构件，宜采用对称于构件中和轴的顺序焊接；长焊缝宜采用分段退焊法或采用多工位对称焊接；每条焊缝在施焊时要连续一次完成，大于4h的焊接量的焊缝，其焊缝必须完成2/3以上才能停止施焊，在二次施焊时，应先预热再施焊，间歇后的焊缝开始工作后中途不得停止； 4. 厚板施焊前应预热，在焊完后需进行后热，使其自然冷却； 5. 焊接接头板厚不同时，应按厚板确定预热温度。焊接接头材质不同时，按高强度、高碳当量的钢材确定预热温度； 6. 焊前预热温度的保持尽量采用远红外电加热器，也可以采用火焰加热等，并采用专门的测温仪器测量； 7. 预热的加热区域应在焊缝两侧，宽度应各为焊接时焊缝处钢板厚度的1.5倍以上，且不小于100mm 。预热温度应在焊件反面测量，测量点应在离电弧经过前的焊接点各方向不小于75mm处。使用火焰加热器时，正面测量应在加热停止后进行； 8. 铸钢件的焊接应根据焊接工艺评定的结果控制，预热温度150℃，层间温度控制在150～230℃之间，焊后保温缓冷； 9. 气候条件：雨天原则上停止焊接，风速8m/s以上不得焊接。一般情况下，为充分利用时间，减少气候的影响，采用防雨和挡风措施后方可焊接；气温在0℃以下时，焊缝应采取保温措施
		劲管安装 WC22	尺寸偏差过大	1. 确立合理的屋架吊点位置，确保在吊装过程中构件不变形； 2. 首节柱标高调整采用垫片或地脚螺栓。由于土建和制作的累计误差都集中在吊装工作上，为控制楼层标高，在钢柱加工时，柱长做负偏差，标高可用插片调整
			劲管倒塌	1. 合理的支撑卸载和拆除，避免劲管因内力过大而出现破坏现象； 2. 对于整体提升屋架的机械设备要仔细检测，确保设备安全可靠
		混凝土 WC23	填充不密实	1. 掌握好振捣时间，做到不要欠振，不要过振； 2. 注意振捣方法，控制振捣程序； 3. 振捣棒不要碰撞钢筋、模板、预埋件等。保护层砂浆垫块处的混凝土要特别注意振捣，务必使水泥砂浆充分包裹。为提高强度和密实度，可对混凝土进行二次振捣
			钢管爆裂	1. 严格控制混凝土浇筑速度； 2. 严密监测混凝土灌注压力
	钢结构 WC3	钢结构焊接 WC31	节点断裂	1. 优先选择焊接经验丰富的焊工和焊接队伍施焊； 2. 为减少焊缝中扩散氢含量，防止冷裂和热影响区延迟裂纹的产生，在坡口的尖部均采用超低氢型焊条打底，然后用低氢焊条和气体保护焊丝施焊； 3. 每条焊缝在施焊时要连续一次完成，大于4h的焊接量的焊缝，其焊缝必须完成2/3以上才能停止施焊；在二次施焊时，应先预热再施焊，间歇后的焊缝开始工作后中途不得停止； 4. 雨天原则上停止施焊。手工电弧焊，当风速超过8m/s，气体保护电弧焊超过2m/s时，应设防风棚或采取其他防风措施； 5. 对于有对称截面的构件，宜采用对称于构件中轴的顺序焊接； 6. 焊接接头板厚不同时，应按厚板确定预热温度。焊接接头材质不同时，按高强度、高碳当量的钢材确定预热温度。预热的加热区域应在焊缝两侧，宽度应各为焊接时焊缝处钢板厚度的1.5倍以上，且不小于100mm

续上表

分部工程	子分部工程	分项工程	风险事件	风险控制措施
主体结构 WC	钢结构 WC3	钢结构安装 WC32	变形过大	1. 运输、转运、堆放、吊装过程中应防止碰撞、冲击而产生局部变形，影响构件质量。构件搁置点均需加 100mm 高道木，捆绑点均需装好护角器或包好尼龙布； 2. 在吊装前，对胎架上拼装成整体的构件，对其平整度、垂直度等各方面按验收规范进行检查； 3. 确立合理的预拱值
			尺寸偏差过大	1. 为防止阳光对钢结构照射产生偏差，放线工作要安排在早晨或傍晚进行； 2. 钢尺要统一，使用时要进行温度、拉力校正； 3. 在构件加工厂的监督加工中，监督员认真复核构件外形尺寸，特别对螺孔进行严格复查，确保构件按图加工； 4. 按照吊装顺序安装各构件，当天吊装构件必须形成稳定结构； 5. 对称焊接，确保先柱后梁的顺序； 6. 每条焊缝施焊时要连续一次完成，大于 4h 的焊接量的焊缝，其焊缝必须完成 2/3 以上才能停止施焊；在二次施焊时，应先预热再施焊，间歇后的焊缝开始工作后中途不得停止； 7. 厚板施焊前应预热，在焊完后需进行后热，使其自然冷却
		压型金属板 WC33	结构倒塌	1. 构件在运输、吊装过程中，在吊点堆放时，搁置点的设定均需通过计算确定； 2. 施工过程中，任何单位或个人均不得任意焊割。凡需对构件进行焊割时，均需要提出原因及割焊方案，报监理单位或设计院批准后实施； 3. 临时支撑安装时，除必须确保自身稳定和可微量调整外，还要足够牢固； 4. 合理进行临时支撑的卸载和拆除，避免钢柱及屋架因内力过大而出现破坏现象； 5. 对用于提升屋架的机械设备仔细检测，确保设备安全可靠
			压型钢板贯穿	1. 压型钢板是薄壁构件，刚度较小，因此应避免直接在未浇注混凝土的压型钢板上堆载； 2. 吊装过程中，卸货应卸在指定区域，避免将重物直接卸在压型钢板上，以免钢板失稳发生坍塌

4.2 建筑装饰与装修风险

4.2.1 建筑装饰装修施工风险清单

建筑装饰装修施工风险清单见表 3。

建筑装饰装修施工风险清单　　表 3

分部名称	子分部名称	风险事件	风险编码	风 险 因 素
装饰装修 WD	地面 WD1	地坪花岗石开裂	RD11	1. 地坪花岗石材质问题； 2. 底层地基沉降，结构变形； 3. 花岗石在铺设前地面未整平，受力不均； 4. 在刚铺设完的地面上超载堆物，机械碰撞等
		地坪花岗石平整度，错台超标	RD12	1. 材料加工精度不够； 2. 材料进料速度跟不上，工人随意切割； 3. 施工人员操作不熟练，交底不到位，检查不及时
		地坪花岗石接缝宽窄不均	RD13	1. 材料加工精度不到位，切割面不顺直； 2. 施工工艺不合理或测量定位不当； 3. 施工人员操作不熟练，交底不到位，检查不及时
		花岗石地坪整体效果不佳，色差严重	RD14	1. 材料本身非同一矿点；材料表面存在缺陷或表面加工精度不到位； 2. 材料品种、颜色选择不当； 3. 材料六面防腐不到位、防腐等级不一； 4. 深化设计、细部节点与排版考虑不足

续上表

分部名称	子分部名称	风险事件	风险编码	风 险 因 素
装饰装修 WD	门窗 WD2	门窗破损	RD21	1. 门窗材质问题； 2. 安装时未按规定施工； 3. 临近机械碰撞等
		门窗无法安装	RD22	1. 预留洞口尺寸偏差； 2. 门窗设计尺寸有误； 3. 购买门窗尺寸跟设计不符；门窗变形
		门窗整体效果不佳	RD23	1. 材料品种、颜色选择不当； 2. 材料材质较差，产品保护不当； 3. 施工工艺不合理或精度不到位； 4. 深化设计、细部节点考虑不足
	吊顶 WD3	吊顶坠落	RD31	1. 材料强度和刚度不足； 2. 结构节点设计不合理； 3. 节点焊接质量差，螺栓未拧紧
		吊顶不平整	RD32	1. 吊顶材料变形过大； 2. 骨架施工工艺不到位； 3. 产品保护措施不当； 4. 交叉施工导致破坏
		吊顶整体效果不佳	RD33	1. 材料品种、颜色选择不当，材料材质较差； 2. 施工工艺不合理或精度不到位； 3. 深化设计，细部节点考虑不足； 4. 与安装各专业未精心配合
	幕墙 WD4	幕墙破碎	RD41	1. 坠落物体碰撞； 2. 吊装过程与其他物体碰撞； 3. 施工人员安装连接不当； 4. 不利气候，如暴风雨等； 5. 材质质量不合格
		幕墙无法安装	RD42	1. 预埋件尺寸或位置偏差； 2. 结构变形过大； 3. 结构标高或轴线偏差； 4. 支座节点未考虑三维方向微调位置；安装过程中，主梁无法调整
		幕墙渗漏	RD43	1. 所使用材料质量不合格； 2. 施工安装中，密封胶厚度不够、注胶不密实或漏注； 3. 施工安装偏差，五金配件漏装或安装不到位； 4. 型材或玻璃打胶前未净化处理
		石材幕墙表面返锈	RD44	1. 幕墙石材选择不当，石材含铁量过高； 2. 石材六面防腐不到位； 3. 施工时，石材产品未很好保护，表面防腐封闭材料被破坏

4.2.2 建筑装饰装修风险控制措施

根据本工程建筑装饰装修风险评估结果，风险等级为 2 级，可采取适当的控制措施。具体控制措施如表 4 所示。

建筑装饰装修风险应对措施

表1

分部工程	子分部工程	风险事件	风险控制措施
装饰装修 WD	地面 WD1	地坪花岗石开裂	1. 采购时严把质量关，不使用质量不合格的石材； 2. 铺设前对基层严格验收，对地面进行平整，并对杂物进行清理； 3. 地面石材铺完后注意使用和保养，不在铺好石材的地面上运行重型设备，以免压坏
		地坪花岗石平整度，错台超标	1. 采购时严把质量关，不使用质量不合格的石材； 2. 选择熟练的施工队伍进场施工，强化班前交底； 3. 加强工序签证，强化过程控制
		地坪花岗石接缝宽窄不均	1. 选择熟练的施工队伍进场施工，强化班前交底； 2. 加强工序签证，加强过程检查
		花岗石地坪整体效果不佳，色差严重	1. 深化节点与排版图，已被设计认可； 2. 严格执行样板引路制度； 3. 样本段未经有关方面通过，禁止大面积施工； 4. 杜绝几个矿点材料同时供货，防止色差过大； 5. 避免现场切割，石材防腐剂涂刷前，统一石材含水率标准
	门窗 WD2	门窗破损	1. 选用质量优良的门窗； 2. 严把质量关，杜绝违规操作； 3. 注意对门窗的保护
		门窗无法安装	1. 购买和安装前对门窗尺寸进行校核； 2. 门窗未安装之前注意放置和保养，以免其变形
		门窗整体效果不佳	1. 执行“样板引路”制度； 2. 样本段经有关方面通过后再大面积施工
	吊顶 WD3	吊顶坠落	1. 选用质量优良的吊顶； 2. 选择熟练的施工队伍进场施工； 3. 加强工序签证，加强过程检查和隐蔽验收
		吊顶不平整	1. 选择熟练的施工队伍进场施工； 2. 加强工序签证和过程检查
		吊顶整体效果不佳	1. 深化节点与排版图，已被设计认可； 2. 严格执行“样板引路”制度； 3. 样本段未经有关方面通过，禁止大面积施工； 4. 定时与配合安装各专业召开协调会，强化配合施工和产品保护
	幕墙 WD3	幕墙破碎	1. 编制专项施工方案，并进行审查； 2. 检查施工机械、周边环境条件； 3. 采取不利环境条件作业专项措施； 4. 检查产品质量和过程施工质量； 5. 加强施工人员的岗位培训、工前交底和现场管理
		幕墙无法安装	1. 安装预埋件前对其位置进行仔细校核； 2. 注意施工工艺与方法； 3. 及时调整结构标高或轴线偏差
		幕墙渗漏	1. 选用优质原材料； 2. 加强密封质量； 3. 及时矫正施工安装偏差； 4. 打胶前对玻璃进行清理
		石材幕墙表面返锈	1. 优先选择含铁率低的石材； 2. 强化石材六面防腐验收； 3. 强化石材产品保护，防止防腐层在施工工程中破坏

4.3 HSE(职业健康、安全、环境)风险

4.3.1 HSE 风险清单

HSE 风险清单见表 5。

HSE 风险清单 表 5

工作名称	分项工程	风险事件	风险编码	风险因素
HSE 风险 WHSE	职业健康 WH	职业病	RH1	1. 高温； 2. 高噪声； 3. 长时间恶劣环境作业
		人员中毒	RH2	1. 有毒有害气体； 2. 食物中毒
		传染病	RH3	工程属地爆发传染病
	施工安全 WS	高处坠落	RS1	1. 脚手架或高大设备高处操作不慎； 2. 机械碰撞； 3. 各种机械未按规范要求进行操作； 4. 材料随意堆放； 5. 作业人员未正确佩戴和使用合格的安全帽、安全带等必备的安全防护用具； 6. 防护措施不到位
		机械倒塌与伤害	RS2	1. 基础处理不当，承载力不够； 2. 非专业队伍或专业人员安装、拆卸； 3. 未定期保养、维护； 4. 大型机械吊装作业操作不规范； 5. 警示标志不明显； 6. 无视警示标志
		触电	RS3	1. 操作不规范； 2. 电力设施保护不力； 3. 非电工操作电器
		排架脚手坍塌	RS4	1. 脚手架没有搭接好； 2. 扣件失效
		物体打击	RS5	1. 高空坠物； 2. 机械操作不当
		火灾	RS6	1. 禁止烟火处吸烟或其他明火； 2. 设备保养不力； 3. 焊接防火措施不到位
	环境影响 WE	机械作业噪声	RE1	1. 运输渣土、建材的各种车辆噪声； 2. 各种施工机械设备噪声
		废渣（液）污染	RE2	1. 施工中大量灰尘等悬浮物过多而造成水体混浊； 2. 施工机械漏油对水质的污染； 3. 施工垃圾使水质变差
		扬尘、烟气污染	RE3	1. 建筑物拆除； 2. 土地平整； 3. 路基铺设； 4. 建材装卸与运输； 5. 现场混凝土搅拌

4.3.2 HSE 风险控制措施

根据本工程 HSE 风险评估结果，HSE 风险等级为 3 级，风险一般，风险事故后果一般，对工程可能造成破坏的范围较小；不希望发生，可均衡风险损失与风险控制成本采取适当的控制措施，具体控制措施如表 6 所示。

HSE 风险应对措施 表 6

<table>
<tr><th>工作名称</th><th>分项工程</th><th>风险事件</th><th>风险控制措施</th></tr>
<tr><td rowspan="6">职业健康、施工安全、环境影响
HSE</td><td rowspan="3">职业健康
WH</td><td>职业病</td><td>1.制定合理的施工组织设计；
2.加强施工人员的劳动保护</td></tr>
<tr><td>人员中毒</td><td>1.勘察明确地层有毒有害气体，提前处理；
2.保证食品进货渠道安全</td></tr>
<tr><td>传染病</td><td>1.应加强工人的传染病安全意识，努力提高工人的认知程度；
2.预测到有传染病将要发生时，应与当地卫生防疫部门及时沟通，及早预防</td></tr>
<tr><td rowspan="3">施工安全
WS</td><td>高处坠落</td><td>1.减少人为的不安全行为，经常对从事高处作业人员进行安全教育和法制教育；
2.对工作人员定期进行身体检查，一旦发现有不安全的行为，及时进行心理指导；
3.对于患有高血压、心脏病、癫痫病的人员，应严格把关不让从事高处作业；
4.施工人员进入高空作业现场必须戴好安全帽、系好安全带，还必须穿防滑的工作鞋；高空室外作业，必须要有安全网、护身栏等防护设施；
5.运用科学理论对违章行为进行纠正，对遵章守纪行为进行强化，从而提高工作人员遵章守纪的自觉性；
6.高空作业人员进入作业区前必须检查是否戴有安全帽，安全带是否扣紧；
7.高空作业点下面禁止站人，以防高空坠落事故；
8.六级以上大风、大雨及浓雾等恶劣天气，禁止高空吊装作业；
9.楼梯口、预留洞(坑、井)口、通道口等各种洞口，必须设置好防护措施，安置醒目标识；
10.结构件连接、安装就位等高空作业时，搭设固定的临时工作平台，操作人员行走在钢梁或桁架，必须设置生命绳，否则不得在其上行走</td></tr>
<tr><td>大型机械倒塌与伤害</td><td>1.进场机械符合批准施工方案要求；
2.大型机械安装设备基础，要经过设计，要有完整施工图纸，并严格按图纸施工与验收；
3.进场机械特种设备制造许可证、产品合格证、备案证明、现场安装检测合格证齐全；
4.大型机械安装、拆除单位资质符合要求、且有健全管理体系；
5.安装、拆除方案应经总包批准；
6.安装完成后，须经专业单位检测合格，总包组织验收挂牌后，方可投入使用；
7.使用中做到“定人、定岗、定机”，有完整使用管理制度；驾驶员、指挥者应持有效证件；吊点、吊绳等的设置必须牢靠并且能保证吊运过程物件平衡；吊运应平稳，不得急停急转；
8.定期检查，有专人维护、保养；
9.加强对设备的管理和维护，建立健全的设备安全管理规章制度，使设备安全管理制度化、标准化、规范化；
10.制定事故和灾害性天气应急预案</td></tr>
<tr><td>触电</td><td>1.操作人员必须经培训考试合格，持证上岗；
2.电气设备出现故障，应请电工修理，不得擅自修理，更不得带故障运行；
3.电气设备的外壳应按有关安全规程进行防护性接地或接零；
4.室外电气设备必须有可靠的防雨、防湿、防潮措施，电箱内须设置漏电开关；
5.使用电动工具时，必须设漏电保护器，同时工具的金属外壳应防护接地或接零；
6.电焊机必须一机一闸、一漏、一箱，并装有随机开关，一、二次线接头应有防护装置，二次线应用线鼻子连接，焊机外壳必须有良好的接地；
7.进行电气作业时，应严格遵守安全操作规程；
8.遵守《施工现场临时用电的安全技术规程》</td></tr>
</table>

续上表

工作名称	分项工程	风险事件	风险控制措施
职业健康、施工安全、环境影响HSE	施工安全WS	排架脚手坍塌	1. 脚手架和模板支架在搭设前，必须编制专项施工方案，并经审批合格；在搭设和拆除前，必须进行安全、技术交底； 2. 脚手架基础承载力符合搭设方案要求，必须加固的脚手架，加固措施到位； 3. 危险部位设置有安全警示标志，脚手架的验收合格牌和荷载使用限额牌设立在醒目部位； 4. 脚手架搭设与拆卸要符合施工方案设计的要求； 5. 落地式脚手架（含门式）有防止基础变形（受雨水软化）的措施及实际情况记录；剪刀撑的布置要符合规定和要求； 6. 悬挑式脚手架悬挑梁后支座锚固符合方案设计要求（预埋件的长度和预埋方法以及和悬挑梁的连接），预埋件有隐蔽验收单
		物体打击	1. 高空作业适用的工具必须放入工具袋内或工具箱内，不得随意乱放； 2. 不准上下投掷材料、工具等物体； 3. 尽量避免上下垂直作业，分层作业时，应该设置隔离设施； 4. 进入施工现场应戴安全帽
		火灾	1. 严格遵守相关主管部门的安全管理规定； 2. 定期或不定期巡查施工现场，消灭事故隐患
	环境影响WE	机械作业噪声	1. 合理安排施工时间，施工以昼间为主，如需夜间施工，办理相关手续，同时告知周围居民、学校后方可进行。夜间施工禁止高噪声破碎机、高噪声空压机、泵锤机、筒门锯等设备，机动车辆出入工地应禁止鸣号等； 2. 在居民住宅等噪声敏感目标附近实施桩基施工时，尽可能采用钻孔灌注桩等低噪声施工方法；同时其他高噪声的施工设备尽可能远离敏感目标，如必须安排在较近位置，应设立不低于 2m 的简易声屏障围栏，并合理安排作业时间，减少扰民； 3. 施工运输车，特别是夜间行驶的渣土运输车，应规定有指定行驶路线，避开住宅并保持平整，在靠近居民区时限速行驶
		废渣（液）污染	1. 施工过程中，应妥善处理泥浆和化学浆液，避免污染环境； 2. 施工泥浆水根据不同发生量设置不同规模的简易沉淀池，泥浆水经沉淀分离后上清液作为一般废水排放入附近河道或管网，同时施工单位应减少施工废水的产生，用商品混凝土作道路用料，做到不产生施工废水； 3. 尽可能将施工营地相对集中设置，施工人员的生活污水应在相关部门指导下安排合适的排水去向作集中处理，可考虑接入附近的市政污水管道，不得擅自排放入附近河道； 4. 主要河道道路施工段在河边区域设置围堰
		扬尘、烟气污染	1. 工程开挖土方应集中堆放缩小粉尘影响范围，及时回填，减小粉尘影响时间； 2. 采用商品混凝土、石子、黄砂、水泥堆放以及搅拌，应定点定位，并采取防尘抑制措施，如设置挡风板、隔离墙等； 3. 水泥应定点堆放。将堆放地点选在居民区、企事业单位等下风处，并在施工时选择合适的风向。若运输散装水泥时，应在其下部出口处设置防尘袋，以免水泥大量散溢； 4. 保持车辆进出施工现场出入口路面清洁、湿润，同时在车辆出入口竖立减速标牌，限制行车速度； 5. 开挖的土方和建筑垃圾及时清运，对不能及时清运且靠近居民区的土方和建筑垃圾集中堆放，并采取喷水或遮盖等措施； 6. 遇天气久旱，对堆放的黄沙、开挖的土方、工地地面等易产生扬尘的部位应经常进行洒水； 7. 建筑材料、土方和建筑垃圾运输时，喷水或加遮盖处理； 8. 建设工地应按规定设置连续、封闭的围栏，其高度不得低于 1.8m； 9. 加强施工现场管理，强化文明施工与作业。选择施工单位时，将施工期环境减缓措施写入合同文本中，并加强督促检查，确保施工期环境减缓措施落到实处； 10. 对沥青烟气，应用油布附盖沥青，避免成品运输过程中逸散或泄漏；尽量集中铺设，避免受影响范围过大；尽可能缩短作业时间

5 虹桥站风险管理具体实施

全体监理人员通过对虹桥站风险评估报告的反复学习和消化吸收，对工程实施中各个阶段的质量、安全主要风险点基本能做到了然于胸；项目部在编制监理细则时，再将质量与安全风险与控制要求作进一步的细化，通过监理细则的内外交底（对内向分管监理组交底，对外向相关施工单位管理人员交底），为全面实现质量与安全的事前控制奠定良好的基础。

如对危险性较大的分部分项工程，事前控制举措如下：

(1)危险性较大分部分项工程制订与交底。

①项目总监在工程开工前，召集总包单位的项目经理、技术员、安全员等管理人员，并邀请建设单位有关人员参加，召开首次安全生产工作交底会议，分析施工过程中各个阶段、分部分项的危险源及控制办法；

②交底会上总监理工程师以“危险性较大分部分项工程安全控制办法告知书”的形式将控制程序书面对施工总包单位进行告知，并履行签收手续；

③施工单位应根据工程施工特点，凡涉及的分部、分项部位罗列出的重大危险源，除必须编制专项安全技术措施外，还应当包括监控措施，应急方案以及紧急救护措施等内容。

(2)制定危险性较大分部分项工程监理控制程序。

①在工程项目施工准备阶段，根据风险评估成果，编制“危险性较大分部分项工程安全监理计划表”；

②危险性较大分部分项施工前，要对应编制安全监理工作细则，并要做好两个交底（监理内部和相关施工单位）；

③施工单位按照专项安全技术方案实施后，对实施的危险性较大分部分项工程，监理要有针对性地安全监理工作对策和相应的监理工作检查提出要求，并复查验收手续。

(3)建立危险性较大分部分项工程报审制度。

①总监理工程师、安全监理员对总包单位报送的危险性较大分部分项工程专项施工方案进行严格审查；

②对危险性较大分部分项工程专项安全技术措施的审批，必须在施工单位上级部门手续齐全后，监理项目部再进行方案内容审批；

③凡是涉及施工工艺变更，其专项安全技术措施应按规定程序重新审批。

(4)实施危险性较大分部分项工程专项管理。

①对容易引发重大安全事故的工序和部位进行旁站监理，以监督施工单位必须按照强制性条文及安全技术措施要求执行；

②施工过程中，要求施工单位编制方案的技术人员应参与施工单位首次交底工作，交底人与被交底双方履行签字手续，交底资料收集备案。

(5)组织危险性较大分部分项工程定期检查制度。

(6)落实安全旁站监理工作制度。

6 结语

在上海虹桥站的监理过程中监理运用事前的风险分析成果，对工程实施了有效的事前控制，保证了工程的顺利进行，有效的保障了监理任务的圆满完成。通过虹桥站的监理实践，得到以下经验：

(1)在大型公共建筑这类风险极高的建设领域，运用先进的风险评估理论，事前对其建设过程进行风险评估，并将其评估结果应用到日常的监理活动中，对监理的事前控制能起到事半功倍的作用；

(2)使全体监理人员吸收消化风险评估成果，强化每个人的风险意识，是能否顺利实现事前控制的关键；

(3)对于结构复杂，工期紧张，施工、安装难度大的大型客站，由于质量安全风险相对一般工程会更高,因此探索将风险管理理论、方法运用到日常建设管理活动当中,通过对客站建设风险进行识别、评估和控制,有助于加强站房建设事前控制,是又好又快推进站房建设的一个有效途径;

(4)通过科学合理的风险评估,能识别出客站建设中的重大风险源,有助于项目参建各方统一认识,抓住重点、难点和关键点,使项目建设过程协调一致;

(5)建议参与站房建设的各方(建设、设计、施工、监理等单位)要有共同的风险意识,各参建单位管理人员若能积极吸收、消化风险分析成果,共同把握施工过程中的各个风险点,自觉形成应对管理措施,可全面提升站房建设的管理水平。

参 考 文 献

[1] Einstein H H. Risk and risk analysis in rock engineering [J]. Tunneling & Underground Space Technology,1996:141-155.

[2] 邓晓梅.中国工程保证担保制度研究[M].北京:中国建筑工业出版社,2003.

[3] [英]罗吉·弗兰根,乔治·诺曼.工程建设风险管理[M].李世蓉,徐波,译.北京:中国建筑工业出版社,2000.

[4] 王卓甫.工程项目风险管理:理论、方法与应用[M].北京:中国水利水电出版社,2002.

[5] 夏志宏.国际工程承包风险与规避[M].北京:中国建筑工业出版社,2003.

[6] 国际咨询工程师联合会.风险管理手册[M].中国工程咨询协会编,译.北京:中国计划出版社,2001.

大型车站建设重要环节的主动监理措施

——以福州火车南站为例

张文斌

（西安铁一院工程咨询监理有限责任公司　西安　710043）

摘　要：随着我国高速铁路的迅猛发展，大型站房建设在全国各大城市正如火如荼地进行。本文结合福州火车南站建设，就工程的重要环节实施主动监理的必要性，以及采取主动监理的措施进行粗浅的探讨。

关键词：大型车站　主动监理　措施

随着我国高速铁路迅猛的发展，大型站房建设在全国各大城市正如火如荼地进行，如何将这些大型火车站建设成百年工程，对我们提出了新的挑战。本文从监理的角度出发，结合在福厦客运专线福州火车南站监理的实况提出一些粗浅的看法。火车站房属于站后工程，它与线下工程、站后四电工程、铺轨工程有着许多不同点，它与普通工业与民用建筑相比也有更加复杂的系统集成。大型站房大多有工期紧、工程量大、系统性强等特点，如何做好大型火车站房的监理工作？本文认为，对工程施工的一些重要环节实施主动监理是实现监理目标控制的优先手段。下面就福州火车南站监理实施过程中采取的一些主要主动监理措施进行总结与研讨。

1　主动监理的必要性

主动监理是监理单位对工程实施前采取的主动控制，是在预先分析各种风险因素及其导致目标偏离的可能性和程度的基础上，拟订和采取有针对性的预防措施，从而减少乃至避免目标偏离。主动监理就是监理的主动控制，它是一种事前控制和前馈控制，是一种对未来的控制。大型站房建设工期紧、工程量大，监理控制目标中应以实现站房与线路同时投入使用和保证工程质量为核心，统筹兼顾，重点分析关键线路上的重要环节进行目标预控。

站房工程施工阶段是使工程设计意图最终实现并形成工程实体的阶段，也是最终形成工程产品和工程项目使用价值的重要阶段。监理工程师对工程施工各个目标的控制，是按合同赋予的权利，围绕影响工程的各种因素，对工程项目的施工进行有效地监督和管理。由于工程项目的“一次性、单件性”等特点，使工程项目建设过程中存在很多风险，监理工程师必须有预见性，并把重点放在“预控”上，进行主动监理、事前控制，防患于未然。预控就是预防控制，它是根据所要达到的目标和现有的信息，对结果进行事前的判断，当预想会出现不利于人们所要预期的结果时采取的干预措施。具体到站房的监理预控时，主要体现在监理质量目标预控、监理安全目标预控、监理投资目标预控、监理工期目标预控等。坚持预防为主是工程监理在监理活动中应始终坚持的原则，监理人员通过自身的经验与智慧实现对工程目标的预控，这也是最能体现监理价值的工作。

大型站房进行主动监理的必要性主要体现在以下三个方面：第一，站房工程实体质量形成过程中，质量控制是质量管理的重要组成部分，质量控制的工作内容包括专业技术和管理技术两个方面，围绕产品形成全过程每一阶段的工作如何能保证做好，应对影响工程质量的人、机、料、法、环（5MIE）因素进行控制，并对质量活动的成果进行验证，以便及时发现问题，查明原因，采取相应纠正措施，防止不合格的发生。因此，质量控制应贯彻以“预防为主”，也就是事前控制与检验把关相结合的原则。第二，站房工程施工受到多方面的影响，如决策、设计、征地拆迁、线下及附近的相关工程施工情况、资金、材料、机械设备、施工方法、施工工艺、技术措施、人员素质、工期、工程造价等，这些因素直接或间接地影响建设工程项目目标的实现。监理工程师应提前考虑并对可能影响工程的各种不利因素进行排查，将隐患消灭在萌芽状态，做好事前控制、主动监理，是保证工程监理目标实现的基础。第三，站房工程同样具有建筑工程质量波动大的特点。由于建筑生产的单件性、流动性，同时影响工程质量的偶然性因素和系统性因素比较多，其中任一因素发生变动，都会使工程质量产生波动，造成系统因素的质量变异，导致工程质量事故。监理工程师应做好建筑工程施工质量的主动监理，要严防出现系统性因素的质量变异，把质量波动控制在偶然性因素范围内。

2 福州火车南站的概况和重要环节

2.1 福州火车南站的基本概况

新建福厦铁路福州南站，为向莆线、福厦线和温福线引入的铁路客运枢纽站，负责沿海通道通过旅客列车作业及部分旅客列车始发终到作业。设计范围为北环路、南环路、螺城路、环岛路围成的区域，占地约 $14.7\times10^5m^2$(2 200 亩)。该项目主要包括地铁车站、96m 站内通道高架桥(换乘广场)、东西站房和无站台柱雨棚。

福州南站地铁工程为新建福厦铁路福州南站重点配套工程，是福州市轨道交通一号线的中间站，线路沿国铁的中轴线呈东西走向，福州南站地下配套交通工程结合福州南站站房设计，地下配套交通工程为 14m 岛式带有折返线地下两层地铁车站。福州南站地下配套交通工程位于福州火车南站一层换乘广场的地下，横穿福州火车南站站场及东、西站房。受站房中间跨度 24m 影响，福州南站地下配套交通工程侧壁与站场铁路桥墩及站房合建，工程全长 595.2m(内净)，标准段净宽 21.2m(内净)，采用明挖法两层双柱三跨钢筋混凝土结构形式。主体建筑面积为 26 950m^2，附属建筑面积为 2 606m^2，总建筑面积为 29 556m^2。

站内通道高架桥(换乘广场)为新建铁路福厦线引入福州枢纽福州南站站内高架桥，桥跨度 96m，桥长 118.2m，高度 14.6m，桥下预留东西广场通道，两侧进站通道及地铁换乘通道，处于福州南站最核心部位，属于桥建合一工程。

无站台柱雨棚平面投影顺股道方向长 470m，与股道垂直方向长 164m，整个雨棚屋面呈三跨连续拱状，拱矢高 3.5m，屋面拱顶标高为 31.4m。雨棚钢结构采用钢管混凝土柱支撑张弦梁体系，钢管柱规格为 ϕ900mm×25mm，两端为格构式钢柱。屋面张弦梁通过树形撑杆与钢柱销轴相连，撑杆为 ϕ426mm×16mm 截面直缝焊管，上部张弦梁上弦采用 600mm×350mm×16mm 直缝矩形管，上弦矩形管通过斜撑杆与下部预应力拉索连接，钢结构型材材质均为 Q345B。

车站采用“下进下出”的进出站流线模式，车站竖向共分 5 个标高层，即地上 3 层、地下 2 层，从上至下依次为铁路站台层、候车及进站层、换乘广场及铁路出站层、地铁站厅层、地铁站台层，站房建筑总高度约 55.3m。车站设正线 2 条、旅客列车到发线 12 条(有效长 650m)；基本站台 2 座(西基本站台 450m×20m×1.25m、东基本站台 450m×15m×1.25m)，中间站台 5 座(450m×12m×1.25m)。站房旅客最高聚集人数为 6 000 人，站房建筑面积 92 473m^2(东西站房综合楼 49 251m^2、换乘广场 31 907m^2、高架车道及落客平台 11 315m^2)，无站台柱雨棚面积 78 553m^2。东、西站房主体采用钢筋混凝土框架结构及大跨度屋盖钢结构，建筑耐火等级为一级，结构安全等级为一级，抗震设防烈度为Ⅶ度。

2.2 福州火车南站重要环节分析

福州火车南站合同工期为 16 个月，面临着拆迁不到位、场地狭小、工期紧、工程量大、中间节点受铺轨通过、四电设备用房启用、联调联试等制约。福州南站同时聚集了 3 家土建单位，多家设备安装单位，由于工期紧迫，同时抢工互不相让在所难免。在这种情况下，如何科学地协调各承包商、各专业的施工，保证安全质量，合理控制工期，成为监理的关键。在这种情况下，关键工序、重点难点工程成为工作的重要抓手，只有处理好关键线路的各种矛盾，处理好这些影响工程安全质量进度目标的重要环节，才是解决问题的好办法。

为此，监理项目部与建设单位指挥部联合召开会议，根据工程构成特点和工期要求，明确了以福州南站中区的地铁站台层站厅层、96m 换乘广场、站台层和无站台柱雨棚自下而上的关键线路作为控制主线，对各个重要环节进行控制。其中，96m换乘广场和雨棚张弦梁钢结构因为工程结构新颖、工程量大、施工难度大、影响因素多、需要协调的问题多成为工程各项目标实现的重要环节，也成为监理项目部实行主动监理、事前预控的重要环节。

96m换乘广场是典型的桥建合一工程，且在两层地铁结构施工完并回填后施工，受铺轨通过制约，三幅桥面须进行平行施工，一次性须投入钢管支架12 000t，需解决支架的基底稳定性、钢纤维混凝土长距离运输、深梁厚板大体积混凝土浇筑等技术问题，施工难度巨大。

张弦梁钢结构无站台柱雨棚属于新工艺新技术工程，它异同于网架结构、桁架结构，此种结构在我国刚开始使用，国内仅有浦东国际机场、南京会展中心等少数几个工程采用，大多数工程师未有张弦梁结构的施工经验。张弦梁结构是由刚性的钢梁上弦和柔性的预应力钢索以及中间撑杆组成，每一刚柔相济的榀状结构进行共同受力，其质量要点是对结构的形位与张拉力控制。同样，也是受铺轨通过南站的制约，中间跨须在铺轨通过前全部拼装吊装完成，工期十分紧张，控制难度大。

这两个重要环节的每一个步骤的成败都关系到节点工期和总工期目标的实现，任何一个部位的质量安全出现问题都有可能造成不可预见的损失。为此，监理工程师确定了以这两个工程为重点的主动监理、事前控制的对象。

3　实施主动监理的主要措施

主动监理和被动监理是相对应的关系，它是事前监理和事中事后监理的的不同表述。主动监理措施是多种多样的，根据措施对象的不同，有监理内部的控制措施和施工单位的措施等。主动监理措施它有对工程开工条件的控制、组建合适的监理组织机构、健全监理工作制度、编制好监理规划和监理实施细则、开好第一次工地例会和建立例会制度、注重交底工作、搞好图纸会审和设计变更管理工作、做好施工组织设计和施工方案的审批、注重质量控制点的设置、建议或协助施工单位建立奖罚制度、督促施工单位建立重点难点部位挂牌公示制度、建立首件必检制度、协调好施工单位之间、参建单位之间的关系、注意验工计价和资金支付的跟踪管理、注重督促施工单位的施工准备工作，加强对分包单位的审查以及对地下基础工程的预判等。大型站房建设工期都十分紧张，监理工程师必须正确处理好安全质量、投资与工期的对立统一关系。结合目标控制的要求，有选择性的采取一些主动监理措施，能够起到事半功倍的监理效果。结合福州南站的任务目标和工程特点，监理项目部采取了一系列的主动监理措施，效果十分突出。

3.1　编制好指导性监理规划和细致的监理实施细则

监理规划是指导项目监理，组织全面开展监理工作的纲领性文件，是开展监理控制工作的基础和前提。监理规划基本构成内容除要求统一外，福州南站监理站还根据本站的施工环境、工程特点、重点难点以及重要环节提出了有针对性和前瞻性的指导意见。福州火车南站的工程类型较多，作为东南沿海铁路交通枢纽，它涵盖了铁路桥梁、公路桥梁、房建、地铁车站及其他配套工程，专业多达十几种。根据福州火车南站的设计文件，施工规范及验收标准有铁道部客专铁路标准、建设部验收标准、交通部桥梁验收标准、市政轨道工程验收标准等，不同的施工质量验收标准增加了工程复杂程度及建设难度，也对监理工作提出了严格要求。在编制各分部工程的监理实施细则前，监理项目部要求专业监理工程师熟悉工程图纸和相关规范，要求编写的监理实施细则是针对项目的具体情况制定的更具有可操作性的业务文件，是监理工作"做什么"、"如何做"的更详细的具体化和补充，它起着具体指导监理实物作业的作用。在工程实施前，福州南站总监组织各专业监理工程师对混凝土主体结构工程、钢结构工程、预应力工程、装修工程、防水工程、电气工程、给排水工程、通风工程、空调工程等近二十项工程的监理实施细则进行了详细的编制。在实施过程中，要求每一位监理人员熟悉和掌握监理规划和监理实施细则这两者的内容与要求，使之有序地开展监理工作。

3.2　注重做好质量控制点设置

福州南站监理工程师会同施工单位按照《建筑工程质量验收统一标准》，建立工程分部、分项、检验批划分，根据工程具体实际情况划分施工质量项目，约定质量控制点，并要求施工单位填报施工质量检验计划审报表，对其施工检验计划进行审批。选择重点部位、重点工序、关键部位、薄弱环节、重点质量因素作为质量控制点，进行重点控制和预控。张弦梁梁钢结构雨棚屋面工程从原材料的控制方面(包括钢板的质量、焊接材料的质量、高强螺栓的质量、预应力索的质量以及其他构配件等)、构件的制作方面(包括工艺评定、深化设计、加工精度、构件放样与预拼)、构件的安装方面(包括吊装机械选择、吊装路径与顺序、胎架的质量精度控制、预应力张拉、变形的控制等)设立了多达120个质量控制点。例如，为提高张弦梁结构的加工精度，监理工程师要求施工单位在加工场按1∶1的比例进行预拼装，对每一预拼装的过程进行检查，发现问题及时解决，可极大地提高现场拼装质量和拼装进度。现场拼装的控制首先是对现场胎架设置精度的控制，才能确保拼装质量。现场拼装之前，监理工程师首先要对胎架进行检查，检查胎架的标高、位置、稳定性、牢固程度等，符合要求后方可同意开始拼装，拼装过程，监理站派监理人员进行全过程的旁站，尤其是对焊缝的质量进行检查及验收，现场拼装旁站记录148份。通过这个质量控制点的设置，福州南站的张弦梁结构的加工精度全部符合要求，为后续的顺利安装提供了良好的条件。福州南站96m换乘广场工程还约定了地基加固、支架支模、预应力埋设和钢纤维混凝土开盘须向总监报验的程序，由总监带领各专业监理工程师进行全面检查。

3.3 注重对施工组织设计和专项施工方案的审查控制

施工组织设计是施工项目技术管理的基础，也是指导项目施工全局的纲领性技术文件，对统筹施工的全过程，推动技术进步，优化建筑施工方法及降低项目施工成本等起到重要作用。经审批的施工组织设计也是建设单位和监理单位监督管理的重要依据。对于施工方案，一般情况下施工组织设计中通常也包含了主要的施工方案内容，但是这些文件中施工方案的编写深度，是宏观指导性的，只能作为对各个分部(分项)工程的宏观控制，不能作为实施过程预控。如分部(分项)工程、工程重点部位、技术复杂及采用新技术的关键工序等，必须编制完善的施工方案。在实际施工中，经常发现有些工程的主要施工方案、施工进度、质量要求等与工程实际不相符，有的施工项目进行了重大设计变更，没有编写有针对性的施工方案，这是不了解施工方案重要性的表现。施工方案是施工组织设计的补充和完善，它是工地管理人员实施预控的依据。影响工程的因素涉及很多方面，其中一个很重要的因素就是施工方案的选择。对于复杂造型的结构，如果施工方案选择不当，不但工程质量上不去，工期没有办法保证，甚至会出现工程事故。

监理工程师要求福州火车南站施工单位对于深基坑、高支架、高支模、张弦梁结构等一系列工程编制了详细的专项施工方案，并要求专家论证，通过多重把关、几次修改，确保方案可行。如张弦梁钢结构施工方案审批前，施工单位根据监理项目部的要求，邀请了以中国建筑金属结构协会副秘书长尹敏达教授级高工为组长的专家组对钢结构施工方案进行详细评审，共提出了13条建议，要求施工单位对施工方案进行完善和补充，并要求施工单位严格按方案执行。再如由于雨棚、高架桥工期紧，张弦梁吊装采用260T履带吊，且要停靠在未进行预应力张拉的96m高架桥(换乘广场)上，履带吊施工作业荷载远大于原设计荷载，为避免混凝土结构的破坏，监理站要求施工单位编制专项方案，对整个混凝土结构进行结构计算，对吊车必须开行的通道进行加固，且加固方案需设计院复审并同意确认，监理项目部这一预控措施保证了换乘广场的结构安全，也照顾到了雨棚吊装工期的要求，节约工期两个月，实现了铺轨顺利通过福州南站的节点工期。

3.4 注重设计交底与施工技术交底工作

交底包括有设计交底和施工技术交底。铁道部相关部门对交底工作作了相关的要求。这两个交底工作是实施工程预控不可缺少的手段。监理如何在交底工作方面实现主动监理呢？首先，在各个分部工程开工前，积极与建设单位指挥部联系，要求设计单位及时对参建单位进行设计交底。福州火车南站在重要分部工程开工前，如基础冲钻孔桩工程、地铁工程、换乘广场工程、张弦梁钢结构工程等，监理单位都及时收集工程相关问题和疑问，在设计单位进行设计交底时进行咨询和探讨，搞清楚设计意图。第二，是严格要求施工单位做好施工技术交底工作。技术交底是工程质量预控的最后一道关口，他的内容至少应包括：施工组织设计交底、专项施工方案技术交底，“四新”(新材料、新产品、新技术、新工艺)技术交底，设计变更交底及分部(分项)工程施工技术交底。技术交底是针对施工作业层人员而写的，它是施工方案的延续，其目的是要求作业层的施工人员在没有图纸、不看规范的情况下，使工程质量达到图纸及规范的要求，达到预控的目标，所以，编写技术交底时要求内容要细，可操作性要强，在保证工程质量的情况下，还要兼顾安全。96m换乘广场属于桥建合一工程，它是按照桥梁进行设计，但必须达到一般建筑的使用功能，特别是防止渗漏水是车站的基本要求，也是施工难点之一。施工单位因缺少经验，在进行技术交底时没有对这方面进行考虑，监理工程师审查后要求施工单位对这一内容进行重新交底，特别是针对在桥梁支座变形缝处如何做好防渗漏水的处理措施进行交底。通过技术交底、把关并对施工单位在实施时的技术指导与监理，保证了车站高架桥不渗漏水的基本功能要求。

总之，通过采取这些主动监理措施，福州火车南站的各个重要环节的控制目标都得到了基本的实现，特别是关键线路的工期、质量和安全的保证，实现了福厦铁路铺轨按时通过、按时开通运营等一系列的目标。主动监理是主动控制在监理活动中的体现，主动监理措施得当，效果明显，事半功倍，但是在工程所有的环节中都采取主动监理措施是不现实也是不可能的，只有我们在认真分析工程的重要环节，存在的突出问题和需要调控的目标的基础上，采取有针对性的主动监理措施，实现监理控制目标，最大限度的体现监理价值。

参 考 文 献

[1] 唐世来.大朝山水电站长尾水隧洞工程施工监理与实践[J].云南水力发电.2009,3.
[2] 仝湘宏.高强预应力(PHC)管桩施工过程中的监控措施分析探讨[J].四川建材.2009,4.
[3] 李耀林.也谈对工程材料的监理控制措施[J].质量安全和节能环保.2009,6.
[4] 郭晓燕.施工阶段监理对质量的事前控制[J].山西建筑.2004,4.
[5] 曹茜.浅谈公路工程材料的质量检测[J].山西建筑.2004,4.
[6] 李大铭,王桂忠,钱学生.工程质量事前控制的几种有效措施[J].辽宁建材.2005,3.
[7] 郭锐.施工阶段建筑质量监理的工作内容与措施[J].中国科技信息.2007,13.
[8] 马吉宏.试论公路工程全过程质量监理[J].山西科技.2009,5.
[9] 翁满丽,宏培根.浅议建筑工程施工阶段的质量控制[J].建筑施工.2009,2.
[10] 黄宏飞,韦廷彦.深圳地铁一期工程的进度控制[J].快轨论坛.2008,6.
[11] 胡坡.浅析监理工作的事前控制[J].科技信息.2010,13.
[12] 周凡,李红军.浅谈施工阶段监理事前控制的必要性[J].河南建材.2010,3.
[13] 陈凌辉.浅谈施工工程质量监理措施[J].工程管理.2010,6.
[14] 余荣威.浅谈建筑工程施工阶段的质量监理问题[J].科技资讯.2008,13.
[15] 李振安.论施工准备阶段的质量监控[J].科技风.2009,7.
[16] 李晓红.建筑工程施工阶段质量管理的方法[J].山西建筑.2007,1.
[17] 孙德胜.工程质量事前控制分析[J].工程项目管理.2006,8.
[18] 陈焕杰.对工程建设监理质量、进度控制的体会[J].广东科技.2009,3.
[19] 关振东.谈施工阶段全过程全方位监理交底 提高监理工作的效果[J].管理观察.2010,5.
[20] 梁得常.施工阶段监理质量事前控制需要注意的几个问题[J].管理科学.2008,1.
[21] 李大波.浅析监理工程师如何开展建设工程安全监理的事前、事中、事后控制工作[J].管理观察.2009,28.
[22] 崔丽娟.监理工程师在施工阶段对建筑节能的质量控制[J].山西建筑.2009,5.
[23] 王庭杰.监理工程师应如何做好工程质量的事前控制[J].山西建筑.2008,5.

争创优质工程苏州客站

王军良　陈守俊　赵　军

（上海天佑工程咨询有限公司　上海　200092）

摘　要：本文首先提出了在优质客站工程的创建过程中应当坚持高标准设计、科学化管理和注重细节几个原则，进而结合沪宁城际苏州客站改造的监理工作实际，总结从人员配备、源头和过程控制几个方面阐述了如何坚持上述原则，履行好监理工作职能，实现对施工现场的有序、有效控制。文中经验和教训的总结，凸显了当前铁路建设现状，可为进一步做好后续监理工作提供支持。

关键词：客站　优质工程　源头控制　过程控制

车站不仅是城市的窗口，也是铁路行业的窗口，曾经作为东方威尼斯佳话、享有“锦绣天堂”美誉的苏州古城，现已成为长江三角洲经济发展的重要门户。沪宁城际铁路苏州站自改造之日起，就已经被铁道部、上海铁路局定格为优质工程客站，要求它既体现苏州历史古城2500多年文化积淀，又反映新时期苏州城市的精神风貌。因此，作为苏州优质客站工程的建设者和管理者之一，如何让蓝图变为现实，让现实成为历史且被世人称叹，的确有较多的感言！

1　熟悉明确标准

苏州站被铁道部、上海铁路局定为优质工程客站，可谓规格之高、标准之高。但相应来讲，优质工程的内涵的确给设计、施工、监理等参建单位提出了一个值得深思而又难解决的问题，那就是：要执行什么样的标准？目前，设计单位对图纸设计的深度是不够的（包括节点二次深化设计、涂装设计与外表皮等），施工单位在施工过程中执行的技术标准把握程度也存在一定的偏差，这就给工程质量验收带来相当大的难度，加之目前国家和铁道部对优质工程的设计、施工质量验收没有颁布统一标准，要求五花八门，因此明确和掌握标准对于监理人员而言是首要的事情。

就苏州站的装饰施工来看，有精装和普装两个标准。精装施工占整个装饰施工面积95 769m^2的82%，精装设计执行的标准13项，执行的规范7种；施工和监理单位执行的标准及验收规范15项，各种装饰材料执行的验收和检验标准多达上百种。标准之多，范围之广，难度之大，铁路建设工程少有。如何运用和执行好标准，使苏州站的工程质量达到优质工程的要求，我们认为，需从下述几个方面着手：

1.1　设计标准要高

设计标准怎样才算高？深度（尤其是精装修的二次深化设计）达到什么样的程度才能体现出设计的高标准？在铁路大发展的今天，施工图滞后于施工进度而不能实现同步的情况下，要保证施工图设计满足施工进度的要求比较困难。要创建优质工程，设计必须尽最大努力。一是保证出图的质量，减少因设计图纸现场难以实施而变更的几率；二是节点优化和方案的调整，使制约工期的节点先行完善；三是强化施工配合，服务现场保证施工，急现场所急，对装修施工中出现的问题及时帮助出主意，拿方案，解决问题，不影响进度；四是设计交底要细，标准明确，工艺清楚，使参建者深刻领会设计的意图；五是对施工单位报送的节点二次深化设计方案及时审批，确保顺利施工；六是配合施工现场检查装修的效果是否达到设计要求，对不符设计要求的部位及时指证，要求整改；七是坚持样板引路，保证装修设计的效果，用以指导后续装修施工，这对于一个优质工程而言，至关重要。

1.2　各种标准要全

苏州站北区站房设计建筑面积为34 890m^2，各种装修材料200多种，设备安装350套/台，执行施工质量验收标准有15种，标准图集12种。这些标准为材料使用、优质工程质量验收提供了较为细致的依据和保证。我们在对标准使用的过程中发现，有些标准已被淘汰或修正，有些标准在原有的基础上又有新的完善和提高，使用中稍有疏忽，就会错用已淘汰的标准而造成质量遗憾，因此对标准的使用必须做到慎之又慎。其次是对新材料的使用，因执行验收标准还未出台，只能参照相关的、同环境的验收标准之上限执行，这就要求施工和监理人员必须对标准进行熟悉，并在此基础上用其长，避其短，使标准引领，确保“人人懂标准，事事有标准，处处达标准”，为创优质客站工程奠定基础。

2 抓好科学管理

创建优质客站工程，科学管理是根本。科学管理的内涵比较丰富，涉及面比较广，它不但包括了技术管理、人员管理、制度管理、计划管理、架子队管理，还有思想管理、质量管理和施工安全管理及施工进度管理等，对于诸多管理，只有用科学的态度，扎实的作风，拼搏的精神，才能实现科学管理的最终目标。

新时期优质客站工程的建设都面临着工期紧、任务重、机构新、人员新、标准新、技术力量薄弱等带来的挑战，无形中增加了创建优质客站工程的难度。通过苏州站创优质、保工期、保安全的实施，监理认为，强化科学管理、强化思想认识和提高建设理念是创建优质客站工程的先决条件。

建设单位是创建优质客站工程建设的管理者，在整个工程建设中起主导作用。建设单位对优质客站工程管理水平的高低，直接关系到整个优质客站工程能否达标。因此，建设单位在对整个客站工程项目管理上，要打破普通铁路建设的理念、思维、方法和习惯，建立一套对优质客站工程管理的新理念、新思路，用科学的管理方法，实施对优质客站工程的质量管理、安全管理、计划管理及工期管理，使管理的落脚点和出发点围绕到高起点、高标准、高质量建好苏州优质客站工程这个目标上来，采取超常措施，凝聚超常智慧，集中超常精力，最终打造和实现优质客站工程的奋斗目标。

施工单位是创优质客站工程的主力军，既是实施者，又是执行者。如何把蓝图变为大厦，这是创造；实现创优质客站工程的目标这是再创造。因此，提高对建优质客站工程思想认识，转变对建优质客站工程建设理念，强化建优质客站工程的紧迫感和使命感，统筹策划，用科学的管理方法对施工过程实施动态管理、动态监控、动态调整，才能确保进度、质量、安全、成本、技术创新、环境保护等六位一体管理目标的实现，才能创建出新时期一流的优质客站工程。

监理单位是创建优质客站工程的监督者，同样存在着科学监督与管理问题。监理如何落实质量、安全、进度、环保等监督职责，把好质量和安全关，为创建优质客站工程做贡献，关键在创建优质客站工程的过程中，落实铁道部要求的标准化管理，强化施工过程控制，提升监控能力。标准化管理体现了科学管理的主体，制度管理、人员管理、过程管理、分级管理等都是标准化管理的重要组成部分，但都必须围绕着标准化管理这个主题开展监理的管理工作，目的就是通过管理使管理达到有序化，从而提升管理水平，使监理人员在优质客站工程建设过程中，真正发挥监督、检查、把关作用，使管理精细化，最终实现监督管理标准化，为创建优质客站工程保驾护航。

3 提升队伍素质

鉴于苏州车站建设的特点和装修及安装工程的特殊性，施工队伍的专业性和实际操作能力是决定创建优质客站工程能否实现的基础。

苏州车站装修工程分为普装和精装两个档次，精装面积约占总装面积的 82%，精装楼地面面积约 31 000m^2，墙面 12 145m^2，吊顶面积为 35 522m^2，两大候车区，四大通廊，五十多个功能用房，面积 32 500m^2。普装地面 8 000m^2，幕墙施工 4 200m^2，屋面施工 46 500m^2。安装工程所涵盖的水、暖、电、通、消和智能电器等专业，并与装修施工同步进行。其特点是：专业交叉多，工序交叉多，互相干扰大，成品保护难，协调难度大，安全隐患多，质量难保证。

工期紧、任务重，这是新时期铁路客站建设的特点，再加上苏州站质量标准高、施工难度大、安全风险大的现实，无论是施工作业队伍的选择，还是管理人员的确定，都需要具备业务能力强，专业知识全面，事业心强的专业队伍来承担，才能完成苏州站装修及安装工程这一任务，才能不辱使命，实现苏州创建优质客站工程的宏伟目标。因此，对 20 多家装修队伍的选择，除了总包单位的把关外，建设单位、监理单位都积极参与，严格资格审查，在此基础上进行施工现场操作，满足要求后，方可签订合同组织进场施工。在施工队伍的选择上，做到了从基础做起，从源头把关，使进场施工队伍的素质得到保证，施工质量得到了提升。同样，监理人员素质和数量上我们也丝毫不放松要求，公司领导统筹规划，从其他房建和装修项目上抽调精兵强将参与到本项目现场管理中，为现场的安全质量有效把控提供了条件。

4 重视施工细节

"天下难事必作于易，天下大事必作于细"。要建成优质工程苏州站，需要无数个装修细节的完美组合，做到方案不断优化、工艺不断改进、细节不断完善，是确保苏州站创优质工程目标实现的关键。针对苏州站建筑装修富含地方特色和现代建筑艺术融为一体的典型特点，要创建优质客站工程，在施工各环节必须做到设计细致、施工细致、施工管理更加细致。

4.1 精装设计要细

设计是由建设意图变为图纸，是创造；施工是由图纸变为实物，即由精神变物质，是再创造。精装设计是在普装设计的基础上进一步深化，使装修设计更完善、更完美。因此，精装设计的效果如何，能否体现苏州站的建筑风格，这就要求设计对精装必须做到深化设计到节点，设计交底到基层，样板引路看效果，总结完善勤修正。这样，设计的意图才能被操作者领会，设计的效果才能被世人认可，创建优质客站工程的基础才能更牢固。

4.2 精装施工要细

细节决定成败。对于精装过程更要细致入微，注重细节的处理。其细节体现在装修施工的每个面、每个角、每条线、每个细部都应达到设计要求的效果，特别是对花岗岩石材地面的铺装，从选材到排版装，从试铺到定位，从工艺到标准，从修正到完善，直至成品的保护措施的落实，每一个过程、每一个细节都必须认真对待，一丝不苟，精益求精，精雕细刻，这样才能保证地面花岗岩石材铺贴达到：石材表面无色差，石材对缝不超限，石材平整不超度，石材板块不空鼓的效果。

4.3 精装施工管理更要细

装修施工的过程就是对方案、工艺、工序、材料质量验收实施到位的过程，精细管理是确保施工质量达标，实现创精品客站工程的核心。在精装施工的管理中，只有树立用心做事才能达到精细管理的目的。

精细管理要从装修施工源头做起，首先是对施工项目部领导层的管理。只有提高领导层的管理能力和管理方法，精细管理才能落实到各管理层面上，管理体系才能正常运转，管理才会收到效果。其次是对分包队伍或架子队的管理。针对分包专业和装修内容，实施有的放矢管理，目的在于提高施工队伍对精装工程按章操作的自觉性，为创建优质工作增加责任感和紧迫感。三是对施工过程中的精细管理，重点解决装修过程自控、自检、互检，合格后向监理报验问题。要充分发挥施工队伍是创建优质客站工程的主体力量的作用，把质量问题消灭在过程中，使优质工程达标不负虚名，这是精细管理的实质，也是创建优质客站工程的根本。

5 认识到位，认真履职

新时期高速铁路建设的飞速发展，引领了世界铁路发展新潮流，创建优质客站工程的奋斗目标，将是参战人员的最大愿望和期盼，创建优质客站工程的愿望能否实现，关键是参战人员对创建优质客站工程的思想认识到位程度和各项措施、制度、规章落实的效果。

思想决定行动，思想认识的快速到位，各项管理工作才能快速落实到位。高标准、超常规，用品质管理打造新时期优质客站工程的品牌，把理念、意志凝聚到客站优质工程创建活动中来，把聪明才智和资源力量整合到装饰施工过程中，打破落后的思维方式，打破按部就班的工作习惯，打破几十年传统铁路施工理念，树立前所未有、至高无上的新时期铁路建设理念，自觉做到换境界、换知识、换技术、换作风、换习惯，自觉坚持最高标准，精益求精，精雕细刻，为创建优质客站工程而积极探索，勇于实践、不懈努力，敢于管理，善于管理，调动各方积极因素，真抓实干，取得实效。

监理工作是建设单位管理职能的延伸，是建设单位可以依靠的重要的建设管理力量。在创建优质客站工程施工建设过程中，应倾尽全力，履行职责，努力实现以下目标。

5.1 专业人员配备到位

新时期客站建设的特点决定了监理人员配备不但要满足各专业现场施工质量监控的要求，还要满足监理合同和投标承诺的要求。在实施苏州站优质工程的创建中，监理站按照专业齐全不缺项，老中青搭配合理，专业知识全面，责任心强，敢于坚持原则的标准，先后配备了 29 名有现场经验丰富的专业监理工程师进行现场监督指导，同时，根据工程阶段实施需要，配备 12 名监理员，轮流对现场关键部分关键工序进行旁站监督，不但满足了施工现场 24h 质量监控的要求，同时也为创建优质客站、安全客站工程奠定了基础。

5.2 源头控制，重点突出

建筑面积大，材料品种多，新型建筑材料使用多，这是新时期优质客站工程的一大特点。原材质量是创建优质客站工程的基础，防止不合格的原材使用到优质工程施工中，是监理对优质工程把关的重点，也是难点。主要体现在：①施工图滞后施工进度，装修材料不能及时订货或购进影响工程进度；②部分新材料验收标准不明确，监理验收无依据；③施工高峰期，材料复验检测结果不能及时出结论；④建筑市场不规范，材料的品质难以保证；⑤工期紧，施工单位对进场材料不报监理验收直接使用；⑥甲供物质施工单位使用前未尽职责先自验后向监理报验。

重点控源头就必须做到：①设计不明确的材料不准购；②未经设计、业主、监理共同确认的材料不准用；③材质三证不齐全视为不合格的材料；④规范原材质量验收手段，坚持监理平行抽检，见证取样检测；⑤未经监理验收的原材使用于装修工程中，监理不验收质量；⑥参与施工单位大宗物资采购全过程监督管理，严把自购物资的质量关；⑦明确施工单位对甲供物资使用的质量责任。

在地面石材铺贴质量控制中，监理多次发现石材铺贴后板缝、表面平整度误差超标的现象，为此监理人员会同施工单位及石材供应商在铺贴现场召开了问题分析会。经过仔细的逐项排查，终于发现产生误差超标的主要原因是：石材厚度较设计厚度薄，大比例石材的上拱和下挠引起了石材铺贴表面平整度和板缝误差超标。针对这种情况，监理坚持从源头上严控石材加工质量，要求供货商汇园石材有限公司，严格执行石材加工生产过程中的质量检验和出厂装箱检测制度，对石材加工、切割设备进行技术改造，加装远红外自动精确切割装置，凡加工苏州火车站的各类石材，必须使用设有远红外精密自动控制的石材加工、切割设备，彻底消除人为的操作误差，确保石材加工、切割几何尺寸全面达标。石材出厂装箱前，汇园石材必须指派有资质的质检人员，对石材的几何尺寸、平整度和石材防护等进行全面的检查验收，确认合格方可装箱。材料到工地后，先由施工单位对石材的上拱、下挠度和长、宽等几何尺寸进行量测，并按照规定向监理工程师报验，报验合格后方可使用。施工过程中，监理进行抽检，发现问题及时返工。通过上述对原材料环节上严格把关，从源头环节上把控了工程质量，做到不合格的原材料坚决不能使用到站房优质工程装修施工中。见图 1～图 4。

图 1　厂内考察(远红外自动切割)

图 2　检查光洁度等参数

图 3　石材进场严格把关

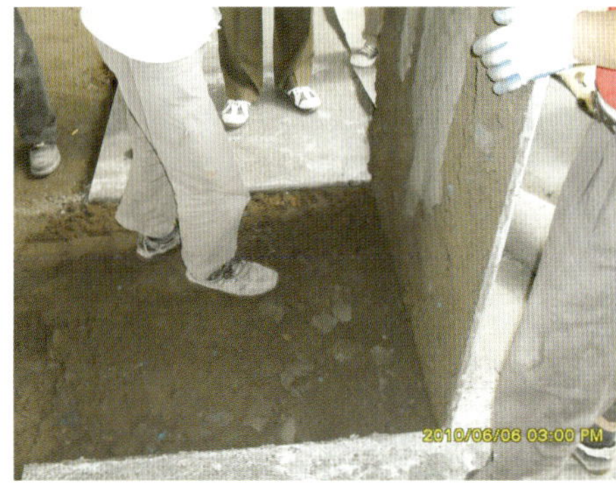

图 4　对铺贴质量不合格的坚决返工

5.3　过程控制，严格程序

优质工程的过程控制，必须有严格程序作支撑。所谓的过程出精品，细节定成效，就是对过程控制最有力的结论。严格过程控制，力争“质量缺陷为零”的目标就能实现，牢记卢春房副部长“质量管理的要害在于过程控制，过程控制的要诀在于落实责任和标准”的指示精神，将质量监控的重心放在过程控制标准化上。

5.3.1　坚持“五不”制度，创优质工程

(1)设计标准不明确，节点深化设计图未经设计院审批，监理不批准施工。

(2)无装修专项方案，无作业指导书，监理不批准施工。

(3)无测量放线复测资料，监理不批准施工。

(4)未经监理验收或复验不合格的材料，监理不批准施工。

(5)未进行技术交底，监理不批准施工。

“五不”制度的落实，为创建优质客站工程把住了施工质量第一关。但“五不”制度的持久落实，还需要建设单位主管部门、施工单位项目部的各级管理人员和主要领导的大力支持，齐抓共管，形成合力，创建优质客站工程目标才能实现。在站房负一层板防水层施工中，监理人员在防水材料粘贴施工巡检中发现前一天粘贴的防水层局部出现空鼓现象，虽然施工单位已经转序进入到后续施工环节，但监理深知防水层对于地下工程的重要性，立即组织建设、施工各方相关人员现场察看，分析产生空鼓的原因，经过认真的调查分析，确定造成防水层空鼓的主要原因是：①防水材料与应粘贴的混凝土界面清理不彻底，局部有灰尘和杂物；②原浇筑的混凝土垫层凸凹不平，与防水材料不能良好的接触；③由于采用湿贴工艺，混凝土垫层内的水蒸气积聚在防水材料内，因水蒸气随阳光作用在防水材料表面温度升高而体积增大，致使防水材料胀鼓。

针对这些问题监理提出以下处理措施：①要求对空鼓的防水材料全部拆除返工重做；②彻底清理混凝土垫层界面的灰尘和污物，清理完毕先自验，合格后报监理复查确保界面干净；③对原浇筑的混凝土垫层高低不平采取 107 胶拌水泥找平；同时将原浇筑的混凝土垫层表面潮湿的区域用 107 胶拌水泥进行全面的抹灰封闭，防止混凝土表层的水蒸气顶托防水材料造成空鼓；④已做好的防水层工程及时(在 6h 内)施做保护层。在后续的防水层施工中，监理也严格坚持“五不”制度，彻底消除了防水层施工质量问题。见图 5 和图 6。

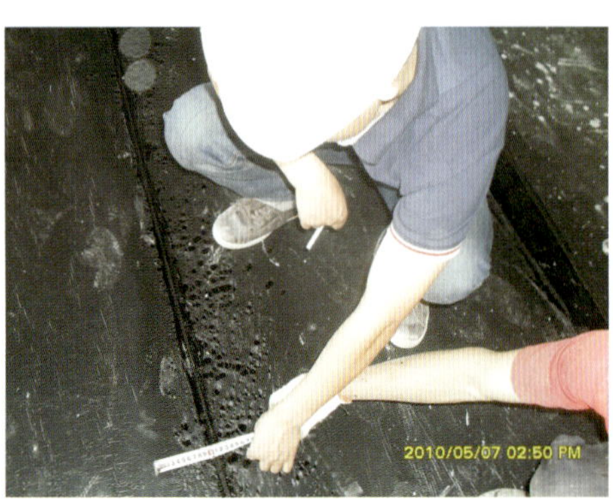

图 5　检查防水卷材铺贴质量

图 6　卷材铺贴过程旁站

5.3.2 坚持“样板引路”，建优质工程

“样板引路”应在整个站房装修施工过程中，按照统一规划，合理布局，综合协调，分步实施的基础上进行。样板引路目的在于落实专项施工方案，完善施工工艺，总结施工过程中的经验教训，最终体现施工单位操作水平和检验设计效果。鉴于苏州站在装修施工中风格独特，格调鲜明，门类齐全和装修标准高，技术含量高，时间紧迫的特点，要求装修施工必须是一次成优，减少返工的几率，最大限度的提高成功率。坚持样板引路，以点带面，用以指导和定位大面积的装修施工，减少装修施工中少走弯路，造成不必要人力、物力和时间的浪费，更有利于优质客站工程的创造和推广。

在苏州站空调风管和水管安装施工中，监理在现场检查时发现，风管施工质量达不到要求，经过分析认为主要原因有两个方面：一是风管制作不标准，二是风管安装工艺不规范。风管制作中的质量问题主要表现有：①矩形风管制作中有扭曲和翘角现象；②矩形风管弯头角度不准确，管口对角线不相等；③法兰铆接后风管不严密，翻边宽窄不一致。风管安装存在的问题主要有：①风管安装检查轴线偏差超限，造成风管安装不平直；②螺杆、吊架安装固定的膨胀螺栓进入混凝土板的深度不一致；③支架间距大小不均，与设计要求的间距有差距；④风管连接法兰盘不紧密。造成上述问题出现的原因很大程度上和不同作业队伍对标准的熟悉程度以及操作熟练程度有关。为此，监理经过比选，挑选部分技术熟练的工人在施工现场制作部分风管样品，并安装了样板段，组织各个作业队进行观摩学习，现场进行点评，有效地提高了作业队伍的水平。见图7。

图7 检查设备安装及运作情况

5.3.3 严格方案审查，塑优质工程

科学合理的施工方案是确保施工质量的第一道工序。严格方案审查也是监理对质量过程控制的第一关口。如何确保施工方案编制的质量，既有明确质量标准，又有确保质量创优的技术措施；既有质量奋斗目标，又有可行的施工工艺，才能满足装修高起点、高标准、高质量的施工要求，这是监理审批方案的重点。首先，站房装修施工方案是根据设计的要求，装修的特点，施工难易程度而编制指导施工装修的技术文件，同时也是监理对装修过程质量实施把关的依据。其次，施工作业指导书是在施工方案的基础上编制而成的，施工操作的技术交底的编制同样离不开施工方案。因此，施工方案在某种程度上真实反映出施工单位对创优质客站工程的态度和施工管理水平，监理认真审查把关，也是熟悉图纸、熟悉标准和规范的一个过程。只要施工作业过程能够不折不扣的执行方案，按照作业指导书的内容、要求去落实操作工艺，按照技术交底的要求一丝不苟、精雕细刻，按照规范的规定对施工质量自查、自检、自纠，按照质量验收的程序向监理报检验收，优质客站工程的目标就一定能实现，就一定会实现。

5.3.4 强化过程跟踪，铸优质工程

客站工程质量创建优质的关键在过程。针对优质客站工程施工进度压力大的客观情况，监理要面对现实，一方面积极协调施工单位创造良好的施工环境，另一方面，坚持按照设计和规范进行把关，确保装饰施工的全过程质量受控。监理项目部结合客站装修及安装工程中的特点、难点，按专业分别编制分部工程施工质量控制检查要点和施工中的质量通病防治措施，使现场监理在施工过程控制中，目标更加明确，重点更加突出，方法更加得当，手段更加有效。

过程跟踪监控必须有三个保证条件：一是监理人员数量保证要满足装饰安装作业的跟班监控，做到作业面不缺监理人员；二是监理人员的业务能力保证。要善于发现装修及安装过程中质量问题，及时进行协调并予以解决；三是监理人员的事业心和责任感要保证。对创建优质工程要有强烈的愿望，才能确保过程监控目标的实现。

实施过程跟踪监控，要突出重点。精装施工的重点在石材地面铺装精度、门窗套安装的对角对缝，不同形式的吊顶的效果及细部装修的质量达标及高大墙面平整度的控制。安装工程及屋面施工质量监控的重点在设备安装性能检测达标，安装尺寸的极限偏差值的实测及安装效果的观感质量检查。突出重点监控的目的，在于旁站监控措施的落实到位，使重点部位的工程质量不留隐患，一次成优创出优质工程。

5.3.5 开展联合检查,保优质工程

联合检查装修及安装工程质量,及时纠正装修施工中的偏差问题,既可以减少经济损失,还可以加快工程进度。由于监理人员此前缺少新时期高标准客站建设的实际经验,再加上监理队伍的业务能力、监控水平比较薄弱,思想认识还不能完全脱离老的传统习惯和思维定式,对创建优质客站工程质量监控的经验正在积累和总结,在一定程度上很难全面、系统地对施工质量和装修效果进行掌控,这个不足一方面靠监理自身的磨炼和提高,尽快适应和满足创建优质客站工程质量监控的要求,另一方面需要由建设、设计、施工、监理单位共同参加的定期或不定期联合检查,弥补监理在质量监控中的不足,达到齐抓共管,及时纠偏,既创优质工程,又保优质工程,最终实现优质客站工程。在苏州站工程监理实践中,监理项目部一直坚持"一帮一"结对子活动与每周一次的集体学习、集体检查、集体验收活动,通过上述活动,有效地提高监理人员的业务水平,有效的遏制了质量通病,减少施工中质量问题出现的概率。见图8和图9。

图8 集体学习

图9 知识讲座

6 结语

建设一个优质客站工程,不仅需要各级参建者付出辛勤的汗水去浇灌,更需要参建者用智慧、用心灵去培育。在创建新时期优质客站工程的征程中,需要各级参建者周密配合,共同创造。新的铁路建设形势不断给我们提出挑战和要求,高标准的建设理念将逐步深入人心、直面世界。为此,我们任重而道远。但我们坚信,在新的铁路建设大潮来临前,各级监理人员决心不辱使命,勇于拼搏,敢于奉献,不断探索和总结,为创建更多的优质客站工程而努力奋斗,为实现铁路跨越式发展目标而拼搏奉献。

广州新客站工程施工质量安全监理控制对策及工作探讨

周生文

(广州铁路(集团)公司华南铁路建设监理公司　广州　510600)

摘　要:本文以广州新客站工程为例,阐述了施工质量安全监理控制对策,并初步探讨了施工监理质量安全工作的体会。

关键词:监理　工作　对策　探讨

1　工程概述

1.1　概况

广州新客站是目前亚洲已投入使用的最大的,集国有高速铁路、城际铁路、地铁和公交、出租等市政交通设施为一体的特大型综合性客运枢纽站,北接武广、贵广、南广客运专线,南接广深港客运专线、广珠城际铁路,设计的近期旅客发送量为 0.89 亿人次/年,远期旅客发送量为 1.30 亿人次/年,最高旅客聚集人数 7 000 人,投资过百亿,其工程包括新广州站站房工程及两端咽喉区范围内设计里程 DK2 216＋000～DK2 220＋158(不含 DK2 216＋000～DK2 217＋302.98 范围内陈村桥和广茂正线站前工程)的桥梁、轨道(不含客运专线正线轨道工程)、站场、四电、房建、暖通、消防、给排水、站房内电力、客服系统、相关运营站场设备及配套工程等,正线长 4.158km。站房采用站桥共建模式。站房区由地下室车库层、地面层、站台层以及高架候车层组成,建筑面积 48.6 万 m^2(不含地铁面积)。地下停车层为现浇钢筋混凝土地下室;0.000m 交通层为现浇钢筋混凝土板;12.00m 层为 V 构拱组合连续箱梁;21.00m 层高架候车层为钢筋混凝土预应力梁板加大跨度钢桁梁组合。站台层雨棚为大型钢结构无站台柱雨篷,屋顶采用索拱及网壳体系。站场设 28 座站台 28 条到发线,其中,武广及贵广车场线路 19 股道、站台面 19 座;南广及广珠车场线路 9 股道、站台面 9 个。广州新客站工程于 2007 年 3 月 23 日开工(2008 年 4 月工程全面铺开),于 2010 年 1 月 30 日开通武广场 1～7 股道,于 2010 年 7 月 30 日开通武广场 8～19 股道,于 2010 年 9 月 30 日开通广珠场 20～28 股道,即全站 28 股道竣工。

1.2　工程主要特点[1]

1.2.1　工程数量巨大,施工技术非常复杂

广州新客站工程为四层结构(不含地铁两层),建筑面积 48.6 万 m^2(不含地铁面积)。桥梁和房建钢筋混凝土总量工程高达 150 万 m^3,钢结构体系非常复杂,技术含量非常高,其用钢总量高达 8 万多吨(为北京鸟巢的 1.7 倍),屋面投影面积高达 19 万 m^2,其屋面分区多,屋面板单块板长度大,施工转运非常困难。站房设计为桥建合一的结构,为了确保各工序施工中结构的受力状态完全符合设计工况,对超大型钢结构的吊装、21m 高架候车层超大型大面积混凝土的跳仓法施工、桥梁 V 构大跨径连续梁预应力筋等施工技术及其工序提出了非常严格的要求。

1.2.2　众多工序交叉,施工干扰非常严重

由于桥建合一的结构,为了缩短工期,最大限度地利用有限的施工场地和空间,广州新客站工程涉及的高速铁路桥梁、轨道、通信、信号、电力、电气化各专业,以及房屋的建筑与结构、机电设备、建筑装修等多个领域,存在众多工序立体交叉作业非常频繁的情况。

1.2.3　施工场地狭小,施工条件非常困难

广州新客站工程站房建筑的核心区域在 5-11/B1-G 轴,即 192m×398m,约为 7.68 万 m^2 的范围内,在以上范围内主要工程的钢筋混凝土总量工程达到 20 万 m^3,支架、模板、钢筋的用量达到 15 万 t,钢结构总量达 6.6 万 t(不含雨棚区钢结构),大量的材料水平与垂直运输、大规模结构施工需要的施工

场地对工程不同时期的道路、材料、施工场地科学安排的计划提出了非常高的要求。

1.2.4 边运营边开通，安全控制非常艰难

由于广州新客站工程是分期开通，存在边运营边开通的问题，因此既有线施工以及邻近既有线施工安全控制难度非常大，稍有不慎就会危及到行车安全。

限于工程特点及条件，又要实现按期通车的目标，广州新客站工程采用了逆作法施工方案，即在桥墩施工完成的基础上开始施工钢柱和屋顶钢结构，然后再施工下部轨道和高架层框架结构（正作法施工方案即先施工下部混凝土部分，后施工屋顶钢结构，其轨道梁和 21m 高架层混凝土浇筑并形成刚度后引起屋顶钢结构柱底（柱脚）约束条件的改变，导致屋顶钢结构应力状态、位移状态发生变化，且其预应力张拉过程引起屋顶钢结构应力状态、位移状态变化）。因此，这给施工质量安全控制带来了非常大的难度。

2 施工质量安全监理控制对策

广州新客站工程是由四家监理公司联合监理。监理联合体针对工程特点始终强化施工质量安全监控的源头控制、过程控制、重点控制、全员控制和细节管理，扎实做好各项监理工作。

2.1 在建立质量安全机制上下功夫

2.1.1 建立和完善监理自身质量安全管理体系

一是建立专职安全监理机制，即联合体监理部及下属 4 个监理分站均设 1 名安全专监主抓安全；二是建立监理部每月 4 次组织施工单位、各监理分站安全专项检查机制；三是配合建设指挥部建立每天工地安全巡查机制；四是配合建设指挥部建立施工单位、监理单位月度质量安全评价机制；五是建立配合广铁（集团）公司建管处、质量监督站每周 2～3 次质量安全检查机制；六是建立月度监理、施工单位质量安全会议机制；七是建立与施工单位项目部主要负责人定期重大质量安全事项沟通机制。八是建立监理部、监理分站不定期质量安全巡查制度；九是建立质量安全问题库及整改闭合机制；十是建立现场监理质量安全巡视检查机制。

2.1.2 督促施工单位建立和完善质量安全管理体系

一是要求各施工单位项目部并各分部以及各分包单位安质部、作业班组等确保其有人有责有权，确保其站房桥每一施工轴线至少一名专职安全员并严格执行标准化作业。二是要求各施工单位项目部赋予其安质部部长对施工队工程款请款的审核权，加大其抓质量安全的力度和树立其抓质量安全的威信。三是要求各施工单位项目部建立安全自查问题跟踪机制；四是建立不定期抽查各施工单位对施工队、作业班组的考核机制。

2.2 在加大质量安全控制上下工夫

2.2.1 源头控制

一是严把人料机进场审核关，重点做好原材料准入关、材质检验试验关以及起重设备、分包队伍的进场审核；二是严把关键施工技术方案和专项施工安全技术方案审核关，重点做好桥梁 V 构连续梁预应力张拉、站房 21m 高架候车层大面积混凝土浇注、东西落客平台高大支模、钢结构的吊装施工等专项方案的审批；三是严把安全技术交底书审核关，重点做好钢结构、屋面施工的技术交底；四是严把设计图纸会审关；五是严把技术标准关，及时做好《监理工作标准》以及东西落客平台基础承台、幕墙、轨道、机电等专业监理实施细则的细化编制工作。

在源头控制上，针对轻钢龙骨、天花吊顶面板、风机盘管、管道保温材料、防火排烟阀、灯具、吸音板、空调机组等部分材料进场不报验就擅自安装等问题，均及时下发监理通知书，要求立即整改并督促落实；在组织广州新客站工程东、西落客平台高大支模专项施工方案以及钢结构临时支撑系统方案审查过程中，针对其地铁顶板处施工安全质量问题，提出并始终坚持其地铁顶板必须进行支架回顶以策安全的建议并被专家及建设指挥部予以采纳，确保了地铁顶板结构和其上方支撑体系的稳定和安全；在审核站房桥 D、D1 轴 5～6 轴、10～11 轴通道施工方案过程中，针对其梁柱式与满堂式支架横梁 HM440×300×11/18 的最大应力值大大超过允许应力值，且其 3 根钢管柱（含立柱基座）落在抗拔桩之间连梁之外

的底板上，大大超过底板设计允许荷载的安全隐患，及时提出处理修改意见，确保了支架及底板安全；在审核暂未迁移高压线下的桥梁钻孔桩钢筋笼吊装方案中，发现施工方钢筋笼分节吊装计算错误，及时书面明确并组织专题会议研究，督促重新修改施工方案，确保了施工安全和质量；在参加站房暖通专业设计图纸技术交底会上，发现站房南冷却塔平面位置与已按设计图纸施工完成的垃圾转运站的平面位置相重叠，立即专题上报建设指挥部，责成设计单位及时进行了设计修改；在对站房地下室二级基坑支护工程设计图的会审中，根据现场实际情况，对方案提出修改意见，即对站房 9～10 轴间的风道，建议取消 10 轴外侧钢板桩及 2 排贝雷架，10 轴内侧钢板桩适当延长，并在桥承台之间的钢板桩与地铁挡土墙之间加设钢管支撑等，但未被采纳。会后，我们再次坚持并专题报建设指挥部组织专题研究并下发了地下室基坑支护设计调整会议纪要，仅此一项，既保证了施工安全，又节约了一千多万元的工程投资；在现场巡视检查发现施工作业人员对地下室底板结构施工工序、图纸要求不清就盲目施工时，立即责成施工单位认真完善技术交底的内审程序并务必保证施工技术交底到位，力争或坚决避免返工。

2.2.2　过程控制

努力以铁的手腕、高的素质确保质量安全的过程控制。一是“四个硬性规定”：凡施工专业分包或架子队主要管理人员不报审的一律不得施工；凡无方案的一律不得施工；凡自检不合格的一律不得验收；凡检验批等技术文件不与工程实体同步的，一律不得验收。二是“两个加强”：加强关键工序、隐蔽工程全过程旁站监理工作；加强现场报验收和工序过程检查工作。三是“四个问题”：善于发现问题；敢于暴露问题；及时反馈和解决问题；及时记录问题（含各种书面指令、备忘录等）。四是“考核或调整”：对违反质量安全的事及时向指挥部提出书面考核意见；对不能胜任岗位需要的人，及时向建设指挥部或施工方提出建议予以调整。

在过程控制上，针对站房工程 21m 高架候车层以及 0.000 层超大面积混凝土采用“跳仓”法施工（不设后浇带）分仓及混凝土分仓灌注，未考虑其对桥梁荷载是否造成偏载的安全隐患，立即下发监理通知单督促整改，并加强现场全过程监控，杜绝了桥梁偏载安全隐患，并有效地控制了混凝土裂缝，填补了国内站桥合一结构体系下超大面积混凝土浇筑施工技术空白（合理设计分仓保证桥梁荷载不偏载、控制混凝土收缩裂缝等关键施工技术）。针对东落客平台高大支模体系支架搭设未按批复施工组织实施，存在严重安全质量隐患，及时下发监理通知单并立即组织现场分析会研究解决，避免了高大支架垮塌重大质量安全事故的发生；针对西广厅 8 部扶梯存在跨度尺寸、标高误差严重超过规范要求等严重质量问题，下发监理通知书，要求立即整改闭合；针对站房水电设施与市政河涌施工存在冲突，严重危及到站房既有设施的安全供水供电及排水问题，及时上报建设指挥部专题研究解决；针对站房工程 21m、0.000m 层机电、客服、扶梯、四电、装修、玻璃幕墙等土建结构预留预埋件施工技术复杂难度巨大问题，立即下发紧急通知明确了施工顺序、各专业职责范围、工作流程等，确保了土建结构预留预埋件施工准确无误。

2.2.3　重点控制

广州新客站工程近 2 万名人员施工、1 500 多台（套）机械设备运转，铁道工程、站房工程几十个专业工种集中施工，工期与质量安全的矛盾非常突出，尤其是安全的形势异常严峻，重点控制尤为必要。监理联合体部署质量安全工作重点：一是高空作业防护安全，主要为钢结构高空焊接、屋面结构安装、桥梁施工、东西落客平台梁部施工等；二是吊装防护安全，主要为 21m 高架层材料的吊装、钢结构的吊装、桥梁材料的吊装等；三是高空坠物安全，主要为钢结构（屋面）焊接、桥梁施工、底板施工之间的立体交叉作业，其作业安全防护甚为重要；四是施工临时用电安全，主要为屋面结构施工用电、21m 高架层结构施工用电、机电设备安装施工用电等；五是防爆炸安全，主要为氧气瓶、乙炔瓶数量众多，安全距离及安全放置非常关键；六是质量安全薄弱环节控制，主要为钢结构临时支撑稳定性、起重设备防倾覆、风道轨道梁范围内中板支架回顶及梁部支架施工安全等；七是梁部桥面系防水、梁部钢筋绑扎、混凝土浇筑、预应力张拉、孔道灌浆质量控制；八是 21m 层、0.00 层混凝土浇筑（跳仓法）质量控制等。

在重点控制上，加强了桩基工程防断桩、短桩、沉渣超标、钢筋笼偏位、浮笼、混凝土配合比、坍落度、水下灌注的连续性、凿除桩头工艺规范、嵌入承台深度达标以及承台工程立模平顺度、垂直度，钢筋的直螺纹连接、大体积混凝土的温度控制和预埋件设置的监控；加强了站房桥广珠场 V 构组合大跨径连续梁施工（梁全长 206m，按站桥合一方案梁上设候车层立柱结构，其预应力张拉体系非常复杂）预应力张拉施工监控，施工过程中未发生一处孔道堵塞问题，均一次张拉到位；加强了高架候车室中央网壳 96m ×398m 超大型结构吊装安装以及高架候车室 64m 大跨度拱结构、+21.00m 层混凝土框架和钢结构组合结构 192m×398m 大楼板等结构施工监控，其技术难题均逐一克服，均满足设计工况及规范要求。

2.2.4 全员控制

一是发挥施工单位安质部质量安全检查的作用；二是发挥施工队、施工班组质量安全自查自纠的作用；三是发挥现场监理全方位、全过程的质量安全巡查作用。由于全员控制到位，圆满的实现了广州新客站工程 2010 年 1 月 30 日武广场 1～7 股道安全优质开通、2010 年 7 月 30 日武广场 8～19 股道安全优质开通、2010 年 9 月 30 日全站安全优质竣工的目标。

2.2.5 细节管理

主要体现在站房建筑装饰装修及桥梁外观装饰装修方面的精品意识。一是坚持标准。严格执行铁道部客站总指《铁路旅客车站细部设计》关于站房平台、售票厅、候车区、吊顶、雨棚等设计要点以及相关规范标准。二是样板引路。严格按照铁道部客站总指及质量条例要求，坚持装饰装修每道工序及主要材料等均实行样板四方（建设指挥部、设计、施工方、监理）联签制。重要工序及材料样板必须报请铁道部客站总指专家确认后方可实施。三是整改闭合。对于铁道部客站总指关于武广场 1～19 股道装饰安装工程中高架候车层、出站层等 52 个问题以及广铁（集团）公司、建设指挥部、监理联合体组织检查的问题均督促施工单位举一反三、全面排查，逐项落实整改措施并加以闭合。

广州新客站工程自 2007 年 3 月 23 日开工以来，监理共审查开工报告 32 份，施工组织设计（方案）335 份，审核试验测量报告 5 103 份，查验原材料 3 858 批，见证取样 9 652 次，隐蔽检查 25 771 次，旁站监理 21 459 次 45 573h，下发监理工程师通知单（联系单）767 份（不含安全隐患整改通知书）。由于各项监理工作及时到位，确保了广州新客站工程施工质量安全基本有序可控。安全上，截止 2010 年 9 月 30 日 18:00，实现了 1 288 天安全无事故；质量上，未发生工程质量事故；原材料及工序施工检验批的质量验收合格率 100%；按规范要求进行的见证取样检测和平行检测合格率 100%；工艺试验、混凝土试件检验合格率 100%；全年共检测基桩 10 194 根，合格率 100%，其中，I 类桩占 96%，II 类桩占 4%。对 8 万多吨钢结构安装施工焊缝按比例进行了第三方抽检，一次检测合格率 99%；一次返修合格率 100%。

广州新客站工程自 2010 年 1 月 30 日开站以来，得到了社会各界的高度评价，其主要原因是：一是在最短的时间内，在面临着新技术、新工艺比较多，尤其是站房部分采用了多项国外新技术，需要在施工过程中边设计边施工边调整，同时还存在边开通边运营，站房、桥梁、地铁等交叉施工组织非常频繁，致使施工空间非常有限、逆作法以及站桥合建体系下施工质量安全控制难度大等巨大困难的情况下，创造了广州新客站工程 2010 年 1 月 30 日武广场 1～7 股道安全优质开通，2010 年 9 月 30 日全站安全优质竣工的奇迹。二是新时期铁路客站建设的“功能性、系统性、先进性、文化性、经济性”的指导性原则，“以人为本，服务运输，强本简末，系统优化，着眼发展”的建设新理论以及把广州新客站建成世界一流铁路客运车站的夙愿在广州新客站工程建设过程中得以完美体现。

3 工作探讨

3.1 监理人员、施工人员保质保量的投入是基础

一是监理联合体加大了监理人员保质保量的投入，优化了监理人员专业知识和年龄结构。二是采取强有力措施使得每位监理人员都能硬起手腕抓安全保质量，坚决杜绝友情监理。三是强化了监理人员的自身学习，如参加客运专线技术标准学习，分批次到钢结构厂家学习监造，到广州新电视塔钢结构施工现场轮流参与施工监理，每月进行一次全体监理人员的技术业务交流，监理资料的展示观摩等，提高自身综合素质，并做到主动控制及监帮结合，努力以自己的人格魅力赢得施工方的理解、尊重和服从，四是采取工资奖金激励倾斜政策，稳定监理队伍。五是严把了施工专业分包队进场审核关，努力以人的工作质量确保工程质量。

3.2 监理监控体系、施工自控体系的健全和不断完善是关键

一是完善监理自身安全质量保证体系，责任到人，提高抓好安全质量的执行力。二是督促施工方建

立完善的安全质量保证体系，确保其安全质检部门有人有责有权，确保其质量自检体系运转正常。三是坚持安全质量专项检查机制、评价机制、会议机制、沟通机制问题库机制以及整改闭合机制等。

3.3 施工质量安全的现场控制是根本

一是监理人员在旁站、工序检查验收、巡视检查等自身监理工作中要确保到位不缺位。二是及时运用监理手段对于安全质量问题紧抓不放。三是做好安全质量的预想和分析，抓住关键环节，尤其是薄弱环节要对症下药。四是督促施工单位加大对施工队、施工班组的安全质量考核力度；对于现场发现的安全质量隐患和屡改屡犯的惯性安全质量问题及时提出考核建议并督促整改落实。五是充分发挥好施工单位安质部、施工队、现场监理的作用，加大全员全方位全过程抓安全保质量的力度，牢牢地监控住施工现场安全和质量。

3.4 监理联合体内部管理和内外协调是前提

刚进场，监理联合体实行按片分组联合监理、按人头分摊费用的模式，通过半年的运作，责任不清，关系不顺，难以追究质量终身责任制，为此，对监理联合体机制进行了调整，实行了分片包干、管理自主、责任明确的监理模式，并加强各监理分站的管理和协调，即：一是“五个定期”：定期组织各监理分站进行质量检查；定期抽查各监理分站的内业资料；定期参加监理分站组织的监理工地例会；定期组织业务知识的抽考；定期组织对各监理分站岗位抽查及考核等。二是“加强”：加强监理内部的信息反馈制度，确保政令畅通，使得问题得以及时解决。三是“考核或调整”：加大对监理人员的信誉评价和考核力度，对不能胜任新客站监理工作的监理人员，建议建设指挥部或相关监理公司及时调整或清退。

同时，监理联合体还加强了协作单位尤其是施工单位的有效协调，正确处理好与施工单位的关系，如工作时注意方式方法，消除施工单位认为监理只会挑毛病、找问题的思想和抵触情绪；在建设过程中，鼓励和树立广州新客站工程信号楼施工，东、西落客平台工程等样板工程，强化施工单位把工程当作作品、创造精品的意识；对施工现场质量安全问题较多的工序，集中力量攻坚克难，督促整改闭合；在查处质量安全事故隐患上，决不心慈手软，对有章不循的工序，如对于站房西基本站台石材铺砌存在的平整度极差、接缝高低错台、同一分隔缝宽窄不一等严重质量问题以及广珠场20道1～5轴的道砟面砟中石粉含量超标，未按监理人员提出的要求进行整改就进行轨枕板的铺设问题，坚决采取停工整改，并向有关主管部门报告等强有力的措施控制质量安全问题的发生。只有这样，才能有效控制重大质量安全事故的发生，确保广州新客站工程建设质量安全有序进行。

参考文献

[1] 广铁(集团)广州新客站工程建设指挥部. 武广客运专线广州枢纽广州南站剩余工程施工组织设计. 广州，2009，8.